战国全史

大争之世

上

醉罢君山——作品

中国出版集团 现代出版社

图书在版编目（CIP）数据

大争之世：战国全史：全 2 册 / 醉罢君山著. -- 北京：现代出版社，2022.1

ISBN 978-7-5143-9427-6

Ⅰ.①大… Ⅱ.①醉… Ⅲ.①中国历史—战国时代 Ⅳ.①K231

中国版本图书馆 CIP 数据核字（2021）第 202725 号

大争之世：战国全史

作　　者：醉罢君山
责任编辑：张　霆　邓　翃
出版发行：现代出版社
通信地址：北京市安定门外安华里 504 号
邮政编码：100011
电　　话：010-64267325　64245264（传真）
网　　址：www.1980xd.com
电子信箱：xiandai@vip.sina.com
印　　刷：三河市宏盛印务有限公司

开　　本：710mm×1000mm　1/16
印　　张：37.5　　字　　数：608 千字
版　　次：2022 年 1 月第 1 版　　印　　次：2022 年 1 月第 1 次印刷
书　　号：ISBN 978-7-5143-9427-6
定　　价：98.00 元（全二册）

目　录

第一章　三家分晋

一、战国序幕

没有谁是永远的强者。

春秋史证明了这点，曾有将近一个世纪，中国大地是晋国与楚国争雄斗霸的舞台，其余百十个诸侯国只是在背后摇旗呐喊，充当小喽啰的角色。然而当春秋的大幕徐徐落下之时，吴、越两国却令人瞠目结舌地异军突起，令老牌强国黯然失色。楚国差一点亡于后起之秀吴国之手，晋国命运虽不至于如此惨淡，却也狼狈不堪，不仅众叛亲离，失去霸主的宝座，甚至后院起火，自相残杀，遂使国力一衰再衰。

高傲且自尊的晋国人绝不愿意接受这样的结果，有着一流雄心与军力的大国，岂可沦为二流的混混儿呢？带领晋国走出低谷的关键人物，正是内战英雄赵鞅。

如果不是赵鞅，晋国恐怕早就四分五裂了。晋国的强大得益于独特的政治制度，国家权力并不掌握在君主手中，而是在几大家族手中，即所谓的“六卿制”。到了春秋晚期时，执掌权柄的六卿分别是知氏、赵氏、韩氏、魏氏、中行氏、范氏，六大家族轮流坐庄。这种灵活且富有竞争性的制度确保了晋国的政治活力与领袖的才能，在历代晋国元帅或执政中，几乎没有谁是庸才。不过这种制度却难以称得上尽善尽美，它的副作用是各大家族间相互倾轧与血腥内斗，每积蓄一定时间便有一次大爆发，每次爆发势必有一个或数个大家族从权力舞台上消失。

公元前497年，晋国陷入大分裂的危机，六卿中的中行氏与范氏两大家族与其余四大家族矛盾激化，终于爆发内战。晋国的内战很快演变为中原的大战，试图摆脱晋国控制的齐国、郑国、卫国等联手支持叛乱的中行氏、范氏武装集团，对他们来说，这是削弱晋国实力的良机。树倒猢狲散，几乎所有的诸侯国都幸灾乐祸地看晋国的洋相，可是他们却低估了赵鞅坚忍不拔的意志力。他临危受命、力挽狂澜，率晋国政府军以一己之力挫败叛军与齐、郑、卫等诸国联军，捍卫了军事大国的荣誉并挽救了国家的命运。

凭借着无人可及的功勋，他当之无愧地在知跞去世后，成为新一任的晋国元帅与执政。可是要恢复晋国的霸主地位，任重而道远。一来是齐国缓慢地复兴，虽然国力不如晋国，但也足以领袖东方；二来是小喽啰见风使舵，一旦察觉到晋国没有以前那么强了，便纷纷扬长而去，寻找新的靠山；三来是吴国在东南不可遏制地崛起，大有称霸中原之志。

赵鞅心里十分清楚，晋老大一呼百应的时代已经一去不返，内战的巨大损耗与创伤必须用时间去恢复与愈合。显然，晋国的对外政策要做出调整，称霸已经不是首要的目的，休养生息与积蓄力量才能有东山再起的一天。

事实证明，没有晋国领导的中原成了火药桶，“弭兵之会”后的和平局面渐渐被打破了。宋国与郑国爆发了十四年战争（前495—前482年），在此期间，宋国还顺手牵羊灭了曹国；大鱼吃小鱼，小鱼吃虾米，实力不算强大的鲁国也偷偷摸摸，攻破邾国并俘获其君主。最有雄心壮志的，当属后起之秀吴国，吴王夫差显然不甘心把自己局限在东南一隅，他野心勃勃，要驾驭马车凭陵中原。

公元前485年，吴王夫差终于迫不及待地发动对齐国的进攻，兵分两路从海、陆齐头并进。被吓破胆的齐国人借国君的人头乞降，他们杀死齐悼公以换取吴国的退兵。以“仁君”自诩的吴王夫差慷慨地放齐国人一马，可是齐国人还没来得及庆幸，就从边疆传来消息：晋国的战车已轰隆隆地开到了。

自从平定内乱后，赵鞅除了两次象征性地讨伐卫国与鲜虞国之外（此两国在晋国内战中均支持叛军），在对外关系上，晋国始终保持低调。其实卫国与鲜虞国都只不过是小角色，在中原敢于叫板晋国的重量级对象，只有齐国。在赵鞅平定内乱的八年战争中，齐国不仅一而再地出兵干涉晋国内政，而且在叛军失败后，又收容了叛军领袖中行寅与范吉射，扮演着反晋联盟领袖的角色。赵鞅早就想报仇雪恨，好好教训一下齐国人，可是心有余而力不足，一方面晋国实力的恢复尚待时日，另一方面敌人也太多了。如今机会来了，齐国在吴国的猛轰下，俨然成了落水狗，赵鞅也会做这种落井下石的勾当，此时不揩油，更待何时呢？

当被视为“蛮夷”的吴国人高举“不伐有丧之国”的传统道德旗帜时，长期领袖中原的晋国人竟然抛弃了这一文明的价值观，礼的原则遭到践踏也预示着一个更加实际、更加残酷的时代即将到来。晋国的战车长驱直入，在齐国境内横冲直撞，占领犁丘、辕邑后，又摧毁高唐城，一直攻打到赖邑才尽兴而回。

尽管这次复仇行动十分解气，但是赵鞅的风头很快便被吴王夫差盖过了。一年后的公元前 484 年，吴国大军又一次兵临齐国，并取得了艾陵之役的伟大胜利，齐国军队战死三千人，损失八百辆战车，前线五名大将成为吴国人的俘虏。凶悍的吴国兵团又一次证明了他们是天下至强，三大传统强国中的楚国、齐国都成为其手下败将，只要再力压晋国，吴王夫差便可以实现号令天下的梦想。

晋吴的交锋不可避免，但不是在战场上，而是在谈判桌上。

公元前 482 年的黄池之会，既是吴王夫差人生的顶点，也是他由盛而衰的转折点。在这个没有硝烟的战场上，晋、吴两国代表在嘴皮子上你来我往，争夺盟主宝座，双方僵持不下。低调隐忍的赵鞅差点失去了耐心，愤愤地说道：“我们干脆击鼓列阵，跟他们干一仗，这样就可以分出谁先谁后了。”然而与吴国反目并不利于晋国恢复元气，在关键时刻，赵鞅强行咽下一口恶气，把盟主宝座让给了吴王夫差。

事实证明，赵鞅的隐忍是对的。吴王夫差并没有心情来享受盟主的快感，因为在黄池之会的同时，越国人乘机倾巢而出，进攻吴国的首都。吴国的命运由是开始直线下滑，一直到被越王勾践将其版图从地图上抹去。原来“以退为进”可以是一种战略，原来隐忍是为了等待强大对手遭到致命一击。

元帅赵鞅在外交战线上全面收缩，也是因为他预感到了晋国新一轮的内斗很快就会到来，赵氏家族的命运将何去何从呢？

他的担心并不是没有道理的，因为在历史上，赵氏家族就曾经遭遇灭顶之灾，并成就了“赵氏孤儿”的不朽故事。赵鞅就是“赵氏孤儿”赵武的孙子，他怎么会忘了家族的痛史呢？按道理说，如今赵鞅掌权，赵氏家族的势力如日中天，为什么他会有一种深深的担忧呢？尽管他见惯了大风大浪，可是每当他看到一张脸时，就会有几分恐怖感，这是一张英俊的脸，也是一张邪恶之脸，他有一种预感，这个人将是赵氏最大的敌人。

这个人名叫知瑶。

在那个时代，“知”与“智”是可以通用的，故而他又被称为智瑶，也称为智伯、智伯瑶等。提到知瑶，不能不说到知氏家族，这个家族在晋国根深叶茂，是从荀氏家族中分化出来的一支。知氏从荀氏中独立出来，始于荀首，他曾经担任晋国中军副帅，这是国家第二把手。知氏家族出过两位元帅（执政），一位是知䓨（又称荀䓨），另一位是知跞（又称荀跞）。

晋国内战爆发时，作为元帅兼执政的知跞权衡利弊，抛弃了与自己出自同门的中行氏家族，而与赵鞅站在同一条战线上。老奸巨猾的知跞一方面拉拢赵鞅，另一方面又压制赵氏势力，试图在几大家族之间保持自己的优势。然而老天爷帮了赵鞅的大忙，知跞在公元前 493 年一命呜呼，秉承轮流坐庄的传统，赵鞅顺理成章地成为晋国执政。

内战改变了晋国的政治模式，“六卿制”由于中行氏与范氏的叛乱而被“四卿制”所取代，此时的晋国权力集中到了赵、知、韩、魏四氏手中，其中又以赵、知二氏最为强大。在执政十几年后，赵鞅渐渐老去，权力的轮盘要转向哪儿呢？谁是下一任的执政呢？知氏家族的知瑶便是不二的人选。

知瑶是前任晋国执政知跞的孙子，他的父亲知申才能平平，在知跞去世后继承卿位，成为晋国四卿之一，赵鞅当政期间并没有突出的表现。由于晋国四大家族之间的竞争是相当激烈的，因而在确定家族继承人选上，必须相当谨慎，否则可能危及整个家族。知申十分喜爱儿子知瑶，因为知瑶身上汇集众多优点，时人称他有“五贤”，就是有五大优点。

哪五大优点呢？

第一是相貌堂堂，是个美男子，春秋战国时，对人的长相是比较重视的；第二是武艺高强，无论是射箭还是驾马，都是一流的好手；第三是才艺超群，唱歌跳舞样样精通，不要小看这个，春秋战国时代外交礼仪中，经常要进行才艺表演的；第四是文思敏捷，能言善辩，头脑反应很快很灵活；第五是坚强刚毅，果敢而有决断心，有领袖才能。

这么一个人简直是完美的化身，知申当然很满意，打算把知瑶立为家族继承人。可是这个决定引起族人知果的强烈反对，知果说：“知瑶不如知宵！”知宵是知申的另一个儿子。知申听了很奇怪，知宵无论长相、武艺、文才、心智上都不及知瑶，这是尽人皆知的事，知果为什么偏偏要反对知瑶呢？

知果斩钉截铁地说：“如果立知瑶为继承人，知氏必定灭亡！”这个结论骇人听闻，他接着解释说：“知宵虽然能力不及，但有仁爱之心。知瑶有五大优点，但心术不正，用这些才能来做坏事，又刻薄寡恩，试想想谁愿意服从他呢？”可是这种危言耸听之论根本无法改变知申的决定，仁义的传统正在一点点地消失，不是吗？吴王夫差为了所谓的“仁义”，放勾践一条活路，事实却证明这是自找麻烦罢了。

精于识人的赵鞅并不想把赵氏的命运押注在知果的预言上。就算知果的预言成真，知瑶有一天搬起石头砸自己的脚，自毁前程，可是赵氏会不会比知氏更早毁灭呢？

与知瑶的聪明才智相比，赵鞅发现自己的儿子并不出类拔萃，至少表面上看去缺少了点领袖气质，这不得不让赵鞅为家族的命运深深担忧。他预感到赵氏与知氏两大家族之间势必要有一次你死我活的较量，他必须要未雨绸缪，特别在挑选接班人上必须要下足功夫。候选人是他的两个儿子：大儿子赵伯鲁与小儿子赵无恤。依照传统，长子继承父业是天经地义的，可是如今晋国政坛步步惊心，各大家族都不约而同地立贤不立长，以确保家族的航母能在有才能的船长手中平稳航行。

赵鞅设计了一道特殊的考题：他写了一篇家训诫言，一式两份刻在竹板上，分别交给了两个儿子。这是赵鞅数十年从政的心得与总结，他希望儿子们能牢记在心中。只要遵循这些法则，赵氏家族无论遭遇何等困境，总还有一线生机。他语重心长地对两个儿子说：“你们要切记在心。”

他只说了一遍，在以后的三年里，只字不提这份训诫竹板。三年后的某日，赵鞅唤来赵伯鲁、赵无恤，他要以考官的身份来对两个儿子的学习成绩进行评定。

首先应考的是长子赵伯鲁，严厉的父亲要他背诵出刻在竹板上的文字，赵伯鲁两眼发直，愣是一个字也诵不出来。背不出来也就罢了，当赵鞅要看他的竹板时，他都不知扔哪儿去了，找不着了。这样的表现，令赵鞅着实沮丧，赵伯鲁明显是扶不起的阿斗，希望只能寄托在赵无恤身上了。

所幸的是，赵无恤没有让父亲失望，他对竹板上的内容倒背如流。当赵鞅要检查他的竹板时，他从宽大的袖中取出——这或许是出自他的勤奋，或许是得到高人的指点，但不论如何，他的表现堪称完美，赵鞅完全满意。就这样，赵无恤成了赵氏家族的接班人。他的最大优点是坚持与耐心，他身上没有知瑶那么多亮点，唯一能胜过之处，便在于他的坚持不懈，他不以精巧见长，却能靠笨拙来取胜。

知子莫若父。赵鞅心里明白，倘若以才华相比，赵无恤完全不是知瑶的对手。知瑶成为下一届执政，几乎是铁板钉钉的事。尽管晋国是四卿制，但赵氏与知氏是耀眼的红花，而韩氏与魏氏只是陪衬的绿叶。野心勃勃的知瑶必定成为赵氏的心腹之患，深谋远虑的赵鞅要在自己去世前安排好退路，于是他唤来心腹尹铎，派他去镇守赵氏家族的封邑晋阳。

八面玲珑的尹铎心知赵鞅用心良苦，他直言不讳地问道："派我前往晋阳，是为聚财呢，还是为求一个保障呢？"赵鞅以欣赏的目光看着尹铎，深信自己没有看走眼，只是简单地回答道："要求一个保障。"尹铎心领神会，不再多问，便动身前往晋阳。到了晋阳后，他实施惠民政策，减轻税赋，讨好百姓，并把这一切功劳记在赵鞅身上，故而晋阳百姓对赵氏家族是举双手拥护的。

公元前 475 年，执政十七年的赵鞅终于迎来死神的召唤。临终前，他把赵无恤唤到床前，拉着他的手，语重心长地说："倘若有一天晋国有难，你一定要回到晋阳，尽管晋阳距离首都遥远。你要信任尹铎，不要因为他年轻而看不起。"其实赵鞅心里很明白，他在位时，知瑶根本不敢轻举妄动，可是此人掩藏不住其野心，终究有一天会张牙舞爪向赵氏开战的。

赵鞅去世了，知瑶无可争议地成为晋国执政。这一年（前 475 年）是传统史学界所认为的战国元年。春秋的背影远去，战国的大门开启了。

尽管都是诸侯争雄斗霸的演义，但春秋与战国还是有很大不同的：春秋时代还坚守着仁义的底线，传统的精神仍被奉为圭臬，残酷战争表面上还披着一层文明的袈裟；相比春秋，战国时代多了几分冷酷与血腥，实用主义兴起对抗道德主义，思想突破传统的界限，更加自由奔放与丰富多彩，平民阶层有了更多的机会去登上原本属于贵族的政治舞台，中国大地的巨变进一步加剧着……

在赵鞅执政的十七年里，晋国度过了最艰难的一段日子。在最初那几年，内有叛军，外有数个国家武力干涉，可是雄才伟略的赵鞅在刀锋上从容起舞，逐一打败各个对手。在他执政的后期，宁可息事宁人，对外低调，甚至在黄池之会上把盟主头衔丢给了吴国，从而避免了与强大的吴国兵戎相见。这种低调无疑是有远见的，盛气凌人的吴王夫差并没有得意多长时间，在越王勾践的频频打击之下，吴国已全面落败。

在赵鞅去世的这一年，越王勾践的大军包围吴都，吴国的灭亡已指日可待。吴王夫差举目四望，才发现自己早已树敌过多，大国中的楚国、齐国都是他的敌人，只有晋国还勉强算得上盟友，毕竟他与赵鞅在黄池之会上签过盟约啊，盟约上还有“好恶同之”的字眼。于是夫差把最后的希望寄托在晋国身上，这时赵鞅已经去世，赵无恤会不会因为父亲的缘故出手相救呢？

出手相救？

简直是笑话！当年吴王夫差与赵鞅为争个盟主头衔，差点打起架来。虽然赵鞅最后忍辱负重，勉强做出让步，可这毕竟是丢脸的事情。赵无恤原本可以义正词严，甚至幸灾乐祸地回绝吴国人的要求，可是他偏偏要摆出一副道义的架势，又是节食，又是派出使者慰问吴王，做足了面子后，一兵一卒也没有派出。

赵无恤在这个时候如此做作地表演，自然有其用意。如今知瑶春风得意地登上执政的宝座，人又帅又有能力，自然有不少的拥护者。相比之下，赵无恤不论武功还是文艺，都不及知瑶，更糟的是，他长相丑陋，跟知瑶站在一起那简直是天壤之别。不过赵无恤有自己的本领，他不比武、不比文、不比美，而是觑中知瑶的最大缺点：狂妄自大、缺乏仁爱之心。因此他在吴都被围时，假惺惺地张扬自己的“道义”，捞了国际名声，却没有半点实际行动。我们必须说，这位丑陋的赵氏宗主确实有老奸巨猾的一面。

最能说明赵无恤老奸巨猾的一件事，莫过于他用下三烂手段灭了代国。

说起代国，那还是晋国的友好邻邦，特别是与赵氏家族关系很好。代王的夫人，就是赵无恤的姐姐，可是弟弟居然打起姐夫的主意了。当时赵无恤服丧期还未满，可是他已经盘算着要利用这个难得的时机，把代国收入囊中。于是他北登夏屋山，摆下酒宴，邀请代王前来。你想想，代王是赵鞅的女婿，如今岳父去世了，前来表示一下哀痛之心也是应该的，他没有丝毫的怀疑，一口答应了。

可是谁会想到这竟然是一出鸿门宴呢？身着白色丧服的赵无恤摆了酒席，款待代王一行人，在席上用一种叫铜料的器具来盛饭。餐具有时候也可以成为杀人凶器，在侍从斟酒之时，早有装扮成厨师模样的刺客不动声色走到酒案边，抓起沉重的铜料，冷不防地朝代王的脑袋猛击过去。那效果就是石头砸在鸡蛋上，代王的脑浆迸出，当场气绝身亡。与此同时，代王的随从们也纷纷被埋伏在一旁的武士所击杀。

杀死代王不是目的，鲸吞代国才是目的。服丧中的赵无恤丝毫不顾忌血光之灾，大开杀戒，以武力强行征服代国。赵无恤实在算不上是有道义之人，只能说是厚黑高手，厚时则摆出道义的架势，黑时则六亲不认。有这样的弟弟，当姐姐的算倒霉透顶，代王夫人得知自己的夫君竟惨死在弟弟手中，她对着苍天大哭一场后，用尖头簪子插入自己的喉咙，追随夫君的亡魂而去。她的遭遇得到了代国人民的同情，后来人们把她死难的地方称为“磨笄山”。

赵无恤用卑劣的手段吞下代国，并导致姐姐之死，这至少令他遭到族人的非议。他很明智地用借花献佛的方式来挽回声誉，把代国之地慷慨地封给自己的侄儿赵周。赵周的父亲赵伯鲁，本是赵鞅长子，没有通过父亲的测试，最后丧失了继承权，因而心情郁闷以致英年早逝。赵无恤把代地封给了赵周，无疑是对当年抢走赵伯鲁继承权的补偿，同时弱化逼死姐姐所带来的负面影响。

从吞并代国一事来看，赵无恤确实有自己的一套本领，但此时晋国呼风唤雨的主角并不是他，而是新任执政知瑶。

知瑶赶上了一个好时代。

在赵鞅的时代，吴国的威胁是可怕的，由伍子胥、孙武调教出来的吴国军队无敌于天下，连晋国都不敢与之争锋。可是如今在越王勾践凶狠的报复之下，吴国从一头壮老虎变成一头病老虎，而且病得奄奄一息了，神气的勾践正准备对吴国发动最后一击。无论是中原的晋国、齐国，还是南方的楚国，都幸灾乐祸搬着凳子来看勾践的表演，终于在公元前 473 年时，吴国的命运被终结了。

接下来大家最关心的事情是，越王勾践有没有雄霸天下的野心呢？此时的越国，把吴国都吞下了，其军力之强，殆可称为天下第一。勾践灭吴后，会齐、晋诸侯于徐州，泥菩萨周元王特地给勾践封了“侯伯”的头衔，所谓“侯伯”便是诸侯之长，是领袖。面对勾践这样一位伟大的英雄，即便是盛气凌人的知瑶也不得不收敛其锋芒。所幸的是，勾践灭吴只是为了报仇雪恨，并没有称霸天下的野心，这是出于明智的考虑。越国偏居东南，文明落后，虽然在勾践的铁腕与卧薪尝胆的精神鼓舞下，取得了奇迹般的胜利，但这种军事上的强大并非建立在国力强大的坚实基础之上，并不具备可持续的发展。勾践很明智地选择了急流勇退，他把吴国所侵占的楚地、宋地、鲁地分别还给这三个国家，明明白白昭示天下，他无意征服天下。

越国军队无意染指中原，这对知瑶来说，真是个好消息。他上台三年以来，之所以延续赵鞅低调的外交政策，便是要等待吴越战争的结果，评估一下东南两强对中原政局的影响。如今一切水落石出了，吴国已粉身碎骨，越国明哲保身，晋国再度雄霸中原的日子来了！

如果我们把公元前 473 年勾践灭吴视为春秋时代的谢幕，那么公元前 472 年知瑶伐齐则可视为战国时代血战天下的开端。

二、欲望无极限

晋国的政治权力掌握在卿家手中，君主几乎没有权力，因而第一执政的地位相当于国家统治者，这也是为何我们只提赵鞅、知瑶，却很少提及晋国君主。知瑶是个能力十分强的人，他雄心勃勃，要恢复晋国昔日的霸主地位，实现一统中原的梦想。在通往梦想的道路上，齐国是最大的绊脚石。

作为东方政治大国，齐国在军事上的成就总是乏善可陈。作为春秋第一个称霸的国家，齐国在齐桓公之后就失去了强国风范，一直被晋国压制，只能充当配角。直到晋国因内斗而走向衰落时，齐国好不容易才挣脱晋国的羁縻，联合郑、卫、鲁等小弟，在东方自成一派，与晋国分庭抗礼。即便如此，齐国的军力仍然令人不敢恭维，三番两次败在赵鞅手下，在艾陵之役中更是被吴国人打得头破血流。对知瑶来说，他打心眼里就瞧不起齐国人，打败齐国对晋国来说，根本不是难事。

当时齐国侵占了一块晋国的地盘，地名叫英丘，至于是什么时候侵占的，史书上没有写清楚，大概是当年齐国干涉晋国内战时占领的。知瑶就以这个为理由，打算要出兵讨伐齐国，他把计划上报给了晋出公。晋出公只是名义上的君主，没有权力，只是走走形式罢了，批了“同意”二字，然后又转呈给周天子。

周天子是周元王，他比晋出公更加尴尬，表面上是周朝的最高领袖，实际上没有人听他的，他之所以还有利用价值，是大国要“挟天子以令诸侯”。周元王一看，晋国要攻打齐国了，这事反正他也没法干涉，索性也批“同意”二字。这么一来，知瑶攻打齐国，就成了“奉王命”了，握有政治上的主动权。

从这里可以看出知瑶的精明。要是没有这张王命，说不定被周元王封为“侯伯”的越王勾践一时不高兴，有意找碴儿，那就麻烦了。

手握王命的知瑶出动精锐部队，磨刀霍霍扑向齐国境内。齐国人不甘示弱，派大将高无丕前往迎战，双方列阵对峙。

知瑶虽然高傲，但打起仗来是不含糊的，他亲自骑着马观察齐军的阵地，想要找到敌人的破绽。不料此时却出现了意外，他的坐骑忽然受惊乱跑起来。对于骑术一流的知瑶来说，尽管马受惊乱窜，他仍然稳坐马背，用手上的缰绳来调整马匹跑动的方向。即使在这种突发事件之下，知瑶仍然表现出镇定与勇敢。他不能让马匹向后跑，否则将给敌人留下一个落荒而逃的印象，他充满自信地驭马前驰，而前面就是敌人的营地！直到接近敌营时，他终于制服了受惊的马匹，从容不迫地返回。他的部下被这有惊无险的一幕震撼得目瞪口呆，神色自若的知瑶笑道：“齐国人认得我的旗号，如果我不向前，他们大概会说我因为胆怯而逃跑。”

这位晋国的统治者，果然胆识俱优！

晋军的传统，开战前总要占卜以定吉凶，可是知瑶拒绝了：“讨伐齐国这件事，国君事先已禀告给天子，并在宗庙占卜过了，是吉利的。齐国人侵占我们的英丘，国君给我的命令是：此番出征，不是要炫耀武力，而是要夺回英丘。讨伐齐国，师出有名，何必再占卜呢？”这一通话，表明知瑶伐齐的必胜信心，既然充满自信，何必让占卜来妨碍自己呢？

事实证明晋国的军事力量是可怕的。六月二十六日（前 472 年），晋齐两军在齐国境内的犁丘展开血战，齐军大败。此役中，知瑶不仅展示出自己的指挥才能，还亲自抓获并杀死齐国将领颜庚，证明自己是一名勇敢的武士。

尽管在犁丘一役中，晋军取得了胜利，但要彻底打败齐国并不容易。齐国在中原拥有众多的盟友，比如郑国、鲁国、邾国等，根深叶茂，倘若不削去其枝叶，难以撼动根本。在齐国的盟友中，鲁国是不可靠的，因为在过去几百年里，鲁国多数时间都被齐国欺负，历史积怨比较深。知瑶对齐鲁的矛盾了然于心，他决定拉拢鲁国，联手打击齐国。

一年后，即公元前 471 年，晋国使者出使鲁国，要求联合鲁国攻打齐国，并罗列出鲁国臧氏家族在历次对齐战争中取得的佳绩："当年臧文仲率楚军讨伐齐国，攻占了穀城（时间是公元前 634 年）；臧宣叔会同晋军讨伐齐国时，攻占了汶阳（公元前 589 年，鞌之战）；如今我国君主希望能得到臧氏的帮助，共同攻打齐国。"

自去年齐国败绩后，鲁国的立场就悄悄改变了，心想还是跟着晋老大心里踏实呀。现在晋国使者对臧氏家族英勇往事的吹嘘，更使得鲁国人飘飘然了，于是当即答应晋国，并派臧石为统帅，追随晋军攻打齐国。您还别说，臧石又一次捍卫了家族的荣誉，此番出击，攻克了齐国的城邑廪丘。

虽然这一次伐齐之役并没有取得多大的战果，但由于成功策反鲁国脱离齐阵营，知瑶还是心满意足的。在班师回国途中，他派太史赠送一些牛给臧石，用以犒劳鲁国军队，并致歉说："赠送的牲畜不够档次，在此表示歉意。"

搞定了鲁国之外，知瑶又把目光锁定在齐国的另一个盟国上：郑国。

倘若再击破郑国，就斩断了齐国的左膀右臂了。公元前 468 年，晋国战车又开进郑国，知瑶率领部队攻城略地，抵达桐丘。郑国自知不是对手，便紧急向齐国求救。

救还是不救呢？齐国国相田常当然知道郑国对于齐国的意义，必须要救援。可是在前两次本土抵抗中，齐军都败给了晋军，要出国境作战，对多数齐国士兵来说，有很大的心理压力，对晋国畏之如虎。怎么办呢？田常也是一个人才，他想了一个激励手段。在军队出发前，他召见并慰问了晋齐战争中阵亡将士的子孙，当众把五座城邑封给了犁丘之战中阵亡将领颜庚的儿子颜晋，鼓励他说："你父亲在犁丘之战中光荣牺牲，由于国家多灾多难，没能及时抚恤你，如今国君托我把这五座城邑封赏给你，你驾马车去向国君谢恩吧，不要废弃你父的功勋。"

田常不仅在口头上激励部队的士气，还以身作则，亲自率军队出征。正所谓知耻而后勇，在三番两次败在晋军手下后，田常加强对部队的治理，军队面貌焕然一新，特别是在纪律严明上有很大的进步。这点可以从行军中看出来，譬如说，齐国军队穿过穀地抵达留舒（今山东东阿县一带），穀地的百姓竟然一点也没有察觉到大军过境，一点扰民的迹象也没有。

齐国的援军抵达濮水时，天降大雨，水位暴涨，渡河困难。此时齐国将士纷纷要求就地休整，等待雨过天晴。可是有一个人却急了，此人便是郑国的使者国参（春秋著名政治家子产的儿子）。他焦虑地对田常说："晋国军队就在郑国的屋檐下，因此我们才向贵国紧急求救，贵军倘若停止不前，恐怕就来不及了。"

听到这里，田常在心里盘算一番，如今正是与晋国争霸中原之时，齐国无论如何也不能置盟友郑国于不顾。于是他站起身来，身披蓑衣，拄一把兵戈站在山坡上，亲自指挥大军渡河。齐国军队的素质过硬，在如此困难的环境下，抢渡濮水。可是马匹就不那么听话了，四腿踩在淤泥中，任凭你怎么拉，就是不肯拔腿前行。田常命令用鞭子绑住马腿，抬起来迫其前行。就靠着这种顽强的精神，齐国大军顺利渡河，继续向前线挺进。

齐国人的英勇表现大大出乎知瑶的意料，考虑到侵郑兵力的不足，他很明智地放弃了，卷铺盖走人。不过在走之前，知瑶发动了攻心术，他给田常写了一封信。

在信中，知瑶这样写道："齐大夫陈子（田氏家族因是陈国的移民，又称为陈氏，因而知瑶把田常称为'陈子'）：您是来自陈国的分支，如今陈国灭亡了，这都是郑国的罪过。晋国君主派我前来郑国，是要调查陈国被灭的原因，同时也要询问大夫您是不是为陈国的命运而忧虑。您的根是在陈国，如今却要帮助郑国，如此本末倒置，那知瑶我有什么办法呢？"

陈国是在公元前 478 年被楚国所灭，距今已过去整整十年。既然陈为楚所灭，知瑶怎么又扯上郑国呢？这个就说来话长了。在公元前 479 年时，楚国爆发了一次很严重的危机，熊胜发动兵变，几乎颠覆了楚国政府。熊胜的父亲是楚国前太子熊建，在楚平王时因被陷害而逃到郑国，结果在郑国被子产所杀。熊胜一直要攻打郑国，以报父亲被杀之仇，可是当时楚国政要们无意发动伐郑战争，他一怒之下，发动兵变，把令尹子西、司马子期等人都杀了。陈国见楚国内乱，想浑水摸鱼，不自量力地进攻楚国。结果在熊胜兵变失败后，陈国成为楚国的清算对象，很快被灭亡了。

其实陈国被灭，与郑国确实没有多少关系，可是知瑶绕了一个大圈，他的逻辑是这样的：郑国当年杀了熊建，才导致后来熊胜的兵变；而熊胜的兵变，又是陈国被灭的诱因；因此，陈国被灭，与郑国有直接的关系。这个结论显然很荒唐，陈国被灭于公元前 478 年，而郑国杀熊建是公元前 522 年，两件事整整相距 44 年！虽说有一点点关联，但也只能算很次要的因素。

显然，知瑶是小题大做，一来离间齐国与郑国的关系，二来嘲讽田常是个忘本的人。

可以想象田常看到书信后，勃然大怒的样子，他诅咒道："经常欺负别人的人都没好下场，知瑶他难道能活得久吗？"

是役无功而返后，知瑶并不甘心。四年后，即公元前 464 年，他又率大军卷土重来，包围郑国的都城。

在此之前，知瑶虽然身为执政，但对赵氏家族还颇为客气。随着专政的时日越久，他飞扬跋扈的性格就越发显露无遗，与赵无恤的矛盾越发尖锐。特别在这一年的伐郑之战中，两人第一次爆发正面冲突。

知瑶准备进攻郑国都城，他命令赵无恤率先带领部队入城。从春秋后期始，晋国的军队越发私人化，实际上是几大家族的私人武装。知瑶要让赵无恤打头阵，又没给什么好处，赵无恤想都不想，一口回绝了："你在这儿，怎么不亲自带兵杀进去？"

嘿，这小子居然顶撞！知瑶这下可气坏了，要知道他自始至终，打心眼里就瞧不起赵无恤这个人，觉得这是个懦夫，让你打头阵，那是看得起你呢。知瑶一句轻蔑而侮辱的话，让他与赵无恤再无调和的余地："丑而无勇，何以为太子？"你长得又丑又懦弱，一代雄才赵鞅真是瞎了眼，让这样的人来当赵氏的接班人。

这句话像一把刀扎进赵无恤的心窝里，一辈子也忘不了。赵氏家臣也被知瑶这句侮辱的话给惊呆了，俗话说："士可杀不可辱。"况且是晋国政坛的四卿之一呢？可是赵无恤果然有忍耐力，他意识到自己的力量尚无法与知氏抗衡，只能先忍了，于是淡淡地说："我能够容忍耻辱，这或许对赵氏家族没有坏处吧。"

这次进攻郑国的军事行动，也因为两大巨头不能齐心协力，最后光打雷不下雨了。

知瑶与赵无恤交恶，标志着独裁时代的到来。

此时知瑶执政已经十几年了，他的权力加上才干，使得知氏家族的实力不仅远远超过韩氏与魏氏，也超过了赵氏。对于野心无止境的知瑶来说，这远不是结束，而仅仅只是开始罢了。与四大家族相比，晋国公室显得十分孱弱，知瑶开始盘算鲸吞更大的地盘，于是他把目光盯准了中行氏与范氏的领地。

自从中行氏与范氏发动叛乱失败后，这两大家族的领袖中行寅、范吉射流亡到齐国，被清理出晋国六卿的行列，他们在国内的领地被封。不过在赵鞅当权时，并没有想瓜分这两大家族的地盘，但随着中行氏、范氏的衰落，其家族的命运早已注定。到了公元前458年，等得不耐烦的知瑶终于要把肥肉吞到肚子里，他与赵氏、魏氏、韩氏三大家族通气，秘密约定瓜分中行氏与范氏的地盘。有利可图，又何乐而不为呢？赵氏、魏氏、韩氏乐得与知氏沆瀣一气，大家心领神会，出其不意地出兵，血洗中行氏与范氏的残余，并按约定将其土地、财物瓜分一空。不消说，在这次抢劫行动中，知瑶获利最丰。

这次大抢劫行动，是四大家族背着晋出公暗地里谋划的。作为一国之君却完全被蒙在鼓里，晋出公愤怒了，而且是出奇的愤怒。他当了十七年的傀儡国君，对四大家族的嚣张跋扈本来就心有怨气，如今这股怨气被浇上油烧了起来。这一群乱臣贼子——晋出公满腔怒火，他要向四大家族开战！

可是晋出公无权无势，拿什么同四大家族开战呢？他唯一拥有的就是国君的头衔，他只能向“国际社会”呼吁，向邻国求援了。于是晋出公向齐国、鲁国政府发出呼吁，希望这两个国家能出动军队，帮助他讨伐四卿。晋出公勇敢地向知、赵、魏、韩四大家族发出挑战书，但结果并不意外，四卿出动军队攻打国君，在这场君臣的交锋中，国君又一次被打得大败。晋出公狼狈而逃，投奔齐国去了，从此再没有机会回到自己的国家，六年后他病死在异国他乡。晋出公流亡后，知瑶立晋昭公的曾孙为国君，至此国家大权完全掌握在他手中，呼风唤雨，不可一世。知瑶野心勃勃，早晚要把晋国吞为己有，之所以还不敢明目张胆地取代晋室，是因为他与其他三大家族貌合神离，有共同利益时，大家自然是同一阵营，然而一旦利益出现了分歧，那就是敌人了。对付三卿，比对付国君更难，所以知瑶要耐心地等待，利用一切机会，对三卿各个击破。

野心家的野心总是无止境的，他们不停地追逐着下一个猎物。

踌躇满志的知瑶在国内驱逐晋出公，在国外则吞并了厹繇。厹繇应该是中山国内的一个部落，中山国就是鲜虞国，是一个狄人国家。在不同的史书中，厹繇又称为厹由、仇繇、仇由或仇犹。厹繇靠近晋国，地形比较险要，易守难攻，知瑶打起它的主意，可是几乎无路可通，要出兵征服困难重重。怎么办呢？聪明的知瑶想了一个诡计，他令人铸了一个大钟，假称要送给厹繇君主。

当时中原的青铜器十分有名，也是文明的象征，文化落后的厹繇君主自然十分欣喜。为了迎接大钟，他下令修一条路，在地形险要之处，削平高山，填平低谷，以便让晋国运载大钟的马车可以通过。厹繇大臣赤章曼枝劝谏说："我们又没帮知瑶做什么事，他凭什么要送大钟给我们呢？知瑶这个人，贪婪而且没有信用，肯定是想要攻打我们，但道路不通畅，便想出这么一个伎俩，以送钟为名，让我们修路来迎接。我猜知瑶的军队必会尾随大钟前来的。"

利令智昏的厹繇君主对逆耳良言不以为然，他反驳道："晋是大国，有心与我们交好，拒绝人家是不吉利的。你不必再说了。"

赤章曼枝无法改变君主的主意，他回到家后，自言自语道："作为臣子，如果我不够忠心，那就是罪过；如果我尽了忠心，却得不到信任，那么是可以脱身远去的。"说罢，他打点行李，带着家人离开了厹繇，前往卫国（或说是齐国）避难。果然不出赤章曼枝的预料，不久后，晋国的大钟送到，随即军队开进厹繇，这个狄人部落终被知瑶所灭。

在不费吹灰之力夺得厹繇后，知瑶对自己的智力水平显然充满自信，与其在战场上拼死拼活，不如靠斗智来赢得胜利。他想将"利以诱之"的伎俩复制到卫国头上，于是赠送四匹良马、一块白璧给卫侯。晋国人如此示好，卫国人有点受宠若惊，群臣纷纷向卫侯表示庆贺。但卫国还是有人才的，有一个人不仅没有前往庆贺，反而面有忧色。此人是公孙弥牟，又称为南文子，他警告卫侯说："无缘无故送来礼物，无功受赏，这是祸患的先兆。我们是小国，并没有送出礼物给大国，大国反而送礼给小国，这件事，值得担忧。"

弥牟的分析与赤章曼枝如出一辙，不同的是，卫侯并没有像厹繇君主把忠告当作耳边风。在晋国内战时，卫国是反晋的急先锋，卫侯对晋国的提防心显然是很强的，于是他下令卫国军队在边界加强警备，修缮道路、桥梁、渡口，积极做好防备晋军入侵的准备。

果不其然，知瑶偷偷摸摸地在边界集结了大军，只要卫国人疏于防守，便要践踏其国土并收为己有。可是令他失望的是，卫国的防备无懈可击，这位晋国独裁者不由得叹道："卫国有人才啊，事先知道了我的谋略。"于是将军队撤回，放弃了攻打卫国。

不过知瑶并不是知难而退的人。他一计不成，又生一计。这次用的是苦肉计。

角色扮演者是知瑶的儿子，名唤知颜，他假装受到陷害，向卫国政府提出前往避难。这件事要怎么办好呢？又是弥牟站出来出谋献策道："知颜是知瑶最喜欢的一个儿子，并没有犯什么错误，却要逃亡到卫国，这里面一定是另有原因的。但是既然人家前来投奔，如果不接纳的话，那也说不过去。不如这样吧，我们在边境上严加守备，如果知颜的车队超过五辆车，便不再接纳。"

这下子知瑶知道卫国是不容易用谋略来取得的，权衡利弊之后，最后他放弃了征服卫国的念头，转而攻略中山国。

讨伐中山国一役，知瑶又捞到不少好处，夺得一块地盘，名为穷鱼之丘。春风得意的独裁者有点得意忘形了，他打破了四卿平等的传统，在国内政坛上一枝独大，越发不把其他三家放在眼中。他盛气凌人，喜欢挖苦人甚至侮辱人，其他大臣自不必说，连位列四卿的赵无恤、韩虎、魏驹，他照样羞辱。

以前知瑶骂赵无恤"丑而无勇"，已经使赵氏对他深恶痛绝了。在公元前457年的蓝台之宴上，他又激怒了韩氏家族。事情是这样的，在酒宴上，知瑶酒喝过头了，出言不逊，调戏韩虎，并且羞辱韩虎的辅相段规。韩虎与段规虽然不敢发作，可是铁青着脸，明眼人一下就可看出两人心里怒气冲冲。

这时知氏家族的知果悄悄地对知瑶说："您可得警惕点啊，不然就要大难临头了。"这位知果当年就反对立知瑶为家族继承人，如今看到知瑶开始坠入深渊，他不能不为家族的命运而深感担忧。可是知瑶听罢哈哈笑道："要发难也是由我发，若我不发难，有谁敢胡来呢？"说罢又是几杯热酒下肚，对知果的提醒完全当耳边风。

知果正色地说道："《周书》上说：'怨不在大，亦不在小。'君子在小事上能殷勤谨慎，才能避免大的祸患。今天主公在一顿饭的工夫里，接连侮辱韩氏宗主与辅相，自己又没有充分的准备，只是说别人不敢发难，这怎么行呢？蚊、蚁、蜂、蝎这些小动物都能伤人，何况是韩氏的宗主与辅相呢？"

话说到这个份儿上，知瑶却一句也听不进去，在他看来，他已经完全控制晋国的权力，掌握着生杀大权，不要说有人敢发难反抗他，就是忤逆他旨意的人，也只有死路一条。

知瑶要证明给知果看，什么叫强权，什么叫独裁，什么叫暴力，什么叫统治，顺我者昌，逆我者亡！

野心膨胀到一定阶段，小打小闹就满足不了无止境的欲望。到公元前455年，知瑶已经执政晋国整整二十年了，这是多么漫长的光阴。在他的铁腕领导下，晋国恢复了几分霸气，似乎又重回光荣的时代。可是，他唯一不知足的，是岁月霜白了鬓须，转眼间他也垂垂老矣，能不能在有生之年，建成知氏帝国的大厦呢？

于是乎他迫不及待要攫取更多的权力，他把自己看作猛虎，却把其余三卿视为绵羊，而绵羊向来只能成为猛虎的食物。韩氏家族成为第一个被勒索的对象，知瑶狮子大开口，要求韩虎献上万家之邑。

韩虎气疯了，他站起身来回踱步，咒骂知瑶。蓝台之宴上的受辱他还记忆犹新，可是狂妄的知瑶非但不收敛，反倒得寸进尺。自从晋国实行六卿制以来，从来没有哪位上卿被一而再地羞辱。老子丢不起这个面子——想到这里，韩虎唤来辅相段规，他对这位才思敏捷的大总管十分信任，此君一定有对付知瑶的办法。

不料段规却面无表情地说："知瑶索要土地，不给的话肯定要出兵攻打我们，我们顶得住吗？"韩虎一听脸色大变，心里老大不舒服，段规啊段规，你也被知瑶羞辱过，就这样忍气吞声吗？人家来索地，我们就乖乖交出来，这还不是案板上的鱼肉，任人宰割吗？段规似乎看透了韩虎的心思，便说道："知瑶得到我们的土地后，肯定更加骄狂了，到时一定会向其他家族索要更多的土地，倘若其他家族不应允，势必要动用武力镇压。我们暂且规避风险，等待时局的变化吧。"

其实段规看得很清楚，无论是韩氏或魏氏，都无法与知瑶相抗衡，违背知瑶便是自找死路。唯一的机会，是等待赵氏与知氏反目成仇，只有赵氏能勉强与知瑶相较量。韩氏不要强出头了，吃点亏吧，先保存点实力。

韩虎听完后，怒气渐渐消了，恢复点理智了，想想段规的话也不是没道理，忍一时风平浪静，退一步海阔天空。罢罢罢，一咬牙一跺脚，把城邑拱手送出了。

韩虎的屈服，让知瑶更加目空一切，他不禁要暗自讥笑知果的迂腐与杞人忧天。在晋国，永远是老子说了算，只有老子欺负他人的份儿，哪里轮得到别人来报复呢？轻而易举便得到韩虎的土地，实在太令人痛快了，这种痛快就像吸毒一样容易令人上瘾，一旦瘾发作了，便欲罢不能。

是的，知瑶欲罢不能了。他又把黑手伸向魏氏家族，同样是敲诈勒索。魏驹的反应也是正常人应有的反应——凭什么要抢我的东西，没门！家臣任章问道："您打算怎么办？"魏驹没好气地答道："无缘无故来勒索，我不给。"

任章的想法与段规如出一辙，他给魏驹上了一堂战略课，引用《周书》的一句话说："将欲败之，必姑辅之；将欲取之，必姑与之。"然后分析道："知瑶无缘无故勒索土地，诸位大夫都惶惶不安。如今之计，不如先割块地给他，让他更加骄傲自满，人一旦骄傲自满了，就容易轻敌，露出破绽。我们暗中结交盟友，只要时机成熟，就可以图谋知氏了。"

四卿之中，没有庸才。任章这一席话，魏驹拨云见日，尽管有一千个不情愿，但以大局为重，他忍痛送出万家之邑，以换取喘息之机。

在韩虎之后，魏驹也屈服了。韩氏与魏氏以退为进的策略，虽说有远见，可是这种策略也是有很大风险的，他们实际上都选择了一个大赌局，这个赌局就是赌赵无恤一定会与知瑶闹翻而兵戎相见。在韩氏、魏氏都做出让步后，知氏的势力急剧膨胀，对赵氏的优势进一步扩大了。

在这种情况下，跋扈嚣张的知瑶知道自己应该对赵氏下手了，赵氏是他取代晋室的最后也是最大的障碍。

又是狮子大开口。

知瑶向赵无恤开出一张勒索单，勒索两块土地：一块是蔡，一块是皋狼。

这次知瑶能如愿以偿吗？

三、见证奇迹的晋阳之战

赵无恤知道摊牌的时间已到。

尽管赵氏家族声势显赫，仅次于知氏，但知瑶并不把这位赵氏掌门人放在眼中，“丑而无勇”就是他对赵无恤的全部评价。如果他愿意把自己高傲的眼光放低一点，他本应看到赵无恤身上的一个优点：那就是忍耐力。只是对知瑶来说，英雄从来是要把对手打趴在地，何须忍耐呢？

但是那个时代的所有人，都能记得伟大英雄勾践“卧薪尝胆”的故事，他以坚忍创造了别人无法企及的英雄业绩，说明能屈能伸是大丈夫的本色。赵无恤就是勾践这种类型的人，尽管他没有那么传奇的经历，但他有高人一等的忍术。

曾有这么一回，在酒宴之上，知瑶借着醉意向赵无恤灌酒，不知有意还是无意，还拿着酒樽打他。士可杀不可辱，赵氏家臣们愤怒了，群情激昂，不惜与知氏决一死战，可是赵无恤深知时机未成熟，此时发难，无异以卵击石，他只是淡然地说：“先父立我为继承人，只因为我能忍辱负重。”

忍辱是为了负重，而不是为怯懦找一个借口。

不管如何能忍，总有一个限度，超过了这个限度，就忍无可忍了。

赵无恤的限度就是赵氏家族的利益不可遭到侵害。个人受辱事小，家族受损事大，当年父亲赵鞅把重担交给他，就是要让他能捍卫家族的荣誉与利益——这一点他始终铭刻于心。如今时局艰辛啊，知瑶向外发动扩张战争，捞得不少土地，对内疯狂勒索，权势熏天。如果他再做出丝毫的让步，整个晋国就没有任何可以对抗知瑶的力量了。

对知瑶索地的无理要求，赵无恤想都不用想，断然拒绝。拒绝是要有勇气的，也要有付出代价的准备。在此之前，赵无恤虽然怨恨知瑶的多次凌辱，但两大家族的冲突还仅仅停留在小事上，如今却处在决裂的边缘。决裂便意味着战争，意味着你死我活的决斗，不战斗到其中一人倒下，便不会停止。

被知瑶认定是“怯懦”的赵无恤，却从隐忍的外表下，爆发出武士的血性，他拔出利剑，准备迎接知瑶从空中猛劈下来的一刀。

知瑶的傲慢遭到当头一棒。当傲慢成为一种自然时，他就从不会考虑别人的感受，永远只在乎自己的感受。赵无恤这样的软骨头，有什么资格敢拒绝他的要求呢？知瑶在勃然大怒的同时，自尊心受到了伤害，为了这种莫名其妙的自尊心，也为了自己的利益，他要大打出手。

这不会是一场对等的战争，而是重量级选手与轻量级选手的较量。

财大气粗的知瑶本来就优势在手，又早早向韩虎、魏驹两位小弟打过招呼了，要挟两家一起参加讨伐赵氏的战争。韩虎与魏驹这两位明哲保身的宗主，尽管知道伴知瑶如伴虎，不过如今形势很不明朗，他们宁可先站在强者的一方，以观时局变化。

反观赵无恤一方，则处处被动，不要说有主动进攻的能力，就是防御都成问题。朝中是待不了了，一定要退守到自己的地盘，可是哪个城邑才固若金汤，招架得住知瑶的三板斧呢？赵无恤的家臣们各自献策，众说纷纭。

有人提议道："您的长子所在的城邑离这里很近，城墙完整，高厚坚实，可以顶得住知氏的进攻。"

赵无恤摇摇头道："这座城是耗费民力而建成的，死了很多人啊，百姓谁愿意为我守城呢？"

此时又有人建议道："邯郸城可以，城内物资充实，粮仓满满的，可以长期坚守。"

赵无恤还是摇头："这些东西都是搜刮民脂民膏得来的，因此死了不少百姓，谁愿意为我们卖命啊。"

这位赵氏宗主倒有几分自知之明，只是早知今日，何必当初呢？为什么二十年来要盘剥、役使他的人民呢？看来他的理智还是战胜不了欲望。从这些小细节可以看出，赵无恤真的只是一个资质平平的人，与父亲赵鞅相比，有如天壤之别。但以赵鞅之智慧，最后能把赵氏产业交给赵无恤，是看中他的优点：在忍辱负重的同时，也埋藏着武士勇于战斗的天性；在穷奢极欲的同时，保有一份理智之心。

以上两个方案都被否决了，有没有更好的方案呢？

有。

"只能到晋阳去！"此时有人高喊了一声，赵无恤一看，是家臣张孟谈。晋阳！赵无恤突然眼前一亮，一下子回忆起二十年前父亲临终前的遗言。时间过去太久了，而且局势突然急转直下，使得手忙脚乱的赵无恤把父亲大人的遗言抛诸脑后了。张孟谈的这一声高喝，把他的记忆唤醒了。

可是，那毕竟是父亲二十年前的话了，对二十年后的今天还有用吗？

有用！张孟谈给出肯定的回答。

为什么呢？晋阳是赵鞅耗费苦心打造的根据地，先是派最能干的心腹董安于经营，后来又将它交给尹铎治理，这两人都实行惠民政策，减少百姓的税赋，十分得民众之心。赵鞅比赵无恤更加明白一个道理：得人心者得天下。正是因为如此，他在去世前，千叮咛万嘱咐自己的儿子：一旦有变，一定要退守晋阳，那里才是最可靠、最安全的根据地！

赵无恤决心要赌一把了。

其实他不见得对晋阳抱有如此强的信心，但父亲的遗言总不会没有道理吧，尤其父亲是一个那么明智、富有洞察力的人，绝不可能信口开河胡说八道的。在这种将信将疑的心态下，赵无恤把自己的大本营转移到了晋阳城。

可是当他进入晋阳城后，无名的恐惧从心底油然而生。

一切都出乎意料。

本来他想象中的晋阳城，在两大名臣的治理下，应该是固若金汤，物资充足。可是没想到的是，这座城池看上去守备十分脆弱：没有高大厚实的城墙，兵器库里没有甲衣武器，城内没有守城器具，府库没有钱，粮仓里没有多余的米粟。这样的城池，怎么抵挡敌人的进攻，怎么持久坚守呢？

一向镇定的赵无恤也慌了、怕了，这是怎么回事呢？他气急败坏地唤来张孟谈，当初是此人力主退守晋阳城，现在倒要问个明白，一座近乎不设防的城邑，如何抵挡强大军队的疯狂进攻呢？

张孟谈并不惊慌失措，他镇定地答道：“圣明之人治理城邑，财富藏于民而不藏于府库之内，致力于推广教化，而不是致力于构建城防。”这话说得中规中矩，可是不是书呆子的迂言呢？

赵无恤心里没底，张孟谈却胸有成竹。

巩固人心，发动群众——这就是制胜之道。

平心而论，在这个充满争斗的乱世之中，晋阳仿若世外桃源，人们在此和平地生活了数十年，没有兵荒马乱、没有苛捐杂税，官员清廉，法网宽松，大家能安居乐业，享受生活的欢乐，这真是乱世背景下的小天堂。如今这个小天堂将遭遇前所未有的威胁，贪婪无度的知瑶将率领大军前来，一旦晋阳城落入知瑶之手，可想而知的是，以往平静幸福的日子将永远成为回忆。

保住晋阳城，不仅是保住赵氏家族，更是保住自己的切身利益。

于是乎群众的力量被发动起来了。事实证明，人民的力量是伟大的。家有余粮者，把粮食送到粮仓里；家有余财者，把钱物送到府库内；大户人家有私家武装的，把武器甲衣送到兵器库；有空闲的人、有技术的人，自愿参加修筑城墙。于是乎奇迹发生了，政府的动员令刚刚发布一天，粮仓、府库、兵器库便有了充足的储备；发布后第五天，内城与外城的城墙都加高加厚加实加固了。

这简直是变戏法！

正如一个人的强大，不在于外表的孔武有力，而在于内心的强大一样，一座城池的坚固，也不在于城墙、武器等硬件设施，更在于其灵魂。一座城的灵魂便是民心，万众一心则众志成城。

赵无恤现在总算开始明白父亲遗言的深意了，他觉得惭愧，因为他的内心从来没有达到父亲的高度，他有很多城邑，可是偏偏没有一座拥有如此强的生命力。在父亲去世二十年后，他的英灵还在庇护着自己的族人，赵无恤怎能不问心有愧呢？

战争如期而至，无可避免。

二十年的统治生涯，令知瑶成为唯武力论的鼓吹者与行动者。“唯武力论”是对春秋时代“仁义”思想的反动，生活在战国晚期的韩非子曾经讲过：“上古竞于道德，中世逐于智谋，当今争于气力。”竞于仁义道德的时代已渐行渐远，逐于权谋与争于武力的时代渐行渐近，这是一个个人野心与权力膨胀的年代。

在赵无恤争分夺秒地为保卫晋阳城做准备时，知瑶也同样磨刀霍霍。首鼠两端的韩虎、魏驹率着自己的喽啰兵，跟随知瑶大摇大摆、狐假虎威地开到晋阳城下。如此强大的军队，晋阳城如何能抵挡呢？目空一切的知瑶对速战速决毫不怀疑，优势在手，晋阳弹丸之地，以鸡蛋之脆能挡石头之坚吗？

然而战场上总有意想不到的事情。

知瑶指挥三家军队猛攻了三个月，晋阳城岿然不动。

这座城池的抵抗精神，显然令这位独裁者深感惊讶，他不明白守城军民的勇气究竟何来。三家军队一拨儿接着一拨儿的攻势都被一一化解，胜利的信心在挫折面前一点一滴地丧失，仿佛他们要进攻的这座城邑，城墙一天高过一天，一天厚过一天。熟知兵略的知瑶知道，速战速决已是不可能的。战争被拖入持久战的深渊，谁也不知道究竟晋阳能坚持多久。但不管怎么说，主动的人始终是知氏，被动的人始终是赵氏。不能强攻，就采用围困战术，总有一天，晋阳会耗光弓矢与粮草，不管你有多大的勇气与牺牲精神，人终究是血肉之躯，终究会在可怕的饥饿中死去，这座城邑将变为死亡沙漠。

显然，不打倒赵无恤，知瑶就绝不甘心。

这位铁血执政把其他政务全都抛在一边，停止了对外扩张，几乎所有的军事力量都集中到一点：晋阳。这个不可能获得外援的孤城在一片血色中艰难地度过了公元前 455 年，在接下来的一年里，情形并没有好转，只是数十年藏富于民的政策，帮助赵无恤勉强苦撑危局，不至于城毁人亡。

春去秋来，在一片隆冬中，晋阳城迎来了围城的第三个年头。

这一年是公元前 453 年。

晋阳城几乎看不到胜利的希望。

知瑶的军队有充足的补给，不缺粮、不缺武器、不缺兵员，而晋阳城在被围困一年多后，物资已极度紧张，所能依靠的，只有军民决不屈服的精神意志。这种意志能逆转战局甚至缔造奇迹吗？

最艰难的时刻到来了。

知瑶别出心裁地发明了新的战术，这种战术绝对是恐怖的：引水灌城！尽管自周室东迁以来，经历了三百年的春秋乱世，战争不断，可是春秋时代的战争是比较文明与人道的，绝少以残酷的手段毁灭一个城邑，甚至残杀无辜之民众。战国的血腥味远远浓过春秋时代，知瑶要把晋阳城变成一座巨大的坟场。

汾水的堤坝被决开，河水灌入晋阳城内。

洪水几乎淹没了整个城邑，低矮之处完全被水淹掉，很多人溺死了，在这种巨大的灾难面前，人的勇气与信心几乎崩溃了。《史记》对此的记载是："城中悬釜而炊，易子而食，群臣皆有外心。"士气大大地动摇了，很多人甚至开始打算投降了。

知瑶这一可怕的战术果然起到了双重效果，既大量杀伤守军，又严重摧毁其士气。晋阳城有如波涛包围之下的孤岛，危若累卵，随时有沦陷的可能。知瑶望着自己的杰作，心情无比舒畅，他完全不在乎城内传出的呼号声，他要血洗晋阳！

但，并不是所有的围城者都有知瑶这样的好心情，面对即将到来的胜利，韩虎与魏驹两人却紧锁眉头，内心深处不断地涌出冷意。为什么呢？赵氏倘若覆亡了，自己的命运便可想而知，实力更强大的知瑶下一个鲸吞的对象，便是韩、魏两家了，这还用得着怀疑吗？其实，这两年来，韩虎与魏驹的心情是一样的，觉得自己就是在鸡蛋上跳舞，每时每刻都得小心翼翼，生怕惹怒了知瑶这头老虎。

胜券在握的知瑶邀请韩虎、魏驹两人一起巡视战场，三个人共搭一辆战车，知瑶坐在车左，韩虎当驾驶员，魏驹当陪侍。从高地望去，可以望见水漫晋阳的壮观场面，知瑶看得兴起，喊了一声：“我以前不知道水原来可以毁灭他人的国家，今天终于知道了。河水可以灌入晋阳城，也可以灌入平阳与安邑吧！”

韩虎与魏驹两人听了面面相觑，脸色苍白。原来平阳正是韩虎的老巢，而安邑则是魏驹的窝穴，知瑶的话如同冷风刺骨，一个字：寒。

可是知瑶一脸毫不在乎的神情。

神情中有一种蔑视。

这种蔑视令韩虎与魏驹不寒而栗，脊背上阵阵凉意。魏驹用肘轻轻撞了韩虎一下，韩虎心领神会，用鞋子踢了魏驹的脚跟一下，这是两人交换的暗号，不必明言，自然心有灵犀一点通。

作为一名执政二十年的政客，竟然毫不掩饰自己的野心，知瑶并没有意识到，他自己正在铸下无可挽回的错，是傲慢的自负让他悄悄地滑入深渊。他错误地把韩虎与魏驹认为是可以玩弄于手掌心的泥偶，可是这两个人不是泥偶，而是头脑冷静、深藏不露的杀手。

知瑶并没有意识到，他不仅是赵无恤的敌人，业已成为韩虎与魏驹的敌人。倘若是一对一的决斗，无论是赵、韩、魏中的任何一人，都不是知瑶的对手，但倘若三人联手，那么情形就将逆转了。可是如今，韩虎、魏驹是围城的一方，赵无恤是守城的一方，三人如何携手共同对付知瑶呢？

有一个人扮演了穿针引线的角色，此人便是先前为赵氏策划保卫晋阳城的张孟谈。

作为一名出色的战略家，张孟谈一眼洞穿韩氏、魏氏与知氏之间不可调和的矛盾，随着晋阳沦陷日期一天天临近，知瑶的飞扬跋扈也日甚一日。张孟谈不相信位列四卿的韩氏与魏氏会轻而易举地屈膝在知瑶的脚下，晋国人谁不知道这两大家族有着何等光荣的历史，韩氏家族曾出过两位元帅兼执政，魏氏家族也有过一位元帅与执政，家族之显赫，不亚于知氏与赵氏，怎么肯轻易向知瑶认输呢？

张孟谈向赵无恤毛遂自荐，欲潜出城外，私下会见韩虎与魏驹，游说二人加入反知联盟。赵无恤批准他的计划后，张孟谈成功地潜入敌人的营地，在非常隐秘的情况下，会晤韩虎与魏驹。他没有丝毫废话，开门见山直指主题："常言道：唇亡则齿寒。倘若赵氏灭亡，接下来必定是韩氏与魏氏。"

在这个危急关头，韩虎与魏驹也不能拖泥带水，必须要摆明自己的态度，于是两人对张孟谈推心置腹："跟您掏个心里话，您所说的，我们心里明白得很。只是怕事还没做成，计划先泄露，到时就死得很难看了。"

张孟谈微微一笑道："这件事，从您二位口中说出，入我一人的耳朵中，就咱三人知道，怕什么呢？"

既然如此，韩虎与魏驹也就豁出去了，整垮知氏，对三大家族都有利可图，这是联合的基石。无论谁被知氏整垮，其他两个家族都没有好果子吃，三卿只能共同进退。于是韩虎、魏驹与张孟谈共同商议如何对付知瑶，在赵氏面临生死存亡的关头，历史戏剧性的一幕出现了，一场惊天阴谋在知瑶的眼皮底下悄悄地展开了。

与张孟谈达成秘密约定后，韩虎与魏驹把他送走了，为了不引人怀疑，两人还装模作样地前去向知瑶请安。知瑶没有任何疑心，两人心安理得地走到帐外，正好遇到知果。

知果是知氏家族中最有智慧的一个人，有很强的判断力与分析力，他一眼就看出这两个家伙神色不对头，有点怪怪的，便进帐对知瑶说："刚才我看到韩虎、魏驹两位宗主，神色有异，鬼鬼祟祟的，肯定想背叛您了。"背叛？知瑶听了不禁哈哈大笑，韩、魏两人，早不背叛，晚不背叛，偏偏要挑一个赵氏快完蛋的时刻来背叛，这不合常理嘛。知果啊知果，你就只会杞人忧天罢了。

其实韩虎与魏驹两人并不是那种天才演员，心怀叵测，做贼心虚，自然演技不自然，容易露出马脚，明眼人还是可以寻出破绽的。

又有一个人怀疑韩、魏两人有不可告人的目的。

此人名为郗疵，他向知瑶分析道："打败赵氏已是指日可待，可是韩虎、魏驹两人非但没有高兴，反而面带忧伤，您说，这不是想谋反吗？"

知瑶又不信。

如果仅仅是不信也就罢了，他又要装作对韩、魏二人亲密无间的样子，竟然把郗疵的话原封不动地转述给韩虎与魏驹。显然，知瑶自信过头了，以为这两位小弟热爱他这位大哥，以为自己完全掌控着局面。

意识到危险正一步步逼近的韩虎、魏驹立即展开反击，反咬一口，指控郗疵是赵无恤的间谍："郗疵诬告我们，其实是为赵氏游说，想让您怀疑我们二人而让赵氏有喘息之机。"看来韩虎与魏驹都是聪明人，脑袋瓜的反应相当敏捷，反客为主，理由无懈可击。知瑶听了连连点头，打算把所谓的"叛徒"郗疵杀头正法。

郗疵得知消息后，还算脚底滑，一溜烟逃了。

这么一逃，知瑶更加相信，郗疵就是赵无恤派来潜伏在他身边的间谍，对韩虎、魏驹丝毫没有怀疑。

赵、韩、魏三家已达成共识，知瑶不死，三家迟早都要亡，如果三家都要生存下去，那么知瑶就一定要死。

要怎么置知瑶于死地呢？

知氏军队人多势众，合三家之力，与之正面交锋，也没有十足的胜算，更何况赵氏军队已经精疲力竭，几为强弩之末了。看来不能力拼，只能智取。怎么智取呢？"以其人之道，还治其人之身。"知瑶不是引汾河水灌入晋阳吗？倘若把汾河决堤口改个方向，灌入知瑶的兵营又如何呢？

此计大妙！

赵无恤、韩虎、魏驹三人互通消息，在韩、魏帮助下，赵无恤派出一支精干的部队，悄悄地溜出城去，出其不意地袭击并全歼看守汾河堤坝的知氏军队。全托知瑶的福，想出了这么个水淹晋阳的计策，赵无恤依葫芦画瓢，引河水灌向知氏的兵营。与此同时，早有准备的韩虎、魏驹已把自己的军队移驻到了河水淹不到的高地上。

汹涌澎湃的洪流一下子冲垮了知氏大营，知瑶惊慌失措，狼狈而逃，而他的强大军队在大自然的威力下土崩瓦解。比洪水更可怕的是韩虎与魏驹的反水，他们俩的军队从高处直冲下来。与此同时，晋阳城打开了大门，被围困达两年之久的守军如同呼吸到新鲜空气似的，使出吃奶的劲挥舞兵戈，迎接曙光的到来……

这时正是暮春三月，也是知瑶人生的最后一个春天了。

这是战争史上的一次奇迹。

晋阳城在即将陷落的那一刻，竟然奇迹般地反败为胜，而且仅仅一次反击，就将知瑶的军队一网打尽。统治晋国达二十年之久的知瑶，没能料想到事情竟然是这样的结局，在他身首分离的那一刻，可曾想明白，是什么原因使他的必胜之局结出惨败之果呢？

很显然，他没有时间去想了。当他被生擒押到赵无恤跟前时，他最后看到的是对手不怀好意的狞笑，他至死可能也想不明白，“丑而无勇”的赵无恤怎么可能成为胜利者，天理不容啊！可历史证明笑到最后者才是胜利者，这么多年来，赵无恤默默无言地忍受知瑶的侮辱，现在，他把侮辱以百倍还给对方。

他把知瑶的脑袋砍下来，可是还不解恨，还要羞辱他的尸首。

知瑶的人头被涂上一层漆，仰面朝天置于溺器之上。

这就是知瑶可悲的下场。

可是谁知道，倘若他赢了，会不会用更残酷的手段来羞辱自己的对手呢？

四、瓜分晋国

进入战国时代后的第一场具有划时代意义的战争结束了。

这场战争尽管只是晋国的内战，可是却很有代表性，预示着一个更加残酷的时代来临了。人道的原则在战场上被唾弃了，知瑶别出心裁发明以水灌城的战法，完全不顾及百姓的生死，而在春秋时代，这种灭绝性的战术是很少见的。同样，赵无恤对知瑶报复与羞辱的做法，也是前世所罕见的。

春秋贵族主义强调礼法，尊重对手的人格是文明的表现，比如晋国与楚国交锋时，两军高级将领在血战的同时，还可以在战场上互相敬酒，以示对对方的尊重。如今贵族的气质已荡然无存矣，人道与宽容不再成为时代的主流思想，杀戮即将成为一个新时代的代名词。

这是一个人决定一个家族命运的时代。

知瑶身败名裂，曾经不可一世的知氏家族树倒猢狲散，多数族人被赵、韩、魏三家所屠杀，只有曾多次劝谏知瑶的知果得以独存，而知瑶的儿子知开则在公元前452年率其邑人流亡到了秦国。又过了四年（前448年），晋国大夫知宽率其邑人投奔秦国，估计知宽是知果的儿子，在父亲死后，还是害怕遭到三家的迫害，遂举家出逃。

至此，知氏家族在晋国全军覆没。

知瑶死了，知氏也完蛋了。

可是这么大的一个事件，总还会有余波荡漾。

知瑶的门客豫让为主公复仇，三番两次刺杀赵无恤，成为战国初期的一段传奇故事。

豫让出身于侠义之家，爷爷毕阳是有名的侠士，他从小也受到任侠精神的熏陶，以严格的武士精神来要求自己。长大成人后，仗着一身本领，他先后成为晋国六卿中的范氏、中行氏的门客，但是没有受到重用。这使得他深感挫折，先后离开范氏、中行氏，转而投奔到知氏门下。

知瑶这个人虽然十分狂妄自大，但崇尚、迷信武力，故而也十分欣赏勇武之士。豫让得到器重，感恩戴德，视知瑶为知己与恩人，而那个时代的观念，士为知己者死，这是天经地义的。然而在晋阳一役中，知瑶大意失江山，不仅身首异处，脑袋还被当作便器，任由赵无恤凌辱。这件事传到豫让耳中时，他十分痛心，立志要为主公报仇雪恨。

赵无恤等人灭了知氏，瓜分其财产，豫让逃入山中，他暗暗发誓道：“常言说，士为知己者死，女为悦己者容。知伯是最了解我、最器重我的人，我得为他复仇，杀了赵无恤，这样我就于心无愧了。”知瑶一生人缘那么差，无论是三卿或是族人，都被他得罪遍了，不料竟冒出豫让这么一个人物，对他如此忠心耿耿。可是要以一个流浪汉的身份，刺杀权重位高的赵无恤，谈何容易！不要说刺杀，就是想接近他，也不是件轻而易举的事情。

可是一个人若把所有的心力都集中到一点上，就可以排除万难。

豫让更名换姓，伪装成为一个刑余之人，穿着破旧的衣服，混入赵无恤府中充当杂役，他的工作是粉刷厕所的墙。粉刷墙所使用的工具称为泥板子或瓦刀，这种工具本来只是为了把墙抹平，所以并不锋利，可是豫让却别有用心地把它磨得十分锋利，这玩意儿到他手中，成为一件刺杀用的武器。豫让假装在工作，在厕所等待着，人有三急，赵无恤总得上厕所吧。

果然，赵无恤来了。

豫让毕竟不是职业杀手，临场时可能也有几分紧张，神色不太自然，这被精明的赵无恤看出了破绽。赵无恤下意识地觉得此人有问题，便派人上前把豫让捉拿审问，结果发现了那把磨得锋利无比的瓦刀，显然，那把瓦刀是有问题的。赵无恤质问道："你把瓦刀磨得如此锋利，究竟有何意图？"豫让心知计划失败了，面不改色地答道："我要为知伯报仇。"

听到这里，站在一旁的卫士拔出刀剑，欲结束豫让的性命。赵无恤阻止道："算了，他算是一条好汉了。知瑶已经死了，他的家臣想为他报仇，这是贤人义士。还是放他走吧，以后我小心点就是了。"赵无恤显然不认为豫让有机会杀死自己，放他一条活路，也是给自己的家臣树一个榜样，对待主公就得像豫让这样忠贞不贰。

第一次刺杀赵无恤没有得手，而且还因为敌人的恩赐才勉强保住一条性命，接下来怎么办呢？放弃报仇的念头还是坚持冒险的信念呢？

豫让就是一根筋，在他心里除了复仇之外，别无他念。可是现在赵无恤都认得他了，要再次接近仇人显然不可能，除非去整容。

整容？那可是两千五百年前啊，有这技术吗？

整容不行，但可以毁容。

于是豫让把自己的眉毛、胡子都拔光了，身上涂上漆，装成生了浓疮似的，脸蛋用刀子自割几刀毁容，现在看上去已经不像一个人，而像怪物了。于是他便沿街乞讨，一点也不引人注意。

他甚至跑到自己家中乞讨。门开了，出来的人是他多年的结发妻子，可是妻子看着这个披头散发、目面可憎的人，一点儿也没认出来是自己的丈夫。当她听到他的声音时，有几分惊异，自言自语地说："这个人长得不像我丈夫，可是声音怎么这么像呢？"豫让赶紧背过脸去，一瘸一拐地渐行渐远了。

看来他的伪装还不够彻底，声音还是原来的调，要怎么改变呢？吞炭！在豫让看来，一名武士就是为要为信念而生，除此之外，一切都可以抛弃，包括家庭、亲人、朋友，当然还有自己。对武士来说，必须要忍受身体的苦楚，肉体所承受的苦难越多，他的精神愈加纯正，信念愈加坚定不移。

声带被烧坏了，声音变得沙哑不清。豫让在第二次行动前，去见一位自己最好的朋友。朋友起初也没认出他来，他尽管容貌发生很大变化，但人的身材、气质却是没法变的，在仔细端详后，朋友惊呼道：“你不是豫让吗？”

豫让以沙哑的声音答道：“我就是。”

朋友事先已经听过豫让刺杀赵无恤的事，今日见他毁容吞炭，面目全非，不由得流下眼泪道：“你何必走这条艰难的复仇之路哇？我说你有志向，但没智谋哇。你想想，凭你的才能，倘若投靠赵无恤，必定可以得到重用的。耐心地等到他完全宠信你的那天，你要复仇不是易如反掌吗？何苦要如此摧残自己的身体，丑化自己的形象，用这种手段去复仇，不是太难了吗？”

这一番话，令豫让有几分失落，他本以为朋友可以明了自己的心迹，安慰自己孤独的心。可是孤独者注定是要孤独的，因为要求得到别人的理解，实在太难了。豫让的眼神里闪烁着光芒，他的内心自有一片光明，这是一种信念，值得他用生命去践履。他以坚定的、从容不迫的语气对好友说：“我这样做的原因，就是要向天下人表明君臣之义。要是我投靠赵氏，就是认赵氏为主人，然后再杀自己的主人，这岂不是大乱君臣之义吗？我选择一条艰难的道路，就是要让天下所有对主人心怀二心的臣子感到惭愧。”

他要为武士的道德树立一块标榜，刻上“忠义”二字。

从此他浪迹在街头，没有人认出他来，“豫让”这个人似乎从人间蒸发了，没有人知道他的下落。可是无论是白天还是黑夜，总是一双炯炯有神的眼睛注视着赵氏的一举一动，耐心地等待致命一击的机会。

机会终于来了。

他打探到赵无恤要出外办事，马车将通过一座石桥，桥面狭窄，这可是动手的最好时机。豫让怀里藏着一把短剑，事先埋伏在桥面之下。他衣衫褴褛、灰头土脸、披头散发，这么一个乞丐当然不会引起任何人的疑心。可是说来也巧，那一天，赵无恤的车队行经石桥时，马车上的马匹忽然受惊直跳，似乎预感到某种危险。小心谨慎的赵无恤立即下令戒严搜查，果然在桥下发现了怀揣着一把利刃的流浪汉。

有着异常敏锐第六感的赵无恤马上想到一个人：豫让。在盘问之后，果然证实了他的猜测，藏在桥下的刺客正是前番放走的豫让。赵无恤生气了，他让人把豫让押到跟前，指着他的鼻子，责备说：“你做得太过分了。以前你当过范氏与中行氏的门客，后来这两个家族也让知瑶给灭掉了（指公元前 458 年，知瑶会同赵、韩、魏三氏灭尽两大家族，瓜分其地），你非但没有替他们复仇，反倒委身当了知瑶的臣子。如今知瑶已死，你却偏偏要这样卖命地为他报仇，这究竟是为什么呢？”

豫让面对周围数十把闪亮的兵戈，挺起胸膛说道：“范氏与中行氏都把我当作普通门客罢了，我也就只能像普通人那样来对待他们。知伯以国士对我，我也就要像国士那样来报答他。”

这句话，掷地有声。

赵无恤听了都被感动了，至少是那一刻，心灵被触动了。他感慨了一声：“唉！豫让先生，你拼了老命要为知瑶报仇，如今谁都知道了，成就了你的声名。可是我已经放过你一次了，也算仁至义尽，不能再放你走了。你自己说，要怎么办吧？”

豫让向赵无恤拜了一拜，从容地说道：“您曾经放过我一次，天下人无不称颂您的美德；今天我行刺您，理应伏法受诛。只是忠臣为名节牺牲，这是义之所在。我无法为知伯报仇，只希望能借用您的衣服戳几刀，象征性地表达我报仇的心愿。如果能得您的准许，我死而无憾了。”

沙哑喉咙里说出的话很轻，却有打动人心的巨大力量。眼前的这个人，就为了“士为知己者死”的信念，宁可抛妻弃子，自毁肢体，吞炭变声，忍人之所不能忍，行人之所不敢行，义重于生，以至是乎！他的敌人都默然无语，在豫让面前，谁也不敢自称是勇者。

赵无恤会不会答应豫让的要求呢？他并不是那种仁慈的人，否则也不会拿知瑶的人头来当便器。他完全可以置豫让的请求于不顾，将他乱刀砍死，可是话说回来，给一个将死之人一点点仁慈，又会损失什么呢？人要大气，不要小气，他解下外衣，交给豫让。

豫让站起身来，拔出刀子，跳起身往衣服上狠狠地戳下去。一下，两下，三下，总计戳了三刀，然后跪在地上，仰天大笑道：“我可以报答知伯了。”说罢把刀子往心窝里一捅，伏刃而死。

没想到无恶不作的知瑶竟然也有这么一位志士甘心为其蹈死，如果站在今天的立场看，豫让之死没有什么社会意义，只是一个暴君的陪葬品罢了。但是站在武士的立场，则另当别论。梁启超这样评价豫让：“坚忍若豫让者，何事不可成哉！然竟不成，岂力固不足以胜命耶？……就使不达也，而其义声至今日，犹令读者震荡心目，其所以感化社会者亦深矣。”

据说，豫让死了之后，赵国的志士们无不为之落泪。

知氏的覆灭意味着三家的崛起。

赵、韩、魏三家瓜分了知氏庞大的土地与财富，其中捞得最多的是赵无恤，他比韩、魏两氏多分到十余座城邑。这也难怪，在颠覆知氏的战争中，赵氏出力最多，牺牲也最大。至此，晋国的政治局面再度发生重大变化，从四卿制变为三卿制，而这三卿拥有全国绝大多数的土地。

三卿之中，以赵氏势力最为雄厚。晋阳之战后，赵无恤对有功的家臣、将士大加赏赐，很多人获得了领地。张孟谈是晋阳得以保存的最大功臣，他理所当然地获得最多的赏赐，可是令人感到意外的是，他竟然要交出自己的权力与领土，解甲归田。

他对赵无恤说：“春秋五霸之所以能称霸天下，是因为这些君主能节制众臣，不让群臣有权势来控制君主。如今我功成名就，身居显位，位高权重，请允许我捐弃功名，抛弃权势，远离尘嚣。”

赵无恤听后很吃惊，知瑶灭后，正是他大展拳脚之时，正当用人之际，麾下第一谋士张孟谈竟要隐退，这是他所不能理解的，故而强行挽留。

但张孟谈去意坚决，说道：“我所说的话，是持国之道。我考察古今历史，臣子与君主平分权力而国家能平安无事者，是从来没有过的。”

他从历史经验中得到的教训是，国家要长治久安，君主就必须要操纵权柄，避免权力旁落。我们可以说，张孟谈鼓吹的是君主独裁论。春秋时代，中原诸国均出现大夫擅权，权力凌驾于君主之上的情形。晋有六卿，郑有七穆，鲁有三桓，齐有田氏，这些国家政权都掌握在卿大夫之手，这也成为国家动荡、内乱的根源。如今赵氏立国的趋势已不可逆转，张孟谈希望这个新兴的国家能避免剧烈的动荡，他认为只有君主独裁才能避免内乱，才能使国家由强有力的领袖来领导，免遭别国的鲸吞蚕食。

他明确地告诉赵无恤，要掌控独裁的权力，不然最后只能沦为像晋国君主那样的傀儡。而作为赵氏集团的第一重臣，他甘愿交出自己的一切权力，解甲归田，以让赵无恤巩固独裁的地位。

君主独裁的时代已经到来，这也是战国区别于春秋的特点之一。

与以往六卿制或四卿制不同，三卿制中的赵、韩、魏实际上相互独立，各家管各家的事，互不插手或干涉，事实上已经是三个互不归属的政权。至于晋国的公室政府，实际上是名存实亡了，晋国君主完全沦为三卿控制下的傀儡。

三个崭新的诸侯国即将破茧而出。这是一次大蜕变！在旧的政治体系里，特别是中原诸侯国，君臣权力倒悬，君主遭到贵族的压制而不断被边缘化。当这些贵族的权力发展到一定阶段时，原先的臣子摇身一变而为君王，原先的君主却只能夹着尾巴俯首称臣。

三家分晋的局面已经成形。

齐国丞相田盘是最早意识到这点的人，在三卿灭知瑶的这一年，他马上派出使节，与三晋通使，事实上承认赵、韩、魏为独立的诸侯国。田盘这样做，别有深意，作为齐国权势最大的卿大夫，田氏家族与晋国的赵、韩、魏三个家族一样，都是凌驾于君主之上的，而且都野心勃勃地欲取而代之。关于田氏篡齐的事，后文详述，此处暂且不表。

在对外关系上，赵、韩、魏三家仍然延续了知瑶时代的扩张政策，主动出击，抢占地盘。赵无恤派新稚穆子率军队讨伐狄人，夺取左人、中人两座城邑；韩、魏二家也不甘示弱，在公元前 444 年联手消灭了盘踞在伊河、洛河以北的戎人部落。至此，曾经在春秋时代严重威胁中原的戎人势力被完全征服。

显然，三家都怀揣着不可告人的目的，他们不仅对外攻城略地，对内也不断蚕食晋国公室的地盘，软弱无力的晋敬公根本无力阻止城邑一个接一个地落入三家之手。到公元前 433 年，新上台的晋幽公尴尬地发现自己只剩下绛与曲沃两个城邑，其余地盘完全都归属三家。这位可怜的君主放下了尊严，扔掉了颜面，选择了一种现实主义的做法，他不仅没有任何权力号令三家，反而朝于三家之君，沦为赵、韩、魏的保护对象，被当作活化石供奉起来。

三家分晋解决了晋国长期以来存在的内斗问题，赵、韩、魏三家各自埋头向外扩张，相互之间倒也相安无事。在三家中，赵氏势力最强。

有了晋阳之战的教训，赵无恤深知民心的重要性，所以他比较注意自己的声名，尽管骨子里也是“厚黑”一类的人物，但表面上能作秀。比如对待刺客豫让，第一回放他走了，第二回拿自己的衣服让他戳三下，满足了刺客的欲望，也为自己赢得了“宽容”与“仁义”的美誉。

但是，赵无恤在选择接班人上，没有父亲的远见卓识。

当年赵鞅立储原则是立贤不立长，故而幼子赵无恤成为接班人，而长子赵伯鲁大权旁落。赵无恤晚年时，觉得愧对哥哥，便动了念头，想把赵伯鲁的儿子赵周选立为接班人。可是不幸的是，赵周命短，比赵无恤还早死，怎么办呢？赵无恤最后决定立赵周的儿子赵浣。这个选择并不太明智，因为赵浣此时还年幼，根本没有能力来领导赵氏集团。

公元前425年，赵无恤去世。根据他的遗嘱，赵浣被推立为继承人，即后来历史上的赵献侯。这时的赵浣还只是个小孩子，赵氏集团的大权旁落到了赵无恤的弟弟赵嘉手中。赵嘉显然对哥哥的遗嘱很不满意，一个毛头小孩儿，怎么能带领赵氏集团领袖中原呢？于是他秘密地纠集同党，发动兵变，把赵浣赶下台，自己爬上领袖的宝座。

尽管兵变十分成功，但赵嘉无福享受，还不到一年的时间，便一命呜呼。这下子问题来了，谁将继承大统呢？赵氏集团内部分裂为两个派别：一派支持赵嘉的儿子，另一派则支持赵浣。支持赵浣的一方强调说，这是赵无恤的遗愿，赵嘉及其儿子都是非法的政权，必须要给予清除。他们在军队的支持下，发动武装政变，杀死赵嘉的儿子，重新扶立赵浣上台。

在一年之内，赵氏集团内部爆发两次兵变，这大大削弱了赵家的实力，而且被扶上台的赵浣才能平平，并无出彩之处，故而赵氏在三晋中的领袖地位逐渐被魏氏所取代。

在晋国政局巨变的同时，一直默默无闻、几乎销声匿迹的楚国忽然活跃起来，这条南方巨鳄在经历长时间的冬眠后，又张开血盆大口，接连吞并蔡国、杞国、莒国等，又一次让世人为之震惊。

这个春秋时代曾经最强大的南天一霸，怎么会突然在战国时代到来时消失在“国际舞台”之上，它有着什么曲折的故事呢？

第二章　霸业初兴

一、浴火重生的楚国

在春秋的三百年历史里，楚国是最强大的诸侯国之一，它与晋国争霸百年，平分秋色。可是到了楚平王上台后，任用奸臣费无极，听信谗言，屡兴冤狱。太子熊建被迫害出逃，伍奢、伍尚父子被处死，伍子胥落难吴国，由此楚国开始走下坡路。与此同时，在伍子胥、孙武等人的辅佐之下，吴国迅速强大，成为楚国的劲敌。

公元前 506 年，吴王阖闾发动一场史无前例的闪击战，以雷霆万钧之势直捣楚都。楚昭王狼狈出逃，死去的楚平王被伍子胥从坟墓中挖出，遭到鞭尸。这一战，楚国几乎被灭，只是在秦国军队的帮助下才得以光复国土。经此一创后，楚国国力一落千丈，失去了争雄天下的资本。

然而，坚强勇敢的楚国人并没有因此而垂头丧气，痛定思痛的楚昭王知耻而后勇，他洗心革面，励精图治。楚昭王深知无法与吴国做正面对抗，便将矛头对准邻近的诸侯与蛮夷。公元前 496 年，楚国将顿国从地图上抹去；公元前 495 年，楚灭胡国；公元前 494 年，楚国攻打蔡国，蔡昭公战败请降；公元前 491 年，楚讨伐蛮夷，俘其君臣，大获全胜。

公元前 489 年，吴国进攻陈国，楚昭王亲自率军救援，驻军于城父。不想这竟然成了楚昭王最后一次出征，他没能活着回来，病死于前线。

楚昭王临死前，要把王位传给自己的兄弟子西。当时子西担任楚国令尹，对楚国的复兴做出了巨大贡献。子西没有接受王位，而是拥立昭王的儿子熊章为王，史称楚惠王。此时楚惠王年龄尚幼，子西肩负着辅佐新王的重任。

楚惠王上台后几年，楚国政局稳定，倒也波澜不惊。不过执政的子西总有个心结未解：他的哥哥、前太子熊建自从被奸人陷害、客死他乡后，一直未能平反。这件事已经过去四十年了，随着当事人一个个地离开人世，这桩沉没在时间泥沙中的冤案应该要做一个了结了。

那是公元前522年时的事情了，楚太子熊建被奸臣费无极中伤陷害，逃亡到宋国，后又辗转到了郑国。晋国人试图利用他作为内应，颠覆郑国政府，结果阴谋败露，熊建被郑国丞相子产所捕杀。熊建死后，留下一个儿子熊胜，年纪轻轻就跟随伍子胥亡命天涯，历尽千辛万苦，最后在吴国落脚。

转眼时间过去四十多年了。

熊建死了，楚平王死了，伍子胥也死了。

只有熊建的儿子熊胜还健在，居住在吴国。

楚国人谁心里都明白，太子熊建当年是被冤枉的，可是由于他的身份太特殊了，所以一直未获平反。子西也是楚平王的儿子，与太子熊建虽然不是同一个母亲，却是同一个父亲所生，他觉得自己有责任为哥哥恢复名誉，并从吴国接回侄儿熊胜。

为前太子平反雪冤，这个没有人有反对意见，但在是否接回熊胜一事上，叶公子高有不同的看法。

原来熊胜这个人，从小追随伍子胥，喜欢舞枪弄棒，长大后收罗了一帮亡命之徒充当打手，他性情急躁，做事情容易冲动，满脑子的鬼主意。叶公子高提醒子西说："熊胜这个人喜欢乱来，为人奸诈，我看会带来祸害。"

子西却不以为然，在他看来，熊胜勇敢坚强，正好可以镇守边关呢。他没有听叶公子高的劝阻，把熊胜从吴国接回楚国，并让他担任巢邑长官，称为"白公"，负责保卫边疆。

可是子西没有想到，他搬了块石头砸自己的脚。

人的天性中总是缺乏感恩的基因，对熊胜来说，尤其如此。

在父亲蒙冤四十二年后，楚国政府终于为其平反。在熊胜看来，他非但不感恩，还认为子西的政府做得很不够。为什么这样说呢？他认为郑国人是杀害父亲的元凶，可是子西却迟迟不发动对郑国的进攻。他恨不得亲自带兵把郑国灭了，以慰父亲在天之灵。

回国后没多久，熊胜就一而再、再而三地向子西提出，他要率军队讨伐郑国。这下子西可头大了，自从阖闾伐楚后，楚国元气大伤，虽然国力在缓慢地恢复，可是要回到以前全盛时代的水平，那可不是短时间内做得到的。在这种情况下，怎么能因为熊胜的一己私欲而发动对郑国的全面战争呢？

但是熊胜三天两头来烦这事，也不好办。

子西虚以应付，忽悠他说："楚国现在还没恢复元气呢，不然的话，我怎么会忘了报仇这件事呢？"可是熊胜没那么容易被忽悠，过了一段时间后，他又来找子西，再次提出讨伐郑国的事。子西心里想，干脆呀，就象征性地出兵一次吧，不然这小子不知要折腾到什么时候。于是他答应了，等军队做好准备后，就发兵攻打郑国。

然而计划赶不上变化。

就在熊胜磨刀霍霍想杀向郑国为父报仇时，晋国突然出兵入侵郑国。楚国一直以来的战略思想，是阻止晋国向南扩张，子西从国家战略出发，调整了军事部署，不仅作废了讨伐郑国的计划，还出兵救援郑国，并与郑国政府缔结了同盟条约。

当熊胜获悉楚国政府的立场发生了一百八十度的转变后，他目瞪口呆，继而怒火中烧。

子西说要报仇的话完全是屁话！

非但没灭了仇敌，反倒救仇敌，甚至还结盟！

楚国政府里的那帮人都不是什么好鸟！令尹子西表面一套，背后一套，最坏的便是此人；司马子期是负责国防军事的，楚国与郑国勾结在一起，他逃不了干系！"郑国的同党就在楚国，杀父仇人离我不远！"熊胜狞笑道，杀机毕露。

跟随伍子胥混这么多年，熊胜身上也有几分血性。

有仇必报，这就是楚国汉子的血性。

当年伍子胥父兄被楚平王杀害，他远走异国他乡，忍辱负重，最终率领军队杀回楚都，挖出平王的尸体，鞭尸三百，何等痛快淋漓。

这一切熊胜都看在眼中，大丈夫当如此也！

可是他的权力有限，没法带兵杀入郑国为父报仇。现在令尹子西、司马子期都成为郑国人的同党，跟仇人站在一起的人，必定也是仇人——这就是熊胜的逻辑。他丝毫不隐藏杀人的欲望，亲自把宝剑磨得锋利无比，并对司马子期的儿子子平说："我这个人十分直率，我坦白地告诉你，我要杀死你的父亲。"

子平听了魂飞魄散，赶紧向令尹子西打小报告。子西一听，熊胜这小子无非是吓唬人罢了，可曾听说哪个人在杀人前还告诉别人说自己想杀人了？再说了，熊胜回国这件事，都是自己一手操办的，没有我子西，熊胜不还在吴国过流浪的生活吗？这小子也就是嘴硬罢了。他不以为然地对子平说："熊胜就是个鸟蛋，是我用翅膀捂着孵大的。"言下之意是说，熊胜他敢造反吗？还嫩着呢。

可是子西真的错了。

熊胜身上流着的是王族的血液，精神却得到伍子胥的真传。

这个精神就是：有仇不报非男儿。

子西的话传到熊胜的耳朵里，他气得跳起来了，咒骂道："令尹说的话真太狂妄了。他若是得以善终，我就不叫熊胜！"

可是熊胜长期生活在吴国，在楚国根本没有根基，想杀死子西与子期谈何容易。半年过去了，他没有任何行动，这使得子西更加放松了警惕，渐渐忘掉了熊胜的叫嚣。但熊胜说出的话，绝没有更改的余地——这就是他的人生准则，只要说过的话，一定要做到。

要如何下手呢？

公元前479年，一个机会来了。

这一年，吴王夫差的军队进攻楚国慎城。熊胜作为白县长官，率边防军迎击吴军。他长期追随伍子胥，多少学到一些兵略，行军打仗还是内行的，对吴军的战法也十分熟悉，因而知己知彼，打败了敌人的进攻，并抓了若干俘虏，缴获了不少战利品。

一出手就打了个大胜仗，朝廷也十分高兴，熊胜便乘机提出一个要求：请政府批准他率军队入郢都进献战利品。

子西没有任何疑心，这位心地善良的执政者理所当然地认为胜利的荣誉有自己一份，因为是他力排众议，把熊胜从吴国迎回来的。得到政府批准后，熊胜以国家英雄的姿态，雄赳赳气昂昂地骑着高头大马进入郢都。

谁也没能想到，这是血腥政变的开始。

毫无顾忌的熊胜抓住子西麻痹大意的良机，血洗宫廷。叛乱的军队一拥而上，宫廷卫队根本无力抵挡，很快被杀得作鸟兽散了。几位叛军士兵持兵戈冲向子西，这位才能非凡的令尹身上被戳了几个大血洞，临死前，他以袖掩面，大约是后悔当初召回熊胜的决定，导致楚国经历一场大劫，他有何脸面到九泉之下见诸位先王呢？司马子期不肯坐以待毙，他力大无比，拔起一根樟木，撂倒几个叛兵，最后力战而死。

令尹子西、司马子期被杀后，惊慌失措的楚惠王被挟持为人质。熊胜发动的叛乱，就这样轻而易举地成功了，叛军完全控制了首都。

接下来要怎么办？

熊胜的心腹石乞说道："要把国王杀死，一把火把府库烧了，这样才能大功告成。"石乞的意思很明白，你是前太子的儿子，本来就有资格当楚国的王，何不乘此时机自立呢？可是一个人的事业能做到什么程度，取决于他内心的思想。在熊胜的内心深处，他只知道"报仇"两个字，他的仇敌是郑国政府，只是因为子西、子期勾结郑国，所以这两人也该死，也成为他的仇人。现在他把国内的亲郑分子一网打尽了，这仇也报了，至于当王的野心，他并不强烈。

因此他拒绝说："不行。杀死国王是不吉利的，把府库烧了就没有物资，以后靠什么来保卫都城呢？"

石乞又谏道："只要您拥有楚国而治理百姓，恭敬地侍奉鬼神，就什么也不会缺了，您怕什么呀。"

可是熊胜不听。

虽然熊胜并不杀害楚惠王，但楚惠王毕竟是子西、子期所立，不好控制，于是他便想从诸公子中挑选一人来取代楚惠王。子闾也是楚平王的儿子，在辈分上算是熊胜的叔叔，熊胜逼他出来当楚王。没想到子闾一口拒绝了，熊胜一怒之下把这位叔叔杀死了，并把楚惠王囚禁于高府。

郢都爆发的这场叛乱令楚国陷入一片恐慌之中，中央政府被推翻了，地方政府一时间不知适从。群龙无首，到底要听谁的命令呢？

这是自吴王阖闾攻破郢都之后，楚国又一次面临生死的考验。这个曾经笑傲江湖的大国，如今风雨飘摇，究竟会何去何从呢？谁能站出来力挽狂澜、扶大厦于将倾呢？所有人的目光都投向镇守在蔡地的叶公子高。

当初子西欲迎回熊胜时，叶公子高便持反对意见，事实证明了他的高瞻远瞩。子高又叫沈诸梁，曾经担任叶县长官，因而被尊称为“叶公”。熊胜叛乱发生后，楚国人把希望寄托在这位地方大员身上，纷纷提议说：“您可以向首都进军了。”

可是子高却按兵不动，他说道：“先等等，熊胜冒险侥幸得逞，可是他贪婪，办事不公正，民众一定会叛离他的。”

熊胜虽然没有自立为王，但他是都城的统治者，一手遮天。这位血性汉子身上有着某些优点：坚强、勇敢、豪爽；可是作为一名政治家便不合格了，凡事随心所欲，迷信暴力手段。对政见不合者，他大开杀戒。在他处死的人中，有一人名叫管修，是名臣管仲的七世孙，从齐国来到楚国，在民众中口碑相当好，被认为是一名贤大夫。熊胜想用暴力手段压制反对派，结果适得其反，越发失去民心。

失民心者失天下。

叶公子高察觉时机已成熟了，他发布命令：进军郢都。

叶公子高的部队势如破竹，攻入都城，叛军屡战屡败。尽管吃了败仗，熊胜手上还有一张王牌：楚惠王。只要人质在手，叶公子高便投鼠忌器，就算国都守不住，挟持楚惠王回到自己的老巢白县，也仍然可以割据一方——这便是熊胜的想法。

可是就在此时，有一人慌慌张张跑来报告说：楚王逃跑了。

“啊——”熊胜听了后呆住了，楚王怎么会逃跑呢？

看守楚王的人，是自己最信任的心腹石乞呀。但这是真的，楚惠王逃跑了。石乞把楚惠王囚禁在高府内，自己亲自守着大门，可是他没想到，高府后院的墙被挖了一个大洞。挖洞的人是圉公阳，他是楚国大夫，与楚惠王一同被关押在高府，也不知使用什么手段，秘密地在高墙下挖了个洞，在叶公子高的勤王军攻入都城时，他背着楚惠王，穿墙而去。

楚惠王越狱跑了。

熊胜想追回楚惠王，可是已经来不及了，叶公子高的军队已经赶到，楚惠王终于死里逃生。

此时的首都陷入一片混乱之中，很多人无所适从，究竟是熊胜会胜利呢，还是叶公子高？楚国大夫箴尹固把宝押在熊胜身上，他身着盔甲，率领自己的人马要去援助熊胜，在路上与叶公子高遇个正着。叶公子高大声呼道："你要好好考虑自己的立场啊。楚国当年没被吴国所灭，都是令尹子西与司马子期的功劳，如今你要背叛先贤，去追随杀害子西与子期的叛贼，这样做算是聪明吗？"

叶公子高这么一喝，倒把晕乎乎的箴尹固给唤醒了。熊胜虽然有能耐，可是毕竟长年待在国外，在国内没有任何根基，成不了大事吧。这个箴尹固倒颇能见风使舵，当即掉转枪头，跟着叶公子高杀向熊胜。

这么一来，熊胜众叛亲离，眼看打不赢了。他溜出城外，一直逃到一座山上，回头一看，他的兵走的走，散的散，剩下来的人寥寥无几了。他知道自己已在劫难逃，与其落入敌人手中受到羞辱，倒不如自行了断。

他找了一棵大树，悬下绳子，把线圈往项上一套，脚一蹬，上吊自杀，死了。

熊胜的叛乱就这样结束了。

这次叛乱仅仅出于熊胜一己私怨，并没有很多政治野心，但对复兴中的楚国破坏巨大。楚国复兴的两大功臣，子西与子期都死于叛军之手，改革大业遭到严重的挫折。叶公子高平定叛乱，再造王室，功莫大焉，战后身兼丞相与司马。不过他急流勇退，把丞相与司马这两个要职分别让给子西与子期的儿子。

熊胜之乱，给年轻的楚惠王心头留下一生难以愈合的创伤。此时的他已经在位十年，意识到自己的权力仍然十分脆弱，受内忧外患双重打击的楚国已成为一只病猫。楚国的政策必须要改变，对内励精图治、休养生息，让国家从战争的创伤中走出，对外则避免四处树敌，不卷入称雄争霸的战争，低调行事。

一夜之间，楚国几乎关起国家的大门，不问世事了。

从公元前 479 年平定熊胜之乱，一直到公元前 448 年，三十年的时间里，楚国几乎消失在世人的视野之中。在这段时间里，越国灭了吴国，中原战火越烧越旺，晋国内乱中三卿灭知瑶，等等。但这些事与楚国统统无关，楚惠王超然于政治斗争之外。史书中关于楚国的记载也越来越少，楚国似乎忽然间从时空的黑洞中蒸发了。

那条曾经吞噬长江南北的巨鳄就此消失了吗？有着勇武传统的楚国人血性不再了吗？问鼎中原的理想飘散在风中了吗？

当然不是！楚惠王只是默默无声地苦练内功，等到长剑出鞘时，绝对要划破长空，震惊寰宇。

公元前 447 年，楚国终于打破沉默。

这一年，楚国司马子发率领大军大举进攻蔡国，此役楚国人志在必得。子发是楚国名将，善于带兵，史料称“整师旅、治兵戈、使蹈白刃，赴汤蹈火，万死不顾一生者，有司马子发能也”。手下的士兵都甘愿为他效死，可见此人魅力非凡。

楚国这一击，有万钧之力，蔡国如何能抵挡。以往蔡国在楚、晋两大强国的夹缝中求生存，如今晋国已被三卿瓜分，根本无心救援小小的蔡国，灭亡的结局不可避免。子发的楚军攻破蔡都，俘虏蔡侯齐，宣告这个建立于西周初期、有着五百年历史的诸侯国寿终正寝。

已在位达四十二年的楚惠王慷慨地把百顷田地封赏给司马子发，子发没有接受，他上书楚惠王说：“倘若仅仅发号施令，大军未到而敌人闻风而逃，这就是将军的功劳；如果是将士齐心协力，浴血奋战而打败敌人，那是众军士的功劳。伐蔡的胜利，是众军士的功劳，不是我一人的功劳，因此我不能接受封赏。”有这样为公忘私的名将，楚军能再度雄起，理固宜然。

两年后（前 445 年），又一个历史悠久的古老诸侯国被楚国从地图上抹去，这个国家便是以“杞人忧天”的故事闻名天下的杞国。屡屡得手后的楚国，继续向东扩张，目标直指江淮以北之地。在越国灭吴后，勾践未能完全征服该地之各部落，楚惠王以一往无前的意志，武力征服，东拓领土至泗水之上，尽有江淮以北之地。

此时距吴国破楚（前 506 年）已过去整整六十年。曾经的敌人吴国早已如云烟散去，而奋斗不息的楚国人又回来了。楚惠王以半个世纪的艰辛打拼，打造出一片新天地，在战国时代到来时，楚国仍然是天下最强大的诸侯国之一。

显然，楚惠王已经走出了早年被叛军挟持的阴影。他是属于大器晚成的君王，在位时间总计五十七年，超过了半个世纪。

楚国之所以能在数百年的时间里一直保持强盛，与历代君王十分重视军事技术是有关系的。从春秋时期始，楚国在军事装备上一直领先于其他诸侯国，不仅拥有最强大的战车部队，也是最早发展水上武装的国家之一。楚惠王对军事技术的重视不亚于前代，当时他任用了一位大名鼎鼎的人物，这个人便是被称为工匠祖师爷的鲁班。

鲁班又称为公输班，也作公输盘，原本是鲁国人，后来被楚惠王聘请到楚国主持军械制造。在鲁班的主持下，楚国制造大量的云梯以及其他攻城器械，这些器械在灭蔡、灭杞战争中发挥了很大的作用。楚惠王并不满足于吞并蔡、杞这样的小虾米，而是把目光盯住宋国。他让鲁班抓紧时间，制造攻城器械，打算一鼓作气再下宋国。

楚惠王谋攻宋国这件事，尽管十分机密，可是消息被另一位工匠大师得知了，这位大师便是中国历史上最伟大的思想家之一、墨家学派创始人墨子。墨子与鲁班有很多共同点，他也是鲁国人，同样精通器械制造。但是墨子并不完全是个工匠，他的才能是多方面的，著书立说，鼓吹“兼爱”“非攻”的思想，并且组织了一个秘密团体。这个团体具有半军事化的色彩，墨子自己充当领袖，称为“钜子”，其门下的成员便称为“墨者”。

墨者集团是一个神秘的组织，在民间有着极强的渗透力。在墨子生前，“墨学”便已经成为与“儒学”相抗衡的天下显学，墨者遍布各地，各行各业的人都有。凭借这种超强的渗透力，墨子很快知道了鲁班为楚惠王制造攻城器械以进攻宋国的消息。这位坚忍不拔的墨者领袖，要凭借一己之力拯救宋国。

为什么墨子要拯救宋国呢？

据史书所载，墨子曾经当过宋国大夫，显然他对宋国十分有感情。墨子思想有两大核心：一是“兼爱”；一是“非攻”。这两大核心的产生有其现实的土壤，这个土壤就是宋国的和平主义思潮。在春秋时代，有过两次国际和平运动，称为“弭兵之会”，这两次弭兵运动全部是宋国提出并主持的，第一次由华元倡导，第二次由向戌主持。特别是向戌弭兵，对春秋历史产生深刻的影响，中止了晋、楚两国的争霸，为诸侯国争取到一段来之不易的和平时期。

由此可见，墨子对宋国是有感情的。但是他要拯救宋国，不仅是感情因素，更是要践行“非攻”与“兼爱”的信念，人与人应该要充满爱，坚决反对以大欺小的侵略战争。墨子有着宗教家的情怀，也有宗教家的实干，更有宗教家的牺牲精神。在打听到楚国即将攻宋后，他立即两手准备：一方面，派自己的弟子禽滑釐率领三百名墨者入宋国，协助宋国人守城；另一方面，自己从齐国出发，行走十昼夜抵达郢都，见到了鲁班。

当时鲁班与墨子都是名重天下，又都是工匠大师，自然相互间颇为尊重。鲁班见墨子风尘仆仆而来，便问："夫子您来这儿有什么事吗？"

墨子答道："北方有人侮辱我，希望您帮我杀了他。"

鲁班听了满脸不高兴，墨子进一步说道："我出十金的价钱。"鲁班生气了，把脸一沉，没好气地说："我是讲道义的人，我的道义就是不杀人。"

墨子等的就是这句话，他拜了一拜后，挺直身子道："我在北方听说您为楚王制造云梯，打算攻打宋国，宋国何罪之有呢？楚国地广人稀，还要去争别人的地盘，这不算明智；宋国无罪却要前去征伐，这不算仁义。您的道义不愿杀一个人，现在却要帮楚王杀许多人，这岂不是自相矛盾吗？"

这些话把鲁班说得哑口无言，墨子乘机说道："您认为我说得有道理吧，那您还不停止制造杀人的器械！"

"那不行，"鲁班从牙缝里挤出几个字来，"我已经答应楚王了，岂可失信呢？"

墨子对此有所准备，他便说道："那这样吧，你把我引见给楚王。"鲁班答应了。

对于墨子，楚惠王并不陌生。

那是在公元前 439 年，即楚惠王五十年时，当时墨子南游（可能是到楚国发展他的墨者组织），到郢都时，向楚惠王进献自己的著作。楚惠王阅后称赞"良书也"，但是并没有用墨子，原因有二：其一是墨子说的"兼爱""非攻"对于灭蔡灭杞、有席卷天下雄心的楚惠王而言，不啻为对牛弹琴；其二是墨子当时年龄也大了，楚王便以"年老"为由拒绝用他。

在鲁班引见下，墨子见到了楚惠王，进言道："楚国的地盘方圆五千里，而宋国只有五百里；楚国有各种野兽、水产，富甲天下，而宋国连个山鸡野兔都没有；楚国的森林广阔，木材丰富，而宋国连大木头都找不到。大王您想想，您要是攻打宋国，就像是穿着华丽锦绣的人还要抢别人的破衣服，吃着大鱼大肉的人却要抢别人吃的糠糟，既有损道义，又没有丝毫收获，我以为很不值得啦。”

你想想，楚惠王隐忍三十多年后复出江湖，一鸣惊人，那种权力的冲动是很难遏制的。听了墨子的话后，他说道：“先生说得不错，不过鲁班为我制造的云梯已经完工，可不能摆着不用，我一定要攻打宋国。”

对于强盗可不能光讲道理，墨子可不是书呆子，他是个具有非凡能量的人。按楚王的说法，武器生产出来了，不用白不用；可是墨子要证明给他看，这些武器并不能攻下宋国，用了也白用。

鲁班当然不服气了，他要跟墨子来一番纸上谈兵——其实不是用纸，而是用模型。两人就跟玩游戏一样，打起了虚拟战争。鲁班拿木片当攻城器械，墨子拿衣带当作城池的模型，双方你来我往，使出浑身解数，大战九回合。鲁班绞尽脑汁，可是他所有的进攻手段都被墨子给一一化解，到最后终于两眼发愣，没招了。可是墨子还喊道：“来来来，我的守城招数还没用完呢。”

墨子反对侵略战争，但却支持正义的抗战，因而他的墨者组织对军事防御学有着深入的研究，《墨子》一书中也留有许多关于防御战的军事论文。在与墨子的虚拟战争游戏中，鲁班一败涂地，可是他还有最后一招，他对墨子说：“我有打败你的方法，我不说。”

楚惠王一听急了，有方法你还不说，此时墨子也说道：“我知道你的方法，我也不说。”楚王一听，更是纳闷了，他指着墨子道：“你说，你说。”

墨子这才答道：“公输班的意思，不过就是杀了我。杀了我，就没有人能阻止他的进攻手段了。可事实并非如此，我已派禽滑釐带着三百人，带上我研制发明的守城器械前往宋国了，现在他们估计已在宋城上等待楚国兵马了。即便现在杀了我，也没有用了。”

楚惠王听到这里，心里暗中思忖，攻打宋国的计划已经泄露，况且宋国现在已有准备，又加上墨者集团的参战，这个仗就不好打了。倒不如顺水推舟，卖个人情给墨子，因为此人的本事太大，他手下那些人又都是个个不怕死的好汉，不便得罪哩。于是他对墨子说：“好吧，那我就收回攻宋的命令吧。”

宋国最终避免遭遇蔡、杞的下场，这全是墨子的功劳。

公元前 432 年，楚惠王在当了五十七年的国王后去世。他是楚国得以中兴的关键人物，在他去世后的第二年，继位的楚简王挥师北上，灭掉莒国，再次证明了楚国实力之强大。不过在这段时间里，楚国所吞并的都是些阿猫阿狗的小角色，真正在国际上叱咤风云的英雄人物，当属新兴三晋的带头大哥魏斯。

自从晋三卿灭知瑶后，赵氏成为势力最雄厚的一家，究竟是什么原因，使得魏氏得以后来居上，充当起三晋领袖呢？

二、带头大哥魏斯

战国初期，晋国由四卿执政，魏氏与韩氏同属弱势阵营。知氏被灭后，赵氏一枝独秀，可惜的是，赵无恤一死，赵氏家族内部争权逐利，势力由是大衰。魏氏家族则在雄才大略的新掌门魏斯领导下，异军突起，后来居上，魏斯以其出类拔萃的才能领导三晋，成为名副其实的带头大哥。

魏斯是魏驹的孙子，他在公元前 446 年成为魏氏掌门人，在公元前 403 年被周天子册封为诸侯，史称“魏文侯”。

那么魏斯究竟有何本事呢？

历史学家钱穆在《先秦诸子系年》中有这么一段评价魏文侯魏斯的话：“魏文侯以大夫僭国，礼贤下士，以收人望，邀誉于诸侯，游士依以发迹，实开战国养士之风。”从这段话中可以看出，魏斯求才若渴，四处收拢名士以为己用。譬如说，他拜孔子弟子、大儒子夏为师，与著名儒者田子方、段干木亦师亦友，每次经过段干木的住处时，总是毕恭毕敬。这种礼贤下士的态度无疑使他很快声名远扬，天下英雄才士纷纷从各地赶来，投奔魏斯。除了以上几位名士之外，魏斯麾下有许多著名人物，如吴起、李悝、西门豹、乐羊等人，一时间人才济济。

公元前 420 年，晋国发生一件大事，这件事确立了魏斯在三晋中的领导地位。

这一年，晋幽公死了，而且死得很窝囊。这位有史以来第一位反朝于三卿的晋国君主，长年郁郁不乐，只在美酒与女人中打发时间。可是他的权力实在太小了，估计后宫中美女也不多，怎么办呢？索性半夜时偷偷摸摸地溜出城去找女人。可是他真的非常倒霉，在半路上被强盗给杀了。

当然，也有不同的说法。有些史籍上的说法是，晋幽公实际上死于夫人秦嬴之手，这也不难理解，自己的丈夫老跑出去泡女人，做老婆的恼羞成怒，找一帮人冒充强盗把他给做了。这件事给了魏斯一个表现的良机。他立即带着军队把杀害晋幽公的强盗一网打尽，并立幽公的儿子姬止为新的君主，史称晋烈公。尽管晋国君主如今惶惶如丧家之犬，可是魏斯安定公室仍然赢得了一片喝彩声。在喝彩声中，他的地位悄悄超越了赵氏。

此时晋国三卿的老掌门赵无恤、魏驹、韩虎都已去世，想当年三卿联手共灭知瑶，相互间自然惺惺相惜。但新一代掌门人没有那种同舟共济时产生的友谊，韩氏新掌门韩启章见赵氏由于权力斗争而爆发内乱，便打起了坏主意，想借机消灭赵氏。不过韩氏势力在三卿中最为薄弱，靠自己的力量肯定做不到，于是韩启章便找到魏斯，跟他大谈乘机瓜分赵氏的阴谋。魏斯当场义正词严地拒绝了，他正色地答道："魏与赵是兄弟，恕我不能从命。"

赵氏内乱结束后，赵浣重新上台，得知韩氏竟然要在背上插上一刀，他大为愤怒，也找到魏斯建议说，三卿中韩氏力量最逊，赵愿与魏联手，把韩氏给灭了。然而魏斯也以同样的回答拒绝了："魏与韩是兄弟，恕我不能从命。"

韩启章与赵浣都是头脑发热，只有魏斯最为清醒。

从历史来看，各大家族能团结一致，晋国就天下无敌，各大家族若钩心斗角，晋国就陷入灾难。

从地理位置来看，晋国处于四战之地，东有齐国，南有楚国，西有秦国，晋被夹在其中，随时要面临对手的压迫。晋国的生存之路，便是积极扩张，在对手强大之前将其打趴在地。在过去两百年里，晋国就是用这种方法死死压制住秦国与齐国。可是，晋国分裂了，一分为三，三卿倘若不能联合成一体，那么晋的辉煌将不再，而赵、魏、韩三家也将日落西山。魏斯看得明白，三家联合，对大家都有好处，三家钩心斗角，将大难临头。

魏斯以大局为重，避免了三家之间的内斗。韩启章、赵浣头脑清醒下来后，都意识到自己的做法实属幼稚，便共同拥魏斯为带头大哥。

不过，这个带头大哥是不好当的。

无论魏、赵、韩三家多么亲近，始终改变不了晋国分裂的事实。三家各有各的利益所在，之间的矛盾也始终存在，就像一块大石头裂成三小块后，用黏土粘上后，表面上看还是一块大石头，实际上已经改变不了其脆弱的本质了。

晋国政治格局的巨变，对秦、齐这两个饱受其压制的诸侯国来说，是天大的喜讯，也是这两个国家翻身的良机。分裂后的晋国，要如何来应对呢？这也是带头大哥魏斯所要思考的头等大事。

魏斯有一种敏锐的政治嗅觉，能嗅出敌人的味道。晋国最可怕的敌人，不在中原，不在南方，而是西方的秦国。

其实秦国几乎被中原诸国给遗忘了。

公元前 627 年的殽山之战，秦军遭到晋军毁灭性的打击。此后两百多年时间里，秦国被死死地被阻挡在黄河西岸，不能进中原半步。秦国虽然不是晋国的对手，但在广阔的西部却也如鱼得水、称雄称霸，频频打击狄戎部落，自得其乐。公元前 505 年，吴军破楚都，楚国向秦国求援，秦以五百辆战车驰援楚国，并打败了当时雄视天下的吴国兵团，此役展现了秦国铁血军团的虎狼本色。

睿智的魏斯比谁都清楚秦国的潜力，秦将是魏的劲敌与心腹之患，他必须要先下手为强。公元前 419 年，魏筑少梁城。少梁位于黄河西岸，在当时是有名的渡口，为黄河水路交通枢纽，是兵家必争之地。由于黄河天险的存在，晋国向来对黄河西岸的控制力有限，这也限制了其对秦国进行深入的打击。魏斯在黄河西岸修筑少梁城，意图十分明显，就是要在黄河西岸建立一个桥头堡，以便随时发动对秦国的进攻。

魏斯已经释放战争的信号。

少梁城如同一根楔子插入黄河西岸，秦灵公要在魏军还立足不稳时，把少梁城一举端掉。于是在公元前 418 年，秦军与魏军大战于少梁。

这次战役的结果，史书上没有明确记录，但是从次年魏斯再度修筑少梁城来看，魏军保住了城池，但城邑受损严重。这只是秦、魏争夺少梁的开始，在后来的战争中，双方还将一而再、再而三地为争夺这个战略要地而浴血奋战。

强攻不成，秦国人改变了策略，在少梁北部修筑两座城邑以为防备，一为籍姑城，一为繁庞城，以威胁魏在黄河西岸的桥头堡。然而秦的防御徒劳无功，公元前 412 年，魏斯派儿子魏击率领军队包围繁庞，一举击破，并把城里的秦国人赶出去。

对魏斯来说，打败秦国的关键是要在黄河西岸站稳脚跟。为实现这个战略意图，光一座少梁城显然是不够的，必须在河的对岸建筑更多的城堡。公元前 409 年，魏在少梁城以南约八十公里处筑临晋城，在少梁西南约五十公里处筑元里城。

这样，魏斯在河西布置的三个军事据点遥相呼应，全面夺取河西之地的时机已成熟。

河西之地，指的是黄河以西到洛水一带的土地，这也是秦、晋历来争夺的重点地区。公元前 408 年，魏斯亲自率领大军，渡过黄河，入侵秦国。在三座城池的策应下，把秦国势力完全驱逐，尽占河西之地，而后又筑洛阴、郃阳两城。吃了败仗的秦国人全面退守洛水，并沿着洛水修筑防御工程。

至此，魏斯对秦国的打击告一段落。在河西战争中，魏军占尽优势，这也可以看出在魏斯统治时，魏的军力是十分强大的。夺取河西之地后，越往西地势越险要，易守难攻。这对进攻一方的魏军相当不利。魏斯审时度势，暂时放弃对秦国的打击，转而向北攻略中山国。攻略中山国一役，是魏文侯时代重要的一场战争。

中山国的前身是鲜虞国，乃是狄人所建之国。狄人一度是中原最大的威胁，然而到春秋中后期，遭到晋国接二连三的打击，几乎被摧毁殆尽。进入战国后，晋国的知瑶、赵无恤等先后征伐中山，吞并其不少土地，中山国的势力更加衰微。魏斯想把中山纳入囊中，但有一个问题：中山国与魏国并不接壤。

魏与中山之间，隔了一个赵。魏斯要攻打中山，就必须从赵的土地上跨过，这有点不太合适。不过这时魏、赵还不是两个完全独立的国家，仍然是属于晋国的一部分，再加上魏斯是三晋的带头大哥，赵小弟不至于拒绝魏军借路。

公元前 408 年，魏斯发动对中山的战争，远征军借道赵境，突入中山国，指挥此次远征的大将是乐羊。

魏斯以善用人才而著称，其中一个典型的例子便是重用大将乐羊。乐羊本是中山国人，后来不知发生什么事，他逃到了魏国。魏斯很欣赏他的军事才华，加上他对中山国的情况了如指掌，故而魏斯大胆地起用他为远征军总司令。这个任命遭到很多人的反对：用一名中山降将去攻打中山国，这种人靠得住吗？以前他背叛自己的国家，现在会把魏军带入一条不归路吗？更令人担忧的是，乐羊还有一个儿子留在中山国，中山国随时会拿他儿子当人质来威胁他。可是魏斯用人不疑，疑人不用，把远征军托付给乐羊。

这场战争前后持续三年。

到了公元前406年，在魏军的围困之下，中山国已是强弩之末，危在旦夕了。乐羊见状，下令军队加大攻城力度。眼看国家即将不保，中山人也狗急跳墙了，他们手上还有最后一张王牌，便是乐羊的儿子，中山人把人质绑着押上城头。其实乐羊的儿子也算倒霉，这场战争本来跟他没有任何关系，仅仅因为他是敌方将领的儿子，糊里糊涂就被当作讨价还价的筹码。

中山国的守将在城头上对乐羊喊说："你要不退兵，我们便把你儿子给煮了。"

可是乐羊无动于衷，回话说："君臣之义，不得以子为私。"他置人质于不顾，更加疯狂地攻城。这下子中山守军可气坏了，他们丧心病狂地把乐羊的儿子用大锅给煮了。煮了还不解气，还盛了一碗人肉羹，差人送去给乐羊。

中山使者拎着死者的人头与人肉羹，送到魏军兵营，可是接下来的一幕让使者大惊失色，终生难忘。乐羊竟然若无其事地端起人肉羹就吃了一口，那是自己儿子的肉。中山国人想用人肉羹打垮乐羊的意志，可是最后却被乐羊强大的意志征服了，乐羊的血是冷的，冷血者总是可怕的人。中山使者仓皇回城，心惊肉跳地回复君主："乐羊能忍人之所不能忍。"中山君臣听罢面面相觑，除了投降之外，能有更好的选择吗?

中山国灭亡了，乐羊为魏斯立下汗马功劳。当魏斯听说乐羊吃了自己儿子的人肉羹时，不禁一阵唏嘘，对睹师赞说："乐羊真是忠心啊，因为我的缘故，他竟然吃了自己儿子的肉。"睹师赞有点不屑一顾地答道："连自己儿子的肉都吃，还有谁的肉不能吃呢？"

这话对魏斯是当头一棒，他下意识地想起齐桓公的故事。当年齐桓公曾说不知人肉的味道，佞臣易牙便杀了自己的儿子，煮给齐桓公吃。齐桓公认为他非常忠心而倍加宠幸，可没想到最后的下场是死在易牙之手。

想到这里，魏斯内心不由得打了一个寒战。

乐羊从前线返回后，自以为功劳很大，一脸骄气。魏斯对他更加提防了，决定要打击一下他的骄气，于是让人抬出两个大箱子，摆在乐羊面前，箱子里面装满了竹简。

"你看看吧。"魏斯指着竹简对乐羊说。

乐羊随手翻开几卷，不由得冷汗直冒。原来两大箱子中所装的，都是针对乐羊的进谏信，尽是告诫魏斯不可用这位中山国降将。乐羊本来还为战功而沾沾自喜，根本没有想到在另一个没有硝烟的战场上，多少人袖出暗箭来算计他。他安然无恙，甚至毫无察觉，都是因为魏斯张开铁布衫，将这些暗箭都挡了回去。

一身冷汗的乐羊拜倒在地，向魏斯磕头说："消灭中山国，非臣之力，主公之功也。"赏罚分明的魏斯把灵寿（中山国境内城邑）封给乐羊，以表彰他灭中山之功，但是乐羊的官运也就到此为止。魏斯时不时想起睹师赞的话，对乐羊的信任不如从前，此后这位名将便失宠了。不过值得一提的是，乐氏家族并没有因此而一蹶不振，后来还冒出一位大名鼎鼎的人物，便是战国时代燕国名将乐毅，他就是乐羊的后代。

魏斯消灭中山国后，声威赫赫，威震天下。

可是这场战争并没有给魏带来多少实际的好处，因为中山与魏的土地根本不接壤，中间被赵隔开了。灭中山国三年后，魏、赵、韩正式被列为诸侯，完全独立出来，魏国更不可能越过赵国去管理中山的土地。在若干年后，由于魏国对中山的控制力度越来越弱，中山掀起复国运动，重新立国（时间是公元前 380 年左右），直到公元前 296 年，才亡于赵国之手，此是后话，这里表过不提。

那么一个疑问浮出水面了，魏斯耗费三年时间攻略中山国，其目的究竟何在呢？这位雄才伟略的一代名君，绝不可能花费巨大人力、物力去做无用功。当我们把那个时代所发生的重要事件一一罗列后，一条线索变得清晰可见了：醉翁之意不在酒，魏斯夺取中山，打击的矛头其实直指齐国。

中山位于齐国的西北部，占领该地后，魏斯便随时可以从南、北两线同时进军，钳击齐国。这符合晋国的一贯战略，在西线压制秦国，在东线压制齐国。故而夺取中山的意义是建立进攻齐国的桥头堡，就如夺取河西的意义是建立进攻秦国的桥头堡。

很显然，魏斯的下一目标，就是齐国。

齐国风头正劲。

此时齐国大权已完全控制在田氏家族手中，齐国的公室（开国者姜子牙的后代）已丧失了权力。一向被晋国视为软脚虾的齐国，自从田常大力改革军政以来，军力有了长足的进步。赵、魏、韩三家分晋后，面对分裂的晋国，齐国人的信心大受鼓舞，他们相信中原的权力格局已发生巨变，齐国这条东方巨龙将重新腾空而起，俯视中原大地。

很快，中原大地掀起一阵齐国旋风，这阵旋风横冲直撞，所向披靡。

我们来看看齐国人所缔造的军事奇迹：公元前413年，齐师攻魏，毁黄城，包围阳狐；公元前412年，齐师攻鲁；公元前411年，齐师攻鲁，取一城；同年，齐师伐赵，围平邑；公元前408年，齐师伐鲁，取郕城；公元前407年，齐师伐卫，取贯丘。

在这七年时间里，齐国军队连续出击，屡屡得手，毫无败绩，甚至打败了实力超强的魏、赵军队，俨然成为中原新的领袖。魏斯怎么能咽下这口恶气呢？只是这位雄主的战略非常清晰，他之所以迟迟不对齐国报复，是怕陷入双线作战的危险，只有西线战争稳定下来后，才能腾出手来解决东线问题。

一切都按计划进行着。公元前408年，魏完全占领河西之地；公元前406年，又消灭中山国，对齐国的报复战争已排上日程。

魏斯还没开打，齐国却先内乱了。

公元前405年，齐国权臣田布杀大夫公孙孙，引发了一场政治动荡，公孙会出逃廪丘，献城投降晋国赵氏。

田布立即出动军队，包围廪丘，一场大战已是迫在眉睫。这原本是齐国的内乱，可是既然公孙会献城投降，晋国赵氏当然不会坐视不救。此时赵氏的掌门人是赵籍，他派孔青为总司令，率领一支由死士组成的敢死队前往救援。不过面对近年来屡战屡胜的齐师，赵籍心里不是很有底，他便派人通知魏斯，请带头大哥出马。

魏斯早就密谋攻齐了，这不，机会正好来了，当下痛快答应。在他看来，这次出兵意义非凡，不仅能打击齐国的嚣张气焰，也是对兄弟友邦的支援。魏斯的伟大之处，在于他能抛开一己私利，站在三晋的立场来权衡利弊。尽管晋国一分为三，但不应各家自扫门前雪，而应该三位一体。三个兄弟一条心，就像当年三个兄弟联合起来打垮知瑶一样，只要团结一致，必定也能打败齐国。他不仅要出兵相助，还要拉上小弟韩虔（韩氏掌门人）。韩氏以前想打赵氏的主意，双方有点积怨，正好可以通过此役化解历史恩怨，故而韩虔也同意了。

这样，在三家联合灭知瑶后，赵、魏、韩第二次携手合作。

齐国人注定要倒霉了。

曾经风光无限的齐师在三晋兵团的联手阻击下，完全失去昔日的风采。究竟谁才是中原的强者，不是靠赢得很多次小战斗来证明，而是要靠硬碰硬的大战役来决定。廪丘之战，是齐国自春秋以来最惨的败仗，仅被遗弃在沙场上的齐军尸体便有两万具之多（也有称三万），被三晋兵团所缴获的战车超过两千辆。

赵军总司令孔青把齐国阵亡将士的尸体堆积起来，建起两座“京观”。京观就是很高的大坟，是胜利的一方用于炫耀武力的象征。

谋臣甯越对总司令孔青说：“可惜了，我们应该把尸体还给他们。战车、兵甲这些装备是在战斗中消耗掉的，而府库里的钱却会在安葬尸体中消耗掉。”我们知道中国传统思想中有“厚葬”的观念，是役齐国人战死两万人，这在战国初期可谓是大数目。甯越想利用齐兵尸体来做文章，让齐国的钱财在“厚葬”的传统下烧光。这便是经济战，这便是超限战！由此看来，墨子提出“节葬”的主张，确实有其深刻的社会背景。战争规模越来越大，人员伤亡也随之增多，一味坚持“厚葬”的主张，最终只能让对手有机可乘罢了。

从这里也可以看出一点，春秋时代战争中体现出来的人道主义传统，在战国时代一点一滴地消失，甚至士兵的尸体也被当作经济战争的筹码，这并非仁义之道。

廪丘一役的胜利，证实了魏斯的理论，只要三晋团结，就没有打不败的对手。

齐国人被打得焦头烂额了，可是魏斯并不想就此停手。尽管齐军损失了两万人与两千余辆战车，但对于这个东方大国来说，这种损失还承受得起，只要有喘息的机会，他们很快还会东山再起。对落水狗就得痛打，不然它游上岸后还得咬人。压制齐国的最好方法，莫过于趁热打铁，尽快发动新一轮的攻势。

但是不要忘了，齐国是一个很特殊的国家。

特殊在哪里呢？原来西周成立之初，周王室给了齐国特殊权力，若有其他诸侯国不听王命者，齐国都可以征伐。魏斯继承了春秋时代的“霸主”思维：在政治上要掌握主动权，要“挟天子以令诸侯”。虽说到了战国，周天子真的是一个子儿都不值，可是对付齐国这样的大国，打出“王命”的旗帜，还是可以吓唬人，可以威慑其他诸侯。

于是魏斯略施小计，从周天子那里“申请”来了一张王命。被高高架在空中的周威烈王自然“义正词严”地发布一道王命，“命令”魏、赵、韩讨伐齐国。三家掌门人魏斯、赵籍、韩虔假惺惺地欣然领旨，于是乎三晋兵团又雄赳赳、气昂昂地向东方挺进。

不得不说，三晋兵团的战斗力真不是吹出来的，无论在战术水平还是在将士的素质上，都比齐国高出一截。齐国人的自信心在攻势凌厉的三晋联军压迫下荡然无存，西部的长城形同虚设，被轻而易举地突破。这里我们看到，随着战争规模的扩大，一种新的防御手段出现了，便是修筑长城。齐国的这段长城，西起防门（今山东肥城西北），东至琅玡（今山东胶南南）入海，是战国时代较早的长城。但是这个貌似坚固的防御体系，却阻挡不住三晋的隆隆战车。

这一年是公元前 404 年，继上一年廪丘惨败后，齐国人再吞苦果。

事实证明了魏斯的远见卓识。他挂羊头卖狗肉，高举“王命”的旗帜征伐齐国，凯旋后，又到周王室领地内搞了一个盛大的献俘仪式，为周天子挣足了面子。那么魏斯能从傀儡天子那里得到什么呢？

回报是丰盛的。

周威烈王封魏斯为上卿，这只是个开端罢了。

魏斯、韩虔、赵籍所谋求的，乃是获得诸侯之名。其实晋国早已经一裂为三，赵、韩、魏三足鼎立，势力强大，有国家之实，却无诸侯之名。原来还差一道程序的认定，诸侯之名必须要由天子册封。可是从周朝的礼法来看，赵氏、韩氏、魏氏以臣子的身份凌驾于君主之上，显然是乱臣贼子，大乱礼法，这种人怎么可以册封为诸侯呢？

周天子试图维持住最后的底线，可是却禁不住三家软硬兼施的巨大压力。终于在公元前 403 年，周威烈王低下高贵的头颅，正式册封赵、韩、魏三家为诸侯。魏斯就是魏文侯，韩虔就是韩景侯，赵籍就是赵烈侯。

对魏、赵、韩三氏来说，这是一个巨大的跨越，从卿大夫一跃而成诸侯。他们终于与晋国划清了界线，不再是晋国的一部分，而是崭新的国家。当然，晋国还存在了一段时间，只是它再也不是那个令对手胆战心惊的国家，而是其国君沦为不起眼、只有几处破屋遮风避雨的穷诸侯了。曾经雄震天下的晋国就这样无声无息地消沉了，在低声下气半个世纪后，于公元前 349 年最终走向灭亡。

传统的儒家史学认为，赵、韩、魏三家身为臣子，竟然瓜分晋国，君君臣臣的政治体系完全被破坏。在这种纲常散坏的情况下，周天子封三家为诸侯，承认他们瓜分晋国的合法性，使得君臣之礼完全崩溃。后来司马光在《资治通鉴》中痛心疾首地说："君臣之礼既坏矣，则天下以智力相雄长，遂使圣贤之后为诸侯者，社稷无不泯绝，生民之类糜灭几尽，岂不哀哉！"把战国时代的祸乱归结于周天子自毁纲纪。

可是我们不得不说，传统史观的结论太简单了，只是站在君王的立场上来看问题，好像周天子不承认三晋诸侯，周王室就可以走向复兴似的。事实上，战国时代的周天子，比起春秋时代更加羸弱，完全没有任何权力。所谓的"册立诸侯"，无非是对既存事实的承认罢了。

这是一个巨变的时代，这个变局是全方位的，绝不可能依靠过去的经验来解决新的问题，变革是必须的，也是时代的大势所趋。

春秋时代诸侯的权柄落入卿大夫之手，三家分晋意味着旧的诸侯制解体，新的诸侯制兴起。由卿大夫篡夺君位而来的新诸侯，自然有自己的经验为戒，权力必须牢牢掌握在手中，不得与臣下分享。独裁制度由是兴起，战国时代，便是贵族政体向君主独裁政体转变的阶段，到最后演变为皇权制度，并统治中国达两千年之久。

魏、赵、韩三家的独立之路并非一蹴而就，而是经历了漫长的过程，大致可以分为三个阶段：第一个阶段是公元前 475 年知瑶上台到公元前 453 年的晋阳之战，知氏家族被消灭，晋国被赵、韩、魏三氏所控制；第二个阶段是公元前 452 年到公元前 433 年，晋侯反朝三家，象征着晋国被三卿瓜分；第三个阶段是公元前 432 年到公元前 403 年，周天子正式封三家为诸侯，宣告三个国家完全从晋国脱离出来。

一个崭新的时代开始了。

晋国的变局直接影响天下诸侯强弱格局。

三家一同被册封为诸侯，皆大欢喜。可是皆大欢喜的背后，又不容乐观。在三个新兴国家中，赵国的地理位置最好，位于北面，北边没有强大的军事集团与之对垒；地理位置最差的是魏国，魏国北有赵国、南有韩国，东有齐国，西有秦国，东南与楚国接壤。在战国七雄中，它与五雄为邻，是典型的夹心饼干类型的国家。这种地理位置有点类似于近代欧洲的德国，必须为拓展生存空间而奋斗。

一个潜在的危险悄悄地威胁着赵、韩、魏三国，各自封侯后，三家还能有一种向心力吗？能不能维持兄弟般的情谊与团结呢？由于历史的惯性，短暂的团结是有可能的，但长期的团结绝无可能，因为国与国之间不可避免有矛盾与冲突。随着时间的流逝，这些矛盾与冲突将尖锐化，最终导致化友为敌。国与国之间，没有永远的朋友，更没有永远的兄弟。

真正靠得住的只有自己！

只有使自己更壮、更强，才能立于不败之地。放眼未来，危机重重，新的形势必须要有新的思维，国家政策的出发点是“富国强兵”，一切都围绕这四个字来进行。富国强兵与人才息息相关，在战国初期，魏国人才最为鼎盛，下面，我们来说说新三国的一些著名人物的故事。

三、魏文侯的幕僚们

魏斯在去世后被谥为“魏文侯”，从这个谥号中可以看出他在文治上的成就甚至超过其武功。他尊孔子高徒子夏为师，与著名学者田子方、段干木亦师亦友，成为一段佳话。在这三位贤人中，对魏斯影响最大的当属田子方。

在《庄子》一书中有一篇《田子方》，称田子方的老师是世外高人东郭顺子，但《吕氏春秋》中却称他是孔子高徒子贡的学生。田子方这个人很有意思，有些怪才，魏文侯非常敬重他，魏国太子魏击也同样敬重他。

有一回，太子魏击出门，坐在马车上不经意地张望，正巧看到田子方在路上瞎溜达，他赶紧停车，从车上下来，向田子方下拜。田子方只是“嗯”了一声，并不还礼，大摇大摆就要离开。这时魏击自尊心受打击了，他“腾”地蹿起来，抓住田子方的手质问说：“富贵者骄人乎？贫贱者骄人乎？”你一个穷酸鬼，我尊重你，你还跟我摆臭架子——太子心里不舒服。

“亦贫贱者骄人耳，富贵者安敢骄人？”田子方对魏击就是当头一棒，他接着说道：“国君骄人就丢了国，大夫骄人就丢了家，丢了国就再没有国了，丢了家就再没有家了。像我们这样贫贱的人，本来就没什么好丢的，说的话不被采纳，做的事不合人意，就卷铺盖走人了，走到哪里顶多还是贫贱两字呀，没啥可丢了。”

明白了吧，原来穷人是跌无可跌，光脚的不怕穿鞋的。富贵者高高在上，上涨空间有限，下跌空间无穷，这种感觉，如履薄冰、如临深渊，有什么好牛的呢？有什么好骄纵的呢？

魏击听了后若有所悟，赶紧向田子方道歉。

有一回，魏文侯请田子方喝酒，乐师在一旁伴奏。这位魏国君主果然儒雅，不仅雄才大略，还精通音律，他听乐师的伴奏有点走调了，不由得脱口而出：“钟声不对头哇，左边的音高了点。”田子方笑了一下，没吭声，但被魏文侯看在眼里。

“你笑什么？”

显然，田子方这一笑并非善意的微笑，而是带有讥笑的神情，难怪魏文侯要逼问。问了就得答，田子方回话说：“我听说，君主只要知道乐官就行了，不需要知道乐音。现在您这么了解乐音，就会忽视乐官了。”言下之意，乐师弹得怎么样，自有乐官去管，您作为君主，责任是管理百官，包括乐官在内，而不是评点音乐。

田子方就是用这种独特的方式启发魏文侯，有点像后世的禅师，言谈中总是暗藏机锋。

李悝是魏文侯时的重要人物，在史书上，有时又称他为李克，他也是孔门高徒子夏的学生，文武双全。翟璜知道李悝很有本事，当时魏文侯攻下中山后，想派一位能干的人去镇守，翟璜便推荐李悝前往。中山这个地方是不好治理的，原因有二：第一，这里的居民多为狄人；第二，中山被魏所灭后，成为一块飞地，与魏国本土并不接壤，在管理上难度很大。但是李悝不负使命，把中山治理得井井有条，故而深得魏文侯的信任。

魏文侯想要提拔一人为丞相，他有两个人选：一个是魏成子，另一个是翟璜，哪个比较合适呢？魏文侯举棋不定，便找来李悝，听听他的意见。

当时李悝的地位不及魏成子与翟璜，他便以“卑不谋尊”为由，拒绝发表意见。魏文侯坚持道：“你不要耍滑头，说说你的看法吧。”

但李悝终究还是比较滑头，没有明说，只是拐弯抹角地说：“其实哪个人比较适合当丞相，是容易看出来的，只是主公没有明察罢了。只要考察以下五个方面，就能分出两人的优劣了：第一，他平日亲近的是什么人。第二，他有了钱后会给什么人。第三，飞黄腾达后，他举荐了什么人才。第四，穷困时他会不会做出不仁之事。第五，贫贱时他会不会接受不义之财。”

听到这里，魏文侯已经心里有数了，便说道：“我已经有合适的人选了，先生请回吧。”

这就叫心照不宣。

宫外的翟璜已等待多时，见李悝从宫里出来，迫不及待地问道：“听说主上召你进宫询问丞相的人选，结果出来没有呢？”翟璜与田子方不是同一类型的人。翟璜可不想当什么贫贱的人，他努力地向上爬，要出人头地，要当一人之下万人之上的丞相。

翟璜心想，李悝可是自己一手提拔出来的人，怎么也得在魏文侯面前美言几句，说说自己的好话吧。可是李悝据实回话说：“丞相的人选是魏成子。”

魏成子！有没有听错啊？翟璜忿然作色道：“魏成子有什么本事，我先后举荐了吴起、西门豹、乐羊、屈侯鲋与你，这些大伙儿都看得着的，我哪点比不上魏成子呢？”

言下之意，颇怪李悝没有在主上面前全力为自己说好话，有负他的推荐之恩。李悝回答道：“当初您推荐我镇守中山，难道是为了拉拢我，目的是往上爬吗？没错，主上是向我询问丞相的合适人选，我只是据实回答。魏成子有千钟食禄，只留一成给家人，其余九成用于接济天下贤士，请问您做得到吗？魏成子向主上举荐子夏、田子方、段干木三人，都成了主上的老师，而您举荐的五个人，包括我在内，只是成为下属，从这点看，您怎么跟魏成子相比呢？”

这番话，把翟璜说得脸上一阵红一阵白，羞得无言以对，他一直自认为是贤士达人，不想被李悝这么一说，反倒是小人一个了。他惭愧地对李悝说：“哎呀，我真是乡村鄙人啊，不该跟您说那种话，我愿意成为先生的弟子。”

说来这个翟璜也是魏文侯时贤人之一，知错能改，认错态度好，倒不失为正直之人。

这件事证明了李悝心胸坦荡，绝不营私结党。魏文侯对他刮目相看，若干年后，李悝升任魏相，大力改革内政，成为战国时代变法的先驱人物之一。

为什么要变法呢？

魏国的政治延续了晋国的制度，但晋国的倾覆已经证明其制度有着巨大的缺陷，倘若不改革，魏国将步晋国的后尘。在晋国的政治制度中，卿大夫代代世袭，几大家族轮流执政，君主被架空权力。魏文侯是“世卿制度”的受益者，所以他心里最明白，这种制度对君主是不利的，容易大权旁落。作为新的君主，他得未雨绸缪，避免遭遇晋国君主那样悲惨的下场。他要牢牢把握大权，限制世卿的权力。

因此，李悝变法的第一个要点，便是废除“世卿世禄”制度，官吏的提拔不再是靠家族裙带关系，而是靠功劳与能力。这预示着贵族垄断权力的历史被终结，平民有了更多的机会脱颖而出，只要有本事有胆量，就有无限的机会。事实上，这正是战国明显区别于春秋之处，传统的贵族权力进一步被削弱，民间势力崛起，阶层的严格界限被打破，广阔的政治舞台为有才能者敞开大门。

变法的第二个要点，是实行“尽地力”“平籴法”的经济政策。“尽地力”就是最大限度地提高土地的利用效率。要做到尽地力，除了开垦新的耕地之外，最重要的是要提高单位粮食产量。李悝认为，单位产量的高低与劳动付出是成正比的，勤于治田则收获多，荒于耕种则收获少，因此经济政策的取向要鼓励农民勤于耕作。“平籴法”是用于平抑粮价，在丰收年时政府购入粮食，以避免谷价大跌，在饥馑年时则开仓放粮，抑制商人哄抬粮价。

变法的第三个要点，是制定一套严密的法律。李悝汇集各国刑典，编成《法经》一书，后来这也成为魏国的法律依据。《法经》有六篇，分别为《盗法》《贼法》《囚法》《捕法》《杂律》《具律》，这部法律文献在中国历史上具有里程碑式的地位。

李悝变法对战国诸国变法提供了一个可资参考的蓝本，后来吴起在楚的变法，商鞅在秦的变法均可以看到李悝的重大影响，由此他也被认为是法家的代表人物之一。

吴起是魏文侯时代另一位重量级的人物，他是与孙武齐名的大军事家。

战国时代有一个很有意思的现象，许多著名人物都出生于小诸侯国，吴起便是其中之一。他本是卫国人，妻子是齐国人，却跑到鲁国做官。当时齐国发动对鲁国的战争，鲁国政府急需军事人才，吴起十分精通兵法，自然被列在考虑范围之内。可是鲁国人有一个忧虑：吴起的妻子可是齐国人哪，难保他没有二心，肯为鲁国尽力呢。于是便有了吴起杀妻的故事，说他回到家中后，见到老婆后便是一刀，白刀子进去，红刀子出来。

关于吴起杀妻这个故事，也有些人不相信。吴起一生的政敌非常多，在他离开鲁国后，先是到魏国，后又到楚国，他的敌人不遗余力地攻击他、陷害他，可是令人纳闷的是，从来没有人再提起他杀妻的事。他的敌人怎么会把这样一个生动的反面事例给遗漏了呢？或者是当时杀妻根本就是小事一桩，不值一提？

不管吴起是不是真的杀了妻子，有两件事是几乎同时发生的：第一，吴起的老婆死了；第二，吴起当上了鲁国大将。事实证明了吴起在军事上的卓越才华，他率领鲁国军队击退了齐国的进攻。

可是吴起并没有因此而平步青云，这恐怕与他桀骜不驯的性格有关。他向来自视甚高，瞧不起别人，做事雷厉风行，从不留任何情面。这使得他无论身在何处，总有无数的明枪暗箭向他飞来，这几乎成为其一生的宿命。

这不，有人在鲁国国君面前捅了他的老底。

原来吴起早年时，曾经师从孔子门生曾参。后来母亲去世了，按照儒家的传统，他应该回去奔丧的。可是吴起一心想着多学点知识以早日建功立业，对回家奔丧这么重要的事，他也置之不理。这下子可把曾参给气坏了，曾老夫子认为吴起这个人不孝，而不孝的人是没有仁爱之心的，因此断然与吴起绝了师生关系。

我们不要忘了，鲁国是孔子的故乡，是儒学的重镇，曾参作为孔子最著名的门徒之一，在孔子去世后支撑着儒家的门面，可谓德高望重。连曾老夫子都与吴起断绝关系，这件事一捅出来，鲁国国君对吴起的信心动摇了。当然，除此之外，还有流传中的吴起杀妻的传闻，这两件事都向鲁国国君证明一件事：吴起就是个残忍无耻之徒。

你想想，鲁国号称华夏文明的活化石，是标准的礼仪之邦，能容忍吴起这种人吗？此时吴起也听到一些传闻，说国君打算把他给杀了。他心里愤愤不平：我帮鲁国抵御外侮，有功无过，却反遭质疑，罢罢罢，此处不留爷，自有留爷处，老子这就走。

拍拍屁股就走，反正也无牵无挂，无拘无束。可是要去哪儿呢？此时中原政坛的大哥大人物，就是三晋带头大哥魏斯，听说魏斯礼贤下士，招揽天下英雄，不如去碰碰运气吧。于是吴起便风尘仆仆地赶往魏地。

要不要用吴起呢？魏斯心存疑虑，因为当时关于吴起的传言很多，有的说他杀妻，有的说他不孝，有的说他贪财，有的说他好色。这个家伙的名声实在太差了，魏斯也拿不定主意，便征询李悝的意见。

李悝说道："吴起这个人有缺点，可是论到军事水平，就算是名将司马穰苴也比不上他。"司马穰苴是春秋后期齐景公时代的齐国名将，著有《司马穰苴兵法》一书。李悝对人物的点评总是客观而全面，魏斯很尊重他的意见，便任命吴起为将，率领军队西击秦国，拔五城。

作为一名将领，吴起身上有很多优点。他身先士卒，不搞特殊化，官兵同样待遇。士兵穿什么，他也穿什么，士兵吃什么，他也吃什么。宿营时，他不睡在床上，而是打地铺；行军时，他不骑马，而是与士兵一起徒步行走；士兵有患上毒疮的，他亲自用嘴巴为之吸脓。

有一次，他为一名年轻的士兵吸吮脓汁，这名士兵的母亲听闻后失声大哭，有人便问道："你儿子只是个小卒，将军亲自为他吮吸脓汁，你还有什么可哭的呢？"这位母亲擦擦泪水道："唉，你不知道哇。当年吴公曾给孩子他爹吸过毒疮，他爹在战斗中拼了命，一步也不肯退缩，最后战死沙场。现在吴公又为我儿子吸毒疮，我害怕儿子会跟他爹一样，去时是大活人，回来却是一具尸体呀。我怎么能不哭呢？"

在那个秩序等级森严的时代里，吴起打破传统上下等级不可逾越的观念，官兵平等，故而士兵们乐为其效死，在战场上奋勇杀敌，其兵团之精锐，几乎无敌于天下了。

吴起参加过魏秦河西战争，后又参加过灭中山之役，在翟璜的推荐下，出任西河郡守，负责防御秦国。关于吴起的故事，后文将继续详述。

三晋一直是人才辈出之地，特别在战国初期，天下英雄贤士多聚于此，其中又以魏国最盛。除了上面提到的几个名人之外，魏国还有不少人物。比如武将有翟角，他是魏伐中山的战略计划制订者，后来率军队两度讨伐齐国（即公元前 405 年廪丘之战与公元前 404 年的伐齐之役），取得了无比辉煌的胜利。文臣中著名的人物有西门豹，他在治理邺城时政绩卓著，破除所谓“河伯娶亲”的迷信习俗，大力发展水利，开垦农田。西门豹为官清廉刻苦、不谋私利，深受民众爱戴，死后民众建祠庙以纪念，他也是战国时代的名臣之一。

在魏文侯励精图治的同时，赵国也不甘示弱，改革内政。

赵烈侯任用公仲连为相，公仲连举荐三位贤士：牛畜、荀欣、徐越。牛畜等人劝赵烈侯行仁义之政，举贤使能，节财俭用。赵烈侯起用牛畜为师，掌管教化；荀欣为中尉，掌管军事与选拔官吏；徐越为内史，掌管财务。在公仲连主持下，赵国与魏国一样，实行法治，讲求仁义，不过赵国的内政改革不如魏国李悝变法那样深入，其国力也不如魏国强大。

四、刺客聂政

从晋国独立出来的三国中，以韩国最为弱小。公元前 400 年，韩景侯韩虔去世，其子韩烈侯上台。或许是韩烈侯还年幼，控制不了局面，造成两大权臣纷争的局面。这两大权臣，一个是相国韩傀（《史记》称为侠累），一个是严遂，两人相互斗法。韩傀位高权重，而严遂则受到赵烈侯的重用，仗着君主撑腰，他直言不讳地攻击韩傀，至于攻击他什么，史书没有说，我们也不好妄下论断。

两个人争来斗去，最后从磨嘴皮子发展到了拔刀相向。

有一次，严遂在朝上无所顾忌地攻击韩傀，韩傀气急败坏，当着众人的面叱骂他。这场闹剧后来越闹越烈，严遂一怒之下，拔出宝剑，就要朝着韩傀砍去，其他人赶紧上前将他抱住，这才避免一场火并。可是你想想，韩傀是什么人呢？乃是当朝相国，他岂肯咽下这口恶气，扬言要对严遂采取报复手段。这下轮到严遂害怕了，两人积怨如此深，他知道韩傀什么事都做得出来，心里想想很是后怕，不知什么时候说不定自己就暴尸街头了。三十六计，走为上计，看来还是走吧，于是他便打点行李，卷铺盖走人。

这场内斗眼看就以韩傀的胜利而告终了，可是严遂不甘心，这就引出一段荡气回肠的战国故事，故事的主角是中国历史上最著名的刺客之一：聂政。

却说严遂落荒而逃后，先是逃到卫国，后又逃到齐国，从一国重臣一下子沦落到街头流浪汉，他对韩傀更加痛恨，满脑子想着报仇雪恨。毕竟当了几年官，别的东西没有，银子不缺，所以严遂打算花点钱，买个死士替他卖命，刺杀韩傀。严遂四处打听，有人跟他说："有一个叫聂政的勇士，因为杀了人，为躲避仇家，埋没在市井之中，以屠狗为业呢。你可以去找找他。"

严遂找到了聂政，没事时就到他那儿买买狗肉，聊聊天，并不直接说明来意。聂政因为躲避仇家，自然十分敏感，发现此人没事常来，而且又请他喝酒，待他不薄，肯定有目的。有一天，正好是聂政母亲的生日，严遂又来聂政家中，备了些酒菜，请聂政与其母一起来吃。无事献殷勤，必有所图，聂政忍不住问："您想让我做什么呢？"

严遂干咳了几声，皮笑肉不笑地说："我这才认识你几天，哪里敢有所求呢？"说罢他向聂母敬酒，然后又掏出百镒黄金，放在案桌上，作为给聂母的寿礼。聂政坚决不肯接受，严遂坚持要留下这些黄金，两人相持不下。聂政不高兴地说道："我家境贫寒，漂泊他乡，以屠狗为业，换取些美食来供养老母也绰绰有余了。我不能接受您的馈赠。"

聂政如此义正词严地拒绝接受礼金，严遂有点下不了台，他便把聂政拉到一旁，悄悄地说："我跟您说实话吧。我有仇要报，因此游历了许多国家，到了齐国后，听说您很讲义气，特献上百金，不过是作为老夫人粗茶淡饭之用。我就是想跟您交个朋友，哪敢有什么要求呢？"

话是这样说，这叫客气话，聂政是聪明人，当然听出来了：严遂就是想找我帮他报仇嘛，可是我不能去，因为我有老母亲要供养。于是他便对严遂说："您知道我为什么躲在这种烂地方当一名屠夫吗？不是我怕仇家来寻仇，而是因为老母还在世，我得奉养她才行。只要老母亲还活着，我就不会把生命交给别人的。"说罢把钱塞还给严遂。

这下子严遂可尴尬了，哎，这钱您就留着，就当交个朋友了。可是聂政说什么也不肯，严遂没有办法，只好向他行了大礼，然后就离去了。

尽管聂政没有收下这百镒黄金，但心里却视严遂为知己、贤人。为什么呢？因为人家严遂可是韩国的卿大夫，而他聂政不过是个市井屠夫罢了，在当时等级森严的社会里，严遂屈尊前来结交他，这是何等的尊重啊！"士为知己者死"，这就是时代的观念。聂政心领了严遂的这份厚意，希望能有机会报答。

过了一段时间，聂政的母亲去世了。他办理了母亲的葬礼后，此时已经了无牵挂，心里默默地说道：“老母亲如今已经过世了，我也应当为知己者报仇了。”在得知严遂住在卫国濮阳后，他便一路西行而去，找到这位“知己”。

聂政的到来让严遂有几分意外，更多了几分惊喜。聂政开门见山便说道：“以前我没有答应您，是因为老母尚在，如今老母已辞世，您说吧，您的仇家是谁呢？”

没想到天上掉下个傻帽儿，严遂激动地说：“我的仇家是韩国的国相韩傀，他是韩国君主的叔父，权力大得很，而且出入起居都戒备森严。我曾经派人去刺杀他，可是没能成功，如今您不嫌弃我的话，我便多备些车马，挑几名壮士当您的助手吧。”言辞谦恭，更让聂政觉得他是一位贤者。

“不必了，”聂政答道，“韩国距离卫国很近，仇家是相国，也是君王的至亲，这样更不能多带人马，人多必有所闪失，万一泄露了机密，到时不仅杀不了韩傀，反倒会引来韩国举国上下找您寻仇，那岂不危险。”

聂政打算独自一人前往韩国，杀得了韩傀就替严遂报仇，杀不了的话，也不至于连累到严遂。于是他告别严遂，仗剑西行到韩国都城，住下来观察韩傀的动向，耐心地等待刺杀良机的出现。

你想想，作为一个平民，要见相国一面那是何等困难，更不用说有刺杀的机会。当年豫让吞炭毁容两度刺杀赵无恤均以失败告终，聂政能得手吗？

一个良机出现了。正好韩烈侯与其他诸侯有一个会盟，地点设在东孟，相国韩傀也将参加。春秋战国时代的会盟，经常是在郊外举行，因为还要搞一些祭祀鬼神的活动。到了会盟这一天，郊外搭起一座高台，韩烈侯与韩傀都坐在台上，台下有许多手持武器的护卫。聂政混在围观的人群中，怀中揣着一把利剑。

只要等会盟正式开始，这些护卫就得在两旁站得笔直，没有君主的命令可不能乱跑动，这就是动手的最佳机会了——聂政在心里暗暗盘算，可是他知道一件事，只要他挟剑冲上台，不论刺杀是否得手，必定难逃一死，因为他是单枪匹马，而对方有成千上万的卫兵。这样死值得吗？说真的，他与严遂又不算是熟人，严遂送给他的百镒黄金，他也没有收，为这样一个半陌生的人去送死，值得吗？以今天的眼光来看，似乎不值，但不要忘了，那是一个充满血性的时代。这些武士，为义而生，为义而死，死根本是不值一提的事情，似乎他们有九条生命，可以随随便便地遗弃其中的一条。有人也许会说，聂政为严遂报私仇，这也算是义吗？别人可能不觉得，但这不是关键，关键是聂政自己认为这就是“义”，是义，就不容辞。用死亡之血，浇养出一朵“义”之花，他认为这就是他人生的价值与意义。

决定命运的那一刻到了。

会盟开始时，全场肃静。但一声大吼如雷贯耳，只见聂政一边吼叫着，一边冲破卫兵围成的人墙，发疯般地冲向高台。他从怀中掏出利剑，拔剑出鞘，剑锋直刺向韩傀。韩傀被眼前这一幕给惊呆了，他下意识地想找个人当掩护，旁边站的人便是韩烈侯，他一急之下，抱住韩烈侯。韩傀跑得快，可是没有聂政的剑快。聂政的一剑如闪电般迅捷，从韩傀后背刺进，从前胸刺出，剑锋惯性地又向前穿行，刺进韩烈侯的体内。这一剑，可谓是雷霆一击，威不可当，韩傀当场气绝身亡，韩烈侯被刺伤。

据说，在聂政刺杀韩傀的那刻，白虹贯日，莫非是上天要见证此惊天地、泣鬼神的一击？

此时早已吓得目瞪口呆的卫兵这才缓过神来，操起兵戈围了上来。聂政果然是英雄好汉，手持利剑，左右翻飞，一边杀，一边吼，竟然一口气杀死了几十名卫兵。所有人都不敢上前，谁愿意成为他的剑下之鬼呢？聂政哈哈大笑，自己用刀割烂面皮，挖出眼睛，自杀而死。

自杀并不是难事，可是为什么用这种痛苦的毁容手段呢？很显然，聂政不想自己刺死韩傀使亲人受到牵连。把自己划得面目全非，目的是让人认不出他。可是被刺伤的韩烈侯坚决要求查明事情的真相，他下令把聂政的尸体暴于野外，并悬赏千金，希望有人能认识他，并提供准确的姓名。但时间一天天地过去，始终没有人知道刺客的真实身份。

有一个人知道刺客的真实身份，她便是聂政的姐姐聂荣。

聂荣怎么得知聂政是刺客呢？原来当年严遂结交聂政时，聂荣还未出嫁，当时跟母亲、弟弟住在一起，自然晓得严遂与弟弟的事情。当刺客毁容自尽的消息传到齐国后，聂荣一下就明白了，这个刺客就是她的弟弟，姐弟情深啊，如今弟弟遭遇横祸，又暴尸野外，想到这里，聂荣不禁潸然泪下。要不要去给弟弟收尸呢？如果去的话，韩国政府早就布下天罗地网，就等着她钻进来；如果不去的话，那么天下就没有人知道他是聂政，他的事迹就会被湮没。

“必须去，”聂荣自言自语道，“我弟弟是极为义气的人，我不能因为害怕自己受迫害，就让我弟弟的名声泯没在尘土之中，虽然我这样做，并不是我弟弟的本意。”她知道，弟弟以如此惨烈的方式死去，是为了保全姐姐，不致受到韩国政府的追杀或迫害。

就这样，聂荣从齐国到了韩国，聂政的尸体还被扔在市场上，散发着腐臭之味。毕竟是亲姐姐，一眼就认出自己的弟弟，她悲从心生，走近弟弟的尸体，沉痛地说：“真勇敢啊，浩气长存，你如此壮烈的行为，超过了古代勇士孟贲、夏育与成荆。你死了，却没留下姓名，你已没有父母，没有兄弟，只有我一个姐姐，你都是为了我的缘故才这样做的呀。我不忍心埋没你的名声啊。”

说完后，聂荣紧紧抱着聂政的尸体，痛哭流涕地对着众人说：“他就是我弟弟聂政。”这哭声把围观的人群给感动了，人们纷纷对她说：“这个人刺杀了我们相国，主上悬赏千金购刺客姓名，夫人难道没有听说吗？你怎么敢来相认呢？你还是快走吧。”

聂荣答道：“我当然听说了。可是我弟弟聂政本来就是一名志士，为躲避仇家忍辱含垢隐居于市井之中，只是因为有个母亲尚在，有个姐姐未嫁。后来母亲辞世，姐姐也嫁人了，他为了报答严仲子（即严遂）的知遇之恩，不惜铤而走险。士为知己者死，这是大义所在，只是他不想连累姐姐，用自毁的方式来掩藏自己的身份。可是我就算受牵连而死，也不能让贤弟成为无名烈士。”

“老天爷呀——”聂荣仰天而呼，喊了三声。悲到极尽，她没有想过要活着离开，弟弟太孤单了，她要陪着他，哪怕是在阴曹地府。她忽然拔出一把短剑，刺入自己的胸膛，鲜血涌出。她艰难地张开手臂，抱住自己的弟弟，看不到周围人群了，听不到嘈杂的喧嚣了，似乎在那一刻，回到了安静的家，回到了往日的时光，回到了姐弟两人嬉戏的童年了……

聂政刺杀韩国相国韩傀，震动诸侯，而聂荣为弟而死，是这个暗杀事件的余波荡漾。姐弟二人的事迹很快传遍三晋、楚国、卫国、齐国等，大家听后都长吁短叹，纷纷称颂道：“不光是聂政勇敢，他姐姐也是刚烈的女子呀。”正是聂荣的挺身而出，使得聂政成为千秋传颂的人物，他是中国古代有名的刺客之一。

他与豫让一样，都是怀着“士为知己者死”的信念，为别人报仇而不惜牺牲自己。但两个人又有所不同。知瑶对豫让是真的有“知遇”之恩，以国士对待豫让，在心里欣赏他；而严遂有意结交聂政，从一开始便是要利用他，从这点看，严遂绝非聂政的“知己”。聂政刺韩傀，为严遂报了私仇，可是他被暴尸时，严遂到哪儿去了呢？要真是“知己”的话，怎么没有挺身而出？聂政能为严遂死，严遂却不能为聂政正名，两人品格之高下，立马可判。聂荣作为一女流之辈，尚且不惜一己之身，严遂算什么东西呢？

梁启超在评价聂政时说：“聂政之侠，旧史之所以称道者至矣，吾无赞焉。”对于旧史称赞聂政为报知遇之恩而不惜一死的说法，梁启超不认同，因为聂政就是被利用来报私仇。但是梁任公又说：“学聂政者当学其性情之厚而已。夫其有母存不许友以死，犹普通之义也。用茕茕一姊，而犹顾恋之，不欲以相累，乃至抉眼屠肠以绝踪仞。……天下岂有天性凉薄之人而能以侠闻者哉。”

从某种意义上说，聂政是个幸运的人，尽管他只是被利用来报私仇的工具，但正是他的“性情之厚”使他超越了普通刺客的水平，成为中国历史上最被顶礼膜拜的英雄豪杰，他的事迹被写入诗歌、戏剧，拍成电影，谱写成曲。中国最著名的琴曲《广陵散》脱胎于《聂政刺韩曲》，曲子慷慨激昂，“纷披灿烂，戈矛纵横”，当年嵇康临刑前，一曲《广陵散》，“琴声铮铮有铁戈之声，惊天地，泣鬼神，听者无不动容”。

虽然仅是一名刺客，但聂政远远超越同时代的许多人物，成为一个传奇。聂政的故事，与豫让的故事相得益彰，在我们今天看来，刺赵无恤也好，刺韩傀也罢，历史俱往矣，然而此二者却是那个时代血性与精神的缩影。他们以一己之力敌一国，前无古人，后亦乏来者，什么赵氏宗主，什么韩国国相，即便是权倾天下，拥千军万马，我只以一件武器无畏地迎战，此件武器非他，精神耳。单枪匹马、没有援手、没有退路、没有生机，“刺万乘之君，若刺褐夫”，大哉是精神，勇哉壮哉。此精神之可贵，唯司马迁知之，故留下《刺客列传》的篇章，后世史书，刺客之事迹几乎绝迹，而中国人之血性亦随之衰也，苟且焉，世故焉。时代之精神与个人之精神，实是相得益彰，有勇猛之时代，固有勇猛之个人，而个人之事迹，亦影响世道人心。

聂政刺韩，事在韩国，但聂政却是齐国人。

齐国能出此不朽之勇士，莫不是暗示着齐国强盛时代的到来？

在聂政刺韩后的第四年（前393年），齐卿田和迁其君齐康公于海上，田氏将齐国据为己有，齐国的历史翻开了崭新的一页。让我们把目光从三晋之地转向东方齐国，来看看田氏家族如何继赵、魏、韩瓜分晋国之后，成为又一个把国君掀翻在地的篡权者。

五、田氏篡齐始末

姜姓齐国的下场与姬姓晋国如出一辙，最终被强臣取代了。

取代姜姓齐国的是田氏家族。

田氏原本是齐国的外来移民，其先祖是陈国公子陈完。故事还得从大约二百八十年前说起，那是公元前672年，陈国爆发了一场内乱，太子御寇在内乱中被杀，而公子陈完与太子交情很好，受到牵连，只得背井离乡，远走齐国。那时正是齐国称霸诸侯的时代，“春秋五霸”之首齐桓公十分赏识陈完的才干，要封他为齐卿，但低调的陈完认为自己不过是个逃亡羁旅之臣，不配享有如此高的待遇，便婉言谢绝了。齐桓公便任命他为“工正”，是管理百官的官职，并赐封不少田地，由于得田于齐，后来陈完又改氏为“田”。

就这样，田氏家族在齐国落地生根，平静地生活了一百多年。直到陈完的五世孙田无宇（又称陈无宇）时，田氏开始崛起，并成为齐国最有名望也是最有权势的家族。田无宇生活的时代，正好是齐国历史上最混乱的一个时代，内乱频频。

齐国的内乱始于公元前554年，这一年齐灵公去世，齐国的君位之争白热化，最后在崔杼的支持下，齐庄公上台，他的政敌公子牙及其辅臣全部遭到血腥的清洗。六年后的公元前548年，由于齐庄公好色，搞上权臣崔杼的老婆，崔杼恼羞成怒，恶从胆边生，发动政变，杀死齐庄公，并大开杀戒，株连甚广。崔杼立齐景公为傀儡君主，自己则大权独揽。然而好景不长，两年后（前546年），庆封利用崔杼家族内部矛盾，挑动其内讧，并乘机消灭崔氏家族，绞死崔杼，成为齐国新的统治者。

正是在这样混乱的背景下，田氏家族开始有出头之日。

田无宇当时是齐国大夫，为了反抗庆封的暴政，他与公族栾氏、高氏两大家族以及鲍氏家族秘密结盟，共同商议推翻并铲除庆封集团的计划。公元前545年，田无宇会同三大家族发动政变，在内战中打败了庆封，迫使庆封流亡到吴国。此役的胜利大大提高了田无宇的政治声望，但由于田氏家族在齐国的根基尚浅，国家大权最后落在根基深厚的公族栾氏、高氏手中。

公元前532年的某日，一则流言不胫而走，称掌权的栾施、高强欲吞并田氏、鲍氏两家。田无宇果断地先下手为强，与鲍氏联手，出兵攻打栾、高二氏，并迫使栾施、高强流亡他乡。这样，田无宇事实上已经成为齐国政坛的一号实力派人物，他又将做何选择呢？是像崔杼、庆封那样成为独裁者呢，还是还政于齐景公呢？

在晏子的劝说下，田无宇急流勇退，放弃独裁，把权力交还给齐景公。事实证明，这是相当明智的做法。崔杼、庆封都是前车之鉴，独裁者都没有好下场，更何况田氏家族是外来移民，倘若操之过急，恐怕只会适得其反。相反，他把大权移交给齐景公，则大大提升其政治声望，齐国民众早就厌倦了这些军阀的连年内斗，盼望着能有一个休养生息的好时代，如今田无宇以身作则，放弃权力，百姓怎么不举手欢呼呢？

“得民心者得天下”，田无宇对此有深刻的理解。

实际上，田无宇并非完全放弃权力，他只是退居幕后，把前台让给齐景公去表演。

齐景公在位时间长达五十八年，但是前十六年都是傀儡君主，直到田无宇把大权归还于他，他才开始奋发有为，并领导齐国走上一条复兴之路。在齐景公的统治下，齐国的国际地位不断上升，特别是齐景公晚年时，晋国爆发内战，他不失时宜地出兵干涉，与晋国争雄中原。在齐景公最盛时，鲁国、郑国、卫国等中原诸侯国都投靠齐国，联合对抗晋国，此时的齐国俨然成为东方诸侯的领袖。

齐国的复兴得益于国内的稳定，国内政局稳定的一个重要原因，是田氏家族的低调行事。田氏家族采取了许多惠民手段以收拢人心，田无宇去世后，他的儿子田乞（又称陈乞）继续沿用父亲的策略，施恩惠于百姓，为家族赢得了良好的口碑。终齐景公一朝，五十余年的经营，田氏家族已经淡化其外来移民的色彩，深深扎根在齐国的大地之上了。

公元前490年，齐景公去世。

在政坛上低调多年的田氏家族要打破沉默，田乞已经羽翼丰满，他想要振翅高飞了。

新权贵田乞首先把矛头对准了把持国政的老贵族国氏、高氏，这是齐国两大望族，历史源远流长。是到了新旧交替的时候了，作为新贵的田氏要从老贵族手中抢得更多的政治话语权。凭借着田氏家族在齐国民众中崇高的声望，田乞振臂一呼，国人响应，驱逐执政的国夏和高张，立齐悼公为国君，由田乞出任丞相，独揽大权。

田乞在权力场上高歌猛进，却不能掩饰对外战争的羸弱。

公元前 485 年，吴王夫差大举伐齐，惊慌失措的田乞竟然谋杀齐悼公以谢吴师，君主成为权臣手中可随时撕毁的纸牌。然而妥协并非制胜之道，在第二年的艾陵之役中，齐国人仍然一败涂地。唯一让田乞感到幸运的，是勾践在南方发动攻吴战争，不经意之间拯救了齐国。田乞死后，他的儿子田常（又称田恒）子承父业，继续当齐国的无冕之王。被田氏一手扶上台的齐简公偏偏不识时务，宠幸大臣阚止以压制田常。齐简公自以为聪明，其实他忘了自己只是田常手中的木偶罢了。怒气冲冲的田常重演了父亲弑君的“壮举”，齐简公成了田氏家族篡权路上的又一牺牲品。连续两任君主都死于田氏家族之手，弑君游戏的流行，显然暗示着权力悄悄地转移了。

当田常弑君的消息传到鲁国时，孔子认为鲁国翻身的机会到了，便三次面见鲁哀公，请求立即出兵进攻齐国。鲁哀公对此建议几乎不屑一顾，他没好气地说：“鲁国被齐国欺负很久了，请问夫子，你要怎么攻打齐国呢？”孔子答道：“田常弑君，有一半的老百姓对此是有意见的。以鲁国的兵力，加上齐国一半百姓的支持，是可以打败田常的。”鲁哀公不听。从这个小故事中，我们可以隐约看出田氏家族在齐国确实难以撼动了，弑君这么大的事情，按孔子的说法，也才只有一半民众反对，换句话说，有一半民众还是支持的，这可不得了。犯下弑君大罪，还有 50% 的民意支持率，田常不简单啊。

齐简公被杀后，他的弟弟姜骜被立为国君，是为齐平公。

不消说，齐平公就是一个大傀儡。田常对他说：“施人恩惠的事情，你来做；刑罚处置的事情，我来做。”表面上说得好听，好事留给君主，坏人我来当，实际上就是把生杀大权牢牢握在手中。

在接下来的五年时间里，田常大开杀戒，为所欲为。齐国望族鲍氏（曾经与田无宇并肩作战的鲍国一族），晏氏（名相晏子家族）以及公族中的强者都遭到清洗，国家大权完全被田氏所控制。此时田氏家族的封地，从安平（今山东临淄东）到琅玡，面积超过齐国公室。至此，田氏代齐的格局已经基本形成。

田常的所作所为，在孔子等人看来，是大逆不道、恶行累累。弑杀君主、清洗政治异己，这种人怎么还能获得民心呢？可是事实上是，田氏家族在获取民心上，确有非常手段。田常继承了田无宇、田乞的惠民政策，以大斗贷出粮食给百姓，以小斗回收，减轻剥削，争取民众。你想想，民众的生活水平提高了，手头宽裕了，能不感谢田常吗？所以即便田常在政治上所做的事是出格的，仍然得到普通民众的拥护，这从当时一首民谣可以看出："妪乎采芑，归乎田成子！"田常不仅控制着权力，而且赢得人心。从这点看，他是一位出类拔萃的政治家。

齐国的军事力量，在田常时代也得到改善。公元前 468 年，晋国执政知瑶率领大军围攻郑国，郑国紧急向齐国求援，身为齐国执政，田常义不容辞地亲自率军驰援郑国。齐国军队军纪严明，所过之处，秋毫不犯，这秉承了田氏家族一直以来奉行的"爱民"传统。在行军中遇大雨，河水暴涨，田常身先士卒，亲自指挥齐军雨中渡河，在十分艰难的情况下完成救援郑国的使命。

目空一切的知瑶对田常有这么一段评论："吾闻田恒（即田常）新得国而爱其民，内同其财，外同其勤劳，治军若此，此其得众也，不可待也。"宋代儒者吕祖谦曾经说过："田常军政之明，师律之严，拊循士卒之厚，岂所谓盗亦有道与？"

田常是田氏代齐进程中最重要的一人，从他开始，齐国实际上已落入田氏之手。在执政二十九年后，田常去世，他的儿子田盘被立为掌门人，同样担任齐国丞相。

虽然还没有明目张胆地篡权，但田盘早已视齐国为自家地盘，而当时齐国的最大威胁，便是晋国。如何处理与晋国的关系，是对田盘外交智慧的一大考验。公元前 453 年，晋国三卿共灭知瑶的消息传到齐国后，田盘十分敏锐地意识到，晋国的分裂时代已经到来。他十分明智地派出使者，分别出使赵、魏、韩，以诸侯之礼对待三家掌门人，言下之意便是承认赵、魏、韩是三个新兴国家。

这一外交十分成功，田盘积极与三晋建立友好关系，为齐国赢得了相对和平的国际环境。到他去世之前，齐国与三晋没有发生任何战争。田盘把精力完全投放在国内，他不断地把田氏族人安插到齐国的每一座城邑，直到所有城邑的长官全部出自田氏为止。这样，田氏家族的势力从中央政府到地方政府，触须伸到了齐国的各个角落。

谁也不会怀疑，田氏很快就将成为齐国的新主人了。

然而，事有意外。

田盘去世后，他的儿子田白（田庄子）却一反父亲制定的外交政策，对外穷兵黩武，连年用兵，四处树敌，最终把齐国拖到危险的边缘。

在温室中长大的田白，显然低估了三晋的力量，以至于错误地认为可以逐个击破。要知道在齐国漫长的历史中，几乎没有一次打败晋国的记录，这是多么令人沮丧啊。他认为如今晋国一分为三，这不是天赐良机给齐国吗？田白缺乏父亲长远的战略眼光，他太急于求成，太急于称王称霸了。

公元前413年，田白撕毁了与三晋的和平外交协定，悍然出兵攻打魏国，摧毁黄城，包围阳狐，这一战打得酣畅淋漓。然而这一战的胜利实有侥幸的因素，因为此时魏文侯魏斯正在西线与秦国苦战，并最终大败秦军，无暇东顾。田白被胜利冲昏了头脑，他得寸进尺，又陆续发动了侵鲁、侵赵战争。对于田白来说，他在事业的巅峰时突然去世，倒不失为一种好的死法，毕竟他死的时候还回味着壮志凌云的滋味。

田白的继承者田悼子并没有及时悬崖勒马，而是变本加厉。他在公元前408年发动对鲁国的战争，夺取郕城；次年讨伐卫国，夺取贯丘。

就在齐国享受着四处出击的快感时，魏文侯魏斯却从容地排兵布阵，为闪击齐国做最后的准备。公元前405年，执政五年的田悼子去世，他的死引发了齐国的权力斗争，并最终爆发内战。魏、赵、韩果断地卷入战争，并在廪丘一役中大败齐军，是役齐国损失两千辆兵车与两万人，遭到前所未有的重创。优势在手的三晋军队乘胜追击，突进齐国境内，又一次把齐军打得落花流水。

对于新掌门田和来说，这是他一生中最为羞耻的时刻，刚刚上台却接连遭到惨败，在国人面前也抬不起头。可是他有大丈夫能屈能伸的勇气，既然技不如人，就苦练内功吧。于是齐国的外交政策又一次发生逆转，重新回到田盘的老路上，小心翼翼地搞好与三晋的关系，对鲁、卫这些邻邦，也多点客气，少点杀伐了。田和的做法无疑是正确的，在之后十三年时间里，齐国基本上没有遭遇战争。

其实，田氏代齐已经到了水到渠成的地步，只差捅破最后的窗户纸罢了。

公元前 391 年，即田和执政的第十四年，偌大的齐国不再是姓姜的了，齐康公一无所有了。田和仅仅是在海边给齐康公搭了一个住所，让他有一个遮风避雨的地方，好祭祀齐国先祖姜太公。只是姜太公在天之灵，如果看到自己的子孙如此不济，不知当作何感想。

从田无宇崛起于齐国，到田和迁齐康公于海上，田氏家族前后几代人坚持不懈的努力，最终使其完成了颠覆姜姓齐国的大业。可是对田和来说，革命尚未成功，还差最后一步，就是要得到周王室的承认，需要傀儡周天子的册封。

只有得到周天子的册封，他才算是合法的诸侯。

要怎样才能得到册封呢？

当时最强大的诸侯当属魏国，显然，只要魏国出面，这件事就好办了。此时魏文侯魏斯已经去世，接替他的是魏武侯，田和倡议召开一个国际会议，参加会议的有四个国家：齐国、魏国、楚国、卫国。田和与魏武侯暗地里做成一笔买卖：由齐国出面，做中间人，拉近魏国与楚国的关系；作为回报，魏武侯则向周天子及其他诸侯提议，立田和为诸侯。

你想想，周天子完全是看三晋的脸色，三晋老大魏国说话了，周天子能拒绝吗？

这样，继赵、魏、韩三家封侯后，田和也赶上末班车，从卿大夫的身份摇身一变成为诸侯。尽管国名还是叫“齐国”，但此齐非彼齐了。在田氏代齐之前，称为“姜齐”，在之后，称为“田齐”。这是继“三家分晋”后又一重大历史事件，周朝旧的政治大厦土崩瓦解，春秋时代以“尊王攘夷”为口号捍卫周天子的重量级诸侯晋国与齐国全部易主，周王室进一步被边缘化。

公元前 379 年，被田和流放到海上的齐康公病死，他没有子嗣，姜姓齐国的历史至此终结。

从姜太公开国到齐康公亡国，姜姓齐国立国共计 744 年。姜姓齐国在历史上曾经叱咤风云，名君齐桓公在名相管仲的辅佐下，九合诸侯，一匡天下，成为春秋五霸之首。无可奈何花落去，当故事曲终收拨之时，昔日的辉煌如烟云散去，徒令人感叹历史变迁的沧桑与凄凉。

六、吴起之死

在田氏代齐时，魏国发生了一件大事。

名将吴起遭人陷害，被迫逃离魏国，投奔楚国。吴起出走，结束了魏国的全盛时代。

魏文侯时代，魏国西挫强秦，东抑齐国，北并中山，南击楚国，几无敌于天下。是时，魏国名将如云，吴起更是其中的佼佼者。在李悝、翟璜等人的推荐下，魏文侯起用吴起为西河郡守，镇守河西。此后，吴起为魏国的扩张立下赫赫战功，据《吴子》所记："与诸侯大战七十六，全胜六十四，余则钧解。辟土四面，拓地千里，皆起之功也。"

魏国地处四战之地，必须要先发制人才能夺得战略主动权，故而战争频繁。在吴起参加指挥的七十六次战斗中，有六十四次全胜，十二次打了个平手，无一败绩。这样的战绩可谓令人瞠目结舌。

吴起在魏国如鱼得水，这得益于魏文侯的慧眼识英雄。这位雄才大略的君主疑人不用，用人不疑，让吴起单挑大梁、独当一面，这才使得名将能把一身本领淋漓尽致地展现出来。故而吴起之成就，实为魏文侯之成就也。公元前 396 年，执政五十年之久的魏文侯去世，他是战国初期最伟大的君主，正是他的出现，使得并不起眼的魏国异军突起，不仅领袖三晋，甚至称雄天下。魏文侯死后，他的儿子魏击继位，是为魏武侯。

魏武侯尚能延续父亲既定的国策，但他的智慧与才识均不及其父，魏国之所以还能保持一段时间的强盛，主要是依赖父亲遗留下来的大批人才。

公元前 395 年，刚上台不久的魏武侯视察西河郡，并与吴起泛舟西河（即黄河之一段），两人搭一条小舟，从上游漂流而下。到了中流时，魏武侯望着险峻的群山、宽广的大河，不由得转过头对吴起说："美哉乎山河之固，此魏国之宝也。”言下之意，有这么一道天险在这里，魏国的西线无忧也。

吴起听完眉头皱了一下，内行人只消听一句话，便可以判断出一个人内心的高度，显然，魏武侯内心的高度远远不及魏文侯。于是他便答道：“在德不在险，若君不修德，舟中之人尽为敌国也。”这是对魏武侯的当头棒喝，山河之险是靠不住的，倘若没有道义，就算是身边的人都可能是敌人，你如何依赖山河之险呢？

从吴起的这句话中，自然可以看出他的胸襟与气度，绝非常人所及。魏武侯被吴起这么一说，醍醐灌顶，豁然开朗，赞了一字：“善。”这说明这位新君主也算是明君，并非糊涂蛋。

在吴起时代，战国七雄的格局已初定，诸侯国中以七国面积最大、实力最强，此七国便是秦、楚、魏、赵、韩、齐、燕。从地缘政治来看，秦、齐、楚、燕、赵比较有地利优势，这五个国家都不存在四面受敌的情况，而魏、韩两国位置最糟糕，特别是魏国，周围被五大强国包围，要以一敌五，谈何容易。

魏武侯上台后，看到四周强国张牙舞爪，心里十分担忧，便召吴起前来谈心，他对吴起说：“如今秦国威胁我们西面，楚国阻挡我们南面，赵国正对着我们北面，齐国紧挨着我们东面，韩国盘踞在我们跟前，燕国在后方虎视眈眈。从天下形势看，我们被六国所包围，四面都得防守，非常不利呀。我为此忧心忡忡，您有什么办法呢？”

吴起回答说：“关键是要备战，只要准备充分，就不会有大的灾祸。”

那么如何备战呢？首先要知己知彼，才能百战不殆，要洞察敌军的优势与弱点所在，才能有破敌的方案。针对不同的国家，不同的军队，要区别对待，吴起剖析了六大诸侯国军队的优劣所在，可谓洞若观火，明察秋毫。我们来看看吴起的分析：

首先是齐国。吴起在鲁国时曾为将打败过齐国，自然对其底细十分了解，他认为齐国人性格刚强（想想聂政、聂荣这对姐弟），国家富有，君臣骄奢，国家政令比较松弛，俸禄分配不均。这些情况导致军队内部分化严重，强弱分明，故而与齐军作战，宜先击其弱旅，只要打垮其弱旅，齐军难逃败局。

其次是秦国。吴起镇守西河，主要便是防秦，他对秦军的实力有很深的认识。秦国人性格倔强，国家地势险要，易守难攻，秦政严厉，赏罚分明，士卒在战斗中有死斗之心。秦军士兵各自为战的能力很强，缺点是没有阵法，部署松散。击破秦军的方法是以利诱之，设置伏兵，在其阵势混乱后果断出击。

除此之外，吴起还分析了其他几个国家军队的弱点：楚军不擅长打持久战；燕军善于防守，但不善于机动作战；赵、韩的军队没有决死拼斗的意志；等等。

从理论上说，各国军队都存在弱点，并非不可战胜。战胜敌人的关键在于自己的实力要足够强大，自己的防御要无懈可击。因此吴起强调魏国军队必须要有超强的战斗力，要有“虎贲之士”，要有“力能扛鼎”“搴旗斩将”的勇士。这些勇士要通过选拔得到，同时要爱惜、器重他们。这里吴起所说的勇士，又称“武卒”，在战国前期，魏国的武卒是最强悍的一支特种部队，我们来看看这些魔鬼战士是怎么选拔出来的。

武卒对身体素质的要求是极其高的，根据《荀子》一书所记，武卒要通过考试的办法被录取。考试时，应试者要身装三套甲衣，身背五十支箭，还要扛着一把戈，头上要戴上盔帽，腰间还要挂一把利剑，另外携带三天的干粮。在全副武装、超重负荷下，必须要在半天内强行军一百里，倘若达不到要求，立即被淘汰出局。除了负荷行军外，还必须要有拉开十二石强弓的力气。只要能被选中为武卒，就可以免除其家的徭役，免收其田宅税，即便是他年老了，这个优惠政策依然有效。

凭借这么一支强悍的军队，魏国能够与周围的数个大国抗衡、较量。

不过，光靠勇士是不够的。

魏武侯请教道：“兵何以为胜？”

吴起回答说：“以治为胜。”必须要严格治军，才能确保其战斗力。

魏武侯又问：“不在于数量的多寡吗？”

吴起答道：“倘若法令不明，赏罚不信，鸣金不能收兵，击鼓不能前进，即便有百万大军又有什么用呢？严格治军，就是驻扎时要有纪律，行动时要勇敢，前进时不可阻挡，撤退时无法尾追，排兵布阵讲求左右策应，即便队伍被敌军截断也要保持阵势不乱，队形被冲散了也要能恢复行列。将领与士兵同甘苦、同患难，这样队伍就团结一致、没有二心，不论投入何处战斗，任何敌人都是不能抵挡的。”

作为中国历史上最伟大的名将之一，吴起并非只会纸上谈兵，他身兼军事理论家与名将。事实上，他不仅是守备西河的将领，同时也是魏国军事改革的灵魂人物。由于吴起在治军上的努力，魏文侯去世后，魏武侯仍然能维持魏国超级军事强国的地位。

我们来看一下魏武侯即位后几年，魏国对外战争的情况。

武侯三年（前 393 年），魏国出兵讨伐郑国，占领酸枣并在此修筑城池；同年，在注城之役中打败秦军。武侯五年（前 391 年），楚国进攻魏国，赵、韩两国出兵相救，三晋联军连败楚军于大梁、榆关。为了对付三晋，楚国以重礼贿赂秦国，与秦国结成统一战线。武侯六年（前 390 年），魏与秦战于武城。武侯七年（前 389 年），魏与秦战于阴晋。

这段时间的历史有一个令人遗憾之处，便是史料的残缺。大的战争仅仅被凝结为简单的几字，小的战斗更是只字未提。譬如吴起在魏国身经数十战，可是史料却没有记录这些战斗的详细情况。上文所说的魏秦武城之战与阴晋之战，究竟谁胜谁负，也没给出答案，这为我们还原这段血战天下的历史制造了许多麻烦。

在《吴子》一书中，有这么一个战例，时间是在吴起改革魏国军事后的第三年。

这一年，秦国大举用兵，迫近西河。驻守西河的魏国士兵还没有等到上级的命令，便主动穿上盔甲，奋勇还击，体现出临危不乱的良好军事素养，为魏国主力部队大举出击赢得了时间。魏武侯对士兵的表现十分满意，他召见吴起并对他说："先生以前的教导，如今已经看出成效了。"

吴起答说："现在士气高涨，士兵纷纷想上战场立功，请您拨给我五万名从来没有立过功的战士，我亲自率领他们去迎战秦军。要打胜仗，最重要的有三条：士兵乐于听命、乐于战斗、乐于拼死。要做到这三条，就要厚待立功之人，激励没有立功的人。如今每个战士都有立功的强烈愿望，我率领这五万名渴望立功的剽悍战士，如同五万名亡命之徒一样，敌人又岂能抵挡呢？"

魏武侯于是拨给吴起五万人，战车五百辆，战马三千匹。在开战前一天，吴起向三军将士发表演说道："诸吏士就要跟随我迎击敌军了。不论是车兵、骑兵或步兵，倘若车兵不能虏获敌人的战车，骑兵不能虏获敌人的战马，步兵不能虏获敌人的士卒，那么就算打败敌军，也不能算立功。"

把士气提升到最旺盛的水平，这就是胜者之道。

战斗命令很简单，效果却大得出奇。战斗的结果是，吴起以五万之众，大破五十万秦军，这是《吴子》一书中的说法，但很明显是吹牛吹过头了。古人打仗时，为了威慑对手，时常会夸大军队的数量，比如有十来万军队，对外就号称“五十万”，有二三十万人，就号称“百万”，这在史料中屡见不鲜。战国初期，秦国绝对不可能有五十万大军，即便日后秦国成为天下至强时，也绝少动用过五十万的兵力。因此，这场战役固然吴起赢得了胜利，但数字是有水分的。

《吴子》一书中所记的这次战役，有可能就是武侯七年（前 389 年）的秦魏阴晋之役。

吴起是个大才之人，他为人耿直，不会耍阴谋诡计。他的才能有多大的发挥余地，关键看得到君主多大程度的支持。倘若君主无保留地支持他，那么他会成为像管仲那样的人物，实现“一匡天下”的梦想。魏文侯是一代名君，可惜的是去世早了，未能充分挖掘吴起的潜力；魏武侯也算是比较开明的君主，但似乎只是倚重于他的军事才能，却忽略了他在政治上的才华与抱负。

一个明显的例子就是在选择丞相时，魏武侯先后任用商文与公叔，吴起一直被排斥在外。对于商文这个人，我们知道的不多，《史记》中记为“田文”，《吕氏春秋》记为“商文”，考虑到后来著名的“战国四公子”之一孟尝君也叫“田文”，为避混淆，笔者选择《吕氏春秋》的说法。商文被任命为相，吴起大为不满，认为这个人没有什么本事，不配当丞相。于是他冒冒失失地找到商文，要跟他理论一番。

吴起对商文说：“我想跟你比一比对国家的贡献，行不行？”

商文答道：“可以。”

吴起便单刀直入地说：“指挥三军部队，使士卒乐于效死，敌国不敢打我国的主意，请问你比得上我吗？”

商文回答也爽快：“比不上。”

吴起又滔滔不绝地说：“治理百官，亲近百姓，充实府库，这些事你比得上我吗？”

“还是比不上。”

“镇守西河，秦兵不敢向东迈进半步，韩国与赵国自愿追随我们，这些你比得上我吗？”

“比不上。”

吴起鼻孔“哼”了一声，傲慢地说：“这三点你都比不上我，但你的官位反倒在我之上，这又怎么说？”

商文答道：“主上年少，时局多变，群臣相互猜疑，百姓尚未安定。在这个时候，丞相的位置，应该是由你来当呢，还是由我来当呢？”

吴起听罢沉默良久，最后悻悻而言：“看来还是得由您来当了。”

其实商文说的话有点滑头。首先“主上年少”这个说法就很可疑了，魏武侯上台时，肯定不能算年少了。魏武侯魏击是公元前 396 年上台，在之前的公元前 412 年，魏击就曾经率领军队攻打秦国并夺取繁庞。我们假设魏击为将时年仅十八岁，过了十六年，到他上台时，应该也有三十四岁了，怎么算是“年少”呢？所以要么是史料的记录出了问题，要么是商文明摆着忽悠吴起。

倘若是商文忽悠，吴起最后怎么认输了呢？因为他的话，让吴起意识到了自己的一个大弱点，可能是他以前所未认识到的。这怎么说呢？

吴起确实有非凡的军事与政治才干，他有理想有抱负，但他并不擅长官场中的明争暗斗。他之所以能取得非凡的成就，是因为有人支持他，使他在变革军政时所遇到的阻力是很小的。先是魏文侯支持他，后来是魏武侯支持他，没有这两位君主的支持，他什么事情也做不了。商文是干什么的呢？说白了，他做的事，就是稳固魏武侯的地位，魏武侯的地位稳固了，吴起才有用武之地。

吴起认输了，他不能不认输，因为他意识到自己不是全能的。事实也是如此，吴起后来的遭遇可以证明这一点，有强有力的后盾时，他大刀阔斧，游刃有余；当他失去后盾时，必然遭殃，甚至送命。

平心而论，吴起找丞相理论，这件事本身就说明他的性格太刚太直，在官场混最终会倒霉，只是商文丞相肚里能撑船，否则他早就大难临头了。

吴起很快就明白了，才能更多时候是换来别人的妒忌的。

商文尽管不是吴起心目中的栋梁之材，但能容忍他的傲慢与跋扈，甚至还一如既往地支持他。但不是每个人都有商文的肚量。过了一段时间后，商文或许病逝，或许告老退休，丞相易人了，吴起仍然被晾在一旁，上台的是公叔。

公叔与商文不同，他上台是因为后台硬，他的妻子是魏国公主（估计是魏文侯的女儿），靠这个关系爬到丞相的位置。

公叔权倾国内，可是他有一个心病：吴起太厉害了。公叔没有商文的胸襟，怕吴起有一天又要找他理论，甚至逼他下台。不行，要是吴起老待在魏国，始终是个威胁，他得想办法铲除吴起才行。人一旦满脑袋瓜都是自身利益时，恶就从胆边生了。

要整垮吴起，就得寻找出他的弱点所在。吴起性格倔强刚强，眼中容不下沙子，心直口快，而且自以为是。他能使士兵乐于效死，却不能与同僚友好相处，因为在他眼里，其他人都平庸不堪，难免对人使白眼，他的傲慢自大在不知不觉中挫伤了同僚的自尊心，试问有几个人能像商文那样宠辱不惊呢？

新丞相公叔要智取吴起，得先设一个圈套，让他钻进来。

首先，公叔装模作样地在魏武侯面前说吴起的好话："吴起是一位不可多得的人才啊，可是——"他的话锋突然一转，魏武侯心里咯噔一下，伸长耳朵继续听，"我们魏国与其他大国相比，实在太小了，水浅留不住蛟龙啊，我看吴起怕是要离开了。主上何不试探他一下呢？"

魏武侯一听脸都黑了。说实在的，魏国虽然武力最为强悍，但公叔说得没错，三家分晋后，新兴的三个诸侯，包括魏国在内，与传统强国齐、楚、秦相比，国土面积要小得多。魏国人才济济，别的国家总要来挖墙脚，特别像吴起这样的人才，哪国不想出高价聘用呢？"吴起有二心"这个想法令魏武侯坐立不安了，他迫不及待地问："那要怎么试探呢？"

公叔耐心地编织着他的罗网，不露声色地说道："留住吴起的唯一方法，就是把一位公主许配给他。如果吴起拒绝这桩婚事，就可以断定他心不在魏国，肯定要投奔其他大国的。"那么把哪个公主许配给吴起呢？公叔建议，就选择自己夫人的妹妹。

这是个办法。魏武侯的智慧不及其父魏文侯，没什么主见，被公叔耍了，成为这个阴谋棋局中的一颗棋子。

接下来，公叔要实施他第二个阶段的计划。

他盛情邀请吴起到家里做客，摆了丰盛的酒宴。吴起这个人不是很有心机，自认为这个平庸的丞相请他吃饭，自然是想巴结自己，便欣然前往。酒宴开始了，公叔与他的妻子——魏国公主坐在上座，可是这位公主却十分蛮横刁钻，时不时出言不逊，当着众人的面羞辱自己的丈夫，而公叔却毕恭毕敬，奴颜婢膝的模样，逆来顺受。这个场面令吴起大吃一惊。要知道吴起是个大男子主义者，据传言他在鲁国时还杀了自己的老婆，你可以想象一下，女人在他心里是什么地位。可是眼前这位公主高高在上，蛮横无理，无非就是凭恃自己高贵的身份嘛。吴起看了心里很不爽，公叔又乘机在一旁耳语，唉，命苦哇，谁让我娶了公主哇。

这顿饭后，公主的刁蛮给吴起留下了深刻印象，他庆幸自己没娶公主，不然岂不是吃不了兜着走？可是他做梦也没想到，这是公叔设下的一个大陷阱，就等着他踩进去呢。宴席上公主与公叔夫妇两人，其实就是在唱双簧，那是演戏给吴起看的。

吴起这个人，喜怒形于色，公叔一眼就看明白，他对公主的印象是极其恶劣的。好哇，越恶劣越好——公叔内心窃窃高兴。

几天后，魏武侯召见吴起，跟他寒暄了几句后，便拉些家长里短的：您这一个人在外这么多年了，也没个家，没人照顾你呀，不然这样吧，我挑个公主嫁给你吧，你看怎么样？

吴起一听，唉，又是公主。他脑海里马上浮现出那天在公叔家里，公叔夫人的蛮横。这天下公主都一样，养尊处优，从小被人惯坏了，把周边的人都当奴才使唤，这样的女人我才不会娶呢！心直口快的性格在那一刻使他的命运改写了，他下意识地、不假思索地拒绝了，表示我吴起是个粗人，无福消受金枝玉叶呀。

魏武侯脸色“唰”的一下变白了，公叔说得没错，吴起果然有二心，他阴沉沉地扔下几句话：我家公主配不上你，我这个小小的魏国恐怕也留不住你吧。说罢拂袖而去。

这突如其来的变化，对吴起来说，不啻为一记晴天霹雳，让他胆战心惊。当他看到公叔不怀好意的阴笑时，猛然意识到自己原来早落入人家设好的陷阱。吴起呀吴起，亏你还自以为是有大智慧的人，怎么此等奸人的下三烂伎俩却不能识破呢？他知道自己已经犯下不可挽回的错，因为从这一刻起，魏武侯已不再信任他了，而丞相公叔则想置他于死地。

吴起心里窝了一团火，一向心高气傲的他从来不屈服于外在环境。是我吴起带给魏国光荣与辉煌，而不是魏国成就我的功业！他冷笑了——我光明磊落，却被小人袖中的暗箭射中，可是没有关系。没有魏国，我还有去处，有更大更广阔的舞台，没有我吴起，看你魏国还能牛多久！

好汉行走江湖，本来就不必拖泥带水，不必儿女情长。吴起拍拍屁股，在一个月黑风高之夜，悄悄地逃走了，了无牵挂。当他行至黄河（西河），眼看就要离开自己奋斗十几年的这片土地时，忽然心头一酸，即便是铁打的汉子，也有心伤之时，这里留下他的足迹与汗水，可是如今他要挥手远别，十几年的心血随即要付诸流水了。想到这里，他鼻子一酸，泣下数行。

追随他的仆人见到此情此景，不禁愕然，这么多年还是第一次看到吴起哭了，怎么这样一个强人也会哭呢，心中不解，便问道："先生为何哭泣呢？"

吴起收起泪水，叹一声道："主上倘若信任我，再给我几年时间，秦国必亡。如今主上听信谗人之言，不再信任我了，西河之地落入秦人之手的日子也不会远了，魏国大概从此就衰弱了吧。"

《资治通鉴》把吴起离开魏国的时间定在公元前 387 年，这是有道理的。是年，魏伐秦，被秦军击败于武下，由于吴起在魏国时期从未打过败仗，可见此役肯定不是由他亲自指挥的，大约这个时候他已经飘然而去，离开魏国了。

天地茫茫，要往哪儿去呢？

放眼天下，能与魏国叫板的，只有南方的楚国。下面我们先补充介绍一下楚国的情况。

前文曾经说过，楚国在战国初期曾经沉默了很长时间，楚惠王晚年突然发力，连灭蔡国、杞国，并夺江淮以北之地，再现巨鳄本性。楚惠王去世后，楚简王再接再厉，灭了莒国，雄霸一方。

不过此时的楚国仍然不是三晋的对手。公元前 400 年，楚国为争夺郑国与三晋爆发战争，三晋带头大哥魏文侯纠集韩、赵两兄弟，对楚国发动猛攻，直打到乘丘（今山东巨野西南）才退兵。公元前 391 年，楚国发动对魏国的战争，但很快又被打得狼狈不堪，三晋军队一条心，在大梁大败楚军，而后又在榆关之役中再下一局。

这两场战争，都发生在楚悼王时期。作为一位志向高远的君王，楚悼王显然为这两次败仗痛心疾首：为什么分裂后的晋国，仍然可以打败统一的楚国呢？

这个问题让他百思不得其解。论军事技术，楚国即便不能说独步天下，至少也不比三晋落后；论士兵的英勇善战，崇尚武力的楚国人也不会输给其他国家。

那么问题出在哪儿呢？

有一点楚悼王意识到了。

楚国外表强大，但已经失去春秋初期那种锐意进取、初生牛犊不怕虎的精神，缺少了“乳虎啸谷、百兽震惶”的一往无前的气概，朝廷显得暮气沉沉。曾经精简的政府部门如今人员冗杂，办事效率低下，为什么会这样呢？当一个国家的历史越悠久，它所背负的包袱就越沉重。那是一个贵族拥有继承权的年代，当一个王室家族经历了十几代的裂变后，无所事事的贵族越来越多，什么事也不干，就凭自己的特殊身份领国家的俸禄，继承祖辈的爵位，成为社会的蠹虫。你想想，当权力都落在这么一群无所事事的闲人手中时，你能期待他们做出惊天地、泣鬼神的事业吗？

必须要改革，彻底地改革，才能使国家获得新生。

楚悼王有理想有抱负，他想改革，可是由谁来做呢？

要改革，势必要触犯老权贵的利益，没有非凡胆量的人，是不敢去做的，有胆量而没有非凡才能的人，也是不能去做的。这个人，要集非凡胆量与才干于一身，要有牺牲精神，不管前面是地雷阵还是万丈深渊，都要义无反顾、勇往直前、鞠躬尽瘁、死而后已。这样的神人，还没在楚国的大地上诞生呢！可是在敌国里有一个，这个人就是吴起。

吴起从魏国出逃，落难楚国。

对楚悼王来说，不啻为天上掉下一件大宝贝。他早就仰慕吴起的才能，真是踏破铁鞋无觅处，得来全不费工夫哇。他迫不及待地召见吴起，坐而论道，吴起把他写的兵法书进献给楚悼王。

楚悼王翻开一看，第一篇《图国》，这是一篇讲国家战略的论文，只见文中写道：“昔之图国家者，必先教百姓而亲万民。有四不和：不和于国，不可以出军；不和于军，不可以出阵；不和于阵，不可以进战；不和于战，不可以决胜。是以有道之主，将用其民，先和而造大事。不敢信其私谋，必告于祖庙，启于元龟，参之天时，吉乃后举。民知君之爱其命，惜其死，若此之至，而与之临难，则士以进死为荣，退生为辱矣。”

看到这里，楚王不禁拍案叫绝也，再细细读之，还有《料敌》《治兵》《论将》《应变》和《励士》诸篇，大到战略原则，小到战术方法，都有精妙之阐述。见解精辟深邃，而且都是吴起结合自己治军、作战的经验，更有说服力，更有可操作性，更贴近于现实。这是一部伟大的兵法书，比起《孙子兵法》《司马穰苴兵法》也毫不逊色。这些著作是吴起在魏国期间陆陆续续写成的，据《汉书》所载，原本有四十八篇，流传到今天的仅剩下六篇了。

有些人会写书，不见得会实干。但吴起是既能写书，又能实干，这才是大才。楚悼王看了吴起的兵法书后，佩服得不得了，再向他询问治理国家的事情。吴起不客气地指出楚国弊政所在："大臣太重，封君太众，若此，则上逼主而下虐民，此贫国弱兵之道也。不如使封君之子孙，三世而收爵禄，减百吏之禄秩，捐不急之枝官，以奉选练之人。"

楚悼王听了后大为震惊，不想吴起作为一个局外人，对楚国的弊政竟然看得如此深透，看来楚国要变法，非此人不可。在这次面谈后，他做出一个令人震惊的决定：任命吴起为令尹。令尹就是国相，魏国不能给予吴起的，楚悼王慷慨地给予。显然他希望吴起能改革楚国的弊政，令这个老牌帝国重现当年楚庄王"问鼎中原"的盖世豪情。

这是楚悼王的一次大赌局。

对吴起来说，这也是证明自身价值的最好机会。

改革，在那个时代叫作"变法"，变法的目的是要富国强兵，变法的核心是革新法律。

从春秋末期开始，各诸侯国鉴于政局遭遇千年未有之巨变，陆续革新法令，以求适应新时代的需求。与吴起同时代的李悝开战国变法之先河，他的法律思想对吴起影响颇深。自接手令尹之职后，吴起做的第一件事就是"明法审令"，制定法令并向全国颁布。这些法令是很激进的，天不怕地不怕的吴起对楚国的政治了如指掌，一群昏庸无能的老贵族把持大权，毫无进取之心，不破除权贵阶层的利益，变法不能成功。

吴起的改革可谓大刀阔斧。首先是"捐不急之官"，什么叫不急之官呢？就是只管领俸禄薪水却游手好闲的官员，他们占着茅坑又不拉屎，浪费国家资源，并阻碍有才之士的仕途。这些昏庸鼠辈，要一刀切，一律罢黜。你想想，这些官员能只领薪水不干活，没有深厚背景行吗？都来自楚国有头有脸、根基深厚的大家族。这些家族一代代都端这个铁饭碗，现在这个铁饭碗被吴起砸了。

其次，“废公族疏远者”。楚国立国几百年了，王族、公族一代代繁衍下来，在现在估计都在一万人以上了，这些人都有王族、公族血统，政府要养着这么一大群人，负担太沉重了。这已是到了不改革不行的地步了。要怎么改呢？原先分封的贵族，传三代后一律收回封爵，取消世袭特权。

向权贵阶层开刀，是要优化社会资源。庸人必须给人才让位，这样国家才会有新的气象，才不至于暮气沉沉。取消贵族的世袭特权，砸他们的饭碗，就是要节省开支，使国库更加充实，“以抚养战斗之士”。

这些做法最终都指向“富国强兵”的目的。在那个杀伐兼并的乱世里，武力第一，谁的武力不行，只能成为别人鲸吞蚕食的对象。吴起把他在魏国所总结出来的那一套行军作战的方法拿来训练楚国军队，使得楚军的战力有了质的提升。当时社会兴起一股新的思潮，即“纵横之术”，鼓吹军事外交的重要性，纵就是“合纵”，横就是“连横”。外交对于战争固然有十分重要的作用，但纵横家往往夸大其词，吹得天花乱坠，似乎不用动刀动枪，靠两片嘴皮子就可以打赢一场战争。可是吴起却认为这完全是舍本逐末的做法，他主张“要在强兵，破游说之言纵横者”，强兵才是关键，纵横术是靠不住的。

吴起在楚国待了大约六年，《史记·吴起列传》中写道：“于是南平百越，北并陈蔡，却三晋，西伐秦，诸侯患楚之强。”

太史公的这个说法，实则吹嘘过头了，目的只是证明吴起变法果然令楚国富强了。可是这个说法并没有充足的证据。

首先“北并陈蔡”这件事，与吴起根本风马牛不相及。楚灭陈国是公元前478年的事情，比吴起入楚要早了约90年；楚灭蔡国是公元前447年，比吴起入楚要早了约40年。把这两大功劳归于吴起，可谓牛头不对马嘴。

此外，“南平百越”之事，说法也很含糊，楚国向南方百越地区的扩张是一个长期的过程，并非仅仅在吴起变法的这几年。至于“却三晋、西伐秦”的说法，史料中唯一沾边的是吴起被害的那一年，楚国联合赵国进攻魏国，在这场战争中，楚国的表现还是可圈可点的。除此之外，再没有任何史料表明在这段时间里，楚国与三晋、秦有爆发战争。

如果我们把眼光再放得远一些，在吴起死后的数十年里，楚国仍然没有十分出色的表现，在战国七雄中实属平淡无奇。古人的思维方式，为了凸显某位英雄的传奇，便往他脸上贴金。很明显，太史公对吴起便如此。其实吴起的变法由于楚悼王的去世而夭折，难以有明显的成就，这本是可以理解的，并不抹杀他的伟大。

吴起的伟大在于他一往无前的勇气与摧坚折锐的魄力，即便变法最终以失败而告终，他却仍不失为一位改革家与冒险英雄。他能雷厉风行地实施变法，与楚悼王毫无保留的支持是分不开的。当有一天这把保护伞倒了，他的末日就到来了。其实不仅是吴起，在中国历朝历代，几乎所有的改革者都面临同样的命运。

公元前 381 年，靠山倒了。

是年，楚悼王去世，尸骨未寒，憋足气的贵族们就像挤压的弹簧，当压力忽然消失时便强力反弹。国王一死，再也没有人罩得住吴起了，此时正是贵族们反攻倒算的大好时机呀。

这些被吴起害得失去爵位、失去官职、失去俸禄的贵族们自发组织起来，勾结宗室大臣，发动政变，围攻王宫，打算要把吴起杀死而后快。

唉，英雄多舛啊。吴起到底做错了什么呢？他胸无城府，坦坦荡荡，只要有人信任他，他就兢兢业业，勤勤恳恳，做事严厉那都是为了君王国家，为了富国强兵。可是命运跟他开了大玩笑，他帮鲁国打败齐国，却被迫离开鲁国；他帮魏国雄霸天下，结果却遭陷害而逃亡楚国；他帮楚国富国强兵，可曾想到竟然要命丧黄泉。这一切，都由于他得罪了太多权贵者，砸了他们的饭碗，因此被视为眼中钉与肉中刺。

叛军进攻王宫，箭如雨下，吴起且战且退，退到停放楚悼王尸体的灵堂之上。他知道门外这些人，恨不得食其肉，寝其皮，绝无讨价还价的余地。没想到我吴起英雄一世，竟然以这种方式收场啊。可是——吴起忽然冷笑了——我吴起是什么人，杀我吴起难道不要付出代价吗？我要你们这些杀人者，付出十倍于我的代价，我死了，你们也绝活不了！

吴起闯入灵堂，趴倒在楚悼王的尸体之旁，门外的叛军万箭齐发，唉，可怜的吴起被射成一只大刺猬了，死了。他死了，可是脸上却有诡异的笑容，令人不寒而栗。作乱的贵族在大声庆贺吴起被杀死的同时，才惊愕地发现，在吴起身旁，尸骨未寒的楚悼王也被射成刺猬一般了。

楚国之法，胆敢对国王尸体动刀动枪的，尽加重罪，夷三族。怎么楚国有这么一条奇怪的法律呢？估计是当年伍子胥鞭尸楚平王，这件事令王室蒙羞，故而出台这么一条重罪法，以避免哪个大臣效法伍子胥。

这就是吴起的智谋。

一个人在临死前，能够想出一条这么巧妙的报仇手段，这大概只有吴起能做到。报仇不必等到来世，不必依靠别人，而是靠自己的聪明才智死后复仇。吴起砸了贵族们的饭碗，如今被杀，显然在朝中同情他的人不多，这些造反者不会因为杀了吴起而偿命。可是没有关系，聪明的吴起在临死时最后一次运用了他的智慧，他诱使敌人向自己射箭，也是给他们设下一个巧妙的陷阱。这些不长眼睛的飞箭插在楚悼王身上，这是弥天大罪！

新上台的楚肃王愤怒地追究此事，下令逮捕进攻王宫灵堂的暴徒，这些杀害吴起的凶手被扣上“凌辱国王尸体”的罪名，集体抄斩，夷三族，共计有七十余家被灭门。他们最终还是斗不过已经死去的吴起！

吴起之死，是个人的悲剧，更是楚国的悲剧。

在吴起死后，保守派势力再度猖獗，楚国永远失去了机会。在以后的日子里，楚国几乎没有过令人激赏的表演，它之所以还勉强维持七雄的地位，那完全是吃春秋时代的老本，只不过印证了“瘦死的骆驼比马大”罢了。

第三章　中原混战

一、走向裂变的三晋

在吴起离开魏国的第二年（前 386 年），赵国爆发了一场内乱，这场内乱最终导致赵魏两国交恶，三晋齐心协力、和谐共处的局面终于被打破。此后三个国家之间的关系越发复杂，有时联合，但更多时候是互相攻伐。这也宣告了魏文侯大力营造的“三晋独联体”最终瓦解。

赵、魏、韩是新兴的三个国家，它们都是从晋国分化出来的，关系自然比其他诸侯要紧密。雄才大略的魏文侯很早就意识到，三个国家齐心，必定可以无敌于天下，因此他以高超的手腕制止了赵、韩两国互相争斗攻伐的企图，并当之无愧地成为“三晋”的带头大哥。魏文侯去世后，魏武侯统治的前半段，有吴起、李悝等人为之策划参谋，仍然严格执行魏文侯的大政方针。可是当吴起愤而离去后，魏国的政策开始偏离了正道。

公元前 387 年（吴起出走之年），赵烈侯去世。赵国权力斗争出现白热化，争斗的双方分别是赵烈侯的儿子赵章与侄子赵朝。最终的结果是赵章登上君主宝座，是为赵敬侯，而败下阵来的赵朝逃往魏国，一把鼻涕一把泪地请求魏武侯出兵干涉。

按理说，这件事属于赵国内政，魏国最好不要粗暴干涉才对。可是魏武侯当带头大哥十年了，自以为可以摆显下威风，便私自给赵朝撑腰，出其不意地出兵偷袭邯郸城。但赵国人早有防备，魏武侯偷鸡不成反倒蚀了一把米，败下阵来。

这下子赵敬侯生气了，他心里想，我当你魏侯是大哥，没想到你倒打一耙。行，既然你不仁，休怪我不义，你这个大哥，我也不认了。

就这样，两兄弟较起劲了。

三年后（前 383 年），赵敬侯见魏国、韩国都不断向外扩张，赵国不出手是不行了。于是便在边界处修筑一座城堡刚平（今河南清丰西南），作为进攻卫国的桥头堡，然后赵军浩浩荡荡杀进卫国。卫国就是个小诸侯，哪里顶得住赵军的猛攻呢？但卫国人也颇识相，一眼看出赵、魏之间已出现裂痕，魏国人肯定不愿看到赵国扩张得手。

卫国紧急向魏国求援，刚愎自用的魏武侯在错误的道路上越走越远，又一次出兵与赵国对抗，并且在兔台一役中打败了赵国人。

不甘心失败的赵敬侯在第二年（前 382 年）再度进攻卫国，可是这次他输得更惨。魏武侯的武卒又一次卷入战争，一鼓作气夺下赵国新修筑的刚平城，并一路长驱直入，占领中牟（今河南鹤壁西），一举夺得赵国的河东之地。

魏武侯证明了自己是“三晋”老大，实力比赵国明显高出一筹。

显然，如果论单打独斗，赵国不是魏国的对手。可是赵敬侯也有棋高一着的时候。

公元前 381 年，赵与魏、卫的战争进入第三个年头。这一年春风得意的魏军先发制人，与卫国兵团联合进攻赵国。眼看赵国兵团节节败退时，赵敬侯却从楚国拉来了援兵。这一年正是吴起在楚国遇害的年份，由于史料记载不详，我们也搞不清楚国援救赵国的时间，是在吴起生前，还是在死后。但有一点可以肯定的是，这支楚国兵团彻头彻尾地贯彻了吴起的军事思想，有着极高的战斗能力。由于楚国的参战，战场形势忽然逆转了，原先节节推进的魏、卫联军忽然发现楚国兵团已经抵达黄河南、北两岸，后路有被截断的危险。一向勇敢的魏国人这下子也惊慌失措了，赵国兵团乘机反攻，连夺棘蒲、黄城两邑。

从赵、魏三年的混战中可以看出，魏国还是略占上风的。可是这仅仅是表面现象，实际上在赵魏战争中，魏国吃了大亏。

为什么呢？

还记得魏文侯时，魏将乐羊灭了中山国的故事吗？前文我们就提过，中山与魏国并不接壤，中间隔了一个赵国。魏灭中山后，中山成为一块飞地，但由于当时魏赵两国关系如亲兄弟一般，魏国官员来往于魏、中山之间没遇到什么障碍。可是如今魏武侯的鲁莽葬送了中山，当赵国由兄弟变成敌人时，魏与中山的联系被切断了。在这种背景下，中山人掀起复国运动，在公元前 380 年左右，中山国摆脱魏国的控制，迁都灵寿，第二次立国。

魏武侯是偷鸡不成反倒蚀把米呀。

中山复国，使魏国失去了一大块领土，同时使得赵国有了可扩张的资源。

赵敬侯趁中山刚刚复国，局势尚未稳固之机，在公元前 377 年与公元前 376 年两度大举进攻中山，捞了不少地盘，可谓捡了大便宜。

在战争中成长起来的赵国兵团战斗力不断提升，已经可以达到军事大国的水平。公元前 372 年，新上台不久的赵成侯发动一场规模空前的伐卫战争，共攻取卫国七十三座村落与城邑，尽管后来赵国兵团被闻讯赶来的魏国兵团击败，但其剽悍的战斗力已经在诸侯国中声名鹊起了。

在接下来的两年（前 371 年与前 370 年），赵国在东、西两线都取得胜利。在西线的高安战役中，打败了秦国的虎狼之师；在东线的伐齐战争中，打败齐国军队并攻占鄄城。但是遇到老大哥魏国时，赵国总是败多胜少，这不，在怀地一役中，赵国又灰溜溜地败北了。

看来，要打败魏国真的很难啊。

因为魏国有吴起留下的遗产：天下最精锐的武卒部队。这是一支魔鬼兵团啊，每个人都是超一流的斗士，都有万夫不当之勇。当然，军队再精锐，也必须要有优秀的领导，否则就是一群乌合之众了。魏国仍然保持最强的战斗力，主要是魏武侯还勉强称得上是合格的领导人，尚能驾驭这艘巨型航母，没有使之沉没。

但是也必须看到，魏武侯统治的后半段出现了巨大的失误。先是误听谗言逼走吴起，继而破坏了父亲既定的政策，与赵国陷入连年苦战之中，而后又丢掉了中山。这些失误使得魏国的领袖地位大大动摇，但并未危及根本。可是当他去世后，一场灾难爆发了，几乎导致魏国的灭亡。

那是在公元前 370 年，魏武侯当了二十六年君主后，忽然病逝。

魏武侯死时多少岁呢？史书没有明确的记录。前文曾经分析过，魏武侯上台时应该有三十多岁了，当了二十六年的君主，去世时大约六十岁。他可能死得突然，没来得及立太子，结果导致了一场严重的政治危机。

谁将是接班人呢？

有两个人选，一个是公子罃（魏罃），一个是公子缓（魏缓，《史记》记为“公中缓”，也有记为“公仲缓”）。两人其实是兄弟，各有一班支持者，你争我斗、头破血流，最后不得不以武力解决。魏国内战爆发！这场为权力而展开的内战，令一些大臣愤然离去。大夫公孙颀从魏国出逃到宋国，又从宋国逃往赵国，估计在赵国混得不好，又往南投奔韩国，受到韩懿侯的礼待。

在三晋中，韩国最为低调，属于闷声发财的国家。在前些年，魏国与赵国反目成仇时，韩国十分聪明地袖手旁观，既不支持魏国，也不支持赵国，坐山观虎斗。韩国人不愿意介入魏赵战争，而是把进攻重点放在攻取郑国上。

自从三家分晋后，韩国人深知自己的地盘太狭小，倘若不积极向外扩张，难以在国际上立足。从一开始，韩国便有非常明确的战略目标：吞并郑国。

韩郑战争始于公元前 423 年，当时韩尚未被周王正式册立为诸侯，韩武子率军队进攻郑国，杀死郑幽公，郑国人另立国君，坚持抵抗。此后双方战事不断，由于地缘因素，郑国不仅遭到韩国的进攻，也要面对楚国的蚕食。在公元前 398 年，郑国被楚国打得大败，郑繻公只得杀死丞相驷子阳，以讨好楚国人。然而两年后，驷子阳的余党反戈一击，发动政变，杀死郑繻公，重夺大权。经此变局后，郑国的实力大大衰弱，这给了韩国可乘之机。到公元前 375 年，韩哀侯给了郑国致命一击，最终实现吞并郑国的梦想，使得这个立国四百三十年的姬姓诸侯国寿终正寝。之后，韩哀侯迁都到郑国首都新郑，由于韩国占据了郑国的地盘，后来有时也把它称为郑国，但此郑非彼郑，读战国史料时需注意这个。

灭郑是韩国历史上最重大的事件之一，也使得韩国的军事力量得到突飞猛进的发展，与魏、赵两国并驾齐驱了。

正是因为看到韩国的军事潜力，公孙颀向韩懿侯献计说：“如今魏罃与公子缓两人相斗（注意这叫法的区别，直呼魏罃而不称“公子罃”，可见公孙颀对他是持否定态度的），魏罃占据上党，控制大半个国家。只要除掉他，必然大破魏国，这个机会不可失呀。”

对于韩懿侯来说，这可是一个可遇不可求的难得机会，倘若抓住了，韩国的历史便要改写，取代魏国成为三晋老大自不必说，甚至可能称霸中原呢。但是韩懿侯不太自信，觉得自己力量还不够，得拉上赵国才行。赵国与魏国打了这么多年，从兄弟到死对头，赵成侯一听韩懿侯说要出兵魏国平定内乱，岂有不同意之理呢？

公元前 369 年，韩、赵两军分别从南、北两个方向进军，夹击魏罃的军队。

双方在浊泽（即涿泽）展开大战，魏军大败。这可以称得上是魏文侯以来，魏国在历年战争中最大的惨败之一。魏罃的主力被韩、赵联军团团围住，危在旦夕。难不成光荣的魏国就这样窝囊地死去吗？至少表面看上去是这样的，魏罃翻盘的机会微乎其微，现在他就像案板上的鱼肉一样，只能等待别人的宰割了。

可是令人瞠目结舌的一幕发生了。

非常戏剧化。

韩国与赵国兵团在胜券在握的情况下，莫名其妙地撤军了。

这怎么回事呢？

原来韩懿侯与赵成侯两人意见不统一。赵成侯的意见是：“杀掉魏罃，立公子缓，逼迫魏国割地求和，这样我们就能捞得大利益了。”可是韩懿侯却另有打算，再怎么说，韩国这些年都是魏国的小弟，什么事都有大哥罩着，现在要杀魏君、割魏地，有点良心过不去，他说：“杀死魏国君主，这叫作暴行；迫使他们割地求和，这叫作贪心。”那要怎么办呢？他提出一个解决方案：“不如把魏国一分为二，分别由公子罃、公子缓统治，分裂后的魏国将沦为与宋、卫一样的二流国家，我们也不会受到它的威胁了。”

这个方案，赵成侯明确表示反对，他坚持魏国必须得割地，他捞到土地那才叫得利，不然一切都是空的。韩懿侯心里很不是滋味，心里想，这次出兵是我提议的，赵国占了便宜还想充当老大，那可不行，我不能让赵成侯得逞。他一咬牙，寻思，既然如此，老子不管魏国的事了，让你赵国去擦屁股吧。就这样，韩国军队竟然掉转马头，撤走了。

赵成侯大吃一惊，韩国人怎么一声不吭就走人呢？他担心事情有变。不要忘了，当年晋阳之役，也是在关键时刻战局忽然大逆转的。韩国人一走，赵成侯背上一阵寒意，该不是韩懿侯突然要联合魏国来攻打赵国吧？想到这里，赵成侯命令部队，不要逗留了，先溜为妙。

就这样，不可思议的故事又一次发生了。韩、赵两国互不信任，竟然使得必胜之局不了了之，魏䓨因此大难不死。

大难不死，必有后福。

魏䓨死里逃生后，纠集其党羽，对国内反对派势力发动致命一击，杀死政敌公子缓，武力统一魏国，是为魏惠王。

魏国的危机过去了，魏惠王很快就让赵、韩两国认识到，魏国可不是好欺负的，绝非省油的灯。作为传统的军事强国，魏国军队的军事素养是相当高的，只要给他们喘息之机，就会恢复元气。恢复元气后的魏国军队张牙舞爪地扑上来，先是在马陵击败了韩国军队，继而又在平阳之战中力挫韩、赵联军。

尽管韩、赵两国在干涉魏国的战争中有过争议，但韩国既然已经蹚了这洼浑水，也很难全身而退了，只能与赵国捆绑在同一辆战车上，共同进退了。

韩、赵两国武装干涉魏国受挫，韩懿侯与赵成侯心里都不太舒服，想找个出气筒。正好此时周烈王去世了（前 369 年），他的弟弟继位，是为周显王。周王名义上还是天下共主，可实际上只不过是破落户罢了，以前有晋国撑腰，晋国解体后，魏国继承了晋国的政治遗产，成为周王室的保护人。

只是如今魏国内乱刚结束，魏䓨哪里有时间来管周王室的闲事呢？这正给了韩、赵两国以机会。韩懿侯与赵成侯联合出兵，攻打周王室，刚上台的周显王狼狈不堪，哪有实力与韩、赵两国对抗呢？只得夹起尾巴向两国求和。

可是一波未平，一波又起。小小的周王室竟然还内讧不断，导致周室领地分裂为二。

这件事的来龙去脉是这样的：在周考王（前 440—前 426 年在位）时，周的首都是成周，周考王把王城封给自己的弟弟姬揭，史称桓公。桓公死后，他的儿子继立，史称威公。公元前 367 年，威公去世，公子根与太子朝两人争着继承公爵。这时韩国与赵国看到周王室内部起了内讧，便想横插一腿，于是两个国家宣布支持公子根，并派遣军队进入周王室地盘，在巩地拥立公子根，称为东周惠公。这样，原本就已经衰弱不堪的周王室又分裂为二，史称“东周”与“西周”。

在三家分晋与田氏代齐时，大家都极力争取周天子的认可，哪怕这种认可只是表面形式的。韩、赵分裂周室后，魏国默不出声，周天子的权威已经得不到认同的，这也为后来各路诸侯纷纷扯起“王”旗铺平了道路。

表面上看，三晋分裂为两大阵营，一为魏国，一为赵国与韩国，两方相互攻伐。但是，三晋又有一致的利益，特别是在对付西方秦国的问题上，毫不含糊。三个国家达成一种默契，三晋内部争斗的同时，要一致对付秦国的入侵。面对越来越强大的秦国，倘若三晋不能齐心，将被秦国各个击破。

于是历史上奇怪的一幕出现了。在往后几年时间里，三晋两个阵营对付秦国时一致出兵，打完秦国后，回来又继续相互杀伐，让人看得糊涂哇，这到底是兄弟呢，还是仇敌呢？

公元前 366 年，魏惠王（注：此时还未正式称王，姑且这样叫吧）与韩懿侯在宅阳（今河南郑州北）会晤，商讨对付秦国的事宜。在打击秦国这件事上，双方合作，共同出兵，但是这支貌合神离的军队在武都被秦军打败了。你以为魏、韩两国和好了吗？非也。从秦国战场回来后，魏国公子景贾率大军讨伐韩国，韩国兵团在阳地全力阻击，击溃了魏国兵团。

这种短暂的友谊是必要的，无论是魏、赵、韩，面临秦国的军事压力都越来越大，在“三晋独联体”裂变后，三晋相互攻伐，鹬蚌相争，让秦国这个渔翁得利了。秦国在密谋一次更大的攻击，这次进攻的力度将是史无前例的。

公元前 364 年，凶猛的秦国兵团在大将章峤的统领下，杀入魏国。在内战中实力大衰的魏国无力凭借一己之力抵挡秦军，魏惠王不得不分别向赵、韩两国求援。应该肯定的是，赵成侯与韩懿侯在这个时候都表现出政治家应有的眼光与胸襟，毅然出兵相助。三晋联军与秦军战于石门（今山西运城西南），这一战的结局令人震惊，秦国兵团大败三晋联军，斩首六万级。

秦国由是奠定其超级军事强国的地位。

幸灾乐祸的周天子不失时宜地站出来，庆贺秦军大获全胜，并扔给秦献公一个“方伯”的头衔。所谓方伯，就是一方之伯，即一方诸侯之长。看来周天子还在为三年前韩、赵两国分裂周室一事而耿耿于怀呢。

次年（前 363 年），秦军又一次大举出击，目标是黄河西岸军事重镇少梁城。前面我们说过，少梁城是魏国在河西地带的桥头堡，显然秦军意在拔除魏国设在河西的战略据点。在上一年战争中伤亡惨重的魏国再次向赵国求援，颇有义气的赵成侯又一次派人马渡过黄河，协助魏军挫败了秦国夺取少梁城的阴谋。

列位看客，赵、韩两国屡屡帮助魏国抗击秦国，那么现在这三个国家的关系应该不错了吧？这是正常人的想法，可是当时三晋的关系，真让人看不懂。

就在赵国出兵救援少梁城后不久，魏国恩将仇报，发动对赵国的战争，夺取列人、肥邑两地，直逼近邯郸城。魏惠王的做法实在不厚道哇，但这还只是开始罢了。

公元前 362 年，魏国与赵、韩又打架了。这次打架的原因不明，是魏国故意挑衅，还是韩、赵有意找碴儿呢？这已经是无头公案了。魏军的统帅是公叔痤，他在浍水以北与韩、赵联军血战，魏军战斗力更胜一筹，把韩、赵军队打得丢盔卸甲，大败而逃。赵国将领乐祚被俘，魏军长驱直入，攻取赵国的皮牢。

是役，魏国人扬眉吐气。

当军队凯旋时，魏惠王亲自到郊外迎接立下大功的公叔痤，并当场赏赐良田百万亩。公叔痤婉言谢绝了，他把军队的胜利归功于其他人，特别提到了一个人——吴起！公叔痤是这样说的："我们的军队团结而不溃败，勇往直前不避凶险，在敌人大兵压境时毫不胆怯退却，这都是吴起治军时所留下的优良传统，这是我所做不到的。"除了吴起之外，公叔痤又表彰了他的部将在踏勘地形、战略决断上的贡献，当然，他没有忘掉歌颂魏惠王的英明。最后，这位魏军总司令说："主上认为微臣有功，可是微臣又何功之有呢？"

有人认为这位公叔痤，就是当年陷害吴起的公叔。这种看法的理由是，公叔是相国，公叔痤也是相国，应该是同一个人。如果这种假设成立的话，那么公叔担任相国的时间将近三十年，这种可能性是存在的。但问题是，倘若公叔与公叔痤是同一人的话，那么对待吴起的态度怎么前后判若两人呢？有一些历史学家试图从人性心理的角度来解答这个问题："抑或生则疑之，死则知之欤？"难道是因为吴起生前对他有威胁故而陷害之，死后反正也没有威胁了故而美言几句，以显示自已的雅量。这种解释尽管合理但不免牵强，我宁愿把公叔痤与公叔视为两人，而两人都当上相国，只是一种巧合罢了。

必须说，公叔痤确实雅量，把功劳归给前人（吴起）、部将与君主，自己不居功自傲。这使得魏惠王十分欣赏，他派人找到了吴起的后人，封赏土地二十万亩，以示不忘吴起对魏国做出的杰出贡献。在魏国经历了巨大的动荡，特别是遭到秦国的沉重打击之后，魏惠王以这种方式委婉地承认了父亲魏武侯对吴起的不公正待遇，只是此时吴起已经死了二十年，而魏国压制秦国的日子也一去不复返了。

魏惠王希望凭借此役的胜利，重新树立魏国中原领袖的地位。但是，恩将仇报的魏国人恶有恶报，在接下来的少梁之役中，魏军再吞苦果。

很显然，魏惠王魏罃并没有充当中原领袖的资质。

当年魏文侯魏斯对待赵、韩两位兄弟，推心置腹，以诚相待，而且“三晋一家”的信念毫不动摇，这是他取得赫赫武功的根本。如今魏罃把这个根本抛诸脑后，需要的时候利用韩、赵作为抵挡秦国的盾牌，不需要的时候就大打出手。吃了闷亏的韩、赵两国互相通气，既然魏国无情，也休怪我等不义。

秦献公派庶长国（庶长是秦官，相当于卿，国是其名）率大军攻略少梁。鉴于此城在河西举足轻重的地位，魏惠王魏罃派公孙痤迎战。有些史书把“公孙痤”与“公叔痤”混为一人，其实不对，在《史记·赵世家》中，把“公孙痤”称为“太子痤”，看来当时公孙痤被立为太子，而公叔痤是相国，明显不是同一人。

这一时期的战国史料稀少、简略而且混乱不堪，重大事件也往往是一笔带过，没有提供很多的细节，使我们难以恢复历史面貌。少梁之役，由于韩、赵两国拒绝出兵相助，魏军遭到重创，这也是魏国继石门之役后的又一次惨败。此役的过程无法还原详情，但战斗的结果是魏军统帅公孙痤被秦军所俘虏，魏国丢失了繁庞城，这座城池是当年魏文侯从秦国人手中夺取的，现在又回到秦国人手中。秦国在与魏国的河西争夺战中，已经占据了上风。

消息传来，魏国举国震惊。

其实魏惠王魏罃心里也十分明白，面对咄咄逼人的秦国，魏国已经没有优势可言了。随后他做出两个重大的决定：第一，在西部边陲修筑长城，以抵御秦军的入侵；第二，将首都从安邑（今山西夏县西北）迁往大梁（今河南开封）。

这两个决定，从短期来看有一点效果，但从长期来看，弊大于利。为什么这样说呢？

先说迁都这件事。

旧都安邑在魏国西部，靠近西河（或河西），这里不仅受到秦国的巨大威胁，也是赵、韩联合进攻的重点地区。譬如魏与赵、韩的浊泽之战、浍北之战等，战场都是在安邑城附近。迁都后，魏都暂时摆脱了秦、赵、韩的包围，获得喘息之机。但是随着国都的迁移，魏国的军事重心逐渐由西部转移到东部，使得原本处于守势中的西线更加脆弱，更难以抵御秦国的进攻。事实上魏迁都后不到十年的时间，旧都安邑城就被秦军攻陷了。

再说修筑长城。

战国时代由于战争规模的急剧扩大，春秋时代以城堡为主的点式防御战术已经无法适应新时代的战争，以长城为依托的线形防守战术逐渐兴起。战国七雄先后都投入巨大人力物力以构筑长城防线，这种新型防御模式渐成为主流。但是任何一种防御手段都是有缺陷的，正如当年吴起在西河对魏武侯的告诫一样，“在德不在险”，高山大川尚且不能凭恃，何况是长城呢？打仗要靠民心士气，民心士气要靠政府的“德”来维系。如今魏国政府意识到危险正悄然逼近，自个儿迁都先溜走了，士气恐怕要大大受挫了。魏国先是在河西地带修筑长城以应对秦军的进攻，迁都后，为了保护新都的安全，又在大梁城西部修筑一条长城，以防秦国与韩国的进攻，这无疑使百姓的负担相当沉重，加剧魏国的衰弱。

在秦国的步步紧逼之下，魏惠王魏罃不得不重新思考与赵、韩两国的关系。

由于魏、赵、韩三国都是从晋国分裂而来，其各自地盘犬牙交错，我在你处有一块地，你在我处有一块地，这不仅容易诱发领土冲突，也不利于管理。重新划定疆界，互相交换地盘成为三国都可以接受的最好选择了。

公元前 361 年魏国与赵国达成土地交换协议。根据协议，魏国把榆次、阳邑（今山西太谷东北）、繁阳（今河南内黄以北）等地交给赵国，换取泫氏（今山西高平）、中牟（赵国旧都，今河南鹤壁西）等地。紧接着在公元前 359 年，魏国又与韩国交换土地，根据此约，魏国获得了平丘（今河南封丘东）、户牖（今河南兰考北）、首垣（今河南长垣东北）诸邑及驰道（战国时代的高速公路），韩国也获得相应的补偿。

这两次土地交换，使三个国家的疆界明晰，魏国在中原的地盘连成一片。显然，这符合魏惠王的战略部署。魏都东迁后，魏国的大政方针从与秦国争夺河西转向经略中原。

魏国在西线的收缩，令韩国陷入尴尬之境。

我在这里反复强调，魏文侯魏斯的“三晋一家”的战略是真正伟大的战略，三晋一荣俱荣、一损俱损——历史证明了这一点。以前有魏国对秦的主动打击，韩国自然日子过得舒服，现在魏惠王不干了，对秦国转攻为守，那么韩国倒霉的日子就到了。

在韩、魏易地的这一年，秦国大举进攻韩国。韩国连战连败，秦军攻到怀地（今河南武陟西南），并在附近筑城，作为长期威胁韩国的堡垒。第二年（前358年），秦军又一次进攻韩国，在西山战役中再创韩军。

韩昭侯打不赢秦国，便动了魏国的主意。魏国的地理位置十分糟糕，它的地盘被分割为东、西两个部分，这两部分之间的联系通道十分脆弱，有点像哑铃，两头重，中间轻。韩国的国境线插入魏国的中腹，几乎要切断魏国的东、西两部。倘若能完全斩断魏国的东、西两段，韩国便有可能吞并魏国政府鞭长莫及的西部。于是韩昭侯铤而走险，对魏国中部发动猛攻，夺取屯留、长子、涅等地，几乎把魏国拦腰截断了。

可是韩昭侯的出击有点不合时宜，因为魏惠王魏罃变聪明了，他可不想在几条战线上同时作战。于是魏罃暗地里向赵国抛出橄榄枝，两次会晤赵成侯，确保了赵国在魏韩冲突中保持沉默的中立。只要赵国中立，魏国就可以把韩国打趴下。

公元前357年，魏国大军反客为主，进攻并包围韩国宅阳（今河南郑州北）。孤军奋战的韩国抵挡不住，被迫与魏惠王签订城下之盟，韩昭侯偷鸡不成反蚀把米，只能臣服于魏罃。自此，韩国与魏国的战争告一段落。

韩魏战争始于公元前369年的魏国内乱，前后持续了十二年的时间，赵国也卷入其中。这场三晋之间的战争没有胜利者，鹬蚌相争，最后只有旁观的渔翁得利。

魏国迁都大梁，其军事重心从河西转移到中原。在迫使韩国签订城下之盟后，中原诸小国迫于魏国的强势，纷纷承认魏惠王魏罃国际领袖的地位。包括韩昭侯、鲁共侯、宋桓侯、卫成侯在内的诸侯，皆朝魏惠王，魏罃俨然成为中原老大哥。

但是这不过是虚假的繁荣，因为魏国再也无力压制东、西线两个最强大的对手，西线是秦国，东线是齐国。历史上最著名的商鞅变法在秦国拉开序幕，而齐国则开启了辉煌灿烂的“齐威王时代”。

下面，我们来看看齐国这条渤海之滨的巨龙是如何一飞冲天的。

二、齐威王崛起于东夏

自从田和篡齐后，齐国的历史翻开新的一页，“姜姓”齐国被“田氏”齐国所取代。田和成为“田氏”齐国的奠基人，他于公元前384年去世，谥为“齐太公”。可是田和死后，齐国的历史记载却陷入一段十分混乱的时期。

由于后来秦始皇焚书坑儒，东方诸国大量官方史料被烧毁，其中齐国的史料毁坏相当严重，以至于司马迁作《史记》时，对齐国史事编年的记载，出现了十分严重的错误。据司马迁所记，齐太公田和死后，他的儿子齐桓公田午继承君位，可是这个记载是错误的，而这个错误又引发了一系列的错误，导致此期齐国史事极其混乱。

所幸的是，在数百年后，公元前281年的一起盗墓事件竟然让一册古史得以重见天日。墓穴中藏有数十车竹简，以古文字记录，其中便有魏国史官所记录的编年史料，后被称为《竹书纪年》。依靠这本书，战国时代一些混乱的时间线索得到重新整理。

对照《竹书纪年》，司马迁的一些错误记载得以修正。事实上，在齐太公田和与齐桓公田午之间，还有一位君主，称为田侯剡，他在位总计十年，直到公元前374年被田午所弑。《史记》遗漏了田侯剡的十年，使得齐桓公即位的年份提前了十年，同时又把齐桓公在位十八年误记为六年，这样使得齐国(田氏)第四任君主齐威王即位时间被足足提早了二十二年。

司马迁在不属于齐威王的时间里，大书特书齐威王的种种事迹，绘声绘色，叫我们信也不是，不信也不是，仿佛是读穿越小说。由于故事发生的时间与人物对不上号，为我们梳理这段史事制造了相当多的麻烦。

笔者根据前人的研究成果，以自己的理解试着去还原这段历史。

在魏国兵围宅阳并迫使韩国签订城下之盟的这一年（前357年），齐桓公田午去世。田午的谥号为“桓公”，与春秋时代第一位霸主齐桓公小白的谥号相同，这是因为此时的齐国已非彼时的齐国。田午统治齐国十八年（前374—前357年），齐国总体上说来比较平静，但是他留下一笔可贵的遗产，他创建的稷下学宫，成为未来一百多年里齐国乃至整个中国最富活力的学术中心。

曾经有一段时间，天下英雄豪杰齐聚魏国，在魏文侯魏斯麾下，武将、谋臣、哲人云集，这也开创了战国养士之风。战国时代，诸国的兴衰与人才的流动呈正相关，哪个国家能聚集越多的人才，就越有可能脱颖而出。

吸引人才，逐渐成为各国政治的优先目标。在这方面，齐国无疑是领先的，在齐桓公田午的努力下，齐国都城临淄城的稷门（西门）之外，一座富丽堂皇的学宫拔地而起，这就是战国时代最著名的学术中心稷下学宫，会聚了天下英才。在稷下学宫一百多年的历史中，曾迎来名家尹文、兒说、田巴，儒家孟子、荀子，道家宋钘，阴阳家邹衍，兵家孙膑，法家慎到等大师级的人物。

齐桓公去世后，他的儿子田因齐成为齐国新的君主，史称“齐威王”。根据《史记》所载，齐威王刚上台时不理朝政，把国家交给卿大夫办理，外战不断，百姓民不聊生，直到在位将近十年时，才励精图治，脱胎换骨。我以为这大约是错把齐桓公的故事套在齐威王身上了。事实上，齐威王田因齐即位之初，便果断任用名士邹忌为相，邹忌从谏如流，唯才是举，不避亲疏，使得齐国成为当时最为开明的国家之一，故而天下名士，纷纷入齐。

首先来看看名士邹忌是如何当上齐国的丞相的。

邹忌原本是稷下学宫的辩士，他口才十分了得，精通音乐，善于弹琴，而且长得高大修长，容貌俊逸，是有名的帅哥。

齐威王继位后（此时田因齐仍称齐侯，尚未称王，姑且这样称呼），邹忌听说他十分喜欢音乐，便抱了一把琴去见国君。齐威王早就听说邹忌的琴技天下无双，对他的到来非常欢迎，并让他居住在宫中右室。有一天，齐威王兴致来了，令人抬上古琴，抚琴而奏，这时忽然听得一声喝彩："弹得好哇。"威王吓了一跳，抬头一看，原来是邹忌推门进来了。

邹忌这样冒冒失失地进来，齐威王有点不高兴，没给好脸色地说："夫子只是看到我弹琴的样子，还没有细细品味内中的味道，怎么能说弹得好呢？"邹忌答道："您弹的琴，大弦音调浑厚温和，是国君的气象；小弦高昂清脆，是国相的气象；大弦小弦相得益彰，声音和谐，就像一年有春夏秋冬四个时节那样圆满。我听出这些，所以说您弹得好哇。"这也不知是邹忌忽悠的功夫深厚呢，还是他真的听出齐威王的内心，反正齐威王听后也不由得称赞道："你果然善于谈论音乐。"

可是邹忌并不谦虚，反倒自吹道："何止是善于谈论音乐！治理国家、安抚百姓的道理都在其中呢！"

这下子齐威王不高兴了，佛然道："倘若谈论五音，我相信没人比得上你；可是论及治理国家，那你就外行了。"

邹忌回答说："不对，治理国家与五音的道理是相近的。国君要厚德温和，就像大弦之音；丞相要高调做事，就像小弦之音；政令要有张有弛，就像弹琴要有深有浅；治理国家要顺应四时之变，就像琴声中大弦小弦相互和谐；所以懂得了琴声协调的道理，就懂得了治国的道理了。"

这听起来还是有点玄，齐威王又点了头说一个字："善。"

三个月后，邹忌入主内阁，成为齐国丞相。

事实上，这位杰出的辩士为齐国政坛带来一股清新之风，在他的努力下，推动了齐国言论自由的风气，开百家争鸣之先河。

邹忌的谏术十分高明，他总是以自己的例子，巧妙地把想表达的思想传递给君王，而不是犯颜直谏。

以下便是大家所熟知的一则故事。

前面说过，邹忌是一名帅哥，他身高一米八六（八尺），当时齐国还有另一名帅哥，住在城北，号称徐公。有一天，邹忌照镜子时，问妻子："我跟徐公相比，谁帅呢？"妻子回答道："当然是夫君你帅了，徐公怎么跟你比呀？"邹忌不信，又问小妾："我与徐公谁帅呢？"小妾的回答如出一辙："徐公哪里比得上你呀！"后来有一位客人来访，邹忌又问了同样的问题，结果仍一样，客人的回答是："徐公比不上您。"

看到这里，邹忌给人的感觉是很浮，不踏实，有点无聊的样子，可是他却是在试探、研究人性。第二天，正巧徐公来访，邹忌觉得自己不如他帅，后来又自个儿照镜子，更加自愧不如。于是他得出一个结论："妻子说假话，是因为偏爱我；小妾撒谎，是因为怕我；客人忽悠我，是因为有求于我。"这个结论相当重要，它揭示了人性的弱点，一旦人陷入偏爱、畏惧或有求于人的境地时，就不会说真话，而是谎话连篇。

他把这个结论告诉了齐威王，并且说："齐国的土地方圆上千里，城邑一百二十座，后宫妃妾与左右近臣，都偏爱君王您；朝中大臣都畏惧您；国内的每一个人都有求于您。照此看来，这些人都不会说真话，只会说谎言，主上受到的蒙蔽也太大了。"

邹忌以自己的例子，深刻剖析人性的弱点，这令齐威王很容易就接受了。作为君主，谁愿意被群臣蒙骗呢？齐威王田因齐是一位开明君主，颇有胸襟与气量，而且性格果断，于是他马上下了一道命令："诸大臣与百姓，能当面指刺寡人之过者，受上赏；上书谏寡人的，受中赏；能在市井中批评并传到寡人耳中的，受下赏。"这是一道鼓励批评的命令，批评政府、批评君主还可以得赏，这确实是很新鲜的一件事。从这点看，齐威王确实是一位伟大的君主，不仅开明，同时也很自信。

这道命令发布后，臣民们纷纷抱着试试的态度，对齐威王的各项政策提出批评，一时间朝廷门庭若市。齐威王并没有食言，只要批评有理的，一律采纳并赏赐。有了批评的声音，各项政事的弊病被揭露出来，推动了政令的完善。刚开始时大家一窝蜂地进言，后来隔三岔五有人进谏，几个月后，尽管还有人跃跃欲试，但要找出弊政已经不那么容易了，看来要挣赏钱越来越不容易，这就叫重赏之下，必有真言者、敢言者。

在《史记》中，记有齐威王一则故事。

即墨是齐国的一座重要城邑，管理该城的官员被称为即墨大夫，他是一个正直不阿的人，从不向上级或其他官员行贿，也不会溜须拍马，所以各级官员时不时就举报他，说他是一个不称职的地方官。齐威王没有偏听偏信，而是暗地里派出几批人前往即墨，实地观察即墨大夫的所作所为，结果发现即墨这个地方治理得井井有条，田野得到充分的开发，百姓丰衣足食、安居乐业，官府中没有积压的公事，社会太平、秩序井然。齐威王召见即墨大夫，并对他说："你治理即墨以来，政绩卓著，但诽谤你的话漫天飞，这只是因为你不会逢迎别的官员。"于是封给即墨大夫万户食邑，将他立为官员学习的榜样。

有人幸运，也有人倒霉。

阿大夫就是一个善于阿谀奉承的官员，他在阿地当官挺久的，在朝廷总有人说他的好话，把他吹嘘成国家栋梁似的。可是齐威王派人前去暗访时，却发现完全不是那么一回事，阿这个地方，田野荒芜，百姓愁苦，社会秩序混乱不堪。通过调查，齐威王又发现，这个阿大夫在以前齐国与周边诸侯的战争中，表现十分糟糕，有时敌人攻过来，他一点都不知道，有时友军求援，他置之不理。在掌握大量证据后，齐威王逮捕阿大夫，怒斥道："你治理阿地以来，总有人说你的好话，只是因为你以重金贿赂朝中官员罢了。"阿大夫浑身瑟瑟发抖，再也神气不起来。雷厉风行的齐威王绝不手下留情，他下令将阿大夫与受贿的官员一同烹杀了，杀鸡骇猴。

《史记》所载的这则故事，发生在公元前370年，其实这一年齐威王尚未即位。前文说过，《史记》在齐国史的时间记录上相当混乱，这就是一例。烹杀阿大夫一事，应该是在齐威王上任之初。这一事件震动朝野，正可看出齐威王雷霆霹雳般的手段，难怪后来他被谥为"威王"，确实够威猛的。

自从田氏篡齐后，齐国在诸侯国中的表现是不温不火的，并不像魏国那么光芒四射。当时中原诸侯，多数还是把魏国奉为老大，包括韩、鲁、卫、宋等国家，成为魏国的小喽啰国。但是齐威王上台后，齐国面貌焕然一新，这引起了其他诸侯国的强烈关注。

齐威王是齐国走向超级强国的关键人物，他不仅在政治上清明、从谏如流，对人才也极其重视。齐国学术出现百家争鸣、百花齐放的盛况，儒家、墨家、阴阳家、纵横家、名家、法家、兵家等各流派都十分兴盛。特别是在辩士邹忌出人意料地入主内阁后，更刺激诸多人才纷纷涌向齐国。齐国成为诸侯国中最富活力的国家，它的全盛时代即将到来。

力图向中原求得发展空间的魏惠王更加关注这个有内涵的邻国，为了试探邻国实力的深浅，魏惠王魏罃决心要亲自访问齐国，会会齐威王田因齐。

公元前 355 年（齐威王二年），魏惠王魏罃访问齐国，在刚上台不久的齐威王田因齐面前，他有一种傲慢的自负。

一次郊外打猎时，魏惠王忽然问齐威王："齐国有什么宝贝呢？"齐威王很谦虚地说："没有。"魏惠王不无得意地说道："寡人的国家虽然小，却还有直径一寸以上的宝珠十枚，这种宝珠发出的光芒，足足可以照亮前后十二辆马车。齐国的土地辽阔，难道没有什么宝贝吗？"

齐威王微微一笑："要说宝贝也有，只是我说的宝，与你说的宝，恐怕有点不一样。"

"哦？"魏惠王有点惊愕，宝物还有什么不同吗？

"我手下有一位大臣名为檀子，镇守南部边关，楚国人不敢进犯边界，泗水流域一带的十二个小国，都前来齐国朝见；另一名大臣名叫肦子，镇守西部高唐城，赵国人不敢到附近的河流里捕鱼；还有一名官吏名叫黔夫，镇守徐州，燕国、赵国共有七千多户人家前来投奔；我还有一位大臣名叫种首，负责缉捕盗贼，维持治安，他治下的民众安居乐业，路不拾遗。我这四位大臣，他们的光辉足以照耀千里之外，岂止映亮十二辆马车呀！"

听到齐威王这么一说，魏惠王不禁满面通红，心有惭意，无言以对。

这时魏惠王已经上台十五年，而齐威王仅仅两年。从胸襟与气度来看，魏惠王远远不及齐威王。事实上，魏国君主一代不如一代，它之所以还能够在中原呼风唤雨，完全是吃老本。魏惠王原本打算借着访问齐国的机会，给政治经验不足的齐威王来一记下马威，最好是齐国能乖乖听从魏国的领导。可是他小瞧齐威王了，本想吹嘘一番，不想最后只是自讨没趣，徒成笑柄。

魏惠王访问齐国使两国关系正常化，之后经常互派使节，往来于大梁与临淄。使节的互访给齐国带来了一个意外的惊喜，在一次出使魏国时，齐国使者带回一个人，这是一个残疾人，但却成为齐国一面胜利的旗帜。这位身残志坚的战神，就是战国兵家的代表人物，以马陵战役光耀史册的大军事家孙膑。

孙膑的经历，是战国时代最富传奇色彩的故事。

孙膑是春秋晚期大军事家孙武的后代，他出生于齐国的阿、鄄一带。当时中国进入一个学术鼎盛的时代，诸子百家兴起，由于战事不断，兵家自然备受关注。孙膑刻苦地学习兵法，当时他有一个同学名叫庞涓，是魏国人，两人一同拜师学艺。有一些野史演义称孙膑与庞涓都是鬼谷子的弟子，这只是凭空猜测、张冠李戴罢了。

两人一同学习兵法，孙膑天资聪颖，领悟力强，在兵法的见解上总是超过庞涓。庞涓内心十分嫉妒孙膑，但没有说出来，而是藏在心里。学成后师兄弟两人就分道扬镳，庞涓回到了魏国，而孙膑仍然留在齐国。庞涓回国后，正是魏惠王统治时期，魏国四处作战，与邻国连年交锋，战事不断。庞涓有了用武之地，他凭着过硬的军事本领，如鱼得水，很快在军界脱颖而出。史书上没有详细记载庞涓指挥了哪些战事，但可以肯定的是，他主要是在东部与赵国、韩国作战，而且取得了一系列胜利。他的功名心很强，加上战功卓著，故而官运亨通，一路扶摇直上，当上魏国的将军，手握重兵。

反观孙膑，却混得不太好。此时的齐国正是齐桓公田午统治时期，相对和平，不像魏国战事频繁，这种大环境使得孙膑难有出头之日。孙膑在齐国并没有引起重视，可是有一个人非常重视他，这个人就是他的同学庞涓。庞涓对孙膑实在太了解了，这是一条卧龙啊。倘若孙膑站在齐国一方与魏国为敌，那么庞涓就将遇到一个难对付的对手；倘若孙膑站在魏国一方，那么他又将危及庞涓的地位。

不要忘了，这是战国时代，任何国家都会被卷入无休止的战争中，而军事人才孙膑不会长久沉默，他必将在某一天大放光芒。这是庞涓所不愿意看到的，“既生瑜，何生亮”，他们两个人就不应该在同一个时代出现，有我庞涓，就不能有你孙膑。庞涓思前想后，决定要设计一个惊天阴谋，除掉孙膑。

虽然庞涓在魏国位高权重，可是孙膑待在齐国，他鞭长莫及。只要设计把孙膑骗到魏国，到时他是死是活就全凭庞涓一句话了。

庞涓差人送信给孙膑，说他在齐国无用武之地，不如到魏国来大展拳脚。孙膑在行军打仗上有超乎寻常的天赋，但最凶狠的敌人往往不是来自战场，而是身边亲密的人。他没能料到同学庞涓挖了一个坑，就等着他跳进来呢。对于庞涓的盛情邀请，他欣然同意，打点行装后，便动身前往魏国，希望在这里能一展平生绝学。

可是孙膑很快发现，自己也学艺不精了。

因为在一个没有硝烟的战场上，他一上阵就一败涂地，而且差点丢了性命。

到了魏国后，庞涓给孙膑上了一堂生动的课：原来战争有时并非一大群人的游戏，战场也可以没有兵戈与战鼓，只需要狡诈与诡计。孙膑千里迢迢投奔魏国，没有迎来鲜花与掌声，反倒被自己的同学庞涓随意扣上莫名其妙的罪名，打入大牢，然后被施以惨无人道的刖刑——两只脚被砍掉了，也有说是挖掉了膝盖骨。被砍了脚还不够，他的脸上又被刺了字，他走到哪里，都会成为被唾弃的囚徒。

他没能登上荣耀的舞台，反倒落入别人预设的陷阱。

可是庞涓没有把孙膑杀死。有些野史的说法是庞涓想要让孙膑默写出一部兵法书，故而留着他的性命，孙膑后来假装发疯，骗过庞涓，得以逃出囹圄。不过真实的情况应该是庞涓认为孙膑失去两只脚，已是废人一个，不可能威胁到自己了，有意让他苟活着。在庞涓看来，折腾敌人的最好方法并不是处死他，而是让他生不如死。庞涓要孙膑活着，好让他亲眼看着自己功成名就——学生时代我总不如你，现在我要证明比你强！

孙膑就这样在庞涓的“关照”下，成了一个“废人”。他没有脚走路，只能用双手撑地爬行，没有钱，没有住的地方，也没有熟人，他跟路边的乞丐毫无两样。一个学富五车、才高八斗的才俊，折腾成这等模样，人不像人，鬼不像鬼的，换作其他人，可能觉得还不如一死了之。

这是考验一个人生存意志的时刻。

当然，孙膑也沮丧过、消沉过，但他不甘心受到命运的摆弄，他要报仇，要扼住命运的咽喉，要掌控自己的未来。可是他失去了双脚，不要说指挥千军万马，就是生活也度日如年，还要默默忍受着他人或者轻蔑或者怜悯的眼光。他唯一拥有的只是强大的内心力量，这种内心力量能帮助他如愿以偿吗？

要怎么办呢？

首先必须要离开魏国，在这里迟早会被庞涓整死。如果孙膑是一个身体健全的人，离开魏国不是问题，可是他残废了，不能走路了，不可能一路爬回齐国。对于心志强大的人来说，机会总是会不可思议地降临，这是成功学中最神奇的一幕。对于孙膑来说，同样是这样，就在他觉得山穷水尽之时，忽然峰回路转，柳暗花明。

由于魏惠王有意拉拢齐国，双方互派使节。齐国使节出使魏国，抵达大梁。对孙膑来说，这是他逃离魏国的绝佳良机。

机不可失，一定要抓住。

孙膑秘密求见齐国使节，这位名不见史册的齐使是改变他人生的关键人物。孙膑对齐使说了些什么话，史书没有记录，估计是关于齐魏两国的军事形势分析及兵法战略。齐国使节起初并没有把这个缺了一双脚的残疾人放在眼中，可是他越听越惊讶，这么一个满腹韬略的人物，竟然被遗弃在魏国的街头，而且他还是齐国人！

齐威王"招贤纳士"的政策，使得官员也热衷于举荐人才，如今有这么一位奇才异士突然出现在齐国使节面前，他冒出的第一念头，便是把孙膑带回国。孙膑被庞涓设计陷害砍去双脚后，虽然没有继续遭迫害，但庞涓时不时派爪牙留心他的动向，要把孙膑从魏国带走，就必须要避开庞涓的耳目。

在齐使的安排下，孙膑避开庞涓的盯梢，神不知鬼不觉地钻进齐国使节团的马车里。马车向东飞奔，直到跨进齐国境内，孙膑这才喘了一口大气，终于回到故土了。可是已经物是人非，离开齐国时他是个健全的人，回来时只剩下半条命。经历了种种困厄之后，他的心志更加强大了，他生命的激情将迸出火花，复仇的火焰将熊熊燃烧，他没有脚行走，可是他的心灵却在飞翔，越飞越高，飞向生命的顶点。

回国后，齐使把孙膑推荐给大将田忌。田忌是一名非常出色的将军，他听了齐使所说的话后，心中暗暗称奇，亲自接见孙膑，果然被他渊博的知识所折服，便把他奉为上宾。

田忌有个爱好，他经常与齐国的几个公子哥儿玩赌马大赛，就是大家各出三匹良马，三战两胜制。这赌马大赛玩下来，最后结果总是有输有赢，并不能稳操胜券。孙膑是田忌家的上宾，也经常观看赛马，他细心地观察各个参赛选手的马匹，心里有底了，于是便对田忌说："您尽管下大赌注吧，我包管您能得胜。"谁都知道赛马这事竞争激烈，有谁敢保证一定能胜出呢？尽管田忌将信将疑，但他认为孙膑既然是个才智超群的智者，这么说一定有他的道理，就信一回吧。

田忌便对其他公子哥儿说："我要下千金赌注。"大家一听，这田忌是不是疯了呢？他的马匹可不是常胜将军哪，这时有个公子哥就出来说，行，你要疯，我就陪你玩吧。这笔赌注可真不小，当双方马匹都牵出来时，众人屏住呼吸了。比赛仍是三赛两胜制，只要胜出两场就是胜者。

临比赛前，孙膑偷偷在田忌耳边说："对方先用上等马出战，我们用下等马来对付；第二局对方以中等马出战，我们用上等马出战；第三局对方以下等马出战，我们用中等马出战。"田忌一听，拍手叫好。

第一局的比赛开始了，对方的马匹轻松地击败了田忌的马匹。大家看得直摇头，哎，田忌的马如此不济事，这次要输得一塌糊涂了。第二局，田忌以最好的马迎战对方次好的马，尽管不如对方在第一局赢得淋漓痛快，但结果是最重要的，田忌的马跑赢了。比赛的奥妙之处就是，跑赢一秒与跑赢一小时的结果是相同的。第三局，田忌的中等马又战胜了对方的下等马，这在孙膑的意料之中。

虽然这只是一场赛马，但足以见出孙膑非凡的智慧与谋略。这样的人才，倘若只用在赌钱赛马这样的场合，那真是浪费，田忌便把孙膑推荐给了齐威王。

齐威王召孙膑进宫，与之谈论兵法。

孙膑首次见到齐威王，便侃侃而谈："用兵之法，没有固定不变的模式。只有打胜仗，一个国家才可以避免亡国，把社稷江山世代延续下去；如果打败战，就得割地求和，最后将危及国家的存亡。所以用兵之道，不可不详察呀。轻率用兵者失败，贪图胜利者受辱，因此用兵必须做好充分的准备，才可以付诸行动。城池很小却能坚守，是因为储备充足，兵力不足而战斗力强，是为正义而战。"

在谈话中，孙膑还有意提到一点，大约是针对儒家的观点。当时齐国学术发达，儒家是显学，鼓吹仁义无敌，避而不谈武力，对此孙膑批评说："德不若五帝，而能不及三王，智不若周公，曰我将责仁义，式礼乐，垂衣裳，以禁争夺。此尧舜非弗欲也，不可得，故举兵绳之。"就是五帝三王周公这些历史上的伟大人物，他们也要用武力手段来治理国家，现在有一群人，道德、才能都不及先贤，却鼓吹什么仁义无敌，这种观点是很危险的。

孙膑在军事理论上，比起孙武、吴起，又有许多创新，齐威王听了后非常佩服，以老师之礼对待他。

在齐威王励精图治的同时，魏惠王还在做着中原霸主的美梦。

三晋中的韩国已经屈服于魏国了，可是赵国仍旧嚣张。在魏惠王访问齐国后不久，赵国发动侵卫战争，接连攻取卫国的漆与富丘，卫国政府无力承受巨大的压力，向赵国投降。

这件事可把魏惠王气坏了。此时卫、鲁、韩、宋四国都拥魏为大哥，赵国伐卫明显是向魏国挑衅。不行，魏国要领导中原，就得有大哥的样子，小弟受到欺负，一定要帮他出头，不然大哥的位置坐不起。

魏惠王当即点兵十万，以庞涓为统帅，同时纠集小喽啰宋国、卫国的军队，浩浩荡荡地杀向赵国。庞涓行军打仗还是颇有一套本领，他一路攻势凌厉，直杀到赵国首都邯郸城下，包围邯郸城。

邯郸告急！

赵成侯不得不紧急向楚国、齐国求援。

魏、赵之间的战争，很快演变成为一场“世界大战”。

三、围魏救赵

我们必须说，到了战国时代，各路诸侯已经不像春秋时代那么讲信用、讲义气了，更多的是讲利益。凭什么要拯救赵国呢？首先得对自己有好处才行，要是没好处，谁愿意做这等赔本的买卖呢？

我们先来看看楚国人是怎么想的。

楚宣王接到赵国的告急求援信后，召大臣前来商量。要不要援赵呢？众说纷纭，有人说：“不要救赵国。魏国占有优势，必定狮子大开口，要求赵国割大片土地，赵国人肯定不会同意，要血战到底。我们坐山观虎斗，等他们两败俱伤，坐收渔翁之利。”

大夫景舍反驳道：“魏国进攻赵国，最担心的事就是楚国从背后偷袭。如果我们不出兵，魏国就没有后顾之忧，而赵国却有灭亡的危险。这岂不是楚国与魏国勾结，一起图谋赵国吗？倘若赵国见楚国不出手相救，一怒之下向魏国投降，并联合魏国进攻楚国，那我们就麻烦了。最好的办法，是我们只出一小部分军队援救赵国，赵国一旦听说我们卷入战争，一定会拼力与魏国决战。同时，魏国人一旦发现我们只是虚张声势罢了，就不会轻易从赵国退兵，如此一来，才能真正做到让魏、赵两国两败俱伤。到时我们联合齐国、秦国，可以一举攻破魏国。”

这就叫损人利己。

楚宣王同意景舍的判断，派他率一支兵力不多的小分队，袭击魏国，搞些小骚扰。

魏惠王想当中原老大，可是真的太难了，为什么呢？因为魏国挡了别人的“财”路。秦国要向东扩张，必须打掉魏国；楚国要向北扩张，必须挤掉魏国；齐国要向西扩张，也得搬开魏国这个绊脚石。

赵国同时向齐国求援。

注意哦，赵成侯并不向秦国求援。作为三晋分裂出来的国家，他深知秦国是心腹之患，让秦国人来帮忙，岂不是引狼入室？

下面我们再来看看，齐国人对援赵抗魏这件事，又有什么高见呢？

自从齐威王上台后，赵成侯一直向他示好。威王元年（前 356 年），两国君主在平陆会晤，赵成侯承认齐国作为大国的领袖地位。现在赵小弟有难了，作为大哥的齐威王是救还是不救呢？齐威王把文武百官召集过来，听听大家的看法。

丞相邹忌根本就不是一个国际主义战士，他马上跳出来说：“这不关我们的事情，还是不救的好。”

可是另一名大夫段干纶（或作段干朋）则反对说：“如果我们不出兵相救，不仅没有义气，而且对我们也不利。”

“哦？”齐威王对段干纶的说法很感兴趣，接着问，“为什么呢？”

段干纶答道：“倘若魏国兼并赵国，那对齐国有害无利。”

不错，让对手强大就等于削弱自己，齐威王点了点头道：“那好，寡人就出兵救援邯郸。”

“且慢，”只听得段干纶又发言了，“臣下所说的救援，并非直接把军队开到邯郸城外。我们的做法，应该是同时削弱赵、魏两个国家，把我们的利益最大化。那要怎么做呢？我的意见是，我们的打击对象不是赵国境内的魏军，而是向南进攻魏国境内的襄陵。我们不直接援助赵国，邯郸城难以长期坚守，势必落入魏军之手。我们等待魏军疲惫不堪之时，以逸待劳打他们个措手不及。这样一来，赵国、魏国都将在战争中削弱实力，而我们将成为唯一的胜者。”

“好哇！”齐威王听得眉开眼笑。

在援救赵国这件事上，齐国与楚国如出一辙，拨算盘精打细算，目的就是实现利益的最大化。

这是一个微妙的棋盘，魏、赵、齐、楚四方各怀鬼胎，这盘四国军棋又要怎么下呢？实际上，窥伺此棋局者，绝不止这四个国家，西方的虎狼之国秦国，更要趁火打劫哩。于是乎，这场以邯郸战场为中心的战争，成为关系到未来战国强弱格局的关键一战，也可称为一场影响深远的“世界大战”。

自从吴起离开西河后，魏国对秦国的优势一点一滴地丧失。秦国接连出击，在公元前 364 年取得了斩首六万级的石门大捷，次年又攻取繁庞，直接威胁魏国的河西重镇少梁。这两场败仗后，魏惠王被迫迁都，重点转向中原发展。对魏惠王来说，当务之急，是以武力手段将赵、韩两国统一到自己的领导之下，只有三晋重新合为一个整体，才有能力与秦、齐、楚等国相抗衡。

但是魏惠王很快就会发现，他的敌人不会轻易让魏国强大的。

在魏惠王发动伐赵战争、兵围邯郸时，秦国正在进行一场深刻改变历史的改革，即商鞅变法，关于此次变法的详情，后文将重点叙述。由于魏军精锐悉数进入赵国，原本兵力不足的西线更显空虚，秦孝公不会浪费这样的良机，他要先捞些好处。

秦军在河西再度出击，进攻元里，大败魏军，斩首七千级。初战告捷后的秦军一鼓作气，进攻少梁城。此时魏国面临双线作战的窘境，无法同时兼顾两个战场，只得放弃少梁城，将赌注掷在东线战线，西线完全采取守势。

然而秦孝公并不满足于此，他雄心勃勃，要利用此机会取得压倒性的优势。夺取少梁重镇后，秦军在公孙壮的率领下，进攻韩国，一路向东，占领上枳、安陵（今河南鄢陵北）、山氏（今河南新郑北），并且在占领区筑城。这样，秦人的势力如同一把尖锐的楔子，插入韩国与魏国的交界之处。

在这种情形下，魏惠王仍然坚持既定的战略，必须先攻下邯郸，征服赵国，然后再回头与秦国决战。邯郸的形势更加恶化，特别是这一年的冬天，天气阴冷，寒风刺骨且强劲，城内许多房屋都损坏了，许多人被冻死。赵国人望眼欲穿，希望远处地平线上能突然出现一支援军，拯救邯郸于水火之中。

公元前353年，齐国开始实施围魏救赵的计划。

鉴于这次军事行动的重要性，齐威王在主将选择上十分谨慎。他首先考虑的人选是孙膑，因为孙膑通晓兵法，又在魏国待过几年，更重要的是，他对魏军主将庞涓知根知底，而且一直想要报仇雪恨。但是孙膑却认为自己不合适，他对齐威王说："我曾受过刑罚，侥幸活下来但已是残废，不宜当将帅。"齐威王想想也对，毕竟他行动不方便，便选择田忌为主将，孙膑为军师，并特制了一辆斗篷车给他使用。这支远征军的灵魂人物实际上是孙膑，这也将是他的复仇之战。

这绝非一场轻松的战争。

我们来了解一下魏国的军事实力。

根据《战国策》的记载，魏惠王在发动邯郸之战时，魏国总计"带甲三十六万"，而围邯郸的人数则有"十万之军"，这样的军力确实颇为惊人。相比春秋时代，战国时期战争规模急剧扩大，军队数量以几何级数的速度在增长。春秋末期吴国全盛时代，军队大约有十四万人，而最后一位春秋霸主越王勾践灭吴时仅有五万兵力。在勾践灭吴一百二十年后，光是从晋国分裂出来的魏国便拥有三十六万军队，而且，大家不要忘掉，在之前与秦国的较量中，魏国已经损失了数以万计的人马。

进攻赵国的还不止魏国一家，宋国、卫国都出兵了。不过这些喽啰国有点靠不住，譬如说宋国，迫于魏惠王的压力，不得不派出军队参加侵赵战争。可是你想想，宋国与赵国相比，那还只能算是小国，以小打大，难道就不怕赵国报复吗？对此，宋国政府颇为有趣，事先派人向赵成侯通气说："魏国向敝国征用军队，如果不从的话，恐怕会危及社稷。但是帮魏国打贵国，这件事我们不忍做也不敢做。所以，我们不好办啊，只好先向您打个招呼，请您允许我们象征性地攻打贵国边关城邑，就是做做样子，把军队逗留在边界处就是了。"

您瞧，宋国人就是这样滑头。表面上狐假虎威，在魏国大哥的号召下，杀进赵国。可是就是摆摆花拳绣腿，装腔作势，并不真打，找理由按兵不动，静待时局发展。

这场战争对于魏惠王来说，意义重大。

无论是吞并赵国，或是逼赵国臣服，分裂的三晋将在魏国的领导下再次合而为一，那么魏国在对付秦国或齐国上，将再次取得优势。对于这一点，楚国人与齐国人都看得明白，两国的战略出发点惊人的相似，便是绝对不能让魏国坐大。

话说田忌当了主将，率领齐国男儿出国作战，他这个人比较直，不太会拐弯抹角，对段干纶所说的进攻襄陵的战略不太理解。他心里犯纳闷，明明赵国首都邯郸告急，不去救邯郸，反倒去进攻毫不相干的襄陵，这真是莫名其妙，不是头痛医脚吗?

显然，田忌只关心军事行动，却没有像政客那样用尽心机盘算利益。

在那个时代，主将的权力是很大的，所谓“将在外，君命有所不受”，到了战场上，那是主将说了算的。田忌想要改变战略方向，把进攻目标直接对准邯郸城外的魏军，但孙膑阻止了他。

孙膑说道：“要解开杂乱纠纷，得用巧劲而不是蛮力；劝解相斗的人，不能冲到他们兵戈之下。我们应该要避实击虚，如今魏、赵相攻，魏国精锐部队必定都被调往国外，国内剩下的定是老弱残兵。您不如率领大军，直奔魏国首都大梁，占据它的交通要道，控制其空虚之处，到时魏国必定要放弃赵国而自保。这么一来，我们既可以解赵国之围，又可以挫败魏国的锋芒，岂不是一举两得？”

孙膑这样一说，田忌总算明白了。

赛马场上要用智慧，战场上更得用计谋。田忌听从孙膑的建议，下令齐师大举入魏。齐国突如其来的一击，确实令魏国人手忙脚乱，在桂陵一役中，魏军失利。齐国的参战，令魏国的小喽啰们立场开始动摇了。

首先是装模作样的宋国，本来对魏惠王的伐赵命令就阳奉阴违，在赵国边界线上故意磨磨蹭蹭的，裹足不前。魏惠王也看在眼中，可是有什么办法呢?如今田忌率齐军前来，宋国人倒颇能见风使舵，觉得东有齐国，西有秦国，南有楚国，北有赵国，魏国要以一战四，能有戏吗？索性一倒戈，投奔齐军去了。

宋国人这样首鼠两端，那么卫国人有没有义气呢?

很遗憾，卫国也没有义气可言。

本来卫国一直是赵国的出气筒，魏惠王给他们撑腰，不但把赵军赶出卫国，还一鼓作气打到邯郸城下。可是作为一个小国，卫国人很明白，什么叫夹缝中生存，齐国人没来，就跟着魏老大，齐国人来了，对不起，我得溜了。这样，卫国步宋国之后，也加入齐国一方了。

赵国在北方，援赵的齐军却拼命往南跑，直逼魏国的首都大梁。

这就是“围魏救赵”典故的来源，这个计谋被列入古代兵法《三十六计》中的第二计，相当有名，后世对这个计谋的理解却是有所偏差的。一般人的理解是，采取避实击虚的方法，通过打击敌人的薄弱后方，攻敌所必救，来达到救援其他战场的目的。可是对于齐国人来说，并不完全是这样，齐国人绝不仅仅是为救援赵国，而是要同时削弱赵国与魏国，来达到齐国利益最大化的目的。

应该说，齐国人的心思，魏惠王也是看出来了。

此时魏惠王面临着巨大的压力。不仅是齐国人带着叛变的宋、卫军队进攻魏国本土，南方的楚国人也派出军队攻取睢水一带之地。西线的秦国人进攻暂时停止，可是种种迹象表明随时可能再次发动新的攻势。魏国地理上的劣势尽显无遗，可是魏惠王必须赌，只有赌赢了，征服了赵国，魏国才可能赢得一个生存空间。

魏惠王做出一个大胆的决定，非但没有从邯郸撤兵，反而加大了攻击力度。显然他要孤注一掷，魏国能否成为第二个伟大的晋国，全在此一击。

齐国与楚国隔靴搔痒似的救援行动，无法减轻邯郸城的巨大压力。

是年十月，在庞涓的指挥下，十余万魏军对邯郸城发动猛攻，邯郸城终于抵挡不住，被魏军攻陷。关于邯郸陷落的详情，史书上并没有写清楚，但是可以肯定两点：第一，城破时赵成侯并不在城中，其政府机构早已迁出邯郸；第二，赵国首都落入魏军之手，但赵国并没有因此投降，抵抗仍在继续。

魏国人攻陷了赵国首都，可并未征服赵国。

令人感到有趣的是，向来被视为兵家奇谋的“围魏救赵”，其事实是围了魏，却没能救得了赵。邯郸城被攻破，这种结果，其实是齐、楚两国想看到的，因为赵国被削弱了。对田忌与孙膑来说，接下来要做的事，是削弱魏国，这必须以一场大战来达到目的。

桂陵之战成为战国史上最经典的战例之一。

关于这场战役，史书语焉不详。所幸的是，在1972年山东临沂银雀山的一座西汉古墓中，发现了《孙膑兵法》的残简，其中有一篇《擒庞涓》，所记便是桂陵之战的情形。结合《孙膑兵法》残篇，笔者勾勒出桂陵之战的大概情况。

在魏师攻克邯郸的同时，田忌的齐国兵团在魏国境内展开军事行动，控制了通往魏都大梁城的交通要道并占领若干魏军守备空虚之地。魏师攻克邯郸城后，便抽调一部分兵力回国，准备与齐军决战，此时魏军总指挥便是孙膑的同学庞涓。庞涓打仗也有一套本领，他与孙膑一样，都知道打仗得避实击虚，于是便集结八万兵力，攻入卫国。此时卫国已经投靠齐国，显然，庞涓这一招也是狠招，看你田忌救不救卫国。

田忌迟疑不决，孙膑的判断是，庞涓攻卫国已占先手，倘若齐师从魏国撤入卫国，正好中庞涓之计，而且被魏军牵着鼻子跑，因而援卫显然不是上等招数。

那要怎么办呢？

孙膑答道："我们进攻的矛头应该是魏国的平陵。"他一边说一边展开地图分析说："将军请看，平陵是魏国东部军事重镇，城池虽小，但管理的区域大，魏国在此地有重兵把守。平陵的南面是宋国，北面是卫国，中间还有魏国的一座城邑名为市丘。这个地理位置对于进攻一方相当不利，因为粮草补给通道容易被截断，我们要假装对此一无所知。将欲取之，必先与之。要先给魏国人一些甜头，才能把他们的主力吸引过来，达到调动敌人的目的。"

对于孙膑的智慧，田忌并不怀疑，他马上下令麾下八万大军启程，直扑平陵。齐师抵达平陵后，田忌又问道："要怎么攻打平陵呢？"孙膑回答道："我们必须要付出一些代价。魏军主力驻扎于环涂，请调用齐城、高唐两地的军队，进攻平陵，到时环涂魏军必定会从背后夹击我军，这两路出击的人马势必会付出惨重的代价。我主力部队要按兵不动，不要暴露自己的力量，示弱于敌人，这是调动敌人的关键。"

钓鱼要放出诱饵，牺牲诱饵是为了钓到大鱼。

孙膑对自己同学庞涓太熟悉了，如果齐师只是诈败的话，那么庞涓肯定不会中计。这场钓鱼游戏必须要做到真实，齐国军队必须要付出惨重代价。正如孙膑所策划的，齐城、高唐两地的齐军进攻平陵，果然遭到魏军的夹击，伤亡惨重。

作为主将的田忌在牺牲了这么大的鱼饵后，对能不能钓到大鱼还是心有疑惑，他又问孙膑："我军没有攻下平陵，反倒丧失了齐城、高唐两路人马，损失很大呀，现在该怎么办呢？"

尽管到目前为止，一切都按孙膑的意图进行，可是庞涓能否中计呢？接下来的这一步是最重要的。孙膑知道庞涓用兵谨慎，多心眼，是一位高明的将领，否则他也不可能爬到魏国军界高层，并取得攻克邯郸城的伟大胜利。但是任何一名将领都有弱点，庞涓功名心强，倘若能吊足他的胃口，让他觉得有扬名立万的机会，他必然会放弃进攻卫国。

孙膑对田忌说："请马上派遣轻装战车部队奔袭魏国首都大梁，如此一来，庞涓必定要回兵救援大梁。"庞涓会中计吗？孙膑给了一个肯定的答复。第一，大梁是魏国的首都，救援首都与进攻卫国相比，显然前者的功劳更大。第二，平陵一役后，庞涓判断齐军伤亡惨重，势必会掉以轻心。为了进一步示弱于敌，孙膑又建议说："我们分出少数部队与庞涓交战，给他造成我军兵力单薄的假象。"

果不其然，庞涓判断齐军在平陵遭到重创后，已是强弩之末了。他迫不及待地从卫国抽身，想要抢下救援大梁第一功，同时抓住老同学孙膑。自从孙膑从魏国逃跑后，庞涓不由得有几分懊恼，对这位师兄的能量不能小觑，没了双脚，还能在齐国受到重用。现在两人在沙场上相遇，这次一定要分出个高下才行。庞涓要证明给孙膑看，在战场上硬碰硬，他仍然会是胜者。

庞涓一路上不断击溃齐国的小股部队，这些部队对魏军完全构不成威胁。他断定齐军已经基本溃败了，于是丢掉辎重，轻装上阵，带领一支快速反应部队，昼夜兼程奔向大梁城。这一切，似乎早在孙膑的预料之中，这位齐国军师把主力部队埋伏在庞涓必经之地桂陵，一个大口袋张开了，就等着庞涓落入网中。

这场师兄弟之间的较量，也是齐国与魏国争夺中原霸权的较量。

孙膑在《兵法》残篇中，有专门一部分写到如何对付敌人的强将精兵。有人问："敌方将领勇敢无畏，兵力多而强，全军将士都很勇敢，无后顾之忧，那么要怎么对付呢？"孙膑回答说："击此者，告之不敢，示之不能，守拙而待之，以骄其意，以惰其志，使敌弗识，因击其不备，攻其不御。"就是要示弱于敌，让敌人骄傲自满，在桂陵之战中，孙膑正是用此计策。

从一开始，孙膑就像一位高明的棋手，布下一个迷雾重重的局，把对手一步步地引向既定的战场，在收官阶段突然发力，逆转战局。

桂陵伏击战的具体过程，《孙膑兵法》没有详细写，但是我们也可以从这本残缺的兵法书中找到孙膑对于伏击战的深刻洞解。伏击战是充分利用地形优势，把敌人诱入死地之中，《孙膑兵法》说："险易必知生地、死地，居生击死。"意思就是说，不管处于险峻的地形或是平坦易行的地形，都得知道何为生地，何为死地，打败敌人的方法就是占据生地，让敌人陷于死地之中。那什么是死地呢？孙膑归纳了五种：第一种是像天井一样的地形，抬头只能看到一小片天空，跑到这种地方必死无疑；第二种是易进难出的地形，跑进去出不来了；第三种是草木丛生的地方，跑进去像进一个大罗网；第四种是两边都是陡峭高山的狭长谷地，这是必死之地；第五种是沼泽地，前进不了，后退不得。

只要自己占据生地，而陷敌人于死地，那这场战斗的结果就没有悬念。桂陵之战即是如此，尽管我们不太清楚孙膑所选择的伏击地点是属于以上五种死地中的哪一种，但可以肯定的是，以勇武著称天下的魏国武卒被困在此地，有力也使不出，完全陷入被动挨打之中。当庞涓的部队进入桂陵后，忽然周围呐喊声四起，齐国的伏兵从四面八方杀出，占据地形之利，把魏军团团包围。

高手布局，要么不打，打的话必定稳操胜券。

在孙膑精心设计的罗网面前，庞涓的武卒毫无用武之地，一败涂地。魏国最精锐的部队遭到歼灭性的打击，连主将庞涓也未能幸免，他灰头土脸地成为齐军的俘虏。面对曾被自己陷害却身残志坚的师兄，他又要作何感想呢？是羞愧还是懊悔呢？

庞涓一生与孙膑有过三次明争暗斗。

第一次庞涓使诈，陷害师兄，导致孙膑被砍了双脚，这一局算是庞涓以卑鄙手段胜出；第二次即是桂陵之战，孙膑布下连环局，最终诱使庞涓掉进陷阱，全军覆没，身陷囹圄。两人之间还有一次最后的决战，这后文再说。

那么既然庞涓都被孙膑俘虏了，又怎么能脱身呢？史书上没有写清楚，但这应该与齐军遭遇到的襄陵之败有直接的关联。

田忌在桂陵之战完胜魏军后，纠集宋、卫军队包围距离大梁城约七十公里外的襄陵。魏惠王不得不动用外交，他以大哥的身份指示韩国出兵参战。

公元前352年，韩国兵团卷入战争，对齐、宋、卫联军实施夹击。齐国远征军尽管取得桂陵之役的胜利，但自身的损失也不小，而对新锐的韩国兵团，无法抵挡，在襄陵被韩国军队击退。此役的结果，在《竹书纪年》中有简单记录：“（魏惠）王以韩师败诸侯师于襄陵。”齐国的攻势被遏制住了。

韩国的军事力量并不弱，此时韩国君主是韩昭侯，他是战国时代一位赫赫有名的君主，我将在下一章介绍这位战国的厚黑大师。韩国的参战，使得这场“国际大战”更加复杂，也使齐国远征军陷入被动之中。

齐威王考虑到远征军在魏国境内作战时间已久，战斗力下降，决定与魏国和谈。齐国请楚国大夫景舍出面，向魏惠王提出休战的请求。景舍就是楚国兵团的总司令，他趁魏赵、魏齐打得不可开交时，出兵占领魏国的睢水流域部分地区，尽管只是小打小闹，也足以令魏惠王心烦意乱。

魏惠王也不想树敌过多，遂同意齐国的求和，齐魏之战结束，同时也应该与楚国停战。

可以推测，魏国大将庞涓应该是在这个时候被齐人释放，这或许是魏惠王同意结束战争的条件之一。尽管庞涓在桂陵之战中表现糟糕，魏惠王并没有对他失去信心，很快他又复出，在军界的地位并没有因此而动摇。

齐魏交兵，秦国再次成为得利者。

就在齐、宋、卫与魏、韩五国兵力缠斗于襄陵时，秦国商鞅率领大军再次对魏国的西线发起凶悍的进攻，目标是魏国的旧都安邑城。

自从魏惠王迁都后，魏国在兵力的配置上是东重西轻，精锐部队全集中于东线，在西线面对秦国人一拨接一拨的进攻，已是难以抵挡。此时的秦国尽管还未能完全攻占河西，但黄河西岸重要渡口繁庞、少梁城均落入其手，这使得秦军可以轻而易举地进攻魏国的河东。商鞅兵团渡过黄河，直扑安邑，魏惠王无力派出强有力的部队解安邑之围，在秦人的围困下，这座魏国的旧都终于举白旗投降。

秦国人的黑手伸向河东，魏国在河西的地盘岌岌可危，越发势单力孤。为此，魏国加大了河西的防守力度，扩建长城防线，南起郑县（今陕西华县），越过渭水，沿着洛水东岸修筑长城。

四、厚黑教主韩昭侯

从公元前354年到公元前352年，三年时间里，列国陷入混战之中，这些战争的焦点是魏国围攻邯郸城。

卷入这场“国际混战”的国家有魏国、赵国、韩国、齐国、楚国、宋国、卫国以及秦国，主要又可以分为三大战场：北线战场以魏国的胜利而告终，攻破赵国首都邯郸城；东线战场齐国桂陵之役中重创魏军，但韩国的参战使魏国稳住了阵脚；西线战场则是魏国的一片溃败，秦国夺少梁、取安邑。此外还有若干小战场，比如楚国对魏国东南的入侵，魏国入侵卫国之战等。

我在前文中说过，齐国所实施“围魏救赵”的策略，其实只是为了“弱魏弱赵”，并非真心实意要拯救赵国。当赵成侯明白这一点时，他就要为赵国的命运而另谋出路了。齐国人是靠不住的，楚国人也是靠不住的，那要靠谁呢？只能靠自己了。在邯郸城丢失后，赵成侯仍然与魏惠王周旋，坚持抗战，赵国并没有投降。

然而，一个危险的局面又出现了。

公元前351年，秦国人再次出击，攻取魏国的固阳，同时进攻赵国的蔺地。面对秦国人无休止的进攻，魏惠王与赵成侯都意识到，魏、赵两国这样消耗下去，最终只能是秦国人的盘中餐罢了。

必须要一揽子解决魏赵问题。

魏惠王抛出一个方案，魏国将把邯郸城归还给赵国，同时赵国与魏国结盟，实际上是屈居魏国之下。对于这一个方案，赵成侯无法拒绝，因为他已经不能把国家的希望寄托在齐国、楚国身上，也无法在两条战线上同时与魏国、秦国开战。这样，魏惠王与赵成侯达成和解，魏赵战争结束，魏惠王凭恃武力获得三晋龙头老大的地位。那么，魏惠王领导下的三晋联盟，能否重现魏文侯时代的光荣呢？

我们得说，三晋虽然表面上结为联盟，但并非一心。韩国与赵国屈服于魏国，只是因为打不赢，并不是真心实意地尊魏为老大。这就使得魏惠王领导下的三晋联盟极为脆弱，只要有些许的风吹草动，这个联盟就会破裂，再起战端。

在赵国被迫屈服于魏国的这一年（前 352 年），韩昭侯起用法家申不害，实施变法。

在战国七雄中，韩国是比较遇冷的一个，因为在七大强国中，韩国的实力较弱。但事实上，韩国的历史也是很精彩，出过不少名人，最有名的当属战国后期的法家人物韩非子，他被称为是中国版的“马基雅弗利”，《韩非子》一书也是权术论之集大成者。韩非子的权术思想并非无源之水，直接来源便是韩国史上两大名人：厚黑学理论大师申不害与厚黑学实践大师韩昭侯。

韩昭侯名为韩武，公元前 363 年继承君位。他上台的时候，韩国与魏国还处于战争之中，他雄心勃勃，联合赵国进攻魏国浍水，结果被魏国将领公叔痤打得落花流水。不甘心失败的韩昭侯在五年后（前 358 年）卷土重来，对魏国连续发动进攻，夺取屯留、长子、涅等地，一时间风光无限。可是好运不长，次年（前 357 年），魏国反戈一击，包围宅阳城，迫近韩国首都，韩昭侯被迫与魏惠王签订城下之盟。

公元前 353 年，齐国实施围魏救赵战略，在魏、赵、齐三国苦斗的同时，韩昭侯乘机出兵进攻没有人管的东周，攻取陵观、廪丘。东周哪里抵挡得住，只得割让高都、利地给韩国。魏国的庞涓兵团在桂陵一役中被齐军歼灭，齐军乘胜进攻襄陵，魏惠王狼狈不堪，只得请韩昭侯出马。韩昭侯权衡利弊后，还是选择站在魏国一边，投入精锐兵团迎战齐、宋、卫联军，并一战成名，迫使齐军统帅田忌向魏国求和。此役可看出韩国兵团之战斗力不可低估。

前文说过，韩国的地理位置相当恶劣，与魏国一样是处于四战之地，周围被四大强国所包围。为了生存，韩国从晋国独立出来后，便积极向外扩张，吞并郑国、分裂周室、蚕食东周。雄才大略的韩昭侯不甘心在强国中充当小喽啰的角色，作为“三晋”与“七雄”之一，韩国理应与其他大国平起平坐。

这是一个变法的时代。韩昭侯也要顺应时代，学习其他国家，实行变法，富国强兵，挣脱魏惠王撒下的罗网。他四处寻觅，终于找到了一个能领导变法的人物，这个人便是法家著名人物申不害。

申不害原来是郑国的一名小官吏，公元前 375 年，郑国被韩所灭，他便成了韩国的臣民，以前的小官也当不成了。怎么办呢？他觑准了当时的“国际形势”，诸侯大混战的时代已到来，每个国家都大力改革内政，需要专业的人才，于是他潜心学术，自成一派。申不害的学术来源是黄老之术，但鼓吹的是刑名之学，后来他把自己的理论写成小册子，名为《申子》，共有两篇。

在潜心学术二十年后，申不害开始登上政治舞台。韩国正需要有能力治理国家的人，申不害凭着一肚子的学问，向韩昭侯求取官职。当时魏国正围攻赵国的邯郸城，韩昭侯心里犹豫不决，究竟是要站在魏国这一边呢，还是站在赵国那一边呢？他听说申不害有学问，便问："我应该站在哪边呢？"

申不害这个人研究刑名之学，但他偏重术而不是法，就是说，他主要是搞权术的。搞权术的人，自然精明得很，在没有打探到韩昭侯内心想法之前，他是不会轻易发表意见的。这个老滑头答道："这可是国家大事呀，社稷安危存亡全系于此，请允许臣深思苦想一番。"

韩昭侯一听，也对，这么大的事情，是得细细思考。

但是申不害并不是要考虑国家大事，他在意的是韩昭侯的内心倾向。要怎么样才能知晓君王的真实想法呢？申不害果然是大师，暗地里找到了赵卓、韩晁两人，他知道两人意见相左，各持己见，便故作慷慨地说道："你们二位都是国家的辩士，我们这些作为臣子的，哪能每句话都被国君采纳呢？我们能做的事就是尽忠罢了。"

这说得一派正人君子的样子，把赵卓、韩晁两人的血性给激发出来了。两人便在韩昭侯面前各抒己见，申不害不动声色地在一旁观察韩昭侯的脸色神情，凡是韩昭侯赞赏的主张，他都悄悄记下来。过几天后，他就"深思苦想"完了，把这些"主张"一一推出，并加上点慷慨激昂的语气，每一句话都说到韩昭侯的心头去了。

结果不消说，自然是国君大悦了。

这就是申不害的术。

但是倘若说申不害只是欺世盗名之人，那也有点小瞧这位大师了。

公元前 361 年，即韩昭侯十二年，申不害开始主持韩国变法。

申不害的主张对后来韩非子影响很深，同时也很类似马基雅弗利的《君主论》。在他看来，一个国家要长治久安、要强大，首先得有强有力的领导者，故而鼓吹君主独裁论。申不害结合春秋以来君主被弑的例子，得出结论，君主必须要操持权柄，"君设其本，臣操其末；君治其要，臣行其权；君操其柄，臣事其常”，还要“因任而授官，循名而责实，操生杀之柄，课群臣之无能”。也就是说，君主一定要牢牢掌握权力，倘若权力落入臣子之手，则“蔽君之明，塞君之听，夺之政而专其令，有其民而取其国矣”，这样最终必定会失去国家，甚至成为弑君游戏的牺牲品。

钱穆在《先秦诸子系年》中总结他的权术思想：“……所以教其上者，则在使其下无以窥我之所喜悦，以为深而不可测。夫而后使群下得以各竭其诚，而在上者乃因材而器使，见功而定赏焉。”说白了，就是鼓吹君主驾驭臣下之术，搞独裁制。

申不害的理想就是当帝王之师，他确实是位好老师，可是这还不够，还得要有好学生。韩昭侯就是个好学生，他学得快，融会贯通，甚至出神入化，可谓深得权术之精华。如果说申不害是权术论的理论大师，那么韩昭侯就是实践大师。

韩昭侯对权术有着惊人的领悟能力。

有一回，他问申不害：“法令颁布了，可是不容易施行啊，这要怎么办？”

申不害回答说：“法令，是要有功者才可赏赐，有才能者才可授官。如今主上您颁布了法令，却总是听从左右的请求，这样子当然不容易施行了。”

韩昭侯这下子明白了，于是他不徇私情，摆了个铁面孔。过一段时间，申不害跑来找韩昭侯，请求国君给自己的堂哥一个官职。韩昭侯回答说：“你让我遵循法令，拒绝臣僚私下的请求，现在你却要来给亲戚弄个官当。试问，我是要破坏你定的原则来批准你的请求呢，还是拒绝你的请求？”

申不害一听傻了眼，韩昭侯果然青出于蓝而胜于蓝啊，他赶紧叩头谢罪。

为了明晰职权，申不害提出“治不逾官，虽知弗言”的主张。所谓的“治不逾官”，就是官吏治政时不超越自己的职权；“虽知弗言”就是职权之外的事情，即便知道也不能说。

这里有个生动的例子。有一次，韩昭侯喝醉酒了，倒头便睡了，掌管帽子的侍从见主公受冷了，便在他身上加了一件衣服。韩昭侯睡醒后，看到身上多了件衣服，很高兴，便问左右：“谁给我加了件衣服？”左右回答说：“是掌管帽子的侍从。”韩昭侯听罢脸色一沉，下令将此侍从处死，同时也惩罚了掌管衣服的侍从。

这位韩国君主确实是忠实的申不害信徒，恪守申氏理论，官吏绝对不可以越其职权。后来韩非子对此有一段评论：“故明主之畜臣，臣不得越官而有功，不得陈言而不当。越官则死，不当则罪。守业其官，所言者贞也，则群臣不得朋党相为矣。”

韩昭侯在驾驭群臣上有一套本领，譬如他会微服私访，打探官员遵守法令的情况。

有一回，他派人到南门外侦察。去的人回来后，韩昭侯问道：“你看到什么异常情况啦？”那人答道：“不曾有什么异常。”昭侯还不死心，又继续追问：“你好好想想，还看到些什么啦？”那人想了半天，终于想起一件事：“对了，在南门外，有一条小黄牛在田边吃禾苗。”韩昭侯点点头，警告他说：“不准把我问你的话泄露出去。”然后他便下了一道命令：“禾苗正值生长期，寡人已经发了禁令，禁止官府或百姓家的牛马进入别人的田地。可是地方官员却不肯重视，以至于各地发生许多牛马啃吃禾苗的事情。各地官员必须要把违禁的现象一一报上来，否则将治予重罪。”

命令发出后，各地赶紧收集资料上报，韩昭侯看完后，发现没有南门外违禁的事例，便冷冷地说：“还未如数上报。”地方官员吓一大跳，赶紧又复查，直到发现南门外啃吃青苗的小牛为止。

通过这么一件小事，韩昭侯给臣下“明察秋毫”的印象，但不让臣下窥视到他的内心，制造深不可测的神秘感。作为君主，他无须洞知全局，只须知道其中一点，便可试探臣属是否尽心尽力，故而“吏以昭侯为明察，皆悚惧其所，而不敢为非”。

这就是韩昭侯的治术。

作为一名统治者，韩昭侯的智慧是相当高的，有异乎寻常的判断能力。

以下举几个例子。

有一年，韩国粮食种子的价格突然飙升，可是又没有异常天灾出现。韩昭侯判断肯定是粮仓管理出问题，于是派人检查，结果发现粮仓内的种子被官员私下卖掉许多，导致种子价格大涨。又有一回，他吃饭的时候，发现肉羹中竟然有一片生的猪肝，左右侍卫诚惶诚恐，打算把大厨师抓起来。韩昭侯说：“不是大厨师干的，你们去查查他的助手。”最后一查，果然是大厨的助手所为，他交代说："我想把大厨师赶走，接替他的位置。"

韩昭侯洞悉人性的弱点，却小心翼翼地隐藏自己的弱点。

他曾经这样说过："英明的君主皱一次眉或笑一声都很吝惜，皱眉必有皱眉的原因，笑有笑的原因。"为什么呢？因为皱眉或笑，就会让人看出你的心情，从而判断你的喜恶，这就被臣子抓住了弱点，有了弱点，就有大权旁落的隐患，因此高明的君主必须要深如大海，喜怒不形于色，完全封闭自己的心灵，绝不让人看出蛛丝马迹。大家还记得吧，当申不害刚被任用时，他就是通过观察韩昭侯的喜怒表情来投其所好。可是申大师没有想到的是，青出于蓝而胜于蓝，韩昭侯的悟性天下罕见，当然他也可以皱眉头或笑一笑，可是现在皱眉头并不表示他不高兴，笑也不意味着他开心，而是他要让臣下觉得他不高兴或高兴，制造假象与烟幕弹。

有一个例子可以说明韩昭侯的城府是如何深的。每当他有什么重大行动时，在这段时间里，他一定要单独睡。睡觉时妻妾、侍从都不可以待在房内，因为他担心自己说梦话，从而泄露了内心的秘密。他压根不信任谁，即便是最没有心机的妻妾，也可能被别人利用来打探君主的秘密。

申不害相韩十几年，在一定程度上为韩国富国强兵做出了正面贡献。《史记》是这样评价的："内修政教，外应诸侯十五年，终申子之身，国治兵强，无侵韩者。"但读者需谨记，史书中对人物的评价往往有不实的溢美之词，要是真的"无侵韩者"，就没有我们要提到的马陵之战了。看来大史学家有时也会忽悠，这是读史时要注意的。

申不害的理论过于侧重权术，终究无法使韩国成为超级强国，故而"托万乘之劲韩，十七年而不至于霸王"。常言说"兼听则明"，而申不害却认为"独视者谓明，独听者为聪，能独断者，故可以为天下主"。又说："治不逾官，虽知弗言。"以申不害的理论，倒是要禁绝天下之言了。对于申不害所说的理论，后来韩非子有过批判，他认为"知而弗言，是谓过矣。人主以一国目视，故视莫明焉，以一国耳听，故听莫聪焉。今知而弗言，则人主尚安假借矣？"我们可以把韩国与齐国做一个对比：齐威王广开言路，进谏有赏；韩昭侯封闭言路，"虽知弗言"。齐国以开明而跻身超级强国之列，申不害、韩昭侯以玩弄权术为主的变革最终无法使韩国有质的飞跃。

韩昭侯是申不害学说的忠实实践者，申不害的用意既是独裁，韩昭侯又岂肯长久地屈居于魏惠王之下呢？随着韩国实力的增长，韩昭侯摆脱魏国控制的意愿越来越强烈，韩魏矛盾的大爆发其实是意料中的事。

在三晋联盟中，魏国仍旧是老大。

尽管在这些年的战争中，魏国四面受敌，也曾被秦国、齐国打得落花流水，但必须说，魏惠王还是有可圈可点之处。他西战秦国，北战赵国，东战齐国，南战楚国，虽然有得有失，最终还是成为三晋联盟的领袖，这一点并不容易。在魏惠王的铁腕之下，魏、韩、赵三国重新结盟，光看这个架势是有点吓唬人的。谁都知道，倘若三晋能齐心协力，那么天下没有不能打败的对手，因而泗上十二诸侯（宋、鲁、邹、滕等国）皆朝魏，魏国仿佛又回到雄霸天下的时代。

这是魏国霸权回光返照的时期。

在此后几年里，魏国确实恢复了几分牛气。

对魏惠王来说，最难对付的还是秦国。秦国的虎狼本性已经显露无遗，自晋国分裂后，魏、赵、韩三国要单独对付秦国，已经越来越难了。

公元前350年，魏国进攻秦国，围定阳。自从魏国迁都后，与秦人的战争中，几乎都是被动挨打，这一次总算主动进攻了。可是这次进攻象征性的意义大于实际意义，因为很快秦孝公便提出休战，主动与魏惠王修好，化敌为友。按道理说，魏国在与秦国历年战争中损失了不少土地，现在应该要收复失地才对，怎么仗才一开打就要收尾了呢？这证明了魏惠王的战略重点是中原优先，先牢牢把握中原的优势，再伺机与秦国争夺西线。

既然西线不是魏惠王进取的重心，那么他想往哪儿扩张呢？东部的齐国？不行，桂陵之役的惨败已经证实齐国之强大，魏惠王暂时不想去碰这个硬骨头。魏国不在东、西两线出击，是因为秦与齐都是军事强国，相比之下，北面的燕国与南面的楚国貌似好欺负一点。

公元前350年，魏惠王派大将殷臣会同赵国大将公孙裒北伐燕国，取夏屋（今河北保定西南）。四年后的公元前346年，魏国大将魏章会同韩国兵团出击楚国，夺取上蔡。这两场战争的胜利，大大提升了魏国在诸侯国中的威望，巩固了魏国的中原霸权。

公元前344年，魏惠王又一次把目光投向河西。尽管在连年战争中损失不少军队，但魏国还拥有一个其他国家所不具备的优势：拥有众多的喽啰国，除了赵、韩两大强国之外，还有泗上十二个小诸侯。凭借这个得天独厚的资源，魏惠王仍然有把握在西线与秦国再决雌雄。因而他以朝天子为名，纠集了众多小诸侯国，打着“尊王”的旗帜，实际上想袭击秦国，收复河西重镇少梁城。

在魏国的领头下，十几个诸侯国被动员起来，做好了进攻秦国的准备。尽管秦国的军事力量十分雄厚，但秦孝公仍然忧心忡忡，他唤来商鞅，商量对策。商鞅力主以外交途径制止战争的爆发，并挖一个陷阱让魏惠王跳进来。什么陷阱呢？他要献上一个“王”的称号给这位魏国统治者。其实到这个时候，魏惠王魏䓨还未称王，我们应该称他“魏侯”才更准确，商鞅为什么要用“王”号来忽悠魏䓨呢？

在周朝的政治体系中，王是高高在上的。

天下只能有一个王，正所谓“天无二日，民无二主”，“溥天之下，莫非王土；率土之滨，莫非王臣”，这就是那个时代的观念。可是西周末年骊山之变后，周王的地位一落千丈，这个“王”的分量轻了，含金量也少了。中原大国利用地缘优势，乘机打出“尊王攘夷”的旗帜，挟天子以令诸侯。位于蛮夷区的诸侯不愿意受制于他人，遂僭称王号，楚国、吴国、越国先后称王。

中原诸侯毕竟受传统思想影响很深，晋、齐等大国都只称霸而不称王。这就是“王者至尊，霸者至强”的年代，但霸主无论如何强，在名义上都是周王的臣子，无法达到“至尊无上”的地位。可是商鞅就是要游说魏䓨，给他献上一顶王冠，用一顶王冠来避免一场战争。

商鞅代表秦国出使魏国，游说魏䓨道：“国君您的功劳可谓大矣，现在天下人哪敢不听从您的命令呢？不过现在魏国只领导宋、鲁、邹、卫这样的小诸侯，实在与您的身份不般配啊。您应该先称王，有了这个名号后，伐齐收楚，赵、韩两国必然对您死心塌地，到时必定王业可成啊。”同时商鞅还信誓旦旦地表示，秦国必将接受魏国的领导。

在商鞅的甜言蜜语下，魏䓨不禁飘飘然了。

魏䓨这个人好大喜功，在当时人的观念里，中国就是中原，像秦国是处于边缘的诸侯国，因为文化落后，一直被中原人瞧不起，打败秦国也得不到什么好处。秦国的威胁是实实在在的，魏惠王也想伐秦，但是除了伐秦之外，魏国还有其他选择，就如这些年频频出击，从燕国、楚国都捞到不少土地，可以弥补西线被秦国所占之地。

魏国的战略与秦国的战略是完全不同的，这是由两国不同的地理格局所决定的。

秦国要向中原扩张，一定要越过黄河，一定要通过魏国，这就决定了秦国要把魏国当作第一敌人。而魏国攻打秦国，却不能捞到什么好处，这就是头痛的问题。商鞅十分聪明，他曾经在魏国当官，对魏国战略自然了解。你想想，花同样的精力、兵力去打仗，打秦国是一无所得，打齐国、楚国那就不一样了，这两个国家物产丰富，财源滚滚，你说哪种选择更好呢？

于是魏䓨就这样被商鞅忽悠了，他当真举起一块牌子，自命为“夏王”。哇，不得了，夏者，华夏也；夏王者，华夏之王也。自立为王之后，魏䓨召宋、卫、邹、鲁等诸侯国会于逢泽，秦国也派出公子少官参加这次“国际盛会”，继续把魏惠王捧上天。魏惠王实实在在地过了一把瘾，太开心了，太激动了，这个时候他觉得自己就是众神之神，站在云端，俯视苍生。

在战国七雄中，继楚国之后，魏国是第二个称王的诸侯国。魏惠王能号令天下吗？他的这个“王”究竟有多少含金量呢？

五、孙膑的复仇

我们必须说，魏䓨称王是一个十分错误的选择，为什么这么说呢？因为他为了称王，放弃了对秦国发动进攻的有利良机。

这是魏惠王最大的战略失误，他低估了秦国人的雄心壮志，还停留在春秋时代的战略思维上。因为在春秋三百年里，秦人势力最强时，也就是到黄河东岸。魏惠王以老眼光来看待秦国，以为这个虎狼之国已经扩张到其极限了，这绝对是掉以轻心。

商鞅通过诱使魏䓨称王，十分巧妙地化解魏秦战争，同时引发了魏国与其他诸侯国的矛盾，可谓是一箭双雕。魏䓨称“夏王”，总共只有一个大国前来祝贺，这个大国就是秦国，除此之外，齐、楚、韩、赵、燕这些大国都对魏䓨称王嗤之以鼻。

魏惠王主持的“逢泽之会”，是战国时代一次诸侯盛会，表面上风光无限，有十几个国家前来参加，实则令魏国很失面子，因为大国都不来。其他大国不来也就算了，可是赵国与韩国呢？这两个国家都是魏国的小弟呀，大哥的盛会他们都不来，叫大哥情何以堪啊。

很显然，所谓的“三晋联盟”完全弱不禁风。

这些年韩国利用相对和平的环境，在韩昭侯与申不害的努力下，国力有了长足的进展，摆脱魏国控制的意愿相当强烈。对此魏惠王也是有察觉的，于是魏国在外交上不断向韩国施加压力，而韩昭侯就打厚黑太极，一一拆解魏惠王的计谋。

魏惠王想通过郑国复国的手段来削弱韩国的力量，便派人对韩昭侯说：“郑国是被韩国灭掉的，希望您能分封郑君的后人，这就是所谓存亡继绝的大义。倘若您能让郑国复国，那么一定能得到诸侯的一致称赞。”可是韩国人一口回绝了魏惠王的要求：“大国命敝国封郑国之后，敝国没办法做到。”韩昭侯可不想博得什么虚名，实利才是最重要的。

又有一次，魏惠王对韩昭侯说：“韩国与魏国原本是一个国家，后来才分裂的，我希望韩国能与魏国合并。”韩昭侯听罢十分害怕，要怎么办呢？他找来臣下商量要怎么答复魏惠王。此时有一位公子站出来说：“这个容易搞定。您可以这样回答说，韩国与魏国既然原本是一家，那么我们也希望魏国能合并到韩国来。”韩昭侯一听，此言大妙，便以此答复魏惠王。魏惠王碰了一鼻子灰，对韩昭侯的阳奉阴违非常不满，打算要教训一下韩国。

由于韩昭侯的特立独行，韩魏矛盾已是不可调和。

公元前 344 年，魏惠王出兵攻打韩国，魏韩战争爆发。

关于韩、魏的军事实力，可以用苏秦游说诸侯时的说辞来管窥一豹。这篇说辞的时间要略迟于魏韩战争，但可以对两国军事有个大致印象。

韩国“带甲数十万”，其武器之精良冠绝诸侯，“天下之强弓劲弩皆从韩出”，强弓的射程“皆射六百步之外”，“远者括蔽洞胸，近者镝弇心”，剑戟“皆陆断牛马，水截鹄雁，当敌则斩坚甲铁幕”，韩国士兵“被坚甲，蹠劲弩，带利剑，一人当百”。总而言之，韩国最厉害的就是武器的精锐。

魏国呢？“天下之强国也。”何以见得呢？有“武士二十万，苍头二十万，奋击二十万，厮徒十万，车六百乘，骑五千匹”，总兵力大约有七十万。比起围困邯郸时的三十六万军队，几乎又翻了一番。

深得申不害权术精髓的韩昭侯早有叛心，可是他还是高估了自己的实力。尽管韩国拥有强大的武器与战斗力，可还不是人多势众的魏国兵团的对手。魏军总司令仍然是庞涓，虽然他在桂陵之役中曾被孙膑俘虏，可是仍受魏惠王的重用，庞涓也知恩图报，在侵韩战争中表现卖力。

在魏军的步步进逼之下，韩昭侯被迫向齐国求援。

齐威王又一次召集众臣来商议救援事宜，他问众大臣：“我们要早点出兵好呢，还是晚点出兵好？”邹忌的态度与十年前还是一样，断然说：“不如不出兵。”看来这个家伙就是属于闭关锁国的人物，曾担任“围魏救赵”主将的田忌则说：“不行。要是不救韩国，韩国必然要被魏国吞并，不如早点出兵。”齐威王没有吭声，转而看看他最信任的谋臣孙膑。

失了双脚的孙膑不疾不徐地说：“现在韩国还没有与魏国拼了老命，倘若现在就出兵，那是替韩国人打仗，反倒成了我们听命于韩国。这次魏国来势汹汹，大有一举将韩国荡平之势，韩国人倘若到了危亡关头，必定要东面听命于齐国。我们到时再出兵，既可以让韩国感激涕零，又可以乘魏军疲惫不堪时打败他们。这么一来，名利双收，岂不快哉！”

不愧是大军事家啊，齐威王听罢不禁赞叹道：“说得好哇。”

于是齐威王便召见韩国使者，对他说，齐国已经决定要出兵相援，韩国一定要顶住。韩国使者感激地回去了，可是齐国人却故意拖拖拉拉，按兵不动。

得到齐威王的许诺后，韩昭侯有恃无恐，在正面战场上阻击魏军。

魏军总司令庞涓并非泛泛之辈，平心而论，倘若没有遇到孙膑，他还是一名很不错的将领。庞涓派出将领穰疵进攻南梁（今河南临汝西）与赫（同样位于今河南临汝西），韩昭侯以大将孔夜迎战，此役韩军大败。

看来韩国兵团仍旧不是魏国武卒的对手，庞涓得理不饶人，连连进攻，五战五胜。

韩昭侯快崩溃了，齐国人怎么连鬼影都看不到呢？

这位权术大师被迫放下颜面，委国于齐，尊齐国为老大。

机会刚刚好，韩国投怀送抱，而魏军连战五场后疲态初露。齐威王果断地把远征军投入战场，远征军主将为田忌，肦子、田婴为副将，孙膑为军师，下辖十万人马。

公元前342年，齐国远征军大举出动。这次援韩的战略与上次救赵的战略如出一辙，并不直接救援韩国，而是进攻魏国，兵锋直指大梁城。

魏惠王得知齐国大军出动的消息后，丝毫不敢怠慢，他任命太子魏申为统帅，全权指挥对齐战争。同时，征韩总司令、大将庞涓也紧急从韩国抽身，撤回魏国本土准备迎战齐师。山雨欲来风满楼，一场大战爆发在即。

尽管魏军在十一年前的桂陵之战中惨败给齐军，但是他们认为那纯粹只是意外，因为魏国人向来轻视齐国的军事力量。魏国是从晋国分裂而来，在晋齐两百年的交锋中，晋国占据绝对的优势，在大多数的时间里，都把齐国踩在脚下。魏国自认为继承晋国的衣钵，自然有几分优越感，瞧不起齐国，而这个心态正好是可以利用的。对此，孙膑分析道："三晋军队向来强悍勇敢，对齐国有轻视之心，认为齐国人很怯懦。善于把握战场局势的指挥官要因势利导，利用敌人的麻痹大意来诱导他们。"

那么要如何如诱导敌人呢？

孙膑引用《孙子兵法》的语录："百里而趣利者蹶上将，五十里而趣利者军半至。"就是说，奔走一百里去争利，那么大将就容易遭受挫折，奔走五十里去争利，结果只有一半人马能够到达。魏国的军力十分强大，将领素质也不低，要彻底打败他们，必须要以利诱之，让他们认为有利可图，从而冒险突进以争利，调动敌人并把他们引诱到埋伏圈中，一举击败敌人。

这个计谋与桂陵之战的谋划如出一辙，当时孙膑也是设计伏击战术而生擒庞涓，那么既然有前车之鉴，庞涓还会再次上钩吗？

庞涓会不会上钩，关键是看诱局设得巧不巧。

为了诱使庞涓上钩，聪明绝顶的孙膑设计了军事史上最著名的计谋。这则计谋从来没有人使用过，也没有出现在任何军事教科书中，它只是孙膑为复仇而精心策划的谋略。这则谋略是这样的：齐军进入魏国境内后，安营扎寨搭起十万座炉灶，这是做给魏国人看的，暗示齐国兵团实力雄厚，光炉灶就有十万座，人数绝对不少于十万人。当时庞涓率军队从韩国返回，尾随跟踪齐师，孙膑故意要让庞涓看到一些假象，于是他下令第二天行军后，安营扎寨时搭五万座炉灶，数量少了一半。第三天行军，炉灶的数量再次减少，只剩下三万座。

为什么要这样做？大家都不理解。

可是孙膑笑而不答，他知道师弟庞涓是个谨慎小心的人，而且自桂陵之战被生擒后，在战场上肯定会更加注意观察齐国军队的一举一动。果然，庞涓在尾随齐师时，非常仔细地察看齐军行军所经之处留下的蛛丝马迹，其他人都没注意的一个现象，他注意到了——齐师营地里的炉灶数量一天天地减少。

哎，这可是十分重要的线索啊！

庞涓心里一阵激动，暗自得意道："师兄啊师兄，你行军再怎么谨慎，还是不幸露出破绽了。炉灶数量的减少，已经摆明了一个事实，齐国兵团一路行军，士兵一路逃跑，这不，从炉灶的数量看，应该逃了一半人了。"之所以得出这么一个误判，显然与魏国人瞧不起齐国人的心理有关。

从这一判断可以看出，庞涓并没有从桂陵之战的失败中吸取教训，从来不认为自己兵败被俘是中了孙膑的计谋，而只是认为运气欠佳罢了。上一次，孙膑只是侥幸取胜，这一次，他要生擒孙膑，以雪桂陵之战中被俘之耻。

战场上眼睛所看到的，未必就是真实。

当庞涓为自己的明察秋毫而沾沾自喜时，却没有意识到他正一步步落入孙膑又一个精心布置的罗网。师兄弟之间的较量一定要分出个你我高低，生存或是死亡，必居其一。在烟幕弹面前，并不是每个人都能洞悉到真相，庞涓的判断出现了致命的错误："我早知齐军怯懦，进入魏国才三天，已经逃了一半人了。我得穷追猛打，要是这次让孙膑给跑了，就没有逮到他的机会了。"

他把自己的判断又从头到尾检查一遍，想看看有没有逻辑上的错误，可是所有的证据都证明自己的分析是对的。于是庞涓又一次抛弃他的谨慎与小心，因为他所渴望的胜利似乎已经唾手可及了，担心手一软、一滑，让到手的果实给溜了。

于是这位魏国名将下令，步兵在后面跟进，他亲自率轻装骑兵、车兵，只带上少量的粮食，马不停蹄，要追上孙膑，全歼齐国兵团。

可是庞涓并没有料到，他仍然像孙猴子一样，翻了几个筋斗云，自以为到了天边，其实还是未能挣脱如来的手掌心。庞涓也被孙膑牢牢地握在掌心之中，他的一举一动，早被孙膑算中了。这一场战争，从一开始就是智者的决斗，师兄弟之间的内战，孙膑就像高明的棋手一样，从开局伊始，就牢牢地控制主动权，故意露出大大的破绽，诱敌深入，守株待兔，坐等庞涓送上门来。

庞涓会自投罗网吗？齐军将士将信将疑。

会的。孙膑胸有成竹。

那么孙膑又怎么确信庞涓会上当呢？这显然是对他性格的了解。两人在求学期间，势必在军事上有诸多的探讨，各有各自的指挥风格。但庞涓在魏国为将的时间长，指挥的战役应该也不少，这样孙膑就有可能细细地分析他所指挥的每一个战例，以此推测庞涓的战争心理与习惯性的风格，越深入研究，他对庞涓越了解，洞悉他在何种情形下，会做出何种判断与决心。相反，庞涓对孙膑的实战水平却一头雾水，除了桂陵之战外，找不到第二个战例，自然难以做到知彼知己。我有一个猜测，盘点炉灶数目，势必是庞涓的习惯，用于判断敌军的真实数量，这也可能是他在战场上屡建战功的法宝之一。孙膑正是利用庞涓这一“优点”而大做文章，施放烟幕弹，而庞涓以惯性思维判断齐国士兵多已逃跑，这当然落入彀中了。

孙膑选择了一个地点作为预设战场，这个地方称为马陵（今山东范县西南），本来是一个不知名的地方，但此役后则名扬天下了。

为什么要选择马陵为伏击战场呢？

据《史记》所写，“马陵道狭而旁多阻隘，可伏兵”，这是典型的死地或杀地，就是一旦军队进入此区域后遭遇伏击，是很难幸免的。庞涓一定会轻兵疾进的，因为他知道齐军辎重多，带着锅碗瓢盆，跑不快。按照轻骑兵的速度来计算，孙膑推测庞涓应该会在黄昏时分到达马陵。

在马陵道路中央，有一棵大树，孙膑唤人把树皮给刮了，在上面刻了几个大字：“庞涓死于此树下。”然后他命令一万名弓弩手埋伏在马陵道的两侧，等待日落西山，他强调道：“只要看到有火把，就万箭齐发。”士兵们各自领命，埋伏到路旁去了。

果不其然，庞涓带着轻骑、轻车部队一路追击，到了马陵时天色已黑。这时有人来报，道路中央有一棵大树，树皮刮开了，上面好像刻有一些字。庞涓便吩咐道：“取火把来。”这时便有人点了火把，照亮了树上所刻的字。庞涓一看，写着“庞涓死于此树下”几字，他心中一惊，大呼不好。说时迟，那时快，埋伏在两侧的齐军士兵见得火把燃起，便按孙膑的吩咐，拉满弓朝着火把的方向射去。霎时间，箭如急雨飞花，铺天盖地。魏国士兵许多人中箭倒地，受伤的战马拔腿乱奔，一时间整个队伍都乱了套。

这是一处死地，路面狭窄，隘口众多，只须分兵把守住这些隘口，就可以形成关门打狗之势。即便强悍如魏军者，在这样的地形之下，在对方万弩齐发的压迫下，也完全丧失战斗力。熟悉兵法的庞涓岂能不知，自己已身陷死地，绝对无法在敌人的重兵包围之下突围而去。这时的他突然有几分懊恼，自己本来是得小心谨慎点，不应该被孙膑的小伎俩给蒙骗了，不应该求胜心切而飞蛾扑火。

可是，现在懊悔还有用吗？

庞涓只有两条路可以选择：一是死，一是被生擒。他已经在桂陵之战中被孙膑生擒过一回了，要是再次被俘，不要说自己的脸面过不去，就是孙膑还能再放过自己一次吗？罢罢罢，与其被俘受辱而死，倒不如来个痛快点的。庞涓自知智穷兵败，无可挽回了，他拔出利剑，还不忘骂了一句："遂成竖子之名。"说罢后利剑往脖子一抹，自刎身亡。

竖子，这是骂人的说法，含有鄙视的意思，大约就是"小子"的意思。在临死前，庞涓还不愿承认自己的军事才华不及孙膑，他说"竟然让这小子成名了"，很明显是认为孙膑不过是侥幸而胜。不是孙膑高明，而是自己粗枝大叶——这就是庞涓的真实想法。高手决斗，固然有侥幸的因素存在，可是倘若两次败北都归咎于偶然因素，那未免自欺欺人。其实这场决斗，孙膑始终占据先手，料敌制胜，从谋局到收官，环环相扣，每个步骤都相当清晰，充满智慧，故而庞涓之败，理故宜然。

庞涓的部队被一网打尽，齐军则挟马陵之役的余威，扑向太子魏申指挥的魏军主力部队。

魏军的问题是不能上下一条心。

魏惠王派出太子魏申领军出击，足以见他对此役的重视程度，可是我们不得不说，这个任命并不明智。

为什么呢？

太子亲自领军出击，很容易被看作是失宠的一个信号，在晋国历史上就发生过这样的事。晋献公曾派太子申生讨伐赤狄，申生就意识到自己失宠了，可能要被废黜了，因为身为太子，打了胜仗也没得加官晋爵，打了败仗却要负责任。如今魏国太子魏申也面临这样的窘境，正当他忧心忡忡地行军到外黄时，当地一位先生，人称徐子，自告奋勇地游说魏申说："我有百战百胜的妙计。"

魏申听了十分高兴，便问："你可以说给我听听吗？"

徐子说："可以。太子您亲自率领军队攻打齐军，就算打了个大胜仗，把齐国的莒地吞并过来，即便如此，对您有什么用呢？您已经是太子了，未来的王位接班人，打赢了并不能增添您的富贵；打输了，您与您的子子孙孙都不可能拥有魏国。按照我的看法，不打才是明智之举。这就是我所说的百战百胜的妙计。"

这么一番话，与魏申内心深处的恐惧不谋而合，他向徐子谢道："是，我一定听从先生您的话，我这就班师回朝。"

与魏申不同，魏国其他将领则力主战斗，因为对他们来说，只有打仗才有升官发财的机会。魏申已经是太子，打胜仗对他的富贵没有帮助，可是别人不一样啊，这叫作富贵险中求。这一点，徐子倒是看得明白，尽管他对魏申献上所谓的"妙计"，捞了些赏钱，但他一转身便自言自语道："太子虽然想班师回朝，可是我看不可能了。想要打仗以从中得利的人太多了，太子在这个时候想溜，恐怕来不及了。"

果不其然，当魏申召集众将领，想要撤兵时，诸将纷纷反对说："您刚出师就回去，这怎么行呢，那跟打败仗是一样的。"

魏申缺乏统御能力，最终被众将所要挟，不得不勉强前进。可是你想想，统帅都无心恋战，能期望这么一支军队拥有多强的战斗力呢？

后人提到马陵之战时，总是津津乐道于孙膑设计杀庞涓的故事。不过细细品味战争全过程，可以发现伏击庞涓只是马陵之战的一个组成部分，事实上，更大的会战是庞涓死后的齐魏总决战。关于这场决战，《史记》写得十分简单："齐因乘胜（指杀庞涓后）尽破其军，虏魏太子申以归。"没有具体的过程，似乎只是一件轻而易举的事。可是在出土的《孙膑兵法》残篇中，我们可以看出，在总决战中，齐国兵团的开局并不利。

庞涓的先锋兵团覆灭后，魏太子申本想一走了之，可是手下诸将跃跃欲试，他只好驱兵前行，迎战齐军。

齐、魏两国的大会战开始了。

从《孙膑兵法》残篇中，我们可以了解孙膑的指挥风格。他非常注意军事侦察，《孙膑兵法》写道："见使谍来言而动"，就是大军的行动，得根据掌握的谍报来决定。"去守五里置候"，候就是"斥候"，即侦察兵，在距离己方阵地五里远处，就要布置侦察兵，在高点建立观察哨，以观察敌人的动向。倘若白天发现有敌情，便举旗通报，如果是晚上则击鼓通报。

当魏申的主力部队气势汹汹前来时，田忌与孙膑已做好准备。但是从战场来看，齐国一方地形相对不利，没有可以掩蔽的地方。在以往的战争中，齐国兵团战胜魏国兵团，多数是以伏击战的方式，在地利上占得先手。可是这一次却不同，齐兵地利上居于劣势，要怎么办呢？

这难不倒孙膑。

为了遏制精锐魏国武卒的进攻，孙膑先是用蒺藜布阵，阻滞魏兵的冲锋，起到了壕沟的作用。魏军不得不先动用兵力清扫蒺藜，开出一条道路。此时孙膑下令将战车集合起来，排成一列，作为阻挡魏师的铜墙铁壁。步兵则用盾牌层叠排列，构成一道攻防兼备的矮墙，既可以挡住魏军的冲击，又可利用盾牌墙的缝隙作为射击孔。

在战车垒与盾牌墙背后，是长兵部队，士兵们手执长矛、长戟等武器，可以躲在战车壁垒与盾牌墙后面与冲上前来的魏军士兵拼杀。倘若第一道防线被突破，这些部队便会迅速填补缺口，巩固防线。在长兵部队的后面，布置了短兵部队，他们的任务是在敌人被击退时，迅速出击，武器轻便是为了出击迅猛，迅速插向敌军的后侧，对溃败之敌实施大包抄歼灭。

在短兵部队后面，安排的是精锐的弩兵。弩兵由于自身防卫能力较差，故置于阵中，以避免在短兵相接时大量伤亡。

以上是孙膑在这次大会战中的防御措施。从士气上看，齐军刚刚在马陵道斩获庞涓，孙膑完成报仇雪恨的心志，全军上下同仇敌忾，摩拳擦掌。行动不便的孙膑给自己的部属树立了身残志坚的典范，榜样的力量是强大的，在孙膑精神的鼓舞下，齐军士兵个个如猛虎下山，气势如虹。虽然在遭遇战中地形不占优势，但孙膑巧妙的防御体系很快便使齐国兵团反客为主，由防御转向进攻。

此役的结局以齐国的大胜而告终，魏军则兵败如山倒，太子魏申在战场上兵败被俘，十万精兵灰飞烟灭。

据《战国策》的说法：“齐人伐魏，杀其太子，覆其十万之军。”魏申不仅被俘虏，而且最终死于齐人之手。至于魏申是如何死的，史书上没有明确的记录，也许是被俘后伤重而死，也有可能被齐军处决。

马陵之战，使魏国遭遇到立国以来最惨重的失败，而齐国则取得了有史以来最伟大的一场胜利。这既是魏国盛衰的分水岭，又是齐国迈向超级强国的标志性事件，同时它还成就了一段传奇。

这也是孙膑与庞涓的战争，并最终以庞涓之死为这段恩仇录画上了一个句号。这个故事延续了春秋以来的复仇传统。在遭到陷害、身陷囹圄、失去双脚后，孙膑以非凡的意志力克服身体残疾的缺陷，实现人生的大逆转，并且最终得以置仇家于死地，既为齐国崛起于东方立下不拔之基，又一雪毁身受刑之大耻，真可谓是快意恩仇。从赵氏孤儿的故事到伍子胥的复仇，从勾践卧薪尝胆的磨砺到孙膑身残志坚的传奇，春秋战国的血性一脉相承，自强不息、迎难而进、永不言败，境遇有困厄之时，心灵却永远逆风飞扬。

凭借桂陵之战、马陵之战，孙膑跻身于中国历史上伟大军事家之行列。他与孙武、吴起等春秋战国时代的名将一样，身兼理论家与实践家。他所著的《孙膑兵法》在当时盛极一时，《史记》称“孙膑以此名显天下，世传其兵法”，他的军事思想对齐国武力的提升起到了至关重要的作用。不过很可惜，后来由于种种原因，他的兵法书失传了，以至于有人怀疑《孙膑兵法》与《孙子兵法》实为同书。但幸运的是，二十世纪七十年代，失传许久的《孙膑兵法》竟然破土而出，尽管只剩下一万多字的残篇，但足以说明孙膑军事思想的博大精深。在那刻痕模糊的竹简里，我们似乎又回到了战火纷飞的战国时代，看到了一位失去双脚的巨人身影，似乎回到了马陵，回到了那令人久久回味的、激动人心的一刻。

马陵之战深刻地改写了战国列强的格局。

魏国的地位进一步被削弱，这使得魏、赵、韩三国的关系更加疏远，魏惠王重新建立三晋联盟的努力以失败而告终。此后，“齐威奋起于东夏，秦孝起于西陲”，天下重心，由魏国分移到齐国与秦国。

此时的秦国，变法运动如火如荼。这场大变法将深刻地影响秦国的方方面面，并最终使得这个文化落后的国家异军突起，最终以排山倒海之势席卷天下，结束数百年的纷争战乱，实现中国的大一统。主持大变法运动的灵魂人物，便是赫赫有名的商鞅，他的变法背后有着怎么样的故事，他又是怎样让一个国家发生脱胎换骨的变化呢？他为这个国家做出巨大的贡献，可为什么最后却惨淡收场呢？

在这一连串的疑问中，我们还是穿越时空的隧道，回到那个充满梦想的时代。

第四章　商鞅变法

一、入秦

商鞅是卫国人，是卫国国君的后代，故而又称为“卫鞅”或“公孙鞅”。他出生在一个杀伐不断的年代，出生在一个风雨飘摇的小国。

卫国的历史很悠久，开国于西周初期，曾是中原重要诸侯国之一。然而到了战国时代，在七雄争霸的背景下，卫国已沦为边缘化的小国，成为周边强国鲸吞蚕食的目标。卫国最大的敌人是赵国，这个强悍的邻国将其当作扩张的第一站。凭卫国那丁点儿兵力，是无法阻挡赵国的入侵的，为了自保只能选择投靠魏国。幸好魏国喜欢充当老大，每每出兵相助，才使卫国得以苟且偷安。卫国不仅外患严重，国内政局也很混乱，多次爆发弑君政变。比如公元前 425 年，公子亹杀卫昭公自立；他上台十一年后（前 415 年），又被公子颓所杀。

正是这种内忧外患，令卫国人充满不安全感。在巨大的生存压力下，卫人比起其他国家的人有更多的忧患意识。尽管只是不起眼的小国，卫国却涌现出许多一流人物，比如吴起、商鞅、吕不韦等。作为小国的国民，他们更容易以“旁观者清”的视角去观察周边的大国，以超然的心态去审视全局。他们没有很强的国家观念，哪个国家能重用自己，能给自己施展才华的舞台，他们就奔向哪里。就比如吴起，先后为鲁国、魏国、楚国效过力。

早年的卫鞅刻苦好学，博览群书，尤好刑名之学，即法学。自春秋时代以来，法家成为最重要的思想流派之一。著名的法家人物，有春秋时期齐国名相管仲、郑国名相子产、魏国著名的改革家李悝、名将兼变法家吴起等。卫鞅与吴起同是卫国人，两人性格颇有相似之处，都有敏锐的政治眼光与非凡的军事才能。当然，论兵学商鞅不及吴起，但论法学吴起不及商鞅。但两人有个相同点，他们想要做的事，就一定会尽心竭力去完成，不论遇到多大的阻力。李悝则是商鞅的精神导师，其变法思想对商鞅产生重大影响。李悝变法内容主要有三个方面：其一，废除“世卿世禄”的制度。其二，实行“尽地力”“平籴法”的经济政策。其三，制定一套严密的法律。这些思想，后来被商鞅全盘接受。

卫鞅搜罗来历代刑名家的著作，钻研他们的学问，借鉴他们的经验。他如饥似渴地学习，在头脑里渐渐有了一幅清晰的图像，这是一张井然有序的国家图画，可以把它想象成一个有机的整体，譬如人体，脑袋是一个指挥中心，四肢躯干都得听它的，脑袋下达命令后，全身每一块肌肉、神经都被调动起来，去完成想要达成的任务。国家也应该是这个样子，君王与政府高高在上，就是个脑袋，百姓就是四肢躯干，各司其职，一旦有命令，就迅速调动起来，协调一致、有条不紊地去完成。这样的国家就是一个有机体，能实现效率的最大化。

当然，卫鞅并不满足于当一个理论家，他得要有一块试验田。卫国不是好的试验田，尽管它是卫鞅的祖国。一来，因为卫鞅身份特殊，有卫国公室的血统，如果在这里推行其政治主张，会被人认为想篡权夺位；二来，卫鞅自信其理论不仅可以富国强兵，吞并天下也是有可能的，所以必须在大国试验才行，卫国太小，无法用他的理论。

那要去哪儿呢？

魏国当然是首选。首先，魏国是个开放的国家，对外来的人才没有歧视，当年吴起来到这里后也是如鱼得水。其次，魏国的基础相当好，在此之前，李悝已经主持过一次变法了。李悝写的《法经》是卫鞅随身必带的卷册，只要有空，他就会打开这本奇书，细细揣摩这位变法先驱深邃的法学思想。

就这样，卫鞅离开卫国，来到魏国，进相国府当一名中庶子。中庶子是一个官名，其实就是君主、太子或相国的侍从官。当时魏国的丞相是公叔痤，他是一个出类拔萃的人物，有识人之才，也有雅量。卫鞅是侍从官，公叔痤有时会随口问他对于时政的看法。卫鞅当然不会浪费这种可以表现的机会，经常滔滔不绝地发表自己的见解。公叔痤听了很感兴趣，但并没有说什么，作为一国之相，他总是把真实的想法藏在心里，喜怒不形于色。

卫鞅迫切地希望有一天，公叔痤能够采纳自己的理论来治理魏国。可惜的是，他来得不是时候，魏国最迫切的事并不是改革，而是要在多条战线上同时作战。公叔痤就算赏识卫鞅的才华，恐怕也分身乏术，他不得不把精力用于对付韩国、赵国联合发动的战争。魏惠王八年（前 362 年），公叔痤亲自指挥一支军队，大败赵韩联军，取得空前的胜利。这场胜利并没有让他高兴多久，因为不久后，魏国在河西被秦国打得大败，丢了繁庞城。

魏国所要面临的战争几乎是无休止的，政府的力量都用于对外战争，无暇顾及国内的改革。当然，骄傲的魏惠王并没有认为有改革的必要，因为李悝留下来的制度，对他来说似乎已经足够了。更糟的是，公叔痤病倒了，病情越来越重，很显然已经过不了阎王这关了。

有一天，公叔痤把卫鞅唤到卧室内。他躺在病榻上，被病魔折磨得骨瘦如柴，但思想仍很清晰。见到卫鞅进来，公叔痤说了一句莫名其妙的话："你快逃吧，不然会遭殃的。"

卫鞅心头一惊，没弄明白是怎么回事。自从进了相国府，他一心为相国办事，自信做事严谨而周到，怎么会遭殃呢？相国的语气为何如此古怪呢？

"你听好了，是这么回事。"公叔痤用手撑着床坐起来，把事情的前因后果说了一下。原来魏惠王刚刚来探病，惠王拉着他的手问道："相国倘若有什么三长两短，国家以后要怎么办呢？"

公叔痤回答道："我有一名侍从官，名叫公孙鞅，虽然年纪轻轻，但有非凡的才能，希望主上能把国家大事交给他治理。"

公孙鞅？魏惠王压根儿就没听说过这个名字。丞相在病重时居然推荐一个名不见经传的小人物，他当然觉得很惊诧，但又不便当场拒绝，只得沉默不语。公叔痤把左右支开后，对魏惠王说："主上如果不愿意用公孙鞅，就杀了他吧，不要让他到别的国家去。"魏惠王答应了。

公叔痤这么一说，卫鞅怔住了。自入魏国以来，卫鞅总有怀才不遇的感叹，因为他说的那套理论，总是惹来别人的嘲笑。岂料懂他、赏识他的人就在身旁，正是相国公叔痤。公叔痤是第一个真正了解卫鞅价值的人，相信卫鞅有经天纬地之才。

卫鞅从心底感激公叔痤，但仍有一个疑问：既然公叔痤赏识自己，为什么又要劝国君杀掉自己呢？既然要杀，怎么又要叫自己逃跑呢？这不是很奇怪吗？是很奇怪，但却合理。

公叔痤似乎看出卫鞅的困惑，微笑着说："我本想推荐你为相国，但是主上是不会同意的。这时我要把国家、君主放在首位，把臣属放在次位，所以我劝主上杀了你。因为你一旦去了别的国家，就会成为魏国的心腹之患。我把自己的意见先说给主上听，尽到臣子的职责；可是我爱惜你的才华，所以叫你赶紧逃跑。你还是快点离开吧，否则就来不及了。"

真是用心良苦哇。

倘若公叔痤可以多活几年的话，卫鞅也许就会留在魏国而不是去秦国，那么历史就会改写了。可惜这个明智的人死得太早，对魏国是一个巨大损失。卫鞅并不想逃跑，他对公叔痤说："主上如果不能听您的话任用我，又怎么会听您的话杀我呢？"

卫鞅判断得没错。

魏惠王回到宫中后，对左右的人说："相国病得太厉害了。真可悲啊，他居然要寡人把国家交给公孙鞅治理，这岂不是太荒谬吗？"

过了不久，公叔痤死了。他的葬礼办得风风光光，他说过的话很快就被遗忘了。魏惠王既没有丢给卫鞅一个官职，当然也没有空去杀他。

相国死后，卫鞅丢了饭碗。他又在魏国逗留一段时间，想看看有没有其他机会，可是一无所获。

就在卫鞅灰头土脸之时，听到一个消息，这个消息最终改写他的人生。

这则消息来自西方的秦国。

秦国刚刚完成权力交接，秦献公死了，他的儿子渠梁上台，这就是秦孝公。当时秦国虽是大国，却备受中原诸侯的蔑视，大家都把它视为夷狄之邦，文化落后的国家。秦在国际舞台上声名狼藉，中原诸侯国都不愿自掉身价与秦国结盟。

不过，秦国正在发生变化。刚刚去世的秦献公是个了不起的君主，他在位期间做了一件重大决定，就是废除了活人殉葬制。秦国以活人殉葬的历史由来已久，秦武公死后殉葬人数有六十六人，而春秋五霸之一的秦穆公死后殉葬人数更是多达一百七十七人，其中还包括几位贤明之臣。连大臣都被拖去殉葬，试想有谁愿意去秦国谋发展呢？于是秦国便断了引进外国人才的路，也使其国家形象一落千丈。要知道在春秋末期，孔子都批评以人形陶俑陪葬，何况是活人呢？所以在东方诸侯眼中，秦国是个非常野蛮落后的国度。

废除活人殉葬制度，是秦献公的丰功伟绩之一，为有野心、有抱负的人前往秦国扫除了心理障碍。秦献公之所以能痛下决心，革除顽症，是因为秦国在魏国的逼迫之下，已经岌岌可危了。自从吴起主持西河郡，秦国几乎屡战屡败。当时吴起策划了一个大战略，打算用几年的时间灭掉秦国。只是魏武侯在不经意间拯救了秦国，他对吴起产生怀疑，迫使吴起离开魏国，投奔楚国。

但是，只要不对秦国抱有偏见，就可以看到这个国家所拥有的潜力。秦国人民性格倔强、政令简单但是赏罚分明，军队有一种死斗的传统，这一点让其他诸侯国都觉得头疼、不好对付。秦国还拥有独特的地缘优势，它只有东面与三晋相连，其余三面都没有强大敌人存在，后方稳固坚实，有很大的扩张空间。即便是东面，秦国占据着险要地势，有大山大河，易守难攻。在卫鞅看来，这个国家是一块试验新政的良田，秦国不像魏国那样整天要应对周围强国的进攻。要改革，一个稳定的政治环境是很重要的。

在卫鞅沮丧之时，听说秦孝公在国内发布了一条求贤令。

求贤令是这样写的：“昔我穆公自岐雍之间，修德行武，东平晋乱，以河为界，西霸戎翟，广地千里，天子致伯，诸侯毕贺，为后世开业，甚光美。会往者厉、躁、简公、出子之不宁，国家内忧，未遑外事，三晋攻夺我先君河西地，诸侯卑秦，丑莫大焉。献公即位，镇抚边境，徙治栎阳，且欲东伐，复穆公之故地，修穆公之政令。寡人思念先君之意，常痛于心。国人宾客贤士群臣，有能出奇计强秦者，吾且尊官，与之分土。”

卫鞅看了后心中狂喜，认定这是上天赐给的机会。从求贤令可以看出秦孝公是有抱负的君主，他当时才二十一岁。秦孝公太渴望建功立业了，看看他所说的穆公霸业：“修德行武，东平晋乱，以河为界，西霸戎翟，广地千里，天子致伯，诸侯毕贺。”那是多么令人心驰神往的辉煌事业呀！反观后来呢？“国家内忧，未遑外事，三晋攻夺我先君河西地，诸侯卑秦，丑莫大焉。”

求贤令的文字之间跳动着一个年轻人渴望进取的心，这种渴望已经到了极致，恨不得马上可以实现愿望。对卫鞅来说，更有吸引力的则是最后一句："国人宾客贤士群臣，有能出奇计强秦者，吾且尊官，与之分土。"尊官、分土，这不是卫鞅的梦想吗？

秦孝公想要的，不正是卫鞅所有的吗？秦孝公想要富国强兵，而卫鞅一肚子的学问，都是富国强兵的学问。卫鞅自信自己那一套理论，比李悝、吴起都要强。其实也不奇怪，卫鞅先是钻研他们的书，学习他们的做法，站在巨人的肩膀上，自然要站得更高一点，看得更远一点。

卫鞅离开魏国，只身前往秦国，怀里揣着一册书简，就是李悝写的《法经》。对卫鞅来说，他要经常翻读，细细品味其中的深意。就这样，卫鞅一路跋涉到了秦都。他找个地方安顿下来，并没急着去见秦孝公，而是先细细观察一下时局。由于秦孝公刚张贴"求贤令"，尊官分土对任何人都是一个大诱惑，故而很多人抱着侥幸的心态，想忽悠蒙骗，因此天天前往秦宫游说的人也不少。卫鞅心里暗想，如果不通过一些关系，就冒冒失失地去见秦孝公，不会给他留下深刻的印象，因此得找人引荐才行。

于是卫鞅四处打听，得知秦孝公最宠幸的一个大臣名叫景监，于是便先找到了景监。这是卫鞅聪明之处，虽然他来自小国，但好歹也是贵族，对官场上的事情知道得多，晓得疏通关系的重要性。卫鞅给景监送了礼物，加上他也是有身份的人，景监对他客客气气的，答应引荐给秦孝公。国君的心思是很难揣测的，这位秦孝公究竟是沽名钓誉之辈，还是有野心的实干家呢？得试探一下才行，于是卫鞅设计了一个方案。

景监把卫鞅推荐给秦孝公。孝公刚二十出头，还很年轻，但似乎并不信任卫鞅，因为卫鞅也很年轻，只有二十来岁，一看就不像是富有行政经验的人。卫鞅依照计划，开口就跟秦孝公说起帝道。什么是帝道呢？就是三皇五帝的那些道道，三皇五帝都是时代久远、传说中的人物，也不晓得是真实的还是虚幻的。卫鞅正儿八经地大谈帝道，孝公听着听着，无精打采，甚至中途有几次差点睡着了，最后他不耐烦了，把卫鞅赶走。

这一次见面，秦孝公显然很不高兴，还批评景监说："你所推荐的门客是什么人啊，哪里值得用啊。"景监回来后闷闷不乐，把怒气发泄在卫鞅身上。卫鞅和颜悦色地说："您先别生气，听我说。我今天跟主上说的乃是帝道，这个学问太深了，主上思想不开悟，与帝道无缘啊。”卫鞅请求景监再安排一次与秦孝公见面，景监答应了。这就是卫鞅的小伎俩，如果没有景监这个关系，他与孝公第一次见面搞砸，就不会有第二次机会了。

宠臣有宠臣的优势，秦孝公同意第二次见卫鞅。五天后，卫鞅又一次与秦孝公面对面，这次大谈王道。什么是王道呢？就是夏王禹、商王汤、周文王、周武王等先王的道道。这回秦孝公没有打瞌睡了，谈论的时间也比第一次要长。但卫鞅看得出，孝公仍然有不满意的地方。果不其然，退席后，景监又来找卫鞅，说秦孝公仍然怪他举荐非人。卫鞅胸有成竹地打包票说：“我心里有底了，您再安排一次我与国君见面，保证不会让您失望。”景监将信将疑，但可能是卫鞅超强的自信心打动了他，他又一次答应了。

大家或许会很奇怪，卫鞅为什么不一开始就跟秦孝公大谈刑名之学，谈富国强兵呢？谈话与打仗一样，要有技巧与策略，要诱敌深入，要从外围向核心渗透。卫鞅有许多新的思维，不是一般人可以理解的。人往往有一种惯性思维，遇到问题时，总想着从历史经验中获得答案。卫鞅要试探秦孝公内心真实想法，便先把历史经验罗列出来，跟他说帝道、王道，看他的反应，这是了解君主意图的办法。前两次的谈话，卫鞅肯定秦孝公并不像儒者那样，喜爱古人的经验，所以接下来要跟他说霸道。

第三次的谈话，卫鞅跟秦孝公说了五霸的经验，孝公饶有兴趣地一边听一边点头。事后孝公跟景监说：“你的门客很不错，可以跟他讨论问题了。”卫鞅也跟景监说：“今天我跟主上谈了霸道，看来他是想采纳了。如果下次主上召见我，我就知道应当说些什么了。”景监十分高兴，能讨好君主，对臣子来说是一种成功。

过了几天，卫鞅又一次入秦宫，与秦孝公面对面交谈。

与前几次不同的是，这次是秦孝公亲自要求见卫鞅，说明他已经对卫鞅说的霸道产生了兴趣，想知道更多的情况。一见面，秦孝公就说：“您最早说的五帝三王那些道道，用他们的方法来建功立业，花费时间太长了，我等不了。贤明的君主，应该在位时就扬名天下，而不是默默无闻地等上数十年乃至上百年才能成就帝王之业。”

卫鞅答说：“要想使国家在短时间内迅速强大起来，方法是有的，但是这个方法，在德行方面，就无法与商、周时代相比了。”秦孝公对德行这个问题显然并不关注，因为他急于要雪耻，一是要夺回被魏国占领的河西之地；二是要改变中原诸侯把秦国当作夷狄来看待的歧视。

机会已成熟，卫鞅可以把自己的理论全盘托出了，便对孝公说：“秦国一直以来所沿用的制度法令，很多都不适宜当下了。要改变国家，首先要变法。”卫鞅侃侃而谈，把这些年来的心得一一道出，可谓是知无不言，言无不尽。孝公有一个肢体变化的细节，说明他听得十分认真：他上身前倾，当卫鞅说到精妙之处时，他还下意识地把膝盖挪动到座席前。

连续好几天，秦孝公把其他政事都推掉，关起门来听卫鞅“说教”，越听越兴奋。卫鞅给孝公画了一幅美丽的图卷：秦国居高临下傲视群雄，世人不再投以蔑视的眼光，因为面对征服者，他们总是诚惶诚恐。听到入迷处，秦孝公双拳紧握，似乎现在他就已经是高高在上的天神，准备给敌人以雷霆一击。

显然，秦孝公认定卫鞅就是他苦苦寻觅的人，这人将带给秦国前所未有的变局。可是，忽然间孝公灿烂的笑容飘过一片乌云，一副若有所思的样子。

秦孝公内心在交战，作为一位新上台的君主，要把历代先王的法令制度推倒重来，这需要多大的勇气啦。历代的变革者，身上所必须具备的勇气，是一般人所无法了解的。任何法令的变更，都势必要伤害到许多既得利益者的利益，他们会疯狂反扑，阻止任何形式的变法，甚至可能酿成政变。

思虑及此，秦孝公吞吞吐吐地说：“我想变法，又怕天下人会非议我。”其实一点也不奇怪，作为一个温室中长大的王侯，没有经历什么大风浪，内心摇摆而不坚定实是人之常情。一个人伟大与否，首先并不是看他做了什么事，而是看他有没有一颗伟大的心。卫鞅必须在孝公迟疑的那一刻，在他内心里注射一剂英雄主义的药方。

于是卫鞅说道：“优柔寡断者不会成名，迟疑不定者难以成功。真正高人的做法，必定超乎寻常人的见解；有独立见解的智者，必定遭众人的厌恶。”这是告诉秦孝公，不遭人忌、不遭人恶，那只是庸才，为什么呢？卫鞅接着说：“有智慧的人在事情发生之前便能看到结果，而愚蠢的人即便事情发生了也懵然不知。智慧的人少，而愚蠢的人多，因此主上要做成一件事，不可与民众商量如何开始做，因为他们不过是鼠目寸光。您只需要在事成之后，让民众享用现成的果实即可。有高尚道德的人总是不合于习俗，建立大功业的人总是独断专行，不与众人共同商量。因此，只要可以强国，不必效法旧的规章制度；只要有利于民众，不必遵循旧的礼制。”

卫鞅给了秦孝公一个选择：是勇往直前，当一代旷世雄主呢；还是优柔寡断，成为一名平庸的国君？

秦孝公毕竟是二十来岁的年轻人，血气方刚，被卫鞅这样一激，身上的血性都张扬出来了。必须说，他身上确实有秦人那股倔强之气，不认输的劲儿。对卫鞅来说，真正的战斗才刚刚开始，政坛是一个血腥之地，这里杀戮之重，绝非战场所能相比。因为战场上你知道谁是敌人，而在这里，你根本不知道敌人在哪里，更难以防住暗中袖出的冷箭。

第一场战斗是在宫廷之上。面对守旧派大臣，卫鞅跟他们展开一场唇枪舌剑。

秦孝公已经决定由卫鞅主持变法，但在变法之前，必须跟朝中大臣进行一番辩论，主题就是该不该变法。几乎所有的朝臣都攻击卫鞅的理论，反对最卖力的有两个人：一个是甘龙；一个是杜挚。

首先发难的人是甘龙，他是一个老官僚，这种人最不希望看到变化，只要窝在旧的体制下，他的个人利益就不会受到冲击。这位老官僚的语气显然有点倚老卖老。“你说得不对，”他先下了一个结论，然后才慢条斯理地说，“自古以来，圣人教化人民不改变习俗，智者治理国家不变更法令。顺着民俗来教化，不费力却易成功；沿袭旧法来治国，官吏习惯，百姓安心。”

说完后，甘龙转过身对秦孝公说：“现在倘若要变更法令，不遵循旧法，我恐怕天下人会背后非议君上，请君上仔细考虑。”

甘龙话音刚落，卫鞅就给了他当头一棒：“您所说的，不过是俗人的见解罢了。平庸的人被习惯所左右，学者们又拘泥于自己的见闻，不能突破常规。这两种人，不能跟他们讨论变法的事。我想提醒甘龙先生，历代的礼法制度都是不断革新的，而非一成不变。夏、商、周三代的礼制不同，但都能称王天下；五霸的法度也各不相同，但都能称霸诸侯。我想告诉大家一个事实，揭示真相：智者创建法令制度，而愚者只是受其制约；贤者更改礼制，平庸者受其束缚。”说到这里，卫鞅转向孝公，用坚定的语气说：“受制于旧法者，不可与之谈变法；受制于旧礼者，不可与之谈政事。主上不要迟疑不决了。”

这些守旧顽固分子喜欢拿久远的三代来说事，卫鞅就以其人之道还治其人之身，以彼之矛攻彼之盾，证明人们理想中的三代，并非因循守旧，而正是有革新的思想。

顽固分子并不善罢甘休，杜挚跳出来说："没有百倍的利益，就不要变更法度；没有十倍的功效，就不要变更工具。效法古制，可以不出差错，遵循旧礼，可以避免偏差。"

卫鞅大举反击，质问说："您口口声声说要效法古制，请问是效法哪一代的古法呢？又是遵循谁的礼制呢？伏羲、神农教化却不诛杀；黄帝、尧、舜诛杀而不过分；周文王、武王时代法度、礼制又异于前代。"说到这里，杜挚头冒冷汗，无言以对。卫鞅继续发动攻势："事实上，治理天下绝不仅有一种方法，何必非要效法古代呢？商汤、周武王不受古法的拘束，却成就王者之业；夏桀、商纣不变更古制，最终却走向亡国。因此，循规蹈矩并非就是好，突破常规并非就是坏，关键是要顺应时势而定。希望主上不要再犹疑不决了。"

这些顽固派以为卫鞅只知道变法的事，其实对于各家各派的学说，卫鞅都有涉猎的，对古代政治思想的变迁，也是有研究的。在卫鞅凌厉的攻势下，反对派全线溃败。不过，倘若没有秦孝公的支持，卫鞅就算巧舌如簧，也无用武之地。这位英明的君主坚定地站在卫鞅这边，没有他强有力的臂膀，卫鞅就是折翼的鸟儿，永远飞不起来。

这次舌战群臣后，卫鞅以一名外邦人的身份，被提拔为左庶长。

卫鞅的时代到来了。

二、变法

变法的目的是什么呢？

卫鞅的答案是：富国强兵。

这是一个乱世，这是一个杀戮的时代，一个国家要免除厄运，就必须富国强兵。一切政令都要服从于这一最高原则。

每个国家都想富国强兵，可是为什么那么难做到呢？究竟是什么地方出问题了呢？

卫鞅认为，是因为没有最大限度地调动国家一切可资利用的力量，投入农耕与作战中。农业是本，商业是末，必须把农业提升到国家战略的高度，这是富国之本，也是战争后勤的根本保证。要怎么做才能最大限度地调动一切力量呢？必须要采取赏与罚两手硬的手段，赏是要激起百姓的热情，罚是要用恐怖手段来控制他们。只有双管齐下，才能驱使他们去做任何一件事情。

卫鞅绝不是一个仁慈的人。他所制定的新法，是看不到仁慈的。新法的规模之大，可谓前无古人，无论是子产还是李悝、吴起，都无法推出像卫鞅这种颠覆性的政令，几乎要把旧的体制连根拔起，然后在其上营建崭新的大厦。

有秦孝公的信任，卫鞅才可以无所顾忌地制定新法。这些法令会让许多人不舒服、反感、厌恶、抵制，因为法令条文相当苛刻。比如说连坐法，卫鞅是这样规定的：百姓每十家为一“什”，五家为一“伍”，一家犯了法，其他九家有举报的义务与责任，倘若知情不报，十家连坐。不告发罪犯者处以腰斩的酷刑，举报者得到的奖赏与战场杀敌相同。窝藏罪犯的惩罚与战场投降相同。

这些规定当然令人十分不满，可是变法的目标是富国强兵，只要能达到这个目的，卫鞅就会不择手段。为政者能操纵民众只有两手：一手是赏；一手是罚。这两点做到位了，一个国家就如同一个巨人，中央政府就是巨人的头脑，是四肢、躯干的操纵者。只当下达指令，该指令就必须得到彻底的、强有力的执行。只要生活在这个国家的土地上，每个人都别想置身事外，权力的意志从最上层贯彻到最下层。面对这样的国家巨人，谁可抵挡呢？

在卫鞅的新法中，对农业的重视是前所未有的。他的精神导师李悝很早就明白农业对国家的重要性，他主张要“尽地力”，而且用政策来鼓励“治田勤谨”的人。经济是国家实力强大的根本，而农业又是经济之本。秦人尚武，以前一直注重军功，却不注重农耕，卫鞅把农耕的重要性与作战相提并论。要提高农耕的效率，就得压制商业，让商人无利可图，他们破产了，就只好去务农。对于懒惰而贫困的人，卫鞅不仅极度蔑视，还要用尽手段打击这些社会蠹虫。他下令，遇到这样的懒人，一律抓到官府充当奴婢。卫鞅的政策就是，这个国家里的所有人，都必须要有用，无所事事的，就要让他当奴隶，他不能逃脱国家严密的罗网。

当然，在这个群雄并起的时代，建立起绝对的军事优势，是卫鞅努力的最大方向，这同样需要使用赏罚作为手段。凡是在作战中立功的，按照功劳的大小受封爵禄。由于秦人尚武，民间的私斗十分盛行，私斗之风必须要坚决清除，对私斗者要视情节不同而给予不同的惩罚。为什么要这样做呢？一个国家全体国民，必须要成为有机体的一部分，要服从国家意志，不许自作主张。对于有军功的人，得给予显赫的声名，没有军功的人，就算富有也不光彩，公室宗族倘若没有军功，也不能列入贵族行列。

一言以蔽之，卫鞅就是要把人当作机器部件，国家则成为巨大无比的机器，这个机器恶魔将爆发无限的能量，把其余的国家一一摧毁。

卫鞅把法令制定出来了，还没有正式颁布。他不能在众人都不知情的情况下公布这个法令，这样效果将大打折扣。要怎么样才能让老百姓知道政府强有力的决心呢？卫鞅想了好几天，最后想出一个办法。

来看看卫鞅是怎么做的。

他先在都城的南门立了一根约有三丈长的大木头，然后对围观的人群说："有谁能把这根木头从南门扛到北门，赏十金。"大家觉得很奇怪，围观的人越来越多，扛这么根木头可以得到十金的奖赏，不可能吧，天上真能掉下馅儿饼啊？

大家不相信，没有人自告奋勇站出来。卫鞅十分知道小民的心理，平庸的人都有一种从众心理，看到别人怎么做，就盲目跟从，没有自主见解。过了一段时间，还是没有人愿意一试，于是卫鞅站在台上高声说："把木头扛到北门，赏五十金。"台下的人惊叫起来，议论纷纷，刚开始也没有人站出来，过了片刻，总算有一个人挤上前来说道："我来试试吧。"

那人身强力壮，扛这根木头不在话下，他从南门走街过巷，一大群人跟在他身后，想看看热闹，也想知道他能否真的得到五十金。那人把木头扛到目的地，卫鞅也乘马车抵达北门，绝不食言，当场发放五十金赏钱给他。那人脸上有一种得到意外之财的狂喜，而其他人则表现出懊恼的神情，早知道如此他们也会去扛那根木头了。

这件事，使整个都城都轰动了，街头巷尾都在议论这事。这就是卫鞅想达到的广告效果，他趁此时机表明：政府是讲信用的，绝不欺骗百姓。紧接着卫鞅公布了新法的各项细则，变法的大幕就这样拉开了。

不出所料，新法的推行从一开始就阻力重重，遭到各阶层的不满与抵制。

数以千计的人从全国各地集中到都城，抗议新法。这些人中有的是个人行为，有的则是有人在背后操纵。人的行为都有一种惰性，有时也称为习惯，这种习惯刚刚受到外力发生剧烈改变时，人通常会感到很不舒服，有抵抗心理。可是卫鞅坚持认为，习惯是可以改变的，只要一而再、再而三地改变，新的习惯就会形成。变法的最大阻力，并不来自底层的百姓，而是来自上层的贵族与官员，他们想方设法要终止改革，害怕自己的利益受损。卫鞅必须要采取更加强有力的手段，他要杀鸡骇猴，让所有人都知晓，新法的威力绝对是不可抗拒的。

机会来了，这也是巨大的考验。

太子犯法！其实这时太子年龄还小，没遵守法令，也是底下人纵容的，太子党显然认为他们根本不受新法的约束。卫鞅要拿太子党开刀！这简直是疯狂的想法，太子是国家的储君，未来的君主，大家争先巴结的对象，可是卫鞅却要跟他唱对台戏，这不是自找死路吗？或许当时卫鞅并没想那么多，他只知道要成功，绝不能允许任何人危害到新法的推行。

这也是考验秦孝公决心的时刻，卫鞅当着他的面说："新法得不到强有力的执行，就是因为上面的人触犯了它。太子犯法，依法应当查办，只是太子作为国家储君，不能施刑，但太傅公子虔、太师公孙贾两人，作为太子的老师，其过不可恕，请允许我将此二人法办。"

对秦孝公来说，这真是一个艰难的选择，他肯维护一个外邦人而不惜与族人反目成仇吗？卫鞅已下定决心，倘若秦孝公偏袒太傅与太师，他便准备辞职而去，因为变法已经无法深入了。但秦孝公的意志是坚韧不拔的，对他来说，没有比富国强兵更重要的事了。为了富国强兵，秦孝公不惜与所有人为敌，必须说，他是一名伟大的君王。

在秦孝公的支持下，太傅公子虔与太师公孙贾两人都被依法惩罚，其中公孙贾被处以黥刑，就是在脑门上刺字，他一辈子都得留下这么个耻辱的烙印了。位高权重的太傅、太师都因违反新法而被惩罚，这个消息一传开，所有人都震惊了。正所谓刑不上大夫，这是时代的观念，没想到新政府动真格的，竟然拿这些大夫上刑，这让大大小小的官吏都为之胆怵心寒。

卫鞅这霹雳般的一击，令所有反对新法者噤若寒蝉。所有人都知道卫鞅背后有国君的支持，而且是无条件的支持，大家都不敢反对，不敢抱怨了。

新法推行的进程越来越顺，大家也慢慢习惯并适应了。在短短几年里，秦国的面貌焕然一新，老百姓路不拾遗，山里没有盗贼，这是儒家一直想做却做不到的事，但卫鞅全做到了。因为儒家用的是教化手段，而卫鞅用的是暴力手段，事实证明，暴力手段的效果要明显得多。不过仅仅用暴力手段是不行的，还得让百姓享受到新法的好处。有什么好处呢？人人都丰衣足食，家家富裕，社会治安相当好。同时，私斗几乎绝迹了，国人怯于私斗，而勇于为国家战斗，军队的战斗力比以前更强了。

“富国强兵”已经初现端倪了。

“强兵”不是纸上画出来的，必须要有实实在在的战绩。

对秦国来说，最大的敌人当然就是魏国。秦孝公一直耿耿于怀的，就是被魏国人夺走了河西之地，这是他的心头之痛。可是卫鞅认为魏国的鼎盛时代已经过去了，因为魏国的战略完全错了，没能与赵、韩形成一个战斗体，而是陷入三国混战之中。三晋相互杀伐，对秦国最有利，卫鞅敏锐地发现机会来了。

孝公八年（前 354 年），魏国对赵国大打出手，出兵十万包围邯郸城。在卫鞅看来，魏国这样做实在太过于冒险，因为它的重兵集结在东部，西部绝对无法抵御秦军的进攻。卫鞅不失时机地做出反击的决定。事实证明，魏国的西线防御是脆弱的。在勇猛的进攻下，元里战役秦军斩获敌人首级七千级，并一鼓作气攻下河西重镇少梁城。尽管河西仍有一部分土地尚未光复，但秦军已经获得少梁城这座桥头堡，随时可以渡过黄河进攻魏国本土。

卫鞅向秦孝公建议，应该乘魏国主力北上伐赵、无暇南顾的机会，发动对韩国的进攻，把楔子深深打入韩国与魏国的交界处。这是一着妙棋，秦孝公对此非常认同，于是派公孙壮率领一支军队攻打韩国，并夺取上枳、安陵等地，这一带在韩魏交界线附近。这么一来，魏国人要坐卧不安了。

好消息接连不断，魏国身陷邯郸之战的泥潭中，无法脱身。令人振奋的消息传来，齐国与楚国先后卷入这场“国际混战”中。齐国军队在战争中一鸣惊人，一洗过去弱军的形象，脱胎换骨，在桂陵之战创造奇迹，打败了八万名魏军并俘虏魏国大将庞涓。楚国也乘机浑水摸鱼，捞到不少地盘。骄傲的魏国人开始手忙脚乱了。

秦孝公非常开心，他问卫鞅，秦国能不能趁机也捞一把呢？卫鞅回答说：当然可以。只要秦军渡过黄河，就可直接攻打魏国的旧都安邑，打掉安邑，魏国必然大受刺激。

这时的秦孝公对卫鞅是百分之百的信任，派他率领军队出征。卫鞅一直鼓吹军功制，没有军功就不配享受爵禄，因此也要以身作则。很多人不怀好意，想看卫鞅在战场上出丑，最好是在战场上被击毙，这样他们就会举杯相庆了。可是他们低估了卫鞅的本领。卫鞅的主业是刑名之学，也就是法家之学，可是对兵学也颇有研究。他曾经写过几篇军事文章，比如《战法》是一篇论述作战方法的文章，《兵守》是一篇论述战争中防守问题的文章。

卫鞅能写文章，会说话，但他首先是实干家。在出征前，秦孝公把卫鞅提拔为大良造。大良造是秦国的最高官职，相当于相国兼将军，这是对他莫大的信任。卫鞅此番出征，只能得胜，不能失败。倘若失败的话，立即会落人口实，说不定反对派就要用这个来大做文章。

卫鞅指挥的这支秦军军纪严明，士气高昂，东渡黄河后迅速向魏国境内挺进，进而包围安邑城。秦军的突然出现，令安邑城出现恐慌，他们焦急地等待援军的到来。可是魏国在北部与东部都陷入战争的泥潭中，怎么腾得出手来救援安邑城呢？安邑守军失望沮丧，最后放下武器向卫鞅投降。卫鞅骑着高头大马，耀武扬威地进入这座熟悉的城市，作为魏国的旧都，这里有卫鞅很多早年的回忆。如今卫鞅又回来了，以征服者的身份！

后人经常忽略卫鞅的军事才华，因为他作为改革家的光芒盖过了军事家。但卫鞅打仗真的一点也不含糊。在安邑大捷后，孝公十一年（前 351 年），他又一次带兵杀入魏国，兵围固阳城，并迫使守军献城投降。魏国在与秦的交锋中屡屡败北，魏侯魏罃不仅放弃吞并赵国的企图，还把到手的邯郸城交还赵国，换取赵国的结盟。很明显，魏罃不得不直面西线连遭败局的事实，因此要与其他国家陆续谈和，他要集中力量对付秦国。孝公十二年（前 350 年），魏罃出兵包围秦国的定阳。秦孝公摩拳擦掌，要与魏国人决一死战，卫鞅却劝他主动与魏国议和。

主动谈和，并非因秦国畏惧魏国的力量。卫鞅在魏国待过一段时间，对其军事力量知根知底。魏国从晋国分离出来后，国土面积并不大，而且地理位置欠佳，国家资源有限，却无止境地扩充军队。在魏侯魏罃时，军队达到三十多万人，还不包括在战场上损失的数十万人呢。光从数量上看，这样的军事力量够吓人的，可是魏国的农业能支撑如此大规模的军队吗？这是很令人怀疑的。倘若一个国家的军事力量没有足够的经济基础，是不可能长期强盛的。

与魏国休战的真正原因，是卫鞅正酝酿新一轮的变法。

自变法以来，秦国国力的突飞猛进是有目共睹的。秦孝公显然极为满意，不过对卫鞅来说，这才只是第一步罢了。第一次变法，主要是变更法令，强化赏罚手段，限制民众的自由，让他们服从于国家，他们只需要懂得去执行命令就行。这一阶段的改革，基本成功了。

第二阶段的变法，主要是完善、强化国家的行政功能，主要有以下几个方面。

第一，迁都咸阳。

秦都原本在雍，后曾迁到泾阳、栎阳，整个迁都过程就是往东迁移，这也表明秦国的发展方向便是向东扩张。迁都这种事情牵连很广，而且对国家的发展有着不可低估的影响，因此得十分慎重。譬如魏国就是一例，魏都从安邑迁往大梁，实际上说明魏国的发展重心从西部转向东部，这从根本上影响到其国家的整体战略。对于迁都咸阳这件事，卫鞅思考了许久，而且是经过多方论证后才向孝公提出来的。自从秦献公二年（前 384 年）迁都栎阳，这个都城距离河西十分近，显然秦献公是要做出一种姿态，一定要收复河西之地。可是不能不说，栎阳并不是一个十分理想的都城，它更像是一个临时军事指挥中心，难以担当行政中心的职能。相较之下，咸阳的地形十分好，四周有山河之险，易守难攻，且扼东西、南北交道要冲，在此建都，中央政府对国内四境之地都有很强的掌控力。迁都还有另一个重大意义，作为新都，咸阳的保守派势力绝对不像雍、栎阳这些旧都那么强大。

第二，完善行政区。

卫鞅把秦国的小乡小邑、村落整合为县，全国总共有四十一个县。每个县都设置县令、县丞、县尉，分别掌管县的民政、军事。以上三个要职都由国君直接任命，这样一来，政府对地方的管理力度大大加强了。

第三，废井田，开阡陌，“以尽人力垦辟，弃地悉为田畴”。

这是跟卫鞅一贯的农业原则相一致的，农业是经济基础，是战争的坚实保障。秦国地广人稀，而三晋地狭民贫，针对这种情况，卫鞅大力从三晋引进劳动力，分给他们田地与住宅，允许他们三代人不用服兵役。这样做，既增加了秦国的劳动力，同时也削弱了魏、韩、赵三国的兵源后备力量，可谓是一箭双雕之计。卫鞅又颁布政策，鼓励开荒，只要是力所能及，不限土地数量，任由百姓耕种。这一政策实施数年后，秦国一举成为最富裕的国家之一。关于开垦荒地的事宜，卫鞅写有一篇专门的文章《垦令》，这里且略过不提。

第四，统一度量衡制度。

这就是标准化。标准化的重要性，别人都没有看到，但卫鞅看到了。后来秦国能异军突起，标准化起到十分重要的作用。单说一个例子吧：兵器。秦国统一度量衡后，有了标准的量器、容器，国家要打造一批兵器时，只要在设计图中标明规格，如大小、重量、尺寸等，那么无论在全国的哪个工场打造，出来的兵器规格都是相同的。这点重要性可不要小看啊，除了秦国之外，没有任何一个国家能做到这点。其他诸国，兵器五花八门，有长有短，规格混乱。往往这里制的箭，在别处制造的弩上无法使用，自个的兵器一旦丢失，使用另一把时，总是长短、重量都不同，用起来很不顺手。秦国兵团能拥有强大战斗力的原因之一，就是武器的标准化。

三、车裂

在秦、魏休战的这一段时间里，秦国致力于第二次变法，而魏国则谋求充当世界老大。魏侯魏罃纠集了十二个小诸侯，以朝天子为名，打算向西攻略秦国。这次魏国兴师动众，来势汹汹，秦孝公心里很焦急，紧急召卫鞅入殿。卫鞅对孝公说：“请派我作为议和代表出使魏国，我到时见机行事，游说魏侯退兵。”

对魏罃这个人，卫鞅十分熟悉。

当年公孙痤临死前，先是劝魏罃要重用卫鞅，如果不能重用，就杀掉他。魏罃把这些话当作疯话，没有在意。魏国曾有过很多机会，但都没有抓住：曾拥有吴起却把他逼走，后来又不用卫鞅，卫鞅只能投奔秦国。魏罃有很大的野心，但他的才能与其野心不相匹配，好大喜功，没有战略眼光。这种人，只要给他送上糖衣炮弹，就容易搞定了。

到了魏国后，卫鞅谒见魏侯。这时距卫鞅离魏入秦已经十七年了。当年的无名之辈，如今成为让诸侯闻风丧胆的秦国大良造了。卫鞅对魏侯展开心理攻势，先是赞扬他的伟大功业，把他吹得晕乎乎的，然后又略为惋惜地说：您有这么伟大的功业，却只能领导鲁、宋、卫这样的小国，实在与“世界领袖”的实力不相般配呀，不如称王，先有“王”的名号，然后可成“王”的事业。

这一番话，说到魏罃的心坎里了。卫鞅添油加醋地说：秦国支持您称王，到时您只要再搞定齐国与楚国，那就真正是“世界领袖”了。魏罃乐得合不拢嘴，把讨伐秦国之事抛之脑后，真的就自称为王。魏罃是七大强国中第二个称王者，他自称“夏王”。为了继续糊弄魏罃，卫鞅还派公子少官出席“逢泽之会”，表示秦国愿接受魏国的领导。秦国没有牺牲任何主权，只是花费一些路费盘缠，就把一场战争消弭于无形之中了。

自称为王的魏罃趾高气扬，为了充当“世界老大”，不惜对自己的兄弟韩国大打出手。可是关键时刻，齐国人又一次伸手相援，在马陵之战中大败魏军。魏国太子申、大将庞涓都死于这场战役，而魏军足足损失了十万人！

此役是魏国兴衰的分水岭。卫鞅抓住机会，再给魏国以致命一击。

此时的魏国，真是狼狈不堪。孝公二十一年（前 341 年），即马陵之战后一年，齐国人攻入魏国东部，包围平阳城。此时不讨伐魏国，更待何时呢？于是卫鞅亲自带兵，杀入魏国西部，一路上魏国军队丢盔弃甲。屋漏偏逢连夜雨，几乎与此同时，赵国军队攻入魏国北部。魏国的地缘劣势显露无遗，两线作战对任何一个政府来说，都是不情愿看到的事。魏罃面对的是三线作战，完全可以想象出他捉襟见肘的窘态。

尽管这些年秦国趁魏国向东发展、无暇西顾之机，取得了一些胜利，但总的来说，秦国还未取得明显的优势。秦军在少梁、安邑诸役中重挫魏军，但河西大片土地仍然牢牢控制在魏国人手中，他们修筑了牢固的长城，要收复失地并不容易。

孝公二十二年（前 340 年），魏罃派公子卬镇守魏国西疆。公子卬曾经与卫鞅交情不错，他有一个毛病，容易轻信别人。卫鞅决定利用他的弱点，设下圈套，诱使他上钩。于是卫鞅入秦宫觐见秦孝公，提议对魏国发动一场空前的打击。

卫鞅分析说：“秦国与魏国就是死对头，不是魏国吞并秦国，就是秦国吞并魏国。为什么这么说呢？魏国西部是险峻的山岭，跟秦国以黄河为界，独占崤山以东的地利，一有机会就能向西出击，侵略秦国，倘若没有机会，它还可以向东扩张。自从主上即位以来，赖主上圣明，国家强盛，多次打败魏国。如今魏国在马陵遭遇新败，太子申被俘，庞涓被杀，诸侯反叛，这可是攻打魏国的良机。倘若我们能一举打败魏军，魏国必定放弃西部而全力谋求向东发展，这么一来，我们就将占有黄河、崤山的险要地势，向东控制各路诸侯，这可是帝王的伟大事业呀。”

一支精锐的秦国远征军很快组建起来，仍然由卫鞅担任统帅，这将是秦国历史上非常重要的一场战争。

卫鞅写了一封书信，差人送到魏军兵营内。这封信是这样写的：“吾始与公子欢，今俱为两国将，不忍相攻，欲与公子面相见盟，乐饮而罢兵，以安秦魏之民。”语气十分恳切，公子卬果然上当。公子卬也是猪脑袋一个，还真信卫鞅的鬼话。可是他怎么不想想，要是卫鞅真的“不忍相攻”，还带着这么多人马来干吗呢？难不成真的就千里迢迢来喝一杯酒吗？

恪守古代信义传统的公子卬如期前来赴约，可是他要遗憾终生了。

卫鞅装模作样，与公子卬搞了个会盟仪式，又假惺惺地陪他喝酒，畅饮一番。公子卬一点也没怀疑卫鞅别有用心，就在他喝得有点醉意时，埋伏在外的秦国甲士突然杀出。公子卬的卫队很快被缴了械，他轻而易举地沦为秦军俘虏。这时公子卬酒醒了，怒气冲冲地咒骂卫鞅，卫鞅置之不理，令人把他关押起来。

统帅被俘虏，魏国军队群龙无首。卫鞅的“斩首行动”大获成功后，果断地对魏军发动致命一击。这一战，魏国人惨败，伏尸数里，血流成河。这场战事堪称是卫鞅军事生涯的代表作，此役对魏国的打击力度，堪比孙膑所指挥的马陵之战。魏国的强盛始于魏文侯，经魏武侯而终结于魏惠王。后世学者雷学淇曾这样评论：“惠王之败于齐、秦，此盛衰一转关也。”这里说的“败于齐、秦”，指的就是马陵之战与卫鞅大破公子卬之役。这两大战役，使魏国在东、西两线全部遭到惨败，此后霸业式微矣。

魏罃再也顶不住了。

在接连败给齐国与秦国后，魏国国内空虚，民怨沸腾，社会动荡，魏罃不得不做出重大让步，迫切希望与秦国和谈。魏国使者前来，卫鞅狮子大开口，要求魏国必须割让河西之地。河西之地对秦国有着至关重要的作用，由于魏国修筑有坚固的长城，这成为秦国向东扩张时不得不解决的心腹之患，只有把这根楔子拔掉，才没有后顾之忧。河西是魏国几代人耗费巨大财力物力经营的，目的就是遏制秦国，可是到现在，魏国事实上已经无力压制秦国了，除了忍痛割爱之外，魏国如何能换取和平呢？

卫鞅在谈判过程中对魏国代表软硬兼施，并不时发出战争威胁，最终魏国人屈服了。和谈的最后结果是魏国割让一部分河西之地给秦国。这简直是梦幻般的胜利，秦孝公忍不住流下激动的泪水，自从魏文侯夺河西地，历代秦君都深以为耻，并把收复河西作为雪耻的第一目标，如今这一伟大事业在孝公时代往前迈进一大步，他如此激动，实是理所当然之事。

尽管魏国还保留一部分河西之地，但已经不足为患了。因为他们花费巨资兴建的长城已经失去了作用，苦心经营的防御体系已经支离破碎，秦国完全收复河西是指日可待的。

作为秦国第一功臣，等待卫鞅的，不只有鲜花与掌声，也有巨大的封赏。卫鞅奋力一跃，跃上了人生的顶峰。

当年秦孝公贴出招贤榜时，有以下这句话："国人宾客贤士群臣，有能出奇计强秦者，吾且尊官，与之分土。"卫鞅便是秦国走向强大的关键人物，他在秦国位极人臣，担任大良造已有十二年之久，"尊官"早已实现，且是百官之尊，但"分土"则还没有。

秦孝公没有食言，兑现了"分土"的承诺。他把於地封给卫鞅，共计有十五个城邑，后来於改名为"商"，故而后世不称"卫鞅"或"公孙鞅"，而是称"商鞅"。

在封邑内，商鞅就是一国之君，坐北朝南自称寡人。商鞅痴迷于权力，权力给人一种征服的快感，让人飘飘欲仙，欲罢不能，宛若生活在幻境之中。可是，这种如吸食毒品的快感会让人失去警觉心，丧失对诱惑的抵抗力。商鞅没有意识到，敌人正磨刀霍霍，只要有机会，就会从四面八方扑来。

有一个人给商鞅敲了一记警钟。

这个人叫赵良，是个有学问有智慧的人，商鞅想跟他交朋友，却被他婉言谢绝了。商鞅心里很不高兴，便沉着脸问："你是不是对我治理秦国的手段不满呢？"赵良并不直接回答，只是说："以前虞舜曾经说过：谦卑是可贵的。你如果做不到虞舜所说的，那就不必问我了。"

商鞅耐着性子，又问道："那你觉得我治理秦国，与五羖大夫百里奚相比，谁更强呢？"百里奚是春秋时代秦穆公时的名臣，由于他是秦穆公用五张羊皮的代价从楚国人手中换来的，又被叫为"五羖大夫"。商鞅自信辅佐秦孝公的功业，绝不逊色于百里奚辅佐秦穆公，想从赵良口中得到一个真实的评价。

可是赵良确实很滑头，有点担心商鞅出尔反尔，便说道："要我直言不讳也行，可是你不要杀我，你能不能做到？"

商鞅答道："先生倘若直言不讳，那正是给商鞅我一剂良药哇，先生不必辞让。"

得到承诺后，赵良便侃侃而谈："五羖大夫百里奚执政时，没有车马随众，从不操持兵器，夏天时不张伞，劳累了也不坐车。他死的时候，秦国上下无论男女老幼都为他流泪，小孩子也不唱歌，连舂米的人也不吆喝。这就是他的德行。而您呢？当年您能见到秦王，是靠宠臣景监的推荐，当了秦相之后，用严刑峻法来残害百姓，对太子的师傅施刑，这不明摆着累积怨恨与祸患吗？您不断地树立自己的权威，老百姓几乎只知道您而不知道君主，这不是教化之道。可是您还不满足，还依靠旁门左道来巩固自己的地位，自称寡人，用新的法度来压制秦国贵族。自从公子虔受劓刑后，八年了还不敢出门见人，您还杀了祝懽，对公孙贾施黥刑，这些都是不得人心的。"

公子虔是商鞅最大的政敌，对变法最为反对。在秦孝公十六年时（前 346 年），商鞅逮着一个机会，惩戒了他，对他施以劓刑，就是削掉鼻子。自从那以后，他就闭门不出，前后八年，一步都没踏出家门。

赵良继续说："您每次出门时，前呼后拥，身后的车辆数以十计，车上满是全副武装的甲士，两旁还有两排卫队，手持长矛与交戟，威风凛凛。如果没有这么大的架势，您绝对不出行。您这样做，大概也是害怕遭人暗算吧。恕我直言，您的生命就像清晨的露水，瞬息之间就有可能消失无踪。如果能及时补救，或许还有一线生机。我建议您归还国君所赏赐的十五座城邑，在郊野灌溉田园，劝谏国君起用有才华的隐士，赡养老人，抚恤孤寡，敬重父兄，尊崇有德。倘若您还贪图财富与名位，增加百姓的怨恨，那么一旦国君有所不测，到时想要杀你的人难道还会少吗？您的死期不会远了。”

听了赵良一席话，商鞅内心却像遭遇一场地震一样。他自认为是秦国的救世主，让这个贫瘠的国家变得富裕与强大，开疆拓土恢复昔日的雄风。以前中原诸侯一说起秦国，无不投以蔑视的眼光，认为它不过是一个夷狄之邦罢了。自从商鞅雷厉风行变法以来，以强有力的手段革除旧习，文明迅速向中原靠拢，在“国际”上谁也不敢瞧不起秦国，而且天下有志之士，开始涌入秦国，给这个曾经落后的国家带来勃勃生机。这一切，岂不是商鞅的功劳吗？为什么国人得了利，却要心怀怨恨呢？说到底，是商鞅新法的苛刻与严厉，不近人情。在商鞅眼里，百姓只不过是绵羊、机器，是供强有力者役使的工具罢了。

十几年来，秦国百姓都习惯了这样的思维：商鞅的话就是法律。可是商鞅忘了一件事，执掌国家权柄的人，不是唯唯诺诺的百姓，这个国家是姓“嬴”的，而不是姓“卫”或“商”的。

在赵良向商鞅吐出肺腑之言的五个月后，秦孝公死了。

当年的太子驷，摇身一变为秦国的最高统治者，后来被称为秦惠王，又称秦惠文王。于是一班反对商鞅的人马上跳了出来，为首的就是被施以劓刑的公子虔，他以前的身份是太傅。

秦惠王刚刚上台，公子虔便秘密召集一批人，在他面前诬告商鞅谋反。不论秦惠王相不相信，这么多年来，他在公子虔等人的教导下，早就对商鞅恨之入骨了。商鞅很快意识到，后台垮了，好日子也就结束了。

要怎么办呢？

上书申冤吗？那只是自寻死路；起兵对抗吗？那是以鸡蛋碰石头罢了。三十六计，走为上计，商鞅决定效法吴起，此处不留爷，自有留爷处。要逃到哪呢？商鞅的第一个念头，是逃到自己曾生活过的魏国。

于是他一路狂奔，一直跑到边关附近。当时天色已暗，商鞅已是饥寒交迫，实在没有气力，想找个小店歇歇。他连续找了几家旅店，店主都要求他出示证件。商鞅拿不出证件，店主说：“那我不能让你住宿，这是商君的命令。留宿没有证件的人，是要犯法的。”

他娘的，商鞅真想威风凛凛地对店主说：“我就是商鞅。”可是此一时彼一时，现在说了人家还不把你当神经病给送到衙门去。还是忍忍吧。那一刻，商鞅知道是自己搬了一块石头砸了自己的脚。从大富大贵一下子跌落到一介平民时，他不再是制造法律的万能上帝，而是在严密法网下生存的小民。就在那一刹那间，商鞅或许才意识到，自己制造了一个大囚笼要把别人锁在里面，可囚笼造好之后，自己却被锁在里面了。

想住小店洗个热水澡、睡个好觉，这都成了一种奢求了。商鞅强打精神，步履蹒跚地向国境线奔去，终于逃出秦国，进入魏国境内了。

到了魏国境内后，商鞅求见地方官员，自报姓名。地方官员谁不知道商鞅大名，不敢怠慢，好生招待，并快马上报给魏惠王魏罃。

当年公叔痤曾跟魏惠王说，把国政完全交给卫鞅来治理，如果不用卫鞅，就杀了他。当时魏惠王并不当一回事，可是在商鞅生擒公子卬、大破魏军后，他非常抱憾地说："我恨当年自己没有听公叔痤的话啊。"冲着这句话，商鞅愿意赌一回，赌魏惠王会抓住这个机会接纳他，因为他既然能给秦国带来强盛，同样也可以给魏国带来强盛。

可是商鞅错了。魏惠王不是秦孝公，他没有"世界领袖"的资质，小肚鸡肠，没有容人的雅量。他对商鞅恨之入骨，因为商鞅一而再地带着秦国军队蹂躏魏国，忽悠他称王而放弃攻秦，采用卑劣手段生擒公子卬，又在秦魏谈判中迫使魏国损失河西许多土地。在魏惠王眼中，商鞅十恶不赦，杀一千次也不多。

魏惠王的指示很快到了边关："商君是秦国的犯人。秦国强大，得罪不起，如今犯人逃到魏国，必须把他送回去。"明知秦国人要杀商鞅，却把他往秦国送，明摆着是要借刀杀人。

于是商鞅被一群魏国士兵押到国界线，驱逐出魏国。这样，商鞅又回到秦国了。显然，魏惠王就是要看笑话，看商鞅怎么被自己创造出来的法律整死。在秦国，没有人敢认商鞅是朋友了，商鞅也不可能去投奔谁，因为根据法律，知情不报者要腰斩，十家连坐，谁愿意为他去死呢？

事到如今，商鞅只能铤而走险，就是回到自己的封地，有十五个城邑的商地。可问题是，秦国政府是否已经派出军队接管了这些城邑呢？倘若这些地方已落入政府军之手，那么商鞅回去是自投罗网。出乎意料的是，政府军并没有前来接管商地十五城，这里竟然还太平无事。并非秦国政府把商鞅的封地忘了，而是故意让他回去起兵谋反呢。

秦惠王、公子虔等人巴不得商鞅死，但商鞅毕竟是秦国大功臣，杀他也得有个正当的理由，不能落得个“陷害忠良”的恶名。因此政府网开一面，让商鞅能逃回封地，只要他举兵反叛，就可以高举“平乱”的旗帜，名正言顺地处死商鞅。

商鞅拼凑了一支军队，做最后的一搏。然而，以区区十五城邑与大秦政府军交锋，简直是鸡蛋碰石头。商鞅带着这支叛乱的军队进攻郑县，秦政府果断用兵了。双方在一个称为彤的地方展开决战，结局并不出人意料，叛军全军覆没了。在战斗中，商鞅被生擒，用绳子严严实实地捆上，失去人身自由。往常都是别人被捆着押到商鞅的跟前，商鞅用征服者的目光居高临下看着可怜的生灵，用冷冰冰的语言决定他们的生与死。今天，商鞅却成为一个被奴役者、被征服的失败者，等待着别人的判决。

判决绝对是严厉的。

因为那帮人要把十几年的怨气一股脑儿地发泄在商鞅身上。

车裂——这是当时最严酷的死刑。

这种酷刑并不常用，因为太残酷了。所谓车裂，又称为“车轘”或者“轘”，就是把囚犯平放在刑台上，用绳子或皮带把躯体固定了，手脚张开呈一个“大”字形，头与四肢分别绑在五辆车上。行刑时，用马或牛从五个方向拉车，把人体撕裂为六块。你想想，人的四肢并不是一下子就能拉断的，受刑过程是极其痛苦的，正因为这个刑罚太过于残酷，所以只用在罪大恶极的人身上，比如弑君之罪。

在春秋时有几个车裂行刑的例子。譬如周庄王三年（前 694 年），郑国大夫高渠弥因弑杀君主郑昭公，被齐襄公以车裂酷刑处死。又如周定王九年（前 598 年），陈国夏徵舒因弑杀陈灵公，被楚庄王处以车裂之刑。

堂堂的商君，怎么落到与弑君者同样的下场呢？他弑君了吗？没有！他损害秦国的利益了吗？同样没有！是商鞅把秦国从一个落后国家变成超级强国，在众多诸侯国中脱颖而出，鹤立鸡群。在商鞅看来，自己非但无罪，且有大功，有齐天之功，应该得到鲜花与掌声，而不是车裂的酷刑。

然而，政治本就少了“公平”二字，而多了“利益”二字。商鞅变法是一场自上而下的改革，不可避免地损害到许多人的利益，特别是高层贵族们的利益。历史证明，既得利益集团不会轻易将自己的权力、利益拱手让出，这就是变法的最大障碍。在商鞅变法过程中，最大的阻力即来自太子党集团，商鞅在秦孝公的支持下，以霹雳雷霆手段，对太子党集团下重拳。太子的两个老师都被严惩，太师公孙贾被处以黥刑，太傅公子虔更惨，被处以劓刑，割了鼻子。从公孙贾、公子虔的名字可以看出，他们都是秦国公室成员，是秦国国君的子孙。商鞅损害到太子一党、公室贵族的利益，之所以能长期安然无恙，乃是秦孝公的保护。一旦秦孝公去世，商鞅遭反攻倒算，实是必然的结果。

商鞅被杀的另一个原因，与其刻薄寡恩的性格有关。他本质上是个冷酷的人，崇尚武力与强权。

首先，商鞅的新法中有很多不近人情之处。比如说“什伍连坐法”，一家犯法，邻里各家连坐。这是一条很残酷无情的法令，意味着每个人都生活在恐惧之中，你永远也不知道什么时候会莫名其妙地因别人犯法而受牵连。同时，这条法令严重地破坏了人与人之间的信任与感情，与华夏文明的仁义传统是背道而驰的。我们对比一下春秋时代法家先驱管仲与子产。管仲认为政府应顺从民意，他说：“政之所兴在顺民心，政之所废在逆民心。民恶忧劳，我佚乐之。民恶贫贱，我富贵之。民恶危坠，我安存之。民恶灭绝，我生育之。”子产不毁乡校，鼓励民众言论自由，他说：“其所善者，吾则行之；其所恶者，吾则改之。是吾师也，若之何毁之？”而在商鞅新法中，个人完全沦为国家工具，毫无自由权利可言。

其次，商鞅做人很失败。他在秦国当权那么久，一个朋友都没有，他想跟赵良交朋友，赵良当场就拒绝了。他在逃亡过程中，没有得到任何一个人的帮助，当了二十年权臣，一旦落魄，竟然无人出手相援，做人也太失败了。为什么呢？因为你不把别人当朋友，谁会愿意当你是朋友呢？魏国的公子卬是商鞅发达前的朋友，估计也是他一生为数不多的朋友之一，结果如何呢？被商鞅诓骗诱擒、全军覆没。这就是商鞅的待友之道，试想谁愿意跟他交朋友呢？故而史学家司马迁说商鞅“天资刻薄”，贾谊说商鞅“违礼义、弃伦理”，是一针见血的。后来魏惠王拒绝商鞅入境，一个重要原因就是商鞅人品不行。

商鞅被杀后，关于他的争议延续了两千年。

有一样东西比商鞅的生命更长久，那就是他所创建的新法。秦惠王在当太子时便受商鞅的打压，他恨商鞅，却不恨商鞅的新法；他杀了商鞅，却不废商鞅的新法。因为他亲眼见证了新法给秦国带来的巨大变化并结出丰硕之果，何况新法立足点是加强君主的权力，哪个君主会拒绝呢？

商鞅变法顺应了时代的大趋势。在那个人口数量并不算多的年代，战争升级速度之快是罕见的。什么春秋五霸，在战国时代看来，简直是小儿科。譬如说吧，晋文公称霸时，只有七百辆兵车，而到了战国，实力平平的小诸侯也拥有这么多的兵车；春秋末期越王勾践称霸时，兵力不过五万人。而到战国，大国的兵力都在二三十万以上，甚至上百万。战争必须要让国家投入所有的资源，几百万的人口，要养几十万人的军队，士兵都要吃饭穿衣，要有人专门从事耕作织衣，要有人专门生产武器，要有人专门饲养马匹，要有人挖矿，等等。谁能以最高效率来完成这些事，谁就可能在残酷的竞争中胜出。秦国做到了，所以秦国胜出了。

不论世人喜欢或厌恶商鞅，都不能否认他导演了历史上最深刻、最成功的变法，富国强兵的理想实现了，秦国吞并天下的大门也由此开启。

第五章　纵横天下

一、城头变换大王旗

在秦、齐两强的夹击之下，魏国再也牛不起来了。

公元前 338 年，秦国变法的灵魂人物商鞅被处死，对此，魏惠王幸灾乐祸。可是却没有意识到，自己翻盘的机会又错过了。本来魏惠王可以亡羊补牢，在商鞅逃窜到魏国时将他留下，并借助他非凡的本领重振魏国雄风。但魏惠王是要面子之人，在二十三年前，他不听公叔痤的劝告，既不任用商鞅也不杀了他，致使商鞅投奔敌国并最终让秦国更加强大。那么二十三年后，倘若他留下商鞅，岂不证明自己以前毫无先见之明吗？还有，商鞅曾攻破魏国旧都、计擒公子卬、迫使魏国割河西地求和，这些对魏惠王来说，旧恨添新仇，所以他不但拒绝接收商鞅，反倒把他送回秦国，就是要看着他死无葬身之地。

魏惠王开心了，因为商鞅被五马分尸了。

中国的政治，多是人存政举，人亡政息，但大秦帝国绝对是个例外。商鞅死了，他的那一套法令仍然在有效地运转着。不得不说，这就是秦惠王的智慧。魏惠王开心得太早了，秦国并没有因为商鞅之死而走向衰败。就在商鞅被处死的这一年，秦国率领戎人攻打魏国，包围合阳。

想想魏惠王也真是不容易。从他上台之初起，先是魏国内战，然后跟赵国打，跟韩国打，跟秦国打，跟齐国打，有时也要跟楚国打。他就像一位车轮战棋手一样，跟周围的所有对手都交上手了，而且不是一个对手打一回合，而是打了好几个回合，任凭你身强力壮如牛，最后也要累趴下。打到最后时，终于发现自己越来越弱，而对手（齐国与秦国）却越来越强了，想当“世界之王”的魏惠王魏罃最终发现，自己已是筋疲力尽了。

要怎么办呢？

一个大哲学家出来帮他指点迷津。

这个大哲学家就是惠施。

看过《庄子》一书的人，对惠施都不陌生，他是庄子的好朋友，先秦名家代表人物之一。庄子曾这样写：“惠施多方，其书五车”，可见惠施是个相当博学之人。在那个年代，学者是非常吃香的，因为诸侯都意识到一个真理：知识就是力量。魏惠王魏罃仰慕惠施的学问，故而常请他来讲学，同时也向他请教政治问题。

如今魏惠王在对外战争中屡遭重创，心里郁闷得很，便请来惠施，对他发牢骚说：“齐国是我的仇敌，我内心的怒火恐怕一辈子也不能忘掉。我经常想兴师动众，讨伐齐国，夫子您以为怎么样？”在齐、秦两国之间，魏惠王似乎更恨齐国，这不仅是因为魏国在马陵之战中遭到惨败，更因为魏国发展重心在中原，而齐国正是魏国中原霸业最强有力的阻击者。

惠施听后摇了摇头说：“不可这样做。主上所说的，毫无计谋可言。魏国先是与赵国结怨，后又与齐国交战，在马陵战败后，国家军队的后备力量已是严重不足，而主上却想动用所有力量进攻齐国，这不是明智的做法。如果主上一心想报复齐国，倒不如屈尊向齐国表示臣服，并尊齐为王。楚国人一向看不起齐国，一旦听说齐国称王，楚王一定会怒发冲冠。到时主上派人分别出使齐国与楚国，游说两国君主，挑拨他们的矛盾，那时楚国一定会发兵进攻齐国，这样我们就可以借刀杀人了。”

看来大哲学家也会搞政治阴谋。

魏惠王听从了惠施的意见，忍辱负重。公元前 336 年与公元前 335 年，他两度与齐威王会晤，修复两国关系。又过了一年（前 334 年），魏惠王正式任命惠施为魏国丞相，在惠施的努力下，齐、魏两国的国君“会徐州相王”。

“相王”，就是相互承认对方是“王”。

以前天底下只有一个王，那就是“周王”，故而又称为“周天子”。可是到了春秋时，这个“王”就只有虚名而无实权了，但还长期存在，因为霸主们都看中“王”的“壳”资源，可以挟天子以令诸侯。当时楚国崛起于南方，但楚国君主的名号却只是“子爵”，属于诸侯中爵位很低的一级，楚君熊通不满意，向周天子提出要求，要提高尊号，但遭到了拒绝。勃然大怒的熊通索性自立为王，故而楚国是很早就称王了。在春秋末期，东南霸主吴国与越国也都称王，但吴国后来被越国所灭，越国在战国时衰落了。

在战国七雄中，第二个称王的国家是魏国。魏罃在公元前 344 年受商鞅的怂恿，自称“夏王”，这在当时是不得了的事情。尽管楚国称王已经很久了，但由于楚国一直被认为是不懂礼法的蛮夷国家，与吴、越一样都同属于猴子学人戴帽子的类型，自然被中原有识之士嗤之以鼻。譬如说孔夫子，他的《春秋》从来不写“楚王”，而是写“楚子”，这就是老夫子的微言大义，你猴子戴上帽子，还是猴子嘛，变不成人的。

但魏罃称王这件事就不一样了。魏国作为晋国分离出来的一部分，是中原诸侯的中坚力量，要知道春秋时代像齐桓公、晋文公这么牛的人物，都没敢站出来称王，小心谨慎地维持“王者至尊，霸者至强”的局面。可是到了魏惠王时，周王连“尊”也谈不上了，甚至周王室那块小小的地盘也被韩、赵两国分裂为“东周”与“西周”两部分。

不过魏罃称王却不是时候，不是在魏国最强盛的时期，而是由盛转衰的时期，这样称王的底气就显得不足。尽管有鲁、卫、邹、宋等小国的支持，却得不到大国的支持，这种尴尬局面致使魏罃不久后又放弃了称王。

如今齐国挟马陵之战的余威，势力如日中天，称王倒正是时候。我在前面的文章中，为了叙述方便，早早把魏侯魏罃称为“魏惠王”，把齐侯田因齐称为“齐威王”，这主要是考虑到阅读习惯。两人正式称王的时间，实际上都是在公元前 334 年的“徐州相王”（魏罃在此之前曾短暂地称过“夏王”），此时魏惠王在位三十六年，而齐威王在位二十三年了。

关于徐州相王，这里我罗列钱穆先生的一段话：“盖齐魏相王一事，当是魏故屈下尊齐为王，而齐亦未敢独承，乃亦尊魏为王，实开当时未有之新局。”这个看法应该是合乎实际的。本来惠施的计谋中，是尊齐为王，魏国并没想称王。

可是齐国君主田因齐考虑到这件事影响太大，已经延续上千年的“天无二日，民无二王”的政治体系将完全崩溃，所以索性把魏罃也拖下水，一起称王得了。可以想象，爱好虚名的魏罃正求之不得呢。

就这样，齐、魏两国一同打出王号。

虽然齐、魏一起称王了，但还是有所不同。齐威王是大王，魏惠王屈尊其下，只能算是小王。“徐州相王”标志着战国一个新时代的开始，春秋时代“尊王攘夷”的面纱也被扯去，从此周天子被彻底冷落了。此后十年，重要的诸侯国几乎全部称王，称王也意味着从周王国中独立出来，而且不受任何牵绊了，连名义上的限制也不存在了。以前魏、赵、韩从晋国分裂出去时，还得要周天子的册封；田氏代齐也要周天子的认可；秦孝公封赏商鞅时，还不敢以“侯”相称；诸如此类的限制，在各国陆续称王后，完全被打破了。

果然不出惠施所料，齐国称王引起天下的震惊，以钱穆先生的说法是“战国惊人一大事”。怎么体现出惊人呢？诸侯国有什么反应呢？对齐国称王一事反应最强烈的，是两个已经称王的国家，一个是楚国，另一个是越国。

为什么会是这两国呢？

我们前面说过，楚国、越国很早就称王了，但是他们这个王号，却长期得不到中原诸国的承认，因为在中原人士看来，此二国不过是跳梁小丑，蛮夷之邦罢了。正因为头顶上王冠的分量太轻了，故而春秋五霸之一的楚庄王曾经觊觎周王室的九鼎，认为自己这个“王”得不到承认，是因为没有象征王的九鼎。但是齐国称王却不一样，不仅曾为天下霸主的魏国率先表示臣服，而且魏国手下还有一帮小喽啰也跟着摇旗呐喊助威，这下子齐国的威风可大了，一时间齐威王几乎成为君临天下的天子了。

同样都是王，你说咱怎么就比不上别人呢？楚威王与越王无疆心里别扭。那怎么办呢？越王无疆这个人四肢发达，头脑简单，心里想，老子要是把齐国打趴下，不就是正正当当的“王”了吗？于是越王无疆磨刀霍霍，准备杀向齐国。

越国人的口风不严实，很快消息就走漏了。齐国丞相田婴便派人前往越国，游说越王无疆说：“越国想要真正成就王业，就应该要去攻打楚国，而不是攻打齐国。攻打楚国，就算不能成就王业，也可以成就霸业呢。”为什么田婴要怂恿越国攻楚呢？这是因为从地缘来看，越国打击楚国最为方便。越国据吴越之地，与楚国接壤，而楚国的兵力部署主要集中在北线与西线，东线兵力是比较弱的，这对越国人显然十分有利。

可是一说到攻打楚国，越王无彊就有点来气了，他恨怅地说：“要不是韩国与魏国不配合，我早就攻打楚国了。我曾经盘计过，倘若魏国陈兵于大梁城，韩国集结军队于边界线，齐国在南阳、莒地军事演习，牵制北线楚军，那么方城以北的楚军就无法南下，淮河、泗水之间的楚军也无法东调；西线商、於、析等地的楚国驻军要防备秦国的进攻，也不可能调往东线。这么一来，楚国只剩下江南及泗水一线的军队可以投入战斗，这绝对无法抵挡越军的进攻。可是现在韩国与魏国却把主力部队都调到黄河及华山（为了防御秦军），对楚国毫无威胁，这种部署完全是错误的，我不能靠他们来建立王业。”

你说这越王无彊是不是没头脑，他与韩昭侯简直可以称为两种极端的人。韩昭侯是内心的想法一点也不外泄，而越王无彊是别人不问就滔滔不绝把自己的计划说得一干二净了。齐国的使者忽悠他说：“听了您的话后，我觉得越国还没有灭亡真是侥幸啊。为什么这样说呢？魏国与韩国固然都没有智谋，倘若帮越国灭了楚国，他们两个国家都可以从中渔利，获得一块土地，但是他们没看到这点。可是大王您难道就没有犯错吗？您的本意，只是希望魏、韩两国能牵制、分散楚国的兵力，并不是想与两国结盟，可是您没发现吗？现在楚国的兵力已经极度分散了，何必要等待魏、韩两国的帮助呢？”

越王无彊怔住了，他下意识地问道：“这怎么说呢？”

齐国使者又说道：“楚国从西到东，战线长达三千七百里，还有一支军队集结在鲁国、齐国边界附近，这样的兵力部署，还不分散吗？此时不进攻楚国，更待何时呢？越国军队只要出兵控制了无假关，就可以控制雠、庞、长沙这三个产粮区以及泽陵这个木材产区。这样的话，越国就算不能成就王业，也足以成就霸业了。”

就这样，越王无彊在齐国人的忽悠之下，掉转枪头，杀向楚国去了。齐国人很明智地把战争风险转嫁到楚国人身上，但无形中却帮楚威王完成了一个伟大的事业。楚威王的军队很快打垮了越国军队，越王无彊被杀，越国群龙无首，吴地、浙江均落入楚国人之手。此后越国一蹶不振，龟缩在海边一小块地盘上，再也没有与诸侯争雄的资本了。

楚威王本来对齐国称王一事就耿耿于怀，现在田婴又搞阴谋，让越国攻打楚国，旧恨添新仇，不报仇不行了。对于楚威王，《战国策》中有这样的说法："楚王（指楚威王）之为人也，好用兵而甚务名。"从他后来得到"威"的谥号，也可以看出此王乃是好勇斗狠之人，眼中容不得沙子呢。

齐魏徐州相王后一年，即公元前333年，楚威王发兵讨伐齐国，兵围徐州（这里的徐州非今日之徐州，位于今山东微山东北）。齐国丞相田婴派申缚为大将，指挥齐军与楚军决战，结果齐军大败。是役证明，楚国人的军事力量实在不容低估。

楚威王想要得寸进尺，继续向齐国进军，直到逼田婴下台，从这里也可以看出他对田婴是愤怒到何等程度。刚刚当上齐国丞相的田婴狼狈不堪，你想想，齐国在马陵战役后力压魏国成为中原第一大国，如今齐威王又戴上王冠，可是齐国竟然打了个大败仗，这像话吗？要是再败给楚国，他这个丞相还当得成吗？

这时有一个人自告奋勇地站出来，对田婴说，我有办法让楚王退兵。田婴一看，原来是手下的一名官吏，名为张丑。张丑这个人有一张利嘴，能说会辩，这大约也得益于齐国浓厚的稷下学术氛围。

张丑可以不费一兵一卒退楚师吗？田婴将信将疑地派他前去与楚威王交涉。

张丑前往徐州见楚威王，劈头便问："大王您在徐州打了大胜仗，知道为什么吗？"

楚威王一听，这不是废话吗？当然是我楚国兵强马壮了。

"不对。"张丑摇摇头道，"您打胜仗，是因为齐国没有任用朌子。朌子是齐国名将，是马陵之战的前线指挥官，对国家有大功，百姓也很拥护他。可是丞相田婴不喜欢他，故意不派他为主将，而派申缚为将。申缚这个人，齐国上下从官员到百姓，没有几个喜欢他的，才能平庸，正因为这样，大王您才占了便宜。现在大王您想逼田婴下台，那田朌正好有出头之日，他必定会整饬兵马，与大王决一死战，这对您可不是好消息呢。"

张丑的话是道理的，倘若楚国继续向齐国腹地挺进，田婴必然要下台，到时田朌翻身的机会就大了。田朌曾经率齐国军队三次攻入魏国，无一败绩，是一名优秀的将领。听张丑这么一说，楚威王也打起退堂鼓了，反正徐州一战他已经挣足了面子，与全盛时期的齐国对抗，并非明智之举。

就这样，楚国退兵了。

惠施的计谋得到部分的实现，齐国称王后，引来楚国的进攻，但并没有因此遭到重创。

事实上，齐国锋芒正锐。

丞相田婴所用非人，致使徐州战败，这令他颜面全失。为了挽回面子，他趁燕国国君燕文公去世之际，出兵攻打燕国，掠取十座城邑，显示出齐国强大的军事实力。次年（前 332 年），齐国又与魏国联合，对赵国发动进攻。想当年齐国围魏救赵，如今联魏攻赵，这正是战国时代的乱象，见怪不怪了。但是这次攻赵战争没有取得成果，赵国决河堤水灌齐魏联军，迫使齐、魏草草收兵。

楚、魏、齐都已经称王，那么接下来轮到谁呢？

秦国成为第四个称王的大国。

秦惠王一上台就把商鞅车裂处死，可是他并不废除商鞅的新法。这一明智的做法，使得秦国没有走楚国的老路。在商鞅的努力下，秦国不断地向世人改变自己的形象，魏、韩、赵都察觉到了巨大的威胁，只有周天子拍手称好。周天子显然幸灾乐祸，因为周王室那可怜兮兮的一点地盘，还因韩、赵两国的干涉而分裂成东、西两部分，这口气难咽下去。如今周王看到秦国崛起，又把三晋打得落花流水，自然心花怒放，故而秦惠王登基时，周天子还派人前往祝贺。

周天子的力挺，多多少少还是让秦国获得了更多的尊敬。秦国在吸引人才上的力度并未减弱，继商鞅之后，又有一个人从魏国前往秦国，并担任秦国的大良造，这个人便是公孙衍。这确实让魏国人感到难堪了，他们怎么总是向别国输送人才呢？从吴起到商鞅，现在又冒出个公孙衍。

公孙衍是魏国阴晋人，早年生平不可考。在史书中，公孙衍经常被称为“犀首”，犀首是魏国的一个官职，大概在离开魏国之前，公孙衍曾当过“犀首”，故而世人以此称呼他。他是战国时代著名的纵横家，在本文中一概记为“公孙衍”，不过读者读史时看到“犀首”时，当知是指公孙衍。公孙衍的老家阴晋位于河西，是秦、魏两国争取的重点区域，这个地区在历史上有时属于秦国，有时属于晋国（魏国前身）。自魏文侯魏斯夺取河西之地后，才纳入魏国地盘。

由于阴晋特殊的地理位置，生活在这里的居民国家归属感很不强烈，公孙衍也是如此，头脑里并没有什么祖国的概念。秦孝公上台后，广招贤才，又任用商鞅主持变法，对于有学问的人来说，秦国是冒险、投机的黄金天堂，只要敢拼搏，总会有出人头地的机会。公孙衍离开魏国跑到秦国，混了几年后，在军界、政界声名鹊起。

公元前 333 年（商鞅被杀后五年），公孙衍攻略魏国河西的雕阴城，魏师败绩，秦惠王将他提拔为大良造，成为秦国的头号权臣。在中原争霸中实力大衰的魏国犯了一个低级错误，为了讨好这位秦国权臣，魏惠王把公孙衍的故乡阴晋城割让给秦国，秦国将阴晋城更名为宁秦。

这种肉包子打狗的做法只是激起狗的食欲罢了，秦国不仅没有知足，反而胃口更大了。公元前 331 年，秦惠王派公子卬（此秦公子卬，非被商鞅俘虏的魏公子卬）统率大军，大举进攻魏国控制下的河西诸城。魏国的河西守将是龙贾，他镇守河西已经二十七年。早在公元前 358 年时，魏惠王便委派龙贾在魏国西陲修筑长城，以防止秦国的进攻。在这二十几年时间里，魏国势力大衰，而秦国势力大长，此消彼长，力量对比已经发生重大变化了，尽管龙贾二十几年来兢兢业业，可是到头来他还是要蒙羞了。

说句公道话，龙贾镇守河西二十多年，表现可圈可点。自从魏惠王把都城东迁到大梁后，魏国西部遭到秦国频频打击，秦国人几度越过黄河攻打河东，但河西大部分土地却仍然牢牢控制在魏国人手中。魏国人得以坚守的原因，便是凭借坚固的长城防线。可是河西变局出现在公元前 340 年（魏惠王三十年，秦孝公二十二年），是年魏公子卬被商鞅设计活捉，魏军在西线惨败，魏惠王被迫割地求和，河西的一大片土地划归秦国。这么一来，完整的长城防线变得支离破碎，河西兵团总司令龙贾即便拼了老命，也回天无力，无法阻止秦军凶悍的进攻。

秦军与魏军在河西展开最后的决战，是役魏军大败，西河守将龙贾被秦军俘虏。关于此役秦军的战绩，有不同的说法。据《史记》中《魏世家》所记：“秦败我龙贾军四万五千于雕阴，围我焦、曲沃。”而在《秦本纪》中则记为：“虏其将龙贾，斩首八万。”数据上有所偏差，可能是以下原因：第一种可能，雕阴之役中秦军斩获四万五千首级，在其他战斗中又斩获三万多；第二种可能，秦军可能为了充功，大量斩杀魏国非战斗人员，取首级冒领功劳。

不管魏军被砍掉脑袋的士兵是四万五千人还是八万人，这个数字都是魏惠王所无法承受的。不仅如此，秦军得理不饶人，渡过黄河继续进攻，兵围焦、曲沃。

年迈的魏惠王失去了继续战斗的勇气。

此时的魏惠王在位时间已经长达四十余年。或许是年龄的原因，或许是东、西两线战场不断遭遇的惨败让他心灰意懒、自信全无，他再也牛不起来了。于是割地请和成为一而再的举措，而每一次割地，都让魏国更加衰弱，令秦国更加强大，双方的实力对比悬殊。

这一次，魏惠王将河西之地全部割给秦国。

自从公元前 419 年魏文侯筑少梁城、经略河西以来，到公元前 330 年，经过 89 年的反复争夺，魏国最终在河西战争中败北。这个结局，吴起在数十年前就看到了，倘若当年魏武侯用人不疑，将河西军政悉数交给吴起，则绝不致有后来的下场。自吴起离开魏国后，河西局势便江河日下，攻势转为守势，最终还是不能抵挡秦国的鲸吞蚕食。

全面收复河西，是秦国历史上的重大事件，秦军进军中原的大门已经打开，其灼人的烈焰很快就要烧向东方。

作为一个不断崛起中的大国，秦国的实力已经超越了魏国，与东方的齐国并驾齐驱，殆可称为东西双雄。如今齐已称王，魏也称王，秦显然不甘落后，于是在公元前 325 年，秦惠王正式称王，秦成为战国七雄中第四个称王的国家。

王一多便不太值钱了。

在秦惠王称王之后数个月，韩宣惠王正式称王。

在战国时代，有些国家有两个称呼。比如魏国，在迁都大梁后，又称为“梁”，魏惠王在《孟子》一书中是称为“梁惠王”。韩国同样如此，吞并郑国并迁都到郑国旧都后，一个国家两块招牌，有时称“韩”，有时称“郑”，故而韩宣惠王又称为“郑宣王”。韩国紧跟秦国之后称王，是因为它的实力不弱。自从申不害相韩后，韩国的国力有了明显的提升，韩昭侯是韩国历史上最出色的君主之一，君臣合作开创了韩国的黄金时代。韩昭侯去世后八年，韩国正式称王。

赵国是三晋中最后一个称王的国家。

对赵国人来说，公元前353年的邯郸之战成了永久之痛，在那场战争中，首都邯郸城被魏国攻破。尽管赵国低声下气地向齐国求援，可是齐国人却抛出“围魏救赵”的战术，实际上围魏是真，救赵却未必。在这种情况下，赵国最后与魏国妥协，魏惠王把邯郸城还给了赵国。自此以后，赵国人深知靠人不如靠己，开始走上一条自力更生、艰苦奋斗的道路。

赵肃侯上台的那一年（前349年），赵国把晋国最后一点保留地也抢了，是年，最后一个晋国君主被杀，晋国的历史被彻底终结了。对赵肃侯来说，魏国与齐国都是敌人，赵国要获得生存空间，必须不断地进取。

公元前344年，赵国进攻齐国，攻取高唐；次年（前343年），赵公子刻率军攻打魏国的首垣；公元前341年，赵国乘魏军遭遇“马陵之败”，大举进攻魏国北部；公元前333年，赵国又一次进攻魏国，兵围黄城，但没能攻克该城，便在漳水、滏水间修筑长城。这条长城西起武安西南，沿着漳水折向东南，抵磁县西南后，又折向东北，沿漳水到肥乡南。该长城又称为赵国的南长城，目的便是防止齐、魏两国的进攻。

公元前332年，频遭打击的魏国与齐国联手进攻赵国，赵国人兵行险招，决河水灌向魏、齐兵营，迫使两国联军不得不退师。尽管赵国挫败了魏、齐的进攻，可是另一个危险出现了。在三晋中，赵国受到秦国打击最少，主要是因为有魏国人顶着。然而在公元前330年，魏国把河西全部割让给了秦国，赵国便要直接面对秦国的进攻。果不其然，在两年后（前328年），秦国与赵国战于西河，赵国大败，主将赵疵兵败身亡，西河东岸的蔺、离石被秦军攻占。

公元前326年，在位二十四年的赵肃侯病逝，他的儿子赵雍继位。此时的“国际环境”对赵国相当不利，齐国与秦国两雄并起于东西方已成事实，赵国夹在齐、秦之间，日子相当不好过。公元前325年（韩国于是年称王），齐国宿将朌子率军队与韩国、赵国联军战于平邑，结果韩、赵两军大败，韩国将领韩举被俘虏，平邑、新城落入齐国之手。

看来晋国一分为三的恶果逐渐显露出来了，三晋不能成为一个整体，就陷入西面秦国、东面齐国与南面楚国的夹击之中，地缘劣势相当明显。在这种情况下，三晋不得不再次谋求一致对外，于是“合纵”的战略应运而生。

在秦、韩称王后两年（前323年），韩、赵、魏、燕、中山五个国家实施“五国相王”的合纵战略。所谓“五国相王”，就是五个国家互相尊对方的君主为王。“五国相王”的目的是联合起来抗衡秦国、齐国与楚国。这五个国家里，魏、韩两国已经在数年前称王，而赵、燕、中山三国则首次称王。

这么一来，战国七雄全部称王，此时的七王分别是齐威王、秦惠王、楚怀王、魏惠王、韩宣惠王、赵武灵王与燕易王。

除了七雄之外，当时比较大的诸侯国，还有中山国与宋国。

宋国称王的时间有所争议，一般认为是公元前 318 年，宋王偃称王，又称宋康王，在九国称王中时间排在最末。不过钱穆先生认为宋王偃称王时间是在公元前 328 年，比秦国与韩国称王还要早三年。根据《史记》的记载，此时的宋国竟然十分生猛，“东败齐，取五城；南败楚，取地三百里；西败魏军，取二城”，成为战国七雄之外的重要诸侯国。

从公元前 334 年的齐魏“徐州相王”到公元前 323 年的“五国相王”，仅仅十一年的时间，重要的诸侯国全部称王，这也宣告周王室“天子至尊”时代被彻底终结，这些诸侯已经不承认自己是周王朝的一部分，此后对周王室连表面上的应酬也不需要了。至此，战国出现一大变局，这也是区别于春秋的显著特点：诸国称王，不再尊周。此后各国只为自己的利益而战，当然其间也有国与国之间的合作，但多数都是短暂性的。连横也好，合纵也罢，如何选择，都要视自己的利益而定。诸国征战进入一个更加残酷的阶段，战争规模更大，也更血腥。

这么多王不可能并存，最终必定要有一个王中之王来一统江湖，不过这个过程是漫长而曲折的。随着战争的全面推进，各国纷纷开辟第二战场，这个第二战场，就是外交战场。这是辩士们纵横捭阖的黄金时代，连横与合纵成为最重要的外交战略，而一大批杰出的外交奇才也应运而生，其中最著名的人物便是苏秦与张仪。

二、纵横家的祖师爷——苏秦

战国是中国历史上学术最为发达的一个时代，百花齐放，百家争鸣，争奇斗艳。在诸子百家中，纵横家独树一帜，是战国时代最显赫的思想流派之一，其特点全在于“实用”二字，他们不是啃书本，更不是读死书，而是利用自己的聪明才智，在诸侯之间游走，以种种外交手段在国际舞台上兴风作浪，纵横捭阖。

纵横家出现在战国时代并非没有原因。

早在春秋末期，学术发达推动了辩术的发展，进入战国后，诸子百家为鼓吹自己的学术，对辩术的重视可谓是前无古人、后无来者。儒家、墨家、道家、法家、名家等大师，都是滔滔雄辩的名士。墨子舌战鲁班、孟子游说诸侯、商鞅廷战群臣等都是著名的例子，名家更把辩术的理论系统化，但是能把辩术实践到登峰造极者，则非纵横家莫属。纵横之术，就是游说诸侯，要凭三寸不烂之舌行走江湖，所以非常重视说话的技巧，且对人的心理有独到的研究，洞悉人性的种种弱点。

所谓纵横，即合纵与连横，韩非子释义说：“纵者，合众弱以攻一强也；横者，事一强以攻众弱也。”韩非子的这个说法，当指战国末期情形，实际上在早期并不完全如此，诸侯之间除了弱弱联合、弱强联合之外，还存在强强联合，这韩非子就没提到了。

纵横家起源于何时，这个不好推断，但其策源地应该是晋国。三家分晋时，就可以看到纵横术的影子。首先韩、魏投靠知瑶，攻打赵氏，这就是“事一强以攻弱”；后来又联合赵氏推翻知瑶，可谓是“合众弱以攻一强”。当时代表赵氏游说韩、魏二氏的张孟谈，殆可称为纵横家之先驱。晋国一分为三后，更为纵横家提供了表演的舞台，后来司马迁在《史记》中写道：“三晋多权变之士，夫言从衡（即纵横）强秦者大抵三晋之人也。”

纵横之士多出于三晋，但最终却在秦国大放光芒，为秦国对东方诸国取得压倒性的优势做出不可低估的贡献。为什么纵横术在东方诸国所取得的成就远逊色于秦国呢？这是有原因的。纵横术与其他辩术的不同之处，在于其应用范围不同，纵横术完全是一种外交之术，而外交除了靠技巧之外，更多的是靠实力。“弱国无外交”，倘若国家实力不济，那么无论在纵横之术上如何下苦功，也难逃被消灭的厄运，故而吴起在楚国变法时，“要在强兵，破驰说之言从横者”。当时这位一代名将就摒弃纵横术，专心致志于强兵。秦国之所以能利用纵横术取得绝对优势，一是靠强大的军力为后盾；二是靠优越的地缘优势；三是靠高效的政府与灵活多变的政策。这三者缺一不可。

随着群雄兼并战争的加剧，外交活动的重要性也日益凸显，这给了纵横家脱颖而出的机会。苏秦、张仪、公孙衍等一批大师的横空出世，令纵横术光芒四射，他们也成为那个时代真正的英雄与偶像。他们口若悬河，内心却深沉莫测；他们的人生像一出出的传奇，不断地变换着自己的角色。

说起战国纵横家，大家首先想到的人必定是苏秦与张仪，提到这两位纵横术奇才，又必定扯到一位神秘的人物，此人便是传说的高人鬼谷子。

鬼谷子是战国时代一位异人，此人颇为神秘，历史上也没有什么故事，其生平事迹几乎一片空白，只是因为有两位了不起的徒弟才为世人所知。好事者又杜撰了一些鬼谷子的传说，都是无中生有，只可以小说传奇视之，不可以为真史。后世流传《鬼谷子》一书，也只是伪作，并非鬼谷子的著作。正因为他太神秘了，又有人把孙膑与庞涓说成是鬼谷子的弟子，这实在是过于牵强附会，大家似乎无法接受孙膑的老师是无名之辈，故而强行扯上鬼谷子来充门面，实际上真毫无意义。

事实上，不仅鬼谷子的史迹难以考究，苏秦的故事也多有不实。

关于苏秦的史料，虚虚实实，真假莫辨，成为研究战国史最头疼的问题之一。此中的原因，司马迁在《史记》中有清楚的记载："世言苏秦多异，异时事有类之者皆附之苏秦。"在汉代时，苏秦的事迹已经真假莫辨了。自战国以来，涌出许多纵横家的著作，这些著作把诸多纵横家的言论、事迹套在苏秦身上，甚至是杜撰的、子虚乌有的事，使这位大师身上笼罩着神秘的光环。其实这并不奇怪，因为古代中国人一直擅长制造这样的伪书，借名人炒作以扩大知名度与可信度，譬如古代很多医书就伪称是黄帝所作。

考察《史记》与《战国策》中所记述的苏秦言论，很多地方的记述与苏秦生活的时代背景对不上号，那么这些长篇言论殆可称为"伪论"。这或许是后人在苏秦原话基础上篡改、扩充，也可能完完全全就是杜撰出来的作品。要辨别苏秦这些言论的真伪本来就已成问题，在 1973 年马王堆汉墓中，又出土纵横家的帛书，被称为《战国纵横家书》，其中有不少苏秦的篇幅。这个新发现的史料不仅未能揭示苏秦的庐山真面目，反倒使他的生平更为混乱。《战国纵横家书》中的新史料，究竟是更贴近真相的记录呢，还是仍是一份伪书呢？这个不好断定。但我倾向于认为《战国纵横家书》对苏秦的记载仍是牵强附会之谈，这些"新发现"的资料，或许是当年司马迁弃而不用的。

要揭开苏秦神秘的真面目，或许还要更多史料的支持。我们还是先收起这些话题，直接进入苏秦的故事吧。由于对苏秦生平，史界有许多争议，笔者的原则是，多数采用司马迁的《苏秦列传》，但对列传中严重与背景不符合的言论做谨慎性的处理。

《史记》有先秦人物列传二十八篇，其中苏秦与张仪各占一篇，可见此二人的重要性。据司马迁所记，苏秦是东周洛阳人（周王室被分裂为东周、西周两部分，洛阳属东周），其家族以经商为业，然而他对经商毫无兴趣，对雄辩学却十分热衷。年轻时他曾东游齐国，拜鬼谷子为师，学习纵横之术。与他同门受业的，还有一个有名的人，便是后来与之齐名的张仪。苏秦才华横溢，出类拔萃，但他认为自己的才华不及师弟张仪。

完成学业之后，苏秦带着一腔热情，游走诸国。然而他早年的说客生涯并不如意，攀不上贵人相助，四处碰壁，混了几年也没混出个人样。无可奈何之下，他回到洛阳家中，归来时两手空空，身无分文。他本来想为家里人赢得一个未来，衣锦还乡，不想却如此寒酸地回来，免不了遭家人的轻视，且不说家里的哥哥嫂嫂、弟弟妹妹，就是妻子小妾都对自己使白眼。他们没好气地说：“咱周人的习俗是治理产业，致力工商，挣取百分之二十的利润。现在你不好好做生意，却偏偏去卖弄什么口舌，如今穷困潦倒，活该！”

这些话像针一样刺进苏秦心里，他十分痛苦。人争一口气，他暗下决心，总有一天，我一定会让你们刮目相看的。他总结了这些年混得不好的原因，认为是自己学业未精，看来还得先闭门苦读。于是他也不理会亲戚朋友的冷嘲热讽，关起门来读书，把家里的藏书又读了几遍，还是没有什么收获。他心里暗想：“天下士人埋头读书者太多了，但都无法取得荣华富贵，看来多读并不见得有用。”与其读得多，不如读得精，于是他四处搜罗奇书。这是周天子的地盘，其他没有，书倒不少，一个偶然的机会，苏秦找到一本《阴符》。他花了一年的时间潜心研究该书，收获很大，自以为得到揣测君王心意的秘术了，便自言自语道：“此可以游说当世之君矣。”由此可见，苏秦虽然出自鬼谷子门下，但鬼谷子也只是把他带入纵横术之门，至于实践修行，那还得看个人的本领。

闭关一年后，苏秦重出江湖。

这次他自信心高涨，前途光明，但道路依然曲折。

近水楼台先得月，苏秦先去游说周显王。周天子的地盘就那么几个破城，大家住久了相互都很熟悉。对于苏秦这个人，朝中一些大臣也听说过，便对周天子说，他就是个破落户，连家里兄弟嫂子都取笑他呢，这种人还要来这里忽悠天子，那可不行。

苏秦在自家门口碰了个大钉子，但他并不灰心，此处不留爷，自有留爷处。他举目四望，天下诸侯中，秦国吸引外来人才最为积极。这时正是商鞅变法时期，秦国国力日益强大，行，就到秦国去碰碰运气吧。

可是人的运气有时就是很差。当苏秦到了秦国时，正好秦孝公死了，变法的灵魂人物商鞅被五马分尸，此时秦国正人心惶惶，他来得不是时候。苏秦好不容易见着了秦惠王，对他忽悠了一番，讲了“吞并天下”的梦想。可是此时的秦惠王对外国说客有一种警惕心，对这位新君来说，最重要的事不是吞并天下，而是巩固自己的权力。故而他对苏秦的游说无动于衷，推辞说：“秦国羽翼未丰，不能振翅高飞，文化政治的条理尚不显著，不可以兼并天下。”苏秦未能摸准君王的心思，游说以失败而告终。

对于纵横家或游说之士来说，脸皮一定要厚，倘若脸皮太薄，就很容易在挫折面前知难而退了。苏秦沉潜这些年，练就一张过硬的、过厚的脸皮，不以失败为耻，失败本身并不耻，被失败打倒才是可耻的。

秦惠王不用他，他便东行到了赵国。此时赵国的君主是赵肃侯，国家政事主要是他的弟弟奉阳君在主持。奉阳君不知与苏秦有什么过节，反正横竖看他不顺眼，处处与他为难。苏秦觉得在这里没什么希望，便离开赵国，前往燕国。

遭遇一连串的冷遇后，在燕国他能否时来运转呢？

在所谓的战国七雄中，燕国最弱，此时燕国的君主是燕文侯。纵横家是没有政治准则的，遇人说人话，遇鬼说鬼话，到哪个国家去混，就要说对这个国家有利的话。苏秦在秦国时就说要吞并天下，到燕国当然得说其他了。可是燕国这个国家比较特别，由于其地理位置最北，而且历来又是被冷落的地区，故而在天下纷争的背景下，燕国相对来说倒比较安定和平。

要如何打动燕文侯呢？

苏秦拜见燕文侯，对他说：“天下汹汹，要说百姓安乐，社会太平，没有哪个国家比得上燕国了。燕国没有军队覆灭、将领被斩杀的事情，君上知道为什么吗？”

燕文侯一听，有兴趣了，你倒说说是为什么呢？

“燕国不受战争之灾，完全是因为南面有赵国作为屏障。”苏秦分析说，“赵国与秦国打了五次仗，其中秦国赢了两次，赵国赢了三次。秦国与赵国都遭受损失，而燕国却得以免遭战祸，这都是因为有一个完整的赵国。秦国倘若要进攻燕国，就得长途跋涉数千里，就算得了燕都，也没法镇守。而赵国倘若要攻打燕国，只需要十天就可以集结数十万的大军，用四五天就可以攻到都城之下。因此秦国攻打燕国，是在千里之外作战，而赵国攻打燕国，却是在百里之内作战。因此君上应当与赵国亲善合纵，那么燕国就没有后顾之忧了。”

在这里，苏秦提出了“合纵”的战略，这成为战国时代最重要的外交策略之一。为什么后世一谈纵横术，就必谈苏秦，原因也正是在这里。是他把合纵作为弱国抵抗强国的有力武器，从这点来看，该思想具有划时代的意义，令战国时代的外交战术跃升到一个新的水平，这也是后世纵横家极力神化苏秦的原因所在。

燕文侯十分同意苏秦所说的，他答复说：“您说得很好。燕是一个弱国，西部靠近赵国、南面靠近齐国，齐、赵均为强国。您如果有办法通过合纵手段来保障燕国的安全，我愿意让你坐上国相的位置。”

这对苏秦可是一个绝佳的良机呀，他当然不愿错过，于是便自告奋勇前往赵国，谋求燕、赵两国合纵。这次出行，苏秦已经不是一副穷酸打扮了，燕文侯给他提供了车马与金帛，倒是威风八面呢。这人一旦运气顺起来，做事情也容易了，赵相国奉阳君在这个时候死了，对苏秦来说，无疑是一个好消息。

《战国策》中详细记录了苏秦游说赵肃侯的长篇说辞，主要内容是强调东方六国应该联合起来，一致对付秦国。《史记》基本沿用《战国策》的说辞，可是这篇说辞却是伪造的，不仅在细节上有诸多错误，而且对整个宏观形势的论述也是错误的，它很明显是战国后期纵横家所伪造的。

为什么这样说呢？

首先要确定苏秦由燕入赵的时间。此时正是燕文侯在位时，燕文侯是在公元前 333 年去世的，可以肯定，苏秦入赵的时间是在公元前 333 年之前。这时秦惠王刚上台不久，秦国尽管已经展现超级强国的风范，但对其他诸侯国并未取得压倒性的优势，甚至都还没有完全收复河西（河西是在公元前 330 年才被全部收复）。

可是《史记》中苏秦游说赵肃侯的长篇大论中，却称六国“今见破于秦，西面而事之，见臣于秦”，这显然与当时天下大势不合；文中还称“当今之时，山东之建国莫强于赵”，这更与实际不符了，此时的赵国，不仅实力弱于齐、楚两国，甚至可能比韩国还弱。赵国成为东方六国中的最强者，是战国末期的事。文中伪造的痕迹是很多的，比如说苏秦称赵肃侯为“大王”，这又是明显的错误，此时的赵国尚未称王。

很明显，这篇说辞并非出自苏秦之口，很可能是战国后期纵横家在苏秦原话的基础上加以篡改，甚至可能是完全杜撰的。从文章来说，气势排山倒海，论述雄辩有力，固然是好文章，只是史料真伪莫辨。

从当时形势而论，此篇文章中有一段或许是苏秦的原话，大意如下：赵国的土地方圆两千余里，军队数十万人，战车千辆，战马万匹，粮食可供数年之用。赵国周边西有常山，南有黄河漳水，东有清河，北有燕国。燕国只是一个弱国，不值得担心。秦国不敢举兵伐赵，这是为什么呢？主要是害怕韩国、魏国从背后暗算。这么看来，韩国与魏国是赵国在南面的屏障。可是韩、魏两国却没有名山大川之险，秦国攻伐这两个国家，可以采用蚕食政策，一直逼近到两国的首都。韩、魏两国倘若无法抵挡秦国的进攻，只能俯首称臣。秦国没有韩、魏两国的掣肘，则赵国必定要大祸临头了，这也是臣所担心的事呀。

据《史记》记载，苏秦建议赵肃侯与其他五国合纵，联合抵制秦国。对此，历史学家钱穆认为：“当是时，东方六国固绝无合纵摈秦之必需，亦绝无合纵摈秦之可能。即据《史记》各‘世家’‘年表’所记，亦绝无六国合纵摈秦之痕迹。”钱穆的观点是，当时秦国并非最强，齐国可能比秦国更强，东方六国怎么会去搞合纵抗秦这种事呢？

不过我认为苏秦提出六国合纵的主张，是有可能的。原因并不是秦国已经威胁到东方六国的生存，而是对东方诸侯来说，秦国终究是个异类。在商鞅变法之前，中原诸侯绝对是瞧不起秦国的，这令秦孝公耿耿于怀。商鞅变法虽然大量引入中原文化与人才，但时日尚短，难以彻底改变大家的成见。在这种情况下，苏秦提出六国合纵以压制秦国，是有可能的。虽然我们不能还原苏秦游说赵肃侯的原话，但很显然赵肃侯对苏秦的见解十分赞赏，拜谢道：

“寡人年少，立国日浅，未尝得闻社稷之长计也。今上客有意存天下，安诸侯，寡人敬以国从。”“敬以国从”，实际上就是拜苏秦为赵相。

据《史记》所记，苏秦游说韩、魏、齐、楚四国，最后六国合纵成功，他理所当然地当上纵约长，佩六国相印，然后“秦国不敢窥函谷关十五年”。虽然《史记》的作者是大名鼎鼎的司马迁，但我们不要忘了，在汉代时，苏秦的事迹已经是真假难辨了，再加上战国时代史料太混乱了，故而司马迁也难把这段史事梳理清楚。

在后世史学家的努力下，以及与陆续出土的先秦资料相印证，大抵可以断定《史记》及《战国策》中所记苏秦游说四国（韩、魏、齐、楚）为虚假的故事。可以随便说出许多谬误之处，比如苏秦游说韩宣惠王就是大错误，这时韩国君主是韩昭侯；苏秦游说齐宣王、魏襄王的说法也有错误，此时齐国君主是齐威王，而魏国是魏惠王；苏秦游说齐王时称齐国“今乃西面事秦”，这根本是不可能的事情——齐国率先称王，而此时的秦国都还未称王呢！

考诸当时史事，并无六国合纵的故事，后人为把纵横之道鼓吹得神乎其神，不惜胡乱杜撰苏秦合纵六国之事。这种篡改的历史已经毫无真实可言，只能当作小说来看了，而神秘的苏秦就是这样被后人改造为一个神话般的人物了。

苏秦佩六国相印是假的，但佩赵国相印则可能是真的。

经过一番挫折后，他总算改变了人生的际遇，实现了出人头地的梦想。有一回他行经洛阳，其车骑辎重排了一长队，这个架势把周显王给震慑住了。他赶紧派人为苏秦开道，并指定高官在洛阳郊外迎接。苏秦的兄弟嫂子见到他时，不敢抬头看，低着头弯着腰侍候他吃饭。苏秦笑着对自己的嫂子说：“为什么以前对我那么傲慢，现在却这样恭恭敬敬呢？”嫂子弯着腰趴在地上，脸都快贴到地面了，诚惶诚恐地说：“因为我看到小叔子您现在位高权重，财物很多。”

这真是大实在话。苏秦听了后喟然叹道：“同样是一个人，富贵的时候都敬畏我，贫贱时就轻视我。亲戚尚且如此，何况别人呢？要是当年我在洛阳郊外有两顷良田，又怎么能有今天的地位呢？”这就是人性的弱点啊。苏秦洞悉人性的弱点，但他本人却颇有义气，早年时曾经对他有过帮助的朋友，他都一一给予回报。譬如说，有一位朋友在他最困难的时候，借给他一百钱，苏秦后来以一百金偿还。

如我们在前文所说，苏秦实现“六国合纵”之事肯定有假，但他对赵国有功却是真的。苏秦任赵相时，担心秦国发兵攻打赵国，一旦这种事发生，赵肃侯肯定要迁怒于他，到时他恐怕相位是保不住的。要怎么办呢？苏秦想了一个主意。倘若能在秦国高层安插一个间谍，左右秦国政府的政策，那岂不是就可以避免兵灾吗？可是要安插这么一个人谈何容易，就连苏秦自己在秦国都碰了一鼻子灰呢。可是苏秦相信有一个人可以做得到，凭那人的本事，捞得秦国丞相也不足为怪，于是他开始精心设下一个局，一步一步地把这个人引向秦国。

这个人的本领，一定是在苏秦之上，他是谁呢？

正是苏秦的同窗好友张仪。

苏秦是如何帮助张仪同学跻身秦国政坛，这个故事且留到后文再说。尽管他费尽心思实现了自己的计划，可是计划却赶不上变化。他一直担心赵国遭到秦国的进攻，可事实上秦国人没有来，倒是齐国人与魏国人来了。

公元前 334 年，齐、魏“徐州相王”，不久两国联合进攻赵国。为了防备齐国与魏国，赵肃侯被迫耗费巨大的人力物力修筑长城防线。这条长城防线筑于公元前 333 年，位于漳水、滏水之间，又称为“南长城”。由于苏秦未能使赵国免于兵灾，赵肃侯对他开始冷落了。

苏秦发现赵肃侯对自己失去信心了，自己地位迟早不保，与其等着被削相位，不如及早准备后路。要到哪儿去呢？苏秦心里想，改变自己生平际遇的人是燕文侯，对他有知遇之恩，现在赵国待不下去了，还是前去投奔燕国吧。

于是他向赵肃侯提出请求，自告奋勇出使燕国，理由是要让赵国与燕国联合，共同对付齐国。其实他只是为自己选择一条退路。他的请求得到批准，于是便离开赵国，重返燕国。可是事情又不凑巧，苏秦到燕国时，燕文侯正好去世了。

在此之前，燕国由于僻处北方，在战国诸雄中默默无闻，国家倒比较清静。可是随着齐国的崛起，情况开始发生变化了。

燕文侯去世后，太子继位，是为燕易王。齐国趁燕国权力交接之际，发动战争，一举攻陷燕国十座城邑。在燕易王看来，苏秦简直就是个瘟神。他到赵国，齐、魏就攻打赵国；他到了燕国，齐国就攻打燕国。于是燕易王没好气地对苏秦说："以前先生到燕国时，先君文侯资助您去赵国游说赵侯，同时与诸侯合纵。现在齐国先攻打赵国，后又攻到燕国，这就是您说的合纵吗？如今赵、燕两国都成天下人的笑柄了。不知先生有没有办法替燕国收复被占领的十座城邑呢？"

这一番话，把苏秦说得脸上一阵白一阵红。但他毕竟是见过世面的纵横家，脸皮之厚非常人所能及，自然不可能因为羞愧掩面而逃。他强作镇定，装作自信心满满的样子，对燕易王说："我一定会把君上的失地收回来的。"

怎么收回来呢？当然不是亲自带着兵杀向齐国了，纵横家最厉害的还是嘴皮子。苏秦于是又踏上行程，前往齐国。一路上苏秦想着各种方法，要说服齐威王放弃所占领的十座城池，这简直是不可能的任务，要从哪儿找到突破口呢？此时天下最强的国家，除了齐国之外，便是秦国，而燕易王的夫人便是秦惠王的女儿，苏秦的思路渐渐明晰起来了。

到了齐国后，苏秦见了齐威王，便说道："燕国虽然弱小，但燕侯是秦侯的小女婿。大王您进攻燕国，得了十座城池，却不得不因此长期与秦国为敌，这确实是不聪明啊。倘若弱小的燕国充当先锋，强大的秦国在后面做靠山，天下精兵云集齐国，这对您不利呀。"

齐威王脸色一变，对苏秦说："那你说说要怎么办？"

苏秦在忽悠上还是有一套本领，他说道："自古以来善于做事的人，能转祸为福，转败为胜。倘若您归还燕国十座城池，燕国一定十分高兴。而秦侯得知齐国看在他的面子上归还十座城池，势必也十分高兴。这就是抛弃仇敌立场而得到牢靠的朋友，燕国与秦国还不得都感激齐国吗？到时大王可以号令天下，谁敢不听从呢？"

根据后世纵横家的说法，在苏秦的忽悠下，齐王终于把十城交还给燕国。齐国归还燕国十城是事实，可是如果仅仅因为苏秦说的这几句话，那未免不太可信。齐威王是战国一代雄君，在中原诸侯率先称王，能是那么好糊弄的吗？我认为齐威王放弃十城的原因，是他刚刚称王，就违背"不伐有丧之国"的外交传统，有损东方老大的威名。现在既然苏秦前来游说，齐王便顺水推舟，把十城归还燕国，以平息"国际议论"。

不管怎么说，苏秦算是不辱使命，鬼使神差地从齐国人手中讨回了十座城池。在外交场上，他赢了一场胜利，但回到燕国后，却不得不面对另一场战争。

苏秦从齐国回到燕国后，非但没有赢来一片喝彩，还差点被别人的暗箭中伤。有人在燕易王面前诋毁苏秦说：“苏秦就是一个左右摇摆、卖国求荣、反反复复的小人罢了，肯定要作乱的。”燕易王本来就对苏秦有意见，现在更加觉得此人很滑头，既不忠厚，又不老实，靠不住，便不肯授予他官职。

可苏秦并不是那种逆来顺受的人，他要反击，便对燕易王说：“我为主上讨回了十座城邑，但是如今却有人中伤我，说我是个反反复复的小人。那我问问君上，倘若今天有孝如曾参、廉如伯夷、信如尾生的人前来辅佐您，您觉得怎么样呢？”

燕易王愣头愣脑地答道：“那寡人求之不得呀。”

其实苏秦早就布下一个陷阱了，他开始反击：“孝如曾参的人，不肯离开父母亲在外面住上一晚，请问这样的人，如何能让他远离父母来服侍主上呢？廉若伯夷的人，有义气，不愿做周王的臣子，宁可饿死在首阳山。人都饿死了，还能期望他前来辅佐您吗？信若尾生的人，跟人家约好桥下相会，可是人家没来，他等到大水来了也不离开，抱住桥柱淹死了。像尾生这样的人，您能期望他千里迢迢去说退齐国强大的军队吗？所以说，不能只以忠厚老实来衡量一个人，况且我也不是一个反反复复、没有原则的人。我把老母亲安置在东周老家，跑到这里为燕国效力，这是曾参等人做不到的。”

听了这些话后，燕易王也觉得有道理，便厚待苏秦，重新授予他官职。

这样，苏秦在燕国便待了十几年，在这里如鱼得水。在此之前，燕国在战国七雄中最为低调，这主要是得益于其得天独厚的地理优势。在七国中，它的位置最北，在当时中国人眼中，也是属于蛮荒地带，因而各国对燕的兴趣不大，燕国也成为一块相对和平的乐土。由于苏秦推行合纵战略，燕国与其他诸侯国的往来趋于增多，在国际舞台上开始活跃起来。

可是苏秦也玩得过火了，他竟然与燕易王的母亲勾搭上了。燕易王的母亲就是燕文侯夫人，《史记》称她“与苏秦私通”，按这个写法，文侯夫人倒是主动的，但显然苏秦没有拒绝。这件事，燕易王是知道的，但他不但没有生气，反倒待苏秦更加优厚，这或许从另一个方面证明燕文侯夫人是主动勾搭苏秦的。

燕易王显然不想败母亲的兴，但苏秦却芒刺在背，如临深渊，如履薄冰，担心哪一天燕易王翻脸不认人，到时自己的命就得搭进去。

不行，得想办法离开燕国。

要去哪儿呢？如果要避开燕易王的魔爪，那最好的去处当然是齐国了。当时齐国是东方最强大的国家，他只要跑到齐国，燕易王就是想杀人，也不是那么容易的事。于是苏秦便对燕易王提出来："我待在这里对燕国没有什么好处，不如让我到齐国去，我有办法让燕国获得好处。"燕易王同意了。

要怎么博取齐威王的信任呢？

苏秦设了一条计，为了假戏做得逼真，他装作得罪了燕易王的样子，而燕易王则做出要抓捕苏秦的架势。这样，苏秦潜逃到齐国便理由充足了。齐威王本来就不是个气量狭小之人，他认为苏秦是个人才，便任用他为客卿。苏秦就这样在齐国待下来了，但他心里实际上还是想为燕国做点事，因此他的身份实际上是燕国的间谍。

过了段时间，齐威王病逝，齐宣王即位（这是在公元前320年，《史记》误记为齐宣王病逝，齐湣王继位）。苏秦乘机建议齐宣王厚葬威王，并且扩建宫殿、花苑以彰显国力强盛，其目的是劳民伤财，削弱齐国的力量。作为一名间谍，苏秦的表现还是可圈可点的，不过他为人嚣张，不知收敛，这也得罪了许多人。

当时齐国有一些官员看到苏秦受到齐王的重用与信任，心里十分不舒服，便派一名刺客前往行刺。苏秦被刺客刺中，但没有被刺死，他忍住剧痛逃走了。齐宣王得知苏秦遇刺，雷霆震怒，下令全城戒严，搜寻刺客，可是搜遍全城，一无所获。

苏秦挨的这一刀是致命伤，伤口很快恶化，生命垂危，无法救活了。齐宣王亲自来探望他，苏秦忍痛说了最后的话："我要是死了，您就把我的尸体车裂示众，对外宣布'苏秦是燕国的间谍'，这样谋害我的人一定会出现。"这样安排身后事显得很另类。对一般人来说，即便生前不得好死，也希望死后遗体能安息。可是苏秦却不想这样失败，他要像吴起那样，即便死了，也要报仇，所以不惜让自己的尸体被大卸成六块。

有没有用呢？

有。

齐宣王也想抓到凶手，于是便用苏秦的办法，把尸体给车裂了。这时刺客听说苏秦是燕国的间谍，还自以为立了大功哩，便跑出来抛头露面，结果被齐宣王逮了个正着，最后刺客及背后的主谋都被处死。只是这种残酷的报仇手段，连燕国人都直摇头地说道："齐国为苏先生报仇，做得太过分了。"

苏秦死了，可是他的神话才刚刚开始。

其实纵观苏秦一生，固然有精彩的励志故事，从一文不名的穷书生到呼风唤雨的政坛人物，确有可圈可点之处。但他其实并没有做出什么伟大的事业，他的"伟大事业"都是后人杜撰出来的，说他是六国合纵的主谋，还佩六国相印，以至于秦国不敢窥函谷关十五年。这些事多是子虚乌有的，宋代学者黄震便指出："乃游士夸谈，本无其事。"近代学者钱穆也说："其有关于战国史实之大，而不可不辨者，莫逾于苏秦连六国从亲一事。盖其事多亦起苏秦死后而附会之也。"

那么为什么要把这些无中生有的事情附会在苏秦身上呢？我想，这主要是出于平衡连横与合纵两大谋略的需要。纵横家的看家本领，一为连横，一为合纵。事实上秦国实施的连横战略是极其有效的，而东方诸侯也确实有过合纵主张，但效果却不尽如人意。为了平衡纵横家的两大看家法术，后世纵横家也要杜撰出一个所谓的合纵高手，结果就套到苏秦身上，遂使他成为神话般的人物。

倘若苏秦从坟墓中爬出来，他也认不得书上那个无所不能的"苏秦"了。对后世纵横家来说，他们不在乎这个"苏秦"是真的还是假的，只要他的故事能激励自己就行。在苏秦身上，实际上寄托了纵横术士们的梦想，能从社会底层奋斗到权力高层，冲破身世、贫穷的种种束缚，去实现自己的人生追求。这大概就是苏秦得以显名身后的原因吧。

如果要说苏秦的贡献，那就是他提出合纵的主张，这个外交新思维在战国时代产生了深远的影响。但真正把东方诸侯合纵运动推向高潮的人，并不是苏秦，而是公孙衍（犀首）。与此同时，与合纵对抗的连横战略也横空而出，在秦国主持连横运动的人，则是张仪。在没有刀光剑影的外交舞台上，纵横家们粉墨登场，奉献出一幕幕精彩的大戏。其中最精彩的对阵，当然是张仪与公孙衍的交锋。

下面我们就来说说这两位大师级纵横家的故事。

三、张仪的发迹史

张仪早年与苏秦一样遭遇过许多挫折，坎坷似乎是纵横家成长道路上必须修炼的课程，唯有坎坷，才能完全挖掘出自己的潜力。

据《史记》所载，张仪是魏国人，与苏秦是同门师兄弟，他的年龄可能比苏秦要小。在求学期间，他的聪明才智就让苏秦自叹弗如，他才思敏捷，巧舌如簧，天生就是一块纵横家的料。不过刚出道那会儿，他与苏秦一样，四处碰壁，狼狈不堪。

从鬼谷子那儿学成归来后，张仪自以为可以行走天下了，便开始了他的游说生涯。可是不知是什么原因，他在自己的国家并没有得到赏识。此时魏国正是魏惠王统治时期，也是魏国由盛转衰的一个过渡期。魏国之衰从人才的流动也可看出一斑，商鞅、公孙衍、张仪等人都是由魏入秦，在魏国默默无闻，到了秦国反倒光芒四射，这说明魏惠王在吸纳人才上表现很差。

张仪家里很穷，可是他不甘心过苦日子，不想种地或者打工，他自认为凭借自己非凡的口才，一定可以出人头地。于是他来到了楚国，很快成为楚令尹府里的门客，正当他以为可以平步青云时，不想却发生了一件事。一回，他与令尹一同喝酒，喝完酒后，令尹府丢失了一块玉璧，于是大家便怀疑是张仪偷的。令尹府的门人对令尹说："张仪这小子家里贫穷，品行不好，一定是他偷了您的玉璧。"大家一听，纷纷表示赞成，找个替罪羊多省事呀，于是把攻击矛头都对准了张仪。

就这样，张仪被抓起来，严刑拷打，遭鞭笞数百下，被打得遍体鳞伤。但他咬紧牙关，死不承认。他也想过有可能被活活打死，多数人挨不住打就屈打成招了，可是他绝不，因为他就算招了，也交不出玉璧。如果他承认自己是小偷，那政治前途就此画上一个句号了。所以张仪横下一条心，哪怕被打死，也不能承认这个罪名。令尹府的人尽管严刑逼供，可是毕竟没有任何证据证明张仪就是小偷，最后也只能把半死不活的他给释放了。

体无完肤的张仪回到家中，他的妻子很心疼地说："唉，夫君您要是不读书，不学游说之术，怎么会蒙受这等冤屈与耻辱哇？"

张仪张大嘴巴，对妻子说："你看看我的舌头还在不在？"

看着夫君那可爱的样子，妻子笑着说：“舌头还在。”

“这就够了。”张仪乐呵呵地说。

这就是一个成功者所具备的乐观心态，而心态将决定一个人的命运，信心将成就一个人的未来。

楚国是待不下去了，要去哪儿呢？

张仪正在苦思冥想之际，有人跑来给他指明了一条路，来人对他说：“您不是跟苏秦是同学吗？现在他在赵国当大官了，您怎么不去投奔他呢？”张仪一听，一拍大腿，对啊，他已听说苏秦在赵国挂了相印，如今自己这么落魄，去找老同学准没错。于是他打点行装，动身前往赵国。

其实这位“指路者”正是苏秦派来的。苏秦的目的就是要把张仪引到赵国，因为他有一个大计划。可是张仪对此一无所知，他兴冲冲地到了赵国后，马上前往苏秦的府邸，到了大门口，他递上名片，求见苏秦。可是苏秦早已暗中交代了府里的下人，既要留下张仪住几天，又不要引见给自己。这样，张仪在苏秦府中待了几天，心急如焚，心里颇怪自己的老同学，怎么这人一富贵，就完全没有同窗之谊了呢？

几天后，终于有人来通报，可以见苏秦了。张仪心想，老同学总算还没忘了我呢。可是他哪知道，很快他就要被羞辱一番了。

张仪进到内堂，只见苏秦高高坐在堂上，见到他进来，也没吭声，只是用手略示意一下，下人便引张仪坐在堂下，离苏秦远远的，只能抬头仰望自己的同学。显然，苏秦故意坐得高高的，保持一种居高临下的气势。接下来，苏秦要关照老同学一下，他让人端上些食物赐给张仪。张仪一瞧，都是些下人们吃的菜肴，心里颇为不痛快。不想此时苏秦又奚落他道：“老同学呀，凭着你的才能，竟然穷困潦倒到这个地步，我真为你感到羞耻哇。当然了，我可以在赵侯面前举荐你一下，让你富贵，只是你不值得我这样做呢。”

张仪来的时候，本想着沾沾老同学的光，总能捞点好处，没想到要吃下等食物，还要挨骂蒙羞，他不禁怒气冲冲。可是苏秦才不管他呢，等他吃完后，就像打发下人一样，把他打发走了。这下子张仪的自尊心遭到了空前打击，他走出苏秦府邸大门，恨恨地想：苏秦，你别得意，我以后得给你苦头吃才行。

此时的张仪自己一文不名，怎么报复呢？显然，如果他不能像苏秦那样，挂上某国的相印，那报复就是一句空话了。那要到哪一国呢？赵国最怕的国家是哪个呢？很显然是正在崛起中的秦国。那好，我就到秦国去吧。张仪下了决心，动身前往秦国。

只是张仪未尝想到，他是苏秦大计划中的一枚棋子。张仪离开后，苏秦这才对一位门客说出实情："张仪是天下奇才，我都比不上他。如今我侥幸被赵国任用，赵国最大的敌人就是秦国，而能够掌握秦国大权的人，只有张仪。只是张仪还没有时来运转，他现在穷困潦倒，很难有机会接近秦国君主。我怕他会贪图小利，以至于浪费成就大功业的机会，所以故意羞辱他，就是为了激发他的斗志。如今他动身前往秦国了，一路上会遇到许多麻烦，您帮我在路上照应他。"

说完后，苏秦给了这位门客一包金币，并配了一辆马车，让他跟踪张仪，暗中相助。门客依苏秦的意思，有意接近张仪，与他住同一个宿舍，张仪缺什么，他就给什么。张仪还以为遇到好心人，内心十分感激。到了咸阳城后，门客又拿着金币四处打点，使得张仪有机会见到了秦惠王。

关于张仪入秦的时间，据史料所记，是他相秦前两年。张仪在秦国为相的时间是秦惠王十年，即公元前 328 年，依此推算则他入秦的时间是秦惠王八年，即公元前 330 年。可是这个时间与《苏秦列传》中的时间相矛盾，据《苏秦列传》，苏秦离开赵国的时间是公元前 333 年，即秦惠王五年，那么他以赵相的身份暗中相助张仪的时间则不当晚于此。因此笔者判定张仪入秦的时间应该是在秦惠王五年之前，即公元前 333 年之前。

秦惠王刚上台时，消灭商鞅的势力，为自己清除了一大内患。刚开始秦惠王对国外的说客有一种排斥心理，故而当时刚到秦国的苏秦游说不成反碰一鼻子灰。可是很快这位明智的君王发现秦国之所以蒸蒸日上，靠的完全是来自四面八方的冒险分子，于是他便抛弃成见，任用魏国人公孙衍为大良造，这使秦国避免了闭关锁国的命运。张仪就是在这个时候来到秦国，靠着苏秦暗中相助，他顺利见到秦惠王，并向他大谈远交近攻的连横战略。秦惠王听后十分感兴趣，于是重用张仪。从此之后，张仪在秦国政坛崛起，平步青云。

此时苏秦派来的门客见张仪已经在秦国站稳脚跟了，便前来告辞，对他说自己就要离开秦国了。张仪一听急了，脱口说道："我是靠着您才有今天的地位，正想要报答您呢，您为什么要离开呢？”

门客微微笑道：“事到如今，我也跟您说实话吧。了解您的人不是我，而是苏秦先生。苏先生担心秦国将攻打赵国，他认为除了您之外，没有谁能掌控秦国的政权，所以一心激您到秦国，同时又派我暗中提供财物相助。现在我完成任务了，要回去向苏先生交差了。”

张仪这下子才完全明白了整个事件的来龙去脉，他心里觉得很惭愧。自从在赵国蒙羞后，自己对苏秦一直怀恨在心，却不知道一路走来，其实都是苏秦在暗中相助。一般人以为这些纵横家都是些见风使舵的人物，没有什么准则，忘恩负义，其实不尽然。他们对待朋友倒都很热诚，苏秦也好，张仪也罢，报恩的心理都是很强的。听了门客的话后，张仪很激动地说：“哎！苏先生的这些做法，正是在鬼谷子先生传授的学术之中啊，可是我却没能领悟，很明显我的水平不及苏先生啊。我才刚刚被任用，岂能谋取赵国呢？请您一定要代我向苏先生表示深深的谢意。苏先生在位执政时，我哪里敢说些什么，又哪里能做什么呢？”言下之意，他张仪绝对不会做对不起苏秦的事，也不会鼓动秦惠王去攻打赵国。

张仪想要回报苏秦，可是这时秦国最有权势的人物是大良造公孙衍。公孙衍也是魏人，他上台后急着要表现，便离间齐、魏两国与赵国的关系，唆使齐、魏两国联合讨伐赵国。公孙衍的谋划，令苏秦在赵国失去赵肃侯的信任，被迫由赵入燕。

可以说，公孙衍的做法令张仪十分不快。张仪知恩图报，并不想与苏秦作对，可是由于公孙衍的插手，苏秦还是遭到暗算。公孙衍也是战国时代著名的纵横家之一，虽然他的名气远远比不上苏秦、张仪，但其成就并不在两人之下。

正所谓一山不容二虎，张仪与公孙衍，同样来自魏国，同样是搞纵横术的高手，两人目的相同，都是想捞得政治权力与名望，这样明争暗斗便不可避免了。但无论是心机还是才华上，张仪都要技高一筹。在之后的几年，张仪越来越得秦惠王的宠幸，而公孙衍则失去信任，越来越受秦惠王的怀疑。气急败坏的公孙衍最后索性不辞而别，他离开秦国，跑回魏国去了，魏惠王任用他为将军。

这是张仪与公孙衍的第一次较量，在这一回合，张仪成功挤掉了公孙衍。

秦国以公孙衍叛逃为借口，大兵压境讨伐魏国。可怜的魏国已经想不到对付秦国的办法，汾阴、皮氏、焦、曲沃等城邑纷纷落入秦军之手。

公元前328年，秦国又一次发动对魏国的战争，指挥伐魏之役的，是秦公子桑（一说公子华）与张仪。这场战争可视为秦惠王对张仪的考验，让他率军去屠杀自己的同胞。倘若用现代人的眼光来看，张仪殆可称为“魏奸”，不过当时大家都是在周王朝的天空之下，国家观念不若后来那么强。那是一个观念巨变的时代，不仅君择臣，而且臣也择君，在张仪看来，是魏王不肯用我，我才跑到秦国效力，这是天经地义的。

张仪不仅会耍嘴皮子，打起仗来也很卖力，指挥秦军占领蒲阳。不料在夺取蒲阳后，他竟然游说秦惠王，把辛辛苦苦打下来的蒲阳城归还给魏国。不仅如此，还建议秦惠王派一位公子作为人质待在魏国。

秦惠王听得两眼发愣，这张仪脑子里究竟在想什么呢？到底是不是魏国派来秦国的奸细呢？说实话，张仪确实是在拿自己的政治生命冒险。幸好经历过商鞅变法的秦国已经有了一种包容的心态，秦国君主的肚量也着实令人佩服。张仪在秦惠王耳边悄悄说上几句，秦惠王不怀疑他了，中，就按张仪说的做吧。

于是，蒲阳又回到魏国人手中，而且秦国还双手献上一名公子入质魏国。

征服者居然摆出如此谦逊的姿态，这令魏惠王也有点丈二和尚摸不着头脑。其实张仪是不会做亏本买卖的。还记得智者老子说过的：“将欲取之，必固予之。”放出鱼饵，是为了钓到大鱼。做了好人后，张仪开始游说魏惠王：“秦国对待魏国特别好，魏国不能对秦无礼，总得有点表示吧。”

原来退一步是要进两步。

此时的魏惠王已经当了四十二年的国君，垂垂老矣，这位魏国统治者在他漫长的统治生涯中，几乎都在打仗。魏国与七雄中的其他六个国家都打过，而且魏国是越打越弱，西线被秦国打得抬不起头，东线更是遭到齐国两次沉重的打击。此时的魏惠王早已没有斗志与热情，只是对虚名倒还看得很重。

秦国的态度突然来了一百八十度的大转弯，令魏惠王真的很惊讶甚至是欣喜，至少让他面子上过得去。而张仪就是摸准了魏惠王的心理，保全他的面子，准能捞到好处。果不其然，为了报答秦国的“恩惠”，魏惠王大笔一挥，把上郡十五座城池割给秦国。当然，秦国的谋略也很高，作为交换，秦惠王又归还焦地与曲沃给魏国。这样，魏惠王更有了面子，可是秦国人只是在偷笑，因为他们是用魏国的城池来交换魏国的城池，自己却分文未付呢！

张仪证明了自己在外交上的非凡本领，更重要的是证明了自己对秦国的忠心。秦惠王也不是一个吝啬的君王，他把丞相的帽子戴在张仪的头上。秦国以前是不设相位的，最高职位是大良造，秦设丞相，始自张仪。

这样，这位曾在楚国被当作小偷、曾在赵国被苏秦故意羞辱的底层人士，终于由丑小鸭变成白天鹅，成为时代的传奇人物。他与苏秦都是从下层奋斗上来的成功者，战国时代贵族政治的解体，使得越来越多的社会底层人士有机会通过自己的奋斗而跻身高层，可以说，这是一个梦想飞扬的时代。

魏国并不是秦国鲸吞蚕食的唯一对象。

张仪相秦后，他急着要有所表现，便对赵国发动一场战争。在苏秦相赵时，故意暗中协助张仪，就是希望张仪若能掌握秦国的大权，可以避免秦赵战争。为此，张仪也曾许下诺言，只要苏秦还在位，他决不会发动对赵国的进攻。不过此时由于苏秦已经离开赵国了，张仪也就没必要遵守自己的诺言。秦国军队果然骁悍，又一次大败赵军，杀死赵国将领赵疵，攻取蔺地与离石。

秦国在与三晋的战争中，已经占据了绝对的优势。

此时天下格局已经趋于明朗化，东齐西秦为两大超级强国，而夹在齐、秦之间的韩、魏、赵三国局势不容乐观。这是秦国扩张的最好机会，张仪祭出了连横的法宝，远交近攻，在外交上积极拉拢齐国与楚国，打击魏、赵、韩三个邻国。

公元前 324 年，张仪与齐国、楚国的大臣会晤于啮桑（今江苏沛县西南）。倘若秦、齐、楚三国保持一种默契，那么三晋（魏、韩、赵）将陷入西、东、南三面的环形包围圈之中，在地理上居于被动挨打的不利位置。怎么办呢？必须以合纵战略来打破秦国主导的连横战略。于是在这一年，发生了“五国相王”的故事，魏、韩、赵、燕、中山五个国家联合起来，互相承认对方的王号。根据史书所记，“五国相王”背后的主导人物是魏国的公孙衍，这位以前担任秦国大良造的纵横家能量不小，到了魏国之后依然能够翻江倒海。

当张仪与齐、楚达成默契后，从啮桑返回秦国，一件令人惊讶的事情发生了，他竟然被秦惠王免去丞相之职。

关于张仪被罢免的原因，史书上只字未提，这不禁令人心生疑问。是公孙衍主导的“五国相王”合纵战略打破了秦国的连横战略，从而导致张仪被免职吗？可是种种迹象表明张仪被“罢官”背后的原因绝非那么简单。这实际上是秦惠王与张仪合作演出的双簧戏，张仪自告奋勇充当冤大头，其目的只有一个：找到返回魏国的理由。而他返回魏国，则是觊觎魏国的相位。

倘若换成在后世，张仪作为“魏奸”回到魏国，就算不被处死，至少也要被关进大牢。但我们不要忘了，战国乃是特殊的时代，特殊之处在于各个国家对人才的宽容政策。当时每个国家在吸引人才上一般不会考虑这个人是否曾经为敌国效力过，而游走诸国的政客们一般也有职业精神，即一旦效力哪个国家，便不遗余力地贡献自己的才能。但每个人心里都有一个算盘，有些人则利用这种浑水摸鱼的机会暗地里充当间谍，苏秦从燕国到齐国时抱着这样的目的，而张仪从秦国到魏国，也同样如此，暗地里充当秦国的间谍。

种种迹象表明，张仪离开秦国绝非个人的选择，而是秦国的阴谋。说白了，秦惠王要在魏国高层安插一名自己的心腹。那么魏惠王凭什么会信任张仪，甚至将相位拱手相送呢？这当然不是无缘无故的，张仪从秦国返回魏国，给魏惠王带来了一个信息：秦国有意与魏国一起图谋韩国。

张仪暗地里向魏惠王表示，一旦秦、魏联手，魏国进攻韩国的南阳，而秦国进攻韩国的三川，那么韩国必定抵挡不住，那时免不了要割地求降。老迈昏庸的魏惠王一面用公孙衍的建议，五国相王，大搞合纵；另一面却违背合纵精神，试图从盟友韩国那里捞到好处，这岂非自相矛盾吗？可是魏惠王在丢失了那么多土地后，真的很需要从别人那里获得补偿，因此他对张仪的建议十分赞赏，并最终任命张仪为魏国的丞相。

四、合纵运动的兴起

张仪果然十分有本事，摇身一变，从秦国丞相变成魏国丞相。

可是他的伎俩并没能瞒过一个人的眼睛，这个人便是公孙衍。公孙衍是张仪最大的政敌，两人在秦国时就不和，当时公孙衍还是秦国大良造，受到张仪的排挤而最终返回魏国，担任大将。公孙衍同时是“五国相王”合纵战略的主要策划者，如今张仪的主张，便是要破坏五国合纵，把魏国拉向秦的怀抱里。不行，绝不能让张仪得逞。

看来这两位政敌的战争还没有停止。

公孙衍开始筹划如何把张仪从魏国丞相的位置上拉下来。张仪能忽悠魏惠王，主要是看中魏惠王虚荣心强的弱点，有了弱点就容易搞定，可是他低估了公孙衍的能量。公孙衍暗地里找到了韩国执政韩公叔，向他分析张仪的阴谋，一旦魏惠王听从张仪的话联合秦国兵力侵略韩国，韩国势必要失地。公孙衍的分析合情合理，那有什么办法能避免一场战争呢？公孙衍又对韩公叔说道："您为什么不把一些政事交给我来处理呢？如果魏王认为这是我的功劳，那他就会抛弃张仪而任用我为丞相，这样对韩国也是有利的吧。"

韩公叔陷入沉思。如果听从公孙衍，韩国固然要丧失一些主权；可是如果不听呢，那么秦国与魏国一旦联手进攻韩国，损失更大。两害相权取其轻，韩公叔遂答应公孙衍。收获成果的公孙衍立即向魏惠王汇报，指出魏国不必使用武力手段，仍然可以从韩国那里捞到好处，何必要听张仪的忽悠呢，与虎狼秦国同谋，那肯定是要吃亏的。

老迈的魏惠王也怀疑张仪有不可告人的阴谋，在公孙衍的游说下，他又一次摇摆到了合纵的立场上，任命公孙衍为丞相，而张仪只得灰头土脸走下神坛。

在这一回的较量中，张仪不敌公孙衍，败走麦城。

魏惠王的喜怒无常，使得秦国连横计谋破产。秦惠王怒火中烧，索性出兵攻打魏国，连下曲沃、平周等地。这时的张仪已经丢了相位，赋闲在家，秦惠王并没有忘了这位纵横大师，悄悄派人前往魏国，给张仪送去了很多礼物。作为一名职业政客，张仪还是有职业操守的，那就是吃人家的饭，得给人家回报才行。如今秦惠王对他如此优待，可是他却无以回报，张仪内心很惭愧，便待在魏国，一待就是四年。

这是一个纵横捭阖的时代，这也是一个混乱的时代。

混乱得史书都说不清、道不明。在张仪闲居魏国的这几年，东方诸国合纵运动兴起，谁是合纵的主谋呢？一般的说法是苏秦。但我们在前文中就说过，苏秦的历史资料不可考，多是后人把其他纵横家的事迹生搬硬套到他的身上。我估计，主谋东方诸侯合纵对抗秦国的故事，可能是后人把公孙衍的事情套到了苏秦身上。

不论苏秦是在赵国或燕国，以这两个国家的实力，都不太可能成为合纵运动的领头羊。而公孙衍则有可能，虽然魏国的军事地位已经落后于秦国与齐国，但作为政治大国的影响力犹存，公孙衍作为魏国丞相，确实是领导东方诸侯合纵运动的最佳人选。

公元前319年，魏惠王魏罃去世，他在位前后共计五十年。他是一个复杂的人物，在他执政的五十年里，魏国自始至终处于战争之中。过分频繁的战争终于让这个战国初期的霸主吃不消了，在秦、齐两国的打击之下，魏国的军事力量不断遭到重创，终于使这个一流的强国沦为二流的国家。

魏襄王继位后，力图重振魏国雄风。

可是单凭魏国一己之力，很难在“国际舞台”上掀起风浪了，因此必须有一种全新的政治思维。合纵成了魏国抵抗秦国的不二法宝，在公孙衍的努力下，合纵运动取得了实质性的进展。公元前318年，魏、赵、韩、燕、楚五国达成协议，共同出兵，组建一支多国部队，讨伐秦国。

为了对付秦国，魏襄王不惜把领袖权让给了楚国，由楚怀王出任纵约长，以换取楚国的加盟。然而这次合纵运动虎头蛇尾，正所谓“三个和尚没水喝”，尽管看上去五国联合，气势不小，兵强马壮，从架势上看有几分吓唬人的模样。可是各诸侯之间并不是一条心。你想想，在战国时代，这些国家之间频繁交战，今天是朋友，明天就是敌人，谁敢无条件地信任别的国家呢？于是乎你防我，我防你，你要保存实力，我要避敌精锐，谁也不肯使上全力。这样的军队，即便人数再多又有什么用呢？

对秦国的进攻开始了，五国联军抵达函谷关（今河南灵宝北）后，秦军出兵迎战，结果多国联军谁也不卖力打仗，而秦军则同仇敌忾，气势逼人。战争的结果并不出人意料，多国联军轻而易举地被击败了。

这次合纵运动虎头蛇尾，草草而终，但说明了一个事实：合纵政策存在一个致命的问题，那就是各诸侯国各怀鬼胎，没有哪个国家愿意全力以赴。这个致命的问题使合纵运动形同虚设，尽管在未来数十年时间里，东方诸国仍然有多次合纵的实践，但总的来说是光打雷不下雨，始终无法凝聚成一股强大的力量。

但是，倘若因为函谷关兵败就质疑公孙衍的能力，那还是低估了这位纵横大师的本领。正所谓“东方不亮西方亮”，东方五国联合伐秦失败，但公孙衍仍旧导演了一出杰作，策反义渠部落。在函谷关战役的同时，义渠突然发难，出兵进攻秦国。

义渠是古戎国，原本是戎人的部落，后建立国家，是秦国西部一个重要的国家。说到秦与义渠的关系，势必要提到秦厉公三十三年（前444年）的战争。那一年，秦厉公发兵征讨义渠，大获全胜，并俘虏义渠王。但义渠并未屈服，十四年后即公元前430年，义渠军队大举反攻，进攻秦国，直抵渭水北岸。之后两国进入相持阶段，特别是公元前419年后，秦国的战略重点转向河西以防御魏国的进攻，与义渠的关系相对缓和。

到了秦惠王上台后，秦国在与魏国争夺河西的战争中不断获得胜利，故而可以腾出手来再次对付义渠。公元前331年，义渠国内爆发动乱，这给了秦惠王难得的机会，他毫不犹豫地投入重兵，派庶长操率领大军入侵义渠。内乱后的义渠无法抵挡秦军的强悍攻势，被迫臣服于秦国。四年后，公元前327年，秦惠王将义渠国并入秦国，置为一县，纳入中央政府的管辖，义渠王也降格为臣子。

显然，对义渠王来说，这真算是奇耻大辱了，只要有机会，他势必会扯起反秦的大旗。东方的合纵运动让义渠王看到了希望，魏国的公孙衍是合纵运动的积极倡导者与灵魂人物，故而义渠王暗地里向魏国示好，偷偷跑到魏国朝见魏王。公孙衍与义渠王见面，并对他说："倘若中原没有发生重大行动，秦国就得以焚烧侵略您的国家；倘若中原诸侯们能联合起来，一致对秦，那么秦国就会用贿赂手段来讨好您的国家。义渠国的命运与中原诸国是息息相关的，就看您如何选择了。"

你想想，义渠王的土地都让秦国给吞并了，他就是个草头王，这口气哪吃得消呢？于是他立马拍胸脯向公孙衍表示，义渠一定会与中原诸侯站在同一条战线上，只要东方有所行动，义渠就会在西方发动起义，脱离秦国统治。

公元前318年，东方五国合纵攻秦。果然不出公孙衍所料，一旦东方有了战事，秦国就想讨好义渠王了，秦国谋士陈轸对秦惠王说："义渠王是蛮夷部落中的贤者，如今东方有战事，义渠蠢蠢欲动，不如以重金贿赂他们，以免他们有叛志。"秦惠王细细一想，陈轸说得有道理，便以上等锦绣千匹、美女百人贿赂义渠王。

义渠王一看秦国政府要拉拢他，立刻想起公孙衍的警告，心里不禁骂道，秦国人平常待我如奴仆，现在反倒想讨好我，可见公孙衍说得没错，义渠应该与中原诸国站在一条战线上，才能显示自己的价值。于是义渠王宣布独立，率军队袭击秦国。此时秦国的主力兵团都会集到了函谷关，狗急跳墙的秦惠王临时拼凑了一支军队迎战义渠军，结果被打得大败而还。

看来公孙衍的合纵战略仍然给秦国以沉重的压力。函谷关之败，证明了东方五国并非铁板一块，为什么会这样呢？显然各国的积极性是不一样的。楚国作为合纵军的首领，在打击秦国上并不主动，因为楚国并没有一种急迫感，它与秦国之间并未有过重大战事发生。同样，燕国与秦国不接壤，尽管出兵相助，但只是摆摆花拳绣腿罢了。真正充满危机感的，还是魏、赵、韩这些三晋国家。既然楚国、燕国的积极性不够，还不如魏、赵、韩三国自己联合呢，毕竟从历史关系来看，三个国家的命运是绑在同一辆战车上，唇亡则齿寒啊。

鉴于西线义渠对秦国发动反攻，魏、赵、韩三国不能无动于衷，必须要配合作战。于是在公元前 317 年，三晋组建一支强大的军队，发动讨伐秦国之役。对于三晋来说，这场战争是一次大赌局，赌得赢的话，可以与秦国维持一种均势，要是赌输的话，将无法遏制秦国深入东方。

可是秦国的人才太多了，在此役中，秦国名将樗里疾光芒四射。

樗里疾是秦孝公的庶子，秦惠王的弟弟，其实他名字叫“疾”，因他居住在樗里（地名），故而后来被称为樗里疾，又称为樗里子。他是秦国王室宗亲中出类拔萃的人物，受那个时代辩论潮流的影响，樗里疾与苏秦、张仪、公孙衍等名流一样，能言善辩，言辞犀利，足智多谋，时人称之为“智囊”。

早在秦惠王八年（前 330 年）时，樗里疾便被授右更（右更在秦国二十等军功爵中，位列第十四等，级别算是高的），指挥军队攻打魏国的曲沃城。在此役中，樗里疾不负众望，夺取曲沃，证明了他不仅是一名辩士，也是一名优秀的将领。在东方五国联军进攻函谷关失利后，三晋再度联合，组成同盟共同对付秦国，此时的秦国既要应付三晋的攻势，也要防止义渠军卷土重来。可以说，秦国所面临的局面并不乐观，正是在这种情况下，樗里疾临危受命，全权负责对三晋的战争。

尽管此时张仪并没有在秦国，但樗里疾采取的策略与纵横家如出一辙。要给三晋联军致命的一击，必须要拉拢东方强国齐国参战。自从马陵之战后，天下的局势明朗化，齐国与秦国分别崛起于东方与西方，成为天下的重心，是实力最强的两个国家。在东方合纵运动中，齐国并不参与，这不仅是因为齐国与秦国相距遥远，还有一个因素，就是齐国人认为自己是天下至强，根本不需要与其他诸侯国搞结盟运动。

樗里疾的战略就是远交近攻，积极拉拢齐国，以利诱之，说服齐国人从东线进攻三晋，而秦国从西线进攻，只要秦、齐这两大强国联手，必定可以把三晋联军打得落花流水。此时的齐国君主是齐宣王，他是齐威王之后又一位杰出的君主，雄心勃勃，当然不愿错过这样的机会。于是齐国与秦国共同举兵，从东、西两面夹击三晋。

公元前 317 年的五国战争（秦、齐为一方，魏、韩、赵为另一方）在两个战场展开决战。西线战场是修鱼，秦国庶长樗里疾指挥大军迎战以韩国兵团为主力的三晋联军，结果联军大败，被秦军砍下八万二千级首级，韩国两名将领被俘虏。东线战场是观泽（今河南清丰南），齐国兵团打败了魏、赵联军，赵公子渴、韩公子奂落荒而逃。

这一战令魏国复兴的梦想破灭了。

前面说过，在马陵之战后，魏国已经从第一流的军事强国跌落为二流国家，而齐国与秦国超越魏国成为第一流的军事强国。对这种结局心有不甘的魏国又企图以合纵的手段成为东方诸侯的盟主，以寻回失落的辉煌。然而修鱼之战与观泽之战的惨败，使这个梦想飘散于风中。魏国人不得不吞咽下苦涩的果实。

曾经颇有抱负的魏襄王在残酷的现实面前，信心几乎崩溃。

当魏国陷入一片恐慌之中时，闲居多年的张仪终于等到了机会。这位纵横大师迫不及待地跳了出来，又要用他的三寸不烂之舌来翻江倒海了。他在魏襄王面前游说道："魏国方圆不超过一千里，士卒不超过三十万。更糟糕的是，国内地势平坦，四周又被强国所包围，没有名山大川作为天险。南有楚国，西有韩国，北有赵国，东有齐国（偏偏不提秦国），不得不驻守不下十万人的重兵以守卫边境。魏国处于这样的地理位置，本来就是天然的战场，只要有风吹草动，周围列强便会张牙舞爪扑上来，把魏国撕扯得遍体鳞伤，这就是所谓的四分五裂之地。

"现在合纵理论流行天下。为什么诸侯要合纵呢？是为了安定社稷、尊崇君主、富国强兵、显扬声名。鼓吹合纵的人以天下为一体，诸侯约为兄弟，并且刑白马歃血为盟。可是您想想，就算是同父同母的亲兄弟也还会为钱财而相互争夺，更何况是想靠欺诈虚假的手段来推行苏秦留下的合纵政策呢？这种做法的不合理，是一目了然的。

“我为大王着想，认为魏国要在这样艰难的环境下生存，最好的办法莫过于投靠秦国。魏国企图以合纵手段来阻止秦国进攻，这是徒劳无益的，请听我的分析。秦国只要出兵攻打河外，长驱直入，就可以切断魏国与赵国的联系，魏国无法北上而赵国无法南下，两国军事联合的计划就会破产，到时魏国想要避免危险，那是不可能的。倘若秦国攻打韩国，韩国必定害怕而投靠秦国，到时秦、韩两国一起出兵，魏国的灭亡为期不远。这就是我为大王忧虑的事。

“要是大王投靠秦国，那么周围的诸侯一定不敢轻举妄动。没有外来的灾祸，大王可以高枕无忧了。您知道，秦国最想打击的国家，莫过于楚国，因为楚国土地辽阔，而且富裕。表面上看，楚国拥有庞大的军队，貌似强大，实际上他们的军队作战能力低，打仗时没有坚忍不拔的决心，在战场上遭遇强敌时容易败北。如果出动魏国的精锐部队南下攻打楚国，必定可以击溃他们的军事力量。到时魏国与秦国一同瓜分楚国，拿楚国当作见面礼来侍奉秦国，这就叫转移祸害从而使国家获得安定，对魏国百益而无一害啊。

“大王您要是不听我的意见，等到秦国出动精兵猛将攻略魏国时，您再想要侍奉秦国，也来不及了。请您注意身边那些鼓吹合纵的谋士，他们只会装得慷慨激昂的样子，实际上没几个可以值得信赖，他们游说诸侯，只不过是为了加官晋爵罢了。他们所言所论，并不是为了国家着想，只是迎合取悦国君罢了。请大王仔细考虑我的话，我今天对您知无不言，说了这些话后，在魏国是待不下去了，请您准许我拖着这副老骨头离开魏国吧。”

比起魏惠王，魏襄王性格中更少了一份韧性。孟子曾经评论他说：“望之不似人君，就之而不见所畏焉。”就是说魏襄王远远看过去，没有君主的样子，走近了，也没有给人一种敬畏感。确实，比起魏惠王，魏襄王显得很软弱，在失败面前，他很快就对现实妥协了。作为合纵运动的发起国之一，魏国打起退堂鼓，率先退出合纵同盟。

这位软弱君王请张仪出马，作为魏国向秦国妥协的中间人。于是张仪离开了魏国，前往秦国，在秦惠王与魏襄王之间穿针引线。

前文曾经说过，当年张仪离开秦国，其实是秦惠王安插在魏国的一名间谍。

潜伏多年后，他终于不辱使命，成功地破坏了魏国与其他国家的合纵运动。大功告成了，也应该要回去向秦惠王请功了。其实在张仪离开秦国的这几年里，秦惠王并没有把他忘记，还时不时派人送点东西给他。如今张仪回来了，秦惠王喜出望外，因为他回来得正是时候。东方的合纵运动尽管效果并不是十分明显，但仍然遏制住了秦国扩张的步伐，特别是在公孙衍的活动下，义渠王反叛，给秦国造成了重大损失。但张仪一出手，便令合纵同盟出现了分裂，他就像一颗埋着的地雷，杀伤力是巨大的。

魏襄王投怀送抱，秦惠王不战而令魏国屈服，张仪的功劳可谓大矣。他凭一张嘴取得的成果，与樗里疾斩首八万余相比，也丝毫不见逊色。为了表彰张仪的巨大贡献，同时也表示对他的信任，秦惠王第二度任命他为秦国丞相。

神气活现的张仪又回来了，这次，他又会有怎么样的表现呢？

五、雷霆出击：秦灭巴蜀之役

在张仪看来，控制了魏国，东方合纵运动就瘫痪了。为什么这样说呢？在东方六大强国中，齐国最为强大，对合纵运动不屑一顾，因而合纵运动的参与国主要是魏、赵、韩、燕、楚五国。在这五个国家里，魏国地处中央，北面有赵国与燕国，南面有韩国与楚国，地理位置至关重要。只要魏国投靠秦国，北面的赵国、燕国与南面的韩国、楚国就会被切断联系，合纵运动自然就形同虚设了。

那么，接下来，秦国要把打击目标放在哪个方向呢？

张仪认为首先要进攻韩国。一来韩国在前一年的修鱼战役中惨败，遭到前所未有的重创；二来魏国已投靠秦国，韩国已不能指望得到魏国的协助；三来韩国与周王室相邻，打败韩国后，可直捣周王室，挟天子以令诸侯，掌握政治上的话语权。

正当张仪精心设计攻韩方案时，不料此时发生了一件事。

这一年（前 316 年），秦国西南的两个国家爆发战争。这两个国家，一个叫巴国，一个叫蜀国。我先来把这场战争的来龙去脉说一下。

蜀国与巴国位于今天的四川、重庆一带。巴国首都是巴，位于重庆嘉陵江的北岸，在春秋时代，是西南比较活跃的国家之一，军队以强悍勇猛而著称。巴国在历史上与楚国关系比较紧密，在战国时代曾经与楚国联姻，战国七雄先后称王之后，巴国君主也自立为王，称为巴王。但是巴国称王时，其国力已经衰微，邻国蜀国成为西南实力最强的国家。

与巴国相比，蜀国称王的时间要早得多，大约是在东周初期。第一任王是蚕丛王，之后是柏灌王、鱼凫王。后来李白在《蜀道难》一诗中写有："蚕丛及鱼凫，开国何茫然！"蜀国的早期历史资料很少，在鱼凫王之后，还出过一位名君，他原名叫杜宇，自立为帝，又称为"望帝"。望帝十分重视农业与水利，使得蜀国这个天府之国的地利开始被挖掘出来，他的农业政策也影响到邻国巴国。望帝死时（民间传说他隐居西山成仙了），正值二月，漫山的杜鹃啼叫，人们便认为是望帝化为杜鹃，提醒大家到播种的农时了。后来李商隐的名诗句"望帝春心托杜鹃"，即是出自此典故。

古代蜀国的文明已达一定规模，后来在三星堆出土的一系列蜀国青铜器、金器、玉石等证明了这点。特别是青铜器造型夸张、离奇，富有想象力，器形巨大，结构复杂，闻名天下。对当时中原国家来说，蜀国属于蛮夷之国。蜀国定都在成都，在西南少数民族中称雄一方，被称为"戎狄之长"。

秦惠王上台后，经过商鞅变法后的秦国变得强大，这位新君主对蜀国虎视眈眈，只是考虑到从秦国到蜀国的道路十分难行，才迟迟未对蜀国用兵。可是秦国人一向有着长远的战略眼光，攻打蜀国的关键是要有一条打通崇山峻岭的道路。要怎么来修筑这条路呢？谋士云集的秦国总是能想出奇招妙策。

据《华阳国志》的记载，秦国故意造出五头石牛，可不要小看这五头石牛哇，传闻它们居然能屙出一粒粒的黄金粪便，当时称为"牛便金"。秦国人故意放出风声，说要跟蜀国通好，要把这五头能"便金"的石牛送给蜀国作为礼物。如果放在今天，稍有理智的人也不会相信这种鬼话，但两千多年前的蜀国毕竟还是比较迷信，蜀王就信以为真了。秦国人为了演得更加逼真，还派了一百人"养"这五头石牛。蜀王派了使者到秦国，向秦惠王请迎石牛。

秦惠王同意了，但五头石牛太重了，蜀国得开一条通往秦国的马车路才行。蜀王便派了五位大力士前去迎石牛，还劳民伤财，在崎岖山岭中修了一条石牛可以通过的道路，这就是所谓的"五丁开山"。在费了九牛二虎之力后，这五头石牛被从秦国拉到了蜀国，可是再也没有屙出过一小粒的黄金粪便了。秦国人一举两得，一方面让蜀国开出一条由蜀入秦的通道；另一方面也令蜀国耗费大量的民力、财力。

在上当受骗之后，蜀王很生气，一怒之下，又派人把五头石牛给拉回到秦国去，并骂秦国是“东方牧犊儿”。按道理说，这个事件之后，蜀国应该对秦国有更多的防范心才对，可是秦惠王又抓住了蜀王的另一大弱点大做文章：好色。如果说秦国送给蜀国会拉金粪便的石牛是彻头彻尾的骗局，那么献上的美女可就是货真价实了。

秦惠王并不在乎几个美女，多送几次后，蜀王就忘了当年上当受骗的事，反倒对秦惠王感恩戴德——人就是这么容易忘了耻辱。有一年，秦惠王答应要送五名女子嫁给蜀王，蜀王十分高兴，便又派五位大力士前往迎接，没想到却遭遇到一场灾难。据野史所记，五位大力士在护送五名秦女时，路上遇到一条大蛇，大蛇蹿入山洞中，有一位大力士拉着它的尾巴，但拖不出来，便唤来其他四人相助，结果五个人拖着一条巨蛇，居然搅得山崩地裂，五位大力士与五名美女都被压死了。这个故事编得过分离奇了，真相大概是当他们行经此山时，忽然发生地震，结果十人全部丧生。蜀王得知后，心里很悲伤，便把此山称为“五妇冢山”，后也称为“五丁山”。伟大诗人李白在《蜀道难》中写“地崩山摧壮士死”，写的就是这个故事。

秦惠王对蜀国早就垂涎三尺，只是因为秦国的战略重点仍然是向东发展，故而对蜀国的征服迟迟没有行动。但是在秦惠王后元九年（前 316 年），蜀国发生内乱了。

事情是这样的：蜀王有个弟弟，被封于汉中，称为“苴侯”。苴侯这个人喜欢交朋友，他与巴国国王称兄道弟，交情好得不得了。可是偏偏巴国一直以来是蜀国的敌人，蜀王对此相当愤怒，认为弟弟胳膊肘向外拐，便亲率军队讨伐苴侯。苴侯落荒而逃，逃到了巴国。蜀王一不做，二不休，索性把军队开进巴国，蜀巴战争爆发！

巴王自忖打不赢蜀军，怎么办呢？只能向秦国求援了。于是巴国的求援书翻山越岭，抵达了秦都咸阳，交到了秦惠王手中。

秦惠王这时犯难了，张仪已经筹划进攻韩国的战略，而这时突然冒出了个巴蜀冲突，是征韩还是伐蜀优先呢？他思考再三，还是拿不定主意。先伐蜀嘛，一来道路艰险难行，打起仗来难度很大，而且倘若秦国致力用兵于西南，韩国有可能乘虚而入，进攻秦国。那先征韩呢？打韩国固然有把握，但打完韩国后，再回过头来伐蜀，说不定巴国都被蜀国给吞并了，那时要打掉蜀国，难度就更大了。

这时秦国朝廷文臣武将也分为两派：一派是征韩派，以张仪为代表；另一派是伐蜀派，以司马错为代表。这两人也唇枪舌剑，互不相让，在秦惠王面前争议不休。司马错说："应该先伐蜀。"张仪说："不如先征韩。"秦惠王插话了，他对张仪说："您详细说来听听吧。"

于是张仪又滔滔不绝地大说自己的征韩战略：

"如今魏国投靠我们，只要再拉拢楚国，就可以进兵三川（韩国战略要地），封锁韩国重要的交通要道。到时让魏国出兵攻打南阳，楚国出兵威胁南郑，秦国的军队猛攻新城与南阳，韩国势必无法阻挡。只要我们控制了韩国，就可以把二周（东周与西周）掌控在手心，周天子穷途末路时，必定要献出国家宝藏——象征权力的九鼎。到时我们占据了九鼎，又可以得到周室所藏的全国地图、户籍资料，挟天子而号令天下，天下诸侯，谁敢不听从呢？这才是王者的事业呀！至于蜀国，那不过是西部偏远的国度，又是戎狄这样的蛮夷之地，就算兴师动众去攻打，也不可能赢得什么功名，得到那片荒凉的土地，也不能带来什么好处。我听说争功名就得在朝廷争，争利益就得在市井，现在明摆着周室、韩国的地盘不去争，而去争蛮夷之地，这真的不是王者所做的事呀。"

张仪满脑袋是"中原中心论"，完全看不起周边的蛮夷之地。不去争夺中原，反倒去争夺边边角角、不值一提的地盘，这不是很令人纳闷吗？

其实张仪所想的，代表了很大一部分人的想法，这是因为中原的文明确实比周边少数民族地区先进。可是司马错却有自己的看法，面对张仪的滔滔雄辩，他并没有乱了阵脚，而是从容不迫地对秦惠王说："不是这样的。"跟铁嘴张仪辩论可不是闹着玩的，要知道张仪可是凭一张利嘴混到丞相的高位啊。

司马错寸步不让，他并非泛泛之辈，思路极为清晰：

"王者的事业，必须有三个坚实的基础：第一，要使国家富裕，这必须要扩大国土面积。第二，要使军队强大，这必须使百姓富有。第三，要称王就得广施恩惠。这三点做到了，那么王者的事业就具备条件了。可是现在秦国土地还不够大，百姓还不够富有，所以当务之急是要先解决这两件事。蜀国是西部偏远的国家，又是戎狄之长，国内面临危机，现在秦国如果能乘势发动进攻，就如同狼对羊群发动突袭一样，必定是手到擒来。

“夺取蜀国的土地以扩大秦国的地盘，夺取蜀国的财富来充实秦国百姓的腰包，改善军队的装备。蜀国实力不强，我们不必付出重大伤亡，就可以令他们举国投降。我们救援巴国，师出有名，灭掉蜀国，天下人也不会说我们残暴；捞足了好处，可是天下人也不会说我们贪婪；这真可以称得上是一举多得、名利双收。

“倘若是攻打韩国、挟持天子，背上不义的恶名，还未必能得到多少实际好处。为什么这样说呢？请听我的分析：周在名义上是天下诸侯共尊的王室，而韩国与齐国是盟友。如果周王室面临丧失九鼎的危险，韩国面临丢失国土的困境，必会困兽犹斗，向齐国、赵国借兵，谋求与楚国、魏国和解。楚国人一直觊觎周室的九鼎，要是周天子情急之下把九鼎送给楚国，那楚国必定会一马当先出兵相救；魏国一直想得到韩国的三川之地，韩国迫于无奈之下，将三川之地拱手相送，魏国势必会与韩国联手对付秦国。

“综上所述，可以看出，攻打韩国的战略，不如攻打蜀国来得圆满。”

在张仪、司马错等人发表完见解后，秦惠王心里有数了。张仪本质就是个政客、投机分子，这个性质决定了他急功近利，攻打蜀国无赫赫之名声，他当然不屑于出手了。司马错却着眼于长久，能够向西南扩张土地是秦国的地缘优势，像魏、韩等国想扩张土地却受制于地理位置，秦国又岂能放弃这种得天独厚的优势呢？于是秦惠王最后拍板钉钉，对司马错说：“您说得好，我愿意听您的意见。”

负责指挥伐蜀之役的秦国将领，包括张仪、司马错、都尉墨等。尽管张仪是主张先征讨韩国，意见被否后，他也立马投入伐蜀之役的准备中，闲居那么多年后，他可不想在别人立功的时候无所事事呢。

蜀国的军事力量远不是秦国的对手，能否伐蜀成功，关键是能否克服地形的障碍。大诗人李白写道：“蜀道难，难于上青天……尔来四万八千岁，不与秦塞通人烟。”从秦入蜀，主要通道是石牛道，那是当年蜀王为了得到会拉金粪便的石牛而开凿的一条路，又称为“金牛道”。这条通路是蜀与秦交通的要道，大约是从今天陕西勉县向西南行，越过七盘岭，入四川境，经朝天驿趋剑门关，一路上有许多险隘之处，要大规模行军显然十分困难。

可是训练有素的秦国兵团以英勇无畏的精神向前挺进，他们跋山涉水，以顽强的意志跨越重重天险，深入蜀国。

秦军一路南下，完全出乎蜀王的意料。

蜀王亲自率军队在葭萌抗拒秦师，但面对如狼似虎的秦国兵团，蜀军被打得大败。蜀王落荒而逃，逃到武阳时被秦军追上杀死。蜀国的太傅、丞相、太子等人退守逢乡，眼看不是秦军的对手，只有一条路可以走，就是向张仪、司马错投降。这年（前 316 年）十月，蜀国战败投降，秦军大获全胜。

这样，秦国把蜀国收入囊中，置蜀郡。秦惠王封公子通为蜀侯，陈庄担任蜀相，张若担任蜀郡守。但是由于有义渠叛乱的前车之鉴，秦惠王认为蜀国虽然投降了，但作为西南地区“戎狄之长”，蛮族的势力仍然不可低估，反叛随时可能发生。最好的方法，莫过于大量向蜀地移民。于是，一场大规模的迁移开始了，秦政府动员了上万个家庭移居到蜀地。这个移民政策改变了蜀地的面貌，先进的中原文化开始在蜀地扎根。随着大量人口的涌进，蜀地的耕地得到更多的开发，“天府之国”的优势逐渐显露出来，后来这里成为秦国的粮仓，这也是秦国能进取中原的强有力的后方保障。

事实证明了司马错的目光长远，伐蜀一役成为继商鞅变法之后，秦国实力大大提升的又一个关键。

秦军本来是打着救援巴国的旗帜伐蜀，蜀国到手后，又顺手牵羊把巴国吞并了。据《华阳国志》记载，吞并巴国是张仪的主意，“（张）仪贪巴、苴（苴侯的地盘）之富，因取巴，执王以归”。巴王被封了个“君长”的虚衔。继蜀国之后，巴国也成为秦国的一个郡，即巴郡。后来秦国政府又从巴郡、蜀郡各划出一块土地，置汉中郡。

可是巴、蜀这块土地毕竟受制于交通，秦国中央政府对其掌控力度比较有限，故而只要稍有风吹草动，就会发生叛乱。在张仪、司马错伐蜀后五年，即秦惠王后元十四年（前 311 年），聚居于蜀地西南的部落丹犁向蜀侯称臣。在其间不知发生了什么事，蜀侯（公子通）与蜀相（陈庄）两个人发生严重的冲突，结果陈庄杀死了蜀侯，遂据蜀而反。秦惠王去世后，继位的秦武王派庶长甘茂连同张仪、司马错等人率军队入蜀，杀死蜀相陈庄，紧接着又征伐丹犁，平定了这场叛乱。

陈庄死后，秦武王以公子恽为蜀侯。公子恽担任蜀侯共计七年，颇得秦王的信任。公元前 301 年，公子恽以蜀侯的名义祭祀山川，而后把祭祀的食物献给秦昭王，可是他没曾料到，这居然招来了杀身之祸。原来是公子恽的后妈搞的鬼，她故意在公子恽进献的食物里下毒，等到秦昭王要吃时，阻拦说："这些食物是从两千里外的蜀地送来的，吃之前要试一下。"秦昭王便把食物分与身边的人，结果那人一吃便毒发身亡。秦昭王大怒，派司马错入蜀，赐一把剑给公子恽，勒令他自裁。公子恽情知被陷害，难逃此劫，遂与妻子一同自杀。在这次事件中被诛杀的，还包括蜀侯的二十七名近臣。

公子恽死后，秦昭王封其子公孙绾为第三任蜀侯。

几年后，公孙绾年长懂事，得知父亲是无罪被人陷害获诛，便查明真相，上报给了秦廷。在秦昭王的同意下，公孙绾把父亲公子恽的遗骸从城郊迁到城内，并为他立祠纪念。可是公孙绾最终的结局竟然与父亲毫无二致，在封侯十五年后，即公元前 285 年，多疑的秦昭王怀疑公孙绾有反叛之心，遂将他处死，并从此撤销了封侯，只保留了蜀守作为蜀地最高行政长官。

连续三任蜀侯都死于非命，这证明一件事：秦国政府宁可错杀，也不愿冒着丢失蜀地的风险。斯可见吞并巴蜀对于秦国的重要意义。在取得巴蜀这块富饶之地后，秦国变得更加强大，既稳定了大后方，又获得了大量的兵源。

如果说商鞅变法让秦国获得内在优势，那么吞并巴蜀则让秦国获得外在优势。秦国占据辽阔的西部，控制"天府之国"的粮仓，在陆地则有高山峻岭为天然屏障，既能阻挡东方诸国的进攻，又能凭借着居高临下的优越地理条件，不断向东方鲸吞蚕食。从水路上看，中国河流都是由西而东，秦国稳居上游，沿着水路正可顺流而下，对下游的东方诸国又取得另一个地理优势。占据巴蜀后，秦国获得了侧击楚国的机会，从此楚国再也不可能高枕无忧。这样，秦国在地势上进可攻，退可守，据西河、崤山之险，控长江上游，居高临下，雄视东方，隐隐有窥伺天下之势矣。

六、惊天骗局：六百里怎么变成六里

一向四平八稳的楚国开始危机降临了。

在楚悼王时，楚国有过吴起变法。吴起的结局与商鞅一样悲惨，在保守派大臣的反攻倒算之下被杀死。但秦国新法在商鞅死后仍然延续下来，而楚国却很不幸地回到老路上了。为什么会这样呢？这跟楚国人缺乏危机感有很大的关系。自从春秋时代始，楚国就是天下最强的国家。尽管楚国后来遭到吴国的致命一击，国力就没有恢复到全盛时期的水平，但进入战国时代后，楚国陆续吞并了一些小国，仍然有强国的架势。不过楚国并不热衷于同大国发生正面冲突，这个国家日趋保守，失去了往日朝气，暮气沉沉，只要自己南方霸主的地位不受动摇，它就心满意足了。

在楚悼王之后的楚肃王时代，楚国对外缺乏扩张气势。在西面遭到蜀国的进攻，只是被动地筑城防御；在北面，一直被楚国视为进取中原跳板的郑国被韩国所灭，楚国无力救援；魏国更是多次发动对楚国的打击。作为一个大国，此期的楚国可谓颜面扫地矣。楚肃王之后的楚宣王，当了三十年的国君，几乎没有什么大的功绩值得一提。直到楚威王上台后，楚国才有了一点起色。

楚威王在对外扩张的战争中，最大的成果是打垮了越国。

越国自越王勾践灭吴称霸后昙花一现，王位传了六世，到越王无疆时，越国的实力有所扩张。这位目空一切的越王自认为实力超强，居然想向北攻打东方诸侯的龙头齐国，结果齐国人略施小计，便诱使他转而攻打楚国。

公元前334年，自视甚高的越王无疆率领越国军队倾巢而出，进攻楚国。然而在楚军的猛烈还击下，越国兵团溃败，越王无疆在这次伐楚战役中战败身亡。楚威王得理不饶人，在击溃越军后，他并不满足，乘胜追击，攻入越国，占领吴地及浙江。经此一役，越国一蹶不振。越王无疆死后，他的儿子争立，各据一方，有的称王，有的称君，越国只剩下沿海一小块地盘，最后不得不向楚国称臣，沦为楚的附庸。

破越之役令楚国声威大振，这也是楚国在战国时代所取得的最大胜利之一。在楚军破越的这一年，齐威王与魏惠王在徐州互相称王。楚威王对齐国称王一事耿耿于怀，加上齐国人怂恿越国进攻楚国，更使他忍无可忍，遂于次年挥师北上，攻打齐国的徐州城。此时正是齐国风头最盛的时候，楚威王敢于在这个时候北进与之抗衡，也说明他有很强的自信心。

楚威王在位时间并不算长，前后仅有十一年，但他却是战国时代最有作为的一位楚国君主。在他统治时，除了向东吞并吴越、向北抗衡齐国之外，还有一事可圈可点，便是经略巴、黔中以西之地。据《史记》所记，楚威王派庄蹻经略西部。庄蹻是春秋五霸之一的楚庄王的后裔，荀子曾把他与田单、卫鞅（商鞅）等人列为“皆世俗所谓善用兵者也”，可见他颇有行军作战的天赋。庄蹻率领一支远征军沿着沅水逆流而上，攻略西部。

对于这次西征的详细情况，史料语焉不详，仅知道以下几点。

第一，庄蹻远征军深入西南，一直抵达滇池，夺得滇池周围数千里的土地；

第二，这支远征军从楚国出发，是在楚威王时，到了楚怀王十三年即公元前316年时，仍然没有返回国内。这一年秦国灭巴蜀，《史记》称：“会秦击夺楚巴、黔中郡，道塞不通，因乃以其众王滇，变服，从其俗以长之。”由于回楚国之路被秦军所切断，庄蹻便在滇地自立为王。

总的来说，在楚威王时代，楚国的军事实力还是比较强大的，在国际舞台上比较积极。公元前329年，楚威王去世，他的儿子熊槐继位，是为楚怀王。

楚怀王上台时，“国际形势”已经很明显了。曾经雄霸一时的魏国在秦、齐两国的夹击之下，已经风光全无。在这个时候，楚国人落井下石，在魏国人的背后又插上一刀。楚怀王六年（前323年），楚国柱国（最高武官）昭阳率领大军发动伐魏之役，攻破襄陵，并掠取八座城邑。魏国在此战之后，势力更加衰微，而楚国也理所当然地成为战国“三巨头”之一，与齐国、秦国三足鼎立。

柱国昭阳想挟战胜魏国之威，继续前进，进攻齐国。但是齐国却不想与楚国交锋，齐国的战略一直非常清晰，就是削弱三晋，有机会就窥伺燕国，避免在南线与楚国发生大的冲突。齐威王急需有一名特使前往敌营与楚军统帅昭阳交涉，这时有一个人挺身而出，他并非齐国人，而是秦国出使齐国的使者陈轸。

陈轸在战国纵横家中也是赫赫有名的人物，他曾经效力于楚国，与楚军统帅昭阳是老相识。当时魏国联合韩、赵、燕、中山等五国结为同盟，互相承认对方的王号，秦国急需与齐国建立良好的外交，以从东、西两线挫败魏国主持的合纵运动，故而遣陈轸出使齐国。现在正好有一个可以帮助齐威王的机会，他可不想丢失这个良机，故而自告奋勇，前往楚营游说昭阳。

见到昭阳后，陈轸先是祝贺他取得了连下魏国八城的伟大胜利，然后问他："按照楚国的法令，在战场上消灭敌军，杀死敌方将领，最高可以得到什么官职与爵位呢？"

昭阳回答说："最高官职可授予上柱国，爵位则是上执珪。"

陈轸听完了后说："请允许我先说个故事给您听吧。有一群人在喝酒，酒不够喝了，便商量说，那大家就在地上画蛇吧，先画成蛇的人有酒喝。有一个人最先画完了蛇，看到别人还未画完，就自作聪明在蛇上添了足，结果这时别人画完了蛇，就先得到酒了。画蛇却要添足，多此一举嘛。将军您率领大军攻打魏国，破军杀将，连下八城，功劳可谓大矣，但您已是上柱国，官职已经没法再加了。现在您要移兵攻打齐国，有什么好处呢？您仔细想想，就算打赢了，您还能加官晋爵吗？要是打输了呢，你可能官帽不保，甚至丢了性命。所以按我的说法，您要攻打齐国，完全是画蛇添足的做法，不如就此引兵退去，齐国还会对您感恩戴德呢。"

昭阳一听，陈轸的说法也不是没道理，自己还是见好就收吧，于是放弃攻打齐国。尽管伐齐之役无功而返，但楚国证明了自己的实力，在战国七雄中，是可以跻身前三名的。

战国时代最令人眼花缭乱的事，莫过于各国关系变化之迅速。从敌人到盟友，或从盟友到敌人的时间往往很短，今天是仇敌，明天是盟友的现象屡见不鲜。就说楚国与魏国吧，楚国大将昭阳攻破八座魏城，但不久后，魏国与楚国居然走到了一起。为了对抗秦国，魏国显然认为光凭三晋的实力是不够的，要拉上楚国才行，所以魏襄王不惜把"纵约长"的头衔让给了楚怀王，换取楚国加入合纵阵营，联合出兵攻打秦国。

楚怀王十一年（前 318 年），踌躇满志的楚怀王率领楚、魏、赵、韩、燕五国联军，杀气腾腾地开向函谷关，发动对秦国的打击。只可惜的是，这支军队看似强壮，实则各路诸侯各行其是，当秦军出关迎战时，中看不中用的联合部队土崩瓦解。伐秦之役就这样虎头蛇尾地草草终结。

五国联合攻秦的失败，是东方合纵运动的巨大挫折。秦国的势力不仅未受削弱，反而接连取得伟大的胜利，先是在修鱼之战中，歼灭八万余名三晋士兵，继而又西灭巴蜀。伐蜀之役的胜利，为秦国侧击楚国打开了一扇大门。

早在征蜀之前，秦将司马错、中尉田真黄曾向秦惠王进言：“从蜀国有水路通往楚国，加上巴国劲卒的配合，可以乘大船沿江而下，直取楚国，则楚地可得。得到蜀国后就可以得到楚国，而楚国一旦灭亡，就可以吞并天下了。”

这个战略非常明确，楚国将成为秦国的下一个鲸吞蚕食的对象。

伐蜀战役结束后，司马错以巴、蜀两地的士兵为主力，纠集十万大军，造大船万艘，米六百万斛，沿着涪水漂流而下，向东进攻楚国。这次作战大获全胜，秦军攻城略地，秦惠王把这块新得来的土地并入秦国，设黔中郡。

据《华阳国志》所记，司马错取“商、於之地为黔中郡”，把商、於之地与黔中郡混为一谈，这个记载当有错误之处。商、於之地中的“商”，就是当年商鞅的封地，这块地应该早已被秦国所吞并。

在这种情况下，齐国不失时机地跳出来，与楚国结盟。齐、楚这两个大国的结盟，对秦国构成的威胁比当初的五国联盟还大，在齐国人的帮助下，楚怀王在公元前313年派出军队攻入秦国，攻克曲沃（当年晋国的名城，后落入秦国之手）。对此秦惠王忧心忡忡，拆散齐楚同盟，成为秦国最重要的外交任务，这个任务又一次落在名嘴张仪身上。

说到楚国，张仪一点也不陌生。当年他刚出道时，就在楚国碰了一鼻子灰，被诬陷盗取宝物，遭到了一顿痛打。张仪是个有仇必报的人，他发誓，总有一天，他会让楚国不得安宁的。现在，机会来了。

张仪出使楚国的目的，就是要拆散齐楚的同盟关系。见到楚怀王后，他开口便说：“大王如果能对齐国闭关绝约，我将献上六百里的商、於之地。”看来张仪是摸准了楚怀王的性格。尽管这位楚王上台后，也风光过一阵子，但总的来说，不是因为他有非凡的才干，更多的只是继承了父亲楚威王遗留下来的资本罢了。这位才能平平却想沽名钓誉的君主，面对“六百里商、於之地”的诱惑，岂能不动心呢？

楚怀王脸上浮现出满意的笑容，善于察言观色的张仪一看心里就窃喜——楚王上钩了！果不其然，楚怀王迫不及待地宣布，与齐国断绝外交关系。他向群臣传达了一个好消息：作为与齐国绝交的回报，楚国将得到秦国六百里的商、於之地。于是乎群臣纷纷表示祝贺，土地还未到手，马屁精们的吹捧已经让楚怀王飘飘欲仙了。可是在一片吹捧声中，楚怀王居然听到了逆耳之声，有一个人说："这事不值得祝贺，反倒值得担忧。"

谁这么不识时务呢？

楚怀王往下一看，说话的人乃谋士陈轸。

想数年前，陈轸以秦使的身份帮助齐国游说楚国将领昭阳退兵，如今他摇身一变，从秦国阵营投奔到楚国阵营。这种现象在战国时代十分普遍，不独是君主选择臣子，臣子也可以选择君主。这个时代没有后世"忠君"的概念，个人发展才是硬道理。陈轸在秦国时，与张仪是政坛上的对手，对他那些把戏自然心知肚明。可是他反对的声音听起来不太和谐，楚怀王心里不高兴了，黑着脸怒气冲冲地质问他："现在寡人可以不动一刀一枪，唾手得到六百里的土地，你非但不高兴，还担忧什么呢？"

见惯了世面的陈轸不慌不忙地应答道："秦国之所以这么重视楚国，是因为楚国有齐国作为盟友。现在张仪夸夸其谈，楚国却还没有得到六百里之地。还没得到地，就先与齐国绝交，那楚国就被孤立了，一旦被孤立了，秦国又岂会看得起楚国呢？我为大王盘计了一下，最好的办法，是表面上与齐国断绝关系，但暗地里仍通好，然后派人跟着张仪到秦国，倘若秦王真的把六百里之地送给我们，到时再正式与齐国绝交也不算迟。倘若大王迫不及待与齐国绝交，然后再向张仪要地，那一定要被他给蒙骗了。大王一旦觉得被欺骗，心生怨气，就不得不与秦国为敌。如此一来，楚国西面有秦国之患，北面又与齐国为敌，这岂不是失算吗？所以臣对此很担忧。"

对陈轸的分析，楚怀王不仅一个字也听不进去，反倒暴跳起来，不怀好意地说："你给我闭嘴，等着瞧吧，看我怎么得到六百里之地。"为了表示诚意，他还以相印授张仪，也就是封他为"名誉丞相"，并赏赐许多礼物。见利忘义的楚怀王就这样投奔秦国的怀抱，把齐国一脚踢开了。

这么简单就可以得到六百里之地，真是太划算了——楚怀王心花怒放。张仪挑拨楚齐关系后，大功告成，就要回秦国去了。楚怀王当然没有忘了派使者与他一同入秦，现在是张仪兑现承诺的时候了，六百里商、於之地得有个交接的过程。

可是一回到秦国，张仪却出了“事故”！据说是他贪杯了，以至于从马车上摔了下来，卧病三个月不上朝！楚国使者在咸阳城待了几个月，眼看日子一天天地过去，可是那六百里的土地却还没有着落啊，他心急如焚，快马向楚怀王说明情况。楚怀王也纳闷了，看来他也发现张仪所谓的“摔伤”实有猫儿腻，究竟是哪个环节出了问题呢？于是乎一帮“智囊”又出来出谋划策，最后得出一个结论：看来张仪是觉得楚国与齐国绝交还不够彻底呢。

他娘的，一不做，二不休，索性就做得更彻底，让张仪没有借口可说——楚怀王心里想着。怎么做呢？他派了一个名叫“宋遗”的勇士到齐国去，当着齐国人的面辱骂齐宣王。这下子齐宣王可气疯了，楚国人真不是东西，不识好歹，难道我齐国只能跟你交朋友吗？少了你楚王，我会死吗？一怒之下，齐国转而向秦国伸出友情之手。聪明的秦国人不会拒绝的，因为他们达到了目的，拆散了齐楚同盟，现在可以与楚国翻脸了。

于是张仪从病榻上一跃而起，穿好朝服上朝，接见楚使。见了面后，张仪让人取出一幅地图，装模作样地比画说：“为了回报楚国，秦国打算割地赠楚，从某地到某地，总计六里土地。”

楚使刚开始还以为自己耳朵出问题了，六里？

不对吧，分明是六百里才对啊。

就在楚使目瞪口呆之时，张仪又故意说：“您怎么不前来接收这地盘呢？”

楚使这下才缓过神来，愤怒地说：“我得到的命令是接收六百里之地，而不是六里！”

张仪故作惊讶状说：“将军何出此言呢？我明明说的是六里呀。”

不消说，楚使愤愤离去，把这件事向楚怀王做了汇报。楚怀王傻了眼，事情的结果，与陈轸的预料是一样的，张仪这个人果然一点信用也没有。原来坑蒙拐骗并非小商小贩的专利，连秦这样的大国居然也使用这种下三烂的手段。这时楚怀王后悔了，当时怎么就没有与张仪签文字合同呢？现在人家不认账了，你压根就只能干瞪眼不是？恼羞之后就是愤怒了，被愤怒冲昏头脑后，楚怀王做出了一个冲动的决定：攻打秦国。

可是凭什么攻打秦国呢？

前几年楚国当老大，联合五国力量攻打秦国，刚打到函谷关就草草收兵了；如今又与齐国绝交，在“国际”上是孤家寡人，有什么把握能打败强秦呢？

这时楚怀王又听到反对的声音了，还是谋士陈轸。

陈轸在秦国混了很多年，对秦国的实力心里有数。在此之前，他曾警告楚怀王要当心落入张仪的圈套中，不幸被他言中。眼看楚国已经是棋差一着了，倘若冒冒失失地发兵攻打秦国，那只会错上加错。

陈轸对楚怀王说："与其攻打秦国，不如干脆再送给秦国一座城池，换取与秦国共同出兵，攻打齐国。既然与齐绝交，就铁下心来联合秦国攻齐，把楚国的损失从齐国人身上捞回来。"

这下子楚怀王勃然大怒：老子被张仪羞辱得还不够吗？人家欺负我，我还要拿着地盘低声下气地送给他们？老子也是王，是可忍，孰不可忍？老子一定要教训秦国人，非出这口恶气不可。于是他任命屈匄为大将，率领楚军大举进攻秦国，秦国不甘示弱，庶长魏章率军抵御，秦楚战争爆发！

楚怀王要为自己的轻率而付出惨重的代价。

秦国人很快易守为攻了。论及战力，楚国远不及秦国。冬去春来，转眼到了公元前 312 年，在秦国军队的阻击之下，屈匄指挥的楚军被赶出秦国的地盘。

可是秦国人并不想结束这场战争。

秦国集结了一支强大的军队，由魏章、樗里疾、甘茂等人指挥，攻入楚国，在丹阳与屈匄指挥的楚国兵团展开决战。楚国人终于明白何以三晋士兵被秦军砍脑袋如同砍瓜切菜，因为秦国兵团实在太厉害了，他们如同野蛮人一样横冲直撞，热衷于砍下敌人的脑袋回去领赏。只要看着他们锐利而寒冷的刀锋，就足以令人心生恐惧了。这是世界历史上最可怕的军队之一，楚国人倒霉的日子到了。

丹阳一战，楚国人被斩下的首级共有八万多个，总司令屈匄、裨将军逢侯丑等七十余名将领成为秦军的俘虏。

楚怀王蒙羞了，他非但没有得到六百里的土地，甚至连六里都没捞到，反倒损兵折将，遭遇到楚国历史上最惨重的一次败战，还丧失了六百里的土地。秦国把占领的六百里楚地并入汉中郡。

楚怀王想要豪赌一把，结局却很残酷。

与多数赌徒一样，当赌输时，总想孤注一掷，希望能出现奇迹，扭转颓势，于是赌徒在输得精光之前，很少有知难而退的。楚怀王也是如此。在丹阳惨败后，他完全失去理智了，他把所有的一切都押上了，紧急发起全国总动员，把能用的士兵都派上场，他要以举国之力与秦国拼一死战。

但是人海战术并不总是有效。

在接下来的蓝田一役中，楚军又一次被秦国人打败了。更要命的是，楚国并不是只有一个敌人。魏国、韩国也乘机落井下石，非但没有拉楚国人一把，反倒乘人之危，攻城略地，一直打到楚国的邓地（今湖北襄阳北）。本来就打不过秦师，现在又面临两线作战的困境，楚怀王这下子已经由愤怒变为惊慌失措了。

怎么办呢？

楚国无力再打下去了，只能与秦国媾和，当然，少不了要割地了。楚怀王忍痛割了两座城池给秦国，才换取了停战的喘息之机。

这场由张仪导演的阴谋是楚国由盛转衰的分水岭。楚国在外交上完全被动，在军事上又遭到重创，同时损失了大片土地。张仪的计谋之所以能得逞，是楚怀王贪图小利的结果。与东方诸侯相比，秦国更有长远的战略规划与坚定不移的执行力，而东方诸国的外交朝令夕改，缺乏远见，最终被秦国一一击破。

第六章　东西双雄

一、当明君遇到圣哲

自从商鞅变法后，秦国在西方强势崛起，与秦国相接壤的国家，无论是楚、魏、韩、赵都难以抵挡秦国的鲸吞蚕食。东方诸强中，唯一可以同秦国抗衡的，只有齐国。

公元前 320 年，一代雄君齐威王去世。

齐威王统治齐国长达三十七年，在这段时间里，齐国无论在文治或武功上都取得令人瞩目的成就。公元前 342 年，名将孙膑在马陵之战中，消灭魏国十万大军，是役不仅成为魏国由盛而衰的分水岭，也令齐国跨入超级强国之列。公元前 334 年，齐、魏“徐州相王”，齐国率先称王，并在之后发动伐燕之役，攻略燕国，夺取十座城池。苏秦由燕入齐，游说齐威王，威王将十城重新归还燕国。公元前 325 年，齐国与赵、韩两国爆发战争，肦子率齐军大败赵韩联军，夺取平邑新城。尽管此时齐国的势力如日中天，但总的来说，并没有大规模的扩张。齐国的战略思想与秦国是不同的，相对保守，毕竟深受春秋时代霸业思想的影响，满足于称霸东方。而秦国则是一种帝王思想，对外富于侵略性，攻城略地，疯狂扩张。

齐威王去世后，其子田辟疆继位，是为齐宣王。

此时魏国的霸业不再，秦国风头正盛，楚国实力也不可小觑，倘若齐国不苦练内功，将很难在国际上保持自己的优势。上台伊始，齐宣王就摆出礼贤下士的姿态，广招人才，而大学者、儒学巨擘孟子，便是在这个时候来到了齐国。

小国也会涌现出大人物，所以我们不应当轻视战国时代任何一个国家，有些国家尽管国力不强大，但并不意味着文化落后。比如说默默无闻的邹国，诞生了一位伟大的人物，被称为“儒家亚圣”的孟子。有人认为邹国就是春秋时代的郏国，不过此时它已沦为鲁国的附庸国，这么个不起眼的小国，也同样有自己的传奇。

孟子虽然是邹人，但据说他实际上是鲁国“三桓”中的孟孙氏之后。“三桓”就是长期控制鲁国政权的三大家族，除了孟孙氏之外，还是季孙氏与叔孙氏。孟子大约是在孔子去世百年后出生的，此时儒家思想仍然是显学。他是继孔子之后最重要的儒学大师，鼓吹性善论，宣扬王道仁政思想。受时代辩术思想的深刻影响，孟子的文章或言谈，均是逻辑严密，雄辩滔滔，有一种排山倒海的气势。

时代的巨变，给了学人参与政治的良机，诸如法家、纵横家等名士大师纷纷亮相，商鞅、苏秦、公孙衍、张仪等人先后粉墨登场，在国际舞台上呼风唤雨，权倾一方。他们或是奉行强权、鼓吹武力，或是耍尽阴谋诡计、翻云覆雨。看到整个社会在功利主义的笼罩下，丧失了仁义与公道，孟子不禁要拍案而起，为捍卫儒家的社会理想而奋斗。

在魏惠王晚年时，孟子来到了魏国，想要游说魏惠王施行仁政。不料魏惠王见着孟子后，开口便说：“老人家，您不远千里来到魏国，想必能带给我国什么利益吧。”

孟子答说：“大王，您为什么一定要只讲利益呢？只要有仁义就行了。”接着，孟子跟魏惠王说了一大通仁政的道理，可是这些魏惠王听不进去。

过了段时间，魏惠王又跟孟子说：“以前晋国是天下最强大的国家，这您老人家也是知道的。可是到了我做君主时，东面败给齐国，我大儿子也死了；西面败给秦国，丧失七百里土地；南面败给楚国，丢了八座城邑。我对此深感耻辱，想为死去的人报仇雪耻，您说要怎么办呢？”

孟子答说：“国家土地不在于大小，只要有方圆百里之地，就可以施行仁政。国君如果能施行仁政，轻刑罚，薄税敛，鼓励农耕，教导青年孝悌忠信的道理，那么他们即使手里拿着木棍，也可以抗击秦、楚的坚甲利兵。秦楚这些国家，百姓都被迫当兵，不能赡养父母，父母冻饿，兄弟妻子离散，当他们的百姓陷入深渊时，大王以仁义之师征讨，有谁能抵挡呢？这就是‘仁者无敌’的道理。”

这种仁政论在孔子在世时就很没有市场，因为政客们都明白，现在整个政坛狼烟四起，国与国之间充满尔虞我诈的阴谋，有几个国君相信一群手持木棒的人可以打败秦、楚的精兵呢？就算魏惠王听从了孟子的话，他也无法力挽狂澜了，因为不久后他便去世了。

魏惠王死后，魏襄王继位，孟子前往见新君，出来后便说道：“魏王远远看上去就不像是个国君，走近了也没有看出他有什么令人敬畏的地方。”老夫子倒还是有几分眼光，这位蹩脚的魏襄王很快使魏国沦为秦国的小喽啰，从他开始，魏国已算不上强国了。

看来待在魏国已经没有用武之处，孟子把希望寄托在齐国。

孟子入齐时，正是齐宣王元年。

齐宣王田辟疆是一个很有修养的君王，《史记》中称他“喜爱文学游说之人”，很有雅量。当时孟子闻名于诸侯，对他的到来，齐宣王非常欢迎。是时天下诸侯以秦、齐、楚三国最强，孟子并不喜欢秦国与楚国，他认为秦国与楚国的政治有残暴的一面，而且这两个国家蛮夷色彩比较浓厚。齐国则不同，不仅文化发达，而且齐威王、齐宣王都十分开明，对文化学术事业很支持，稷下学宫几乎成为当时中国文化的中心，所以孟子希望把儒家那套仁政思想搬到齐国实践。

可是在这么一个混战的年代，诸侯们更关心的事，是如何富国强兵，如何在残酷的战争中生存，以及如何扩张自己的力量。而这些，不是儒家所能解决的。儒家更适用于和平年代，而孟子的时代，是非常时代。

齐宣王见了孟子后，便问：“齐桓公、晋文公当年称霸的故事，您可以说给我听听吗？”他与秦孝公、魏惠王并无两样，首先关心的是自己的国家能不能称霸诸侯。

关于齐桓公、晋文公的霸业故事，大学问家孟子当然十分熟悉，可是他却不想讲，因为他认为不值得一提。他回答说：“孔子的学生中没有人谈过齐桓公与晋文公的霸业故事，后世没有流传，我也没有听过。如果大王愿意听，那我就说说王道吧。”

好吧，那就听听吧。

齐宣王没有拒绝，于是孟子侃侃而谈，说了一大通，讲了“保民而王，莫之能御”，讲了“老吾老，以及人之老；幼吾幼，以及人之幼；天下可运于掌”，都是关于如何施行仁政的。最后，孟子问道：“大王动员全国甲兵，让将士臣民冒生命危险，与各诸侯国结怨，难道这样会让您心里痛快吗？”

齐宣王赶紧否认说：“不是的，这样怎么会痛快呢？我只是追求远大的志向罢了。”

孟子问道：“大王能说说远大的志向吗？”

齐宣王笑而不答。他是君王，孟子是知识分子，焉能知道君王的远大志向？

可是孟子替他说出来了：“大王的远大志向，大概就是扩张土地，让秦、楚等国都来朝贡，君临中原，安抚四夷吧。”

齐宣王没吭声，默认了。

孟子接着说：“您这样做，追求无度的欲望，必定会引来灾祸。”他分析说：“小国不可敌大国，寡不可敌众，弱不可敌强。现在海内之地，方圆千里的国家有九个，齐国只是九国之一。以一敌八，哪来的算胜呢？大王何不考虑治国的根本出路呢？只要大王施行仁政，天下想做官的人都会蜂拥而至，种田的人都想到齐国耕种，经商的人都想到齐国做生意，各国对国君不满的人都会集中到齐国。试想想，倘若这样的话，谁能抵挡齐国呢？”

我们都知道有战国七雄，其实往往还忽略了两个国家：一个是中山国，另一个是宋国，这两个国家也是比较大的，故而孟子罗列大国时称“九国”而不是“七国”。

齐宣王听罢拜谢道：“我糊涂，愿夫子辅佐我，教导我，我虽然不聪明，愿意试一试。”

孟子的儒家思想，强调君主的道德水平。在战国时代，君主专制比春秋时代更加强化，缺少权力制衡的制度，高高在上的君王野心、欲望无极限地放大，要让他们用严格的道德自制力来约束自己，显然很不现实。以齐宣王之贤明，也难以做到，因此他尽管很虚心地倾听孟子的高谈阔论，并任用孟子为齐卿，可是并不能把儒家主张付诸实践。

过了些时间，齐宣王问孟子：“您能说说王道仁政吗？”孟子把当年周文王的做法说给齐宣王听，比如轻税赋，对耕田者只征收一成的农业税，对集市商人不征税，爱护鳏寡独孤之人等。齐宣王听了后赞道：“说得好哇。”

孟子说：“既然大王也认为好，为什么不施行呢？”

齐宣王的回答是：“寡人有个毛病，寡人喜欢钱财，恐怕不能实行王政。”

孟子答说：“大王您喜欢钱财，如果能像先王那样，与百姓一同分享钱财，那么实行王政有什么难的呢？”

齐宣王赶紧说：“寡人还有一个毛病，寡人好色。”

孟子又答道：“这也不是什么问题。大王喜欢女色，如果能因此而关心百姓男女的婚嫁，那不是好事吗？”

其实孟子说的这些，在齐宣王听来，哪算得上什么事业呢？他梦想着开疆拓土，雄视天下，众人都匍匐在他脚下，这才是英雄事业呀。因此他又换了个话题，问道：“与邻国打交道有什么原则吗？”

孟子回答道：“有哇。只有仁者能以大国去侍奉小国，只有智者能以小国去侍奉大国。以大国侍奉小国，是乐于天命，以小国侍奉大国，是畏惧天命。乐于天命者可以保天下，畏惧天命者可以保国家。”这里不得不说，孟子的外交思想与时代相差太远了，这时合纵与连横成为国际外交的两大法宝，而孟子却推出和谐理论，大国尊重小国，小国尊重大国，这个理论放在今天很有价值，放在诸侯血战的战国时代，有点超前了。

齐宣王又一次和稀泥说：“大哉言矣！不过寡人有毛病，寡人好勇！”要我去侍奉别人，门都没有。

从上面这些话，可以看出，齐宣王尽管很赞赏孟子的理论，但认为过于理想化而不着边际，他终究不能采纳。

齐宣王没能实行孟子的仁政，但也绝非暴政。在他统治的十九年里，齐国的文治与武功均达到最盛。他推动了齐国学术的发展，在稷下学宫百年历史上，宣王时期人才最为鼎盛。据《盐铁论》“论儒篇”所述：“齐宣王褒儒尊学，孟轲、淳于髡之徒，受上大夫之禄，不任职而论国事，盖齐稷下先生千有余人。”《史记》也写道：“宣王喜文学游说之士，自如邹衍、淳于髡、田骈、接予、慎到、环渊之徒七十六人，皆赐列第，为上大夫，不治而议论。”“不治而议论”，就是这些稷下先生们有官衔，但并不做事，只管发表议论，这就是孟子所斥责的“处士横议”。

倘若我们做个比较，就可以发现秦国所用的人才与齐国所用的人才是有很大不同的。

秦国是采取实用主义原则，历代君主注重的是实用型人才，能在外交、内政、军事上帮助秦国，譬如商鞅精于内政，张仪长于外交，甘茂善于打仗。齐国则不同，稷下先生们大多数是比较清高的，只当官不做事，高谈阔论。像孟子这样想实实在在做出点事的学人并不多，可是孟子的想法又有点脱离实际，不被齐宣王采纳也是意料之中的事。

文学鼎盛的齐国，却不能冒出像商鞅、张仪这样对国家有巨大贡献的人物，说明齐国人才政策有其缺陷。但我们也应当看到，“处士横议”对于保证政治清明是有正面积极的作用，这些德高望重的学术大师尽管不做事，但也能以针砭时弊的方式起到舆论监督的作用。正因为如此，在齐威王、齐宣王时代，齐国的政治是开明的。有一个开明的政府，国家的实力也不会差到哪儿去。

我们可以用一个例子来看看齐宣王的开明。

还是拿孟子来说吧，他有这么一件事。

有一天，孟子打算上朝见齐宣王。可是他还没出门时，齐宣王却派人来说：“寡人本来想亲自登门拜访您，可是突然受风寒了，不能吹风。如果您能来朝，我打算接见您。不知可否让我见到您呢？”

作为一位君主，对臣子说这样的话，那可算是客气到极点了吧，恐怕古往今来也没有几位君王能像齐宣王这样。

孟子本来就打算上朝的，可是听到齐王使者这么一说，他突然不想去了。也许他觉得齐宣王说假话，不真诚，忽悠他，也许是突然觉得自己很牛，反正他摆起了架子，对来人说：“很不幸我也生病了，不能到朝廷去见齐王。”

第二天，孟子打算到齐国大夫东郭家去吊丧。他的学生公孙丑说道：“昨天您假称有病不上朝，今天就跑出门吊丧，这样不太好吧？”孟子说：“昨天生病，今天好了，怎么不能出门吊丧呢？”于是他便出门去了。

齐宣王听说孟子生病了，便派人带了一名宫廷御医来为他治病，不想扑了个空。

“孟先生去哪儿了呢？”齐王派来的人问道。

这时接待的人是孟子的堂弟孟仲子，他心里着急，不敢说实话，忽悠来人说：“昨天齐王要召见家兄，可是他有病不能上朝。今天病情有好转了，他就上朝去了，只是身体虚弱，不知有没有力气走到那里呢。”这个孟仲子也是个忽悠高手，编了个谎言，还留下可回旋的余地。

听孟仲子这么一说，齐王派来的人就告辞了，回去交差了。这时孟仲子赶紧派家丁赶往东郭家，在路上正好遇到孟子吊丧后正要回家。家丁们拦住孟子，把事情说了一下，又说道：“您别回家了，快上朝去吧。”

孟子不想上朝，可要回家又被家丁死死拦着，索性跑到朋友景丑家里暂住一宿。

景丑也看不下去了，批评孟子说：“在家有父子，在外有君臣，这是人之大伦。我看大王对您很尊敬，可是您却不尊敬大王啊。您本来准备上朝，可是一听说大王要召见，反倒不去了，这恐怕不合礼的精神吧。”

孟子却振振有词地说：“想要有大作为的君主，一定会有召唤不动的臣子，如果想要与这样的臣子共谋大事，一定得亲自去拜访。商汤以前不敢召唤伊尹，齐桓公不敢召唤管仲。连管仲这样的人，尚且不能被喝来唤去，何况我还不屑做管仲这样的人呢。”

看来大学者确实不同凡响，一身傲骨。

不过就这件事来说，孟子还是有些做作，显然他认为齐宣王也是在装病，又要装作礼贤下士的样子。孟子敢摆出这么大的架子，是自认为真理在握，我们从他的著作中可以看出有一种“舍我其谁”的自大，认为除了自己这一套之外，其他的都是歪门邪道，他充满勇气与斗志，这一点足以令人钦佩。曾经有一回，齐宣王问他：“臣弑其君可乎？”孟子的回答是：“贼仁者谓之贼，贼义者谓之残，残贼之人谓之一夫。闻诛一夫纣矣，未闻弑君也。”公然认为君主倘若没有仁义，臣子可以诛杀这样的独夫，这就是孟子的伟大之处。

可是我也要赞美齐宣王，因为他有容人的气度，这在专制时代算是罕见的。如是放在后世，光一个“欺君之罪”就足以把一百个孟子也消灭掉。齐宣王在骨子里也有君王不可避免的傲慢，他公然以“寡人好货”“寡人好色”“寡人好勇”这样的借口来拒绝孟子的主张，但必须承认的是，至少在表面上，他是很尊师重道的。就如这个事件，即便齐宣王是假装生病，至少也是给了孟子一个台阶，但有着“浩然之气”的孟夫子显然并不吃一套。

在齐宣王上台时，东方诸侯的合纵运动正如火如荼地展开。

主持东方合纵运动的灵魂人物，是魏国的公孙衍，合纵的国家包括魏、赵、韩、燕、楚五个国家。值得注意的是，这次合纵不仅把秦国列为敌人，齐国也被合纵集团列为敌人。公孙衍的目的是不仅要击破秦国，同时也要击破齐国。据《战国策》中《楚策》所说，有“五国约以伐齐”的说法，足以证明这点。

在齐威王时，由于与齐接壤的国家实力都不如齐国，齐国的外患并不多。可是合纵运动的兴起，齐国面临的外部环境变得不确定了。公元前318年，合纵五国出兵攻打秦国，在函谷关被强大的秦国兵团击败。第二年，秦国要展开大规模的报复战，遂派人前往齐国，游说齐宣王出兵攻打三晋。

对齐宣王来说，这是打破五国合纵封锁、重树中原霸权的良机。原本是五国联合欲谋齐、秦，现在反过来是齐、秦联手以谋三晋。秦国从西面进攻三晋，齐国由东面进击，两国均大获全胜。秦国由樗里疾率军与三晋决战修鱼，斩首八万余；齐国则大败魏、赵联军于观泽。

齐、秦大败三晋，令五国合纵运动陷入低潮。从是年起，秦国开始疯狂扩张。公元前316年，秦灭巴、蜀；公元前315年，秦伐韩、赵；公元前314年秦伐韩、魏。秦国的连连得手，打破了齐、秦均势的局面。在此之前，齐国的实力与秦国相当，可是秦国在一系列的开疆拓土之后，拥有的优势愈加明显，这不禁令齐宣王忧心忡忡。

正巧这个时代，一个机会出现了。

北方的燕国出现内乱，这给了齐宣王一个介入的理由。

二、趁火打劫：燕国之乱始末

燕国内乱的起因是燕王哙把国王的宝座禅让给自己的臣子。作为北方大国，燕国在战国的前半期几乎没有过什么表现，在天下纷争缠斗的背景下，该国倒是一方太平。自从苏秦来到燕国后，鼓吹合纵战略，此后燕国多次参与中原合纵运动，开始崭露头角。燕易王去世后，他的儿子继位，史称燕王哙。

燕王哙似乎对政治并不热衷，在他继位后，把大权都交给丞相子之。

说起丞相子之，也是一个有本领的人，他大力改革燕国内政，做事果断，有魄力，同时也有野心。子之觑中燕王哙的弱点，在朝中大力培植自己的势力，试图架空燕王。到了公元前 316 年，即燕王哙五年时，燕国大夫鹿毛寿向燕王哙提出一个令人瞠目结舌的建议："大王不如把王位禅让给丞相子之。自古以来，人们把尧称为贤者，是因为他要把天下让给许由，许由坚决不接受，因而尧既有让天下的美名，实际上又没有失掉天下。现在大王您何不把王位禅让给子之呢，我想子之一定不敢接受。这样大王就可以博得与尧相同的美名了。"

我们可以认为这是丞相子之篡夺王位的开始。

对于燕王哙的心理，史书上没有写，按前人的观点，燕王哙就是个傻帽儿，被鹿毛寿的一番话给忽悠了。其实历史上真实的人物都不是文字所写的那么简单，我想更接近历史真相的情况，应该是大权在握的丞相子之正式向燕王哙逼宫。燕王哙可能在这个时候才发现自己孤立无援，子之的权势已经大到可以掌握朝廷的命运，除了被迫屈服，别无选择。

但是子之并没有立即接受王位，他当然谦虚地推辞了。但这种推辞仅仅只是作秀，就像后世的王莽在篡权时必不可少的作秀表演一样。通过这番作秀，子之已经给全国臣民传递了一个信号——燕王哙有让位之意。子之的权势更大了，此时朝中只知有丞相，而不知有燕王。

对于野心家来说，篡权才是最终目的，在没达目的之前，子之是不会罢休的。过了段时间，急不可待的子之又指使其他人向燕王哙进言，以大禹传位给伯益的故事来明示燕王应该把王位传给丞相。在无可奈何之下，燕王终于做出让国的决定，丞相子之南面行王事，燕王哙不听政，沦为臣子。

燕国发生这样的事并不奇怪，只不过是三家分晋、田氏代齐的翻版罢了。与晋国、齐国的故事不同，子之在燕国虽然大权独揽，可是根基并不深厚。我们不要忘了，当年晋国的赵、韩、魏三家执掌权柄在百年以上，齐国的田氏也用了上百年的时间，历经数代人的努力，才最后篡夺政权。从时间上看，子之掌握燕国权柄的时间太短，不能得到燕国多数民众的认同。

子之称王才三年，国内矛盾便无法调和。

国内反对派终于汇集为反叛的力量，燕国内战爆发！对子之称王最心怀不满的，当属被剥夺继承权的燕王哙之子太子平，他一方面暗中联络手握兵权的燕国大将市被；另一方面派人前往齐国，希望齐宣公能给予军事援助。

太子平的使者拜见齐宣王，说："大王如果趁此时机进攻燕国，一定能推翻子之。"

以寡人好勇自居的齐宣王岂能放弃此扩张的良机呢？他回答说："我听说贵国太子正在筹划大事，打算整饬君臣之义，扶正父子之位。寡人的国家虽然小，还是愿意听从太子的命令。"这是春秋战国时代典型的外交语言，其实齐国不仅不是小国，而且还是超级大国呢。

有了齐宣王的承诺，太子平算是服下一颗定心丸，内有大将策应，外有齐国援助，推翻子之的统治，可谓轻而易举。于是他召集党徒，与将军市被一同发难，出其不意地攻打王宫。不料子之自从当上王后，便发现反对他的势力暗流涌动，惶惶不安，早就在王宫内布置大量的卫队，严密戒备。太子党与子之的卫队激烈交战，王宫卫队凭恃高厚的宫墙固守，太子党徒屡攻不下。这时太子平急了，齐国的援军在哪儿呢？

不怀好意的齐宣王正隔岸观火呢。他可不想当"活菩萨"，帮助太子平打垮子之对齐国有什么好处呢？齐宣王的真实想法是坐山观虎斗，等燕国内战双方都打得精疲力竭时，那才是齐国上场的机会呢。

没有后援，形势很快对太子平不利了。

在子之军的反攻下，将军市被力战而死，太子平兵败被俘。这场内战持续了数个月，一向太平的燕国一时间成为人间地狱，燕国都城一片血色，交战双方以及平民百姓死亡数万人。尽管子之在这次内战中取得了胜利，但他大开杀戒，屠戮太子党，殃及无辜，让燕国百姓深恶痛绝，人心离散。

一向鼓吹仁政的孟子认为齐国有平乱反正的责任，显然他认为燕国子之的王位是不合法的，是以威胁手段从燕王哙手中取得的，这就丧失了君臣之义，齐国有责任帮助燕国扶正君臣之义。于是孟子对齐宣王说："现在讨伐燕国，这正是建立周文王、周武王事业的时机，机不可失。"

这个提议与齐宣王的想法不谋而合，但在动机上还是有所不同。孟子的动机是推翻子之，重建王室，匡正君臣大义。不要忘了一件事，孟子曾经说过"春秋无义战"，现在他老人家自己却要说服齐宣王去攻打燕国，显然认为这是一场“义战”。对齐宣王来说，他的动机是借此扩张势力，与秦国争一日之雄长。

齐宣王将伐燕的重任交给名将匡章。

匡章是齐国一位杰出的人物。

据《战国策·齐策》所记，在齐威王时，秦国曾经有一次借道魏国、韩国，发动对齐国的进攻。当时匡章率领齐国兵团迎战，与秦军对峙，他知道秦军的战斗力十分强悍，宜智取而不宜强攻，便派出一批壮士换上秦军的服装，混入秦军阵营以做内应。

不想这件事给捅到齐威王那儿，有人便乘机诬告匡章打算投降秦军。当各种谣言满天飞时，齐威王仍不为所动。这时有臣僚问道：“很多人都说匡章投降秦军了，大王为什么不派将军率兵前往镇压叛军呢？”齐威王说：“你别听人胡说八道，匡章是不会叛变的，寡人心里很清楚，不会叛变为什么要派兵去镇压呢？”过了一段时间，果然从前线传来好消息，匡章利用潜伏在秦军营地中的士兵为策应，里应外合，大败秦军，胜利而归。

《战国策》中所记的这场齐秦交战，在其他史料中没有出现过，因而具体是哪一年，书上也没有写。笔者认为这场战役应该是发生在齐宣王时代，而非齐威王时代。因为在齐威王时代，魏国、韩国并没有降服于秦国，秦国怎么可能借道两国向齐国发动进攻呢？魏国降服于秦国是在公元前317年的修鱼之战后，韩国则是在公元前314年岸门之战后，被迫以太子入质秦国求和。

这场战事应该发生在公元前314年，即韩国被迫降服于秦国的这年，而这一年正好齐国伐燕。该年匡章率齐军打败秦国，立下大功，遂被齐宣王任命为伐燕兵团的总司令。另一个间接证据是次年（前313年），齐国协助楚国攻打秦国，齐国不去攻打弱小、邻近的魏国、韩国，而跑大老远去打秦国，就算打赢了也得不到什么好处，可见这只是一次报复战，也可间接证明匡章败秦之役是在公元前314年，即齐宣王六年。

为什么齐宣王如此信任匡章呢？

我们可以看看孟子对匡章的评价：“博弈而好酒，好货财，私妻子，从耳目之欲，好勇斗狠，章子无一于是。”章子就是匡章，世人常犯的五种陋习，他一样也没有。后世史学家钱穆点评说：“此虽不足以尽章子，亦可知章子之律身。”可知匡章是个洁身自律的人，而且打仗有谋有勇，因而齐宣王放心地把伐燕重任交给他。

为了攻打燕国，齐国精锐尽出，匡章率“五都之兵”与“北地之众”，浩浩荡荡杀向燕国。五都就是齐国的五座重要城池，即临淄、高唐、平陆、即墨和莒；北地之众就是驻守北疆的军队。刚刚经历内战阵痛的燕国人根本无心作战，谁也不想为子之的政权卖命，于是便出现了一个奇怪的情况，“燕士卒不战，城门不闭”，这几乎是打开大门来欢迎齐国军队。这种情况的出现，说明孟子的判断是对的，燕国人在太子起事失败后，寄希望于外在力量能消灭子之这个暴君，希望齐国人能重建燕国政权。

匡章的齐军攻城略地，很快打到燕都城下。子之想负隅顽抗，但士卒并不卖力，很快都城沦陷。齐宣王并不想当救世主，也不想当“以德服人”的周文王或周武王，他野心勃勃，要吞并燕国。子之被处死，尸体被剁成肉酱，下场凄凉。另外燕王哙也没有好下场，同样被齐国人所杀。太子平的结局有点扑朔迷离，笔者认为他是在燕都被攻破之前被子之所杀，具体情况留待后文讲到燕昭王时再说。

伐燕之役，前后总计不到五十天的时间，齐军以凌厉的攻势大破燕国，震动天下，尽显霸气。此役可视为齐国战略大转折的标志，在齐威王时代，尽管齐国两度大败魏国，称雄东方，但齐威王并没有秦孝公或秦惠王那么大的扩张野心，在对外战略上略为保守。

接下来的问题是，如何处置燕国呢？是另立国君，或者是吞并燕国呢？

齐宣王对孟子说：“有人告诉寡人不要占领燕国，有人则劝我要占领。燕国与齐国都是万乘大国，我军仅仅用了五十天的时间便取得彻底的胜利，看来这并不是单凭人力所能完成的，定是天意如此。以此看来，倘若寡人不占领燕国，必定会招来天灾。如果要占领它，先生您有什么看法呢？”

孟子答道：“如果占领燕国能让燕国百姓高兴，那就可以占领。古代的周武王就是这样做的。如果占领了燕国，燕国百姓却不高兴，那就不要占领。古代周文王就是这样做的。齐国作为一个万乘之国，讨伐另一个万乘之国，燕国百姓扛着食物挑着酒来迎接大王的军队，这是为什么呢？这是因为他们在燕国生活得水深火热。如果大王的军队占领了燕国，却仍然让其百姓生活在水深火热之中，甚至比以前更悲惨，那么他们一定心生怨恨而另谋出路。”

对儒家圣人孟子来说，占不占领燕国，不是大问题，大问题是有没有行仁政。只要行仁政，百姓自然会拥护，倘若不行仁政，百姓自然会反对。

不过齐宣王对占领燕国有兴趣，对行仁政则比较没兴趣。你想想，一个好货、好色、好勇的君王，要用道德心来约束其内心的欲望，真是不太容易。既然孟子说古代周武王也有吞并敌国的先例，那么齐国当然也可以吞并燕国了。于是乎齐宣王迫不及待地宣布将燕国并入齐国，这么一来，不得了，原本就是东方第一强国的齐国领土突然扩张了一倍，天下诸侯都不由得要毛骨悚然了。

齐宣王上台后，对外政策开始富于侵略性，这岂不是让周围的国家惊恐另一个秦国在崛起吗？在齐的邻国中，最担忧的莫过于赵国。

此时赵国正是由雄才大略的赵武灵王统治，可是要论及实力，赵国还比不上齐国。从地缘上说，赵国与齐国、燕国相接壤，如今燕国被齐国所吞并，赵武灵王岂能安心入睡呢？他必须要尽全力阻止齐宣王的阴谋得逞。

要怎么阻止呢？

最简单的办法莫过于出兵与齐国硬干一场，可是有一个人站出来反对，这个人便是战国时代最杰出的将领之一：乐毅。

乐毅对赵武灵王说："没有联合其他诸侯便去攻打齐国，这样做不明智，只会使齐国更加仇恨赵国罢了。"话是这么说，可是燕国除了与赵、齐接壤之后，与其他诸侯国都没有沾边，要想让魏、韩甚至是楚国加入攻打齐国的行列，恐怕不容易。必须要让这些东方诸侯察觉到危险正步步临近，才足以调动他们的积极性，要怎么做呢？乐毅提出一个设想："我们派出使者到齐国，请求用赵国的河东之地，交换燕国的河北之地。齐国必然会同意，因为他们得到河东之地后，势力将大大增强。到时天下诸侯必然对齐国的强大抱以深深的恐惧，一定会联合起来共同对付齐国。这就是依靠天下的力量来击破齐国的最好时机。"

这个设想令赵武灵王拍手称好。

当时天下的重心在中原，得到河东之地，将使齐国在中原的话语权大大增加，同时直接对魏国、楚国构成更大的威胁。那么既然河东之地这么重要，为什么赵武灵王要用它来交换燕国的河北之地呢？这就与赵国的战略有关了。自从赵武灵王上台以来，他励精图治，全力向北发展，把攻击的矛头对准中山国，因而赵国的战略是向北发展，以河东之地交换河北之地，对赵武灵王来说并不吃亏。

既然这个交换协议对双方都有利，那就水到渠成了。齐国得到了河东之地，把控制下的燕国河北之地换给赵国。如此一来，齐国在中原的地盘突然扩大了，此举着实让魏国、楚国大吃一惊。两国政府不能眼睁睁地看着齐国坐大，必须要削弱齐国的势力，不能让燕国成为齐国的后花园。于是合纵运动又一次展开了，这次针对的目标是齐国。

作为传统强国，楚国在遏制齐国上表现得相当积极。为了对抗齐国，楚怀王许诺割六座城池给魏国，换取魏国的加盟。面对六城的诱惑，魏襄王怎么能不心动呢？于是楚国派淖滑为特使，魏国派惠施为特使，先后抵达赵国，会晤赵武灵王，共同商讨对付齐国。

这一切，其实早在乐毅的谋划之中了。

楚、赵、魏三国联合，策划进攻齐国、谋求重建燕国，显然谁也不想让齐国坐大。齐宣王有点害怕，便召孟子前来商议此事。齐宣王说道：“现在有许多诸侯国商量着要来攻打齐国，我该怎么样来对付他们呢？”

孟子回答说：“以前商汤仅仅凭借七十里的土地，就得以一统天下，而大王您拥有方圆千里之地，还会害怕别的国家吗？”

“您详细说来听听。”齐宣王若有所思。

“商汤为什么能一统天下呢？”孟子接着说，“因为他征讨残暴的国君，安抚那里的百姓，老百姓盼他到来就像是大旱时盼着雨水。他每到一处，百姓都非常拥护、高兴。再来说说燕国吧，燕国国君虐待子民，大王您出兵征讨，燕国百姓以为您要把他们从水火之中拯救出来，自然用竹筐装着饭，用瓦壶盛着酒浆来迎接齐国军队。可是齐国军队占领燕国后，却杀死他们的父兄，掳掠他们的子弟，毁坏他们的宗庙，抢走他们的宝器。这样做跟暴君有什么差别呢？要知道天下诸侯本来就很害怕齐国的强大，如今吞并燕国，土地扩大一倍，这是诸侯们绝对无法容忍的，所以他们才会联合起来，兴师动众。”

“那寡人现在要怎么做呢？”齐宣王又问。

“现在得赶紧发布命令，释放掳掠来的老人、小孩儿，停止搬运燕国的宝物，与燕国民众商议另立新君，然后把军队撤出燕国。这样做，大概还来得及避免严重后果的产生吧。”孟子最后给出自己的建议。

让齐宣王将燕国拱手让出，这不啻为对牛弹琴。他出兵燕国，可不是想着“为人民服务”，不是要当“活菩萨”，而是想开疆拓土，虎视天下。不用说，孟子的话让齐宣王当作耳边一阵风罢了，可是面对楚、赵、魏的合纵，他又不得不做出让步。

在合纵的三国中，楚国无疑是老大。要瓦解三国合纵，首先得从楚国下手。齐国主动向楚国示好，并表示愿意出兵，帮助楚国攻打秦国。楚怀王也就是一个平庸的君主，听说齐国愿意与楚国结盟，心里揣摩着只要齐、楚联手，就不必畏惧强秦了，于是他的态度发生了变化，立场来了一百八十度的转变，从反齐急先锋一下子变成齐国的盟友。而齐宣王也没有食言，在伐燕之役后的第二年（前 313 年），协助楚国攻打秦国，并攻占曲沃城。

尽管齐宣王成功地把楚国拉入自己的阵营，可是吞并燕国后所引发的一系列敌视行动并未停止。

首先是燕国人的反抗。原本燕人还当齐国是救世主，当齐军入燕时，他们居然把城门打开来迎接“救世军”，可是残酷的现实却给了燕国人一个教训——“从来就没有什么救世主！”当齐国士兵以征服者的身份蹂躏燕国土地，烧杀抢掠之后，燕国人奋起反抗，给齐国兵团以沉重打击。

更大的问题是秦国的强势介入。

秦国先是离间齐楚联盟，张仪以割让“商、於六百里之地”为诱饵，诱使楚国与齐国分道扬镳，而后又拒不割地，遂使秦、楚交战，楚国大败。在斩断齐国的左膀右臂后，秦惠王以名将樗里疾联合魏国军队进攻齐国，在濮水之役中打败齐军，俘虏齐国将领声子。紧接着，秦军与魏国又联手进攻燕国（此时燕国被齐国所吞并）。

这时的齐宣王焦头烂额了，既无力平息燕国复国力量的反抗，又频频被秦魏联军所击败，明智的做法当然是卷铺盖走人，放弃占领燕国。

公元前 312 年，齐国终于被迫从燕国撤军。在占领燕国两年后，齐宣王无奈地把吃到嘴里的肥肉又吐出来。伐燕之役最终未能取得预期的效果，此役无功而返，使齐国丧失了一个扩张的良机。这是齐、秦势力消长的一个关键点。秦国在西南吞并巴、蜀，土地面积极大扩张，倘若齐宣王能吞并燕国，那么将使齐国的领土扩张一倍，重新取得与秦国的均势，但事与愿违，燕国只是烫手的山芋，最后齐国不得不完全放弃了。

齐国的失败，证明了其外交策略远远不及秦国。秦国深知天下诸侯中，唯一能对其构成威胁的，只有齐国，绝不可以对齐国的扩张袖手旁观，必须要采取武力遏制的手段。秦国打出的两张外交牌是其胜利的保证：其一是离间齐楚联盟；其二是与魏国联合对付齐国。这两张外交牌令齐国在国际舞台上处处被动，成为孤家寡人，没有强国可作为盟友，因而失败在所难免。

在这场围绕燕国展开的"国际战争"中，赵国扮演了一个微妙的角色。正是乐毅提出的以"河东之地"交换"河北之地"，才使得魏国陷入恐慌中。倘若魏国置身事外，秦国就是想遏制齐国也是不可能的，因为秦军必须要借道魏国，才可能对齐国发动大举进攻。当齐军撤出燕国后，赵武灵王马上跳出来善后，护送在赵国为人质的燕国公子职返回国内，公子职登基成为燕国国君，即战国时代著名君王燕昭王。关于燕昭王的故事，我们放在后面再说。

齐国吞并燕国的阴谋破产了。

此时的齐宣王忽然想起了孟子说过的一番话。当初他想吞并燕国时，孟子就告诫他，要吞并燕国并非不可以，但必须要行仁政，让燕国百姓高兴。可是吞并燕国后，齐国军队却以征服者的心态虐待燕人，导致人心离散，这也是失去燕国的原因之一。因此齐宣王自己承认错误说："我在孟子面前感到很惭愧。"只是这个时候，孟老夫子已不愿继续留在齐国，尽管他受到齐王的尊敬，可是政治主张却得不到实行，他终于选择离开。

后世学者黄式三有一段评论孟子的文字，颇为中肯："当是时，处士各称道杨朱、墨翟之言，游士方务于合纵连横，以攻伐为贤。孟子轲欲正人心，息邪说。论性善则溯尧舜，论征伐则法汤武，论养气则本曾子，论愿学则述孔子之道。以不见诸侯为守正义，以先师后臣为尊贤，以制恒产、立学校、与民同乐为仁政，以善战连诸侯者之宜服刑。以勉其君之所未能为忠，量其君之所不能为贼。一时訾为迂阔而不近人情，是以所如不合。"

在纵横家驰骋于诸侯之间时，孟子大声呼吁"仁政"，在时人看来十分迂阔，这也是齐宣王虽用他却不能实践其政治理想的原因。孟子最终也像孔子那样，在诸侯争战的时代只能成为学问家，淡出充满阴谋与暴力的政坛。

孟子离开后，再没有人跟齐宣王唠叨仁政，齐国争雄天下的欲望也越来越强烈。我们可以从另一个侧面来看齐宣王心态的变化，这位名君在选择人才上，越来越趋于实用主义的色彩，故而纵横家们也隆重登场，为齐国的霸业献谋献策，其中最有名的人物，便是苏秦的弟弟苏代与苏厉。

在放弃燕国后，齐国进入一个蛰伏期，齐宣王耐心地等待着机会的出现。对齐宣王来说，真正的对手只有一个，那就是秦国。几乎所有诸侯国对秦国的强劲崛起都无能为力，秦国强大的军事力量与灵活的外交完美结合，想要击败这个强大对手，谈何容易。既然没有胜算，倒不如先袖手旁观，耐心等待，机会总是会到来的。

三、张仪的忽悠术

秦国的崛起令三晋（魏、韩、赵）的处境更加尴尬。

随着时间的推移，晋国一分为三的恶果显露无遗。在分裂之前，秦国哪是晋国的对手呢？在两百多年的时间里，都是晋国唱主角，秦国充其量就是当当配角。可是三家分晋后，一个大国分裂为三个小国，不消说，力量分散了。力量分散的结果，就是给了秦国人逐一击破的机会。

在魏文侯、魏武侯时代，魏国先发制人，赢得了对秦战争的主动权。然而战争的时间越长，魏国的弱点就暴露得越明显。其弱点就是四境受敌，在魏惠王长达五十年的统治时期，魏国几乎连年征战，最终在齐国与秦国的夹击之下，被挤出第一等强国之列，沦为二流国家。丢失了河西之后，魏国已经无力以一国之力抗拒秦国的东扩，三晋只得再度联手。可是事实证明联合的三晋也无法打得赢崛起中的秦国，公元前 317 年的修鱼之战成为三晋的耻辱，八万名将士弃尸沙场，这无疑让魏襄王心灰意懒。在张仪的游说之下，魏国被迫低下高贵的头颅，臣服于秦国，长期以来有魏国作为挡箭牌的赵国便被推向风口浪尖。

应该说，在秦与三晋的交战史上，赵国受到的损失是比较轻的。此中的原因，并非是赵国军事力量强大，而是地缘上占了些便宜。在很长的一段时间里，赵国与秦国并不接壤，因而直接冲突自然不多。随着秦国东扩步伐的加快，秦国的边界已经与赵国相交，如狼似虎的秦国军队，随时可能发动对赵国的突袭。

公元前 316 年（修鱼之战后第二年），秦国西灭巴、蜀的同时，也发动对赵国的进攻，夺取中都、西阳等城邑。公元前 315 年，秦国再次攻赵，又一次打败赵军。公元前313年，秦庶长、名将樗里疾指挥大军攻赵，俘虏赵国大将赵庄，拔取蔺城。

尽管赵国接二连三地遭到秦国的进攻，但总的来说，损失并不算惨重。秦军在北线发动的攻势，规模不算很大，更多是惩戒性的战争，意在打击赵国的士气民心。其实对秦国高层而言，他们对韩国的兴趣要远远大过赵国。

无论是秦惠王还是张仪，都把眼光瞄向韩国，这是因为韩国的战略位置太重要了。倘若以当时中国人的“天下”眼光来看，韩国无疑是位于天下的中心。自从吞并郑国后，韩国以新郑为都，这里从春秋时代开始，便是天下争霸的重心。熟悉春秋历史的读者当记得，春秋时代晋楚两霸对峙百年，其争夺的重点便是郑国，也就是现在韩国首都一带的地盘。为什么韩国的战略位置如此重要呢？如果要给战国七雄序定强弱顺序，那么前四强应该是秦、齐、楚、魏，而韩国正是地处四大强国所包围之下的区域。可以说，谁掌控了韩国，谁就占据了争雄天下的主动权。不仅这样，韩国又与周王室临近，控制了韩国，就可以控制周王室，要是把象征君临天下权力的九鼎夺过来，到时就可以宣称自己是顺应天命的真龙天子了。

指挥伐韩之战的秦国将领，仍然是“智囊”樗里疾。这位令人闻风丧胆的名将果然名不虚传，公元前314年的岸门会战，秦军大获全胜，斩首万级。此役的失利，令韩宣惠王信心全无，被迫以太子入质秦国，以换取和平。

秦韩交锋，使得魏国又一次被卷入战争中。

尽管魏襄王很想置身事外，可是魏国与韩国的关系如同唇与齿的关系，唇亡则齿寒啊！在韩国面临巨大的军事压力时，魏襄王终于选择了与韩国并肩作战。著名政治家公孙衍率魏国援兵紧急入援韩国，可是在岸门附近，也被秦军击败了。

魏襄王的背叛令秦国人有了攻打魏国的借口，樗里疾掉转枪口，转而攻入魏国，攻取曲沃城，占领该城后，把城内的魏国百姓逐出城。战国时代的战争比春秋时代要残酷，可是仍然保留文明的底线，后世经常出现的屠城事件，在战国时代仍然是罕见的，这是阅读战国史不能不关注的一点。魏军的战斗力不如秦军，在曲沃失陷后，焦城也举旗投降。

韩、魏两国的地缘劣势决定了它们的命运。这两个国家完全被四周的强国所包围，没有安全的大后方。与魏、韩两国相比，秦国可以向西扩张，无论是义渠或是巴、蜀，都不是强国；楚国可以向南扩张，南方蛮夷区没有强敌；齐国背靠大海，不必担心来自东部的入侵；赵国与燕国北面是辽阔的荒漠地带，也有一个可以进退的空间。

在一系列失利面前，魏襄王被迫再次与秦国签订城下之盟。秦国人不仅要蚕食魏国的土地，还要干涉魏国的政治。在秦惠王的干涉下，魏襄王不得不依秦国的意思，立公子政为太子。魏国的力量更加衰微，曾经的中原霸主如今沦为秦国的小喽啰。

秦国人向东扩张的意志是一往无前的。

正是魏国的屈服，使得秦国干涉东方政治成了可能。齐宣王吞并燕国后，引起天下诸侯的震惊与抵制，视齐国为最强对手的秦惠王绝不能坐视不理。秦国很快与魏国联合起来，向东进攻齐国及其控制下的燕国。秦惠王后元十三年，齐宣王八年（公元前 312 年），秦魏联军在濮水之役打败了齐军，齐宣王被迫放弃占领燕国。

在挫败了齐国吞并燕国的阴谋后，秦惠王又推出与楚国进行土地交换的计划。秦国的设想是以武关之外的汉中地交换楚国控制下的黔中，这样可以使巴、蜀、黔的地盘连为一片，成为秦国稳固的大后方。于是秦国使者出使楚国，向楚怀王递交了这个土地交换计划。

俗话说，“吃一堑长一智”。可是对某些人来说，吃了亏之后，智力也不见得长进，楚怀王就是这样的人。

当年张仪以赠送“六百里商、於之地”忽悠楚怀王，诱使楚国与齐国绝交，事后却翻脸不认人，遂使秦、楚交恶，楚国不仅未得到寸土之地，反倒因为战败而损失了六百里汉中之地。这件事成了楚怀王的心头之痛，他对张仪恨之入骨，巴不得能亲手杀了这个冤家仇人，以泄心头之恨。他一心想着报仇雪恨，哪有心思考虑交换土地呢？他恶狠狠地对秦使说：“你们要得到黔中也很容易，我也不必交换土地，只要秦国能把张仪交出来，我就把黔中双手奉上。”楚怀王这么说，纯粹是气话，秦国怎么可能用张仪来交换黔中地呢？天下人都晓得楚怀王巴不得要亲手杀了张仪，要是他去楚国，不明摆着去送死吗？

秦使回到咸阳，秦惠王一听，心里就想，用一个人换一片土地，倒是很划算啊。只是他没吭声，因为他可不能把张仪往火坑里推。要知道张仪对秦国的贡献，恐怕只有商鞅能跟他相比，秦惠王可以杀商鞅，那是因为商鞅得罪的人太多，大家巴不得他死，但张仪不一样。要是用张仪的命去换黔中地，恐怕令秦国谋士胆寒了，以后没有人愿意为秦国效死了。想到这里，秦惠王打算放弃这个换地的计划了。不料，张仪却自己站出来了。

张仪毕竟是张仪，见过大风大浪，他主动请缨说："用我一个人换一片地，何乐不为呢？请让我到楚国去吧。"

这真完全出乎秦惠王的预料啊，他瞪大眼，一脸疑惑不解地对张仪说："楚王因为没有得到商、於六百里之地，对你恨之入骨，巴不得置你于死地。这个时候你前往楚国，那不是找死吗？"

张仪似乎胸有成竹，拍拍胸脯说："我看楚王不敢对我怎么样。为什么呢？从国力上说，秦国强盛，楚国弱小，楚王不能不有后顾之忧，这是其一。我与楚国大夫靳尚是好朋友，而靳尚又深得楚王夫人郑袖的信任，楚王最为宠幸郑袖，郑袖所说的他都会听，只要我搞定靳尚、郑袖，楚王必不会害我，这是其二。再说了，我是奉秦王之命出使楚国，怎么说也是大国使者，楚王哪敢加害于我呢？这是其三。如果楚王一意孤行，非得要杀了我，那么用我一条小命，换得黔中之地，也算很值了。"

看来张仪不仅是个游说江湖的辩士，也算有几分视死如归的武士精神，有掉脑袋风险的事，可不是每个人都有勇气去做的。张仪动身去楚国了。在他正式出使楚国前，他事先派人跟靳尚打了招呼，可是能决定他生死的人，还是楚怀王。

楚怀王能放他一条活路吗？一切都是未知数。

当初楚怀王说要拿黔中地换张仪，说的无非是气话，他断然没有想到张仪竟然如期而来。"难不成这小子还以为我不敢下杀手吗？"楚怀王冷笑了，既然来了，就别想活着离开！

张仪被抓起来投入监狱，楚国人都相信他活不了多久了，楚王必定会杀之而后快。此时，靳尚悄悄在背后活动了。他找了个机会对楚王宠幸的王妃郑袖说："夫人，您很快就会被大王冷落了，您知道吗？"

郑袖听了吓了一大跳，赶紧问道："为什么这样说呢？"

靳尚是个很懂女人的男人，与政治相比，王妃郑袖更关心的是自己的容貌以及能否得到男人的宠幸。因此他十分巧妙地把政治问题变成了一个感情问题，他是这样说的："如今楚王一心要报仇，想杀了张仪解恨。可是秦王十分器重张仪，绝不想让他在楚国遭到伤害，因此秦王打算用六座县城来贿赂楚国，同时把秦国的美女嫁给楚王，陪嫁的还有宫廷里能歌善舞的宫女。这么一来，出于尊重秦国的考虑，楚王必定要宠幸秦女，到时夫人您的地位就岌岌可危了。"

说实话，这种说法有点牵强，但却十分有效地击中郑袖心里最脆弱之处。这位楚王妃立即紧张起来，似乎危险已迫在眼前了，她下意识地问道："那怎么办才好哇？"

靳尚不慌不忙地说："只要您能说服楚王，把张仪给放了，那秦国也不必使用美人计了。"郑袖一听，好像是这么回事，为自己的未来着想，她无论如何也得把张仪救出来。于是靳尚又帮她出谋划策，嘱咐她要如何说服楚王。

楚怀王是个酒色之徒，天天要郑袖陪他喝酒，因而她也有很多机会吹枕边风。郑袖对楚王说："大王您干吗把张仪给抓起来呢？臣妾听说，臣子也是各为其主罢了。您说要用土地交换张仪一个人，土地还没给秦国，秦国就已经派张仪来了，可见人家是敬重大王的。大王不仅没有回礼，反倒要杀死张仪，这么一来，秦王岂不要雷霆大怒，到时必定攻打楚国。想到这里，臣妾就不敢想象结局会怎么样。我恳请大王让我们母子迁徙到江南去吧，以免被秦国人当作鱼肉任意宰割。"

说到这里，郑袖不禁掩面而哭。

这一哭，是楚楚动人，让楚怀王不知如何是好。

虽然楚怀王十分憎恨张仪，可是热血过后，头脑恢复冷静，细细一想，杀死张仪有用吗？除了与秦国结下更深的仇怨之外，还能得到什么好处呢？秦强楚弱，已是不争的事实，得罪老虎之前，最好先想清楚后果。就这样，郑袖每哭一次，楚怀王的意志就被削减一分，到最后，理智战胜情感。

罢了，看来此人是杀不得的。

楚怀王终于把张仪给释放了，而且以上宾之礼相待。当秦国上下都认为张仪难逃此劫时，他居然奇迹般地又逆转了局势。这个大师级的人物，果真有深不可测的本领，在鬼门关逛了一圈后，阎王爷也没敢收留他。

这就是张仪，一个令人又恨又怕的人物。

楚怀王属于跟着感觉走的人物，信誓旦旦要报仇，真的仇人站在眼前时，却发现自己根本下不了手。他这种软弱的性格，也正是楚国软弱外交的真实反映。在军事上楚国不是秦国的对手，在外交上又再输一局，貌似强大的楚国不过是外强中干，中看不中用。在春秋时代曾经叱咤风云的楚国，到此时已成病猫一只，难有大的作为。

在与东方诸国旷日持久的战争中，秦国军事上的强大实力已展露无遗。在历年的战争中，东方六雄中的魏、赵、韩、楚都遭到沉重打击，甚至连领土不相接壤的齐、燕都未能幸免。对秦惠王来说，他毫不畏惧与任何一个东方国家单打独斗，但如果东方诸强联合起来，一致对外呢？这是秦国最害怕、担心的事情。

秦国的厉害之处，不全在其令人恐惧的军事实力，也在于其富有成效的外交。秦国的战略是尽力阻挠东方诸国可能的合纵，达到各个击破的目的。在东方六大强国中，魏国已屈服于秦，其余五国仍然有可能联合起来，一致对秦。秦惠王要未雨绸缪，以威胁、拉拢为手段，积极展开外交攻势，拆散敌人的同盟。

东方诸国联合起来对抗秦国，这叫“合纵”；秦国拉拢东方诸国以瓦解合纵战略，这叫“连横”。为了完成连横战略，年迈老朽的张仪宝刀不老，又一次游说东方诸侯，取得了丰硕的外交成果，这也使得张仪的威名如日中天。

对张仪来说，这也是最后一次施展其生平绝学的机会，因为他已垂垂老矣。要与东方五国连横，这无疑是艰巨的任务，因为秦国的狼子野心，东方诸国无人不知，狼要跟羊做朋友，其意图也太明显了。

可是我们不要忘了张仪的本领，当楚怀王欲用黔中地换张仪时，天下人都认为他难逃此劫，可这位莫测高深的大师居然像魔法师一样，让楚怀王糊里糊涂就把他给释放了。可以说，张仪已经两度戏弄了楚怀王，那能不能第三度得手呢？

显然，张仪是有信心的。

因此楚国也成为张仪连横诸侯的第一站。

在张仪眼中，楚怀王就是一个可以随意玩弄的大傻帽儿罢了，不过他不会把这种轻蔑表现出来，聪明的他可不会傻到去挑战一位君王的自尊底线。要讨好楚怀王很简单，必须给他戴上一顶高帽，于是张仪一上来张口便道：“天下强国，非秦即楚。”这种话，不管是不是真实的，反正楚怀王肯定爱听。

有了个好的开头，下文就容易展开了，张仪侃侃而谈说：

“秦国的土地占了天下一半，兵力足以抵挡四个国家，背靠天险，又有黄河为天堑，四面都是要塞，牢不可破。秦国的虎贲战士有一百多万，战车千乘，战马万匹，积粟如山。如果想用合纵的手段来抗衡秦国，无异于驱赶羊群攻击猛虎，下场可想而知。如今大王不与猛虎交往，却与群羊交往，这个策略无疑是不明智的。大王倘若不与秦国亲善，那么秦国挟持韩国与魏国进攻楚国，秦国攻打楚国的西部，韩、魏攻打楚国的北部，楚国就危险了。

“现在有一小撮人鼓吹合纵，集合一群弱小的国家去攻打最强大的国家，这真的是使国家陷于危亡的做法。明明兵力不如对方，就不要轻易挑衅；明明粮食比不上敌方，就不要想打持久战。这都是简单的道理，可是那些主张合纵的人只会胡说八道，只挑有利的一面说，不说不利的一面，一旦让国家陷入祸害中，就后悔莫及了。我这些话，请大王仔细考虑。

“我来给大王分析一下吧。秦国现在已经据有巴蜀，粮食充足，若是沿着长江而下，只要十天的时间就可以打到楚国的扞关。同时，秦国的地面部队从武关出发，向南进攻，楚国北部的土地就会被切断。只需三个月的时间，楚国就要陷入危险之中，就算其他诸侯国想救援，恐怕也得等半年以后吧。等待弱国的救援，却忽视强秦的祸害，这使我不得不替大王您忧虑。

“如今秦国与楚国土地相接壤，本来就应该成为亲近的国家。大王如果听臣的意见，与秦国互换太子为人质，使秦、楚两国长久成为兄弟般的国家，世代互不侵犯，那才是高明的计策呀。”

这就是张仪的高明之处，在击中楚王软肋的同时，又不忘给他戴上高帽，一个原则就是不能让楚怀王下不了台。

楚怀王有自己的算盘。当初他轻率地要求用黔中地来交换张仪，可是张仪真的来了后，又不敢处死，仇没报成，又要损失土地，这笔买卖铁定是要赔本的。楚怀王的真实想法是，只要他答应了张仪连横的要求，就可以挽回土地上的损失，这样做划算得很哩。尽管楚国大夫屈原极力反对向秦国妥协，但反对无效，楚怀王我行我素，同意了张仪的要求。

魏国与楚国都与秦国交好，那么夹在秦、魏、楚之间的韩国就容易搞定了。张仪信心十足地前往韩国，游说韩襄王说：

“韩国的地理位置特别不好，而且国土多为山区，所种植的粮食，不是豆子就是麦子，倘若有一年粮食歉收，百姓连糟糠都吃不到呢。韩国的土地方圆不超过九百里，士兵不超三十万，这个数量还包括后勤人员呢。倘若扣除边疆要塞堡垒的戍军，可用于机动作战者，不会超过二十万人。相比之下，秦国有武装部队百万之众，战车千乘，战马万匹。与东方的军队相比，秦国士兵更加勇敢，他们打仗时可以脱去甲衣，赤膊上阵，在战场上左手提着敌人的脑袋，右手还可以抓获俘虏。秦国士兵个个像孟贲这样的勇士，而东方士兵则像胆小鬼一样。秦军的压迫力，就如同大力士与婴儿交手一样，这跟把千钧重物压在一粒鸟蛋上毫无分别，用这样勇猛的军队去攻打不顺从的弱小国家，一定没有幸存的。

“可是大王您却没有正确估计形势，听信了那些合纵论者的鬼话，他们甜言蜜语，振振有词地说：‘听我计策，便可称霸天下。’这真是误国误君的言论。

“大王您如果不服侍秦国，秦国很快将出兵宜阳，进而东取成皋、荥阳，那么韩国就危险了。我替大王着想，最好的办法，莫过于帮助秦国。其实秦国最想削弱的国家是楚国，而能够帮助秦国削弱楚国的，只有韩国。这并不是因为韩国比楚国强大，而是由韩国的地形与地理位置决定的。投靠秦国、攻打楚国，可以把韩国的风险转嫁到楚国身上，同时又让秦国高兴，对大王来说，没有比这更好的了。”

从这些游说辞中，可以看到秦国的阴谋诡计。秦国搞连横，并不是为了寻求天下罢战休兵，实现和平，而只是耍手段，破坏东方合纵计划，让各国陷入孤立之中，到时可以随心所欲地发动进攻。如果说面对楚怀王时，张仪还有些许的客气，那么面对韩襄王时，他完全是赤裸裸的威胁。在秦国面前，韩国真的只是一头待宰的羔羊罢了。

在张仪的恫吓下，韩国人夹起尾巴，答应了张仪提出来的连横要求。

在成功地说服楚国、韩国加入连横阵营后，秦惠王封张仪为武信君，赏赐给他五座城邑。《史记》的《张仪列传》称，张仪紧接着又出访齐国、赵国、燕国，以他的三寸不烂之舌，迫使这三个国家分别与秦国连横，这样，东方六国的合纵被完全破坏。

不过，《史记》中的记录相当不可靠。

张仪的故事与苏秦的故事一样，都被后人所篡改甚至伪造，而且伪造得十分不高明。比如张仪游说齐宣王所说的话，完全禁不起事实的推敲。譬如张仪提及鲁国灭亡，实际上鲁国是在公元前249年被楚国所灭，那是张仪死了六十年后的事了；再比如说，张仪提到的秦赵渑池之会，那是在公元前279年，也是他死后三十年的事了；张仪对赵武灵王的游说，也是虚构的，说辞中提到秦灭两周，实际上秦灭西周是公元前256年的事，灭东周是公元前249年，都是张仪死后半个世纪后的事了，他怎么能未卜先知呢？类似的错误也出现在了张仪对燕昭王的游说辞中。

因此，《史记》中所述张仪以一张利嘴说服东方五国君主事秦，这是不对的。他在楚国与韩国取得成功了，但在齐国、赵国、燕国则很可能是失败了。后世的纵横家为了彰显这位祖师爷的本领，不惜伪造作假，但造假水平太低了，经不起事实的检验。

事实上，此时的齐国、赵国、燕国都由杰出的君主统治，分别是齐宣王、赵武灵王、燕昭王，这三人都是战国时代的名君，不可能像楚怀王那样，被张仪几句话就震慑了。另外还有一个事实，齐国与燕国基本上没有与秦国发生大规模战争，赵国虽有小挫，但并无大败。从情理上说，他们对秦国的畏惧程度，是不如魏、韩、楚三国的。特别是齐国，此时正是齐国最强的年代，无论是内政还是对外扩张，都可圈可点，齐国人凭什么要害怕秦国呢？

其实《史记》中有一段文字暗示张仪出使三国的使命是未获成功的。据《张仪列传》，张仪出使齐、赵、燕三国后，返回秦国的途中，秦惠王病逝。秦惠王死后，秦武王登基。秦武王当太子时，就不喜欢张仪，两人矛盾很大。如今武王掌权，平常与张仪不和的大臣便乘机攻击他们的政敌。司马迁写道："诸侯闻张仪有郤武王，皆畔衡，复合从。"就是说东方诸国听到张仪与秦武王不和，就纷纷叛离了连横阵营，又扯起合纵的大旗。从这段文字，可以看出张仪出使这几个国家，实际上根本没有任何成果。

毫无疑问，秦惠王之死，让三晋及楚国喘了一口大气。这位秦国扩张史上的重要君王在其二十七年的统治生涯中，发出灼人的光芒。他是一位不平凡的人物，他杀了商鞅的同时，又原封不动地继承其变法遗产。从这一点就可以窥视他的政治手腕——既讨得守旧派的欢心，又不失去革新派的支持。他一如既往地坚持引进人才，让魏国人张仪执掌大权不能不说有些风险，可是他对张仪的信任，如同秦孝公对商鞅的信任。

从秦惠王始，秦国开启了扩张时代。秦国军事力量之强，远远超出以往的任何一个时代，一百万的常备军，即便放到两千多年后、人口大爆炸的二十一世纪，也算得上是庞大的兵力。秦惠王以百万雄兵为后盾，以张仪的连横为主要外交政策，远交近攻，拆散敌人的同盟，这种军事加外交的模式是秦国屡战屡胜的法宝。

在秦惠王统治的二十七年里，秦国在对外战争中取得了辉煌的成绩，我把这些战果罗列于下：（一）秦惠王六年，攻略河西雕阴之役，虏魏将龙贾，斩首八万。（二）秦惠王后元八年，修鱼之战败三晋联军，斩首八万余。（三）秦惠王后元九年，灭巴、蜀。（四）秦惠王后元十一年，秦韩岸门之役，斩首万人。（五）秦惠王后元十三年，秦楚丹阳之役，斩首八万人。

在历次战争中，秦的邻国几乎没有打赢过一次像样的战斗，他们充其量只是在心里默默祈祷秦惠王能早点死。现在秦惠王真的死了，他的敌人可以弹冠相贺了。所谓“一朝天子一朝臣”，新的君主对前朝的权臣总有一种莫名其妙的恐惧，就像当年秦惠王恐惧商鞅一样，新上台的秦武王对张仪显然也不够友好。从公元前328年张仪担任秦相，到秦惠王去世（公元前311年），前后有十八个年头，扣除中间几年闲居魏国，他执掌大权也超过十年。东方诸侯显然抱着坐山观虎斗的心态，幸灾乐祸地冷眼旁观秦武王与张仪的暗中较量。

张仪毕竟是聪明人。商鞅的下场他还历历在目，一个臣子要斗过君主，这个胜算太小了，不值得去尝试。尽管他小心翼翼地避免得罪秦武王，可是树倒猢狲散，习惯于落井下石的朝臣们不遗余力地在新君王面前攻击这位纵横术大师。看来树大招风这话一点也没错，《史记》上的说法是“群臣日夜恶张仪”，流言蜚语的攻击不分白天与黑夜，正所谓人言可畏，假的说多了都变成真的，死的说久了都可以说活。想置张仪于死地的人并不仅是秦国内部的一小撮人，还有来自国外的势力。齐国人在这个时候别有用心地传播对张仪不利的言论，明摆着是想借刀杀人，你瞧瞧，这个靠一张嘴混饭吃的人，几乎把全世界都得罪了。

可是张仪就是张仪，比起商鞅他更加聪明。倘若他落荒而逃，势必被人逮住口实，那下场未必比商鞅强。他的脑袋高速运转，不停地思考着如何全身而退，终于想出一个金蝉脱壳之计。

要离开秦国，理由越冠冕堂皇越好。于是张仪假惺惺地对秦武王说："我有一个不成熟的计划，希望能试一下。"秦武王说："那你说来听听吧。"

张仪便把自己的计划说出来："我在想，倘若东方诸侯有大的变局，那对秦国是最有利的了，大王可以利用这个机会得到更多的土地。齐国人不是到处放风声，想置我于死地吗？倘若我到魏国去，齐国必定会怨恨魏国收留我，到时就会出兵攻打魏国。一旦魏国与齐国交兵，大王您就可以乘这个机会，进兵韩国，攻打三川，然后进逼周室。到时周朝必定要交出祭器，大王您就可以挟天子而号令天下，同时得到王室所藏的地图与户籍资料，这可是成就帝王的大业呀！"

秦武王原本就看张仪不顺眼，如今张仪自己说要到魏国去，他确实求之不得呢，便满口答应了。不仅如此，秦武王还派了三十辆精美的、裹有皮革的马车供张仪使用，让老臣以体面的方式离开秦国。

这一离开，张仪与秦国永别了。

张仪入魏国后，齐国果然出兵攻打魏国，要求魏国交出张仪。齐宣王为什么对张仪如此痛恨呢？原因恐怕是张仪出色的外交活动，破坏了齐国的霸业。当时齐国与秦国并列为东、西两强，按道理说，齐国理应在东方诸侯中当龙头老大，可是张仪的连横战略却一而再地令齐国在外交战中居于下风。最典型的例子，就是张仪以欺骗楚怀王的方法，破坏了齐楚同盟，这件事无疑令齐宣王耿耿于怀。

面对齐国的进攻，魏襄王（《史记》中作魏哀王）六神无主，不知如何是好。这时张仪又出面献策说："大王不必担心，我自有退兵之策。"怎么退兵呢？张仪的外交手腕可谓异常纯熟，他派家臣冯喜到楚国去，征得楚怀王同意后，又以楚使的身份出使齐国。

冯喜问齐宣王："大王您是不是很讨厌张仪呢？"

齐宣王回答说："那当然了，张仪到哪个国家，我就要攻打哪个国家。"

冯喜拜了一拜后，说道："您这样做，却是救了张仪呢。"

齐宣王听了有点纳闷："这怎么说呢？"

冯喜把缘由娓娓道来，有真话，也有假话："张仪离开秦国之前，就希望齐国与魏国交兵，这样一来，秦国可以乘虚而入，攻占韩国，占领周室，到时挟天子以令诸侯。秦王听了张仪的话，特地用三十辆马车把他恭恭敬敬送到魏国。大王果然出动齐国军队进攻魏国，这完全在张仪的预料之中。等到齐、魏两国打得精疲力竭时，秦国袭击韩国的计划就会得逞，到时张仪岂不是又立了大功，又要得到秦王的信任了？所以说，您攻打魏国，正是救了张仪哩。"

其实张仪离开秦国后，就已经打定主意不再回去了。作为门客，冯喜跟张仪混了这么久，也多少学到点门道，能忽悠就忽悠了。齐宣王冷静下来后细细琢磨，冯喜说的也不是全没道理，齐魏相残，得利的只会是秦国。罢了罢了，算张仪命大福大吧，就且饶他一回。

就这样，齐国兵团撤退了。魏国转危为安，政坛不倒翁张仪又出风头了，他摇身一变，从秦国丞相变为魏国丞相。一年后，这位在战国舞台上叱咤风云数十年的纵横大师病逝，竟得善终。作为魏国人，他一生多数时间为秦国人效力，打击自己的祖国，可晚年叶落归根，还捞了高官厚禄，可谓一生官运亨通呢。

张仪是秦国扩张史上的重要人物，他最伟大的成就，就是以连横的战略破坏东方诸国的合纵，使得秦国牢牢占据外交的主动权。他一生最得意的成就如下：其一，他在公元前 317 年成功说服魏国臣服于秦国，在此之前魏国是东方合纵运动的领头羊。其二，在担任秦相期间，他参与指挥灭巴、蜀之役，策划攻韩战争。其三，他在公元前 313 年以欺骗手段成功离间齐国与楚国的结盟，致使秦、楚交兵，楚国遭遇空前惨败。其四，公元前 311 年，他游说东方五国诸侯连横与事秦，至少韩国与楚国表示臣服于秦。

在专制时代，个人对一个国家的强弱兴衰有很重要的影响。那么失去了张仪的秦国会不会倒退呢？对秦武王来说，这是对他统御力的巨大考验。这位年轻且朝气蓬勃的君王，身上流淌着先祖尚武的血液，他要以一往无前的精神，将秦国的扩张事业进行到底。

四、通三川以窥周室

如果要罗列出战国时代最有尚武精神的君王，无疑秦武王要排在第一位。

据《史记》所载，“武王有力好戏”，他是一名大力士，武艺相当高。在当太子的时候，他就招罗了一大帮江湖高手，包括任鄙、乌获、孟说等著名的力士。

当时秦国有这么一种说法：“力则任鄙，智则樗里。”任鄙在秦国的知名度与号称“智囊”的樗里疾不相上下。其实从对国家的贡献上讲，任鄙是远远不及樗里疾，可是由于秦人尚武，崇拜勇士，故而任鄙在当时乃是大众追慕的偶像。乌获是另一名勇士，据说他能力举千钧，也有说是百钧，这换算成现代重量，也不知是几斤几两，反正当时他肯定是举重冠军。乌获活了八十多岁，算是长寿了，可是另一个力士孟说就倒大霉了。孟说的倒霉是因为与秦武王比试举鼎，最后出了意外，以致被灭族，这后面再说。

秦武王招罗这些勇士后，都授给高官厚禄，他希望这些力士能作为秦国人的榜样。勇武精神是秦的立国之本，秦武王把这种精神推向极致。不过倘若认为秦武王只是一个四肢发达、头脑简单的人，那就大错特错了。张仪的离开并没有对秦国产生很大的影响，秦国人才济济，张仪的空缺很快被填补上了。填补空缺的，是两位大名鼎鼎的人物：一位是樗里疾，另一位是甘茂。

秦武王二年（前 309 年），秦国首次设立双丞相制度，樗里疾出任右丞相，甘茂出任左丞相。

现在我们经常用“智囊”这个词，最早便出自樗里疾，它是他的江湖绰号。在前文中，我们已经多次提到樗里疾在历次战争中所取得的赫赫战功，这里做一下小结：公元前 317 年，樗里疾败三晋联军于修鱼，斩首八万；公元前 314 年，樗里疾败韩师于岸门，斩首万人；同年，攻魏，取曲沃，降焦城；公元前 313 年，樗里疾攻赵，虏赵庄，取蔺地；公元前 312 年，樗里疾会同魏章、甘茂攻楚，大破楚师于丹阳，斩首八万。他是秦国的常胜将军，多次出征，无一失手，真不愧“智囊”的称号。

与樗里疾相似，甘茂也是文武双全。

甘茂原本是楚国下蔡人氏，年轻时师从史举先生，在史举的教导下，遍读百家学说。由于秦国日渐强大，且对外来人才敞开大门，甘茂便离开楚国前往秦国。在秦国，他结识了张仪与樗里疾，其渊博的学识、出众的才华很快得到两人的赏识，于是便开始平步青云的仕途生涯。张仪与樗里疾联合向秦惠王举荐，秦王召见甘茂并与之促膝长谈，很快被他的才思敏捷所折服，便任命他为副将，协助庶长魏章，参与指挥攻楚之战，立下赫赫战功。秦惠王去世后，蜀相陈庄反叛，秦武王遣庶长甘茂会同张仪、司马错伐蜀，诛杀陈庄，平定蜀乱。

由于张仪的离去，秦相出现空缺。秦武王设立双丞相制，恐怕是担心出现像商鞅或张仪这样权力太重的大臣，这是对君主的巨大威胁。自从商鞅变法以来，秦国向来以战功序定官职，故而樗里疾与甘茂两人双双入选，并不出人意料。

崇尚武力的秦武王雄心勃勃，他站在前几代伟大君王的肩膀上，还要奋力向上攀爬，要在武功上超越秦孝公、秦惠王。

他的理想是什么呢？

秦武王向甘茂透露了高远的理想，他是这样说的：“寡人欲容车通三川，以窥周室，而寡人死不朽乎。”他的理想就是“车通三川，以窥周室”。目的是要窥周室，周室早已败落，有什么好窥的呢？无非是因为周室有象征权力的九鼎。倘若把九鼎扛回秦国，那么秦武王便是万王之王了。窥周室与“车通三川”有什么关系呢？这里就要说说什么是三川。三川是韩国的地名，因境内有河（黄河）、洛（洛水）、伊（伊水）三川而得名，这里是中原的腹地。由于秦国与周室离得远，要“窥周室”，扛回大鼎，就必须打通韩国。事实上，这也是当年张仪提出的战略设想，只是并没有完全实现。

韩国在岸门之战后曾屈服于秦国，但秦惠王死后，张仪离开秦国，韩国乘机摆脱秦国的束缚。秦武王上台后，便算计着要攻打韩国，实现“车通三川，以窥周室”的理想，倘若能实现，他认为就可以“死而不朽”了。

谁能担任伐韩之役的统帅呢？常胜将军樗里疾显然是最佳人选，可是秦武王却打算任用甘茂。为什么呢？樗里疾是秦惠王的弟弟，王族成员，是秦军胜利的一面旗帜，他功劳太大了，功高震主哇。秦武王对樗里疾有很强的防备心理，并不想让他掌握兵权。对于伐韩这么重要的事情，秦武王交给作为客卿的左丞相甘茂，就是有意架空右丞相樗里疾。这里需要说明一下，在春秋战国，华夏诸国尚右，因此右丞相樗里疾地位要高于左丞相甘茂。

甘茂对秦武王说：“大王如果要攻打韩国，就得联合魏国，请让我前往魏国游说魏王吧。”秦武王同意了，甘茂便动身到了魏国。

这些年来，魏国一直充当秦国的小喽啰，秦大哥要攻打韩国，魏襄王能说“不”吗？六年前，秦国出兵攻打韩国，魏襄王还想仗义，结果被樗里疾反咬一口，丧师失地，狼狈万分。如今秦国又要攻打韩国了，魏襄王连屁也不敢放了，乖乖答应了，全力支持大哥的行动！

联合魏国的外交使命顺利完成了。可是甘茂这个人很有智慧，他一直在想一件事：秦武王要攻打韩国，却完全撇开樗里疾，这就使自己左右为难了。樗里疾在秦国政坛与军队中都拥有巨大的威望，又是甘茂的伯乐，现在甘茂要撇下恩人，独占伐韩之功，这樗里疾心里能舒坦吗？到时必定要多方阻挠。

甘茂感觉自己像是夹心肉馅，左右为难，要怎么办呢？他想了个办法，便让副手向寿先返回秦国，通报秦武王说：“我已经说服魏国了，可是建议大王不要进攻韩国。”为什么要放这个风声呢？聪明的甘茂有两个考虑：第一，这是做给樗里疾看的，表示我甘茂并不想攻打韩国。第二，也是做给秦武王看的，给自己留下一个弹性空间。

回到秦国后，秦武王便问甘茂：“为什么你建议不攻打韩国呢？”

甘茂答道：“宜阳是三川的重镇，名义上是一个县，其实它面积相当于一个郡。大王让我千里跃进，奔袭宜阳，这个战略计划难度很大。大王听说过曾母的故事吧，有人对曾母说，曾参杀人了，曾母一点也不相信；可是当有三五个人这样说的时候，曾母就吓得翻墙逃跑了。这说明人言可畏啊。如今大王对我的信任，比不上曾母对儿子的信任；而怀疑我的人，又绝不止三五个。要攻打韩国宜阳，必定是一场艰苦的战争，不可能短时间内就取得成功。倘若在这段时间里，有人在背后说我的坏话，到时大王您一定会怀疑我。如果因为这个原因，攻打宜阳半途而废，还不如不要攻打韩国呢。”

听到这里，秦武王明白甘茂的意思了。为了消除甘茂的疑虑，他安慰说：“你放心吧，寡人不会听他们的，我给你写一份保证书吧。”于是左丞相甘茂消除顾虑，他与庶长封率领秦国大军浩浩荡荡地杀入韩国，宜阳战役爆发！

事实证明宜阳之役确实是一场硬仗。

作为军事重镇，韩国在宜阳驻有重兵集团。宜阳地区方圆百里，城池坚固，有十万精兵，城中储备的粮食可供数年之用。除此之外，韩国还有二十万的军队可作为后备力量。尽管秦军的英勇善战天下闻名，可是在宜阳城下，打得十分艰苦。甘茂持续进攻五个月，但韩国人仍然顽强地顶住秦军的压力。

这一场战争，成为当时天下人关注的焦点。

作为韩国的邻国，楚国在是否要援韩一事上举棋不定。

在宜阳战役爆发后，楚怀王便遣大将景翠率领军队屯驻北疆，一方面是预防战火烧向楚国；另一方面是为援韩做准备。在以往的战争中，韩国与楚国都遭受过秦国的重大打击，伤亡惨重，可谓是难兄难弟。倘若秦人拔宜阳，无疑对楚国是相当不利的，楚怀王指示景翠的军队在接近韩国的边疆地区依山扎寨，随时准备援韩。

可是楚怀王毕竟被秦国人打怕了，在援韩问题上，他举棋不定。倘若公开与秦国作对，可能会遭秦国的报复，怎么办呢？楚怀王想到了著名谋士陈轸，便问他道："如今韩国丞相是公仲侈，我听说他精明强干，且熟悉外交事务，他大概能保得住宜阳吧。我有个想法，想出兵帮助韩国据守宜阳，这样的话，韩国人会对我们感恩戴德，这大概对我们有利吧。"

对秦国知根知底的陈轸断然反对道："以公仲侈的智慧，也不能避免宜阳陷入困境。大王要放弃这种想法，千万不要出兵帮助韩国人守卫宜阳。"

可是陈轸并不能完全说服楚怀王，楚怀王指示前线将领景翠，要伺机而动。

此时甘茂的处境有点不妙，一方面持续五个月的进攻没有取得重大进展；另一方面楚国兵团在一旁窥伺，虎视眈眈。更要命的是，秦国朝廷内部反对的声音四起，这与他事先预料的一模一样。

考验秦武王的时候到了。包括樗里疾、公孙奭等人都强烈要求退兵，攻击矛头直指甘茂。而此时前线秦军又陷入苦战而不能自拔，秦武王也焦头烂额。面对各方所施加的压力，这位以尚武著称的君王也开始动摇了，在心里打起了退堂鼓，想要放弃攻略宜阳。

在前线指挥作战的甘茂听说秦国内部纷争后，立即派人回到秦都咸阳，对秦武王说："大王的保证书还在这里。"这就是甘茂的精明之处。他早就预料到有这样的结果，事先未雨绸缪，手里紧握着秦武王的保证书。

这下子秦武王没话说了。秦武王的性格直率刚强，当然不会不认账，事到如今，也只有硬着头皮，顶住诸方压力，把宜阳之战进行到底了。

转眼间冬去春来，新的一年到来了，这是公元前307年，即秦武王四年。宜阳的战事仍然激烈地进行着，各诸侯国都在密切注视这场中原大战的结局。

这场战争最可能出现的变局，是楚国会不会参战。

连无所事事的周王室东周君也在关心这场战事，他问大夫赵累说："你认为这场战争会是怎样的结果？"

赵累答道："宜阳必定会被秦军攻破。"

东周君不以为然地说："我看不一定吧。宜阳城内有十万大军，韩国丞相公仲侈还可以调集二十万的军队。现在楚国将领景翠在一旁窥伺，相机发兵救援宜阳，我看秦国准攻不下。"

赵累摇摇头说："甘茂是寄居秦国的客将（外籍将领），如果攻打宜阳成功，他就成了秦国的周公了，如果不成功，恐怕就要被革职，所以他必定会尽全力攻克宜阳。而秦武王在朝中顶住群臣的巨大压力，执意要把宜阳战争进行到底。他是很重面子的人，倘若失败，一定会深以为耻。无论是秦王还是前线将领，都有必克宜阳的决心，所以我说宜阳一定能攻下来。"

果不其然，秦武王不仅没有退兵，反而又遣重兵投入宜阳战场。秦武王倾国内精兵攻略宜阳，志在必得，这个架势终于迫使楚国人不敢轻易参战。

然而宜阳之坚固，实在是名不虚传。尽管甘茂获得生力军的支持，以钢铁般的意志对固若金汤的宜阳城发动一拨又一拨的猛烈进攻，可是仍然举步维艰。一贯英勇的秦国兵团也疲惫不堪，甚至厌战了，听到战鼓声时，谁也不前进了。

甘茂对亲信说："我作为一名客将，却能在秦国担任丞相，这是因为秦王想通过我来得到宜阳。如果不能攻克宜阳，在内樗里疾、公孙奭等人一定要排斥我，在外韩国丞相公仲侈一定会通缉我，到时天下之大，恐怕没有我的藏身之地。"

所谓重赏之下，必有勇夫。为了攻克宜阳，甘茂悬赏重金组织一支敢死队，为提高赏金，他不惜将自个儿的钱财拿出来倒贴。他召集全军，下达死令说："明日如果不能一鼓作气攻下宜阳城，那么宜阳城郊就是我们的葬身之地。"

如果说秦军疲惫不堪，那么被围困在宜阳内的韩国兵团更是处境不妙，他们苦苦支撑，可是敌人却越来越多。甘茂深知，谁的意志力更胜一筹，便可能获得战争的胜利。秦军最后一拨进攻在疯狂中展开了，敢死队拼了老命，奋勇登城。在甘茂的死令之下，后续部队紧紧跟上。秦人的决心最终占据上风，宜阳守军在敌人疯狂的进攻之下，最终崩溃了。

宜阳沦陷，韩国军队战死六万人！

这是秦军继修鱼、丹阳之战后取得的又一场重大胜利。甘茂如释重负，他意犹未尽，乘韩国人大溃败之机，果断扩大战果，涉河夺取武遂，并在此处筑城。至此，韩国人再也无法抵抗了，韩国丞相公仲侈被迫亲自入秦请罪求和。尽管韩国在此役中战败，但秦军的伤亡也绝不在少数，据《战国策》所载，“秦死伤者众”，也付出了惨重的代价。此时甘茂指挥的秦国兵团也是强弩之末，难以持续作战，秦武王遂同意韩国的请和，秦韩战争结束。

宜阳之战令秦武王实现了“车通三川”的梦想，接下来他要做的便是“窥周室”。秦武王先派右丞相樗里疾率领一百辆战车进入西周，最初几位周王都居东周，在公元前 315 年周赧王上台后，迁徙于西周王城。樗里疾此番前来，当然是别有目的的，倘若周赧王没有什么戒备，正好可以顺手牵羊把西周给灭了，然后把九鼎扛回秦国，只要弄到了九鼎，那秦武王就可以成为天下至尊了，也可以死而无憾了。

秦国是个如狼似虎的国家，周赧王岂能不知，要怎么办呢？樗里疾可不是一般的人，而是秦国的常胜将军，智慧超群，不要看他带来的战车不是很多，只要西周一疏忽，可能就被他颠覆了。周赧王思前想后，想出了一条妙计。他派人前往欢迎樗里疾的到来，对客人说，西周这个地方，社会治安不太好，所以有必要加强防备。怎么加强防备呢？周赧王安排一队持戈的士兵，走在秦国车队前面；又安排一队强弩手，走在秦国车队后面。名义上是保护樗里疾的安全，实际上是监视他的一举一动。

周赧王的担心是有道理的，面对号称“智囊”的樗里疾，只要稍有闪失，一定会被他抓住机会，成功颠覆。在如此严密的监视下，樗里疾也没有任何机会。更重要的是，一心想要夺取九鼎的秦武王在这个时候意外身亡，这才让西周政权又苟延残喘了半个世纪。

身体强壮、充满尚武精神的秦武王，怎么会意外身亡呢？据《史记》中《甘茂列传》所记，秦武王死于周都，即西周王城。如果这个说法属实，那么樗里疾率领一百辆兵车入西周，秦武王随后也抵达王城，大概是为了实现他“窥周室”的梦想。

为了展示自己夺取周室九鼎的决心，他与手下的大力士孟说进行一场举鼎大赛，看看谁举的鼎更重，举得更久。孟说是著名的力士，秦武王敢与他比赛，说明对自己的力量是非常自信的，他要证明自己是有史以来最勇敢的一位君王。可是比赛终究是有风险的，意外发生了，秦武王举鼎时，可能是因为重心不稳，鼎的重量没有平均分配在两腿上，致使其中一腿受力过猛，只听得嘎的一声，腿骨断裂。这个伤成了致命伤，不久后，伤势恶化，这位好勇斗狠的秦国君王，竟然英年早逝。

想要夺鼎，却死于鼎之下。这就是秦武王的宿命，他也算是为鼎而生，为鼎而死了。

秦武王之死，让周室逃过一劫。当年秦武王称：“寡人欲容车通三川，以窥周室，而寡人死不朽乎。”不料一语成谶，三川也通了，周室也窥了，寡人也死了，至于是不是不朽，那就不得而知了。

秦武王之死引发了秦国政坛的地震。

由于秦武王死得太突然，他又没有儿子，谁能成为下一任的秦王呢？继任者肯定要从秦武王的几个兄弟中挑选一人，但问题是谁有资格呢？于是乎各方势力纷纷登场，秦武王的诸多兄弟都要争夺王位，其中最有实力的公子有两人，一个是公子壮，一个是公子稷。

公子壮的优势是很明显的。首先，他是武王的亲弟弟，是秦惠王的嫡子，从血统上说，他最有资格成为秦王；其次，公子壮得到了惠文后与武王后的支持，惠文后就是秦惠王的王后，是公子壮的生母。

可是公子壮却遭遇一个强有力的竞争对手，此人便是公子稷。公子稷是秦惠王的庶子，当时他并没有在秦国，而是入质燕国。表面上看，公子稷的优势不如公子壮，可是他母亲芈八子却是一个非常厉害的女人。芈八子是楚国人，是一个非常有个性的女人，嫁给秦惠王后成为王妃，深得惠王宠幸。芈八子也很有心计，依靠秦王的宠幸，把自己的亲戚大量安插在秦国高层，构建了庞大的关系网。

芈八子有两个弟弟，一个叫魏冉，是她的同母异父弟弟；另一个叫芈戎，是她的同父异母弟弟。这个情况很有趣，她父亲有几个妻妾这在当时并不奇怪，可是她母亲也跟不同的男人生过几个孩子，这就显得比较开放了。事实上，我们在芈八子身上看到她母亲的影响，因为她也是一个性开放的女人，而这一点，显然成为她的政治资本，因而受到秦惠王的宠爱。这位性情不羁的女人，大概是战国时代最有特色的女子。她后来成为宣太后，不仅有很多风流韵事，还在外交场合脸不红心不跳地大谈自己的房事心得，堪称千古之奇。

关于这位神奇女人的故事，后文再说，先来看看她的关系网。芈八子的两个弟弟，魏冉被封为穰侯，芈戎被封为华阳君。其中魏冉是一个非常有本事的人，他在秦惠王时就担任重要官职，参与处理国家大事。秦国另一名重要大臣向寿，也是她的外族亲戚。更重要的是，在争夺王位的斗争中，芈八子争取到一个重要人物的支持，这个人便是樗里疾。

在芈八子与魏冉的密谋下，公子稷被从燕国秘密迎回，拥立为秦王，是为秦国著名的一代雄君秦昭王。与此同时，不甘示弱的惠文后、武王后也拥立公子壮为王，史称“季君”。秦国内乱由是爆发。

果断而有魄力的宣太后（即芈八子）将自己的弟弟魏冉提拔为将军，守卫首都咸阳，这种先发制人的战略使她赢得了政治上的主动权。同时，为了得到军方的支持，宣太后仍然留用名将樗里疾为右丞相，而樗里疾的立场是两大阵营胜败的一大关键。经过三年的血战，在魏冉的铁腕下，昭王的军队彻底打垮了季君的军队。中国的历史，成则王败则寇，秦国的这场内乱被称为“季君之乱”，由于失败，季君成为乱臣贼子。

宣太后在镇压敌人上毫不留情，她颇为类似汉代的吕后，甚至比吕后更冷酷无情。在季君之乱中，在宣太后的指示下，魏冉尽诛公子壮（即季君）、惠文后、昭王异母兄弟以及追随季君的大臣。这很明显是一个女人的报复，当年宣太后是惠文王妃，地位不及惠文王后，现在时来运转，她一定要把情敌置于死地。不仅如此，当年秦惠王其他妃子的儿子，她也一个不留，全部处死。从这点看，她确实比吕后做得还绝，吕后虽然残忍，却还没有把刘邦的其他儿子都处死。在她的政敌中，只有一个人免于一死，就是秦武王的王后，她被逐回自己的娘家魏国。

此时秦昭王年龄尚幼，宣太后与魏冉遂专国政，威震秦国。

三年的内乱令秦国无暇东顾，齐国趁此机会主导中原政局。在秦惠王、秦武王横扫中原的时代，天下诸侯唯一能与秦国抗衡的，只有东方的齐国。东方诸侯看到了战胜秦国的希望，齐宣王看到了称霸天下的希望。

五、围猎楚国（上）：垂沙之战

公元前307年，以好勇尚武著称的秦武王在取得宜阳战役的伟大胜利后，与力士孟说比赛举鼎，一不小心腿骨折断而一命呜呼。这个意外事件的发生，导致了秦国长达三年之久的争夺王位之斗。秦国的内乱对东方诸侯来说，无疑是一个好消息，一心谋求对外扩张的齐宣王绝不可能浪费这样的机会。

甘茂的叛逃释放了一个强烈的信号，一向咄咄逼人的秦国真的遇到麻烦了。

秦国的内乱影响到很多人的命运，有人欢喜有人愁，而甘茂就是属于“愁”的人。当年甘茂在秦武王的支持下，力排众议，以坚忍不拔的意志取得了宜阳战役的胜利，消灭了六万韩国精锐武装，攻克坚固的堡垒宜阳城，甘茂由是声名大振。盛名之下，不免遭到嫉妒或中伤，当时反对宜阳之战的人中，包括地位很高、权力很大的樗里疾、公孙奭等人。不过在秦武王强有力臂膀的保护下，甘茂毫发未伤。可是秦武王的突然去世，令甘茂的处境开始变得不妙。

秦昭王即位后，为了惩罚魏国的背叛，朝廷派遣樗里疾、甘茂两位名将出兵讨伐魏国，进攻皮氏（今山西河津）。甘茂在前线作战，背后却有人在暗地里整他。公孙奭与宣太后的亲戚向寿联手制造谣言，诽谤甘茂。甘茂得悉这个消息后，坐卧不安。秦武王死后，他就失去了靠山，作为一名客将，要想取悦新君主以及执掌大权的宣太后并不容易，特别是诽谤他的向寿，就是宣太后的亲戚。

看来想在云谲波诡的政坛上顶住敌人的疯狂进攻，比在战场还要难呢。想到这里，明智的甘茂知道只有一条出路：离开秦国。一旦这个念头确定了，那么去向也明确了。在当今天下，唯一可以同秦国抗衡的大国，只有齐国，因此齐国成了他的第一选择。他不辞而别，把军队扔在一旁，独自一人离开前线，直奔齐国去了。

甘茂逃往齐国后，齐宣王收留了他，可是并没有重用他。

为什么呢？

以甘茂之才，就算担任齐国丞相也不为过，这点齐宣王心知肚明。可是在齐王看来，甘茂叛逃只是因为在秦国遭人陷害，被迫无奈之下才前来投奔的，这种人不一定靠得住。就这样，甘茂无所事事地闲居，还不时担心远在秦国的妻子儿女：他们的生活会不会困顿呢？秦政府会因为他的叛逃而迁怒于他的家人吗？为此，甘茂寝食难安。

过了不久，甘茂听说齐宣王将派苏代出使秦国，他便前去拜会苏代，对他说："我在秦国得罪了权臣，因害怕而逃出来，无处容身，受困于此，可是我的妻子儿女还在那里。听说先生您正要出使秦国，希望先生能在方便之余赈济他们。"

作为谋士，苏代十分欣赏甘茂的才华，便满口答应了。到了秦国后，苏代见到秦昭王，便提起甘茂的事："甘茂不是一个普通的人才，他在秦国的时候，连续受到几任君主的重用。从殽山要塞东到鬼谷（秦国地名，非齐国之鬼谷），其间的地形险要，他都了如指掌。倘若他游说齐王，联合魏国与韩国，反过来对付秦国，那么对秦国是很不利的事情。"

苏代所说的，句句是实话，秦昭王自然听得进去，他有点不安地问道："那要怎么办好呢？"

"大王不如以重金厚禄迎回甘茂，只要甘茂回来了，就把他软禁在鬼谷，终生都不让他出来。"

秦昭王点点头，答了一个字："好！"

为了表示诚意，秦昭王善待甘茂家人，并派人与苏代一同到齐国，授予甘茂上卿的官位，同时声称只要他返回秦国，就可以继续当左丞相。甘茂当然不可能上当受骗，因为陷害他的向寿，就是秦昭王打小玩大的伙伴，史书上称昭王与向寿"少与之同衣，长与之同车"，两人几乎是形影不离的朋友。你想想，秦昭王会相信向寿的话呢，还是甘茂的话呢？

我们不得不说，苏代这个人，够朋友，够义气，这点很像他的哥哥苏秦，帮人就帮到底。回到齐国后，苏代向齐宣王汇报出使的情况后，又说道："甘茂是个贤能的人，现在秦王授他上卿的官职，又用相印前来迎他回国。可是甘茂没有答应，因为他打心里感激大王的恩德，想为大王效力，便推辞了秦王的盛情邀请。秦国以上卿待甘茂，大王您打算怎么待他呢？"

苏代这一番话，敲醒了齐宣王，如今不独是君择臣，也是臣择君的时代，你不挽留人才，可有很多国家想要呢。于是甘茂时来运转，齐宣王恭恭敬敬地献上"上卿"的头衔以挽留他。远在咸阳的秦昭王得知消息后，也免除了甘茂家人的赋税与徭役，摆出与齐国竞争人才的架势。

在翻读战国史时，我时常想一个问题，为什么原本落后的秦国会后来居上，成为最强大的国家呢？必须说，历代秦王的胸襟是值得称赞的。甘茂逃往齐国，秦昭王并没有对其家人进行威胁恫吓、打击报复，相反却能更加优待。固然秦王可以杀其家人以解恨，可是除了解恨，还能得到什么呢？相反，免除甘茂家人的赋税及徭役，对秦国来说并没损失什么，但却有礼待天下贤士的架势，就冲着这点，岂能阻止东方诸国的能人异士争先恐后入秦呢？东方诸国源源不断地为秦国输送人才，这是秦国最终能战胜六国的原因所在。

公元前 305 年，在宣太后与魏冉的铁腕之下，秦国政府平定了持续三年的"季君之乱"，可是三年的动乱令秦国的强势外交大受挫折。相反，此时对儒家仁政失去兴趣的齐宣王也大力发动外交攻势，此时齐国的谋臣不少，包括苏代、苏厉、甘茂等人，此外还有著名的公子孟尝君。

为了达到合纵的目的，齐宣王向楚怀王抛出橄榄枝。

当年楚怀王被张仪忽悠，与齐国断交，不仅断交，还派人到齐国咒骂齐王，摆出决裂的架势。可是与齐国绝交后，楚怀王非但没有得到任何好处，反而被秦国打得元气大伤。说实话，每当想起这段往事时，齐宣王也不禁要生气。可是生气归生气，利益高于一切，为了对付秦国，齐宣王必须把楚国拉到自己的阵营。

齐宣王给楚怀王写了一封信，遣使送到楚国，这封信写道："我听说楚国想要侍奉秦国。如果这样的话，魏国与韩国势必会担心，到时肯定也得倒向秦国；魏、韩倒向秦国，燕、赵必然也要追随其后。魏、韩、燕、赵四个国家争先要侍奉秦国，那么楚国在秦国人眼中，不过就是一个郡县罢了。大王何不与寡人结为联盟，齐心协力招揽魏、韩、燕、赵四国，六国合纵，共尊周室，到时可按兵息民，令行天下了。到时大王必定声名远扬，统率各路诸侯讨伐秦国，击破秦国是必然的。况且大王您曾被张仪忽悠欺骗，丧失汉中地，兵败蓝田，天下人莫不替大王深感痛惜与愤怒。现在听说楚国想侍奉秦国，这件事请大王要深思熟虑。"

看过齐宣王的信件后，楚怀王内心犹豫不决。

事实上，楚怀王是比较偏向与秦国交好的，因为秦昭王继位后，秦国的大权实际上掌握在宣太后与魏冉手中。前文说过，宣太后与魏冉是同母异父的姐弟，而且两人都是楚人，他们不但是楚人，还属于楚国的王族“芈姓”。从这点看，楚怀王当然觉得秦国一下子变得可亲可近了。其实作为一名君王，楚怀王身上有很致命的弱点，他容易轻信人言，缺乏果敢精神，也没什么判断力，遇事时经常迟疑不决，这个弱点最终导致了他的悲剧人生。

究竟要倒向秦国还是倒向齐国呢？楚怀王让群臣发表议论。昭雎的意见是应该与齐国结盟，他认为楚国屡遭秦国人的欺骗与羞辱，所以“必将取地于秦，而后足以刷耻于诸侯”。要报仇雪恨，就得与齐国结盟。

昭雎这么一说，楚怀王听了也觉得有理，就同意了，于是齐、楚两个大国合纵。齐、楚联合之后，深受秦国侵略之苦的韩国也加入，组成三国同盟。

可是有一件事却是齐宣王始料不及的。他辛辛苦苦筹划的齐、楚合纵，不到一年的时间就解散了，原因就出在楚怀王身上。

面对齐国所发动的外交攻势，一向以纵横外交闻名的秦国人很快还以颜色，秦国政府再次使出阴谋诡计，欲瓦解齐楚联盟。为了达到目的，秦国政府三管齐下：第一，以重金贿赂楚怀王及楚国重臣。第二，秦楚通婚，楚怀王娶秦女，秦昭王娶楚女。第三，秦国将其占有的上庸割还给楚国。

楚怀王性格软弱，更糟糕的是，他是一个很容易忘掉耻辱的人。以前张仪欺骗他，他咬牙切齿欲杀张仪而后快，可是当张仪送上门时，他又一次被忽悠了。楚国在战争中损失了许多人马与土地，可是秦国给点小恩小惠，他又把奇耻大辱给忘得一干二净了。这位楚国君主说穿了，就是一个缺少主见的人，在擅长权谋的秦国人眼中，几乎就是一个呆子、傻瓜。于是楚怀王又干了一件傻事，他傻乎乎地又一次与齐国断绝关系。他还停留在做梦的阶段，以为宣太后、魏冉执政下的秦国就是半个楚国，却忘了秦国只顾及自己的利益，他们的任何做法，都是有阴谋的。

楚怀王的背信弃义，令齐宣王措手不及，完全打乱了齐国的既定战略。为了让楚怀王回心转意，齐宣王派遣甘茂为特使，出使楚国。可是这事被秦国人知道了，他们不仅出面阻挠，还派人对楚怀王说：“希望大王把甘茂交给秦国。”显然，秦国政府对甘茂十分提防，万一这位名将被齐宣王任命为战场总司令，那必定是秦军的劲敌。楚怀王虽然没有把甘茂交给秦国人，但也没有听从甘茂的劝告，他仍然因“秦楚合婚而欢”，幻想着与秦国保持一种亲善的关系。

后来史书这样评论：“楚之祸自此始。”因为楚怀王这个不慎重的决定，楚国无休止的大灾难开始了，这是楚国的悲剧，也是楚怀王的悲剧。

楚国的退出并没有改变齐宣王合纵诸侯的决心。甘茂出使楚国未能完成使命，但他紧接着又游说魏国，成功地把魏国拉入合纵联盟。齐、楚、韩三国联盟变成了齐、魏、韩三国联盟，而齐宣王的进攻目标，对准了反反复复的楚国。不过在这个节骨眼上，甘茂的突然去世令齐国在大展拳脚之前失去了一名优秀的将领，他是在出使途中，因病在魏国逝世。

为了教训楚怀王的背信弃义与投靠秦国，齐国约魏、韩两国共同发动伐楚之战。齐宣王十七年（前 303 年），齐国公子孟尝君率领齐国兵团，会同魏、韩军队，杀气腾腾地进入楚国。楚怀王被打晕了头，急急忙忙地请求秦国的援助，为此不惜将太子横当作人质送往秦国。秦昭王当然不想失去楚国这个盟友，于是秦军入楚，帮助楚国人抵抗三国联军的进攻。秦与楚都是大国，两个大国联手作战，孟尝君觉得没有胜算，便撤军而去，楚国转危为安。

尽管秦昭王上台之初，秦国遭遇到一些小挫折，但其霸气是任何一个国家都不具备的。魏、韩两国在历年与秦国战争中，屡战屡败，已经不可避免地患上“恐秦症”，可是这两国竟然投靠齐国，三国联合对付秦国，这是秦国所无法容忍的。在救援楚国之后，秦国出兵攻打魏国，攻取蒲阪、晋阳、封陵等地；之后秦军又杀入韩国，再次攻取武遂。

在秦军强大的压力下，魏、韩两国被迫又一次臣服于秦国，魏襄王及韩国太子均前往秦国谢罪。

正当楚怀王自以为找到一棵大树好乘凉时，却发生了一件意想不到的事情。

公元前 302 年，被送往秦国作为人质的楚国太子横，不知道因为什么事情，与一位秦国大夫发生了口角，口角最后演变为一场斗殴。身强力壮的太子横在斗殴过程中，竟然把秦国大夫给打死了。这可闯下大祸了，太子横不敢待在秦国，匆匆忙忙地逃回楚国去了。

堂堂的秦国大夫，竟然被楚国的人质给打死了，这简直是对秦国的羞辱！秦昭王暴怒之下，也顾不上与楚国所谓的“合婚之欢”了，派遣庶长奂率领秦军攻入楚国。这下子楚国惨了，不仅秦国人要算账，觑准了机会的齐宣王乘机再度照会魏国、韩国，联合出兵攻打楚国。齐国大将匡章、魏国大将公孙喜、韩国大将暴鸢各率本国的军队，攻打楚国方城。

以一敌四，楚国的下场可想而知。

楚怀王只得硬着头皮应战了。

形势对楚国相当不利，因为楚军必须两线作战。楚怀王命令昭雎负责抵御秦军，唐昧负责抵御齐、魏、韩联军。

其实对楚怀王来说，在这种情况下，与秦国和解才是明智之举。虽然发生了太子横杀死秦大夫这样的恶性事情，可是终究这只是一起个人行为，只要秦昭王的怒气过了，当然不可能因为一名大夫之死就完全改变秦国的外交战略。可是我们一再说，楚怀王并不是一个明智的人，他是一个很情绪化的人。作为国君，情绪化太重并不是好事，楚怀王已经为此付出过惨重的代价，可是他的性格并没有任何改变。面对秦军大兵压境，他的第一反应就是要维护君主的尊严，必须要给予反击。

可是在西线指挥作战的大将昭雎并不想这样做，他派自己的亲信桓臧对楚怀王说：“如果昭雎打败了秦军，齐、魏、韩三国必然要憎恨楚国的强大，到时三国肯定会加强对楚国的进攻。秦军战败，秦王就会被激怒，到时一定会动员全部兵力进攻楚国，这样大王就会陷入与秦国无休止的战争中，使齐、魏等国渔翁得利。如果昭雎打不赢秦国，那么秦军就会得寸进尺，长驱直入。依臣下的看法，最好的办法是增强昭雎的兵力，摆出决一死战的架势，但只是做做样子给秦国人看罢了。秦王是个聪明人，他不愿意看到秦楚交战而让其他诸侯国捞到好处，这样只需割让一点点土地，就可以同秦国结束战争。只要楚国与秦国联合，燕国、赵国、魏国就不敢轻举妄动了。”

楚怀王并不接受桓臧的建议，仍然下令前线将领迎击秦军。你想想，前线总指挥昭雎是主和派，打起仗来又不卖力，胜负很快便见分晓了。秦军的战斗力名不虚传，是役获得斩首两万的战果，楚军遭遇重创。

楚国的悲剧还未结束。

在另一条战线上，齐、魏、韩三国联军推进到泚水（今河南唐河境内，下游至襄樊入汉水），与唐昧率领的楚国兵团隔江对峙。唐昧倚仗河流天险固守，与三国联军对峙六个月，联军总司令匡章并没有贸然发动进攻，战斗陷入胶着状态。

可是齐宣王却等不及了。这位杰出的君主重病缠身，他料想自己恐怕不久于人世，希望能在有生之年看到齐国军队取得辉煌的胜利，可是匡章竟然按兵不动，再这样下去，恐怕自己是等不及了。于是齐宣王派周最到泚水前线，督促匡章赶紧发动攻势，一向信任匡章的齐宣王用词相当严厉，不满的情绪溢于言表。

然而匡章回给宣王一个不软不硬的钉子，冷冷地答说："大王可以杀了我，或者免我的职，可是不能命令我在不能开战的时候开战。"自从春秋以来，"将在外，君令有所不受"乃是一种约定俗成的传统。当一名君主把军队交给大将时，就要无条件地信任他，这也是对出征大将的一种尊敬。作为一名出色的将领，匡章打仗并不是靠蛮力，而是凭借智慧，在觑准敌人弱点之前，他不会盲目出击。

由于唐昧的楚军以河流为防线，缺乏船只的三国联军要渡河进攻显然并不容易。匡章多次派人前往侦察河流水文情况，希望能找到一处水浅可徒步涉水而过的通道。可是每次侦察人员都遭到对岸楚军的阻挠，楚国士兵以密集的箭雨迫使齐国士兵无法靠近河流。正当匡章无计可施之时，齐国的侦察人员意外地得到了一个重要的情报。当时，侦察人员在河边探察，正好遇到一位当地人，在水草处喂牛马，便向他打听情况。该人说道："要知道哪儿的水深，哪儿的水浅，其实很容易。你看对岸的兵营，兵多的地方，水路就是浅的，兵少的地方，水路就是深的。"

正是踏破铁鞋无觅处，得来全不费工夫。

原来唐昧在防御部署上，凡水浅可涉处都布下重兵，这么一来，就很容易找出哪个地段可以徒步涉水。匡章在获悉这个重要情报后，立即观察对岸敌军的分布情况，眺望楚军兵营与旗帜，轻而易举地确定水浅区。他下令军队做好准备，精选强壮的士兵为先头部队，在夜黑风高时，从水浅的区域蹚水而过，出其不意地发起突袭。

六个月的对峙，令楚国士兵有所松懈，在齐军的猛击之下，正在睡梦中的楚军如梦游般作战，根本组织不起强有力的反击。齐军在巩固滩头阵地后，后续部队源源不断地渡河，战斗呈一边倒的格局。在这个名为“垂沙”的小地方，以齐军为首的三国联军大破楚师，楚军伏尸遍野，总司令唐昧在战斗中被击毙。

此役令齐国威震天下，当胜利的消息传到齐都临淄城时，齐宣王已是病入膏肓，在弥留之际终于完成一个心愿。这位一生幻想着重树齐国霸业的君主不久后便溘然长逝，在位共计十九年。齐宣王在位期间能任用贤能，崇尚文学，使齐国稷下学宫成为天下学术重镇；比起前任齐威王，齐宣王的对外政策更具扩张性，他是东方诸侯的领袖。在东方六强中，齐国北破燕、南伐楚，合纵魏、韩，雄视一时，维持着与秦国的对等地位。

反观楚国，没有明确的外交原则，一会儿与齐联合，一会儿与秦联合，政策摇摆不定，最终既得罪了秦国，又得罪齐国，成为名副其实的孤家寡人，遭到四强的鲸吞蚕食。垂沙之役后，楚国宛城、叶城以北的土地被魏、韩两国所夺取。

更可怕的是，楚怀王的噩梦还远远没有结束。

六、围猎楚国（下）：楚怀王之死

楚怀王有个错误的观念，他以为在秦国执掌大权的宣太后、魏冉都是楚人，理所当然会与楚国关系亲密。这种想法无疑是十分危险的，对于客卿而言，为了表示对秦国的忠诚，往往会用更残酷的手段打击自己以前的祖国。

魏冉就是这样的人。

这位权臣是秦昭王上台的关键人物，他以铁腕扫除了一切可能觊觎王位的秦公子，在政坛上呼风唤雨。公元前 300 年（即四国伐楚后的第二年），秦国丞相樗里疾去世，魏冉自任丞相，由此秦国在对外政策上更加激进。

魏冉相秦后，第一件事，就是派遣自己的弟弟华阳君芈戎率领大军再度攻楚。这里顺便说个题外话，魏冉与芈戎虽然名为兄弟，可是在血缘上一点也不沾边，两人既不同父，也不同母，他们之所以称为兄弟，那是宣太后成了两人关系的桥梁。魏冉与宣太后同母异父，而芈戎与宣太后同父异母，因而魏冉与芈戎都是宣太后的弟弟，但两人却一点儿血缘关系也没有。

芈戎的进攻令楚国人再度蒙羞。

在上一年刚刚遭受重创的楚国显然还没有从失败的阴影中走出，面对秦军饿狼般的进攻，楚怀王任命景缺为大将，全权负责前线指挥。可是景缺的下场与唐昧相同，他没有顶住秦军的强大攻势，战死沙场，楚军又有三万名将士阵亡。

楚国的实力，在战国七雄中，好歹可以居前三名之列，不料却被楚怀王折腾到这种地步，屡战屡败。那么楚怀王到底做了什么事呢？国难当头，他居然是求神问卜，大搞迷信。据史料所说，他“隆祭祀，事鬼神，欲以获福助，却秦师”，把打败秦师的希望寄托在鬼神身上，但是鬼神并没有现身相助，楚国只得落了个惨败的下场。

在这种情况下，楚怀王不得不求助于齐国，从秦国杀人后逃跑的太子横又一次被当作人质送到齐国，以换取与齐国的结盟。

只是楚怀王的真诚令人怀疑，这位糊涂君王三番两次地戏弄齐国，早令齐国人心怀不满，如今他低声下气求和，只是权宜之计罢了。

说到玩弄外交，楚国不仅不如秦国，也不如齐国。

毕竟是有求于人，楚怀王把太子押在齐国，可以说是完全放下脸面了，对好面子的他来说，这样做已经很有诚意了。在外交上，楚怀王处处被动，相反，秦国则是积极主动。秦国不仅在外交艺术上炉火纯青，更重要的是，它有长远的战略规划与坚定不移的执行力，不像东方诸国在外交上多数是朝令夕改。秦国最大的对手，一是齐国，二是楚国，因而最顾忌的事情莫过于齐楚联手，只要齐、楚两国有接近的兆头，秦国必定会出手破坏。

现在楚怀王把太子作为人质送往齐国，以取信新上台的齐湣王，秦国自然不甘落后，随后也送上人质讨好齐国。这个人质必须是一个身份尊贵的人，最好是太子，这样就与楚国人质的身份等同。不过此时秦昭王还年轻，儿子都还没出生，哪儿来的太子？那要送谁入质齐国呢？秦昭王的弟弟泾阳君！泾阳君即秦公子市，他是昭王的同母弟，母亲就是执掌秦国大权的宣太后。这绝对是重量级的人物，也只有献上重量级的人物，才能表示秦国与齐国交好的诚意。

从这里我们可以看出秦国的外交政策何等激进。当人质可不是好玩的，人质是一件抵押品，一旦两国关系恶化，人质必然倒霉，甚至要断送性命。秦国宣太后不惜把亲生儿子押在齐国，可见对此次外交的重视程度。秦国并不是要同齐国交好，而是换取齐国的中立态度，只要齐湣王不干涉秦国攻打楚国就算达到目的。

此时的齐湣王刚刚登位，楚与秦这两个大国便争着把人质送上门，无疑令这位新君王的虚荣心得到极大的满足，甚至有点飘飘然了，自认为是天下霸主了。秦与楚要两虎相争，对齐国那可不是坏事。如果秦国被楚国打败了，那么齐国便稳居第一强国的宝座；如果楚国被秦国打败，楚近秦远，对齐国也未尝不是好事。于是齐湣王两头应付，保持中立。

齐国坐山观虎斗，秦、楚两国单打独斗。

秦昭王八年，楚怀王三十年（前 299 年），在搞定齐国后，秦国大举出兵进攻楚国，连下八城，兵锋之盛，楚军莫可抵挡。

就在楚怀王焦头烂额之际，秦使送来了一封秦昭王的书信。在信中，秦昭王写道："最初寡人与大王结为弟兄，在黄棘会盟，大王以太子为人质，两国关系十分融洽。可是不料太子却盛气凌人，杀死寡人的重臣，非但不认错，还不辞而别。寡人确实压抑不住怒火，这才派兵侵犯楚国边境。如今听说大王您竟然让太子作为人质送往齐国，以此向齐国求和。秦国与楚国的边境接壤，为了和平相处，这才有联姻之事，秦楚通婚已有数百年，历史久远。现在秦楚两国交恶，兵戎相见，无法号令天下诸侯。寡人希望能与大王在武关会晤，当面签订条约，重新结盟。这是我的心愿，冒昧把这个提议告诉您，希望您考虑。"

此时楚怀王都当了三十年的君王，而秦昭王不过才二十出头，他足以当秦王的叔叔了，可是在书信中，秦昭王却要跟他以兄弟相称，这就是霸气。

小老哥楚怀王看了信后，心里很忐忑，拿不定主意。秦昭王指定的会晤地方是武关，武关在哪儿呢？在秦楚边界附近，属于秦国的地盘。想去吧，怕上了贼船，自投罗网；不去吧，又怕激怒秦昭王这个小老弟，到时秦军又要泰山压顶了。怎么办呢？他心里没底，只好又求助于群臣了。

"大王千万别去！"昭雎站出来说话了，"我们派军队固守边境线就是了。秦国如狼似虎，岂可相信呢？秦王野心勃勃，他的目的是想吞并群雄。"

可是有一个人劝楚怀王前往，谁呢？楚怀王的儿子子兰。我们只能说他少不更事了，他说："秦王这么有诚意，为什么拒绝他的好意呢？"

重臣与儿子的意见相左，楚怀王听了儿子的劝告，因为他确实很少听臣僚的意见。自己没主意，又每次拒绝大臣的建议，这就是楚怀王内心的矛盾之处。

楚怀王回复秦使，将亲自前往武关与秦王会晤。秦昭王心里暗喜，大鱼就要上钩了！要知道秦国的外交，向来以诡诈善变而著称，这也算是张仪留下来的传统吧。要说到缺德事，秦国可没少做，这点别人就算不知，楚怀王能不知道吗？当年张仪是如何把割让六百里之地神奇般地变为六里，楚怀王想必还历历在目吧，可是他就是一错再错，再错还要三错，一直错到没机会错为止。这就是楚怀王人生悲剧的原因所在。

楚怀王满心以为秦昭王会在武关以隆重的仪式来迎接他呢。这不，当他驱车到了武关外时，远远就看到秦王的旗号了。

旗号是秦王的没错，可是秦昭王压根就没在武关。那他在哪儿呢？正躲在都城咸阳的王宫里饮酒作乐呢，他才懒得亲自去迎接小老哥楚怀王呢。秦昭王派了一名将军去“欢迎”楚怀王，吊了个秦王旗当摆设。楚怀王望到王旗，还真以为秦昭王千里迢迢来迎他呢。不料他前脚刚进了武关，前来“迎接”的大将就下令把武关的大门紧紧关闭。这时楚怀王忽然有一种羊入狼群的感觉，他慌了。

可是慌了也于事无补了，你一头羊闯入狼窝能怪谁呢？人家略施小计，你就自投罗网，不能怪别人了，要怪只能怪自己笨。

“秦王在哪里？”楚怀王不安地问道。可是没人理他，一大群身强力壮、身着盔甲的士兵簇拥在楚怀王的马车前后左右，一人在前面带路，一路直奔咸阳去了。

他还像个国王吗？没有人当他是国王，只当他是囚徒罢了。车马一路跋涉，到了咸阳，身心俱疲的楚怀王还没来得及休息，就被拉到章台去见秦昭王。秦昭王高高坐在上座，楚怀王坐在下座，这是两个国王会晤的礼节吗？这时楚怀王涨红了脸，脸上流露出强烈的不满，可是秦昭王却不理他，居高临下，如对藩臣。

人是有自尊心的，何况是个国王呢？

楚怀王愤怒了。当然这时伴随愤怒的，是后悔，后悔没听昭雎的话。在这个时候，他突然冒出了王者的勇气，拒绝与秦王对话。可是这是哪儿呢？这可是秦国的大本营啊，能容楚王撒娇吗？秦昭王可不是省油的灯，他年轻气盛，目空一切，虽然还没一统天下，却颇有帝王的模样，他毫不客气地把楚怀王给软禁起来了。

从国王到囚徒，这只是因为他的一念之差。可是我们必须说，性格决定命运，楚怀王软弱的性格决定了他悲剧的人生，他一生犯错无数，既坑了国家，也害了自己。

秦昭王设计把楚怀王抓来，当然不只是要为他提供免费的三餐与住宿，而是别有用心的。秦国要什么呢？要楚怀王割让巫郡与黔中郡。于是秦昭王天天派人到软禁处，对楚怀王软硬兼施，威逼利诱，要让他答应割地。楚怀王身陷囹圄，好歹还算清醒，每次他都把秦国的无理要求顶回去，并加上一句："寡人是来秦国签订盟约的。"

签订盟约？败国有什么资格签订盟约，秦昭王放话了，先割地，再签约。楚怀王不干，秦昭王也不放人，看样子这件事得无期限地拖延下去了。

堂堂大国的君主竟然在他国被扣押软禁，这可真是耸人听闻的事。这件事传回楚国，朝廷陷入恐慌之中。古代君主是一国至高无上的统治者，所以说国不可一日无君，现在楚国真的是群龙无首了，怎么办呢？

朝廷上下议论纷纷，大臣们交头接耳说："我们的君主被秦国扣押了，不能回来，秦要挟他割地，而太子又在齐国当人质，这可怎么是好？往坏里想，倘若这个时候秦国与齐国狼狈为奸，勾结起来，那我们就得亡国了。"

这时有人说："当务之急，得马上拥立一位王子登位，新立国王，这样楚国才能得救。"昭雎位高权重，他站出来明确反对："如今大王与太子都扣押在他国，倘若拥立一名庶子为王，这恐怕就违背大王的意愿，甚为不妥。"他提出一个方案，派人出使齐国，假称楚王已死，太子必须得回国登位。

为什么提这么个方案呢？齐国由于距离秦国比较远，到现在为止，还未能知道楚怀王被秦王扣押的真相，更不知道楚怀王的生死，所以昭雎便想出这么个主意，在齐国人了解真相之前，把太子接回国。

这个方案得到了大多数人的认同，楚国使节马不停蹄地赶往齐国，见到齐湣王后，就把昭雎那通编好的谎言说了一遍。齐湣王虽然不明真相，可是他还是很狡猾，心里琢磨着要是这样就释放楚国太子，那岂不是没捞到什么好处吗？可不能这么便宜了太子这个人质。

齐湣王把丞相孟尝君拉到一旁，悄悄地问：“不如把楚国太子给扣留了，用他来向楚国索取淮北之地，您看怎么样？”说到厚黑，齐湣王也不让秦昭王哩。

孟尝君回答说：“那怎么行呢？要是楚国人一怒之下，放弃立太子，改立其他王子登位，那我们手上的人质就毫无用处了，而且还要背上不义的恶名。”

谋士苏代颇得哥哥苏秦的真传，纵横家向来是唯利是图，他站出来说道：“不是这样的。倘若楚国人另立新王，那我们就可以私下同新楚王交易，要求楚国割让东部土地，齐国则替新楚王除掉作为人质的太子，以绝后患。倘若新的楚王不肯答应，我们就与其他诸侯共同拥立太子，到时楚国出现两个王，必定要内乱。”

苏代这一招，可谓够狠够毒。这话齐湣王爱听，看来齐国是铁了心要利用楚国的国难来发财了。

齐湣王召见人质太子横，对他明言道，要回国登位也行，只要他答应割让东部五百里土地给齐国，齐国就鼎力支持他。倘若不从，楚国另立新王，那么太子的小命就难保了。你想想，人为刀俎，我为鱼肉，这个曾在秦国当人质，又到齐国当人质的太子横容易吗？小命都捏在别人手中哩，不答应也是不行的。权宜之计，还是先从齐国脱身，返回楚国后再做打算了，于是他便答应割让土地给齐国，这样齐湣王便派人护送太子回国，顺利登位，是为楚顷襄王。

楚顷襄王登位后，面临的第一件棘手的事情，便是要不要履行割地的承诺。五百里之地可不是个小数目，相当于一个中等诸侯国的面积，谁想把兜里的东西往外送呢？可要是不割地呢？若惹怒了齐国，齐国大兵压境，那灾难中的楚国肯定是承受不了的。

怎么办呢？

正当这会儿，齐国的使者来了，目的只有一个，便是索要五百里之地。楚顷襄王急了，赶忙找老师慎到商量。慎到是战国时代著名的学者，他的学术介于法家与道家之间，原本在齐国稷下学宫讲学，曾被齐宣王任命为大夫。慎到在稷下待了很长时间，对齐国政治十分了解，因而当楚顷襄王想与齐国打交道时，首先想到的人便是慎到，得听听老师有什么高见。

慎到对楚王说：“大王明天召集群臣，先听听大家的意见吧。”

第二天，楚国君臣聚集一堂，一起商量怎么回应齐国。大臣们各抒己见，畅所欲言。首先发言的是上柱国子良，他说："大王金口玉言，既然答应了齐国，如果不履行承诺那就失信于天下了。不如先割地给齐国，然后再出兵收复。"割了地再出兵收复，这有点自找麻烦，楚顷襄王显然对此不太满意。

楚王还未说出口，昭常便大喊一声说："不可以割地！我们号称万乘之国，靠的就是土地面积辽阔，要是把东部五百里之地割让给齐国，那楚国去了一半了。请大王同意我前往东部守卫疆土，无论如何不能失掉这块土地。"这话有楚国勇士的风采，可是事情并不是这样简单，这几年楚国在秦、齐的打击下，损失惨重，连楚怀王都沦为阶下之囚，在这种关键时间点上，有实力西抗秦、东抗齐吗？

昭常所言仍有不圆满之处，这时景鲤发言了："楚国无力与齐国单挑，要保住这块土地，得向秦国求援。"向秦国求援，这可不算是上策。到这个时候，哪个楚国人对秦国还抱有好感呢？不要说楚怀王还被关押着，就是现任的楚顷襄王，当年在咸阳杀了人逃跑掉，与秦国的过节深着呢。

三个人三种意见，楚顷襄王不知如何是好，只好请教老师慎到。慎到说："这三种意见都各有各的道理，大王就一并采纳吧。"

老夫子犯什么糊涂了，这三种意见互不相同，有要割地，有不割地，有固守的，有求援的，哪能三种意见一同采纳呢？

楚顷襄王听了怫然作色道："先生您这是说的什么话啦？"

慎到赶紧答道："大王莫急，请听我说来。大王可派子良带五十辆车到齐国，履行割地的承诺；在子良出发后的第二天，任命昭常为大司马（国防部长），前往镇守边疆；另外派景鲤四处放出风声，宣称楚国要与秦国结盟，并向秦国求援。"

老夫子的这招管用吗？

尽管楚顷襄王将信将疑，但还是听从了老师的建议。事实证明，慎到对齐国的内情是非常了解的，楚国人的这一计谋把齐国君臣看蒙了。楚国一方面声称要履行割地的承诺；另一方面又做出抵抗的姿态；同时又摆出向秦国求援的样子，在齐国人看来，楚国内部意见不统一。慎到的妙计就是令齐国人产生误判，以为楚顷襄王在国内不能掌握实权。倘若齐国人要接收土地，那么楚国的激进派便会拼死抵抗、保卫领土，并不惜与秦国联合，借兵攻击齐国。这么一来，齐国非但不能捞到好处，反而置自己于不利的局面。在权衡利弊之后，齐湣王最后放弃了对楚国索要土地的要求。

我们必须说，慎到的计策是十分险的。

就当时的局势而言，楚怀王被秦国人诱捕，秦楚两国的关系跌入冰点，楚国怎么可能真的向秦国借兵呢？倘若没有秦人相助，楚国贸然同齐国开战，毫无胜算。近几年楚国屡战屡败，损失惨重，无力与秦、齐抗衡，况且还有魏、韩等国也虎视眈眈哩。慎到的计策之所以成功，主要还是因为齐国情报部门效率低下，对楚怀王被囚的真相一无所知，否则齐湣王真的狮子大开口，毫不退让，那楚国恐怕是要丢失土地了。

保全楚国的土地，慎到功莫大焉。

这里我们顺便说说慎到这个人，他的思想在战国诸子中独树一帜，既有法家的成分，也有道家的成分。他的一些观点在今天看来，也很有意义。譬如他说："立天子以为天下，非立中国以为天子也；立国君以为国，非立国以为君也；立官长以为官，非立官以为官长也。"立天子、国君、官员是为了国家，换言之，天子、国君、官员是要为国家服务的，而不是国家来为其服务。

在战国君主专制急剧发展的年代，慎到却提出"君主无为"的虚君主张，他说："君臣之道，臣事事而君无事也。君逸乐而臣任劳，臣尽智力以善其事，而君无与焉，仰成而已。故事无不治，治之正道也。"这在当时人看来，不仅荒谬，而且有些大逆不道的色彩，荀子就曾批评慎到"欺惑愚众"。

慎到的法律思想也有光彩夺目之处。他提出"民一于君，事断于法"的主张，鼓吹法治思想，认为"大君任法而弗躬，则事断于法矣"，强调"官不私亲，法不遗爱"。这个看法，放在今天仍然掷地有声。

再回过头来说楚国的事情。

楚顷襄王即位后，就派人通告秦国政府，称"国有王矣"，你们囚禁楚怀王是没有用的，楚国又有新国王了！这下子秦昭王暴跳如雷了，为了给新楚王一点颜色瞧瞧，他派庶长奂统领大军，出武关讨伐楚国。令楚顷襄王蒙羞的是，楚军又一次被打得大败，阵亡五万人，丧失了析城等十六座城池。楚国人如此狼狈不堪，实是楚怀王摇摆外交所产生的恶果，倘若当年铁下一条心与齐国结盟，联合东方诸国一起对抗秦国，何至于被天下群雄围猎呢？

如今楚怀王不仅被秦人给欺骗，也被国人给抛弃了，成了废人一个。刚开始时，秦昭王还派人严加看管，可时间一长，渐渐把楚怀王这名囚犯给忘了，因为从他身上也捞不着什么好处了。这反倒给了楚怀王一个逃跑的机会，这位失败的前任国王，在人生的最后一刻，冒出一丝难得的勇气，决心要逃出秦国。

机会终于来了。

秦昭王十年（前 297 年），被软禁了两年多后，楚怀王趁秦国人看管松懈时逃跑了。他是怎么逃跑的，史书上也没写得很清楚，我们也不好猜测。当他逃出咸阳城后，秦人察觉了，秦昭王马上下令，封锁各条通往楚国的通道，严加盘查，坚决阻止楚怀王逃回国去。您还别说，楚怀王有点小聪明，向南逃窜是不可能了，倒不如向北走，只要能逃到赵国，摆脱秦人的追捕，就有机会返回楚国了。楚怀王不走大路，只走小路，风餐露宿，历经艰辛，终于走到了赵国。

可是楚怀王要失望了。赵国政府根本不想为了一个不相干的人而得罪强大的秦国，拒绝楚怀王入境。已是孤家寡人的楚怀王不得不改变逃亡路线，企图绕道魏国折回楚国，可是厄运连连的他仍然倒霉了，他被秦国追兵逮住了，又一次被押回咸阳城。悲愤与羞愧交加的楚怀王终于病倒了。

第二年（公元前 296 年，秦昭王十一年，楚顷襄王三年），楚怀王病死在秦国。作为一位大国君主，他客死异乡，在令人怜悯的同时，不得不说这样的悲惨结局，也是他咎由自取的，怪不得别人呢。楚怀王死后，秦昭王把他的遗体送回楚国，楚国百姓都十分同情怀王的遭遇，同时对秦国的背信弃义十分愤怒。至此，楚国宣布与秦国彻底绝交，他们总算看清了秦国的豺狼本性，只是付出的代价太惨重了。

大史学家司马迁后来评论说："人君无愚智贤不肖，莫不欲求忠以自为，举贤以自佐。然亡国破家相随属，而圣君治国累世而不见者，其所谓忠者不忠，而所谓贤者不贤也。怀王以不知忠臣之分，故内惑于郑袖，外欺于张仪，疏屈平而信上官大夫及子兰，兵挫地削，身客死于秦，此不知人之祸也。"

楚怀王的悲剧源于他自身的性格，做事优柔寡断，缺乏魄力与果敢精神，有忠臣屈原、谋士陈轸而不能用，内不能强国，外交上更是糊里糊涂，三番五次被秦人愚弄，智力不及常人，让这么一个人来统治一个大国，既是国家的悲剧，也是个人的悲剧。楚怀王死后，楚南公说了一句话："楚虽三户，亡秦必楚。"后来这成了一句预言，可是在当时，也仅仅只能看作楚国人自我激励的安慰话罢了。

在楚怀王逃亡之时，东方强国齐国纠集魏、韩两国，在著名公子孟尝君的率领下，发动对秦国的进攻，把齐、秦两国的对抗推向高潮。

七、孟尝君其人

在战国中后期，由于群雄之间的竞争日趋白热化，各国在网罗人才上不遗余力，"养士"之风盛行天下。不仅是各国君主，包括公子、贵族，竞相广招人才，礼贤下士。在这些公子中，以齐国孟尝君、魏国信陵君、赵国平原君、楚国春申君最为有名，并称为"战国四公子"。在四公子中，最早成名的便是孟尝君。

我们先来说说孟尝君的身世。

孟尝君是齐国公子，名为田文，他的父亲是齐国权臣田婴。田婴是齐威王的小儿子，颇有才干，深得父王的宠爱。齐威王十五年（前 342 年），田婴与田忌、孙膑等将领伐魏救韩，取得了马陵之战的伟大胜利。尽管这次战役的胜利主要得归功于孙膑的深谋远虑，但田婴也捞足资本，奠定了他在齐国政坛上的影响力。八年后，即齐威王二十三年（前 334 年），田婴正式担任齐国丞相，成为名副其实的权臣。

按道理说，孟尝君田文出生于这么一个权贵家庭，应该与其他公子哥一样，自小衣食无忧，有个快乐的童年。可事实并非如此，他出生后，差一点被自己的亲生父母给抛弃了。这是怎么回事呢？

原来田文是五月初五出生的，当时社会上有一种迷信的观念，认为五月初五出生的孩子，会长得很高大，比宅院大门还要高，这种人要给父母带来霉运的。至于为什么有这么一种迷信的看法，我们也说不清道不明了。若是寻常人家，倒霉一点，父母亲也认了，毕竟是自己的亲骨肉，难不成要扔了不成？可是田婴不是寻常人家，他是齐国的权臣，高高在上，要是因为生了这么个倒霉的儿子给自己带来厄运，他宁可不要。再说了，田婴家中妻妾成群，前前后后给他生下四十多个儿子，少这么一个有什么要紧嘛。孟尝君的母亲又只是一个地位很低的小妾，田婴才懒得去理会她的感受呢，他下了一命令："把孩子给扔了，不要养他了。"

可是当母亲的哪忍心扔了自己的亲生骨肉呢？她偷偷地把儿子送出去，交给娘家的人把他抚养长大。田文打小时候开始，不仅没能享受到公子哥的待遇，还被父亲抛弃了，连父亲长什么样子，他都一点印象也没有。他就是在缺少父爱的环境下长大成人，童年的不幸反倒成为他奋发的动力。他身上流淌着王公贵族的血液，却自小流落在民间，在成长过程中，他的性格也渐渐成形：慷慨好义，喜交朋友。

光阴荏苒，白驹过隙，转眼十几年过去了。弃儿田文已长大成人，日夜操心的母亲决定要让他们父子俩相认。要怎么办呢？我们说过田婴有许多儿子，总共四十多人，这些都是田文的兄弟，史书上没有写明田文有没有同母兄弟，估计是有的。母亲就让孟尝君的兄弟领着他去见父亲田婴，这也是父子俩十几年来第一次相见。当时田婴没有心理准备，突然来了这么一个从未见过面的儿子，怎么回事呢？他想起来了，当年自己下令扔掉的那个孩子并没有死，现在回来了！

当田婴见到这个未曾谋面的儿子后，胸口腾地烧出一把怒火，便把田文的母亲唤来，怒责道："当年我让你把这个孩子扔掉，你怎么胆敢违背我的话，私自养活了他，你说，这是怎么回事？"可怜的母亲吓得脸色发白，半晌说不出一个字。这时，田文向父亲磕了一记响头，然后抬起头，毫无惧色地反问道："您不愿意养育五月初五出生的儿子，这又是为什么呢？"

田婴怒气冲冲地答道："五月初五出生的儿子，会长得比大门还高，对父母亲不利！"田文的性格看来跟父亲有些相似，他一点也不示弱，又问道："人的命运，是上天来决定呢，还是大门来决定呢？"这话把田婴问得哑口无声。田文接着说："如果人的命运是由上天来决定的，那您有什么可担心的呢？如果人的命运是由大门来决定的，那很简单，只要把大门加高就行了，那么人再高，也高不过大门了。"

这些话把田婴驳斥得无话可说，可是他还是得维系自己的权威，只得狠狠地说："你不要再说了。"说罢拂袖而去。表面上看，田婴虽然死不认错，心里面却以为田文说得有道理，因为田文往他面前一站，身材矮小，连魁梧都算不上，哪有传说中所说的五月初五出生的崽长大后个个像姚明那么高呢？在事实面前，虽然他嘴上不说，可是打心里还是原谅了田文与他的母亲。

从父子相认的那天始，田文又回到大家庭中了。随着时间的推移，田婴从他身上发现了许多优点，田文脑袋瓜灵活，能说会辩，很擅长与人打交道，有许多朋友，对事情往往有自己独到的看法。可以说，正是有了不寻常的人生经历，才使得田文的见识远远超过待在大宅院里的其他兄弟。此时的田婴已经不像初次见面时那么冷冰冰了，再怎么说田文也是自己的儿子，犯不着像对待敌人似的。

身为公子贵族，田文开始留心起政治。他早年流落民间，对百姓疾苦了解得多，对父亲的许多做法并不满意。田文打算劝谏父亲，可是田婴是个十分顽固的人，倘若说得太直，反而会惹怒他，得拐弯抹角才行。

有一天，父子俩凑在一起。田文跟父亲瞎扯神侃，他问道："儿子的儿子叫什么呢？"田婴一听，这是什么幼稚的问题呀，没好气地答说："当然是孙子了。"田文又问："那孙子的孙子又叫什么呢？"田婴答道："那叫玄孙。"田文又问："玄孙的孙子叫什么呢？"这是什么无聊的问题，田婴答不上来了，只好说："我不知道了。"

这些看似无聊的问题，其实是田文精心安排的开场白罢了，然后他转向正题说："父亲大人在齐国掌权时间很久了，经历了三代君王，可是齐国的土地并没有扩大，反倒自个儿家中积累了庞大的财富，而且据我观察，您门下看不到一个贤能之士。我曾听过这样的话：将军之家必出将军，丞相之家必出丞相。现在您家中的妻妾们身穿华丽的绸缎，可士人们衣衫褴褛；男女奴仆尚且有剩余的饭食肉羹，可是士人却连粗茶淡饭也没有，这不是养士之道哇。如今您还不停地积累财富，想留给自己都叫不上名来的子孙后代，却没看见国家的利益在一天天被损害。对这件事，我私下里觉得十分不解。"

田文说了这么一大段话，对父亲敛财轻士的做法提出了委婉的批评，这是需要勇气的。他好不容易回到这个大家庭中，非但没讨好老爹，反倒谏逆耳之言，就不怕再次被逐出家门吗？田婴在齐国掌权这么久，不要说一般人，就是齐王对他也得客客气气，可是今天却挨自己的儿子教训了。这件事成了田文人生的一个转折点，因为他的勇气与见识得到了父亲的赞赏。田婴发现这个儿子不简单，有才能，也有气魄。从此以后，田婴开始器重这个差点被他扔掉的儿子，让他主持家事，接待宾客。

事实证明，田婴的眼力不错。田文接手家族事务后，一改往日轻慢宾客士人的做法。他礼贤下士，只要有一技之长的人前来投奔，他一概供吃供穿，养了一大批食客。在春秋战国时代有“养士”的风气，魏文侯、齐威王、齐宣王等著名君主都十分重视“养士”，特别是齐国的稷下学宫，就养了一大批智者学人。到战国中晚期，“养士”成为公子贵族的一种时尚，而孟尝君田文，就是这种时尚的发起人。

当时田婴的封地是薛邑，自从田文广招宾客后，这里变得热闹非凡，各国的怀才不遇者蜂拥而至，田文的名声远扬，天下诸侯，没有人不知道他的大名。此时田婴已垂垂老矣，得安排一个继承人。由于田文的名声太显赫了，各诸侯国都派使者到薛邑，劝田婴立田文为继承人。这明明只是田婴的家事，各国干吗要插手呢？有两种可能性：其一，田文倘若继承家业，日后势必是齐国丞相，加上他慷慨好义，以后诸国有事情要齐国帮忙时，说不定他可以出手相助。其二，田文的宾客满天下，不排除一种可能性，即他利用自己的影响力游说诸侯，以达到继承家业的目的。

此时的田文已证明自己的非凡才干，而且羽翼渐丰，田婴最终决定让他来继承自己的家业。不久后，田婴去世，田文成为薛邑的主人，称为“孟尝君”。此后薛邑这个地方更热闹了，形形色色的人抱着不同的目的云集于此，连各国被通缉的罪犯也把这里当作避难的天堂。依靠父亲留下来的庞大资产，孟尝君来者不拒，凡前来投靠者，一律优待，让他们在此安家立业。

当然，来的人这么多，不乏骗吃骗喝的，但孟尝君照样收留，这也是一种作秀，表明他胸怀宽广，慷慨好义。他的看法是，只要这些人中有几个有才之人，能在关键时刻发挥其本领才华，那就算赚着了。他用这种手段来招揽天下豪杰士人，不用说，声名更加显赫，风头盖过齐王，门下食客三千，几乎成为齐国国内的一个小朝廷了。

孟尝君的交友之道，不论出身贵贱，一律平等待之。他是个十分心细的人，心细到什么程度呢？这里举一个例子，凡有宾客前来，他就亲自接见，还安排一个随从躲在屏风后面，任务是记下他与宾客的谈话内容。孟尝君与宾客寒暄时，嘘寒问暖，询问家在何处，家人的生活情况，宾客离去后，他便查看记录，派人给宾客家人送去礼物。这种做法无疑令宾客十分感动，没想到自己随口说出的话，却被细心的孟尝君都记下了。

还有一件事可以看出孟尝君的平等观念。

有一天晚上，他招待几位宾客吃晚饭。其中有一位宾客有点怪癖，吃饭的时候把案台前的烛光遮住，这么一来，其他宾客看不清他案台上摆的是什么酒菜。有一名宾客心想，这个家伙把烛光给遮了，肯定他的饭菜跟我们不一样，心里便蹿起一团愤怒的火焰：孟尝君你不够朋友，你有偏见，你让别人吃好酒好菜，我等吃的东西低人一等。这一愤怒之下，他拂袖离席，饭也不吃了，向孟尝君拱手告别。

孟尝君心里纳闷，怎么吃一半要走人呢？他赶紧把这名宾客拦下来，问个明白。该食客气呼呼地说，听说您对宾客一视同仁，可是今天却给别人开小灶，那家伙还黑着灯，怕我们瞧见了。听到这里，孟尝君微微一笑，他走到自己的案台前，端起饭菜走到这位挑食的宾客面前，让他比较一下。

这宾客一看，脸上露出羞愧的表情，原来连主人孟尝君所吃的饭菜，也跟宾客们一样。人家可是有权有势、名满天下的公子，我不过才是混吃混喝的食客，还挑剔这挑剔那的，以小人之心度君子之腹，还嫌饭菜不上档次——这位宾客的脸"唰"地变红了，仿佛在座的所有人都对他投以鄙夷的眼光。这个脾气颇大的客人羞愧难当，晚上回到家后，觉得没有脸见人，自己用剑割断脖子，自杀死了。

在那个时代，孟尝君是一名社交大师。每个宾客都认为孟尝君跟自己特别亲近，心里也觉得特别自豪，由此可见他是一位洞悉人性的大师。可是孟尝君也不是一位完人，他有缺点，他的宾客鱼龙混杂，其中不乏残暴奸邪之人。作为一个立国很久的国家，齐国与鲁国、邹国一样，是崇尚仁义礼仪之邦，可是随着一大群来自五湖四海的冒险家与投机分子涌入薛邑，这里的民风渐渐就变得不那么淳朴了。孟尝君家中高朋满座，并非所有的人都是对国家有用之人，他在高标自己慷慨好义的同时，也免不了有沽名钓誉之嫌。

薛邑成为齐国的另一个小朝廷，这无疑令齐宣王十分不快，也正是这个原因，孟尝君并没能如愿以偿地成为齐国的丞相。齐宣王去世后，齐湣王继位，仍然不愿意起用孟尝君，孟尝君有一种怀才不遇的失落感。可是就在这个时候，秦国人突然向他招手了。

公元前 300 年，有一位不速之客来到了薛邑。这可不是一般的宾客，他就是秦昭王的弟弟泾阳君。这一年，秦昭王为了打击楚国，有意拉拢齐国，便派弟弟泾阳君到齐国去当人质。泾阳君到齐国后，先去拜访孟尝君，吹捧他慷慨好义，自己非常钦佩。然后泾阳君话锋一转，对孟尝君没能得到齐国政府的重用表示惋惜，并表示倘若他有意入秦，秦国必定设高官厚爵以待，让他的才华有用武之地。

这一席话，深深地打动了孟尝君。终日呼朋唤友，这不是他的理想，他招罗这么多食客，是为了能大展身手，在政治上有所建树。不想自己在齐国没得到重用，反倒是秦国人热情地来邀请他了。他决意要到秦国去，闯出一片天地。这个决心下得有些草率，因为他跟苏秦、张仪、公孙衍这些政客不同，他的身份是齐国公子，而齐国与秦国之间一直明争暗斗。他的那些宾客纷纷反对这个草率的决定，但孟尝君一点也听不进去。门下食客的劝告，孟尝君可以不听，但苏代的一番话，却令他不得不三思而行。

苏代是齐国最著名的谋士，他对孟尝君说："秦国是虎狼之国，您这么去了，要是回不来的话，岂不是让人耻笑吗？"这话说到孟尝君心里去了，因为他颇好面子，沽名钓誉，万一让秦国人给扣留了，确实太没面子了。罢罢罢，还是算了，就这样孟尝君终止了他的计划。

可是似乎是命运早已安排好了，不久后，孟尝君还是前去秦国了。

这一次，并不是他自己想去的，而是齐湣王派遣他前往。

八、鸡鸣狗盗之雄？

公元前 299 年，秦国打败了楚国，并诱执楚怀王。由于秦国的泾阳君在齐国当人质，齐湣王对楚国的战败无动于衷，自始至终都没有出手相救。泾阳君的任务完成了，准备返回秦国，齐湣王派孟尝君护送他回国。

齐湣王为什么要派孟尝君去秦国呢？有一种可能性，就是想说服秦昭王释放楚怀王。

到了咸阳后，孟尝君拜会了秦昭王。秦昭王对孟尝君的大名早有耳闻，闻名不如见面，这位齐国公子的风采神韵给他留下深刻的印象。有弟弟泾阳君的力荐，秦昭王打算把孟尝君留在秦国，让他担任秦国丞相。

这时有人给秦昭王打小报告说："孟尝君田文才华横溢，又是齐国公子，如果当上秦国丞相，可以想象他一定会先考虑齐国的利益，而后才考虑秦国的利益。这么一来，秦国岂不危险了吗？"

秦昭王一听有道理，就打消了这个念头。秦昭王这个人，深得厚黑学的精髓，这点从他诱执楚怀王一事上就可以看出来。既然孟尝君是个人才，又不能为我所用，那么最好的办法，就是把他囚禁起来，不许他回齐国，或者更简单的一个办法，是把他杀了省事。

这里我们不禁要感慨一下，秦国曾经是一个很讲义气的国家，可是自从商鞅、张仪这些人来后，弃道义如粪土，成为一个崇尚强权、蔑视公理的国度。商鞅曾经诱执魏国的公子印，张仪多次忽悠楚怀王，到了秦昭王时，变本加厉，不仅用下三烂手段诱执楚怀王，连作为齐国使者的孟尝君都要算计。

可是孟尝君不是楚怀王那样的傻帽儿，他门下食客三千，朋友遍天下，自然耳目众多，很快便得悉秦昭王的阴谋。现在人为刀俎，我为鱼肉，羊入狼穴，如何逃生呢？只要秦昭王命令一下，一支武装小分队就足以把孟尝君这个使节团一网打尽了，所以必须要阻止秦昭王签署这个命令。

能改变君王意志的人不多，可是君王作为男人，总有一个弱点容易被击破，这个弱点就是他所迷恋的女人。孟尝君决定从秦昭王的爱妾身上入手，收买她以达到目的。

孟尝君派了一位能说会道的宾客去见秦昭王的爱妾，请求她在秦王面前多说几句好话，让齐国使团能顺利离开秦国。这位王妃倒没有拒绝，但提出一个条件："我希望能得到一件狐白裘衣。"

王妃怎么提出要一件狐白裘衣呢？

原来孟尝君出使秦国时，送给秦昭王一件厚礼，是一件狐白裘衣。这件裘衣可不一般，皮质纯白，做工精细，华丽而高贵，价值千金，堪称天下无双。当时王妃一看到这件狐白裘衣时，就喜欢得不得了，要是能穿在身上多好哇。可是秦昭王并没有把裘衣送给爱妾，可能是想到后宫佳丽太多，大家争着想要，不好分配，干脆就藏在王宫的仓库里。爱妾得不到裘衣，心里自然不愉快，如今孟尝君既然找上门了，有求于自己，正好可以向他索取一件狐裘。

这下子孟尝君犯难了，要知道此裘衣是稀世珍品，要到哪儿再弄一件呢？他想不出办法，就把门客随从都叫过来，大家一起商量要怎么办。这些门客面面相觑，想不出办法。正当孟尝君要绝望之时，有个门客举手了，“我来试试吧。”

孟尝君往发出声音处一望，这个门客原来是个街头小混混儿，专干偷鸡摸狗之事，经常在半夜三更翻墙到别人家“借”东西，练就一身猎狗般敏捷的身手。“我趁夜半三更时，翻墙入秦宫，从仓库里把狐白裘衣偷出来。”此话一说，大伙儿都跷起大拇指，此计大妙哇。

果然，入夜后，此人翻墙进了王宫。他有一大本领，会学狗叫声，王宫卫队听得有动静，想去查看时，他便学狗叫几声。卫队士兵一听，原来是只野狗跑进来了，用不着担心了。就这样，他潜入仓库中，把狐白裘衣给偷回来了。

裘衣到手后，孟尝君赶紧差人送给秦王爱妾。爱妾一看，果真是自己最喜欢的狐白裘衣呀，看来孟尝君果真言而有信。于是她就在秦昭王面前帮孟尝君求情，昭王拥爱妾在怀，心情大悦，也懒得去管什么孟尝君了，发了张通行证，准许齐国使团离开。

拿到通行证后，孟尝君一刻也不敢停留，赶紧备了马车，飞驰离开咸阳城，一个劲儿地向东飞奔。他很清楚，秦王只是一时犯糊涂，才会准许他离开，一旦清醒了，必定会收回成命，到时就算他有三头六臂，也逃不出秦王的魔爪了。事实证明孟尝君的担心是对的，很快，秦昭王就后悔了，他派出快骑前去追赶孟尝君一行人。

我们必须说，孟尝君是个非常心细的人。他一边逃，一边还不忘另一件事，把通行证上的名字给改了，改了个张三李四之类的名字。这样每经过一个关口时，就不会雁过留声了，不会引起注意。就这样，这一行人赶到了函谷关。

过了函谷关，就出了秦国的地界了。当他们风尘仆仆地赶到函谷关口时，已经是后半夜了，关口大门紧闭。由于函谷关是东来西往的交通要道，既是军事要冲之地，同时也有很多商人出入。到了晚上时，函谷关就会关闭大门，禁止通行。什么时间才开门呢？天亮之前就得开门，因为商人们往往起早贪黑，天还没亮就得进关或出关去打点生意。可是当时又没有时钟手表或手机，黑灯瞎火的，怎么知道是几点呢？于是这里便立了一个规矩，雄鸡鸣叫时，就是打开关门的时候。

可是孟尝君这一行人来得不是时候，离鸡鸣时间还早呢。怎么办？大家又是心急如焚，待在这里，总是不踏实，只有出了函谷关才算安全。这时又有一个门客勇敢地站出来说："让我来试试吧。"他又有什么本领呢？会学鸡叫！您还别说，这学起来可真像，他这么一叫，附近的公鸡听到了，也争着啼叫起来。睡眼惺忪的士兵一听，条件反射了，还以为马上要天亮了，便与往常一样，把关门打开了。孟尝君递上通行证，证上的名字已经改过了，因此守关士兵没有任何怀疑，让他们顺利出了关。

孟尝君等人出关后不久，秦国的追兵就到了，可是已经迟了。就这样，这群狼狈不堪的逃亡者总算成功地脱离虎穴，安心地踏上归国的旅程。

这次死里逃生的惊险经历，主要归功于两个人：一个是狗盗之徒，成功偷得狐白裘衣；另一个是鸡鸣之徒，诱骗秦国人提早打开关门。这两人都是孟尝君门下食客，当初孟尝君出使秦国，挑选随行人员，把这两人都挑选进来，其他门客十分不服气，认为这两人就是街头小混混儿，没什么本领，打心眼里瞧不起这两人。可不料街头小混混儿也有自己的本事，在关键时刻，成为齐国使团的大救星。

从这件事也可以看出来，孟尝君的这些食客，真是五花八门。尽管门客们对孟尝君的用人之明十分钦佩，不过在有识之士看来，这实在算不上什么光荣的事。一千年后，北宋著名政治家王安石对他的评价是："孟尝君特鸡鸣狗盗之雄耳，岂足以言得士？"很明显带有鄙夷之意。可是我们必须说，孟尝君并非徒有虚名，在接下来的伐秦之役中，他的表现还是颇有可圈可点之处。

原本是一次普通的出使任务，却差一点儿让孟尝君丢了性命。当时舆论的矛头直指齐湣王。苏代就曾经说过，秦是虎狼之国，不讲道义，你想想，这些年秦国干了多少不干不净的事呢？齐湣王却把孟尝君派到秦国去，有何居心呢？显然，齐湣王面对舆论的压力，内心也惶恐不安。为了表示自己与孟尝君绝无过节，他任命这位名满天下的公子为齐国丞相，主持政务。可以说，孟尝君也因祸而得福，终于有机会在政坛上大展身手了。

我们说过，孟尝君这个人特好面子，名闻天下，可偏偏在秦国遭到羞辱，还差一点儿送了命。此仇不报，非君子。担任齐相后，孟尝君发愤图强，筹划报仇雪恨，打算进攻秦国。在这几年里，齐国在外交上的成就可圈可点，与魏、韩两国关系不错，孟尝君派人前往魏、韩两国，说服魏襄王与韩襄王，联手对付秦国。

自从秦武王攻略宜阳（前 307 年），秦国与魏、韩两国的关系恶化了。公元前 306 年，秦国派樗里疾与甘茂攻魏，后因甘茂半途逃亡而罢兵。公元前 303 年，秦再度攻魏，取蒲阪、晋阳、封陵数城；同年，秦攻韩，取武遂。在秦国的武力压迫下，魏、韩两国倒向齐国并不出人意料。

当时的天下大势是这样的：齐国与秦国各自称雄于东、西方；魏、韩两国倒向齐国；崛起中的赵国意图吞并中山，在外交上采取结秦连宋的政策，借秦国之力制约齐国，以免齐国干涉其攻略中山；楚国由于外交上的反复与军事上的惨败，成为孤家寡人，在“国际”上孤立无援；燕国表现低调，在经历亡国、复国之痛后，苦练内功，无意卷入纷争。

公元前 298 年，齐、魏、韩三国联手，由孟尝君担任主帅，进攻函谷关。

应该说孟尝君在攻秦的时间选择上相当不错。在此之前，由于楚人立楚顷襄王，秦昭王大举出兵进攻楚国，取得斩首五万与攻略十六城的辉煌战绩。在秦楚交锋之际，孟尝君冷不防地率领三国联军杀向函谷关，这远远出乎秦昭王的意料。孟尝君夺取函谷关的愿望很强烈，当初他在这里差点送了性命，最后还是依靠鸡鸣狗盗之徒才得以逃亡，现在雪耻的机会来了。

仓促应战的秦军被三国联军打败了。在历次战争中，秦国军队几乎战无不胜，攻无不克，但是我们不应当低估东方诸侯国的军事力量。战国七雄中没有弱旅，齐、魏、韩三个大国联合起来，军事力量绝对不比秦国差。

秦军失利的消息传来咸阳后，秦昭王十分震惊。

自从商鞅变法以来，秦国日益强大，很少受到外来侵略。这时的秦昭王心里颇为后悔，当时怎么没有把孟尝君杀了呢，现在这个人成了秦国的心腹之患。虽然秦国的军事力量十分强大，可是精锐兵力尚在楚国，来不及调往函谷关战场，因而秦昭王打算以割地的方式与孟尝君谈和。

秦昭王召来丞相楼缓，对他说：“齐、魏、韩三国的兵力十分强大，深入我国，我打算割让河东三城（武遂、封陵、齐城）跟他们讲和，您看怎么样？”

楼缓回答说：“割让河东三城，对秦国损失很大，可是避免战祸又是国家最大的利益。大王何不召公子池来商量呢？”公子池是秦昭王的庶兄，被认为是有智慧、有谋略的人。楼缓是赵国人，比较滑头，对秦昭王想割地讲和一事，他并不发表意见。为什么呢？倘若他建议割地，日后秦昭王反悔了，那他就倒霉了；倘若他不建议割地求和，孟尝君的联军要是一直打到咸阳，秦昭王势必又要怪罪于他。所以楼缓就打起太极，把球推给公子池。

公子池也是个聪明人，但他毕竟是秦昭王的庶兄，有些话可以放开来说，于是便道："大王您割地讲和，日后肯定要后悔；如果不割地讲和，也要后悔。"

秦昭王听得糊里糊涂的，不明白什么意思，便问："这怎么说呢？"

公子池答道："大王如果割地讲和，三国捞到利益后，会心满意足地收兵离去。可是到时大王会后悔：可惜呀，三国联军本来就要离开了，我却偏偏送给他们三座城邑。如果不割地谈和呢？要是三国联军越过函谷关，进逼咸阳，那秦都就危险了。到时大王可能又会后悔：哎呀，我怎么会因为吝惜三座城邑而放弃与三国谈和呢？"

说到这里，秦昭王听明白了。

作为臣子，楼缓与公子池都害怕担当责任，不敢做最后的决断。能做决断的人，只有秦昭王自己。果断是一位优秀君王必须具备的品质，秦昭王是一个很有魄力的人，最后拍板道："两害相权取其轻者。我宁可因为割让三城而后悔，也不愿意因为咸阳遭到危险而后悔。我决定要割地求和了。"

对于秦昭王的割地求和，孟尝君又有什么打算呢？

当时孟尝君以三国之师攻秦，粮食紧张，便派人前往西周，要向西周借点粮食。此时的周室形同小诸侯，西周君对孟尝君的要求十分不痛快，但又不敢拒绝，怎么办呢？这时，有一个人自告奋勇前去游说孟尝君。据《史记·孟尝君列传》，前往游说孟尝君的人是苏代，不过《战国策》中所记是韩庆，考虑到苏代此时仍为齐国谋士，故而笔者采纳《战国策》的说法。

韩庆拜见孟尝君后，说道："齐国军队替魏、韩两国攻打楚国，花了九年的时间才夺取宛城、叶城以北的土地，壮大了魏、韩两国的势力。如今又进攻秦国，这不是又要进一步增强魏、韩两国的力量吗？"考查史料，公元前301年，齐、魏、韩三国联合进攻楚国，取得垂沙战役的胜利，楚国宛城、叶城以北的土地为魏、韩两国所瓜分。齐国与魏、韩两国结盟，大约是公元前310年，是年张仪由于与秦武王不和而离开秦国，遂使魏、韩两国先后叛秦，转而与齐国交好。从齐、魏、韩三国结盟到大破楚国于垂沙，前后共九年。

韩庆的言外之意，齐国卖了苦力，最后捞到好处的却是魏、韩两国。要知道齐国与秦国相距遥远，就算攻城略地，也不可能把秦国的土地并为己有，最后还不得送给魏国与韩国吗？兴师动众，对自己却没有任何好处，不是吗？

这话一说，孟尝君的心不由得怦地一跳。

这时韩庆又说道："要是魏、韩两国南面没有楚国的威胁，西面没有秦国的威胁，疆域不断扩大，国力不断增强，那就会越来越看不起齐国了。要知道天下万物，兴衰在不停地更替，力量对比此消彼长，我暗地里真的很为您担心啦。"

国与国之间只有利益，没有永恒的友谊，这一点孟尝君心知肚明。他以三国之力攻打秦国，目的是要报仇雪耻，可要是好处都让魏、韩两国独吞，自己也觉得心有不甘。那要怎么办呢？

老奸巨猾的韩庆提出一个妙策："您可以虚张声势假装要大举进攻的样子，暗地里与秦国讨价还价。楚王（指楚怀王）不是被秦国人扣押着吗？您以武力手段迫使秦国归还楚王，并要求楚国割让东部土地给齐国。秦国为了自保，一定会交出楚王，而你则一举三得：楚王一旦获释，必定会对齐国感恩戴德；而齐国得到楚国东部之地，则会更加强大；同时，您的封邑薛地可以不受楚国的威胁，世世代代都可免于祸患了。秦国仍然十分强大，赵、魏、韩三国受到秦国的威胁，要更加依赖齐国，对齐国一定会更加尊重的。"

此计大妙！孟尝君听得心花怒放。可是韩庆的目的，并不是真的为齐国人着想，而只是想完成西周君交给的任务，不打算借粮给三国联军罢了。

正好在这个时候，秦昭王派公子池前来谈判，孟尝君便依韩庆之计，乘机提出要求释放楚怀王。原本公子池是打算来割地请和的，不料孟尝君却是要人，这样秦国倒省下三座城池，这何乐而不为呢？秦国一方答应孟尝君，将释放楚怀王，同时要求三国联军从函谷关撤军。这样，这场战争便宣告结束。

三国联军撤退了，向来没有信用可言的秦昭王又一次食言，拒绝履行释放楚怀王的承诺。

孟尝君的如意算盘最终成了竹篮打水——空欢喜一场罢了。

但孟尝君并不是一个肯轻易放弃的人，既然秦国人毫无信用可言，那也就休怪我无情了。他开始着手准备第二次伐秦之战。两年后，即秦昭王十一年，秦湣王五年（前 296 年），一支由齐、魏、韩、赵、宋五国组成的联军，浩浩荡荡杀向秦国。

与两年前的伐秦之战相比，这次联军的力量更强大了，赵国与宋国也加入讨秦联盟。此前赵国不是奉行“结秦连宋”的政策以遏制齐国吗？怎么又反过来与齐国联手对付秦国呢？这是因为时局已经发生变化了。是年，赵国灭了中山，实现多年来的奋斗目标，其战略规划也出现新的调整，转而联齐攻秦。

有些资料称孟尝君第二次伐秦的起因是楚怀王之死，但这种说法的可信度极低。如果孟尝君是以“为楚怀王报仇”为口号，联合东方诸侯进攻秦国，那怎么解释五个国家都加入讨秦之战，唯独楚国没有呢？而且孟尝君兴师动众，只为楚怀王报仇，这于情于理都说不通。很显然，孟尝君讨秦时，楚怀王还未死，他还幻想从这个落魄君王身上捞到楚国的土地呢。

东方诸侯联军的进攻依然兵锋很盛，一路攻至盐氏（今山西运城）。虽说这回秦军并没有陷入两线作战的困境，但来者不善，反秦联盟已从三国增加到了五国，特别是赵国的军事力量有了突飞猛进的提升。一向霸气逼人的秦国也露出怯意，言而无信的秦昭王又一次推出“割地求和”解困战术。

大约是在这个时候，被囚多年的楚怀王在悲愤与疾病的双重打击下，郁郁而死。楚怀王一死，孟尝君的如意算盘就落空了。在这种情况下，他也无心继续发动对秦国的攻势，因为攻城略地所得的一切好处，只会落到其他国家头上，对自己终究无益。这样，他同意了秦昭王的“割地”条件，根据该协定，秦国归还韩国河外之地及武遂（今山西垣曲东南），归还魏国河外之地及封陵（今山西永济西南）。

土地交割完毕后，五国联军从秦国地盘撤军，第二次伐秦之役结束。

孟尝君在公元前 298 年及公元前 296 年两度发动的伐秦之役并没有重创秦国的军事力量，但其意义仍不可低估。秦国数十年来在东方鲸吞蚕食，不可一世，在孟尝君的攻击下第一次遭到挫折，虽然谈不上损失惨重，但“割地求和”毕竟让秦国颜面扫地。同时这也证明了齐国确实是秦国的一大对手，在诸侯中也拥有广泛的影响力，能够越数千里发动对秦国的进攻，这绝非易事。

后世史学家黄式三评论说：“秦之强未有能抑之者，孟尝君有此豪举，非他人所能及也。”这个评价是中肯的。也正因为如此，光把孟尝君当作“鸡鸣狗盗之雄”，无疑不太客观。在孟尝君之前，齐国尽管称雄于东方，却从来没有扮演过领袖的角色，可是孟尝君做到了这一点，大大提升齐国在“国际”上的威望。

历史事件总不是孤立的，而是一环扣着一环。孟尝君发动讨秦之役，把齐国与秦国的对抗推向高潮，鹬蚌相争，渔翁得利。雄才伟略的赵武灵王在两强相斗的缝隙之间，以雷霆霹雳手段，灭中山并其地，为赵国打开一片新天地。

这位韬光养晦的雄主，一位原本实力平平的诸侯，如何把赵国打造成为战国后期最英勇善战的国家呢？接下来，我们就要把目光转到北方，来看看赵武灵王的奋斗史。

战国全史

大争之世

（下）

醉罢君山 作品

中国出版集团 现代出版社

第七章　英雄不愧武灵王

一、胡服骑射：赵国的变革

公元前326年，赵肃侯病逝，他的儿子赵雍继位，这就是战国史上响当当的赵武灵王。成为一国之君，这是许多人可望而不可即的梦想，可是对赵雍来说，他非但没有沾沾自喜，反倒如临深渊，如履薄冰。

这一年，在父亲的葬礼上，来了一大帮人。秦国、楚国、燕国、齐国、魏国纷纷前来吊唁，可是来者不善，这些国家都带来成千上万的士兵。与其说是来参加葬礼，倒不如说是给新上台的赵雍一个下马威。你想想，身为赵国的新君主，却眼睁睁地看着数万名外国士兵前来展示武力，心里的滋味会是如何的呢？

这一切，只有一个理由，就是赵国的实力不济。

历史学家钱穆认为在七雄中，赵国的国力仅胜过燕国，逊于其他五国。在战国之初，天下最强大的国家是晋国，自三家分晋后，三晋内斗不断，使得魏、赵、韩的国力在无休止的战争中被削弱了。在旷日持久的三晋战争中，赵国尤其狼狈，公元前353年至公元前351年，赵国首都邯郸城沦陷于魏军之手达三年之久。与此同时，锐意进取的齐国与秦国在著名君主齐威王、秦孝公的励精图治之下，后来居上，国力蒸蒸日上，一举超越三晋，成为新的霸主。

年轻的赵雍意识到赵国的处境日益不妙。在他上台前的六年（前332年），齐国与魏国联手进攻赵国，赵国难以抵挡，只是在关键时候，想起老祖宗赵无恤曾经使用过的水淹战术，决黄河之水以阻止齐魏联军的深入，勉强挫败强敌的入侵。四年后，即公元前 328 年，秦国从西面大举入侵，与赵军战于河西，赵军大败，大将赵疵被杀，蔺城、离石两城被攻破。

赵雍就是在国力式微、风雨飘摇的背景下，成为赵国新的君主。

据《史记》所载，赵雍即位时“年少”，“未能听政”，我估计此时赵雍年龄可能在十三岁至十五岁。正因为如此，大国诸侯欺他年少，纷纷带着大军来参加赵肃侯的葬礼，颇有砸场子的味道。在战国七雄中，只有韩国没有带兵前来炫耀，这是因为韩国与赵国长期以来都是盟友关系。

对赵雍来说，齐国是第一号强敌，可是面对齐国的进攻，他几乎束手无策。赵武灵王元年（前 325 年），齐国大将盼子率领大军进攻平邑，赵国与韩国联手抵御齐师，可是仍然被打得大败。在军事上，赵国远不是齐国、秦国的对手，怎么办呢？唯一的办法，就是积极调整外交策略，促使三晋重新联合，共同进退，一致对外。

赵国的政策开始出现巨大的转折。在赵雍的努力下，赵、韩两国与魏国结束长期以来的军事对抗，转而走向联合。在赵雍上台后的第一年，就实现了与魏国的和平。魏惠王与韩宣王携太子访问赵国，实现三国关系正常化。与魏国停战弭兵，对赵国来说意义深远，少了一个强敌，多了一个盟友。

赵武灵王三年（前 323 年），结盟运动又一次取得丰硕成果。魏、韩、赵、燕、中山五个国家联合，互相承认对方的王号，即“五国相王”，共同对付齐国与秦国的威胁。根据“五国相王”的约定，赵雍的身份也从“赵侯”变成“赵王”，也就是赵武灵王。可是赵雍自己却不愿意使用“王”这个尊贵的头衔，为什么呢？赵国这些年来外患不断，在战争中屡屡败北，哪来什么王者之范呢？他自己这样说：“没有王的实质，怎么敢拥有王的虚名呢？”在国内，他不称王，而称“君”。他不稀罕王的称号，但他却有王者应该具有的雄心，只有国家强大，王冠才有意义，否则只是一个自欺欺人的称呼罢了。

可是要怎么强国呢？

此时的赵武灵王并没有一个很明确的想法，或者说没有一个超越常规的思维。在内政上，他举用贤能，在六个辅佐大臣中，有三个是学问广博的老师，有三个是司过，就是专门指出他所犯的错事。他还重用赵肃侯时的贵臣肥义，肥义是赵武灵王时代一个重要的人物，后面还会提到。在外交上，赵武灵王的政策是联合魏、韩等诸侯，共同抵制秦、齐的扩张。可以说，在赵武灵王统治的早期，尽管兢兢业业，可是并没有从根本上变革制度，因而赵国的国力并未能跃升到一个新的高度。

为了抑制秦国向东扩张，赵武灵王在公元前 318 年参加了由楚怀王为纵约长的合纵运动，与楚、魏、韩、燕四个国家组建联军，进攻函谷关。可是因为各国心志不齐，这次出兵虎头蛇尾，草草而终。中原合纵运动令秦国与齐国深感威胁，两国于公元前 317 年对三晋展开夹击，齐国兵团在观泽之战中大败赵魏联军。紧接着（前 316 年），秦国进攻赵国，攻取中都、西阳等城邑；次年（前 315 年），秦国再度发动对赵国的攻击，打败赵国大将赵英。

这一系列的败仗，令赵武灵王威风扫地，赵国的军事力量遭到重创。可是噩梦还在延续。赵武灵王十二年（前 314 年），赵的邻国中山国突然发动侵略，在长子（今山西长子西南）打败赵国军队，同时中山军队还向北挺进，击破燕国兵团。这个令人忽视的狄人国家突然发威，攻城略地，国土面积方圆数百里，大小城池数十座，已成为赵国的又一劲敌。屋漏偏逢连夜雨，赵武灵王还没来得及有喘息之机，在公元前 313 年，秦国的铁蹄又一次踏入赵国的土地，名将樗里疾挥师攻赵，俘虏赵国大将赵庄，又一次占领蔺城。

连续五年的时间，赵国连遭败绩，被打得都找不到北了。这对于赵武灵王来说，真是沮丧失落的五年，为什么他的雄心壮志，却换不来赵国的强大呢？问题出在哪儿呢？强国之路又在何方呢？

赵武灵王痛定思痛，反思自己继位十几年来的政策方针。

外交策略必须要调整。赵国在外交上的思路，是联合魏、韩，共同抵制秦国与齐国。在十几年里，赵国积极参加诸侯的合纵运动，可是扮演的只不过是小角色。在“五国相王”时，魏国是老大；在“五国伐秦”时，楚国是老大。这些合纵运动非但没有给赵国带来好处，反而令赵国蒙受巨大的损失。在这个时候，赵武灵王总算明白一件事：国家的命运，应该掌握在自己的手中，而不是去依靠别人的力量。

那么赵国能否依靠自己的力量实现富国强兵呢？有可能。从地理位置上来说，赵国不算最好，但仍具备有利条件。在三晋中，魏国与韩国地处四战之地，周围强国林立，难以有拓展空间，这也是这两个国家日益衰落的原因之一。赵国的邻国中，东有齐国，西有秦国、南有魏国，东北有燕国，这四个国家均是大国，以赵国的实力，无法打这些国家的主意。然而赵国仍然有可以拓展的空间，在其北面有中山国以及林胡、楼烦等胡人部落，只要能打败这些敌人，就可以大大开拓赵国的生存空间，获得更多的土地与人口。

于是，赵国的国策开始转变了，由对抗秦、齐转向攻略北方，避免与强敌交锋，先收拾实力稍逊的中山国。

这个战略转变是赵国由弱变强的关键。

攻略中山有哪些有利的条件呢？

其一，在外交上不至于被动。

中山是一个狄人国家，对当时华夏中国来说，中山国是一个少数民族统治的政权，“非我族类，其心必异”。尽管到战国时，周边少数民族对华夏的威胁远不及春秋时代，可是中原国家仍然对少数民族势力抱有警戒之心，“攘夷”的观念犹存。攻略中山，可以扛着“攘夷”事业的旗帜，不至于遭到各诸侯国的联合抵制。

其二，赵国的军事力量比中山国更强大。

当时中国的政治版图是“7+2”，“7”即战国七雄，均是万乘大国，“2”是两个中等国家，即中山与宋国，均是五千乘之国。赵国要挑战“七雄”中的其他六强，那毫无胜算可言，可是要对付中山国，还是有优势的。

其三，赵国与中山在历史上有恩怨，讨伐中山，师出有名。

我们在前面曾提到，在魏文侯时代，魏国越境灭了中山国（前406年）。由于赵国地处魏国与中山之间，随着赵魏交恶，魏国渐渐失去对中山的控制，在公元前380年左右，中山复国。赵国当然不想让这块大肥肉溜掉，便于公元前377年及公元前376年两度攻打中山，但是中山顽强地顶住了赵国兵团的入侵。之后，随着赵国与魏国战争的升级，其不得不放弃对中山的攻打，而中山国也乘机在公元前369年修筑长城防线，以备赵国的突袭。在此后约半个世纪的时间里，赵国政策导向都是以中原战局为主，与中山倒没有爆发大规模的战争。

在中原诸侯陷入血战之际，中山国实际是一块远离战争的乐土。大约是承平日久，中山人也不甘寂寞，想在中原混战中捞一杯羹，遂于公元前 323 年参加“五国相王”的合纵运动，由此中山正式称王。中山王乘赵国屡败于秦国及齐国伐燕之际，南败赵师于长子，北破燕师于中人，以五千乘之国，连战两个万乘大国，并侥幸赢得胜利。这种军事冒险主义大大惹怒了赵国，中山的厄运开始了。

为了对付北方的中山与胡人，赵武灵王实施一个在历史上影响深远的军事变革：胡服骑射。

要了解胡服骑射的意义，就必须从骑兵的历史演变说起。

在战国之前，车兵是最重要的兵种，因此在春秋时代的文献中，总以“乘”来衡量一个国家的军事力量。“乘”就是兵车，在春秋初期，由于受制于当时的生产力水平，各国的兵车数量并不多，当时的战争规模也不大。譬如在晋楚城濮之战时，晋国总共只有七百辆兵车。车兵作战时，必须有步兵的配合，因而实际上是车步混合部队。到春秋末期，各国军事有跨越式的发展，晋国在邾南阅兵时，就动用了四千辆兵车，而楚国在北方四城，也配备了四千辆兵车。

进入战国后，出于习惯，各国仍以“乘”的数量来作为衡量一个国家军事力量的标准，譬如万乘之国、五千乘之国等。可是战国时代“万乘之国”的概念，并不意味着真拥有一万辆兵车。在苏秦的策辞中，多次出现“车千乘，骑万匹”的说法，因而可以认为，此时所谓“万乘”，指的是骑兵而非车兵。

骑兵作为独立兵种迟于车兵，主要是因为马具不完善，不好骑马，更不用说骑在马背上打仗了。但这也有一个习惯的问题，譬如以游牧为生的民族，尽管没有完善的马具，可是仍然骑术娴熟，但对于以农耕为主的中原诸国，要做到这点就不容易了。从史料上看，秦国应该是骑兵发展得比较早的国家，据《韩非子》一书所记，秦国在秦穆公时代，就有“畴骑二千”，这里的畴骑，应该就是骑兵。秦国之所以较早有骑兵，一是秦人善马，秦国的老祖宗就是因为善于养马，才被周王赐了一块地盘；二是因为秦人与游牧民族西戎有旷日持久的战争，在战争中吸取敌人的长处，这是自然而然的事情。

进入战国后，骑兵获得了突飞猛进的发展。春秋末期的《孙子兵法》尚未论及骑兵，可到了战国后，吴起、孙膑的兵法书中，都曾讲到骑兵。譬如《吴子》一书，提到“千乘万骑，兼之徒兵”，这就是车兵、骑兵、步兵三大兵种；还说到“车骑之具，鞍、勒、衔、辔，必令完坚”，可见此时马具已经完善了，这是骑兵得以大力发展的根本条件。

孙膑更是总结了十大骑战之利：“一曰迎敌始至；二曰乘敌虚背；三曰追散乱击；四曰迎敌击后，使敌奔走；五曰遮其粮食，绝其军道；六曰败其津关，发其桥梁；七曰掩其不备，卒击其未整旅；八曰攻其懈怠，出其不意；九曰烧其积聚，虚其市里；十曰掠其田野，系累其子弟。此十者，骑战利也。夫骑者，能离能合，能散能集，百里为其，千里而赴，出入无间，故名离合之兵也。”

可以说，在赵武灵王之前，各国的骑兵都有长足的发展了。那么赵武灵王“胡服骑射”的军事变革，又有什么亮点呢？他为什么要强调“胡服”，又要强调“骑射”呢？

关于“胡服”与“骑射”的重要意义，向来解释不清。

这里先来说说“胡服”，有这么一种普遍的看法，称当时中原的服装是宽衣长袍，骑马相当不方便，而胡人则是紧衣长裤。这种说法一直很令人怀疑，宽衣长袍只不过是中原人的生活装束，哪有上战场还穿这个的呢？不要说上战场，就是下田耕地，也不可能穿长袍劳动吧。把服装改为胡人的款式，就可以叫“胡服”吗？显然不是的，胡服最根本的特点，是其材质以兽皮与兽毛为主。

那么胡服有什么优势呢？赵武灵王曾这样说：“夫服者，所以便用也。”要在马上作战，胡服是便利的。可是战国的史书中，并没有具体说胡服有哪些便利。但是我们可以借引汉代的史料来解答这个问题。在汉文帝时，匈奴单于喜爱中原服饰，中行说认为不可，做了一个试验：他穿着汉服在荆棘丛中奔跑，结果衣服都被荆棘划破了；接着他穿着胡人的毡裘奔跑，毡裘却完好无损。这说明胡服是非常结实耐用的，特别在半干旱的灌木丛中，优势更加明显。

赵武灵王把战略目标从中原转向北方，就必须要有一套能适应北方气候、植被环境的作战模式。推广胡服能大大增强军队的作战能力，因而他力排众议，改革服饰。“胡服”与“骑射”是军事改革的一体两面，为什么赵武灵王要强调“骑射”呢？

游牧民族以畜牧、狩猎为生，精于骑马并且善于射箭。赵武灵王在推广“胡服骑射”的过程中，遇到了相当大的阻力。“骑射”也会遭到反对吗？如果不对春秋战国时代的军事变革史做一番了解，就不好理解这个问题。

赵国是从晋国分裂出来的，因此在军事制度上也继承晋国的先例。晋国的战车部队有着光荣的历史，能成为战车上的一员战士，是莫大的荣耀。光荣的历史有时也会成为一种变革的阻碍因素，容易令人怀旧而忘了进取。在春秋末期时，晋国将领魏舒为了打击狄人步兵，把战车部队编入步兵，当时就遭到车兵将士坚决反对，认为这是奇耻大辱。赵武灵王的“骑射”改革，无疑也是动摇了车兵的尊贵地位，引起反对是意料中的事。

“胡服骑射”的改革措施在赵武灵王的脑袋中酝酿了很久，他也考虑到此举必定会遭到国内臣民的强烈反对，因而迟迟没有付诸实施。

不过赵武灵王的重重心事没有逃过一个人的眼睛，这个人就是他所信任的大臣肥义。有一天，赵武灵王闲来无事，召肥义前来闲聊。肥义试探性地问：“大王您心事重重，是不是考虑天下局势的变化，思量着如何选择军队的战略方向呢？您大概是追思先人赵简子（赵鞅）、赵襄子（赵无恤）的伟大事迹，想谋划出击胡人、狄人吧？”

肥义把赵武灵王心里的话说出来了，这时赵武灵王也想找个人一吐心声，便说道：“不错。如今我想继承祖辈的事业，开拓胡、狄之地。可惜的是，开拓胡、狄之地的好处，天下人都没能看到这一点。如今我以强攻弱，花费的气力少，得到的功业却巨大，不必劳民伤财，却可以得到与先辈一样的成就。为了对付胡、狄，我打算教导百姓胡服骑射，只是世人必定会非议寡人。唉，能做出不世之功勋者，一定会受到世俗之辈的指责；有独立见解的智者，一定会遭到凡夫俗子的抱怨。您说我要怎么办呢？”

你想想，中国向来以礼仪之邦而著称，服饰也是礼仪的一部分，还记得孔夫子“微管仲，吾其被发左衽矣”的慨叹吗？

“谁终将声震人间，必长久深自缄默；谁终将点燃闪电，必长久如云漂泊。”尼采的这几句诗，倒说出赵武灵王内心深处的孤独。

所幸的是，他不是一个人在战斗。

肥义听完赵武灵王的话后，便说道：“臣听说做事情犹豫不决就不会成功，行动迟疑不定就难以建立功名。如今大王要是下定了决心，就不要去理会天下人的非议。德行高深的人，是不会去附和世俗的；成就伟大功业的人，是不会与众人一起谋划的。愚笨的人对已经发生的事都看不明白，而聪明的人却能在事情尚未萌芽时就看得清清楚楚。大王还是下定决心去做吧。”

肥义的表态，对赵武灵王来说十分重要，因为他十分信任这位先王留下的重臣。此时，赵武灵王不禁慨叹道：“我不是怀疑胡服骑射的正常性，只是担心天下人耻笑我罢了。狂妄的人盲目乐观，而智慧的人感到悲哀；愚者觉得高兴的事，贤者却感到担忧。倘若世人能听我的，那么胡服骑射的功业不可限量；假使全世界的人都笑我，我也一定要把胡地、中山据为己有！”

哪怕遭到全世界人的反对，也要把英雄事业进行到底，这就是赵武灵王的雄心壮志。

要如何把“胡服骑射”的精神贯彻下去呢？赵武灵王的做法是由上而下的改革。他深知改革的阻力重重，因此必须要说服上层的政要。在赵国的政权结构中，赵氏公族的势力根深蒂固，其代表人物便是赵武灵王的叔父赵成。

赵武灵王先跟叔父打招呼说：“我打算要推行胡服骑射的改革，并且还要穿着这种衣服坐朝。可是如果叔父您不穿的话，我担心天下人会议论此事。改穿胡服，并不是为了满足欲望或娱乐，而是为了建功立业。我恐怕叔父您会站错立场，跟其他公族成员一起反对革新。所以我希望叔父能以国家为重，以成就胡服骑射的功业。恳请叔父做出表率，改穿胡服吧。”

不出所料，赵成对胡服骑射一事是有意见的，他答复说：“大王下了命令，我哪敢不竭忠尽智呢？只是我听说，中国乃是聪明睿智之人居住之地，有圣贤的教化，施行仁义之政，推崇诗书礼乐，有精巧的技艺；远方的国度都前来学习观摩，四方蛮夷也纷纷效仿。可是令我不解的是，大王竟然要把我们的好东西扔掉，而去穿异族的衣服，变更古代留下来的政教传统，违背人心，离经叛道，去中国化。我希望大王能仔细考虑这些问题。”

为了说服赵成，赵武灵王亲自跑到叔父家中，非常耐心地解释说：“衣服是为了方便穿，礼仪是为了方便做事。服饰、礼仪都要结合当地的风俗民情，以方便为原则来确定。譬如说，披发左衽、肤刺花纹，这是瓯越人的风俗礼仪；牙齿染黑，额头刺画，这是吴国的风俗礼仪。因此居住在不同地方的人，服饰、礼仪本来都是有差异的。儒者都尊奉孔子为师，但在礼仪上各有不同；中原各国的风俗相近，可是政教法令各不相同。对于服饰、礼仪，就算是圣人也不能做到统一。再来看看我们所处的地理环境吧，我国东面有燕国、东胡，西面有楼烦、秦国、韩国，这么广阔的地域要防守，就需要有一支快速机动的部队，可是我国却没有强大的骑射武装来守卫边疆。先王赵简子（赵鞅）把土地开拓到上党，赵襄子（赵无恤）兼并戎人、攻取代地，都是为了抗击各个胡人部落。以前中山国自恃有齐国撑腰，侵犯我国领土，掳掠民众，引河水围困鄗城，使鄗城几乎不保。倘若我们能实行胡服骑射，近则可以守备上党这样险要的地形，远则可以报复中山国。可是叔父您却只想着顺应中原的风俗习惯，不愿意通过胡服骑射来强大军力，这岂不是违背了赵简子、赵襄子等先王开疆拓土的本意？仅仅因为厌恶改变服饰习惯，就忘记了国家曾蒙受的耻辱，这不是我对叔父您的期望。”

话说到这个份儿上，赵成还能反对吗？赵国强大，公族才能受益，要是赵国弱小了，谁能从中得利呢？从辈分上说，赵成是赵武灵王的叔父，但从君臣上说，赵成是大臣，赵武灵王是君主，能反对吗？于是赵成也颇识相地拜谢道：“臣下愚昧，未能知晓大王的伟略。如今大王一心要继承赵简子、赵襄子两位明君的事业，臣下哪敢不听从呢？”就这样，赵成紧跟着赵武灵王，穿上了胡服。

可是反对的力量太强了。在赵成之后，赵国宗亲政要们纷纷跳出来阻挠计划的实施，赵文、赵造等人又跳出来反对，理由不外乎“变古之教，易古之道”不适合，说穿了，这就是文化的保守力量。针对这些观点，赵武灵王从历史、现实两个方面进行驳斥，认为“势与俗化，而礼与变俱”，就是说时势与风俗都是在不断地变化，礼仪也随之变更。

这里我们要注意一点，在春秋战国时期，华夷之辨，在于文化而不在于血缘。其实从春秋开始，赵国的前身晋国就与夷狄通婚了。比如说晋献公、晋文公都曾娶戎狄女子为妻，而赵氏家族的关键人物赵盾，他的母亲就是狄人。赵氏的脉搏中本来就流动着狄人的血液，可是在文化上却完全是中国化。在文化上认同、接受中原文明，即可视为中国人，这就是当时的观念。譬如赵武灵王手下有一名著名的将领，即后来在伐齐之战中大放光芒的乐毅，从血缘上说，他就是狄人，可实际上他并没有被当作夷狄来看，因为他是在中原文化的熏陶下长大的。

在血缘上亲近夷狄并不受到中原人士的排斥，可是在文化习俗上倒向夷狄，那就不得了了。在坚守华夏文明的人看来，赵武灵王是开历史倒车，弃中国先进的文明，去学习胡人的风俗习惯。这是两种思想的尖锐冲突。赵武灵王坚持认为，风俗文化要因时因地因势而变化，没有哪种习俗是不变的。用这位雄才伟略的君主的话来说，叫“制俗”，人不应当被习俗所制，而应该控制、驾驭习俗，这就是他高超的、富有远见卓识的见解。

赵武灵王的改革与商鞅的改革一样，都是在阻力极为巨大的情况下，以强制手段自上而下改革，非有大魄力者不能为之。但两者又有不同，商鞅的改革为政治改革，赵武灵王的改革为军事变革，但破旧立新的思想是一致的。

只要是改革，就势必要触犯一部分人的利益，在秦国如此，在赵国也是如此。赵武灵王的改革，就触犯到军界某些人的利益。“胡服骑射”的核心，便是建立一支机动而强大的骑兵部队，此前赵国的兵种以战车部队及步兵为主，骑兵的崛起，势必就削弱了车兵及步兵的地位。

为了训练一支能征善战的骑兵，赵武灵王选择原阳为骑兵基地，他撤销了该地原有的军队编制，主要就是车兵与步兵，全力发展骑兵。这么一来，车兵、步兵将领的不满情绪就可想而知了。

反对的意见接踵而至。赵国将领牛赞进见赵武灵王，发难道：“国家有固定的法令，军队有不变的原则。倘若随意改变法令，国家就会混乱，失却了准则，军队就会衰弱。如今大王撤销了原阳的兵种，大力发展骑兵，我认为这种做法不可取。为什么呢？只有熟悉自己武器装备的士兵，才能在战场上勇猛作战，因为他们对使用的兵器装备十分娴熟。而大王您却让他们放弃熟悉的武器及战法，换成操练半生不熟的骑射。这样做，不仅有损大王的威名，也会削弱国家的力量。常言道，没有百倍的利益，不轻易变更习惯；没有十倍的功效，不轻易更换器物。臣私下认为，大王撤销军队的旧编制以发展骑射，这样做所获得的利益，恐怕比不上损失的费用。”

针对牛赞的观点，赵武灵王驳斥道：“你的看法不对。聪明的人审时度势，而不能被时俗所牵制；明智的人改革军事思想，而非被旧的军事思想所约束。你只知道奉行旧有的原则，却不知道变革军械装备所带来的巨大利益；你只知道武器、铠甲的用途，却不知道如何根据时局的变化来调整相应的措施。如果旧的军事思想已经不适用了，为什么就不能革新呢？如果旧的教化无济于事，为什么就不能更改呢？先王赵襄子（赵无恤）曾在代地筑城，命名为无穷之门，意思就是要告诫后人，奋斗是无穷尽的，不能失去开疆拓土的进取精神。我国的军队装备，配备厚重的铠甲与长兵器，致使机动作战能力不强，难以快速地逾越险要地形。而轻便的胡服、机动性能优越的骑射，才可能实现强兵拓地的理想。这不是你所能了解的事情。”

这一席话，把牛赞驳斥得无言可对，只得心服口服地说：“臣敢不听令乎？”

据史书所载，赵武灵王日后“逾九限之固，绝五径之险”，赵国军队屡屡轻松突破天险，倘若没有一支机动能力一流的骑兵，又岂能做得到呢？其实这种军事思想并不始于赵武灵王，在《孙膑兵法》中，这位失去双脚的名将便深刻地指出“险则多其骑”，在险要地形作战，骑兵的作用是巨大的。我们不知道赵武灵王有没有受到孙膑的影响，但无疑他是将这种军事思想贯彻得最彻底的人。

我们从史料分析，赵武灵王所建立的骑兵应该是一支轻骑兵。从他与牛赞的对话中可以看出，这支骑兵并没有配备重装铠甲与长兵器，而是以胡服及弓弩为主。这里需要说明的一点是，赵武灵王的骑兵，并非单纯效仿胡人骑兵，事实上，赵国军队的骑兵比胡人骑兵更厉害。为什么这么说呢？因为中原的武器比胡人要先进。以长程进攻型武器来说，强弩绝对是厉害的武器。

关于赵国强弩的具体资料，史料所记甚少，但我们可以查到同样是从晋国分裂出来的韩国的强弩资料。据史书记载，“天下之强弓劲弩皆从韩出”，“韩卒超足而射，百发不暇止，远者括蔽洞胸，近者镝弇心”，赵国的弓弩虽比不上韩国，可是不会相差太远的。弩与弓相比，射程远而且便于操作，甚至还有瞄准装置。在很长的一段时间里，弩是中原最强大的武器，胡人包括匈奴在内，制造不出如此精良的武器。不仅是弩，即便是传统的弓，中原所制造的弓的质量，也远远超过胡人，射程远，威力大。因而赵武灵王后来使用这支军队横扫北胡，这不足为奇。

在赵武灵王时代，战国诸雄的争锋已经白热化了，赵国虽勉强跻身七雄之列，实质上不过是七雄中的弱国，要在严酷的竞争中翻身谈何容易。无非常之手段，则无非常之功；无赵武灵王的魄力，则断然不可能异军突起。

胡服骑射的改革影响至为深远。军事之功，赫赫于史书。在精神层面上说，赵武灵王激发起赵国人的强军思想，崇尚武功，果敢进取，赵国的武士精神大放光芒。所谓“燕赵多慷慨悲歌之士”，正是其英雄主义的写照。全民骑射培养出全民坚强、忍耐的美德。尚武精神，早在晋国时代便蔚然成风，然而赵武灵王更是将此精神推至前所未有的高度。正是凭恃此，赵国成为战国晚期唯一可与秦国抗衡的强国。

二、吞并中山

在“胡服骑射”改革的同时，赵武灵王进攻的目标悄然移向中山与北地的林胡、楼烦等少数民族，要全力北略，就必须放弃在中原地区的混战。倘若不能从中原抽身，向北开拓土地的梦想只能是空谈。

赵武灵王十九年（前 307 年），“胡服骑射”的变革开始了。同年，秦国出动庞大的兵力进攻韩国军事重镇宜阳。

这是考验赵武灵王的时刻。

要不要援助韩国呢？长期以来，赵国与韩国就是亲密的盟友，它们曾一起打击过魏国，曾一起抵抗过齐国，曾肩并肩与秦国作战过，可以称得上是兄弟般的国家。兄弟有难，要不要帮忙呢？此时的赵武灵王内心深处一定经历了痛苦的煎熬，但他并没有因此而改变自己既定的战略。必须避开中原战争的陷阱，全力开拓北疆，只有如此，才能跻身于一流强国之列。赵国的军队没有向南挺进救援韩国，宜阳之战最终以韩军的失败而告终。

在秦、韩激烈交战的同时，赵武灵王开始发动对中山的进攻。攻略中山的计划，早在两年前就开始有条不紊地展开。公元前 309 年，赵武灵王在赵国与中山、齐国的边境附近建起一座高台，作为前线观察哨，密切关注中山与齐国的动向。中山国位于齐、赵、燕三国之间，虽然是一个狄人国家，却颇为识趣地投靠东方最强大的齐国。也正是仰赖着齐国的撑腰，中山国才有恃无恐地以小欺大，屡犯赵国及燕国。然而以小犯大，中山国就不怕遭到报复吗？

中山成了检验“胡服骑射”效果的试验场。赵国的胡服骑兵一建立，就开始在实战中成长壮大。公元前 307 年的战争，新骑兵牛刀小试，越过边境线，骚扰中山国南部。显然，这支骑兵在战术及战斗力上，还是有待提高的。这一年的战果算不上辉煌，但赵武灵王已经给中山人传递了一个信号：漫长的战争开始了！

此时的形势也有利于赵国。

宜阳战役结束后不久，秦武王因举鼎意外身亡，秦国陷入三年的“季君之乱”（前307—前305年）。秦国的内乱使赵国解除了后顾之忧，赵武灵王可以全力以赴对付中山及北胡。

赵武灵王不仅是一位英明的君主，同时也是卓越的军事统帅。为了实现强国拓边的伟大理想，他卧薪尝胆，兢兢业业。他的足迹几乎遍及赵国所有土地，他不辞辛苦，巡阅各地，北巡至代地的无穷之门，西行至黄河，登黄华山以览山川地势。他不远千里跋涉，当然不是为了旅游，而是亲自侦察中山、林胡、楼烦的守备情况，为下一步的军事行动收集情报。

公元前306年，赵武灵王又一次发动对中山的攻击。这次进攻比上一次更加猛烈，深入中山国的腹地，打到宁葭（今河北石家庄西北）。长驱直入的奔袭，显示出新骑兵在机动作战上的优势。

这里要说一下，中山国虽然是狄人国家，可是并不以骑术见长，而是以步兵著称。狄人与华夏族交锋数百年，曾是华夏族最严重的威胁。在不断的冲突过程中，中山也不断受到华夏文明的影响，不过游牧的生活，而与中原国家一样，建有很多城堡，同时发展步兵。狄人的步兵是很厉害的，据《吕氏春秋》的记载，中山国多力士，“衣铁甲、操铁杖以战，而所击无不碎，所冲无不陷，以车投车，以人投人也”。从这个史料可以看出，中山军队绝不可小视。有这个记录，我们才能弄清楚为何在春秋末期时，晋国将领魏舒征讨狄人时，要“毁车为行”，就是撤销车兵，以步兵迎战狄人。因为狄人太凶悍了，打仗过程中，可以把对方的车子抬起来，当作炮弹去砸毁另一辆车。对付这么一群力大无比的战士，既可远攻又可近战的骑兵大约就是其克星了。

要训练更多的骑兵，就必须有更多的马匹。要获得更多的马匹，就必须积极攻略周边的游牧部落。在赵国的西北，分布着两个胡人部落，一个是林胡，另一个是楼烦。这两个部落地域颇广，但实力并不算太强大。赵武灵王亲自率军越过黄河，进攻林胡（分布于今陕西东北部和内蒙古地区）。赵国的精兵把这个游牧部落打得毫无还手之力，当赵军突进到榆中（今内蒙古鄂尔多斯市），林胡人提出了停战的条件：用马匹换取和平。

骑射本来是胡人的看家本领，可是赵武灵王能以骑射战骑射，并且从敌人那里夺来更多的战马，进一步充实自己的实力，削弱对手的力量，说明了他的高明。在彻底打败林胡、楼烦之前，北方的战事是不会停止的。赵武灵王开疆拓土的意志是不可阻挡的，他要超越先王，建树前所未有的丰碑。

外交与军事是一体的两面。在发动北方战事的同时，赵武灵王向各国派出使节，他的原则是不偏不倚的，与各国同时交好，保持中立。他派楼缓出使秦国、仇液出使韩国、王贲出使楚国、富丁出使魏国、赵爵出使齐国。这五个国家是中原混战的主力，赵武灵王表面上是与各国通好，实质上也是派出军事观察员，密切注意五国的动向。

至于北方的燕国则不必太费心力，因为赵国与燕国关系不一般。当年燕国被齐宣王所灭，赵武灵王曾施以援手，护送在赵国当人质的公子职回国登基，这便是燕昭王。由于有这个原因，燕国与赵国的关系是不错的。燕国也曾遭到中山军队的入侵，现在赵武灵王要对付中山国，燕国人当然是举双手赞成的。

在与各国搞好外交关系的同时，赵武灵王对中山国又一次发动进攻。

公元前 305 年，赵国军队杀入中山，赵武灵王仍然亲自担任总指挥。以一国之君亲临战场作战，这种情况在战国时代已经不多见了。在春秋时期，国君上战场是很平常的事，可是到了战国，战事更加频繁，规模也更大，国君上战场的风险也越大，因此亲临一线的君主并不多见。可是赵武灵王几乎每战都亲自上阵，为全军将士做出表率，这样最能激发军队的勇敢与尚武精神。

征伐中山的赵国兵团编制如下：右军司令赵袑，左军司令许钧，中军司令是公子赵章，总司令由赵武灵王亲任。突击的重任交给两支机动性很强的部队：一支是由牛翦指挥的车骑部队，另一支是由赵希指挥的胡、代两地骑兵。这里需要说明的是，尽管赵武灵王大力发展骑兵，可是由于马匹数量有限，赵国又拥有数十万军队，故而步兵的比重仍然占多数，车兵地位有所下降，但仍是重要的兵种。在这次讨伐中山的战争中，一个新的特点是胡人骑兵参战，这些胡人应该就是攻略林胡部落时所收降的。

在这次战争中，骑兵的重要性得到了证明。牛翦与赵希的两支骑兵，分两路出击，穿越山隘，在曲阳会师后，以迅雷不及掩耳之势，连续攻取丹丘（今河北曲阳西北）、华阳（今河北唐县西北）、鸱之塞（又称为鸿之塞，今河北涞源南）。在骑兵打开局面后，赵武灵王率中军、左军、右军攻取鄗城（今河北高邑东南）、石邑（今河北石家庄西南）、封龙（今河北石家庄西南）、东垣（今河北石家庄东北）等地。

赵国兵团高歌猛进，中山举国震惊。在这种情况下，中山政府只能委曲求全，以割四城为条件，向赵武灵王求和。赵武灵王考虑到中山的军事力量虽然遭到重创，可是实力仍不可低估，赵国在短时间内还难以吞并其国，便见好就收，答应中山人的条件，把中山四城收入自己的地盘，并撤回军队。

仔细研究这一时期的史料，就可以发现一个有趣的事情。赵武灵王进攻中山的时机，都选择在秦国无暇干涉的时候。秦国若无事，则赵国也按兵不动。赵武灵王显然一直没有忘记，秦国是最可怕的对手，他可不想在攻略中山时，秦国兵团出其不意地杀入自家后院。在攻略中山这件事上，赵武灵王不急不躁，保持着稳扎稳打的风格。

公元前 304 年，秦国与楚国结盟，赵武灵王便暂停攻打中山，静观其变。第二年（前 303 年），秦国出兵攻打魏国及韩国。只要秦国陷入与其他国家的战争泥潭，赵武灵王就会敏锐地抓住机会，又一次杀入中山，捞足了好处后才返回。

在攻打中山国的同时，赵武灵王也没忘掉对林胡、楼烦两个胡人部落进行打击。赵武灵王二十四年（前 302 年），赵国从林胡人手中夺取黄河北岸的九原（今内蒙古包头西北），这样，河套平原基本上落入赵国之手。可是问题来了，新得到的土地，地广人稀，如果不把人口大量迁移到此，就无法守卫来不之易的成果。赵武灵王下达了一道移民令，把一部分官吏连同他们的奴仆一同迁移到九原，并开始筑长城以此为边界。

由于胡服骑射的改革已经显示出巨大的成效，原先一些固执的反对派在事实面前，也开始能接受赵武灵王的主张，改革得以进一步深化。公元前 302 年，赵武灵王发布一道命令，上至将军、大夫以及王子，下至边远地区的代地吏民，都必须要穿着胡服，学习骑射。随着赵国不断在北部征战，获得更多的牧场，拥有更多的马匹，赵国骑兵的优势也随之得到加强。在中原诸侯们热衷于相互攻伐时，赵国已悄悄地从一个军力平庸的国家，一举成为军事强国。

事实证明赵武灵王的外交策略是有效的。

公元前301年，秦、齐、魏、韩四国围猎楚国，南方战事不休，这给了赵武灵王在北方大展拳脚的机会。他毫不放过任何一个可以扩张的时机，赵国的铁骑又一次践踏中山的土地。这一回，中山国被打得大败，国都被赵军攻破。有一些史书把是年当作赵亡中山之年，比如《战国策》的《魏策》中说："中山恃齐、魏以轻赵，齐、魏伐楚，而赵亡中山。"

不过对照其他史料，赵国并没有完全吞并中山，但中山国的军事力量已经几乎被赵师摧毁。中山王战败逃亡齐国，据《战国策》中《秦策》所载："赵破中山，其君亡，竟死齐。"中山王逃往齐国后不久，便病死在齐国。此后中山国人另立君主，继续抵抗赵师的侵犯，但这只可视为残余势力。

击破中山后，赵武灵王继续扫荡北边林胡、楼烦部落，拓地千里。到公元前300年时，赵国已占领了林胡、楼烦的大部分土地，其国土几乎扩张了一倍。此时的赵国，北面至燕、代，西至云中（今内蒙古呼和浩特西南）、九原。赵武灵王设立云中郡、雁门郡、代郡三个行政区，并且在北面修筑了一条漫长的长城。这条长城又称为赵国的北长城，从代郡向西延伸，沿着阴山山脉，抵达高阙要塞（今内蒙古杭锦后旗北）。这条长城攻防兼备，既可以阻挡北方崛起的匈奴，又可作为向北挺进的跳板。

正当赵武灵王的事业如日中天时，他却做出一个令世人震惊的决定：卸去王位。公元前299年，他把王位传给了自己的儿子赵何，自己当起了太上皇，称为"主父"，即赵主之父。赵何成为新的君主，史称赵惠文王，可是他并非赵武灵王的长子，何以能继承王位呢？这其中有许多曲折故事，留到下一章详述。这里要说的是，赵武灵王为什么要急流勇退呢？

我在上文中就提到，赵武灵王是一位很另类的君王，他与其他君主最大的不同，便是亲自担任军队统帅，在前线指挥作战。君王的职责绝不仅仅是打仗，还有内政与外交，这些都必须要耗费大量的时间、精力。作为一个精力旺盛、才干非凡的君主，赵武灵王想把政治琐事放下，全力以赴经营军事，他想在自己有生之年实现更伟大的事业。

那么他想做什么呢？

《史记》中是这样写的："主父欲令子主治国，而身胡服将士大夫西北略胡地，而欲从云中、九原直南袭秦。”赵武灵王的雄心壮志，除了在西北继续打击胡人、开疆拓土之外，还要南下打败强大的秦国。他的理想，绝不仅仅是把赵国建设成为一个军事强国，还应当要击败最强劲的对手，傲视天下。或许我们可以揣测他的内心世界，他的眼光并不局限于一隅之地，而是盯住了整个天下，难道他竟然怀揣着一统天下的野心吗？这并非不可能！有信心打败秦国的人，就有信心一统天下。

秦国兵力之盛，举世公认，赵武灵王要如何来打败它呢？“知彼知己，百战不殆”，他要亲自深入虎穴，一探秦国的底细。

他乔装打扮成使节的模样，亲自跑到秦国，一路上留心观察各地的情况，记在心里。以一国之君的身份，深入敌国打探情报，这种勇气已经足以令人钦佩万分了。可是赵武灵王的勇气还不止于此，他还要进秦都咸阳，面见秦昭王，近距离观察这位决定天下诸侯生死命运的雄君。

两位君主以这种滑稽的方式见面，秦昭王高高在上，而赵武灵王则以使臣的身份应对。当秦昭王的眼光扫视这名赵国使者时，他心里有一种异样的感觉，怎么说呢？他发觉这位赵国使臣身上有不同凡响之处，相貌奇伟，眉宇之间透露出一股王者之气，这不应当是一名普通使臣所能拥有的气质。我们不能不说，秦昭王的确很有眼光，有识人的功夫。可是在朝廷之上，他不能去质疑一名使臣的身份，因为对方有使节的身份证明，倘若无端猜疑，不合外交礼仪。

可是秦昭王并没有把猜疑轻描淡写地抹去，当这位特殊的赵国使臣完成外交任务离去后，他立即派人前去追赶，希望能弄清楚使臣的真实身份。秦国出动了一队骑兵前往追赶，可是你想想赵武灵王是什么人呢？他是“胡服骑射”政策的制定者，骑术之精自不在话下，况且他远道而来，一定是备了一匹上等的骏马，一般的骑兵怎么可能追得上呢？这些骑兵虽然追到了秦赵边界，可是赵武灵王早已出关了。后来他们从边关赵国人那里了解到，原来这位“使臣”竟然是赵武灵王本人！

虽然此时赵武灵王已经逊位，以太上皇或“主父”自居，可是谁都知道，他就是赵国的真正统治者。赵武灵王孤身入秦并面见秦昭王，这件事很快在秦国传开了，一向以英勇而沾沾自喜的秦人听到此事后，也不禁为赵武灵王的胆略和勇气所震惊。

赵武灵王孤身入秦的壮举，对他产生了怎样的影响，史书上并没有明确的记述。可是我认为赵武灵王在实地考察秦国后，一定对秦国的强大有了更深的体会，理由是不久后他就推出“结秦连宋”的外交策略，主动向秦国示好。

我们先来了解一下“结秦连宋”外交战略提出的背景。

在赵国所有对手当中，有两个国家实力最为强大：一个是秦国，另一个是齐国。秦国比齐国更具有侵略性，为什么赵武灵王要选择与秦国结盟抗衡齐国呢？这是有原因的。赵武灵王的战略意图就是吞并中山，而齐国正是中山的后台。赵军攻破中山国都后，中山王逃亡齐国，中山残余抵抗力量也得到齐国政府的大力支持。

赵武灵王不可能在东、西两个方向同时与齐、秦抗衡，必须先拉拢其中一国，牵制另一国。此时的秦国尽管十分强大，可是在国际上相当孤立，若赵国主动示好，势必能捞到好处。而宋国与齐国之间也有很深的矛盾，据《史记》所载，宋国曾“东败齐，取五城”，这个第二梯队的诸侯国兵力也不容小觑。这样，在各自利益的驱使下，秦、赵、宋三个国家结为同盟。

秦国的狼子野心，路人皆知，赵国与之结盟，不啻为与虎为伴，那么赵武灵王为什么要这样做呢？要知道外交的目的只有一个，即国家利益。赵武灵王敢于跟秦国交朋友，是因为他根本就不畏惧秦国，他还梦想着有一天能率领铁骑杀入秦国，直捣咸阳呢。因此秦赵结盟是暂时的，只是它们有一个共同的敌人：齐国。

赵武灵王又一次赌赢了。

为了回报赵国的结盟，秦昭王任命赵人楼缓为秦国丞相，此时秦国的外交策略无疑对赵国是有利的。秦赵结盟，使赵武灵王不必担心西线遭到秦国的进攻，可以全力攻略中山。那么齐国政府会不会出兵干涉赵国吞并中山呢？事实上，齐国政府无暇顾及中山的死活了。此时齐国的丞相是著名的公子孟尝君，他在出使秦国时，差点遭到秦昭王的绑架，回国后便积极策划发动攻秦之役。公元前 298 年，孟尝君率齐、魏、韩三国联军发动对秦国的攻势，兵临函谷关，迫使秦昭王以割地为条件请和。

在秦齐交战之际，赵武灵王则积极筹备对中山残余力量发动最后一战。他于公元前 297 年前往代郡，训练骑兵，并且利用闲暇时间巡视了新开拓的土地。当他巡视到西河时，正好遇到了楼烦王。此时楼烦的土地几乎都被赵国所夺，楼烦王也只得投靠赵国。赵武灵王乘机将楼烦的骑兵招罗到麾下，这样一来，攻打中山更有把握了。

由于孟尝君报复秦国之心急切，根本无暇去保护中山。公元前 296 年，赵武灵王率领精兵猛将对中山发动最后一战。尽管中山军队在新君主的领导下拼死抵抗，也只不过是以卵击石。曾经以步兵闻名天下的中山国，已经无力挽回自己的命运。双方的决战毫无悬念可言，中山军队全军覆没，其国王成为赵国军队的俘虏。赵武灵王没有杀害中山王，而是把他放逐到了肤施（今陕西米脂西北）。

至此，中山国的历史被终结了。

赵灭中山，是战国一件大事。进入战国中期后，经过不断的兼并战争，大鱼吃小鱼，小鱼吃虾米，最终形成九国割据之局。在这九国中，除战国七雄之外，还有中山国与宋国。赵武灵王灭中山，开启了战国后期更大规模兼并战争的先河。在此之前，秦略巴蜀，楚灭越国，都属于弱肉强食，而赵国吞并中山，则是强并强的战争。

中山战事结束后，赵国的外交政策也悄然发生变化。在此之前，由于中山国有齐国撑腰，因而赵武灵王的外交上是“结秦制齐”，以免在攻略中山时，遭到齐国人的掣肘。可是这位雄君心里十分明白，赵国的真正对手是秦国而非齐国，因为秦国扩张的野心要远远强过齐国。是时候改变外交策略了。可是齐国会同意和解吗？要知道齐国一直是中山国的靠山，可是赵国却把中山灭了，这无疑让齐国颜面尽失。

赵武灵王对人性显然有深刻的洞悉，面子问题始终不如利益来得重要。赵武灵王不惜出让一部分中山土地，送给两个大国：齐国与燕国。前面说过，中山的地理位置是处于赵、齐、燕之间，赵国击破中山后，并不独吞，而是出让部分利益给了两个邻国。这是十分高明的做法，不然的话，以齐国在东方的影响力，纠集几个国家高举道义的旗帜讨伐赵国，那赵国就得偷鸡不成蚀把米了。不仅如此，赵国还出兵协助孟尝君发动第二次伐秦之役，以实际行动来跟秦国划清界限。

击林胡，破楼烦，灭中山，赵武灵王的事业可谓伟大矣。然而对他来说，这只不过是前奏曲，而非主旋律，北略匈奴，南略秦国，这才是他的理想。可是谁也没有料到，貌似平静的赵国政坛，实际上已是暗流涌动。一次突发的政变，竟然使得这位英明一世的君王阴沟里翻船，横祸飞来，命奔黄泉，遂使英雄梦想付诸东流矣。

三、沙丘遗恨

悲剧在赵武灵王宣布退位的那一刻就埋下了伏笔。

为了让自己从繁忙的政务中解脱出来，全身心投入军事扩张，赵武灵王在公元前 299 年把王位传给儿子赵何（即赵惠文王）。此时他已经在位二十七年，可还远远没到退休的年龄。据史料，赵武灵王登基时“年少”，没有写具体的年龄，应该只有十五岁左右，以此推算，逊位时年龄大约四十三岁。对于一个男人来说，这还是年富力强的时候，只是因为他建树武功的念头太迫切了，才选择了急流勇退。

可是在选择继承人时，赵武灵王却感情用事了。这件事还得从头说起。

赵武灵王的第一任夫人是韩国女子，考虑到门当户对，她可能是韩国公主或王室女子。这纯粹是一桩政治婚姻。赵国与韩国长期以来都是亲密的盟友，在赵武灵王上台后的第四年（前 322 年），赵武灵王与韩宣惠王在区鼠会晤，重申两国的友谊。区鼠会晤后一年，即公元前 321 年，赵、韩便缔结了政治婚姻，赵武灵王娶韩女为妻，加强两国的关系。婚后不久，韩夫人便产下一子，名为赵章，后来被立为太子，成为法定的继承人。

倘若赵武灵王的爱情婚姻就这样平淡无奇，那未免缺少了英雄的浪漫主义情怀。事实上，他是一个非常浪漫的人，而且把这种浪漫带到了梦里。那是在赵武灵王十六年（前 310 年）的某天，这位三十岁左右的君王在游玩途中，在酣睡时做了一个巫山梦。在梦里，他见到了一位美若天仙的少女，优雅地弹奏动听的琴曲，并以柔和甜美的声音唱着歌，歌词是这样的：“美人荧荧兮，颜若苕之荣。命乎命乎，曾无我嬴。”大意是说：美人光彩照人啊，容颜像苕花一样艳丽，唉，命运啊，命运啊，竟然没有人知道我嬴女呀。

这大概是最早的一个“梦中情人”的故事，赵武灵王梦到这样一个超凡脱俗的少女，从心里生出怜爱之心。我们知道人一旦从梦里醒来，就容易忘了梦境，可是这个梦太打动赵武灵王的内心了，以至于他连细节也记得一清二楚，甚至把梦中情人的歌词也记下来了。但梦就是梦，在现实中到哪找得到这个女子呢？

多情的赵武灵王念念不忘梦境中的女子。有一回，他与群臣饮酒，喝到兴起时，他跟众人说了自己所做的梦，而且还说了好几遍，并且说自己非常希望在现实生活中见到这位梦中情人。正所谓言者无心，听者有意。在饮酒的宾客中，有一人名叫吴广，他意识到这可是一个难得的机会，于是便精心设计了一个局。

吴广是个什么人呢？史书上没说，我们也搞不清楚，只知道他姓“嬴”，应该是一名大夫。在先秦时代，姓与氏是不同的，一个大姓之下，可以分化为许多氏。说到“嬴”姓，许多人第一念头就想到嬴秦，秦国王室就是嬴姓。可是许多人并不知道，秦与赵是同一祖先，赵国王室也是嬴姓。譬如赵武灵王赵雍，他是姓嬴氏赵名雍。这个吴广呢，也是嬴姓，与秦、赵也是同一祖先。

吴广有一个女儿，唤作“孟姚”，又叫“娃嬴”，“娃嬴”的意思是嬴姓的女娃。当他听到赵武灵王的梦中情人是一位姓“嬴”的女子时，不由得怦然心动。赵武灵王倾慕的女子，年轻貌美，能歌善琴，而且还姓“嬴”——这些特点不都是吴广的女儿孟姚所具备的吗？要知道先秦时代，人们就有“近亲不婚”的传统，赵武灵王倾慕的梦中情人嬴女，肯定不能是赵氏女子，那是近亲。可是吴广的女儿就不同了，她也姓嬴，但与赵氏的亲戚关系，可能远得找不到北了，与赵氏联姻是可以的。

那么孟姚能不能成为赵武灵王的梦中情人呢？倘若能把女儿嫁给君王，吴广岂不是成了王亲国戚了吗？

吴广回到家后，就跟夫人说起这件事。不消说，夫人听了后也很高兴，谁不想给女儿找个好的归宿呢？吴广的夫人可能出身于有名望的家族，因为她的人脉很广。经过她的运作，便有人在赵武灵王面前夸赞孟姚的美貌多才，并且说她跟赵王所描述的“梦中情人”长得很像，也是姓“嬴”的女子。这么一来，赵武灵王真的动心了，难道梦中见的神女，在真实世界中确有其人吗？

于是孟姚就这样入了宫。赵武灵王见了她后非常喜欢，大概是事先多次被人暗示，在潜意识中已接受孟姚就是他梦中所见的女子，便对她宠爱有加。据《史记》所称，赵武灵王得到孟姚后，“爱之，为不出者数岁”，有一段时间沉溺于情爱之中，不能自拔。此时赵武灵王的原配韩夫人可能已经去世，孟姚很快被立为王后，史称“惠后”。

君王的爱情绝不仅仅是私人的事，当王后孟姚生下王子赵何后，太子赵章的地位岌岌可危了。爱屋及乌是人之常情，他太爱孟姚了，所以也喜欢她的儿子赵何，以至于想把一切好的都给她们母子。他所能给的最大礼物，莫过于王位的继承权。赵武灵王是一个当机立断的人，他要废掉赵章，改立赵何为太子。

这件事，早做比晚做好。当时太子赵章也就是十岁左右的娃，还不太懂事。要是再拖上几年，赵章长大成人，甚至羽翼丰满，那就不太好废了。这件事，当然引起朝中大臣的反对，可是赵武灵王的意志是不可更改的，他断然废了赵章的太子位，把这份礼物送给了自己所爱的孟姚。这样，尚在襁褓之中的赵何成了太子。

此后约十年的时间里，赵武灵王的事业走向巅峰，他改革军事，开疆拓土。公元前 299 年，也就是他执政的第二十七年，赵武灵王选择了急流勇退，宣布逊位，把王位正式交给赵何，也就是赵惠文王。这时的赵何最多也就是十岁，哪里有能力来管理国家呢？赵武灵王让自己最信任的大臣肥义为相国，辅佐赵何，实际上就是把内政交给肥义去处理。

赵武灵王退位的原因，我们前面已说过，主要是想集中精力开疆拓土，征胡伐秦。除此之外，他可能还有一个考虑。赵武灵王是一个亲力亲为的君主，哪里有战争，他就奔向哪里，可是战场毕竟是一个风云变幻的地方，谁也不可能做到万无一失。万一有一天，他战死沙场，那么他所宠爱的孟姚怎么办呢？孤儿寡母的，就不会遭到旧太子的反攻倒算吗？尽早把太子赵何扶上王位，这才是万全之策。

赵武灵王即便把所能拥有的一切都赐给心爱的女人，仍然不能左右她的生死。不久后，王后孟姚被死神召唤而去，以赵武灵王的英明神武，能战胜人世间的敌人，却无法与死神一较高低。孟姚之死对赵武灵王是一大打击，同时，当爱已成往事时，因母亲而得宠的赵何渐渐被父亲冷落了。

当年赵武灵王废除长子赵章的继承人资格，并无别的原因，只是移情别恋的结果。如今，梦中情人已仙逝，他忽然觉得对长子赵章有一种愧疚之意，打算给予补偿。赵惠文王三年（前 296 年），赵武灵王灭中山后，他把代郡的一块土地封给长子赵章，称为“安阳君”。

可是，迟来的补偿已经无法消弭长子赵章心中的怨气。

这时的赵章已经长大成人，年龄二十来岁。如果说当年他被废掉太子资格时仍然年少无知，那么现今的他已是耿耿于怀，心怀怨恨，对父亲不满，对坐在王座上的弟弟更是仇视。这种扭曲的心灵，使得他生活放纵而奢侈，毫无节制。受时代风尚的影响，他也豢养了一大帮食客，势力不可小视。

赵武灵王把赵章封为安阳君，这无疑使他更为嚣张、不可一世。偏偏在这个节骨眼上，英明的赵武灵王又犯了一个大错，他派了一个人去辅佐赵章，这个人名叫田不礼。田不礼的为人如同其名，是个不讲礼义的人，为人残忍好杀。此人到了代郡后，不仅没有约束赵章，反倒两人沆瀣一气，狼狈为奸。于是乎赵章的封地安阳，几乎成为一个独立的小朝廷。

对于安阳小朝廷的存在，赵武灵王并没有在意。事实上，他已经把内政的事完全交付给了肥义，自己一心扑在军事建设上，常年不在都城，而是在各地的骑兵营中训练军队。他自以为虽然逊位，可是兵权在手，没有什么事是控制不住的。

可是有一个人却惴惴不安，这个人是赵国大臣李兑。他对相国肥义说：“公子赵章强壮有力且心志高傲，党羽众多，野心很大。辅佐他的田不礼是一个残忍好杀又骄横的人，这两个人凑在一起，一定会策划阴谋，抱着侥幸之心铤而走险。小人一旦有了野心，往往考虑问题很轻率，智谋也很肤浅，只看到利益而完全忽视祸害，加上相互怂恿，必然会惹祸上身。根据我的观察，公子赵章与田不礼不久就会作乱。您作为相国，责任重大，权势也很大，一定会成为叛乱者的首要目标，第一个成为受害者。聪明的人要防患于未然，倘若没有这种智慧，如何来治理国家呢？依我所见，您最好称病在家，不要外出，以观其变，把政事交给公子赵成去处理。不要成为众矢之的，不要成为通往祸害的阶梯呀。”李兑与肥义是好朋友，所以他推心置腹地说了这一番话。

可是肥义不为所动，因为赵武灵王这么信任他，他怎么能不尽死以报答呢？他回答说：“我不能这样做。主父（即赵武灵王）把年少的赵王托付给我，并嘱咐我说：‘不要改变法令，不要改变想法，一心一意坚守岗位，直到去世为止。’我当时就向主父许诺，定当竭心尽力。如今我倘若因为害怕田不礼发难而忘了自己的许诺，那就是背叛。既然接受了任命，若不能圆满完成，那就有负王恩。有句谚语是这样说的——‘死者复生，生者不愧’。我已经有言在先，要实现自己的承诺，就不能顾及个人安危。忠贞之臣面对危难时，才能看得出其气节所在；大祸临头时，才能昭显他的忠诚。您给了我忠告，可是我有诺言在先，终不敢把承诺丢弃。”

听到这里，李兑明白了肥义的心意。他对肥义这个人十分了解，决定了的事不会更改。肥义在赵肃侯时便是朝廷重臣，在赵武灵王、赵惠文王时又身居高位三十年，沐三世王恩，这份恩典是其他任何一个大臣都没有的，所以他宁可死，也不愿背弃朝廷。

话已至此，李兑不能再劝了，他只好洒着泪说：“好吧，您尽力而为吧。我只能在今年见到您了。”言外之意，过了今年就看不到了，为什么呢，阴阳相隔了。这话说得很重，非至交不能说出这样的话，明白地说，你活不过今年了。说完告别的话后，李兑转身离去。可是他确信叛乱一定会发生，他可不想死于非命，于是便秘密与赵氏家族元老赵成联合，两人暗中做准备，以防备赵章、田不礼发动政变。

从肥义的回答中可以看出，他其实认同李兑的看法，即赵章与田不礼很有可能作乱。既然如此，他何不把这件事报告给赵武灵王呢？显然他并不愿意挑拨赵武灵王与赵章的父子关系，况且赵章作乱还只是一种猜测，并非已成事实，就算说了，赵武灵王也未必会相信。

可是对赵章与田不礼，肥义又不能不防。怎么防呢？

过几天后，肥义找来了亲信信期，对他说：“公子赵章与田不礼这两人非常令人担忧。他们嘴上仁义道德，实质上却阴险毒恶，既不是孝子，也不是忠臣。奸臣在朝，是国家的祸患；谗臣在宫中，是主公的蠹虫。这种人贪婪且野心很大，在朝中蒙蔽主公，在外则残暴害人。万一哪一天矫诏擅权，灾难就要降临国家了。我心里十分担心，日思夜想，废寝忘食，对这群盗贼不可不防啊。所以我跟你说，从今天开始，假如有谁传主父之令欲召见大王，那就得先见我，我先亲自前往，以防万一，没有发现异常后，大王才能前往。一旦有什么变故，你要做好准备，保护大王。”

此时的赵惠文王名义上是赵王，实际上年少不更事，赵武灵王仍是实际的统治者。肥义料想赵章因被废掉太子位，对弟弟赵何继位一事耿耿于怀，倘若他发动叛乱，目标一定是对准赵惠文王。如果赵章是明着作乱，也不足为惧，因为他的党徒绝不是朝廷军的对手。可是肥义担心的是，赵章会使用阴招。由于赵武灵王长期在外主持军务，赵章很可能假传赵武灵王的旨意召见赵惠文王，这是干掉赵惠文王最好的机会。因此肥义下定决心，只要接到主父的传令，他要先去探个虚实，只有确认这不是赵章的阴谋诡计，才会让赵惠文王前往。如果一旦有变，那么保护赵惠文王的重任，就要交给信期了。这位忠心耿耿的国相可谓用心良苦。

听到这里，信期十分感动地说："好的，我记住您说的话了。"

偏偏在这个问题上，一向英明的赵武灵王没能发现问题的尖锐性与严重性。他不仅没有及时对赵章与田不礼的野心发出警告，反而还要增加赵章的权势，这终于使得赵章有恃无恐，铤而走险。

公元前 295 年，赵武灵王召集各地官员前往国都邯郸城。此时赵惠文王十三四岁，这个年龄与赵武灵王登基时差不多，主父认为是时候让小国王亲自处理朝政了。文武大臣上朝了，赵惠文王坐在王座上，赵武灵王没有露面，他躲在帷幕之后，观察诸大臣与宗亲贵族的表现。尽管赵武灵王已逊位多年，但国人知道有主父，不知有小国王，现在得让小国王亲政，实现权力的平稳交接。

可是在朝廷之上，他却看了一张颓废的脸。这是废太子赵章的脸，只见他脸色苍白，垂头丧气。这一切被赵武灵王看在眼中。这位父亲心里又涌出愧疚之意，当年如果没有废掉太子，现在坐在王位上的人应该是赵章，赵何只能在阶下称臣。作为长子，赵章的年龄比赵何大了十来岁，而且是韩王后的嫡子，如今却只能卑躬屈膝，向自己的弟弟称臣，这是何等的委屈呀。

自从惠后孟姚去世后，赵武灵王一直觉得对不起自己的长子，想方设法要补偿他。正是这种父爱蒙蔽了他的判断力，对赵章显露无遗的嚣张视而不见。看到赵章在朝廷之上的沮丧，赵武灵王动了一个念头。他想把赵国一分为二，让赵章在代地称王。

唉，赵武灵王可谓是英雄一世，糊涂一时。自古以来，为了权力你斗我争的事情还少吗？春秋时代多少弑君、弑父的故事，多少兄弟相残的故事？一个国家立两个王，怎么可能相安无事呢？这个想法一出，遭到了众臣的一致反对，一向果断的赵武灵王在这件事情上也举棋不定、犹豫不决。

可是赵章也没想当个小王，他要夺回本来属于他的王位。只要他发动政变，把弟弟赵惠文王杀了，到时生米煮成熟饭，父亲也只能认了这样的结果。他加紧了政变夺权的步伐，只要时机一出现，便立即动手。赵国政坛已是山雨欲来风满楼，可惜的是，赵武灵王的注意力都集中在开疆拓土之上，对国内的风云变幻竟然没有察觉。

该来的，终究会来的。

赵武灵王对赵章阴谋未能察觉，因为他是自己的儿子。做父亲的总自以为很了解儿子，其实不然。他不仅没有发现赵章已剑拔弩张，还自以为聪明地把两个儿子唤到一起，到沙丘（今河北巨鹿东南）去游玩，目的可能是想增进他们兄弟俩的感情。可是这么一来，却给了赵章动手的机会。

如果赵惠文王总是待在都城邯郸，赵章是难以动手的，毕竟他那点党徒与政府军相比，实在是小巫见大巫。可是在沙丘这个地方，他就有了优势了。于是赵章与田不礼精心策划叛乱的阴谋，他们把自己的党徒秘密调往沙丘，准备了两个方案：第一，以赵武灵王的名义发布假诏令，召赵惠文王前来，只要他一来，就当场诛杀。第二，倘若赵惠文王没来，就发动武装政变，包围其行宫，以武力解决。

在赵章的计划中，他的政变对象只是弟弟赵惠文王，并没想过对父亲赵武灵王下毒手，因为他想要称王，就必须得到父亲的承认与授权。当时赵武灵王的行宫与赵惠文王的行宫并不在同一处，这就给了赵章一个良机。

在田不礼的协助下，赵章的政变行动开始了。他派出一位使者前往赵惠文王的行宫，假传赵武灵王的命令，召赵惠文王前往。忠贞不贰的肥义对这个命令很怀疑，他阻止赵惠文王前往，打算先亲自跑一趟，打探情况的虚实。这位赵国的丞相早就下了决心，要用这种方式来保护年少的君主，可是当他入了虎穴后，等待他的却是一把把亮晶晶的戈戟。赵惠文王没有来！赵章气急败坏了，他立即杀死肥义，然后集合所有党徒，杀向赵惠文王的行宫。

肥义死了。可是在临行前，他已经密嘱其亲信信期，在他未返回之前，一定要加强戒备。如果他回不来的话，就表明赵章等人发动政变了，保护赵王的事情，就要拜托信期了。信期焦急地等待着，可是肥义没有回来，反倒是一群暴徒开始涌向行宫，试图冲进来杀死赵惠文王。信期马上命令自己的军队保卫行宫，保卫赵王。

战斗打响了，双方打得你来我往，难解难分。赵章的党徒多次对行宫发起进攻，但都被信期的军队挡在宫墙之外。可是这里毕竟不是在国都，倘若没有援军，信期也不一定能顶得住叛乱者的狂攻滥打。

在这紧急关头，一支强大的政府军出现了。这是怎么回事呢？赵章也感到纳闷了。沙丘距离国都邯郸大约有一百公里，按道理说，就算有人快马跑回通风报信，政府军也不可能来得这么快啊。这支军队又是谁带来的呢？率领这支军队前来的人，便是李兑与赵成。前面说过，李兑早就看出赵章有谋反之心，他曾劝肥义急流勇退，以避开祸乱，但肥义不肯，他就找到赵氏元老赵成，两人联合起来，并监视赵章与田不礼的一举一动。当赵武灵王召赵惠文王及安阳君赵章游沙丘时，李兑与赵成便有一种强烈的预感，赵章可能会利用这个机会作乱。事实正如李兑料想的那样，赵章果然杀肥义，围赵王行宫。接到密报的李兑与赵成立即调动沙丘周围四邑的军队，赶往沙丘增援赵惠文王。

在政府军的强大增援下，赵章的叛乱部队终于抵挡不住了。这位安阳君慌了手脚，唯一可以救他性命的人，只有赵武灵王了，于是他与田不礼仓皇逃到赵武灵王的行宫里。关于此中的细节，史书上根本没有记载，只是简单地写“公子章之败，往走主父，主父开之”。赵武灵王接纳了赵章，或者是被赵章的谎言所欺骗，或者是不忍心看着长子被诛杀。

赵武灵王显然仍然认为自己是赵国真正的统治者，可是他万万没有想到，其实他已经无法左右政局了。这一切是他自己造成的。他让赵惠文王亲自处理政事，并且文武百官都来朝见，实际上是宣布自己淡出权力核心。虽然他仍然掌握着兵权，可是在沙丘这个小地方，他只有一小队的卫队，如何来保护叛乱者赵章呢？

在行宫解围后，惊魂未定的赵惠文王对前来救驾的李兑、赵成两人十分感激。他当即提拔赵成为丞相，并封他为“安平君”，李兑为司寇，总揽司法大权。这样，国家权力落入赵成、李兑两人之手。赵惠文王还年轻，对这样的突发性事件，不知要如何处理，而他的老师肥义又已被叛军杀死，在这种情况下，只能听赵成、李兑两人的意见。赵成、李兑坚持认为一定要斩草除根，对于叛逆这样的大罪，绝不能宽恕赦免赵章。赵惠文王同意了，让赵成与李兑率领军队包围赵武灵王的行宫，惩罚叛逆者。

从法理上说，国王才是一国之主，而主父或太上皇，即便他是前任的国王与现任国王的父亲，从法律角度上说，都只能是臣而不是君。“天无二日，民无二主”，如今的国主，只能是赵惠文王而非逊位的赵武灵王。从这个意义上说，赵成与李兑率兵平乱，在政治上是占有绝对的主动权，他们王命在手，大有“顺我者昌，逆我者亡”的气势。

整个沙丘事件，史书上都轻描淡写。很显然，赵国史官很难直书这个事件的完整过程，因为这不仅是赵氏王族的丑闻，而且赵惠文王又有杀兄弑父的嫌疑，赵成、李兑这两名权臣也有弑君的嫌疑。这几个人又恰恰是赵国最有权势的人物，你想想，当时的史官怎么能如实地记录呢？只能含糊其词，因此种种细节，便被埋没在历史的风沙中了。

尽管历史记载缺失，我们仍可以想象赵武灵王的态度。他对赵成、李兑两人率军包围主父行宫，一定是勃然大怒，拒绝把赵章交给政府军。赵成与李兑既然已经包围行宫，开弓没有回头箭了，绝不可能罢手。他们有优势兵力在手，就霸王硬上弓，指挥士兵攻打行宫。赵武灵王那一丁点卫队，怎么是精锐政府军的对手呢？很快行宫被攻破，赵章与田不礼被抓起来，以叛逆罪处死。

叛逆者被处死了，可是接下来便出现一个十分棘手的问题：这件事要怎么向赵武灵王交代呢？我们说过，从法理上说，赵惠文王已即位四年，是赵国的君主，而赵武灵王已经逊位。可是从事理上说，赵武灵王才是真正的统治者，否则的话，赵章怎么可能以他的名义来假传命令召见赵惠文王呢？对于这一点，大家心知肚明。

摆在赵成与李兑面前的难题是，他们带着军队攻打真正的统治者赵武灵王，而且在没获得赵武灵王的同意下，便处死赵章，这也是一种以下犯上，不是吗？要是就这样让赵武灵王离开行宫，后果会怎么样呢？这件事，不能不慎重对待。赵成与李兑两人便凑在一起商量说：“我们因为要诛杀赵章，围攻主父的行宫，倘若现在解兵而去，主父日后必然要清算这笔账，到时我们二人的脑袋要搬家了。”

那要怎么办？

一不做，二不休。绝对不能让赵武灵王离开行宫！为了保全自己的性命，赵成与李兑豁出去了，恶从胆边生，一个歹毒的计划出炉了。他们不能冲进去把赵武灵王乱刀砍死，因为他毕竟是赵惠文王的父亲，砍死主父，这个罪可大了。不用刀砍死赵武灵王，并不等于他们要给他留一条活路。只要赵武灵王不死，他们二人诛杀王子，定要被处死；只有赵武灵王死了，他们才是安全的。

于是赵成与李兑下达一条命令，令行宫中所有的人全部离开，没有在规定时间内离开的，一律诛杀。偌大的行宫只留下赵武灵王一人，他被反锁在高墙之内，连个侍从奴仆也没有。行宫之外有甲士把守，无论宫内发生任何情况，任何人都不得打开宫门。赵成与李兑不想手刃赵武灵王，要任其自生自灭，以此来洗脱弑主父的恶名。可是这种死法，实在比一刀毙命更加残酷。

一世英雄赵武灵王，强大赵国的领导者，就这样被孤零零地囚禁在行宫之内。没有侍从，没有食物。想出去又出不去，困在行宫内又饿得慌。我们不知道这位英雄在人生的最后几个月里，都想了些什么，但肯定充满了悲愤与怨恨，或许还有深深的悔意。怎么会在一夜之间，从高高在上的统治者，沦落到这个地步呢？一切都源于他自动逊位，也源于他受到情欲的羁绊。他退位，是为了这个国家，他要开疆拓土，实现不世的伟业。可是他的情欲又导致他最后的毁灭。自从巫山一梦，他为了心爱的女人，不惜废掉太子，甚至将王位拱手让出。多年前不理智的决定，终于在现在受到报应，这岂非命乎？

我们可以想象他那悲愤交织的心情。破胡伐秦的梦想在深宫大院中已渐渐远去，长子赵章的死还令他内疚与心痛，而王位上的那个儿子呢？怎么把老父扔在这孤独的深院中而没吭声呢？其他的儿子呢？又在哪里呢？为什么没有人过问他的生死呢？他一手训练出来的将军与士兵呢？怎么没有人来解救他，反而要把他困死在这里呢？要是肥义还活着，他肯定会拼了性命来保护他，可是这个忠贞不贰的大臣却被自己的儿子杀死了。曾经是万乘之尊，曾经拥千军万马，可如今只茕茕孑立，形影相吊。这一切，交织成无尽的痛楚，在吞噬着他的生命。

比精神上的痛楚更难以忍受的，是肉体上的痛楚。在饥饿的折磨之下，他原本强壮的身体日益衰弱，他一生从未为衣食担忧，可如今连最落魄的乞丐也比他强。环境迅速让他从一个文明人退化了，不是退化成蛮人，简直是退化成一头仅有生存欲望的动物。他在地上寻食，只有那些不理解人类残酷斗争的鸟儿，才会不顾及禁令闯入行宫，给这位人类之王带来一丁点肉食。只是谁也没能看到他那生吞活剥的吓人样子，满嘴的鸟毛与鲜血，倘若看到这样的场景，谁不会为这位英雄的末路而唏嘘落泪呢？

三个月后，曾经叱咤风云的赵武灵王死了。

他是饿死的。

他被世人遗弃在高墙之内，任其自生自灭，死的时候已经瘦成皮包骨了。倘若他不吃不喝，只消七到十天就会死了，可是他坚持了整整三个月，这是一种强烈的求生欲望。可是在孤独的行宫中，欲望也是一种奢侈。高墙之内，与世隔绝，没有一个人见过他最后的挣扎。可是有一点是明确的，他不想这样窝囊地死去，英雄可以战死在疆场，可绝不应当是这样的下场。他可能还幻想着奇迹会在最后一刻出现，他的儿子、现任的君王，难道在这么长的一段时间里，居然在脑海中没有闪现过父亲的影子吗？他企盼有一天早晨醒来时，紧闭的大门会被打开，阳光从门洞照射进来。可是，紧闭的大门确实有被打开的一天，但那一天注定他已是醒不来了。

沙丘之变，留下太多悬而未解的疑问。

首先，赵惠文王扮演了什么样的角色呢？

赵武灵王被困行宫三月而死，在这么长的一段时间，倘若说赵惠文王一无所知，那简直是不可能的。那么身为君王的赵惠文王，为什么没有向父亲伸出援手呢？史书中没有给出一个明确的答案，仅仅有句话闪烁其词："是时年少，（赵）成、（李）兑专政。"这似乎是要清洗赵惠文王参与弑父的罪名。没错，这一年赵惠文王确实年龄还小，不会超过十五岁，赵成、李兑在挫败政变阴谋后大权独揽，一个为丞相，另一个为司寇，这也是事实。可是赵惠文王有没有说过一句想救父亲的话呢，史书上没有记录。

也许有人会说，他年龄那么小，又刚经历政变，可能是吓坏了吧。就算赵惠文王当时畏惧赵成与李兑，不敢说半句话，可是他在位时间长达三十三年，在未来那么漫长的时间里，也从未清算过害死父亲的元凶或帮凶，这又做何解释呢？即便在赵成、李兑都死了之后，也没有任何人受到处罚，这又当何解呢？在之后很长的时间里，赵武灵王的尊名在赵国史料中从来没有出现过，也没有任何同情的声音。此中的原因，大约是包括赵惠文王在内的许多当权派，对赵武灵王的死都讳莫如深。

我觉得有一种可能性，赵惠文王或许是弑父的帮凶，至少他默认了赵成、李兑的做法。自从母亲惠后孟姚死后，赵武灵王对他就越发疏远与冷淡，反而跟安阳君赵章亲近，甚至想把赵国一分为二，立两位王，分割赵惠文王的权力。在权力面前，父子、兄弟都可能是敌人。就算赵惠文王年少未能深谙其意，也会有自认为高明的政客自告奋勇来鼓起他争权夺势的勇气。

让我们再深入分析一下，何以赵惠文王会对父亲之死保持沉默。无疑他对哥哥赵章有一种深深的恐惧之心，赵成与李兑兵围主父行宫，捕杀赵章，这肯定是得到赵惠文王的授意。而赵武灵王却要保护赵章，显然他们父子二人在如何处置赵章一事上，立场是完全不同的，这也意味着在这场政治斗争中，父子俩已是身处冲突的两端。换个角度来说，倘若赵武灵王不死会怎么样呢？他可能会废了赵惠文王，就像当年他废了太子赵章一样。这种事情，主父完全做得出来，因为赵惠文王再也没有神女母亲的庇护了。为了确保权力，赵惠文王最保险的做法，就是让自己的父亲从此在人间蒸发。

史书冷冰冰地记下赵武灵王的结局："三月余而饿死沙丘宫。主父定死，乃发丧赴诸侯。"看到如此冷漠的文字，我的心也不由得打了个寒战。我想象着那种萧瑟的场景：赵惠文王每天在忐忑不安地等待着消息，愧疚与惶恐交加。当主父饿死的消息传来，他既充满不孝的自责，同时又有解脱后的轻松。史书文字的冷漠，是因为没有给我们留下一句赵惠文王的言语，发丧的那天，他带着怎样的神情，是否有过动情的话语，流过一滴悔恨自责的眼泪，或者是怀着对死去的父亲的怨恨？这应该是赵惠文王一生中心情最为复杂的一天，可是我们永远也不知道他都想了什么。

其次，在赵武灵王被困死沙丘行宫的三个月里，为什么没有人来解救他呢？按理说，赵武灵王是三军统帅，在军队中有极高的威望，同时又为国家建立卓越的功勋，怎么在他危难之际，军队却置身事外，甚至参加了反对他的行动呢？

要解开这个问题的答案，就得先从赵国的军事建制说起。赵国军队的重要职位，几乎都是赵氏子弟担任。以赵武灵王二十一年（前 305 年）攻略中山之役为例，三军总司令是赵武灵王本人，中军司令是赵章，右军司令是赵袑，左军司令是许钧，车骑司令是牛翦，胡代骑兵司令是赵希。在这六大高级将领中，赵氏占据四席。在军队中如此，在政府部门中，也仍然是赵氏子弟的天下。这么一来，非赵氏的将领，就算有心拯救赵武灵王，也只能是有心无力。

那么在赵武灵王失势时，为什么这些赵氏将领没有挺身而出呢？当然各有各的原因，有些人见风使舵，有些人胆小怕事，但有一个原因是不可忽视的，那就是赵氏子弟对赵武灵王的“胡服骑射”政策，向来是持反对意见的。仅根据《史记》所记，反对胡服骑射的人，除了赵成之外，“赵文、赵造、周袑、赵俊皆谏止王毋胡服”，据《战国策》记载，反对的人还有赵燕。这些赵氏贵族养尊处优，突然要求他们穿粗陋不堪的胡服，不乘华丽的马车而改为骑马，这岂不是严重伤及他们的自尊与利益吗？而且兵围行宫的主谋人赵成，是赵武灵王的叔叔，赵氏家族的元老，地位非同一般，其他赵氏子弟慑于他的权势，就算有解救赵武灵王的想法，也得先掂量一下自己的分量。

从这个意义上说，赵武灵王的改革，只限于军事上的改革。他没有像商鞅变法那样，雷厉风行地打击旧的权贵阶层，为政治注入一股全新的血液。这种改革的不彻底性，最终在赵武灵王身陷囹圄时，得不到有力的援助。倘若他能早意识到这个问题，提拔重用一批外姓将领，那么这些新兴力量将是制衡旧权贵势力的法宝。

这里可以举一个人为例，他便是战国时代最伟大的名将之一乐毅，他多次为赵武灵王出谋划策，比如在齐宣王攻破燕国时，他提出以“河东之地”易齐之“河北之地”，使齐国在外交上陷于被动，此事在前文有详述，此处从略。这么一位有才华的人物，在赵武灵王时并未受到重用。可是在赵武灵王困死沙丘后，他是史书中所记载的唯一一个对政府谋杀赵武灵王表示不满的人，他毅然离开赵国，投奔燕国，日后为燕国的强盛做出卓越的贡献。以乐毅的为人，我们或许可以设想一下，倘若赵武灵王能让他掌控兵权，那决计不会出现沙丘之乱的悲惨结局。

赵武灵王不是完人，也不是圣人，但他是真正的英雄人物。他以坚忍不拔的意志力排众议，推行“胡服骑射”的改革，并在很短的时间内取得了征林胡、破楼烦、灭中山的伟大胜利。新兴的骑兵如一阵旋风刮过北方辽阔的土地，赵国迅速崛起成为军事大国。尽管他的结局如同齐桓公一样惨淡，但随着时间的推移，他的事业越发显得伟大。

可惜的是，赵武灵王一死，他的改革大业就陷入停顿。尽管史书对此语焉不详，但可以想象以赵成为主的赵氏子弟，肯定不会坚持奉行“胡服”的政策，不过“骑射”应该是有所保留，因为骑兵的优越性已经显露无遗了。更可惜的是，赵武灵王战略规划的实现遥遥无期，无论是攻略匈奴或秦国，非有大魄力者不能为之，很显然，他的继承者赵惠文王并不是这样的英雄人物。

在赵武灵王之前，赵国军力平庸，没出现过什么著名的将领。“胡服骑射”的改革后，赵国名将辈出，譬如廉颇、赵奢、李牧等，皆为一时之良将。良将之所以成为良将，必须要有滋养他的土壤，否则个人能力再强也无用武之地。而赵武灵王正是提供了这样的土壤，他的改革使得赵国军事的硬实力与软实力皆有突飞猛进的发展。硬实力体现在强大的骑兵部队，在日后的战争中，骑兵是制胜的关键所在。以赵奢救阏与为例，“道远险狭”，赵军能“卷甲而趋之，二日一夜至”，没有强大的骑兵，岂能做得到呢？与硬实力相比，软实力更为重要。软实力包括两个方面，创新的军事思想与全民皆兵的军事体制，尤其是后者，在关键时刻拯救了赵国，譬如长平之战，赵军损失四十万人后，仍不至于亡国，此全民皆兵之功也，此赵武灵王之功也。

大学者梁启超称赵武灵王是“黄帝以后第一伟人”，并认为“使主父而永其年，则一统之业，其将不在秦而在赵”。史学家翦伯赞称颂他“骑射胡服捍北疆，英雄不愧武灵王”。尽管他的故事结局并不完美，可是已然在历史的峰峦上树起巍巍丰碑。

缺憾还诸天地，是创格英雄，伟哉赵武灵王！

第八章　齐国的没落

一、白起的成名之战

赵武灵王之死，对秦国来说绝对是一个好消息。

倘若依照赵武灵王的计划，南下略秦，秦国就算能挫败赵国的进攻，也无力向中原进军。在赵武灵王死的这年，即公元前 295 年，秦国丞相楼缓被免职。当年赵武灵王奉行“结秦连宋”的外交政策，与秦国交好，秦国为报答盟友，把赵国人楼缓任命为丞相。随着赵国外交转型，与秦国的蜜月期结束，楼缓被免职也是意料中的事。秦昭王的舅舅、宣太后的弟弟魏冉出任丞相，这也是他第二度出任丞相一职。

魏冉是秦国历史上著名的铁血丞相，也是对外扩张的积极鼓吹者。他上任伊始，就对魏国与韩国展开报复之战，这两个国家都追随孟尝君两度攻打秦国。公元前 295 年，秦发兵攻打魏国的襄城；次年，秦败魏师于解地（今山西临猗西南）。公元前 294 年，向寿率兵攻取韩国的武始（今河北邯郸西南）；同年，魏冉派左庶长白起攻夺韩国的新城（今河南伊川西南）。

这些年来，魏国与韩国跟在齐国后面，狐假虎威，两度伐秦，迫使秦国割地求和，真可谓风光一时。魏国和韩国在与秦国的较量中，长期处于下风，几乎没打过什么胜仗，之所以吃了豹子胆，只因有齐国的撑腰。当秦军的铁骑又在两国的土地上肆意践踏时，按道理说，齐国应该为了盟友而两肋插刀，共同进退，可是为什么齐国的军队迟迟未见踪影呢？

在秦国攻打韩国的这一年（前294年），齐国发生了一起未遂的政变，齐国大夫田甲劫持绑架了齐湣王。尽管这次政变没能成功，但齐湣王怀疑这起劫持事件背后的主谋是丞相孟尝君。由此，齐湣王与孟尝君的关系变得紧张，剑拔弩张，相互不信任。试想想，在这种情况下，齐国哪有心思去考虑盟友的安危呢？没有齐国的相助，魏、韩两国倒霉的日子到了。

公元前293年，战国时代规模最大的战役之一伊阙之战爆发。

关于伊阙之战，《史记》中的《秦本纪》《魏世家》《韩世家》都有简略的记录。《秦本纪》记："（秦昭王十四年），左更白起攻韩、魏于伊阙，斩首二十四万，虏公孙喜，拔五城。"《魏世家》记："（魏昭王）三年，佐韩攻秦，秦将白起败我军伊阙二十四万。"《韩世家》记："釐王三年，使公孙喜率周、魏攻秦。秦败我二十四万，虏喜伊阙。"

事实上，这场大战役绝不是史书记录得这么简单。

这场战役的起因是秦军进攻东周。夺取两周一直是历代秦王的梦想，在十五年前，秦武王欲"车通三川，以窥周室"，发动宜阳战役，夺取三川之地，也打通了通往两周的道路，只是由于秦武王意外扛鼎而死，没能进一步发动夺取两周的战争。公元前293年，秦政府派向寿为大将，率领军队攻打东周，并打败了东周的军队。自从周王室分裂以来，夹在魏、韩两国之间，实际上受到魏、韩两国的控制，故而韩釐王与魏昭王联手干预秦军攻打东周。

魏、韩两国集结了二十四万军队，魏军由犀武指挥，韩军由公孙喜指挥。秦军已嗅出大战的气味，遂从东周撤军，退至伊阙，与魏、韩两国联军对峙。伊阙位于现今河南的龙门，举世闻名的龙门石窟就坐落于此。当然在战国这里还是荒山野岭，宏伟壮观的佛像群还未有影子呢。在伊阙南部约二十公里处，便是秦国新占领的新城，这是白起在去年伐韩之役中所攻占的城池。

在伊阙的上空，战争的阴云密布。面对魏韩庞大的兵团，秦国人忧心忡忡。在这个时候，秦国丞相魏冉做出一个大胆的决定，他向秦昭王推荐由白起担任秦军大将，取代原先的大将向寿。这里我们不能不佩服魏冉的眼光，他果断起用白起，是秦军取得胜利的保证。作为铁血丞相，魏冉的能力是毋庸置疑的。我们必须看到，魏冉提拔白起是有政治风险的，因为向寿是秦昭王由小玩到大的亲密朋友，当年甘茂都被他给排挤了。可是魏冉却力排众议，推荐白起为将，取代向寿。倘若白起不能在战场下立下奇功，那么魏冉在秦昭王面前就不好交代了。

可是魏冉坚信，白起绝不会令他失望。

这种信念从何而来呢？来自魏冉对白起的了解。白起的军功爵为“左更”，在秦二十等爵中位列十二等，属于中上爵位。此时的白起还很年轻，能获得这样的爵位，可见他在战场上立功颇多。白起早年的军事生涯不可考，他第一次出现在史书中，是上一年指挥伐韩之役，攻克新城，这可能是他第一次独立指挥作战。他的军事才华给魏冉留下深刻的印象，这位知人善任的伯乐在军情紧急之下，大胆起用他担任伊阙之战的秦军总司令，这也给了他尽情施展军事才华的舞台。

关于白起的家世，我们所知甚少。在后来秦始皇的《追赠白起武安君诏》说道：“武安君白起，先源两楚，继次三秦。”可见白起的家族原本是在楚国，后来才迁居秦国。有一种观点认为白起是楚国王族之后，是白公胜的后代。白公胜就是熊胜，是楚平王的孙子，当年跟随伍子胥逃亡到吴国，后返回楚国受封为“白公”，故称为白公胜。白公胜后来造反被杀，他的子孙就流落到了秦国。唐朝大诗人白居易在《太原白氏家状二道》一文中称：“白氏芈姓，楚公族也，楚熊居太子建奔郑，建之子胜，居于吴楚间，号白公、因氏焉。楚杀白公，其子奔秦，代为名将……裔孙曰起，有大功于秦，封武安君。”白居易的时代距白起已是遥远，这种说法是否属实，还有待验证。

为了对付秦军，魏、韩两国集结的二十四万大军，这可是一支相当庞大的部队，给秦军造成巨大的压力。白起临危受命，当他抵达伊阙前线时，发现形势很严峻，与魏、韩相比，他的兵力显得很单薄。据《战国策》所记：“韩魏相率，兴兵甚众，君所将之，不能半之。”可见秦军力不到魏、韩联军的一半，推算起来，在十万人左右。

从兵力对比上，敌强我弱，但白起沉着冷静地应付。他大量搜罗情报，分析敌情，最后发现魏韩联军的一个巨大弱点。在晚年时，白起曾谈到伊阙之战，他是这样说的：“伊阙之战，韩孤顾魏，不欲先用其众。魏恃韩之锐，欲推为以锋。”当时韩国感觉自己力量单薄，便拉上魏国一起作战，却想保存实力，要让魏国军队打头阵。而魏国呢？也心怀鬼胎，他们认为韩国军队是精锐之师，理应作为先锋部队，冲锋陷阵。大战临头，这两个国家却不能精诚团结，反而互相扯皮，谁也不愿意主动出击。

洞悉敌军的弱点后，白起便制订了一个作战计划。这个计划的核心是：先打弱敌，后打强敌，各个击破。白起自己这样说道："二军争便之力不同，是以臣得设疑兵以待韩阵，专军并锐，触魏之不意。"他把军队分成两部分，以其中一小部分作为疑兵，假装磨刀霍霍，欲与韩国精锐部队交锋；大部队则悄悄集结到魏军驻地附近，欲以雷霆万钧之势击破魏师。白起的判断是，韩国军队抱着保存实力的想法，肯定不会主动出击，只要牵制住韩军，以最快的速度击败魏师，然后再掉转马头对付韩师，达到各个击破的目的。

魏军主将犀武以为秦军主力尚与韩军对峙，故而没有做好战斗的准备。不料白起出其不意，攻其不备，果断出击，把魏军打得毫无招架之力。更严重的是，魏将犀武在战斗中被秦军所斩杀，群龙无首，更加混乱不堪，很快便全面溃败。击破魏师后，白起按照既定的计划，转而攻击韩师。韩国大将公孙喜得知友军被击破的消息后，心中大为惊慌，自认为独木难支。三十六计，走为上计，遂率军仓皇撤退。善于捕捉战机的白起不愿白白浪费立功的机会，秦军全线追击，追上公孙喜，这位韩军总司令成为阶下之囚。接下来完全是秦军的表演时间，他们夺旗斩将，锐不可当，如入无人之境，连拔五城。在三十五年后，白起谈论起这场战役时这样说道："魏军既败，韩军自溃，乘胜逐北，以是之故能立功。"

据《秦本纪》的说法，此役斩首二十四万，这个战绩有些令人怀疑。参照《魏世家》《韩世家》可知，魏、韩联军共计二十四万人，以此推算，斩首二十四万人，相当于说魏、韩两军是全军覆没。可是从整个战役的过程来看，秦军要全歼魏、韩联军，似乎不太可能。因为白起必须在迅速击败魏师后，回过头与韩师决战，而且在这两战中，秦军在数量上都不占优势，在这种速决战中，还能打歼灭战就近乎奇迹了。其实在《魏世家》《韩世家》两篇史料中，都只记"败我二十四万"，并不是"杀我二十四万"。在战争中，吹嘘己方的成果，这在古今中外都是一样的，秦国的宣传机器故意把"败二十四万"写成"斩首二十四万"，以此来震慑诸侯，鼓舞士气。

不管是不是取得"斩首二十四万"的战果，秦军的胜利都堪称辉煌。这是战国时代最大规模的战役之一，秦军能在兵力处于劣势的情况下取得如此重大的胜利，与白起的军事才能是分不开的。他能因势利导，化不利为有利，展示庖丁解牛般精湛的指挥艺术，以白起自己的话说是“皆计利形势，自然之理”。此役对中原战局产生了巨大的影响，魏、韩两国在此役巨大失败的阴影笼罩下，再也无力与秦国争一日之雄长。秦国著名丞相范雎后来这样说：“韩、魏以故至今称东藩，此君（指白起）之功，天下莫不闻。”

伊阙之战是白起的成名之战。在此之前，他还没什么名气，也许正因此，魏国人与韩国人都对他掉以轻心了。指挥大兵团作战，对他来说简直是轻车熟路。他果断而冷静，有着精确的分析能力，善于把握战争大局，就如同一位高明的弈者。在此役之后，他的名气与地位都如火箭般的速度蹿起，对敌人来说，他是最可怕的人物，他是惊天战神，他是战地屠夫，他是魔鬼终结者。他一生杀戮无数，冷酷无情，与他共处一个时代的将领在他耀眼的光芒下都黯然失色。

秦军的战斗力令人惊诧，在取得伊阙会战的胜利后，并没有停止前进的步伐，白起乘胜攻入西周。此时的周王室已经无法依靠魏、韩两国，而齐国也因国内矛盾重重而自顾不暇，唯一能遏制秦国的，只剩下赵国了。

周王室的成员周最动身前往赵国，会晤赵国的权臣李兑。李兑是害死赵武灵王的元凶之一，此时的他在赵国政坛上呼风唤雨，权倾一时。

周最对李兑说：“您应该阻止秦军攻打西周。为什么这样说呢？秦与魏都是赵国的邻国，要是两国再次交战，这对赵国来说，是渔翁得利的事情。如今秦军挟伊阙之战胜利的余威，攻打西周，要是取得胜利，也会因为兵员损耗需要休整而放弃继续进攻魏国；要是攻打西周未能取胜，那同样没有能力再对魏国发动进攻。现在秦国所顾忌的，只有赵国了。如果您出面调停，那么秦国一定会担心赵国卷入战争而放弃攻打西周。这么一来，您不费一兵一卒，却收获了安定周室的功勋。秦军从西周退兵后，必定会转而攻打魏国，魏国刚遭遇惨败，难以抵抗，到时又得依靠赵国的力量与秦国谈和。要是魏国不愿意谈和，而硬要顽强抵抗，这样又可以同时削弱秦、魏两国的力量，这对赵国来说最有利了。到时不论魏国做何种选择，您都可以左右逢源，赵国在天下诸侯中的地位就举足轻重了。”

这是典型的纵横家式的说辞，表面上看都是为赵国考虑，实际的目的是保全周室。李兑自从害死赵武灵王后，虽然没有遭到责罚，可是毕竟披了个“弑君”的恶名。他也想在“国际外交”上有所表现，重新树立自己的形象，现在有这么一个良机，也不禁怦然心动。于是李兑向秦国发出警告，要求秦军退出周室地盘。自从“胡服骑射”改革以来，赵国军事力量的跨越式发展是举世公认的，以秦国之强，也不能不有几分忌惮。秦军在侵东周、战伊阙、攻西周等一连串的军事行动后，长期作战加上士兵的减员，战斗力也有所下降，不能不顾虑赵国。于是白起很明智地从西周撤军，转而攻入魏国。

刚在伊阙遭到惨败的魏国如何应战呢？

魏昭王慌了手脚，怎么办呢？这位君主也不是雄才大略之人，首先想到的，便是割地求和。他派了著名的外交家公孙衍前往秦国交涉，此时的公孙衍已经老迈了，而且似乎也不像当年那么活跃于“国际舞台”。公孙衍前往秦国之前，东周大臣綦母恢对他说：“您不要割让太多的土地。您这样跟秦国人说，若是讲和成功，魏国必然会倚重于秦国；若是讲和不成功，以后魏国一定不会再依附秦国了。”既要来软的，也要留着硬的一手。

公孙衍动身前往秦都咸阳，可是谈判并不容易，因为他的对手是以强硬著称的铁血丞相魏冉。这时，有一位魏国谋士，史不载其名，跑去对魏昭王说：“我不知道公孙衍打算割多少地给秦国，不过我可以让大王节省一半的土地来跟秦国讲和。”他话这么一说，魏昭王当然觉得很惊喜，便拉长耳朵细听。

这位谋士便说道：“大王可以提拔窦屡为关内侯，并命他出使赵国。”这个窦屡是什么人呢？他是魏国国内的强硬派人士，跟魏冉有个人恩怨，形同仇人。谋士继续说：“大王郑重其事地派他出使赵国，并给他丰厚的俸禄，然后扬言说，东周与魏国打算把土地割让给赵国的奉阳君李兑。大王您想，周王、窦屡、李兑这三个人，都与魏冉有仇。要是周与魏都割地给赵国，那么赵国势必更加强大，而这正是秦国所害怕的。魏冉的态度十分强硬，可是秦国真正掌权的人是宣太后，她一定会考虑后果的，到时定会同意少割让土地，宁可与魏国和解，也不愿意赵、魏、东周联合。”

从这些话中，我们可以看到，赵国的“国际地位”确实大大提高了。这位谋士与周最的想法是一致的，那就是赵国是唯一能令秦国顾忌的国家，要与秦国谈判，就得打赵国牌。果不其然，在魏国打出这张牌后，秦国不得不做出让步。

尽管魏国仍受战败的屈辱，但好歹减少了损失，也算是不幸之中的万幸了。

伊阙之战不仅在军事上是巨大的胜利，同时也令秦国的外交得到某些改善，最重要的成果是与楚国和解。

为什么要改善与楚国的关系呢？这里就得说说当时秦所面临的“国际形势”。

自从秦国诱捕楚怀王以来，秦国在“国际舞台”上几乎成了孤家寡人。秦国虽然凶悍，可是倘若只凭恃武力而忽视外交，要以一己之力挑战东方六国，那是没有胜算的。在东方六国中，齐国、赵国的军事力量最为强大，只是这两个国家都出了乱子。齐国政坛爆发齐湣王被劫持的事件，鹰派人物孟尝君受牵连而免相；赵国则爆发了沙丘之变，雄君赵武灵王身死。这两个强国内政不稳，一时之间还腾不出手来与秦国争雄。燕国偏处一隅，很少卷入“国际事务”，自可不必担心。剩下来楚、魏、韩三国，秦国最忌惮的还是楚国。楚军的战斗力尽管不是很强，可是人多势众，兵力超过一百万；而且楚国幅员广阔，资源丰富，可挖掘的潜力还很大。正是这个原因，秦国并不愿意与楚国陷入旷日持久的战争，宁可选择与楚国交好，以集中力量打击魏国及韩国。

在伊阙之战结束后，秦昭王给楚顷襄王写了一封信，这封信是这样写的：“楚倍秦，秦且率诸侯伐楚，争一旦之命，愿王之饬士卒，得一乐战。”这是公然向楚国下一封挑战书。其实这只是秦国所发动的心理战术，倘若秦国真的要与楚国痛快地干上一仗，何须写这种信呢？这封信写的时间，正是在白起打败二十四万魏韩联军之后，此时秦军正威震天下哩。这封信的真实意图，是要迫使楚国放弃敌对立场，重新与秦国建交。

此时距楚怀王去世已过了三年，时间冲淡了楚顷襄王的痛苦回忆。这位平庸的君王被秦昭王的挑战语气吓到了，管他什么家仇国恨，苟安一时算一时吧。楚国在与秦绝交三年后，又开始考虑与秦国和解了。第二年（前 292 年），楚国与秦国联姻，楚顷襄王迎娶秦女为夫人，秦楚又恢复外交关系了。

楚顷襄王的软弱令秦昭王获益匪浅，只要楚国不卷入中原战争，秦国便可以心无旁骛地攻略魏国与韩国。只是楚国人的绥靖政策，最终也只是搬起石头砸了自己的脚。以秦国的野心，在击破魏、韩后，难道会放楚国一马吗？

在伊阙之战后，魏、韩两国已经难以抵挡秦军的进攻了。战神白起的横空出世，又加速了魏、韩力量的衰微。

由于白起在伊阙光彩夺目的表现，他被提拔为国尉（秦昭王时在大良造之下设国尉），他又一次统领大军，涉黄河攻取安邑以西至乾河一带的韩国土地。公元前 292 年，白起荣升为大良造（又称大上造，秦爵中的第十六级），在一年之内，他的爵位连升四级，这更激发他疯狂攻略魏、韩的野心。是年他出兵攻魏，拔垣城（今山西垣曲东南），不久后又归还垣城与魏。

魏国在战败后总是割地求和，可是面对秦国的狼子野心，以土地换和平是不可能的，每一次战争后，魏国的土地总要缩水。

公元前 291 年，秦国两路人马攻打魏国，一路由左更司马错统领，另一路由白起统领。司马错攻取轵城（今河南济源东南），白起又一次攻下垣城。之后，秦军杀入韩国，司马错攻占邓城（今河南孟县西），白起夺取宛城（今河南南阳）。宛城本是楚国的土地，公元前 301 年，韩国追随齐、魏两国发动伐楚之役，在垂沙之役后宛城被韩国吞并，如今又成了秦国的地盘。

值得注意的是，秦国攻取邓、宛二城，是有经济目的的，当时此二地都是冶铁中心。夺取邓、宛后，无疑大大增强了秦军军备制造的能力。由此也可看出，随着战争规模的扩大，秦国为了保持军事上的优势，就必须要掌握更多的资源。在秦国掌权的宣太后立即把邓城与宛城封给公子市与公子悝，此二人都是秦昭王的同母弟，故而封邑皆是经济发达的富庶之地。

对魏、韩两国来说，噩梦无尽头。

公元前 290 年，秦国丞相魏冉亲自率铁血兵团伐魏，魏国被迫以河东四百里之地献秦。被吓破胆的韩国人也紧随其后，以武遂地二百里献秦。这里我们不禁联想到千年后宋代著名作家苏洵所写的《六国论》："今日割五城，明日割十城，然后得一夕安寝。起视四境，而秦兵又至矣。然则诸侯之地有限，暴秦之欲无厌，奉之弥繁，侵之愈急。故不战而强弱胜负已判矣。"正是"以地事秦，犹抱薪救火，薪不尽火不灭"。

魏昭王、韩釐王未必不知苏洵所说的道理，之所以采取抱薪救火的方法，实在是不得已的救急之术。魏、韩两国没能像赵国那样锐意改革以图进取，一方面是由于国内的统治者才能平庸；另一方面也受制于地理位置，处四战之地，受强国包围，难以对外扩张。但问题是"以地事秦"并不能换来和平。公元前

289 年，魏国又一次遭到重创，是年秦军在大良造白起、司马错的指挥下，又一次发动伐魏之战，连下六十一城。这里所说的“城”，应该是包括要塞、堡垒这样的军事据点。

从伊阙之战始，连续五年（前 293—前 289 年），秦国对魏、韩两国发动疯狂进攻，拓地千里。这一系列的胜利，激起了秦昭王的无限野心。这个时候，他开始对“王”的尊号感到不满足了。以前天下只有一个王，就是“周王”。不过这早成历史了，如今周王形同小诸侯，早晚要被秦国干掉的，大一点的国家，都扔掉“公”“侯”的称号，改称“王”了。秦昭王心里想，如今天下遍地王冠，“王”的称号就不值钱了，体现不出秦国雄视天下的地位，应该要换一个更尊贵的称号。

要叫什么呢？自然有一帮人收罗史书，详斟细酌，最后挑出一个字——“帝”。

为什么要用“帝”来取代“王”呢？我们先来看看“帝”的本义是什么。古代的字典《字汇》对此的释义是：“帝，上帝，天之神也。”在先秦的文献中，总有天帝、上帝这样的字眼，所指乃是主宰天地万物的最高天神。在上古的历史传说中，也有“五帝”的说法，指的是五位德高望重的统治者，关于五帝是哪五人，有很多种说法，这里不一一列出。

为了显示高人一等的地位，秦昭王要用“帝”号来取代“王”号，“履至尊而制六合”的野心已昭昭然矣。

不过说实话，秦昭王想悍然称“帝”，并不是毫无顾忌的，因为这将成为众矢之的，不可不慎重。于是他便谦虚了一回，打算拉一个人共同称帝。在战国七雄中，哪个国家在他心中最有分量呢？魏、韩、楚这三个国家日渐衰微，自然入不了他的法眼；赵国与燕国虽然在雄才大略的赵武灵王、燕昭王统治下，国力有了长足的进步，可是这两国根基太薄。在秦昭王眼中，唯一能动摇秦国地位的，只剩东方的超级强国齐国。事实也是如此，自从商鞅变法以来，唯一一次令秦国人割地求和的战争，就是孟尝君的伐秦之役。于是他打定主意，自己称“西帝”，把“东帝”的头衔推给齐湣王。

问题是，齐湣王会同意称“帝”吗？

二、称帝的闹剧

在讲述秦齐称帝的故事之前，我们先来说一下齐国国内的权力斗争。

公元前 301 年，齐宣王病逝，齐湣王登基。齐湣王三年（前 298 年），声名显赫的齐国公子孟尝君成为丞相，合纵魏、韩，两度发动对秦国的进攻。孟尝君的壮举为他赢得了巨大的政治资本，他凭借自己庞大的关系网，在政坛上呼风唤雨。

一时间，齐国人只知有孟尝君，不知有齐湣王。据史所记，孟尝君执政时，“上则得专主，下则得专国”，齐湣王简直成了一个摆设罢了。但是不要忘了齐湣王毕竟是国王，他对孟尝君的专权相当不满，这个时候又不断有人在他耳边吹风说：“孟尝君将为乱。”

一起政治绑架事件导致了孟尝君的下台。

那是在齐湣王七年（前 294 年），齐国贵族田甲劫持齐湣王。这起政变的起因与经过，史书上并没有详细说，但政变并未成功。可是齐湣王认定这件事背后的主谋一定是孟尝君，孟尝君百口莫辩，只得暂时逃出国都，以静观其变。正当这个时候，精于阴谋的秦国人又插了一脚，四处放风声说孟尝君“名高其主而擅齐国之权”，这终于让齐湣王铁了一条心，剥夺了孟尝君的丞相权力。

命运与孟尝君开了一个大玩笑。

曾几何时，他的府上车如流水马如龙，高朋满座，养了三千食客。可是危难临头时，可看出这群食客中绝大多数者趋炎附势的心态。在得知主人失势之后，树倒猢狲散，纷纷离去，偌大的府院突然间变得冷冷清清。这证明了这群食客无非是冲着有吃有喝而来，绝非仰慕孟尝君的“高义”。

可是我们必须说，时穷节乃现，有少数几个人在关键时刻仍忠贞不贰。他们挺身而出，为洗脱孟尝君的“劫君”罪名而奔走。在这些人中，魏子与冯谖出力最多，功劳最大。有意思的是，这两人都曾因为特立独行而遭到孟尝君的冷落。

魏子，用今天的话说，就是魏先生，因为史不载其名，故以魏子称呼。孟尝君当时有很多私人田产，担任丞相后，就委托一些家臣、门客代为征收租税。

当时魏子曾三次前往某地征税，可是三次都空手而归。孟尝君心里很不痛快，责问魏子是怎么回事。魏子不慌不忙地说：“有一个贤人穷困潦倒，我私下把所收的租税用您的名义赠送给他，所以只能空手而归了。”孟尝君听后很生气，就斥退了魏子。

田甲劫持齐王后，孟尝君被免相。魏子挺身而出，为洗脱孟尝君的冤名而四处奔走，他相信孟尝君并没有参与这场政变。当时受其馈赠的那个贤人（史不载其名）上书齐湣王，为孟尝君辩护，可是齐湣王无动于衷。为了打动齐湣王，该贤士采取一种极端的方式——尸谏。他跑到王宫前，自刭而死，以自己的生命来证明孟尝君绝无逆反之心。这种极端的行动终于震动了齐湣王，他下令彻查田甲谋逆案，最终也没能调查出孟尝君与此案有任何关联。

尽管孟尝君参与谋反一事被推翻了，但真正令孟尝君东山再起的人，却是冯谖。

冯谖在孟尝君三千食客中，算得上是一个很特别的人物。他本是一位默默无闻、名不见经传的人物，家中贫穷，只是听说孟尝君对门客来而不拒，便前往投奔。孟尝君见到他时，他衣衫褴褛，脚上穿了一双草鞋，便问道：“先生远道而来，有什么能指教我的呢？”冯谖答说：“我听说您喜欢结交天下朋友，而我很穷，所以打算投靠您。”孟尝君听后笑了笑，接纳了他，可是并不重视他。

当时孟尝君只以普通食客待之，他吃则没有大鱼大肉，行则无车马。可是这个冯谖是个很高傲的人，他身上什么东西也没有，就只有一把长剑。他整天没事时，便弹剑唱道：“长铗归来兮，食无鱼”，“长铗归来兮，出无舆”。孟尝君这个人果然爽快，给了他大鱼大肉，又给了他马车出行。可是冯谖还不满足，仍弹剑而唱：“长铗归来兮，无以为家。”这下孟尝君可不高兴了，心想我待你不薄，你却贪得无厌，此后便冷落他了。

孟尝君被任命为齐相后，离开了自己的封地薛邑。这时薛邑发生了金融危机。要豢养三千食客，光靠薛邑的租税是不够的，因此孟尝君还放高利贷。可是这一年庄稼收成不好，很多人还不起高利贷了。穷人还不起钱，富人也不想还，这样拖下去，孟尝君岂不要破产啦？于是他得派个人去收债，这时有人推荐了冯谖，于是冯谖便动身前去讨债了。

冯谖把欠债者都召集过来，一一清查各家底细。那些家底富实的人，没法赖账不还，只好带头还了债，这样总计收到了十万利钱。可是仍然有许多人没钱可还。冯谖便把这些人叫过来，摆设酒席款待，然后对他们说："你们之中家境尚可的人，可以推迟还债的时间，实在穷得还不起债的人，我就烧掉契券，废除债务。大家要记住，这都是孟尝君的恩惠，有这样的主人，大家难道可以辜负他吗？"于是在座所有人都站起来，拜了两拜，感激万分。

这件事传到孟尝君耳中，他简直是气急败坏，马上把冯谖召回，当面大骂他自作主张。冯谖据理力辩说："那些还不起钱的，催讨得再急，也没法还，最后他们也得用逃跑来躲避债务。既然如此，何不烧掉那些根本讨不回来的契券，废除他们的债务。这样必然使薛邑的百姓依附您，又可得到好名声，您有什么不高兴的呢？"唉，平白无故地损失一大笔钱，尽管孟尝君心里十分不痛快，可是他毕竟是个好面子的人，最怕人家说他吝啬，是个守财奴，因此想想也就算了，不跟冯谖计较了。

孟尝君被罢相后，手底下一帮食客见风使舵，认为他大势去矣，于是走的走，散的散。这时冯谖没有走，他对孟尝君说："请您借我一辆马车，让我前往秦国，一定会让您恢复权势的。"孟尝君听后将信将疑，只是如今他已失势，只能试一试了。就这样，冯谖乘着马车入秦，游说秦昭王。

秦昭王对孟尝君再熟悉不过了。当年孟尝君出使秦国时，他本想任用这位名满天下的齐国公子为秦相，后来又听信谗言，想绑架孟尝君。孟尝君逃回国后，率齐、魏、韩联军两度攻打秦国，秦昭王还被迫割地求和。可以说，孟尝君是天下为数不多能让秦昭王畏惧的人物。冯谖入秦后，见到秦昭王，便游说道："天下至强，莫过于秦国与齐国了。这两个国家难分雌雄，倘若秦国能压倒齐国，那就可以称雄于天下了。"

秦昭王便问道："那先生您有什么办法能让秦国压倒齐国，称雄于天下呢？"

冯谖答道："大王也听说孟尝君被免相的事情吧。"

秦昭王答说："听说了。"

冯谖接着说："大家都心知肚明，齐国之所以受天下人重视，那是因为有孟尝君的缘故。如今齐王听信谗言，罢免了他，他心有怨言，必定会背叛齐国。大王您想想，如果孟尝君能投奔秦国，那么他必然会把齐国的政治、经济、军事等内情一一泄露出来。到时候，不要说秦国称雄天下了，恐怕都可以吞并齐国呢。大王您当务之急是赶紧派人入齐，带上厚礼偷偷去迎接孟尝君。机不可失，失不再得，这件事得快才行。不然哪天齐王突然明白过来，又要任用孟尝君，那就没机会了。”

这一番话，说得十分有道理。秦昭王心想，孟尝君终究是秦国的大患，不管能不能从他身上获得有价值的情报，只要把他迎到秦国，那对秦国来说，都是大大有益的。于是便派了十辆车，装有百镒黄金，前往齐国迎孟尝君。

冯谖游说秦昭王后，火速启程，赶在秦使之前返回齐国。回国后，冯谖前往见齐滑王，说道：“齐国与秦国，难分雌雄，秦强则齐弱，齐强则秦弱，这就叫势不两立。臣下听说秦王已经派出十辆马车，装有百镒黄金，打算恭迎孟尝君入秦。大王您想想，孟尝君名满天下，倘若他到了秦国并担任秦国丞相，那恐怕到时天下人都要归附秦国了。秦国要是压倒齐国，那么齐国就危险了。大王何不趁秦使尚未抵达之时，重新起用孟尝君为相，并且扩大他的封邑，那么孟尝君必定会高兴地接受。秦虽然是强国，也不能把别国的丞相给请到秦国吧。这可是挫败秦国阴谋、断绝秦国称霸的策略呀。”

听了冯谖一席话后，齐滑王赶紧派人去打探消息，果然不错，秦国的使臣正携厚礼来聘孟尝君入秦为相哩。看来冯谖所说的是事实，要是孟尝君真的入秦，那对齐国的危害是可想而知的。正所谓两害相权取其轻者，虽然齐滑王不喜欢孟尝君，可是当务之急，要绝秦之阴谋，还是先稳住孟尝君再说吧。于是他下令，恢复孟尝君的相位，同时又多赏赐一千户作为孟尝君的采邑。

这时秦国的马车刚到齐国边境，听说孟尝君又当上丞相了，便掉转车头回去了。可是他们没有想到，这一切都是冯谖所精心策划的。

赖冯谖之力，孟尝君终于东山再起了。这时，原先跑掉的那些食客又陆陆续续回来了，看来这些人脸皮确实不薄。孟尝君颇有感触，对冯谖说：“唉，我田文一贯好客，门下有食客三千多人，这先生也是知道的。这些人一旦看到我失势，个个都背弃我，没有谁回过头来看看我田文。现在仰赖先生之力，我侥幸复位，这些人又都跑回来了。他们有什么颜面来见我呢？如果有跑来见我的，我一定要往他的脸上吐口水，大大羞辱他一番。”

冯谖听罢后向孟尝君一拜，孟尝君赶紧将他拉起来，问道：“先生是替这些宾客道歉吗？”冯谖答说：“不是。是您的话说错了。”

孟尝君听后一怔，问道：“先生说来听听。”

冯谖答道：“富贵者多士，贫贱者寡友，这是人之常情。这就好比市场的情形，早晨大家要拼命拥挤着去买东西，可是到日暮后，谁也不会往那儿看一眼。为什么呢？因为早上可买的东西多，到晚上时就没货了。同样的道理，您有权有势时，大家都争着前来，因为您这里有他们需要的东西；可是您失势了，大家就离开了，因为从您这里得不到东西。这就是人之常情。所以您也不要因为埋怨而断绝宾客们的门路，希望您对待他们像往常一样。”

这话里是有真知灼见的。冯谖其实透露出这么一个言外之意，宾客们都有私心，可是您孟尝君没有私心吗？宾客固然在这里可以免费吃喝，可是孟尝君这么做是“活菩萨”吗？也不是，是要捞取好声誉，捞取政治资本，不是吗？既然这样，孟尝君与宾客之间，说白了是相互间在利用。既然如此，这些人回来了，孟尝君仍旧可以维持他“好客”“养士”的美名。这不仅是虚名，也是孟尝君的招牌。试想想，要是没有这块招牌，他还是名满天下的公子孟尝君吗？

孟尝君当然也听出言外之音，便拜谢道：“多谢先生的指点，我受益匪浅。”

尽管官复原职，可是孟尝君与齐湣王之间的矛盾已难以调和，两人之间相互猜忌、防范。齐湣王一步步地收回权力，孟尝君丞相之职也有名无实。看来最好的办法，还是离开朝廷，返回自己的封邑。于是他借口有病，向齐湣王提出告老还乡的请求。齐湣王乐得顺水推舟，答应了孟尝君的辞职请求，准许他回到薛邑。

孟尝君离开朝廷后，齐国的权力斗争总算告一段落。但是此后薛邑几乎成了一个独立的小王国，齐湣王根本无法染指此地。关于齐湣王与孟尝君的较量还没完，后文还会说到，这里暂且略过不谈。

在齐国内斗的这几年里，秦国对魏、韩两国发动了猛烈的攻势，取得了一系列辉煌的胜利。秦昭王十九年，秦湣王十三年（前288年），秦昭王率先称帝，他把称帝的地点选择在宜阳，而不是秦国的都城咸阳，此举可谓别有深意。宜阳原本是韩国土地，在公元前308年为秦国所夺。在当时的疆域中，宜阳的位置，几乎位于中国的中心之地。秦昭王故意挑了这么个地方，很显然摆明自己应该是天下至尊，能号令东西南北。

秦昭王这么做，冒了很大的政治风险。

中国政治文明就是礼仪文明。在战国初期，大家还多多少少恪守这种规矩，譬如三家分晋、田氏代齐，新兴的诸侯还都得需要周天子的正式册封。可是这又是一个礼义崩坏的年代，随着诸侯间兼并杀伐的加剧，周天子早就被边缘化了。从齐魏相王到五国相王，重要的诸侯都以王号自居，这乃是东周政治的一大革命。周王失去了天下共主的尊贵地位，与其他的王在地位上是平等的，在实力上则不堪一提。

秦昭王称帝之举，无疑预示着一场新的政治革命已经呼之欲出了。诸王中的强者应当成为天下的领袖，帝者，王中之王也。可是我们不能不说，称帝的时机并不合适，因为秦国还没有打垮任何一个大国哩。正因此，秦昭王想分一杯羹给齐湣王，怂恿他一同称帝，一为西帝，一为东帝，恰似华山论剑，笑傲江湖，岂不快哉！

于是秦国丞相魏冉亲自前往齐国，请齐湣王称“东帝”。表面上看，“东帝”齐湣王与“西帝”秦昭王地位应该是平等的，可是我们从史书的记载中发现，实际上并不完全平等。史称“（秦）遣魏冉立齐王为东帝”，注意这里用了一个“立”字，秦昭王“立”齐湣王为帝，那么实际上表示“西帝”比“东帝”还高出一截哩。

事实上，秦昭王还有一个打算。齐国尽管是秦国的劲敌，可是两个国家毕竟没有接壤，而赵国的崛起也令秦国感到担心。若是能与齐国并称为“帝”，两个国家可以联合起来，从东、西两面一起夹击赵国。这就是秦昭王的如意算盘。

齐湣王听了魏冉的建议后，不敢贸然答应。为什么呢？担心引来其他诸侯国的反感。

秦国可以称帝，因为秦国没有朋友，就算哪个诸侯国依附于他，那也只是惧怕而已，所以它爱称帝就可以称帝，用不着顾忌。齐国就不同了，齐国与魏国、韩国、赵国关系都不错，要是突然称帝，凌驾于其他国家之上，那说不定会引来反对的声浪，好不容易建立起来的外交关系会有中断的危险。

正当齐湣王迟疑不决时，这时有人来报：燕国使臣苏代求见。

苏代曾是齐国的谋臣，只是如今他已投奔燕国。这次他是作为燕昭王的特使出使齐国，身负一项重要的使命。苏代的使命，我们后面再说，这里且先说齐湣王称帝的故事。当时齐湣王正在为是否称帝而迟疑不决，听说苏代在章华东门外等候召见，心中不禁一喜。苏代的智慧，绝非常人所能及，正好可以听听这位智者的意见。

齐湣王召苏代入见。一见面，齐湣王便非常热情，开门见山地说："嘻，好哇，您来了呀！正好秦国派魏冉前来，要我称帝号，这件事您怎么看呢？"

对称帝这件事，苏代事先并不知晓，便答说："大王您提出这个问题太仓促了。称帝这件事，究竟是好事还是坏事，现在还看得不明显。大王您可以这样做：先接受秦国的建议，但不要马上称帝。"

"哦，那您仔细说来听听。"齐湣王拉长了耳朵，想听听苏代有何高见。

"秦国先称帝，我们可以先在一旁观察各国的反应。倘若各国对此都无动于衷，没有什么反应，那您再称帝也不迟。就算到时您不愿称帝，取消帝号，那也没有什么损失。但如果各个国家对秦国称帝都义愤填膺，那么大王您就不要称帝了，以此来收拢天下人心，这可是巨大的政治资本呢。"

谋士就是谋士呀，说起话来就是有见解。齐湣王十分满意地点点头。

这时苏代问了齐湣王一个问题："如果两帝并立，大王您认为诸侯们会尊秦呢，还是尊齐呢？"

这还用说吗？秦国攻城略地，罕有败绩，各国肯定要唯秦国马首是瞻了。齐湣王诚实地答道："那肯定是尊秦了。"

苏代又问说："那么如果放弃帝号，诸侯们是愿意跟齐国交好呢，还是跟秦国？"

秦国的狡诈与野心，路人皆知，谁能真心实意与秦国交好呢？齐湣王答说："各国肯定会跟齐国交好的，对秦国只有憎恶感。"

苏代又问道："秦国打算跟齐国签订协约，共同对付赵国。大王您想想，讨伐赵国与讨伐宋国，哪个方案对齐国更有利呢？"

赵国在并吞中山及北胡后，实力强劲，这可是难啃的骨头哇。齐湣王回答说："那当然是讨伐宋国比较有利可捞了。"

苏代一针见血地指出："秦称西帝，齐称东帝，表面上看好像是平等的。然而倘若两国称帝，各国会因为害怕秦国而尊秦、不尊齐；倘若放弃称帝，各国都愿意与齐国亲近，却讨厌秦国。与其联合秦国讨伐赵国，不如攻打宋国来得实惠。所以大王您应该声明放弃帝号，以收天下民心，抛开秦国，不与之结盟订约，不与它争高低。大王正好可以利用这个时机，攻打宋国。一旦据有宋国，卫国就危险了；占据济西，赵国的东阿就危险了；占领淮北，楚国的东部就危险了；控制陶、平陆两地，魏国都城大梁的城门都不敢打开了。如此一来，齐国将声威大振，大王将受人尊崇；燕国与楚国将前来归附，天下诸侯莫敢不听从您的命令。这真可以称得上是汤、武伟业。”

纵横家毕竟是纵横家，说起来话，如滔滔江水，绵绵不绝，勾勒出一幅美好的蓝图，似乎这些伟大的事业已是触手可及。这一番话，可把齐湣王听得热血澎湃，雄心壮志都被唤醒了。

最后，苏代总结道：“大王表面上对秦国称帝表示敬重，让天下君王从内心深处憎恶秦国的骄横跋扈。您越谦卑，诸侯们则越尊重您，这就是所谓的以卑为尊。请大王对此深思熟虑。”

还用得着深思熟虑吗？苏代把道理都讲透了，齐湣王完全接受他的建议。

齐湣王听从苏代的建议，接受秦昭王提出的“东帝”称号，但不公开宣布，静观其变。果然不出苏代的预料，秦国称帝，引起诸侯们的畏惧。七雄的国力虽然有强弱之别，但各国君主的地位却是平等的，现在秦昭王要凌驾于众王之上，大家的反应可想而知。反对秦国称帝的浪潮汹涌澎湃，齐湣王躲在暗处看秦昭王的笑话。见到时机成熟后，他便公开宣称，放弃帝号，这无疑是将了秦昭王一军。

秦昭王这时才发现自己在外交上已陷入被动的局面，看来称帝的时机尚未成熟哩。罢罢罢，还是赶紧扯下“帝”帜吧，以免引起更多的麻烦。于是在称帝两个月后，秦昭王灰溜溜地宣布撤销帝号，恢复王号。这出称帝的闹剧就这样结束了。

由于明智地放弃帝号，齐湣王获得了各国的一致称赞，这不免使他有了飘飘然的感觉。在这一局中，他以静制动，以谦卑的姿态反倒赢得尊重，巧妙地捞取了名声。这一切，都是苏代的功劳。

可是苏代大老远从燕国出使齐国，难道只是来当和事佬吗？显然不是。作为燕国的使臣，他要为燕国谋取利益。可以说，他是怀揣着一个阴谋而来的，这个阴谋，便是怂恿齐湣王攻打宋国。他借“称帝”之题，巧妙发挥，兜售自己的主张，大谈伐宋之利，并给齐湣王描绘了一幅美好的蓝图。

他的真正目的何在呢？

三、灭宋始末（上）

我们先简单了解一下苏代其人。

他是著名纵横家苏秦的弟弟，有关他的史料记载，也相当混乱而且自相矛盾。据《史记》所载，苏代早年刻苦地学习纵横术，得到了哥哥苏秦的真传。大约公元前 320 年，苏秦在齐国遇刺身亡。苏秦遇刺的消息传到家乡后，苏代想继承哥哥的事业，遂前往燕国。苏代的到来受到了燕王哙的欢迎，一来他是苏秦的弟弟，而苏秦对燕国是做了不少贡献的；二来他也是能言善辩、富有谋略的说客。

可是苏代很快就会明白，政治上充满了权力斗争。燕国丞相子之是一个野心勃勃的人，企图取代燕王哙，自立为王。子之为了实现自己的政治野心，广罗宾客、暗中培植自己的势力。他觉得苏代是个很有才华的人，而且还得到燕王哙的信任，有意把他拉拢到自己一边，便把自己的女儿嫁给了苏代。

当时有一位燕国公子在齐国充当人质，苏代便自告奋勇前往齐国，当此公子的助手。聪明的苏代已经看到燕国政坛暗流涌动，他要为自己预留一条后路，离开燕国，也避开了权力斗争的旋涡。公元前 316 年，燕王哙把权力拱手让给子之。两年后，即公元前 314 年，燕国太子聚众攻打子之，燕国陷入内战。与此同时，齐宣王果断出兵，以雷霆之势灭了燕国。苏代由于非常明智地留在齐国，得以侥幸地避开了这场灾难。

公元前 311 年，燕国复国，燕昭王上台。苏代担心这位新君王会清算子之的余党，而自己与子之有姻亲关系，难脱干系，索性留在了齐国。苏代成为齐国谋臣后，多次出谋划策，成为齐国最负盛名的外交家，在“国际舞台”上也很有声誉。

苏代是什么时候离开齐国的呢？史书上没有明确的记载，大约是在孟尝君辞相之后。孟尝君辞相后，齐湣王任用原秦国大夫吕礼为相，苏代可能因为与孟尝君关系颇近，遂遭到吕礼的排挤，因而离开了齐国。苏代的离去，对齐国来说是一大损失，而对燕国来说，则是捡了个宝。此时燕国在燕昭王的统治下，走上一条复兴之路。燕昭王听说苏代离开齐国后，这样说道：“先王曾有恩于苏代，只是由于子之作乱，他才离开燕国。如今燕国想要一雪亡国之耻，非得用苏代不可。”燕昭王确实独具慧眼，因为苏代在齐国待了约二十年，对其底细可以说知道得一清二楚，得到苏代，就等于掌握了齐国大量的内部情报。

在燕昭王的诚邀下，苏代终于回到了燕国，这对齐国可不是好消息。

燕昭王自从上台后，励精图治，其目的就是想一雪亡国之耻，振燕国之声威。可是说实话，在战国七雄中，燕国的军事力量最为薄弱，而齐国则是最强的国家之一，要报仇雪耻，谈何容易？且不说燕国伐齐，若是齐国伐燕，燕国都不一定抵挡得住呢。

苏代对燕昭王说：“齐国在南面攻破楚国（指前301年匡章伐楚），在西面挫败秦国（指公元前298年到公元前296年孟尝君伐秦），驱使韩、魏、燕、赵的军队如同拿着鞭子驱赶马匹（孟尝君伐秦时曾统领韩、魏、赵等国军队）。试想想，如果齐国向北发动伐燕战争，那么就算是五个燕国也抵挡不住。大王为何不派遣使者、说客前往各诸侯国，以外交手段孤立齐国？同时想办法让齐国陷入战争的泥潭中，拖垮他们的军队，这样才能使燕国世世代代没有边患。”

燕昭王答道：“倘若给寡人五年的时间，我定能实现复仇的愿望。”看来这位燕国君主确实有着别人所没有的雄心壮志。

苏代说：“那我们就以十年为期吧。”

我们不知道这段对话发生在什么时候，倘若是苏代去齐入燕的那年（在前294年前后），那么距离燕国伐齐（前284年），倒正好是十年左右。

苏代的战略，便是把齐国拉入战争的泥潭之中。他的设想是这样的：首先，诱使齐国攻伐宋国。一旦齐国吞并宋国，其版图将大大扩张，势必危及周边诸侯国的安全，这么一来，各国就有可能联合起来，一致对付齐国。这就叫“螳螂捕蝉，黄雀在后”，足见苏代的深谋远虑。事实上，未来局势之发展，也确实在苏代的预料之中。

公元前288年，苏代以燕国使节的身份出使齐国，正好遇上齐湣王称帝事件。他便献上妙策，劝齐湣王弃帝号而掌握外交主动权，迫使秦昭王也放弃称帝。他因此获得了齐湣王的信任，齐湣王把他视为心腹加以重用。就这样，苏代成为燕昭王安插在齐国的高级间谍，此后齐国政治上的一举一动，都逃不过燕昭王的眼睛。

苏代不失时宜地向齐湣王兜售伐宋的主张。他说：“齐国南破楚国，西屈秦国，韩、魏、燕、赵无不唯齐国马首是瞻。大王乃是当世杰出君王，一定要诛灭残暴的诸侯，拨乱反正，讨伐无道之君，攻打不义之国。”这是给齐湣王脸上贴金，拍他马屁，让他不禁飘飘然了。其实南破楚国乃是齐宣王之功，西屈秦国乃是孟尝君之功，齐湣王还没建立什么伟大的勋业哩。

那么谁是无道之君，谁是不义之国呢？苏代把矛头直指宋国。他继续说：“如今宋王残暴，以箭射天，以鞭笞地。铸天下君王的人像，摆在路边的厕所里，用石头射人像的鼻子，用这种手段来羞辱他们，可谓是天下无道不义之君。倘若大王不兴兵讨伐，那就称不上英明了。况且宋国向来是中国土地最肥沃之地，且与齐国相接壤。齐国得百里燕地，不如得十里宋地。出兵讨伐宋国，名正言顺，而且又能捞得实利，大王何不考虑呢？”

齐湣王听了之后，不禁拍手称好，赞了一声：“善！”

苏代的分析不无道理，可是他是别有用心的。一来是齐国倘若发动伐宋之役，那么燕国便可免于齐国入侵的危险；二来宋国乃是烫手的山芋，想独吞那可不是件容易的事。

齐国的兵马未动，却有人已经捷足先登了。

在苏代使齐的这一年，魏国与赵国联合，率先发动伐宋之战。关于魏、赵伐宋的动机，史书上并没有明确的交代，但这件事十之八九是苏代在背后怂恿的结果。在伊阙之战后，魏国年年丧城失地，国土面积锐减，倘若不设法从其他国家获得补偿，那么这个大国很快就要沦为小国了。

可是光凭魏国之力，想打败宋国也不是容易的事，必须要找个国家来帮忙。拉赵国入伙是最好的选择，一来赵国军力颇盛，二来赵国与宋国又不接壤，不会与魏国争抢这块地盘。魏昭王给赵国执掌大权的奉阳君李兑送了个见面礼，将河阳（今河南孟县西）送给李兑的儿子作为采邑。李兑当然心花怒放，遂派遣董叔率领军队，与魏军一同进攻宋国。

魏、赵联合伐宋，这无疑令齐湣王大为不快。这件事使得齐与赵、魏两国的关系恶化了，但此时的赵国已经羽翼丰满，全然不在乎齐国的干涉。不仅如此，赵国竟然出兵攻打齐国，从公元前288年到公元前286年，赵国三度派军队进攻齐国。

不仅如此，当秦国得悉齐国想吞并宋国时（齐湣王的军事计划毫无秘密可言），秦昭王出手干预了。他派秦大夫起贾为特使，出使齐国，目的是阻止齐师伐宋。如此一来，齐湣王四处树敌，在“国际外交”上陷于极不利的境地。

为了扭转外交劣势，齐湣王决心与赵国和解。

赵国连续三年发动对齐国的进攻，这令齐湣王十分头疼。有赵国的威胁，他也无法全力攻略宋地，因此和解是十分必要的。欲与赵国和解，让利是必不可少的。齐湣王便派资深纵横家公孙衍游说赵国奉阳君李兑，承诺在伐宋成功之后，将宋国的陶邑作为李兑的封地。弑君权臣李兑可谓是左右逢源，先前魏国送了一块地，如今齐国也要送上一块地。于是他心满意足，与齐国握手言和。

战国时代的外交不同于今日，各个国家都拼命地采用连横、合纵战略，一个国家从和平到战争，可能都用不了一年的时间，因此“国际形势”的变化是非常迅捷的。在这种变幻莫测、云谲波诡的竞争中，稍有不慎，都有可能导致严重的后果，因而任何一个国家都必须要有快速反应的思维。

齐湣王这一招果然好用。不仅结束了齐、赵三年的军事冲突，赵国还反过来力挺齐国伐宋。显然，赵国已经成为三晋的老大，而且在军力上与秦国、齐国三足鼎立。秦国要遏制齐国伐宋，赵国却支持，这无疑令秦昭王怒气冲冲，打算惩罚一下赵国。可是赵国已今非昔比，自从赵武灵王开疆拓土以来，进步神速，俨然成为秦国之劲敌了。

一场针对秦国的合纵运动又悄然兴起。在赵国奉阳君李兑的主持下，赵、齐、魏、燕、韩五国组成军事同盟，策划对秦国的战争。

公元前286年，东方五国组成联军，进攻秦国。在东方合纵抗秦史上，迄今为止，只有一个人是成功的，这个人就是孟尝君。合纵运动虽然很频繁，也轰轰烈烈，但多数只打雷不下雨。其中缘由，就是因为各国之间互相猜忌，都有保留。东方诸国从来都不是一条心，今日合纵，明日又相互攻伐，没有哪个国家有长期的盟友。李兑所主持的这次合纵运动，从一开始就只是虚张声势，出兵只是做做样子，背地里是觊觎宋国的土地。

伐秦之战，无功而返，这是预料之中的事情。

作为合纵运动的主谋，赵国奉阳君李兑心怀鬼胎。李兑自从在沙丘之乱中害死赵武灵王后，就一直把握赵国军政大权，此人私心颇重，总想从其他国家那儿捞取自己的好处。五国联军的伐秦之役，草草而终，但李兑却不解散五国的部队，而是把这支军队驻屯于成皋。他心里在打什么主意呢？李兑之所以不愿解散五国联军，乃是想借此作为价码，与秦国秘密谈判。谈判什么呢？我们不能不说李兑的外交确实非常“厚黑”，几乎可以说厚颜无耻了。他居然与秦国私下里谈判，打算与秦国联手，突袭魏国。

今天的人很难理解两千年前战国人的思维方式，他们虽然非常重视外交，但仅仅把外交视为一种权宜之计。秦国的外交尚多从长远处着手，而东方诸国的外交，有时形同儿戏。魏国先前割地给赵国，又与赵国出兵攻宋，而后又参加五国“合纵”运动，何曾想过，背地里却被赵国奉阳君给出卖了。

奉阳君李兑想瞒天过海，可是天下没有不透风的墙。他与秦国暗地里的勾当，不久便真相大白，冤大头魏昭王简直要气疯了。

对齐湣王来说，这是拉拢魏国的最好时机。他派遣一名说客前往魏国，游说魏昭王说：“三晋都面临秦国的巨大威胁，如今五国伐秦，这对赵国也是有好处的。倘若东方五国联合起来伐赵，赵国必亡，到时李兑只能逃到秦国去。要是秦国人放逐了李兑，他的下场就是死路一条。如今李兑把天下诸侯的军队滞留在成皋，自己却暗地里与秦国交易，打算出卖魏国。大王您割地事赵，结果却得到了什么呢？”

说到这里，魏昭王的脸色都变黑了，恨不得亲手杀了李兑。

此时齐国说客继续说：“大王您曾渡过漳河，亲自前往邯郸朝见赵王。魏国是赵国的天然屏障，而且大王又割让河阳、姑密作为李兑儿子的封邑。可是李兑不仅没有给大王回报，反而要联合秦国攻打魏国，可以说背信弃义。人需比较之后，才知道这样做是否明智。大王全力讨好赵国，倘若肯花一半的气力与齐国联合，那天下还有哪个国家敢算计魏国？只要大王能侍奉齐国，就不必蒙受万乘之君前去朝见别国君王的耻辱，不必割让一寸的土地。不仅如此，想当初齐国为了大王，出动所有的军队，在两千里之外与秦国作战。当时齐国国内守备空虚，外有赵、燕两国的窥伺，可是在前线齐军将士仍争先恐后，冒着被敌人矢石交攻的危险奋勇作战。正是在齐军的打击下，秦国割让了封陵等两座城邑以及河东之地，而齐国没有贪图任何一点，全部献给了大王。自从那以后，一遇到秦国攻打魏国，齐国就派出军队进魏国协防，这是大王所知道的。敢问大王有报答过齐国吗？”

齐国说客谈到的这场战争，魏昭王再清楚不过了，那就是孟尝君率齐、魏、韩三国伐秦，迫使秦国退还了一部分所占领的魏国土地。想想当年孟尝君的义举，再对比一下李兑的所作所为，不得不承认齐国的确比赵国更有道义感。从感情上说，魏国与赵国都是从晋国分裂出来的，有千丝万缕的联系，魏昭王自然觉得赵国比齐国要可靠。可是经李兑这一折腾，他不得不做出明智的选择，最终选择了与齐国联合。

对齐湣王来说，李兑私下欲达成秦赵结盟，这对齐国是巨大的威胁。秦国与齐国相距千里，不可能直接发动战争，可是倘若赵国倒向秦国，这两大强国联手，就是天下无敌了。因此，必须制止李兑的阴谋。

派谁去游说李兑呢？苏代当然是最合适的人选，齐湣王视他为心腹，殊不知他其实是燕昭王派来的卧底呢。

苏代是非常高明的谋士，游说要取得成功，就必须觑准对方的弱点。李兑有什么弱点呢？他自私、贪婪，喜欢捞小便宜。见到李兑后，苏代便说道：“齐王曾答应您，在伐宋大功告成后，把陶邑割让给您作为封地。可是倘若天下诸侯分裂而侍奉秦国，那么秦国必然控制了宋国。秦王是个贪婪之人，魏冉是个嫉妒心很强的人，到时您肯定得不到陶邑，只能落个两手空空的下场。只要您不跟秦国媾和，齐国就不必担心秦国，就能放心地攻打宋国。齐国伐宋，魏国与楚国肯定不甘示弱，也会出兵攻打宋国。如果燕国与赵国也出兵相助，那么以五国之力消灭宋国，那顶多就一两个月的时间，可谓是易如反掌。等攻下宋国后，那陶邑还不就是您的吗？”

这种话，李兑喜欢听，有利可图嘛。

苏代继续说：“如今韩、魏、齐三国互相猜疑，如果您在这个时候不坚持五国同盟条约，单独与秦国媾和，那么五国同盟必然大乱。我想提醒您的是，秦国与齐国并非不可能联合，倘若秦、齐联合，那么夹在这两个大国之间的赵国处境最不利了。另外，要是同盟分裂了，诸国转而侍奉秦国，到时秦国便控制天下了。秦国一旦控制天下，将用什么手段来统治，这您也心知肚明。所以我希望您能及早做打算。”

这并非危言耸听。

在两年前，秦昭王欲与齐湣王分称“西帝”及“东帝”时，就打算以两国之力，瓜分赵国。当时正是苏代阻止了齐湣王称帝，可以说间接帮了赵国，因此苏代的这一番话，李兑还是听得进去的。当然，苏代考虑的，主要是替东家燕国谋利益，而非他国。他之所以不愿意看到秦、齐联合瓜分赵国，那是因为赵国一旦沦陷，燕国势必就是齐国的下一个猎物了。

正是苏代的出马，让李兑悬崖勒马，中止与秦国的交易。东方合纵同盟勉强维持下来，这样，齐湣王便有了与秦昭王讨价还价的底气。

齐国伐宋的困难，并不在于宋国有多强大，以齐国的军事力量，要消灭宋国并非难事，难的是如何排除强国的干涉。

秦国反对齐国伐宋的立场是旗帜鲜明的。为了与秦国妥协，齐湣王一连派了三名说客入秦，游说秦昭王。这三人分别是苏代、宋郭、冷向。

冷向对秦昭王说：“我想让齐王侍奉秦国，以换取秦国对伐宋战争的支持。宋国一旦被齐国所灭，魏国势必就要危险了，到时大王您唾手可得魏国的安邑城（注：安邑城何时被魏国收复，史料不详，估计是孟尝君伐秦时，魏国乘机收复安邑）。只要秦国与齐国结盟，燕国、赵国必因恐惧而割让土地以讨好大王。这样一来，齐国到时也要唯大王马首是瞻了。如此说来，齐国伐宋，对大王并没有坏处，大王为什么要反对呢？”

秦昭王怒气冲冲地说：“我爱宋国，就像我爱新城与阳晋。韩聂（时任齐国丞相）跟我是朋友，却要攻打我爱的宋国，这是什么道理？”在这里，秦昭王表明了自己想独吞宋国的野心。他说爱宋国，这里“爱”的意思可不是我们寻常理解的那种挚爱之情，而是想占为己有的爱欲，是欲望与野心。这就像秦国把韩国新城、魏国阳晋占为己有的那种所谓的“爱”。

苏代回答道：“韩聂要攻打宋国，这也是为大王考虑的。齐国本来就很强大，要是吞并了宋国，那楚国与魏国一定会害怕。楚、魏两国为了自保，只能投靠秦国。大王可以不动用一兵一卒就令魏国割让安邑，这就是韩聂送给您的礼物。”

综合冷向与苏代两人的看法，只要齐国灭了宋国，赵、燕、楚、魏这四个国家都得投靠秦国，那秦国的势力不是更盛了吗？当然了，这只是一种外交上的措辞，要是齐国强大了，那赵、燕、魏、楚为什么非得投靠秦国呢，直接投靠齐国不就行了吗？从某种程度上说，战国纵横家有点类似现代的营销人士，在向对方兜售自己的观点时，强调这样做完全是让他们受益的，或者说，这是双赢的选择。

秦昭王也不是傻瓜，哪能那么容易被忽悠呢？他问了苏代一个敏感的问题："我对齐国政策感到捉摸不定，一会儿搞合纵，一会儿搞连衡，这怎么解释呢？"五国伐秦就是合纵，既然齐国奉行合纵战略，又背地里要与秦国连衡，不惜出卖魏国的利益。这种明里一套、暗里一套的做法，实在也谈不上光明正大。

苏代答说："每个国家都不会把自己的秘密泄露给齐国，因此齐国也不能不做两手准备。齐王心知肚明，倘若不与秦国连衡，就算灭了宋国，宋地也不会安定的。如今中原诸国的游说之士，竭尽全力要离间秦国与齐国的关系。西入秦国者，没有一个人说齐国的好话；东入齐国者，没有一个人说秦国的好话。这是为什么呢？因为他们都不愿意看到秦、齐两国结盟，要是三晋与楚国联合，就必定会进攻秦国与齐国；倘若秦国与齐国联合，就同样会图谋三晋与楚国。大王应该按照这个思路来考虑问题。"苏代暗示齐国与赵、魏、韩、楚四国有不可弥合的矛盾，与四国合纵，仅是摆摆样子，与秦国联合，才是最有利的选择。

这段时期的诸国外交，可以用一个字来形容："乱。"

我把这个脉络简单梳理如下：燕国想复仇，怂恿齐国攻宋；魏国想捷足先登，就联合赵国攻宋；为了摆平赵国，齐国贿赂李兑；为破坏齐、赵联合，秦对赵施压；为抵制秦国的施压，东方五国合纵伐秦；伐秦无功，赵国想出卖魏国捞到好处；魏国得悉赵国阴谋，遂转而投靠齐国；齐国为了换取秦对伐宋的支持，又不惜要出卖魏国。

你说这时局，到底乱不乱呢？

对秦昭王来说，只要东方五国合纵联盟尚存，秦国想要阻止齐国攻宋，也是不太可能的。但是，秦国可以搞小动作，挑拨东方诸国的关系。秦昭王对宋郭说："东方六国都想打败宋国，瓜分宋国的地盘。可是只有齐、楚、魏三个国家与宋国相接壤，能与齐国争利的，只有魏国与楚国。我听说楚国早就想攻打魏国，希望齐国不要干涉阻止，这样就可以独享攻宋之利了。宋王像夏桀一样残暴，像这样的国家，就是欺辱它也不算逆天行事，就是消灭它也不算结仇。所以我希望齐国不要跟宋国讲和，要不断地进攻，直到把它灭掉。”

从这里我们可以看到，秦昭王对齐国伐宋的态度突然发生大转变。显然这背后是有高人指点。既然秦国无力阻止齐国伐宋，那倒不如爽快支持。将欲取之，必先与之，先把宋国这块肥肉扔给齐国，齐国吃肥了，自然会引起诸侯们的眼红，到时秦国再出手，那岂不是螳螂捕蝉，黄雀在后吗？

就这样，在伐宋之前，齐国把其他诸侯都搞定了。对齐湣王来说，他肯定认为这是一场十分出色的外交攻势。他不禁有几分飘飘然了，只要诸侯们都袖手旁观，那么齐国灭宋只是一桩轻而易举的事情。在秦灭巴蜀、赵灭中山后，应该轮到齐国有所表现了吧。齐湣王在那一刻，仿若觉得自己是一位伟大的君王，他的事业必将超出齐威王与齐宣王，一个庞大帝国的版图已经若隐若现了。

可是，殊不知伐宋之战，不仅成为齐湣王走向衰亡的开始，齐国还因此差点亡了国。为什么结局会这么惨淡呢？

下面我们就来说说齐国伐宋的故事。

四、灭宋始末（下）

宋国成为众矢之的，并非偶然。

我们先来了解下宋国的一些情况。宋国的历史非常悠久，是殷商的延续。当初周武王推翻商纣的统治后，把纣王的庶兄微子封于商丘，国号为“宋”。宋国是殷商文化的继承者，在当时天下诸侯中，文明程度最高的，便是宋国与鲁国。墨家鼻祖墨子，道家巨子庄子，名家宗师惠施等人，都是宋国人。在群雄混战之下的战国时代，宋国能生存下来并维持一个中等诸侯的地位，实属不易。

宋国的国力并不弱，号称“五千乘之劲宋”。在《孟子》一书中，把宋国列为九个最重要的国家之一，这九个国家包括七雄、宋及中山。正是因为宋国有一定的影响力，因而在公元前 298 年时，赵国实施“结秦连宋”的战略，秦、赵、宋三国组成同盟。

根据《史记》所记，这时候的宋国竟然武功赫赫：“东败齐，取五城；南败楚，取地三百里；西败魏军，取二城。”这些记载十分令人怀疑。因为在齐、楚、魏三国史料中，都找不到证据支持这种说法。即便如此，宋国在军事上也仍然取得过不小的成就，约在公元前 298 年到公元前 296 年，宋国灭了滕国（从钱穆说）。

宋康王，又称为宋王偃，他统治宋国的时间约半个世纪。关于宋王偃，无论是《史记》还是《战国策》，都一边倒地认为他是一位暴君。

《吕氏春秋》记有这样一则故事。宋康王立了一根木桩，做成天帝模样，并在上面挂了一个皮囊，皮囊里盛满鲜血。然后这位暴君便把天帝当作箭靶子，用箭射中皮囊后，“天帝”的血洒满一地，底下一群拍马屁的人便拍手称好道：“大王的贤明实在是超过了商汤与周武王。汤、武只能战胜人，而您则打败了天，您的贤明，是没有任何人可以超过的。”这些马屁话把宋康王吹捧上天，他听了心花怒放，便设宴摆酒。这时室内有马屁精高呼“万岁”，随即其他人也纷纷呼“万岁”，而堂外之人也随声应和。这样，“万岁”的呼声，从酒席上一直传遍整个宋国都城。整个国都之内，没有人敢不呼“万岁”。

可是在《孟子》一书中，我们却看到不同的说法。

孟子的学生万章问道：“宋，小国也，今将行王政，齐楚恶而伐之，则如之何？”孟子说了一大通后，总结了一句：“苟行王政，四海之内皆举首而望之，欲以为君，齐楚虽大，何畏焉？”宋国大夫戴盈之曾告诉孟子，宋国打算恢复古代的十一税，减轻百姓的税赋，同时废除关卡、集市的商品税（以上见《孟子》之《滕文公下》）。

孟子与宋康王是同一时代的人。孟子于公元前 289 年去世，而宋康王死于公元前 286 年，仅相距三年。以孟子一书来推断，宋康王倒是一个想行仁政的君王。按理说，孟子的说法无疑可信度要更高。以孟子爱憎分明、疾恶如仇的性格，倘若宋康王真的是射天笞地的暴君，或者是桀宋，那么他早就要破口大骂，口诛笔伐了。

对此，史学家钱穆的看法是：“《国策》记其射天笞地，《世家》书其淫于酒色，并皆谓之桀宋，与孟子、万章之言迥别。盖出于一时忌妒之口，非信史也。”这个看法，值得商榷。宋康王是一位在位时间很长的君主，前后约有半个世纪。这么长的时间，足以使一个人前后表现得判若两人。孟子虽然与宋康王去世时间相近，但他的书不是作于晚年，故而书中所记的宋康王，非晚年的宋康王。《战国策》虽然舛误颇多，但对宋康王的残暴却是众口一词。《吕氏春秋》成书于公元前239年，为宋康王死后47年，并不久远，况且当年吕不韦悬千金以赏指正其谬者，若宋康王果不残暴，怎么不见七旬长者前来领赏呢？

因此只能说，宋康王早年确实是想施行仁政，可是到了晚年，变得暴戾无度。这种前后判若两人的事例是很多的，最典型的人如王莽，早年像一位谦恭的圣人，后期则成为暴君。

其实在《吕氏春秋》一书中，就可以看出宋康王由仁而暴的轨迹。譬如书中记了这么个故事：有一次，宋康王问他的丞相唐鞅："寡人杀了那么多人，可是诸位大臣却不畏惧我，这是什么原因？"唐鞅答："因为大王所杀的人，都是不好的人。只加罪于坏人，好人自然就不畏惧您了。大王如果想让每个人都害怕您，那就不管他们是好的还是坏的，时不时就加罪给他们，那么大家自然就会惧怕您了。"宋康王听了大喜。给他提出这个馊主意的唐鞅，不久就被宋康王扣了个罪名杀了，看来这个宋康王真是虚心地听取了他的建议，并拿他来杀鸡骇猴。不管好人坏人，时不时杀几个，果然宋国人个个提心吊胆。也正因为这样，一旦听到"万岁"的呼声，谁敢不随声附和呢？从这个故事中，也可以看出，宋康王原本也不是屠戮无辜，但是渐渐就走上了"桀宋"之路了。

《战国策》中也记了一个故事，这个故事有些怪诞。据说在宋国都城的一处城墙拐角处，有一只麻雀居然生了一只小雏鹰。这有些匪夷所思，估计是有好事者把一只小雏鹰放在雀巢中，可是太史的占卜结果却是："小鸟居然生出一只大鸟，这是反弱为强的象征，宋国一定能雄霸天下。"宋康王十分迷信，便狂妄自大，出兵灭了滕国，并且进攻薛国。在取得一连串的胜利后，宋康王更加坚信自己是天下霸主了，狂妄到"射天笞地、斩社稷而焚灭之"的地步，并称自己要"用威力来服慑天下鬼神"。

其实不论宋康王是不是一位暴君，宋国都很难逃脱灭亡的命运。因为对东方诸侯来说，宋国就是一块香喷喷的肥肉。宋国的面积与中山国略相当，中山国已经遭到亡国的命运，宋国也只能是群雄的盘中餐。

宋国与齐国、魏国、楚国接壤，这三个邻国都虎视眈眈。齐国在与秦国的对峙中已落入下风，特别是土地面积不及秦国。齐湣王要扩张土地，要么向北攻伐燕国，要么向南攻伐宋国。对齐国来说，向北攻伐燕国是一个更好的选择，因为燕国僻处北地，唯有赵国可与之争利。可是伐燕有前车之鉴，以齐宣王之雄才，占领燕国三年后，在诸侯们的干涉下灰溜溜地卷铺盖走人，可见这是烫手的山芋。伐燕风险很大，那么伐宋便成为不二的选择。

齐国伐宋的阻碍主要是各诸侯国的干涉。在苏代的穿针引线下，齐国明与东方诸国合纵，暗与秦国连衡，从外交上清除了伐宋的障碍。到这个时候，木已成舟，水到渠成。

究竟有几个国家参与了灭宋战争呢？

史料中说法有矛盾之处。据《史记》所载："齐湣王与魏、楚伐宋。"《战国策》在不同地方提到赵国、燕国、魏国都有出兵参与伐宋。可是同样在《战国策》中，还提到宋国曾经请楚国出兵相助，以此来看，楚国不太可能参与伐宋之战。司马迁之所以弄错了，是因为在宋国灭亡后，楚国参与瓜分宋国，但它实际上并未参战。

从上面分析来看，五国合纵同盟中，至少有四个国家参与伐宋之战，分别是齐国、魏国、赵国、燕国，但伐宋的主力，很明显就是齐国。

齐国军队大举南下，宋康王便派人去侦察，看看齐军前锋已经到达哪里了。不久，侦察人员回来报告说："齐军已经很近了，老百姓都很害怕呢。"这时宋康王周围的马屁精马上跳出来说："这怎么可能呢？宋国的军力如此强大，齐国的兵力那么弱小，你这是造谣。"宋康王听后大怒，下令把这个侦察人员杀死，然后又派另一个人前去探察。结果第二个侦察人员回来报告，说的与第一个人差不多，宋康王又很生气，也把他给杀了，紧接着又派一人前去。

第三个派出的人前往侦察，发现情况与前两人说的一模一样。那回去后要不要如实禀报呢，他心里犯嘀咕了，迟疑不决。在他往回走的途中，正好遇到自己的哥哥。哥哥叫住了他，高声说："国家都这么危险了，你要往哪儿去呢？"他便答道："国王派我前去侦察敌人的动向，没想到齐军已经这么近了，所有人都陷入恐慌不安中了。在我前面已有两人去侦察过，他们因为说了实话，国王不爱听，就把他们都杀死了。我回去后，如果据实禀报，怕是也要遭毒手了；可要是不如实禀报，又担心犯下欺君之罪被处死。我应该怎么办呢？"

哥哥对他说："你要是如实禀报，那么你比谁都死得快。国家要是被灭了，那些马屁精、祸国殃民者就得死，你比这些该死的人还早死，那就不值得了。"

他听完后，心领神会，打定主意要撒个谎了。回到王宫后，他报告说："我根本就没看到齐国军队在哪儿，而且社会秩序很安定，没有慌乱的人。"这些话宋康王爱听，而马屁精们又纷纷说："可见前面被杀的人就是活该，大王真是英明。"宋康王于是赏赐了这个侦察人员很多钱，这人后来趁机逃到国外去了，还生活得很富实。

可是掩耳盗铃的自欺伎俩，除了自我满足之外，岂能改变战场的态势？齐国大军一路南下，攻城略地，宋国百姓对桀宋恨之入骨，有谁肯卖力作战呢？此时的宋康王才发现大事不好了，面对齐国咄咄逼人的进攻，他也牛不起来了。怎么办呢？情急之下，他想抓住一根救命的稻草。

宋国与楚国的关系不错，号称"兄弟"般的国家。宋康王便派臧子出使楚国，向楚顷襄王求援。楚顷襄王十分爽快地答应了，并且交代臧子，宋国不要投降，一定要坚决抗战，楚国会提供军事援助的。

在返回宋国的途中，臧子面露忧色，他的马车夫很不解，问道："您要求楚国援助，楚国已经答应了，怎么您还忧心忡忡呢？"臧子叹了一口气说："宋是小国，齐是大国。楚国要救宋国，势必要与齐国结怨，按理说楚王应该面有忧色才对。可是你看到没有，楚王非但没有担忧，反倒兴致勃勃的。他的目的，无非是想坚定我们的抵抗决心，如果我们与齐国血战到底，令齐师遭到损失，这样对楚国才是最有利的。"

臧子的判断一点也没错。

要知道齐国为了伐宋，在外交上下了大力气，在东方与其他四国合纵，在西方与秦国连衡，楚国要是在这个时候去帮助宋国，那未免也显得太不聪明了。果不其然，楚国是光吆喝罢了。齐国的军队一连攻陷宋国五座城池，可是楚国的援军在哪儿呢？连个影子也看不到。

当然，楚顷襄王喊着要救宋，是别有用心的。说白了，是喊给齐湣王看的。意思是说，我与宋国是兄弟国家，宋国有难，我理所当然有义务出兵。如果楚国真的出兵援宋，那对齐湣王来说，当然是件麻烦的事情。齐湣王明白楚顷襄王在想什么，无非是想捞点好处嘛，那好吧，只要你保持中立，灭了宋国之后，有你的一份儿。

连楚国都不肯出手相援，宋康王完全是孤家寡人了。宋国虽然号称是"五千乘之劲宋”，可是实力与齐国还差得远呢，况且除了齐国之外，赵国、魏国、燕国都派军队参加伐宋战争，这其中任何一个国家都比宋国强啊。

宋国溃亡的命运已是无法改变了。

齐国大军已经攻打到了宋国都城，宋康王在城池沦陷之前，跳上一辆马车，夺路而逃。关于他的下场，有不同的说法。一个说法是他逃到大臣倪侯的住所，被齐国人抓住杀死了；另一个说法是他逃到了魏国，死于温地。不管哪种说法是对的，结局是一样的，宋国的历史被终结了，而这位战国史上最大的暴君，也死于非命。在诸侯的兼并战争中，宋国终于被无情地扫出历史的版图。

中山与宋国先后灭亡，被孟子称为九个大国中的两个惨遭淘汰，剩下来的，只有战国七雄的角逐。

有几个国家在这场战争中获利，其中最大的赢家当然是齐国，它占据了宋国的大部分地盘。魏国与楚国也分到一部分的土地，赵国的李兑则如愿以偿地得到了陶邑。可以说，对于东方诸侯来说，这是皆大欢喜的结局。但有一个国家是例外，这个国家便是燕国。

伐宋之役，燕国也曾派军队参与。可是齐湣王根本就瞧不起燕国，也不知是出于什么缘故，他甚至把燕国大将张魁抓起来处死。此事传到燕国后，举国震惊，燕昭王颜面扫地，一个万乘大国的将军，像一只蚂蚁一样被踩死了。燕昭王一下子觉得血气上涌，满脸通红，怒气难压，他召集文武官员，宣布说：“我兴师伐宋，可是齐国人居然杀我大将，是可忍，孰不可忍？我打算要动员全国武装，攻打齐国。”

这时有一个人站了出来，说道：“我以前认为您是一位明君，所以情愿做您的臣子；可是现在大王已经不是明君了，请允许我辞职吧。”

燕昭王定睛一看，说话的这个人名为凡繇，这一通话把他给听愣了，便脱口问道：“这是怎么说呢？”

凡繇答道：“燕国曾遭灭国之祸，先王（指燕王哙）死于齐人之手。大王您内心极其痛苦，可是仍然选择侍奉齐国，为什么呢？因为自己的力量还不够强大。如今大王因为张魁之死，就打算以倾国之力攻齐，那么岂不是把张魁看得比先王还重吗？”

燕昭王虽说在气头上，可是冷静下来后一想，凡繇说得有道理。当初他采纳苏代之计，怂恿齐国攻宋，就是想把齐国的扩张矛头转向南方。于是他问凡繇："那先生您认为寡人应该要怎么办呢？"

凡繇回答道："大王应该派一名使臣前往齐国谢罪，这样对齐王说：这都是寡人的过错，大王乃是贤明之君，岂会冤杀诸侯国的大将呢？只有燕国的将军被杀，这说明寡人用人不慎，所以特派使臣前来请罪。"

自己的大将被杀，还得这样屈尊来讨好齐湣王，有这个必要吗？凡繇认为有必要，让齐湣王更加骄横，更加得意忘形，那么他的末日就快到了。燕昭王不愧是一代明君，要成大事，必须要忍辱负重，小不忍则乱大谋，他决定采纳凡繇的意见，派一名使臣前去齐国。

燕国使臣到了齐国时，齐湣王正在举办庆功宴呢，大宴群臣，祝贺灭宋战争的伟大胜利。当他听说燕国使臣到来时，也不给燕国人面子，就传令让他上殿。你想想，在一个宴会上召见燕使，这本身就是对使者的极不尊重。使臣上殿后，就依凡繇所说的话，在殿堂上请罪了一番。齐湣王本来就喝了几杯酒，一听到这些，心里更加得意了，要燕国使臣把请罪的话重复一遍，干什么呢？好让左右群臣明白啊，我齐湣王乃是王中之王，看到没，我杀了燕国大将，燕王还要向我请罪呢。

"将欲踣之，必高举之。"想要让一个人跌倒，就得先把他举得高高的。

事实上，齐湣王真的有高高在上的感觉。

灭宋之役，令齐国声威大振。齐国边上的小国，如鲁、卫、邹等国，无一例外，全部向齐国称臣。对于南方的楚国来说，也颇为尴尬，楚国有一块土地，称为淮北之地，伸入宋齐之间，这块地在战国初期无所属，后来被楚惠王所吞并。淮北之地呈狭长形，延伸到齐国南部，齐国灭了宋国后，乘机占领了淮北之地。

齐湣王意犹未尽。在占领楚国的淮北之地后，他把目标锁定在淮河下游的淮夷，夺取七百里之地。这时的齐国疆土面积，达到了空前绝后的水平。如此伟大的事业，齐湣王岂能不沾沾自喜呢？他甚至想要吞并二周（东周、西周），自立为天子，成为天下共主。在伐宋之前，齐湣王对秦国还有所畏惧，可是现在他早被胜利冲昏了头脑，因为齐国在疆域面积上已经不逊于秦国了。

这里还必须说一说齐湣王对孟尝君的排挤。孟尝君在辞相后，回到自己的封地薛邑，可是在齐湣王看来，他仍是一个最大的潜在对手。据《史记·孟尝君列传》所记，齐湣王在灭宋之后，便采取种种措施逼迫孟尝君离开齐国。孟尝君担心遭到毒手，遂从薛邑前往魏国，魏昭王拜他为魏国丞相。也有另一种说法，称孟尝君离开齐国的时间，是在灭宋之前。不管哪种说法属实，孟尝君的离开，肯定使齐湣王如释重负并大大膨胀其野心，因为连秦昭王都畏惧三分的孟尝君，都成了他的手下败将。

其实齐湣王高估了自己的能力。他以为消灭宋国是一件堪比秦灭巴蜀、赵灭中山的伟绩，其实不然。

如果要消灭宋国，在齐威王或齐宣王时都可以轻而易举地做到，以大国吞并小国，这并非难事。可是齐威王与齐宣王都没有去冒这个险，显然知道政治风险太大，很容易引来其他诸侯国群起而攻。齐国的地形条件不比秦国，秦国地处关中，易守难攻，而齐国则是丘陵地带，难有天险可以阻止敌人的入侵。我们也看不出齐湣王的执政能力有多么出色，他曾经大权旁落，甚至还被大臣劫持为人质，实在算不上是一个杰出的君王。

这位齐国君王的品行，从他羞辱燕国使臣一事便可见一斑。这里，我们还可以举一些例子，来看看齐湣王的真实面目。

在《吕氏春秋》中，记有齐湣王的一则故事。有一回，齐湣王生病了，他听说宋有一位名医，名叫文挚，便派人去把他请到宫中。文挚检查齐湣王的身体后，对太子说："这个病不用吃药，只要能激怒大王，病自然就好了。只是激怒大王后，我恐怕就保不住性命了。"太子说："你放心，到时我会劝说父王，你不会有事的。"于是文挚就跟齐湣王约了看病的时间，时间到了，文挚并没有出现。连续三次失约后，齐湣王心里十分生气，好不容易到第四次时，文挚终于来了。文挚走到齐湣王的床头，鞋子也不脱就踩上床，还踩着齐王的衣服。这时齐湣王简直要气疯了。可是文挚仍然继续激怒齐王，他说话傲慢不恭，出言不逊。齐湣王最终无法忍受，从床上跃起来，大声叱骂文挚。没想到这一跃，这一骂，病居然就鬼使神差地痊愈了。文挚果然是一代名医，可是他的下场如何呢？尽管有太子与王后的解释与辩护，齐湣王仍然一意孤行，以大不敬罪将文挚处以烹刑，活活煮死。从这件事，可以看出齐湣王之心胸是何等的狭窄。比起燕昭王的忍辱负重，他只是一个死要面子的人罢了。

死要面子的人，谈不上有大胸襟。

他高高在上，野心勃勃，可是却忘了一件事：高处不胜寒。

五、燕国复仇记（上）

从燕昭王即位的那一天起，他就矢志复仇。

“多难兴邦”，对燕国来说，确实如此。在战国七雄中，燕国一直是最弱小的国家，尽管号称“万乘之国”，但长期以来在军事上乏善可陈。公元前316年，燕王哙在权臣子之的步步紧逼之下，被迫将王位让出来。然而子之篡权不到三年，燕国便爆发内乱。公元前314年，齐宣王以名将匡章伐燕，短短数月的时间，便吞并燕国，燕王哙也在这场战争中身亡。在诸侯的干涉下，齐国独占燕国的计划破产，被迫撤军。公元前311年，赵武灵王把入质赵国的燕国公子职护送回国，成为新的国王，他便是历史上赫赫有名的燕昭王。

要重振破碎河山，这是一个艰巨的任务，可是燕昭王并没有知难而退。他上台后的第一件事，就是广招人才。战国时代，一个国家的兴衰，与人才是密切相关的。燕昭王深知此理，他效仿秦国明君秦孝公，开出优厚的条件，招揽天下英才。

当时燕国有一位贤人，名唤郭隗，燕昭王召见他并说道：“我们国家不幸发生动乱，齐国乘机袭破燕国。我深知燕国弱小，兵力不强，不能够报仇雪恨。然而我的心愿是得到贤士共同治理国家，以洗刷先王蒙受的耻辱。先生如果发现可用的人才，我一定要亲自侍奉他。”

郭隗答道：“大王如果一定要招揽贤人，就请从我郭隗开始吧。这样的话，比我贤能的人就会不远千里而来的。”燕昭王便为郭隗修建了一座房子，并且把他尊为老师。其实郭隗并不是一个十分出众的人，他就是给燕昭王树立起一个礼贤下士的标榜。如此一来，比郭隗高明的人，岂能不从四面八方涌入燕国呢？

事实也是如此。当天下士人得知燕昭王卑身厚币以求贤才时，许多人便不远千里前来，为燕国的复兴献计献策。在燕昭王所招揽的英才中，最重要的有以下数人：苏代、乐毅、剧辛、邹衍。苏代的故事，前文已叙述，这里说说其他三个人。

乐毅是战国时代最杰出的将领之一，他原是赵国人，是魏文侯时代名将乐羊的后代。由于出身将门之家，他自小便刻苦研究兵法，富有谋略。不仅如此，他也是一位道德素养很高的人，年轻时就以“贤能”闻名于赵国。后来，有人把乐毅推荐给赵武灵王，成为其麾下的一名参谋人员。公元前295年，赵武灵王在沙丘之乱中被赵成、李兑害死，当时国内无人敢为其喊冤。乐毅不想与弑君者共事，便离开赵国，前往魏国。魏昭王虽然收留了乐毅，可是并没有重用他。正当乐毅心灰意懒时，一次出使燕国的任务改变了他的人生。当他作为魏国使臣抵达燕国时，燕昭王以贵宾的礼节待他。

燕昭王为什么如此厚待乐毅呢？这是有原因的。

当初齐国吞并燕国时，引起赵国等邻国的担忧。乐毅向赵武灵王献上妙计，以赵国“河东之地”交换齐国“河北之地”，造成齐国欲向中原扩张的假象，以促成诸侯联合起来反对齐国。乐毅这样做，是为了赵国的利益，可间接帮了燕国一个大忙。正因为诸侯们联合反齐，才有燕国的复国。从这点说，燕昭王对乐毅有感激之心。另外还有一点，燕昭王早年曾以国家人质的身份待在赵国，对乐毅“贤能且好兵”的名声应该略有耳闻。燕国最缺的人才，便是一个能统兵打仗的大将了，如今乐毅亲自送上门，燕昭王能不挽留吗？

燕昭王的诚恳终于打动了乐毅，他选择留在燕国，帮助燕昭王打点军事上的事务，而这正是燕国军力得以崛起的主要原因。

剧辛是燕昭王收罗的另一名军事人才，关于他的生平，史料很简略。他与乐毅一样，同样来自赵国。当时燕昭王贴出招贤榜，广揽天下英雄，剧辛遂前往投奔。此时剧辛的年龄应该不大，因为他在公元前242年伐赵时战败身亡，距燕昭王去世已经过了三十七年。剧辛是燕国重要的将领之一，后来作为乐毅的副手参与指挥伐齐之战。

邹衍是著名学者、一代哲人，战国时代阴阳家的代表人物。他原是齐国人，在齐宣王时代，就学于稷下学宫，并以“五德终始说”与“大九州说”名闻天下。邹衍入燕时，燕昭王亲自拿着扫帚，为他扫地开路。一个国君能以如此谦卑之心礼待贤人，在古代君王中，恐怕只有燕昭王一人了。对比一下燕昭王的谦卑与齐湣王的傲慢，我们就不难知道为什么燕国能反弱为强，而齐国却转强为弱。燕昭王修建了一座碣石宫，供邹衍讲学之用，并尊他为师，亲自到碣石宫听他讲学论道。

与乐毅、剧辛不同，邹衍对燕国的贡献并非在军事上，而是在经济上。燕国虽然号称“万乘之国”，可是国力并不强，此中的原因，是燕国的经济基础差。在战国七雄中，燕国地处北方，纬度最高，气候严寒，尽管土壤肥沃，可是易形成冻土，不易种植庄稼。邹衍对农学颇有造诣，我们也搞不清他究竟用了什么方法，可能是引进良种，或是改进耕作法，使许多荒地也可以种植黍，这样就大大缓解燕国的粮食问题。

燕昭王励精图治，燕国的国力稳步上升。可是仅仅凭借燕国的力量，要打败齐国谈何容易。从春秋时代开始，齐国始终是一等一的强国，又加上齐威王与齐宣王两代明君打下的坚实基础，家底十分雄厚。但是，强与弱之间并不是永恒不变的。尽管齐国在灭宋之后如日中天，但种种迹象表明，貌似强大的齐国已经要走下坡路了。

民心向背是政府统治是否坚若磐石的一个风向标。齐湣王的目光瞄准天边，可是他却没发现，他越来越脱离民众了，越往高走，他越成了孤家寡人。

狐援之死，令齐湣王大失民心。

狐援，有些史书记为狐爰或狐咺，是齐国的臣民。他看到齐湣王的野心急剧膨胀，深为国家的命运担忧，便前往劝谏道：“大王应该要以殷商的灭亡为鉴啊，殷商灭亡后，象征国家权力的大鼎被陈列在周的朝廷之上。大王一定要勤勉自己呀，可不要让齐国的大吕钟陈列在他国的朝廷之上。”你想想，齐湣王都开始做起天子的美梦，可是狐援却给他泼冷水，这个人也太不识时务了吧。他不耐烦地把狐援赶出宫廷。可是狐援却在宫外哭了三天三夜，嘴里还念叨着：“先离开齐国的，还可求得温饱；后离开齐国的，恐怕要受牢狱之灾了。我预见到齐国百姓茫茫然地向东逃，却不知要到哪儿落脚。”

齐湣王听到后，怒火中烧，他召来狱官问道：“没事为国家哭丧，该当何罪？”狱官答说：“当斩。”齐湣王便说：“把狐援抓起来，处以死刑。”狱官诺诺而去。可是谁都知道狐援是一片忠心，不忍心杀了他。狱官没有先去抓人，而是在东门处搭了一个行刑台，放了一把大斧子，希望狐援听到风声后赶紧逃跑。可是狐援不仅没逃，反倒送上门来。这真是大出狱官的意料，他不由得脱口而出：“齐王要杀你，你不逃跑却前来送死，你脑子糊涂了吧。”

狐援面不改色地答道：“我怎么糊涂了呢？以前殷商有个忠臣比干，吴国有个忠臣伍子胥，现在齐国有个忠臣狐援。齐国不采纳我的劝告，还要杀掉我，这是要让我成为像比干、伍子胥这样的人吧。”说罢，他从容引颈就戮。

不久后，齐国宗室陈举（陈氏即田氏）也担忧齐滑王的倒行逆施将令国家陷入危险之中，便直言进谏。恼羞成怒的齐滑王也将他绑赴东门，斩首示众。

自此后，百姓不附，九族寒心。明眼人都看得出来，齐国灭宋国，并淮北之地，但充其量只是虚胖而已，并非真正无敌于天下。

齐滑王的统治，已经开始向暴政倾斜了。人民是国家的根本，这个根本动摇了，他还能走多远呢？

反观燕昭王，在得到大批贤士辅佐后，国家渐渐富强，政府得到民众的拥护。每一天，燕昭王都在提醒自己，不要忘了国家曾经蒙受过的耻辱。洗刷耻辱的唯一方法，就是彻底打败齐国。那么，伐齐的时机成熟了吗？乐毅对燕昭王说：“齐国土地辽阔，人口众多，仅凭燕国之力是不够的，必须要联合赵国、秦国、楚国、魏国，共同伐齐。”

以乐毅、苏代为代表的燕国谋士群，把纵横捭阖的外交手段发挥得淋漓尽致。燕国要复仇，必须借诸侯国之力，最关键的国家，则是赵国。赵国是燕的邻国，燕欲伐齐，必定得联合赵国，否则燕军倾巢而出，后方空虚，岂不让赵国得以长驱直入？为了联合赵国，燕国采取双管齐下的策略。

首先，由潜伏于齐国的苏代在齐滑王面前，离间齐、赵两国的关系。要离间齐、赵的关系，一点也不难。不要忘了，在齐国伐宋之前，赵国曾经连续三年攻打齐国。光凭这一点，只要在齐滑王面前再煽风点火一下，就足以让这位目空一切的君主对赵国更增厌恶感。与此同时，乐毅作为燕国特使出使赵国。要说服赵惠文王并不是难事，赵国夹在秦、齐两个强国之间，东西两面都不安全，要是能先把齐国打垮，就可以避免两面被夹击的尴尬。

搞定了赵国之后，秦国加入反齐联盟就不成问题了。秦国一直视齐国为最强的对手，当初秦昭王就想干涉齐国伐宋，只是东方五国结盟，令秦国鞭长莫及。乐毅通过赵国，向秦国承诺，只要秦国出兵，就可以分到相应的利益。不消说，秦昭王对这个反齐大联合十分有兴趣。事实上，他有点迫不及待呢。

在乐毅访赵的这一年（前 285 年），秦昭王先在宛城会晤楚顷襄王，紧接着又在中阳会晤赵惠文王。这两次高峰会议，旨在联合赵、楚两国进攻齐国。

赵国的态度是相当明确的，而楚国的态度则比较暧昧。按道理说，齐国伐宋后，强行占领楚国的淮北之地，对此楚国应该相当恼怒，可为什么楚国并不想加入燕、秦、赵这个反齐联盟呢？楚顷襄王有自己的算盘，这个等后文再说。

与此同时，燕昭王派出说客游说魏、韩两国。这两个国家在与秦国的多年交锋中损失惨重，在外交政策上总是选择随大溜，这是保全国家的原则。既然燕、秦、赵都要攻打齐国，魏、韩两国也就举手赞同，象征性地派出点部队参战。

燕昭王的外交活动大获成功。除了齐国之外的六雄，只有楚国没参加反齐联盟，其余五个国家达成协议，一致对付齐国。

伐齐的时机已经成熟了。

此时，苏代从齐国给燕昭王发出一封密信。在密信中，苏代写道："齐国现在已经孤立了，大王赶紧出兵进攻，我会作为内应，帮助大王削弱齐国的力量。"

燕昭王得到苏代的密信后，立即动员全国武装，并拜乐毅为上将军。赵国马上响应，赵惠文王把赵国相印交给乐毅，这是合纵运动中的惯例，为表示对合纵主谋人的尊重，诸侯国常会献上相印，相当于"名誉丞相"。

燕国大军倾巢而出，攻入齐国，抵达一个名为"晋"的地方时，便止步不前了。乐毅停止进军的原因，乃是要等待苏代的消息。自从苏代从燕国出访齐国后，齐湣王便把他留在齐国，并视为心腹重臣。可是他万万没想到，苏代就是燕昭王安插在他身边的间谍。你想想，有这么一名间谍存在，对燕国来说，齐国还有秘密可言吗？

苏代的任务，就是作为内应，配合燕军攻齐。他别有用心地指使别人怂恿齐湣王说："燕国之所以进攻齐国，乃是想要收复以前失去的领土。可是燕军行进到了晋地就裹足不前，这是因为兵力弱小而迟疑不决。大王为什么不任命苏代为大将去对付燕军呢？苏代的才能，大王您最清楚不过了，由他来指挥军队去攻打弱小的燕军，一定可以攻破燕国。只要攻破燕国，赵国就不敢不听命了。这么一来，大王既攻破燕国，又制服赵国，可谓一箭双雕。"

齐湣王本来就不把燕国人放在眼里，听此人一说，便点点头说："好，就这么办。"于是齐湣王传苏代上殿，对他说："燕师已经到了晋地，寡人要发兵前去应战，打算任命先生您为大将。"

苏代听后心里偷笑了，可是表面上他还得故作谦虚：“臣对行军打仗的事，一窍不通，怎么能指挥军队去抗击敌寇呢？大王还是改用他人吧。大王让我担此重任，那岂不是要让军队吃败仗，让微臣成为燕国的俘虏吗？要是我打不赢，就不能振大王的声威了。”

听到这里，齐湣王有点不高兴了，摆摆手说：“你不要推托，寡人说你行，你就行，寡人最了解你。”与其说齐湣王了解苏代，不如说苏代了解齐湣王。齐湣王为人刚愎自用，自以为是。苏代有言在先，他不会打仗，如果非要用他，到时吃了败仗，可不能怪罪哦。齐湣王哪里晓得，苏代的目的，就是要让齐军吃败仗。

就这样，燕国的间谍苏代成了齐军的总司令。战斗的结果，一定不会出乎意料。果不其然，苏代把齐军开到前线后，与燕军交战。这些可怜的齐国士兵哪里晓得他们的统帅居然与敌人是一伙的，一战下来，齐师大败，被燕军斩首两万人。

苏代率残兵败将，退守阳城。他给齐湣王发出快报，报告战斗的失利，然后又自责说：“大王用错人了，派我指挥军队抵抗燕军。我不能胜任，如今一战下来，阵亡两万人。臣下自知罪孽深重，应该处以极刑，还是让我自己回到狱官那儿引颈待戮吧。”

齐湣王看到快报后，两眼发愣了。想怪罪苏代吧，人家明明早就说过不会打仗的，是自己硬要把总司令的头衔强加于人。这就叫哑巴吃黄连，有苦说不出，齐湣王只得悻悻地说：“这都是寡人的过错，没有什么可怪罪你的。”

可是苏代这个人太狡猾了，他暗地里又指使人对齐湣王说：“前几天，齐师在晋之战中吃了败仗，这不是用兵失误，只是运气欠佳罢了。燕师并不强大，只不过是侥幸取胜。如今他们又要攻打阳城与狸邑，这还是抱着侥幸的心态。大王如果留用苏代为总司令，他在打了败仗之后，一定会竭尽全力用胜利来报答大王的恩德。”这又是苏代利用齐湣王的心理弱点大做文章，因为这位高傲的君王不愿承认自己用人失误，他一定会给苏代第二次机会。

不出苏代所料，齐湣王果然继续留用苏代为前线总指挥。苏代仍然一再推辞，可齐湣王不听。这样苏代又有打败仗的理由了。他在阳城又一次大败，损失比上次更大，三万名将士阵亡。

齐湣王不得不再咽苦果，他终于确信苏代真的是“不会打仗”了，解除了他的兵权。可是他做梦都没有想到，自己只不过是苏代手中任意摆布的玩偶罢了。齐湣王再也不信任苏代了，同时，他也不相信任何人了。于是乎“君臣不亲，百姓离心”，齐国的败象已露。

乐毅率领燕师入齐，在苏代做内应的情况下，两战两胜，歼敌五万人，重创齐国的军事力量。如此辉煌的战果，令反齐同盟十分兴奋，大家都跃跃欲试。秦昭王派大将斯离、蒙齐率领一支远征军，与赵、魏、韩三国部队会师后，杀入齐国，攻城略地，夺取齐国河东九城。

苏代被解职后，齐湣王提拔触子（又称向子）为齐军总司令，抵御五国联军的进攻。触子见五国联军来势汹汹，且连战连胜，兵威正盛，诚不可与之争锋，便采取保守的战术。他沿着济水河构筑了一道防线，坚壁清野，凭恃天险固守。可以说，触子是颇懂军事的，只要齐军能坚守，待以时日，五国联军内部必然要出矛盾，到时齐军就可以利用反齐同盟内部的不和，各个击破。

可是齐湣王并不这么想。

自从灭宋以后，他的自信心极度膨胀，目空一切。不料在燕国伐齐后，齐师却屡遭败绩，这怎么不令他颜面扫地呢？他急于在战场上取得胜利，可是触子偏偏只守不攻，不进攻哪来的胜利呢？齐湣王再也按捺不住了，他派使者到前线，用极为严厉的话羞辱这位总司令，并恐吓道：“你要是不积极进攻，就灭了你的家族，挖了你的祖坟。”

这些话，深深刺激了触子的自尊心。战国时代与后世封建王朝不太一样，并不强调“忠君”，而更强调“择君”。君王对我不好，我就要跑，此处不留爷，自有留爷处。蒙受羞辱与恐吓之后，触子不想为齐湣王卖命了。他心里想：你要灭我的家族，挖我的祖坟，那好，我就先把你的军队毁了，让你的敌人去收拾你吧。

触子一改守势，率领齐军迎战五国联军，摆开决战的架势。身为联军总司令的乐毅一看，齐国人终于主动出击了，心中大喜，便将五国军队一字排开，准备与敌军决一死战。触子虽然不是燕国间谍，但出于报复心理，他的做法与苏代如出一辙，明摆着就是要让齐军溃败。双方刚刚交战，触子便下令鸣金收兵，齐国士兵傻了眼，可是命令不能不听，只能扭头就走。这时五国联军一拥而上，从背后紧追，齐师大败。触子以这种特别的方式报复齐湣王对他的羞辱，在齐军溃败时，他自己驾了一辆战车，跑得无影无踪了。此后他就从人间蒸发了，谁也不知道他究竟去了哪里。

触子跑了之后，他的部将达子好不容易收拢残兵，退守秦周（齐地名）。齐师在大败之后，处境十分不妙，士兵们领不到兵饷，士气十分低落。达子便上报朝廷，请求齐湣王拨款以补充军饷。没想到齐湣王一听说要钱，立即暴跳如雷，骂道："你们这些残兵败将，吃了败仗，还想得到金钱，休想。"

没有钱，怎么打仗呢？达子硬着头皮率领残破之师迎战五国虎狼之师，结果又一次大败，达子也战死沙场。自从燕师入侵以来，齐国屡战屡败，齐湣王颜面扫地。

几乎所有的人都认为，伐齐之战大概就此结束，可以见好就收了。除了乐毅之外，没有哪个将领认为可以扫平齐国。七大强国的历史上，只有齐宣王曾经一度灭掉燕国，其余的战争，都是取得一定战果后，便停止攻击。以秦国之强，屡犯魏、韩，也从来没有想过用一场战争来灭掉魏国或韩国，因为这几乎是不可能的事情。齐宣王曾经侥幸得手，那完全是因为燕国处于内战状态。

秦国与韩国想要就此收手了。这两个国家都没有与齐国接壤，孤师远征，远离国土，难保不出现意外。毕竟列国之间的关系，今天是朋友，明天就翻脸不认人了。乐毅心里也明白，秦国乃是虎狼之国，让他们的军队待在齐国太久，终究会影响自己的大计。他主动提出，秦国与韩国的军队先行返回，燕国与赵国、魏国的军队仍然继续留在齐国。

五国联军变成三国联军，乐毅仍然充当总司令。不过他十分明智，他知道燕国终究实力较弱，三个国家一起行动，恐怕难以指挥赵国与魏国的军队。最好的办法，就是三个国家各自划分作战区。他是这样计划的：魏国军队攻略宋地；赵国军队攻略河间（今河北献县东南）；燕军主力则直捣齐都临淄。

就凭燕国自身的力量何以攻破临淄？

乐毅的计划令所有人都大吃一惊，部将更是纷纷反对。连以"贤能"著称的剧辛也反对说："齐国强大，燕国弱小，我们只是借助诸国的力量才能击破齐军。最妥当的办法是及时夺取齐国的边城，并入燕国，这才是长久之计。如今依将军的计划，直捣临淄，势必就要绕过许多城池而不去进攻，只是一味地孤军深入。这样做既不能重创齐国的军事力量，自己也不能得到任何好处，最终只能使两国结怨更深，日后必会后悔。”

可是剧辛焉能晓得乐毅的雄心呢？别人都认为不可能的事，乐毅却认为是可能的。没有人相信燕国的军队可以攻下齐国的都城，这怎么可能呢？齐国可是天下最强大的国家，连秦国都得敬畏三分啊。但乐毅并不这样看，他分析说：“齐王以伐宋之功而沾沾自喜，心骄气傲，自以为智慧天下无双，刚愎自用，一意孤行。他废黜贤良，信任谄谀，政令暴戾，百姓怨愤。如今我们刚击破齐国的精锐部队，如果乘胜追击，民众必然会起来造反，这样一来，齐国是可以征服的。如果不乘胜追击，日后齐王要是悔悟从前的过失，痛改前非，安抚百姓，能成就非凡事业者，必是非凡魄力之人。”

三十年前，燕国亡于齐国之手；三十年后，乐毅要逆转乾坤，一雪燕国之耻辱。

六、燕国复仇记（下）

三国分兵后，魏攻齐于宋地，赵攻齐于河间，乐毅独率燕师直捣都城临淄。乐毅的高明之处，在于他并不是逐城逐地争夺，而是采取蛙跳战术，大胆从齐国城池间穿插而过，直接向临淄挺进。自从战争爆发以来，“智慧超群”的齐湣王只会瞎指挥，遥控前线指挥官，结果在五国联军的打击下，一败涂地。

有这么一个喜欢瞎指挥的君王，齐军的将领们也不知道该怎么办。燕军所过之处，齐国城池闭门坚守，可是乐毅只是虚晃一枪，并不攻城，而是马不停蹄继续挺进。我们对齐国的兵力布防情况并不十分清楚，但其核心地带（山东半岛一带）主要有两条防御线：其一是南部的齐长城，一直从海边抵达济水；其二是济水防线，该防线已被联军突破，守卫兵力遭到毁灭性的打击。济水防线没能守住，意味着从济水到临淄，齐国已无险可守。这是齐国在地理上的不利因素，与之相比，秦国的关中地形险要难攻，从春秋到战国，咸阳城从未遭到入侵，而齐国都城临淄在春秋时代便多次遭到晋国的攻击。

齐湣王并未意识到临淄城面临的危险，他显然还自认为是强国中的强国，对战场上的一系列失败并没有去深刻反思，也没有从其他地方紧急调军队入援临淄。我们只能说，齐湣王的反应太迟钝了。事实证明，他与宋康王相比，并不见得高明多少。当乐毅的军队以不可思议的速度抵达临淄城下时，齐湣王这才慌了。

临淄之战的经过，史书上没有详记。按道理，一国的首都在防御能力上都是非常强大的。譬如说公元前 354 年，魏惠王以十万大军围攻赵国邯郸，历时近两年才攻破；战国后期秦国攻魏都大梁、赵都邯郸，都非易事。可是东方第一强国的都城临淄，却轻而易举地被乐毅的燕国兵团攻破了，这是为什么呢？这说明齐湣王根本没有做好保卫都城的准备，他甚至不相信燕国人会杀到这里。这说明乐毅的判断是正确的。齐湣王的倒行逆施，得不到国内的拥护与支持，在关键时刻，民众并不愿意团结起来保卫家园，甚至还可能乐于看到齐湣王的垮台呢。总之，乐毅是一鼓作气攻下临淄城，这确实让天下人都为之震惊。没有人想到貌似强大的齐国，居然是这么一只纸老虎。接下来发生了一件令人颇费思量的事情：齐湣王落荒而逃，可是奇怪的是，他竟然逃到了卫国。这确实很难让人理解，尽管临淄城已丢失，可是齐国许多重要城邑尚在，齐湣王为什么不去这些城邑，而逃到距离临淄城颇远的卫国呢？其中的原因，恐怕是齐湣王觉得他的臣僚都不可靠，这就是苏代所说的“君臣不亲”。

齐湣王逃得太匆促了，临淄城内大量金银财宝都落入燕军之手。乐毅把所缴获的一部分财物赏赐给了手下的将士，其他则用车子装满载回燕国。攻陷临淄的消息传到燕国后，燕昭王欣喜若狂。自从他被推上君主宝座，兢兢业业，如临深渊，如履薄冰，未曾一日忘掉国恨家仇；他礼贤下士，广揽英才，是燕国历史上最伟大的君王，也是战国乃至中国史上少有的明君。正所谓三十年河东，三十年河西，为了这一天，他曾忍辱含垢，委曲求全，在齐湣王面前摆出摇尾乞怜的样子。可是，最后他咸鱼翻身了。

这又是一段复仇的佳话，如同春秋时代的伍子胥、勾践，如同战国时代的孙膑，燕昭王在乐毅等人的辅佐之下，终于一雪前耻。

为了犒赏全军将士，燕昭王亲自动身前往济西，慰问前线官兵，设宴大庆。同时，燕昭王宣布封乐毅为昌国君，并授权他继续指挥三军将士，征服齐国的其他城邑。当初燕昭王伐齐时，肯定没有想到竟然可以取得如此伟大的成就。

我们再来说说齐湣王的结局。

齐湣王逃到卫国，卫国只是一个小诸侯，长期以来，也只能对齐国称臣。卫嗣君倒是对齐湣王毕恭毕敬，毕竟人家是万乘之王，虽说落魄，瘦死的骆驼也比马大。卫国人像供神一样供着齐湣王，卫嗣君把自己的王宫腾出来，给齐王下榻，自己很谦卑地自称为“臣”，对齐王生活上的要求，只要能满足的，就尽量满足他。

若依人之常情，齐湣王至少也要有点感恩之心。可是这位高傲过头的君王显然不懂得感恩为何物，他对卫国君臣指手画脚，甚至恶语相向。时间一长，卫嗣君也受不了，而卫国的大臣更按捺不住怒火，对齐湣王也不客气了。齐湣王想不通的是，以自己盖世的智慧，怎么会沦落到逃亡的地步呢？他问公玉丹道：“我落到今天这个地步，究竟是为什么呢？”公玉丹在这个时候还不忘拍马屁说：“大王落到这个地步，乃是因为天下其他国王都很坏，只有大王您是贤明的，所以其他国王联合起来进攻大王。”这个答案显然让齐湣王十分宽慰，他不禁感叹了一声：“我就是因为太贤明了，所以反倒吃苦果啊。”

当然，除了几个马屁精之外，没有哪个人认可齐湣王的英明神武。一个流亡国君，居然还那么跋扈嚣张，卫国人终于忍无可忍，索性动用军队驱逐齐湣王。

齐湣王在卫国混不下去了，带着一帮人投奔鲁国。他派夷维子快马加鞭赶往鲁国，对鲁国君臣说：“你们打算用什么规格接待我们大王？”鲁国人恭恭敬敬地回答道：“我们打算用十副太牢的规格来招待齐王。”太牢是周天子每日饮食标准，一鼎十二道菜，鲁国人招待齐王，要十倍于周天子的规格，一百二十道菜。这个规格够高的吧。可是夷维子还不满意，他说：“我们的大王乃是天子，天子巡视诸侯，诸侯国君就得让出自己的寝宫，交出仓库的锁匙，站在堂下侍候天子用餐。等天子用餐完毕后，才能退下去处理自己的朝政。”鲁国人一听：嘿，落魄君主还摆出天子的架势，得，你不满意，我还不愿接待呢。于是把夷维子轰出去，拒绝齐湣王入境。

看来鲁国是去不了，那就到邹国去吧。说来也巧，邹国的国君正好病逝了，齐湣王打算前往吊唁。这时夷维子又跑去跟邹国太子、大臣们说：“天子要来吊唁，你们得把棺材转个方向，因为天子是要坐北朝南的。”邹国大臣们一听，肚子都快气炸了，你都成了落水狗，还牛什么牛呢？大家纷纷说：“要是那样做的话，我们宁可拿剑自杀得了。”

邹国也不欢迎齐湣王，看来只得打道回府了。这样，齐湣王一行人在卫国、鲁国、邹国遛了一圈后，又回到齐国，躲进莒城。

在齐湣王逃跑的这段时间里，乐毅的燕军正蹂躏齐国大地。偌大的齐国没有一个统一的抵抗阵线，各座城池各自为战，很容易被各个击破。齐湣王总算认清了形势，在过度膨胀之后，他的自信心像气球一样爆了，开始变得意志消沉。他举目四望，内心茫然，此时的他已经不相信仅凭自己的力量能扭转败局了。那么，齐国的出路在哪里呢？只能依靠外援了。

在战国七雄中，有五雄参与伐齐之战，齐湣王当然不能依靠这五个国家，只有一个国家没有参与伐齐，这就是楚国。是不是楚国对齐国抱有好感呢？当然不是，齐国灭宋后，楚国的淮北之地由于狭长地伸入齐宋，孤立无援，也落入齐国人之手。就凭这一点，楚国也不可能与齐国站在一条战线上。

楚国没参加伐齐之战，只能理解为楚顷襄王想在齐国最为窘迫时，再插上致命的一刀。当乐毅横扫齐国时，楚顷襄王乘机出兵，夺回淮北之地。淮北之地与齐国的南部相接壤，齐湣王想要赶跑燕国兵团，最直截了当的做法，就是借用这支楚国兵团，打败乐毅。

楚国大将淖齿率一支军队北进，以救援齐国为名，越过边境线。齐湣王如同抓住了一根救命的稻草，迫不及待地任命淖齿为齐国丞相。可是楚国人何尝想为齐国卖命呢？楚军进驻齐国后，也不与燕军交锋，而是按兵不动。淖齿暗地里与乐毅秘密联系，商讨由楚、燕两国共同瓜分齐国。在燕、楚达成密约后，淖齿突然发难，把齐湣王抓了起来。

这时齐湣王总算知道什么叫引狼入室了。淖齿背后搞见不得人的阴谋，可是斥责齐湣王时，却摆出一副正气凛然的模样，他厉声问道："在千乘与博昌之间，数百里之地，突然天降血雨，沾湿衣服，这件事你知道吗？"成为阶下之囚的齐湣王诺诺答道："我知道。"淖齿又问："在嬴、博之间，土地突然裂开，地下泉水涌出，这件事你知道吗？"齐湣王又答："我知道。"

淖齿又问："齐国王宫曾发生怪事，明明听到有人在哭，可是找不着人影，一离开又听到哭声，这件事，你知道吗？"齐湣王还是回答："知道。"淖齿喝道："天降血雨，这是上天的警告；土地裂开，这是大地的警告；宫中有人哭的声音，这是人的警告。天、地、人都发出了警告，可是你还不知悔改，像你这样的人，怎能不杀？"说罢，淖齿下令将齐湣王处死。从齐国灭宋（前

286年）到齐湣王被杀（前284年），前后仅三年的时间。由盛而衰，并不需要太长的时间。齐湣王犯错无数，他至死都没弄清楚，他沾沾自喜的“灭宋”伟业，不过是别人精心布下的一个圈套。他把齐国最有才干的公子孟尝君赶出国，以至于在国家危难时，没有人能站出来力挽狂澜。他错把燕国间谍当作心腹，以至于被苏代玩弄于股掌之间。他外行装内行，对前线将领指手画脚，导致济水战役的惨败。他在最后关头，还犯下致命错误，把不怀好意的楚国人当作救命的稻草。这里所列的还只是大错，小错就更不必提了。一个犯下如此多错误的君王，最后以这种方式惨淡收场，这大约也算是因果报应了。

可是淖齿的阴谋并没有得逞，他被杀了。

杀淖齿的人是王孙贾，他年仅十五岁。齐湣王逃到莒城后，他在齐王手下当差，尽心尽力。后来齐湣王前去与淖齿会晤，一去就没回来，王孙贾心里很担心。回到家后，他向母亲提起了这件事，母亲对他说：“你早出晚回或晚出不回时，我总是倚靠在门边张望等待。可是现在你伺候大王，如今大王不见人影了，你怎么就独自回家了呢？”听到母亲这样说后，王孙贾心里很惭愧，便回去找寻齐湣王。

这时，齐湣王被害的消息传来，王孙贾十分悲痛，他在市集上对着人群大呼说：“淖齿乱齐国，杀我王，要同我一起前去报仇的人，请袒露右肩。”王孙贾不过是个十五岁的小毛孩，尚且如此有血气，很多人被他的勇敢精神所感动，遂有四百多人表示愿意跟他一起去杀死淖齿。这四百多人是如何杀死淖齿的，史书上没写，也许是他根本没有提防这群百姓，让王孙贾侥幸得手。

齐湣王已死，而国不可一日无君。莒城百姓便拥立湣王的儿子田法章为国王，史称齐襄王。田法章是如何上台的呢？这里有个有趣的故事。

当淖齿杀死齐湣王时，田法章担心自己也遭到不测，便隐姓埋名，偷偷跑到莒太史敫家中当用人。太史的女儿见田法章相貌奇伟，对他有好感，不把他当用人使唤，还偷偷送些衣服、食物给他。田法章深受感动，便把真相告诉她。太史女得知他王族的身份后，不禁芳心暗动，以身相许。岂料这一相许，不经意之间居然成为王后了。不过莒太史敫得知自己的女儿竟然擅自做主，羞愤地说：“女不待媒而自嫁，非吾种也，污吾族也。”后来竟然再也没见女儿一面。

当时不愿亡国的齐国志士们，纷纷聚集于莒城，这里成为抗燕的基地。王孙贾杀淖齿后，大家听说齐湣王的儿子田法章也在莒城，便四处寻找。田法章也听闻消息，可是他还是担惊受怕，因为他知道父亲齐湣王为民众所深恶痛绝，要是这些人找到了他，会不会把他也杀了呢？其实百姓对齐湣王固然痛恨，可是一来齐湣王已死，二来此时抗击燕国入侵才是首要大事，大家都希望能立一位君主来领导他们抗战到底。过了一段时间后，田法章感到没有危险了，这才抛头露面，民众与大臣们欢呼雀跃，把他推上国王的宝座。

齐襄王即位后，立即布告全国："王已立在莒矣。"

虽然齐国立了新王，可是在战场上却仍无法抵挡乐毅的凶猛进攻。

乐毅占领齐都临淄后，把燕军作战司令部设于此，然后分略其他城池。

燕军攻克画邑（今山东临淄西北），画邑有一位齐国贤者名唤王蠋，在当时名望很高。乐毅想把王蠋收为己用，下令军队不得在城内驻扎，退至城外三十里处。他派人前往邀请王蠋出山，并许以官职，可是王蠋这个人有气节，不愿意与侵略者合作，遂一口拒绝了。画邑燕军将领十分生气，便吓唬他说："你要是拒绝的话，我就屠城。"

王蠋不为所动，他答复说："忠臣不事二君，烈女不事二夫。齐王不听我的劝谏，我就辞了官到这里来种田。如今国破君亡，我没有能力保卫国家，你们又用武力来胁迫我，与其背着不义之名苟且偷生，还不如一死了之。"说完后，他找了一棵大树，上吊自杀了。乐毅听到这个消息后，扼腕叹息，礼葬了王蠋，并给他修建了一座大墓。

乐毅深知要征服一个国家是非常不容易的，征服齐国更是困难。他确定了"攻心为上"的政策，要努力实现从"侵略者"向"解放者"的转变。为此他接连发布了几条军令：其一，禁止燕国军队劫掠占领区百姓，要体现出仁义之师的样子。其二，大力求访齐国民间的贤士能人，并委以官职，推为上宾。其三，减轻百姓的税赋，废除齐湣王时的苛政，此举令齐国民众大为欢迎。其四，隆重祭祀齐桓公与管仲。这是向民众传递一个信息：齐桓公与管仲奠立强国之基，可是田氏最终霸占了齐国，当今的齐王并不是正统的君主，而只是篡权者，田氏政府是不合法的政府。

事实证明，乐毅的政治攻势非常有效，他巧妙地利用民众对齐湣王的不满而大做文章，弱化齐军的抵抗决心。

发动政治攻势的同时，乐毅的军事部署也毫不含糊，这就叫双管齐下。燕军兵分四路，扫荡齐国：左军渡过胶水，一直攻打到胶东半岛的最东部，即东莱；前军从泰山向东攻略，直抵海边的琅玡；右军沿着黄河与济水西进，攻下阿城与鄄城，与进攻宋地的魏国兵团遥相呼应；后军则收拾临淄以北的城池，这些城池是乐毅在进军临淄时采用蛙跳战术过而不攻的；留守临淄城的是中军部队。

伐齐之战的第一阶段，即燕国出兵至攻克临淄城，史书所叙颇详。可是到了第二阶段，即乐毅如何逐一扫荡齐军据点，则史料缺乏。人们通常的印象是，乐毅仅仅花了数月的时间便攻略齐国大部分的土地，仅剩下即墨、莒城等几座城池未能攻下，《资治通鉴》即是采纳此说。然而此说令人狐疑不解，既然乐毅能在数月内征服齐国绝大多数土地，何以在之后五年的时间里，不能攻克即墨与莒城呢？这似乎不能体现乐毅的水平吧。

笔者认为，乐毅并非仅用数月就扫平齐国，而是用了五年时间，才击破齐国绝大多数的反抗力量。其实《史记》中的《乐毅列传》就写得明白："乐毅留徇齐五岁，下齐七十余城，皆为郡县以属燕。"倘若不是燕齐苦战五年，那么试想想，其他诸侯国能眼睁睁地看着燕国吞并齐国吗？显然是不可能的。诸侯国之所以并不干涉乐毅，是因为在这五年里，燕、齐仍在不断地战斗，各国就乐得坐山观虎斗，让这两个国家去相互消耗实力。

公元前 279 年，即燕国伐齐的第六年，齐国的土地多数已落入乐毅之手，他攻占了七十余城。关于战国时代"城"的概念，史料中语焉不详。"城"的标准是什么呢？恐怕各国标准不一样。我们习惯称为"城邑"，但在战国时，"城"与"邑"是不同的，一般来说，"城"比"邑"要大。苏洵在《六国论》中曾说："小则获邑，大则得城。"在公元前 289 年，白起伐魏，取六十一城，是役魏国仅损失一部分土地，就有六十一城沦陷。以齐国之强，怎么可能全国只有"七十余城"呢？可见魏国的"城"与齐国的"城"在标准上是不同的，魏国把较小的"邑"也算成"城"，而齐国的"城"，可能就不包含"邑"在内了。

战争进行到第六个年头，齐国只剩下两座城未被攻陷，即莒城与即墨。莒城是齐国政府所在地，即墨则是齐国东部最重要的军事据点。

莒城与即墨的抵抗十分顽强。大约在公元前 284 年或公元前 283 年，燕国兵团便发动对此二城的进攻，但耗时一年多也未能攻破。乐毅改变战术，把军队驻扎在距离城池九里外的地方，监视两城的一举一动。在此后三年里，燕军也多次进攻，可仍然未有实质性进展。到了公元前 279 年，齐国其他军事据点基本上都已沦陷，乐毅加大了对莒城与即墨的攻击力度，他把右军、前军的主力调到莒城前线，把左军、后军的主力调到即墨前线。齐国最后的两个堡垒，能否顶得住燕军的最后一击呢？

对乐毅来说，一个危险的信号出现了。

这个危险不是来自前线，而是来自后方。明枪易挡，暗箭难防，有人在燕昭王面前说乐毅的坏话："乐毅智谋过人，连下齐国七十余城，每座城都是在短时间内就攻克的。如今齐国只剩下两座城池，他却一直攻不下来。依我之见，并不是乐毅没有这个能力，而是他根本就不想进攻。他有不可告人的目的，我看他是想当齐国的国王。他之所以到现在还没称王，只是因为妻儿还在燕国。不过齐国的美女很多，我看他也把妻儿忘得差不多了。大王，乐毅野心昭然，您可要及时动手哇。"

这种谗言，完全是捕风捉影，没有证据，只是充满信口雌黄的猜测。可是我们必须说，进谗之人，抓住君王的一个死穴，只要"诬以谋反"，不管这个谋反是不是真的，总会令君王生出莫名的恐惧。对此，多数君王采取的办法是："宁可信其有，不可信其无。"保住自己的宝座与权力是最重要的。

可是，这一点又足以证明燕昭王的伟大之处。燕昭王并没有直接回答进谗者。他不在私底下处理这件事，而是要公开处理。他大宴群臣，在宴席上，公开表明自己的态度。他当着众人的面，对进谗者说："先王（指燕王哙）曾经把君位禅让给大臣子之，并不留给自己的子孙，这是认为贤人才配统治国家。只是先王所托非人，子之的品德不够，不能胜任，国人也不听从他。齐国趁我动乱时，攻打我土，杀我先王。寡人即位后，每念及此，就痛入骨髓，故而广招天下贤才，以求报仇雪恨。倘若有人能助我复仇成功，我还打算与他共同统治燕国。如今乐毅先生为寡人击破强齐，夷其宗庙，报先王之仇。齐国本来就应该是乐毅先生所有，并非是我燕国所应得的。乐先生倘若能统治齐国，与燕同属诸侯之列，结欢同好，共同抗击其他国家的入侵，这是燕国之福，也是寡人的心愿。你竟在寡人面前诽谤乐先生，该当何罪？”

说完后，燕昭王喝令刀斧手将进谗者推出去斩首。

燕昭王所说的话，是不是由衷之言，我们不好断定，但都无损于他的英明。如果他说的是真心话，说明他的胸襟宽广，非他人所能及；如果他的话只是一种权谋，说明他的统御术炉火纯青。我个人比较偏向于后者，即认为这乃燕昭王统御术的表现，因为他做得太夸张了。杀了进谗者之后，燕昭王把王后的衣服送给乐毅的妻子，把王子的衣服送给他的儿子，并派一百辆马车，把乐毅的妻儿全部送到齐国，封乐毅为齐王。如此大张旗鼓，未免有作秀之嫌。

其实燕昭王是非常明智的人，因为他懂得逻辑学。

我们来猜测一下燕昭王的内心，他面临两个判断：第一种可能，乐毅是忠心耿耿的。如果是这种情况，燕昭王就不必有任何担心了。第二种可能，乐毅心怀不轨，想称王。乐毅要是想称王，燕昭王能阻止吗？不可能，因为燕国的军队尽在乐毅的控制之下，他所占据的齐国比燕国面积还要大。既然无法阻止，倒不如先送一顶王冠给乐毅。

事实证明乐毅并没有个人野心，面对燕昭王的“慷慨之举”，他诚惶诚恐，同时也万分感激。他马上写下一封亲笔信，拒绝封王并表示效忠之心。此后，没有人胆敢在燕昭王面前诽谤乐毅，而乐毅的忠心也赢得了各国的尊敬。

这件事本来已尘埃落定，可惜的是，不久后燕昭王病逝，这使得乐毅的前途蒙上一层阴影。

我一直认为燕昭王是战国时代最伟大的君王之一，既在于他的功业，也在于他的人格。燕昭王在位共计三十三年，他继承了一个经战乱亡国后破败的国家，却终于以自己坚忍不拔的意志，使国家走上富国强兵之路。他恢复了一个万乘之国应有的尊严，他以弱伐强，创造了一段战国历史上的奇迹。与功业相辉映的是他人格的伟大，他以谦恭之心礼待贤士，为邹衍扫地开道，为乐毅挡住流言的飞箭。不用说在燕国，就是在齐国占领区，他都能废弃暴虐的苛政，善待百姓，尊重贤人。比起当年齐宣王占领燕国时犯下的累累暴行，燕军即便不能称为仁义之师，恐怕也相去不远了。

君主制国家，兴衰易变，君主的个人能力对国家前途有至关重要的影响。燕昭王的继承者能否奋昭王之余烈，把伐齐战争进行到底呢？

七、田单的使命

齐国的形势已空前严峻，大的城池只剩下莒城与即墨，而这两座城池面临的压力也越来越大。莒城与即墨都是大城池，是齐“五都”中的二都。五都包括临淄、高唐、平陆、即墨和莒城，前三都已经沦陷。由于这两座城池久攻不下，乐毅身上的压力很大，于是他确立先集中力量攻克即墨的战略方针，如此一来，即墨的生死，便直接关系到齐国的存亡。

在燕国兵团的猛攻之下，即墨守军的伤亡很大。更糟糕的是，即墨军政长官（即墨大夫）在与燕军作战中阵亡。这位即墨大夫史不载其名，但他确实是一名非常优秀的长官，正因为他的杰出表现，这座孤城才能坚持抗战达五年之久。现在即墨大夫死了，城内的军民必须要推选出一位有才干的人出来主持大局。谁会是最佳的人选呢？大家推举田单为将军，这不仅是即墨的幸运，也是齐国的幸运。

田单要以自己的聪明才智，力挽狂澜，扶大厦于将倾。

那么田单是何方神圣呢？

这块即将大放光芒的美玉，在齐湣王当政时期却被当作普通的石头。在燕师伐齐之前，田单是临淄城的市掾，就是管理市场的官员，并没有得到重用，因此也默默无闻。不过他跟王室有点沾亲带故，是王族的远房亲戚。

乐毅伐齐后，燕师长驱直入，进攻临淄。当时齐湣王率先弃城而逃，国王一逃，全城都乱成一锅粥了，能逃的人都逃了。田单也逃到了安平，这里可能是他的老家，因为他有许多亲戚、族人都住在这里。不久后，燕国军队又打到了安平，安平的百姓惊恐万分，纷纷出逃。当时田单跟自己的族人说，要把马车改造一下才行。当时的马车车轴都是用木条，木条突出在车轮外，要是遇到马车拥挤在一起时，这个突出的木条就容易跟其他车碰撞，导致车轴断裂。那么田单要怎么改造呢？他把车轴突出在轮外的部分锯断，然后用铁皮包裹车轴。这一改进，使得田单与他的族人得以顺利逃出安平。而其他许多马车则发生车轴断裂的情况，车子无法行驶，最后被燕军追上成了俘虏。这件事，令田单在自己的族人中名声大噪，大家都认为他是很有谋略和智慧的人。

即墨大夫战死后，在讨论谁能成为新的统帅时，大家都觉得田单这个人有谋略，能担当大任。况且田单还是王族亲戚，又有族人的支持，于是大家都同意由他出任将军。

田单对局势做了一番判断，他认为齐国的抵抗力量已相当薄弱了，又要面对乐毅这样伟大的将军，根本难有胜算。要反败为胜，关键要除掉乐毅；而要除掉乐毅，关键是要实施反间计。

先前有人在燕昭王面前诽谤乐毅，这或许就是田单的反间计，但燕昭王把进谗者杀了。只要燕昭王还在位，流言蜚语就伤不到乐毅。正当田单几乎要束手无策时，一个消息传来了：燕昭王病逝了。这可是田单逆转形势的绝佳机会！于是他加大了反间的力度，齐国的间谍大量涌入燕国，四处散布谣言。

燕国新国王（燕惠王）便听到了这样的说法："齐王（指齐湣王）死了，齐国只剩下两座城没攻下来。乐毅把军队驻屯在齐国，实际上是想拖延战争，等齐国民心归顺后，自己就当齐王。他不敢回国，是怕国君把他杀了。现在齐国人不怕乐毅，只怕燕国调派其他将领过来，如果那样的话，即墨城就必破无疑了。"

这些谣言，并没有新意，仍然是诽谤乐毅心怀不轨，谋求称王。诬以谋反，可以击破九成以上君王的心理底线。生于忧患的燕昭王有一颗强大的心灵，可是他的儿子燕惠王就被这种流言吓到了。一个平庸的君主，面对一个卓越的部下，心中总难免产生自卑感。不仅如此，在燕惠王还是太子时，与乐毅就有矛盾，这也促使他下定决心，要撤掉乐毅总司令之职。他派一位名叫骑劫的将领顶替乐毅，并召乐毅回燕。

事到如今，乐毅心里明白，燕惠王对自己非常提防。他害怕一旦回到燕国，会遭到燕惠王的毒手，思来想去，最后他决定去投奔赵国。就像当年不辞而别离开赵国一样，现在他又不辞而别离开齐国，回到自己的故国。此时的乐毅已是名满天下的将领，赵惠文王对他的回归非常欢迎，封他为望诸君，并把观津作为其采邑。田单的反间计获得成功，接下来，他要上演苦肉计。

在乐毅征服齐国期间，废除齐湣王的暴政，行仁义之政，因而齐国百姓虽然成为被征服者，可是对燕师并不排斥。如今乐毅离开了，田单要用苦肉计来激起齐国民众对燕国的仇恨，扭转燕军"仁义之师"的形象。同时，他还要用种种手段来增强军民的抵抗意志。

精于计谋的田单先弄了一出装神弄鬼的把戏。他要求即墨城中的百姓，在每顿饭前，先在庭院中摆设祭品，祭祀祖先。这些祭品吸引了天上的飞鸟，于是很多鸟儿飞入即墨城中，在上空盘旋，一有机会就俯冲下来偷啄食物。城外的燕国士兵觉得很奇怪，怎么即墨上空的鸟儿这么多呢？这时田单又放出流言说："有神师将从天上降下来，教授我们御敌之法。"他又告诉城中的百姓说："将会有一个神人来当我的军师。"

这时有一个小兵站出来，开玩笑地说："我可以做军师吗？"田单郑重其事地把他唤过来，请他坐在贵宾座上，恭恭敬敬地拜他为军师。那个小兵吓坏了，赶紧说："我是骗您的，说着玩的，我其实没什么本事呀。"田单在他耳边轻声细语地说："你不要说话。"就这样，这个小兵摇身一变成为神师了。每当田单发号施令时，便把这位神师扛出来。即墨城的百姓还信以为真了，看来上天是不想让齐国灭亡，竟然在关键时候派了一位天师下凡。信，是人内心中最强大的力量。田单对此了若指掌，并运用得炉火纯青。但是我们必须看到，这种装神弄鬼的把戏，也只能在特殊的场合下使用，如果是在和平年代，未免有愚民之嫌。

田单谋略过人，但他的手段有时颇为冷酷。为了激起民众对燕军的仇恨，他又故意把流言传到燕军那里，流言是这样说的："齐国人不害怕燕军，是因为他们即使被俘虏也不会有事。如果燕军把齐国俘虏的鼻子割掉，并让他们站在队伍跟前，那么齐国人一定会吓得胆战心惊，即墨很快就会投降了。"

燕军新统帅骑劫并不像乐毅那样是一名儒将，他听到这个说法后，觉得有道理，得让齐国人害怕，他们才会屈服。他下令把齐国俘虏的鼻子割掉，并拉到即墨城下展览。这种恐怖手段，固然令即墨军民胆战心惊，可是更激起他们的愤怒。以前乐毅曾下令，如有从城内逃出的百姓，一律不准侵犯，生活困难的，一律给予赈济。乐毅明白，要征服一个国家，首先必须要征服民心。可是乐毅多年的努力，在骑劫这一次鲁莽行动中泡汤了。从此以后，没有一个即墨百姓敢出城向燕军投降，谁也不想被割掉鼻子后，又摆在城外巡展。燕军的暴行不仅没有吓唬住城内的军民，反倒坚定了守军血战到底的决心。

即墨人对燕军的形象已完全转变了，但田单觉得还不够。他再次施反间苦肉计，宣称说："我们最害怕城外的祖坟被燕国人给挖了，要是祖宗的尸骨遭到凌辱，那我们的心就碎了、寒了。"骑劫听到这个话后，不禁冷笑几声，就是要你们心碎心寒，这样才能知道我们的威力。于是燕国人又捣毁了齐人的祖坟，把尸骨掘出来烧了。即墨的军民站在城头上看到自己的祖坟被燕军肆意凌辱，潸然而泪下。大家义愤填膺，纷纷请求出战。

正所谓众志成城，田单看到士气可用，民心可用，对击败侵略者充满了信心。可是光凭勇气还是不够的，必须要为战斗做最充分的准备。田单并没有高高在上，而是与士卒同甘共苦，他亲自带上版筑、铁锹，与士兵们共同挖土筑城，甚至把自己的妻妾都安排在队伍行列中，拿出自家的粮食犒赏士兵。

敌强我弱，靠硬拼那是不行的，必须要以智取胜。即墨城是田单施展聪明才智的绝佳舞台，他把他的谋略发挥得淋漓尽致。

首先，他把即墨城内的精锐部队隐藏起来，让老弱残兵甚至妇女守城，这是示弱于敌，看上去城内的精壮男子都差不多战死了，制造假象来蒙骗燕人。说实话，这并非高明的招数，如果是对付乐毅这样的名将，全然无效，可是拿来对付骑劫，却绰绰有余了。

其次，田单派人向燕军统帅骑劫请降。自从乐毅因谗离去后，燕军上下无不为他打抱不平，对燕惠王颇有微词，原本稳固的军心开始动摇。经过五年的征战后，燕军士兵返乡心切，听说田单要投降了，大家欢呼雀跃，高喊"万岁"，漫长的战争似乎已望见尽头了。为了假戏真做，田单还收罗了一千镒黄金（一镒为二十两或二十四两），让一位当地富豪送到燕军司令部。这位富豪献上黄金，并对燕国将领们说："即墨马上要投降了，我特地献上黄金，希望燕军入城后不要掳掠我家妻妾，保护我家人的生命安全。"这么一来，燕军更相信田单果真要投降了。

战场上的紧张气氛渐渐淡去，燕军兵营一派轻松景象，士兵们不像过去那样严阵以待。可是他们忘了，战争还未结束呢。

在燕军放松警惕的同时，即墨城内的军民都动员起来，为最后的决战做准备。要击破燕军，就必须要出奇制胜。在这里，我们又一次领略了田单卓越的智慧，开创了一种前无古人的战法：火牛阵。

田单把即墨城中的牛都收集过来，有一千多头。即墨城中有这么多头牛，说明这座城池的粮食一直是很充足的。历经五年战争，居然粮食还够用，这不能不说是很罕见的事。我想这是因为乐毅网开一面，否则即墨以一孤城而无匮粮之忧，这就不可思议了。观乐毅的战略，以攻心为上，因而在伐齐期间，所采取的军事手段都充满人道色彩，故而有理由相信，他并没有对即墨城发动经济封锁战。

在田单眼中，一千头牛就是一支精锐的部队。他有什么妙招化腐朽为神奇呢？他给每头牛都穿上衣服，而且衣服上还涂了五颜六色的图案，牛角上绑上尖刀，牛尾上缠着一束芦苇，芦苇还用油浸过。他把这群牛分成数十组，沿着城墙建了数十个牛圈，然后在正对着牛圈的城墙上挖洞。这些奇怪的方法令人看不懂，田单究竟想干什么呢？

入夜时分，田单下令在牛尾巴上点火，并且打开牛圈，牛圈的门通向城墙挖开的洞。你想想，这火一烧该有多疼啊，这些牛疼起来就乱跑，它们冲出墙洞，没命地向前冲，一直冲向燕军的兵营。燕国士兵正在酣睡中，被牛的嚎叫声惊醒了，出营帐一望，只见黑夜之中，火光闪闪，一千余头五彩疯牛狂奔过来，火光令牛角尖刀寒光闪烁，夺人心魄。整个燕军兵营乱成一锅粥了。这些疯牛来势汹汹，燕军士兵只要撞上了，不是被牛角尖刀捅死，就是被撞伤，这些久经沙场的战士，何尝见过此等神兵呢？

在付出惨重的代价后，燕军总算把火牛给压制住了，这些牛要么被杀死，要么跑得累死了。就当燕国人以为控制住局势时，不想齐军的第二波进攻开始了。就在火牛大闹燕兵营时，田单已经派出五千名精锐战士，衔枚出击。为什么要衔枚呢？就是怕弄出声来。这五千人悄悄地逼近，在接近燕军兵营时，果敢发起冲锋。这个时候，田单又在即墨城中擂响战鼓，你想想在深更半夜时，这些鼓声多让人心惊肉跳。城内的男女老少都被动员起来，敲着铜锣铜器，一时间声震天地。燕国人从未感到如此恐怖，因为他们根本不知道来了多少敌人，而燕军兵营中的伤者还呻吟遍地。

对燕国人来说，更糟的事情是主帅骑劫在一片混战中被杀死了。一个军队没了主帅，就等于失去了灵魂，士兵们各自为战，根本无法协同作战。这么一来，失败就无可挽回了。情形就这样逆转了。就在一天前，燕国人还自信满满的，相信胜利已是触手可及，可是如今，却只能咽下失败的苦果。胜负在一夜之间决定了，燕师败走即墨，但这只是大溃败的前奏罢了。

在即墨城下，齐国人取得了六年战争的第一场大胜。凭此一役，田单即可跻身于战国时代最伟大的将领之列。即墨之役，是燕齐战争的转折点，这场战役燕国人付出多少代价，史书中没有记载，我估计至少死伤数万人。同时，燕国主将骑劫之死，也让燕军陷于非常被动的局面，群龙无首，没有明确的战略规划。

田单推倒了第一张多米诺骨牌，紧接着倒下的便是第二张、第三张，直到整个骨牌全部坍塌。在此之前，燕国能以数量不多的军队征服、统治齐国那么久，靠的就是实施仁政以赢得齐人之心。可是这一切政治措施，在燕昭王去世及乐毅被免职后，难以继续维持，无论是燕惠王还是骑劫，都缺乏长远的政治目光。特别是燕军在即墨城下虐待齐国俘虏、挖掘祖坟等消息传开后，燕国人的统治基础动摇了。

齐国人的反扑开始了。仍然是田单，他从即墨出发，开始了伟大的进军。这位“解放者”所过之处，当地民众纷纷拿起武器，自发组织抗燕义军，配合齐军作战。田单的军队如滚雪球一样，以不可思议的速度膨胀起来。指挥系统瘫痪的燕军士气低落，无心恋战，他们纷纷北逃，而齐国人奋勇追击。

沉沦多年的大国，突然间迸发出应有的潜能，从而制造了一个神话般的奇迹。短短几个月的时间，在田单兵团以及各地义军的打击下，燕国人全线溃败，全部被赶出齐国。而沦陷的七十余座城池，也全部宣布解放。这是战国历史上最神奇的一段故事，也成就了田单千古不朽的英名。

现在燕惠王终于知道自己犯下大错了。可他确实算不上是明君，他非但没有责备自己，反倒责怪乐毅。他写了一封信送到赵国，交到乐毅手中，信是这样写的：“先王把整个国家托付给将军，将军不负所望，为燕国击破强齐，替先王报仇雪耻，天下莫不震动。寡人哪里敢忘记将军的功劳呢？先王不幸去世，寡人新即位，左右佞臣误导寡人。寡人派骑劫顶替您，也是考虑到您长年征战于外，想召您回来计议大事。可是将军却听信流言，与寡人之间产生了误会，以至于弃燕投赵。将军为自己打算这当然无可厚非，可是您这么做，又怎么对得起先王对您的知遇之恩呢？”

这个燕惠王不仅没有反思自己的错误，反而反咬一口，拿乐毅出气。可是我们说过，这是一个良禽择木而栖的时代，不但是君择臣，也是臣择君。乐毅逃到赵国，而且还得到赵王的尊重，燕惠王当然拿他没办法。即便这样，他还想写封信出出气，可见心胸多么狭窄。其实燕昭王在世时就说过，不是乐毅欠燕国什么，而是燕国欠乐毅许多。

针对燕惠王的责难，乐毅写了一封回信。这是一封非常有名的信，只是信太长，我在这里不做全文引用，只择其要点。

在信中，乐毅先回顾自己投奔燕国并受到燕昭王重用的经过，以及伐齐之役的前前后后。他盛赞燕昭王“有高世主之心”，就是说，有超越当今君主的思想，并评价说“自五霸以来，功未有及先王者”，这个评价是相当高的。燕国以弱国击破强国，这确实是其他君主所未能做到的。

紧接着，乐毅为自己去燕归赵做辩护。他以伍子胥的遭遇为例，伍子胥曾帮助吴王阖闾击破强楚，却死于吴王夫差之手。乐毅说：“善作者不必善成，善始者不必善终。”那么他自己要怎么做呢？要是燕昭王刚死，他就从英雄沦为罪人，那岂不是让人觉得燕昭王没有用人之明吗？他不能像伍子胥那样去死，这样做对不起先王，是给燕昭王脸上抹黑。如果他忍受别人的侮辱、诽谤，那么当初燕昭王杀进谗者不也是错误的吗？所以自己不能接受这种谗言的攻击。更进一步说，自己要是蒙受这种不明不白的罪，让那些奸佞小人得逞，这就助长了歪风邪气，从道义上说，也不允许牺牲自己来让小人得志。

虽然是为自己辩护，可是乐毅仍表现出名士之风范，正如他所说的：“古之君子，交绝不出恶声；忠臣去国，不洁其名。”他并没有过多地指责燕惠王，只是指出“恐侍御者之亲左右之说，而不察疏远之行也”，把批评的矛头指向燕惠王身边的佞臣。事实上，他还尽力避免燕、赵之间爆发冲突。

在田单复国后，赵惠文王曾经想图谋燕国，他对乐毅说：“燕军在齐国遭到重创，燕王听信谗言，以至于国人都不愿归附他，能不能趁此机会图谋燕国呢？”乐毅一听，当即跪倒在赵王面前，流泪说道：“臣以前尽心竭力辅佐燕王，就如同现在尽心辅佐大王一样。假设臣现在身处他国，哪怕是对赵国最卑贱的刑徒奴隶，我也不忍心图谋，更何况是燕昭王的后嗣呢？”赵惠文王感于乐毅的忠心，便放弃了攻打燕国。

燕惠王风闻此事后，便把乐毅留在燕国的儿子乐间封为昌国君，此后燕、赵两国和平共处。乐毅多次作为赵国的和平使节，来往于燕赵之间。乐毅去赵附燕时，没有做过对不起赵国的事；去燕归赵后，也没有做过对不起燕国的事。相反，他还成为两国和平的使节，这就是他的伟大人格。

我们再回过头来说田单。

田单以秋风扫落叶之势，把侵略者驱逐出境，而后迎齐襄王返回首都临淄。据说当时齐襄王已经逃到深山之中，恐怕那时他对复国已全然失去信心了。可是没想到在他隐居的这段时间里，田单逆转了战局。田单在山中修了栈道木阁，把齐襄王这个缩头乌龟国王给请出山了。齐襄王龙颜大悦，把“解放者”田单封为安平君，并任命他为齐国丞相。

可是齐襄王比起燕惠王，实在也强不到哪儿去。

没本事的人要统治有本事的人，不免会有心虚、嫉妒甚至恐惧感。有一件事令齐襄王恐慌了。这其实并不是什么大事，只是一件很小的事。

有一回，丞相田单过淄水时，看到一个老人正徒步涉河而过。当时天气寒冷，这个老人家过了河后，身体冻得受不了，走不动了，瘫倒在路上。田单赶紧解下身上的皮裘，披在老人家身上，老人家十分感动。后来这件事就传开了，也传到了齐襄王的耳中。齐襄王的第一反应就是，田单居心叵测！他自言自语道：“田单用如此手段收买人心，难不成想谋夺我的国家吗？要是我不早下手，恐怕以后会有变局。”

齐襄王也就是个猪脑袋。田单要是有夺权篡位的念头，当初以“解放者”的身份光复齐国时，就可以一步登天了，何必要绕这么大个圈子呢？可是君主的思维总是与众不同，宁可把别人当坏人，也不能相信他们的忠诚。

齐襄王在自言自语时，还以为四周没有人，不曾想这里居然有一个正在为珍珠穿线的工匠（贯珠工）。他便喊这位贯珠工：“喂，你听到我刚才说的话了吗？”贯珠工不敢欺君，只得回答说：“我听到了。”齐襄王点点头，又问道：“那你觉得我说的对不对呢？”这个贯珠工是个挺聪明的人，便回答说：“大王为什么不把田单的善行变成自己的善行呢？田单做了好事，您就嘉奖他。这样大家就会认为，田单把皮裘送给老人家，是因为大王关心百姓的寒暖；田单给民众提供粮食，是因为大王担心百姓受到饥馑；田单为人民服务，是因为大王没忘掉百姓的疾苦。这么一来，田单做的善事，就等于是大王您做的。”

这一番话，把齐襄王说得心花怒放。也多亏了这位贯珠工，田单才没有落得像伍子胥那样的下场。

可是既然齐襄王对田单起了疑心，那自然就会有善于察言观色的佞臣在一旁造谣中伤。齐襄王有几个宠臣，都是以前在莒城时追随他的，对田单的功劳与地位相当嫉妒，便想方设法要置他于死地。于是他们联合起来进谗言说："田单一个人控制着全国的武装力量，在政坛上占据优势。他与大王之间，名为君臣，实则没有差别，连上下级关系都算不上。据我们观察，田单这个人心怀叵测，他掌握国家大权，内则安抚百姓，外则怀柔戎狄，礼待天下贤士，这样做，一定别有用心。大王您还是要明察的好。"

听起来真悲哀啊。安抚百姓、怀柔戎狄、礼贤下士，这些都是田单兢兢业业为国的表现，在佞臣眼中，反倒成了罪状了。

第二天上朝时，齐襄王高高在上，传令说："把丞相田单叫来。"这时田单应该也风闻有人在齐王面前中伤他，这位齐国第一功臣在专制权力面前也感到前所未有的恐惧。他免冠、赤足、袒背，以一副罪人的模样入殿见齐襄王，匍匐在地，自称死罪。看到田单这种窘样，齐襄王乐了，谁说你跟我没有上下之分、君臣之别呢？我就是王，你就是个臣。于是他颇为得意地说："你并没有什么死罪。你只是尽你作为臣子的礼，而我只是让你瞧瞧我作为君王所应有的威风。"

有本事的臣子，遇到没本事的君主，真是倒尽霉运了。

在这里，笔者不禁要称赞乐毅的明智。孔子说过："为人君，止于仁；为人臣，止于忠。君使臣以礼，臣事君以忠。"臣子并不是无条件服从君主，臣子忠诚的前提，是君主要仁厚，要以礼待之。当乐毅察觉到君主已不仁不礼时，他断然选择了离开，所以他避免像田单那样遭到君主羞辱的命运。

不过田单也不算倒霉透顶，不久后他便峰回路转，柳暗花明了。这得归功于一个名叫貂勃的人，他是齐国一位贤人，由田单推荐给齐襄王。几位佞臣联手陷害田单时，貂勃正作为齐国使臣出访楚国。他回到齐国后，齐襄王设宴为他接风洗尘，酒宴过半时，齐襄王吩咐下人说："去把丞相田单叫来。"

貂勃听到这话后，向齐襄王叩首问道："大王，您自认为比得上周文王吗？"

怎么突然问起这个了，齐襄王有点丈二金刚摸不着头脑，便答说："比不上啊。"

貂勃说："我也知道您比不上周文王，那么，您比得上齐桓公吗？"

齐桓公是春秋五霸之首，九合诸侯，一匡天下，齐襄王只得说："还是比不上。"

貂勃便说道："是的，我也知道您比不上齐桓公。可是周文王得到吕尚辅佐，尊他为太公；齐桓公得到管仲，称他为仲父。如今大王得到安平君的辅佐，却直呼他的名字。这种不尊敬的称呼，乃是亡国之君才说得出的。自从开天辟地、有人类以来，没有任何一位臣子的功劳超过安平君。大王您不能保住国家社稷。燕国兴兵伐齐后，大王您逃到城阳山中。安平君守卫即墨城，仅凭借区区三里内城，五里外城，残兵七千余人，却最终擒杀燕军统帅，收复千里河山。这不全都是安平君的功劳吗？在那个时候，要是安平君想把您撇在一旁，自己称王，那天下人谁也无法阻止。然而安平君是一个重道义的人，他不仅没有自立为王，还修栈道木阁迎回大王，大王这才得以重返旧都。如今国家已经平定，百姓也安居乐业，大王却毫不尊敬地直呼安平君的名字，我敢说，就是不懂事的小孩子也不会这样做。我听说有几个人在背后挑拨离间，希望大王能杀掉这几个人，向安平君表示道歉。不然的话，国家就危险了。"

这些话说得很重，掷地有声。貂勃告诉齐襄王，没有田单，你这个王是扶不起来的，你非但没有感恩之心，反倒狂妄失人君之礼，这是亡国的征兆。

齐襄王与燕惠王颇为类似，都是属于没什么本事的人，同样缺乏感恩之心。没有乐毅，燕国在七雄中根本就抬不起头；没有田单，齐国可能已经被从地图上抹掉了。可是乐毅蒙冤，田单受谗，命运又有相似之处。齐国比燕国略走运的，是有像貂勃这样敢于直谏的大臣，而齐襄王总算不是糊涂到底，他意识到问题的严重性。倘若他把田单逼上绝路，以田单的聪明才智，要把他赶下台并非不可能。齐襄王总算听了一回忠言，他把几位进谗的大臣全部处死，同时把夜邑万户封给田单，以这种方式委婉地向田单道歉。

复国英雄田单总算没有成为政治斗争的牺牲品。

田单复国与乐毅伐齐一样，都是战国时代脍炙人口的故事，两千年来，家喻户晓，妇孺皆知。田单与乐毅都可入选战国最伟大的名将之列，两人有许多共同点：精于谋略，擅长心理战术，用兵大胆且敢于冒险。乐毅在伐齐之战中，置侧翼于不顾，大胆采取蛙跳战术，撇开沿途的敌方城邑不攻，直捣齐都，以奇取胜，一举端掉齐国的指挥中枢。田单冒险风格不逊于乐毅，在军事谋略上高明，在战术上也颇多创新，独家首创的火牛阵更是饮誉古今。两个人的事业几乎同样伟大，乐毅以弱国之兵几灭强国，差点成为勾践灭吴的翻版；田单则以弹丸之地，恢复千里河山，同样创造了奇迹。如果说有留给军事迷们少许遗憾的话，就是田单与乐毅没有面对面地交锋，否则两位军事天才不知又会留下什么样的经典战例，谁又能技高一筹呢？

只是田单的奇迹，对于齐国来说，也不过是回光返照。历时六年的燕齐战争，虽然以齐国复国而告终，可是齐国永远也回不到齐威王、齐宣王时代的鼎盛水平。如果能有一位好君主，那么以田单的才华，齐国或许还有东山再起、卷土重来之时。可惜的是，齐襄王终非明君，他能听从貂勃的话，与田单和解，那已经算是齐国之福。对这位平庸的君主，实在无法要求他更多了。

齐国已经从神坛摔下，其军事强国的地位也亦不复存在，沦为二流的国家，并很快被后起之秀赵国全面超越。在齐国衰落的同时，赵国则进入一个全新的发展阶段，成为战国后期唯一可与强秦对峙的国家。

第九章　谁能狙击秦国

一、渑池之会

倘若没有赵国的支持，燕昭王与乐毅是无法完成伐齐大业的。“五国伐齐”的构想始于燕国，却成于赵国，因此在《战国策》中称“赵收天下且以伐齐”，这足见赵国在反齐联盟中的特殊地位。特别是秦国的参与，赵国是打了包票的，同意秦国可以在伐齐之战中获得好处。由于秦与齐领土相距遥远，要远征就必须要从第三国穿过，秦军可能就是由赵国开往齐国的。

五国联军在济水之战中重创齐师后，秦国与韩国的军队撤走，由燕、赵、魏三国继续发动对齐国的进攻，其中赵国攻略河间。在伐齐之战中，赵国一颗将星冉冉升起，此人就是历史上著名的战将廉颇。公元前 283 年，廉颇率领赵国军队大败齐军，攻取昔阳（一说晋阳），此役有力地配合了乐毅对齐国诸城的扫荡，也使廉颇英勇善战的美名广为人知。战役结束后，赵惠文王将廉颇提拔为上卿。

有一个细节需要注意。从廉颇伐齐开始，史书上便没有记载赵国权臣李兑的消息。李兑应该是伐齐战争开始后不久便去世了，约是公元前 284 年或公元前 283 年。李兑之死并不是一件坏事，他是弑杀赵武灵王的主谋，也应该是赵惠文王一直心怀畏惧的人物。在此之前，各个国家要与赵国合纵或连衡，只找李兑，从来没找过赵惠文王。可见李兑的权势是何等的大，而赵惠文王又是何等窝囊。李兑死后，赵惠文王终于熬到出头之日了，他虽然没有父亲赵武灵王那么有魄力，可是颇能知人善任，对一位君王来说，这一点弥足珍贵。

李兑死后，赵国可能与秦国有过一次土地交换。在齐国伐宋后，齐湣王把宋国的陶邑送给了赵国权臣李兑，可是后来陶邑却成了秦国权臣魏冉的封邑。为什么会这样，史料上却没有明确的说法。我想最有可能的情况是赵国与秦国做了一次土地交换。秦国加入五国同盟伐齐，曾攻取齐国九城，这九城位于河东，与赵国接壤。李兑死后，赵国政府可能以陶邑交换河东九城，此后陶邑成为秦国孤悬东方的土地，也是秦相魏冉的封邑。

在廉颇伐齐的这一年，赵惠文王得到了一个宝贝，这便是著名的和氏璧。和氏璧是一块美玉，据说是春秋时期楚人卞和所发现，故称为“和氏璧”，被认为是一件无价之宝。和氏璧如何从楚国辗转到了赵国，其中的缘由我们也弄不清楚。赵惠文王得此璧后，爱不释手，可是秦国人却偏偏要来找麻烦。

秦昭王听说赵国有这么一块宝贝，便派使者入赵，开出一个令人心动的条件：以十五座城交换和氏璧。我们常说“价值连城”，而和氏璧的价值不是一座城，而是十五座城。对一个国家来说，十五座城显然比一块美玉要有价值，以璧换城，这是不吃亏的。可问题是秦国的信用等级很低，到时收了璧后，恐怕要翻脸不认人。秦人劣迹斑斑，就说当年张仪答应给楚国六百里之地，到了移交时，却变成六里之地。因此天下人都知道，跟秦国打交道，一定得小心谨慎，否则一不小心就要落入其陷阱。

可是要拒绝秦国呢？拒绝秦国就意味着有战争的风险。要怎么办呢？赵惠文王打算通过外交手段来解决问题，因此得派一个机谨且才智过人的使节前去与秦昭王周旋。这时，宦官令缪贤向赵惠文王推荐自己的门客蔺相如。

蔺相如有什么本事呢？

缪贤跟赵惠文王讲了一则故事。

有一次，缪贤冒犯了赵王，心里十分害怕，打算逃到燕国去，便找蔺相如来商量此事。蔺相如问他：“您怎么知道燕王会收留您呢？”缪贤便回答说：“我曾追随赵王去与燕王会晤。燕王曾私底下握着我的手，说愿意与我交朋友。所以我想他一定会收留我。”蔺相如摇摇头说：“赵强燕弱，当时您又受到赵王的宠幸，燕王自然想与你结交。如果您犯了事，从赵国逃往燕国，燕王害怕赵国，是不敢收留您的。到时燕国人一定会把您绑了，送回赵国。”

缪贤听了满头大汗，焦急地问："那我该怎么办呢？"蔺相如想了想说道："既然跑是跑不了，最好的办法，就是自己到赵王面前请罪了。您光着背，自己套上刑具，恳求大王开恩，或许可以侥幸逃过一劫。"缪贤便听了蔺相如的意见，向赵王自首，鉴于积极认错，最后赵王格外施恩，赦免其罪。

说完了这个故事后，缪贤对赵惠文王说："我私下认为蔺相如有勇有智有谋，如果让他出使秦国，一定会不负所望的。"

赵惠文王听罢十分高兴，便召见蔺相如，问道："秦王要用十五座城来换和氏璧，您看要不要给他呢？"

蔺相如答道："秦强赵弱，秦国的要求合理，不能不给。"

赵惠文王又问："要是秦王拿走了和氏璧，却不割让十五座城，那怎么办呢？"

蔺相如答："秦国要以城来交换宝璧，如果我们不答应，那么赵国就理亏。反之，如果秦国得到宝璧，却不割让十五城，那么就是秦国理亏。权衡利弊，宁可让秦国来承担理亏的责任。"

赵惠文王点点头，又问："依先生之见，何人可以出使秦国呢？"

蔺相如回答说："大王要是没有合适的人选，我愿意亲自前往。如果秦国交出城池，那么和氏璧就留在秦国。倘若秦人毁约，我一定会完璧归赵。"

看到蔺相如坚定的眼神，赵惠文王松了一口气，便派遣他为赵国使节，捧着和氏璧前往秦国。

到了秦都咸阳后，秦昭王在章台接见蔺相如，蔺相如献上和氏璧。秦王一瞧，哎，果然是无价之宝，无论是玉的质量还是做工，都堪称天下无双。他边欣赏边赞叹，然后又递给妃嫔与左右侍从观赏，大家都啧啧称赞。

蔺相如站在殿堂下，仔细观察秦昭王的表情，发现他一个字都不提割城的事，看出他并没有以城换璧的诚意。于是他便向前走了几步说："和氏璧上有一点瑕疵，请允许我指给大王看。"秦昭王一听，居然宝玉有瑕，倒想见识见识，便把和氏璧交还给蔺相如。

不料蔺相如拿回璧后，不仅没有上前，反倒后退了几步。只见他把宝璧高高举起，背靠着一根大柱子，怒发冲冠，冲着秦昭王说："大王想得到这块美玉，提出用十五城来做交易。赵国君臣都认为，秦国只是依仗自己的强大，想巧取豪夺罢了，根本不想用城池来交换，千万不能把和氏璧交给秦国。可是我却认为，普通老百姓尚且不肯相互欺骗，更何况是秦这样的大国呢？为了一块玉璧与秦结怨，这是不合适的。赵王听了我的话，便斋戒五日，并派我前来秦国献上玉璧，这样做是出于对秦国的尊重。可是今天大王没在朝堂以隆重的仪式来接见我，而是在章台这种普通的宫殿，礼节上十分不到位。更有甚者，大王拿到和氏璧后，还递给妃嫔、左右观赏，没有一点恭敬之心，当我这个赵国使臣不存在，这是对我的侮辱与戏弄。我看大王是没有诚意用城池来交换和氏璧，所以我把玉璧收回来。如果大王一定要逼我的话，我今天就跟和氏璧同归于尽了。”

说完后，蔺相如握着和氏璧，斜对着柱子，就要把宝璧往柱子上砸。这下子秦昭王可急了，从座上跳了起来，赶紧喊：“住手——”然后走下殿堂，又是赔礼又是道歉。然后他装模作样地唤来掌管图籍的官员，取来地图，在地图上圈了十五座城池，要割让给赵国。蔺相如是个很细心的人，他见秦昭王划出的十五座城池，并不是预先有准备的，只是为应付他而匆匆挑出来的。这更加证实了蔺相如的判断：秦人根本无意用十五座城池来换和氏璧，只是想强取豪夺罢了。

于是蔺相如便说道：“这块和氏璧，乃天下至宝。赵王欲献出此宝贝时，先斋戒了五日。大王也应该斋戒五日，并在朝堂之上，以隆重的大典来接收此宝物。唯有这样，我才能放心献上和氏璧。”

秦昭王看到蔺相如这个架势，心想今天是要不到这块宝璧了，倘若来硬的，这个不怕死的家伙还真能把璧给砸了呢。得，看来就先答应下来吧。秦昭王答应了，先斋戒五日，到时在朝堂之上，交接此璧。

可是蔺相如不相信秦国的诚意，他断定秦昭王就是装装样子罢了，到时收了玉璧，肯定还是要食言毁约的。最安全的方法，就是把玉璧安全带回国内。他派了一名亲信，乔装打扮后，便怀揣着和氏璧，走小路回赵国去了。可问题是，到时在朝堂之上，他要用什么向秦王交差呢？

五天时限到了。秦昭王在朝堂上以隆重的大礼来迎接蔺相如。只见蔺相如从容不迫地迈步进来，却没有抱着光彩夺目的和氏璧。众人正在纳闷时，蔺相如开口说话了：“秦国自从秦穆公以来，共有二十多位君主，没有一个曾经信守盟约。”这一张口，便把秦国历代君主都嘲讽了一遍，把众人听得目瞪口呆，心里暗想，这家伙是不是来找死的？这时蔺相如又继续说：“我担心被大王蒙骗，所以就派人走小路，把和氏璧送回赵国了。”朝堂上一片哗然，秦昭王的脸色变得阴沉沉的。

这时蔺相如又说道：“不过，秦强赵弱，大王要是先割让十五城给赵国，赵国难道敢不交出和氏璧吗？至于我，欺骗了大王，罪当处死。大王尽管用最残酷的烹刑杀我，我没有怨言。只是希望大王及诸位大臣好好考虑这件事。”

果然是一个不怕死的硬汉子。秦昭王与诸大臣本来兴冲冲地要来观赏和氏璧，却不想是这种结果，不禁面面相觑。这个时候，卫兵已经准备上前把蔺相如拉下去，秦昭王摆摆手说：“算了吧。今天就是杀了蔺相如，也得不到和氏璧了，反而破坏秦赵两国关系。还是依旧以使节之礼招待他吧，让他回赵国去，赵王也不会因为一块美璧而故意欺骗秦国吧？”

就这样，蔺相如以自己的胆识深入虎穴，不辱使命，完璧归赵。秦昭王本来就无心以十五座城来交换一块璧，这件事自然也就没有下文了。这是一次外交的典范，蔺相如的表现堪称惊人，他无所畏惧，智勇双全，真是难得的人才。也正因此，赵惠文王拜他为上大夫，自此，蔺相如成为赵国重臣。

秦、赵两国的和平是暂时的，战争总会爆发。

公元前 282 年，秦以白起为将伐赵，攻取蔺、祁二城；次年（公元前 281 年），秦攻赵，取离石；公元前 280 年，秦将白起再次攻赵，斩首两万人，取光狼城。看来赵国与秦国对抗，仍处于下风。

可是到了公元前 279 年，秦昭王突然改变主意了，要与赵惠文王握手言和。秦国的外交一直是非常厉害的，绝不可能平白无故改变政策。如果秦国的外交政策发生了变化，那背后一定另有打算。秦国要与赵国言和，目的何在呢？结合本年的历史大事记，就可以清晰地发现，秦国是要大举伐楚。

秦昭王派人告诉赵惠文王，希望两国化干戈为玉帛，并邀请赵惠文王前往渑池会晤。这会不会是一场鸿门宴呢？就像当初秦昭王邀楚怀王相会于武关，却让楚怀王走上一条不归之路一样呢？要不要去呢？赵惠文王的内心在挣扎。这时他想起了廉颇与蔺相如，还是听听这两人的意见吧。廉颇与蔺相如的意见出奇地一致，两人都认为：“大王要是不去的话，就表示赵国既弱小又胆怯。”

在齐国衰落后，赵国已经一跃成为天下第二强国，凭什么要害怕秦国呢？赵惠文王下定决心，就是龙潭虎穴，也得去闯一闯，看来这位赵国君主身上也隐约可见其父的胆略。机智过人而不乏勇气的蔺相如随赵王前往渑池，而廉颇则陈兵于国境线上，严阵以待。

临行前，廉颇对赵惠文王说："大王前去渑池，估计往返时间不会超过三十天。倘若三十天过后还未返回，请允许暂且立太子为王，以断绝秦人的阴谋。"这是最坏的打算，也就是考虑到秦昭王又一次使诈，强行扣押赵惠文王。赵惠文王同意廉颇的请求，明知山有虎，偏向虎山行，赵惠文王的表现也像是个堂堂正正的男子汉。

赵惠文王、蔺相如一行人抵达渑池，秦昭王设宴为他们接风洗尘。可是秦人的诡计多端是天下共知的，秦昭王又使什么把戏呢？酒过三巡后，秦昭王假装有点醉意，便提议说："我听说赵王十分喜好音乐，不如就在这里奏瑟一曲吧。"瑟是古代的一种大型乐器，长约三米，规格有多种，从五十弦到十六弦不等，常见的是二十五弦。赵惠文王喝了酒后，兴致也颇高，便当场奏瑟一曲。不料这是秦国人的一个陷阱，秦国御史故意这样记下来："某年某月某日，秦王与赵王喝酒，命令赵王奏瑟一曲。"边写还边喊，喊给赵国人听，这不是摆明羞辱赵国吗？

这涉及国家的尊严，绝不能让秦人得逞。只见蔺相如站起来，手持一盆缻，走到秦昭王跟前说："赵王听说秦王精通秦国音乐，请准许我献上盆缻，大王也露一手，相互娱乐一下。"缻就是装酒的瓦罐，秦人经常击缻而歌，李斯在《谏逐客书》中曾这样写："夫击瓮叩缻，弹筝搏髀，而歌呼呜呜快耳目者，真秦之声也。"蔺相如十分聪明，因为当时赵国使团出行，未必准备各种乐器，这酒罐可是现成的乐器，随便拿起一罐来就可以用了。

蔺相如这么一说，秦昭王当然晓得他的用意，赵国人不想吃亏嘛。可是秦昭王坚决不肯击缻，一脸怒气，看到这个讨厌的家伙，就想起当时献和氏璧时的情景，这气就更大了，他把头撇一旁，不理会蔺相如。可是蔺相如并不是一个知难而退的人，他又向前走几步，跪在秦王面前，高捧着缻，坚决要求秦王敲打。秦王怒发冲冠，蔺相如大声喝道："我与大王仅五步之遥，大王要是不答应，蔺相如颈部的鲜血就要溅到大王身上了。"言下之意，你要不击缻，我就自刭身亡。还可以有另一种解释，我蔺相如把命豁出去了，你要不答应，我就跟你拼命。

这一幕把在场的所有人看得目瞪口呆。这时秦王的卫士们要上来杀蔺相如，蔺相如怒目一睁，目光如箭，那气势竟然把卫兵们给吓退了。谁也不敢动手，要是惹怒了蔺相如，这家伙就要把盆缻砸到秦王的脑袋上了，这个责任，谁负得起呢？卫兵们不敢上来，大臣们不敢吭声，秦昭王与蔺相如就这样相持着。这是意志力的较量，论权势，蔺相如怎么能跟秦昭王相比，可是这样僵持着，秦王也没面子。看来要是不象征性地击缻一下，这个顽固的家伙是不肯罢休的。最后秦昭王败下阵来了，他勉为其难地在缻上敲了一下。

蔺相如站起身，恶狠狠地瞪了秦王一眼，然后若无其事地退下，唤来赵国御史，让他记下来："某年某月某日，秦王为赵王击缻。"

这个酒宴就是一个没有硝烟的战场，虽然没有鲜血四溅，却是斗智斗勇的舞台。威震天下的秦王，却被赵国大夫蔺相如羞辱，这也太没面子了吧。于是有一位秦国大臣便想一招："请赵国用十五座城来为秦王贺寿。"蔺相如回应道："请秦国用咸阳城给赵国献礼。"

在大堂之上，蔺相如舌战群臣，兵来将挡，水来土掩，见招拆招。在外交战中不可一世的秦国人，居然讨不到半点便宜。毫无疑问，在这场较量中，蔺相如是真正的赢家，他的精彩表现，足以成为后世的范本。战国时代有许多著名的外交家，像张仪、苏秦、公孙衍、苏代等，可是这些人谋略有余，正气不足。蔺相如的一腔正气使他身上有一种超凡的魅力，这是人格的魅力，他以弱者的身份勇敢地挑战强者，这是武士的精神，这种精神让他变得十分强大，变得无所畏惧。

渑池之会，赵惠文王并没有遭遇到楚怀王被囚的下场，因为秦国急于同赵国媾和，以便在南方发动对楚国的进攻。当然，廉颇在边境线上陈兵以待，也是秦国人不敢轻举妄动的原因。这次会议使秦国与赵国在之后的几年内没有发生战争，两个国家都利用这段时间积极对外扩张，进一步确立了军事大国的优势地位。从结果来看，这是一次双赢的会议。

在渑池之会上，蔺相如的杰出表现，令赵惠文王刮目相看。回国后，赵惠文王便把蔺相如提拔为上卿，官位在廉颇之上。这么一来，廉颇心里不服气了，他叫嚣道："我身为赵国大将，有攻城野战之功，而蔺相如不过凭着口舌立了点功，官职居然在我之上。况且蔺相如这个人，出身微贱，我屈居其下，感到羞耻。”不仅如此，廉颇还放言说：“要是让我碰到蔺相如，我非得当面羞辱他不行。”

廉颇的话传到蔺相如耳中，蔺相如就小心翼翼地不与廉颇打照面，遇到有朝会时，他就借口生病，不去上朝，以免与廉颇起争执。可是同在一个屋檐下，抬头不见低头见。有一回，蔺相如乘车出门，远远看到廉颇，他赶紧让马车夫掉转车头，拐个弯跑了。这么一来，蔺相如的门客家臣们觉得脸上没光，他们商量一下，打算集体辞职。

门客家臣们一齐去找蔺相如，说道：“我们离开亲人来投奔您，只因仰慕您的高风亮节。可是如今您与廉颇将军同为朝臣，廉将军公开挑衅您，您却害怕他、躲避他，畏惧得太过分了吧。这种事，就是平民百姓也感到羞耻，更何况您是上卿呢？我等没有本事，请准许我等告辞离开吧。”

蔺相如知道他们的心思，便问：“廉将军与秦王相比，你们觉得哪个更强呢？”大家回答说：“那还用说吗？当然是秦王更强了。”蔺相如紧接着说：“以秦王之威，我蔺相如敢在朝堂之上大声斥责他，羞辱秦国的大臣。相如虽然愚笨，难道会害怕廉将军吗？但我是这样想的，强秦之所以不敢侵犯赵国，只因为有我们两人在。如果我们关起门来，两虎相争，势必两败俱伤。我让着廉将军，是因为把国家的利益放在第一位，把个人的恩怨放在第二位。”

众宾客听了蔺相如的解释后，由衷地为他的良苦用心所感动，这是何等的胸怀啊。这些打算辞职离开的人脸上露出惭愧的神情，他们只看重个人的面子，却哪里晓得蔺相如的境界呢？感到惭愧的不仅仅是这一帮人，蔺相如的话传到了廉颇的耳中，这位战场勇将虽然鲁莽，可是性情却是很直的。这些话像雷电一样震撼了他的内心，与蔺相如相比，自己显得多么渺小，多么狭隘啊。这一刻，一种极大的羞愧感涌上廉颇心头，他是那么耿直，所以必须要为自己的鲁莽向蔺相如请罪。

他袒露肩背，背上一捆荆条，由宾客带路，走路前去蔺相如的家中。一个堂堂大将军，这等模样走在路上，不免引起大家好奇的目光，许多人都纳闷这怎么回事呢？可是廉颇却不以为然，无视众人的指指点点，健步向蔺府走去。到了蔺相如家门口，蔺相如听说廉颇前来，赶紧开门相迎，廉颇背着荆条，向蔺相如下跪并请罪说：“廉颇是一个浅薄而卑贱之人，不知您的胸襟宽广到这等地步哇。”

这就是历史上非常感人的“负荆请罪”与“将相和”的故事。这个故事，在两千多年后来看，依然那么感人，看后心灵如同受到一次洗礼。我们每个人内心深处，总是仰慕着某种高尚的理想，追求着完善的人格。廉颇与蔺相如为我们提供了精神的标杆，特别是蔺相如。我们常说，大丈夫能屈能伸，在威烈的秦王面前，他能伸，勇敢无畏；在廉颇面前，他能屈，忍辱持重。人们往往喜欢喜剧，总是乐于看到故事有完美的结局，只是这种故事在历史上很少上演，但“将相和”却是一出动人的喜剧。故事的结局，大家都是知道的，廉颇与蔺相如握手言欢，从此之后成为刎颈之交，友谊至死不渝。

二、哀郢都：屈原之死

秦国之所以在渑池之会上与赵国达成和平协议，是因为南方的楚国蠢蠢欲动，反秦联盟呼之欲出。

我们在上文中已经说到，在秦国施压之下，楚国在公元前 292 年与秦和解，建立外交关系。但是楚国对秦国极其不信任，显然当年楚怀王被囚死于秦国这一事件，是秦楚关系中挥之不去的一片乌云。

公元前 281 年，即楚顷襄王十八年，一个偶然的事件，改变了楚国的对外战略。当时楚国有一名神射手，仅仅凭着一把弱弓，射落了许多鸿雁。楚顷襄王听说之后，就召他前来，询问他是怎么做到的。这位神射手倒没有说什么射雁的经验，反而是大谈楚国应该要报仇雪耻。他说：“先王被秦国欺骗，客死秦国，仇恨没有比这个更大了。就算一个普通百姓有仇，尚且敢报复万乘之君，当年白公熊胜、伍子胥就是这样做的。如今楚国土地面积方圆五千里，拥有甲兵百万，足以在疆场上纵横驰骋、耀武扬威。可是大王居然受困于此，我实在为大王感到不值得呀。”

楚国地大物博，兵力众多，可是却没有雄心壮志，这实在令楚人感到沮丧。看看人家燕国，以一个弱国而捣破强齐，一洗前耻，这是何等痛快与激动人心啊。这名神射手，史不载其名，但他的话确实刺到了楚顷襄王内心的痛处，激起他复仇的欲望。楚顷襄王便派人出使各诸侯国，打算与东方各国重新合纵，联合起来讨伐秦国。

有报仇的雄心，这当然很好，只是楚国并没有看上去那么强大。没错，楚国有辽阔的国土，有一百万人的军队，这些都很吓唬人，可问题是楚国的政治很混乱。作为春秋时代的南方霸主，楚国有光辉灿烂的历史，可是到了战国时，光荣却渐行渐远。此中原因当然很复杂，但有一点，楚国政治暮气沉沉，国家权力都把持在老贵族、老官僚手中，政治效率低下，腐败严重。当年吴起大刀阔斧地改革内政，但最后功亏一篑，被贵族阶级反攻倒算，惨死于箭下。此后，楚国也永远失去了与时俱进的机会，成为七雄中最守旧的国家。

当然，楚国是有很多人才的，像屈原、庄辛等，可是他们纵然有心也无力去改变时局。当楚顷襄王想合纵诸侯攻打秦国，以报先王之仇时，庄辛站出来批评他说："大王您宠幸州侯、夏侯、鄢陵君、寿陵君四人，这四个人，都是花花公子。大王跟他们在一起，生活淫逸侈靡，不顾国政，我看不要说攻打秦国，恐怕连首都郢城也保不住呢。"

楚顷襄王一听，很不舒服，便说道："先生不是昏了头了吧，难不成还把我看作是楚国的不祥之兆吗？"

庄辛答说："臣下不敢把大王看作不祥之兆，我只是看到事情的必然结果。大王要是仍然宠幸这四个人，楚国必然要灭亡。请准许我到赵国去避一避，留在那里观察楚国局势的变化。"

楚顷襄王很生气，但考虑到庄辛的特殊身份，也不好发脾气。庄辛是春秋五霸之一楚庄王的后代，也是有地位的贵族，楚顷襄王也不能对他动手，只好答应让他前往赵国。可事实证明庄辛是对的，因为拥有百万大军的楚国真的是不堪一击。

当秦昭王得知楚国打算合纵诸侯时，他意识到，必须要先下手为强。

公元前 280 年，秦军对楚国发动进攻，楚军大败，一心想要报仇的楚顷襄王只得割让上庸、汉北之地给秦国。

可是秦国并不想这样收手，既然你楚国胆敢背弃与秦国的盟约，就必须要付出惨重的代价。在全面伐楚之前，秦国先与赵国在渑池达成和平协议，这样就可完全腾出手来对付楚国了。公元前 279 年，秦派冷血战神白起为伐楚兵团总司令，率领数万大军，攻入楚国。

楚国有百万人的军队，而白起只有区区数万人，秦军是否过于薄弱了呢？

白起不以为然。为什么呢？他对楚国的局势有一个明确的认识，以下是他的原话：“是时楚王恃其国大，不恤其政，而群臣相妒以功，谄谀用事，良臣斥疏，百姓心离，城池不修，既无良臣，又无守备。”楚国内政混乱，奸臣当道，民心不附；军事上更糟糕，根本没有做好战争准备，而且楚顷襄王上台这么多年，国内倒也没什么战争，可是破旧的城池没有得到修缮，由此可见他执政二十年，几乎是什么事也没做。

与百万雄兵不相匹配的，是楚国几乎没有产生过伟大的名将。秦有樗里疾、甘茂、司马错、白起，赵有赵武灵王、廉颇、赵奢，齐有孙膑、匡章、田单，燕有乐毅，魏有吴起，可是楚国没有产生伟大的将领，这令人不能不怀疑其军事制度的有效性。就像我们前面说过的，名将的产生需要土壤，那么楚国的军事土壤是否太过贫瘠呢？应该是的。庞大的兵力并不是战斗力的保证，这一点白起看得非常清楚，所以他以不到十万之众的军队，敢于深入楚国，这个兵力，比伊阙之战还要少。

白起兵团迅速南下，进攻楚国的鄢城（今湖北宜城东南）。鄢城是楚的别都，有重兵把守。可是白起不以常规手段攻城，而是觑中了鄢城防御工事中薄弱的一环。鄢城坐落于汉水边，汉水既可成为其抵抗秦军的天然防线，也可以成为秦军进攻的利器。白起是一个冷酷的人，他只追求胜利，丝毫没有人道主义的观念。白起把河流当作一支奇兵，他决汉水以灌鄢城。这里附带说一下，秦国在水利工程技术上，独冠天下，引水灌城不过是小菜一碟。水攻战术取得巨大的成效，因为楚国军队似乎从未有过这方面的训练，在洪水面前，他们全然没有应对方法。鄢城及其周围，成为一片汪洋，军民死亡数十万人。

在精锐损失殆尽后，楚军如何继续战斗呢？白起一鼓作气攻下鄢、邓（今湖北襄樊北）、西陵（今湖北宜昌西北）等地。

如此辉煌的战果，要是换作他人，早就凯旋回师，等着领赏了。可是白起并不满足于此，因为在他眼中，楚国军队真是不堪一击。既然不堪一击，为什么不一鼓作气，攻下楚国首都郢城呢？

从鄢城到郢城并不远，直线距离约一百公里。可是不要忘了，白起的部队仅有数万人，而且刚刚打了一场大战，要用这么点军队攻下楚国的都城，这不是一般人敢想象的。连骁勇善战的秦国士兵也对这个军事行动感到畏惧，可是白起并不打退堂鼓，他甚至在军队渡河后，拆毁桥梁，焚毁船只，以示有进无退的信念。可想而知，秦军孤军深入，没有后续补给手段，这是存在很大风险的。

可是正如《孙子兵法》所说："善用兵者，役不再籍，粮不三载；取之于国，因粮于敌，故军食可足也。"意思就是说，善于用兵的人，兵员不需要再次征调，粮食不需要再三转运；各种军用物资从国内取得后，粮草补给就在敌国解决。白起应该对《孙子兵法》的原则有极其深刻的理解，如果说孙武是提出战争原则，那么白起则是把军事艺术实践得淋漓尽致的人。白起的军队一点也不仁慈，他们在楚国城郊大肆掠夺，他自己也说："掠于郊野以足军食。"靠这种手段，秦军一路长驱，杀到郢都城下。

郢都一片混乱，陷入恐慌之中。这时秦军与楚军的士气是不同的。来看看秦军的情况："秦中士卒以军中为家，将帅为父母，不约而战，不谋而信，一心同功，死不旋踵。"这足见秦军训练之有素，在战场上视死如归，当然也是白起带兵有自己的一套办法。秦军的荣誉感很强，只要杀敌建功，就可以晋爵，这也是他们勇往直前的动力。相比之下，楚国人又是怎么样的呢？在自家门口作战，难道没有表现出应有的勇气与大无畏的精神吗？很可惜，并没有。白起后来评论说："楚人自战其地，咸顾其家，各有散心，莫有斗志。"那我们不禁要思考了，楚军到底怎么了呢？楚国根本没有一套激励军队的机制，和平时期也没有发展国防力量，靠临时抱佛脚有用吗？

郢都的下场与临淄如出一辙，根本没有经过激烈的战斗，便沦于秦军之手。楚军一溃千里，白起的数万人马竟然得以蹂躏楚国的心脏地带，毁楚先王之庙，西烧夷陵（今湖北宜昌东南），向东攻至竟陵（今湖北潜江西北），而后向南挺进，攻到洞庭湖一带。秦军横冲直撞，如入无人之地。而那个还妄想复仇的楚顷襄王呢？逃往陈地（今河南淮阳），把首都迁移至此，远远避开秦军的兵锋。

这一战，"楚人震恐，东徙而不敢西向"，此役令楚顷襄王完全丧失了信心，楚国的力量进一步被削弱。鄢、郢之役是白起在伊阙之战后的又一个军事杰作，他又一次以寡击众，把大片的土地收入秦国囊中。秦国设南郡，把郢都列入管辖范围。当然，秦昭王并未忘记白起的功劳，他被封为"武安君"。

大约在白起破郢的这一年，楚国名臣、大诗人屈原投汨罗江自尽。

屈原死于哪一年，史学界有不同的看法，一般认为是公元前 278 年，即楚都沦陷之年。屈原写过一篇《哀郢》，其中写道："民离散而相失兮，方仲春而东迁。"百姓流离失所，向东迁徙，这正是郢都沦陷的写照。这位大诗人为什么会选择投江自尽呢，他背后又有怎样的曲折故事呢？

屈原名叫屈平，"原"是他的字，屈氏与楚国王族同出一姓，即芈姓，所以他是楚国的贵族。屈原有很高的文化修养，《史记》中称他："博闻强志，明于治乱，娴于辞令"，不仅有文学天赋，也是著名的政治家。

楚怀王时，屈原担任左徒。当时他被认为是一个有学问的人，楚怀王对他特别尊敬，凡有什么国家大事，便召他前来商议。同时，屈原也很有外交才能，各国元首或贵宾访问楚国时，常由他出面接待。这时的楚怀王对屈原很信任，甚至把制定法令这么重要的事情，也交给他处理。

屈原毕竟在骨子里是个浪漫的诗人，对政治斗争的残酷认识不足，他一腔热血，想为楚国的振兴尽自己的一份力，可是换来的却是他人的嫉妒与中伤。很快，流言的飞矢从黑暗处射出。袖出暗箭的人是与屈原争权的上官大夫，他故意制造各种流言，诽谤屈原。楚怀王这个人的水平，我们在前文中也是看到的，根本就是个平庸之人，久而久之，他对屈原越来越反感、越来越疏远。

自己一心为国，却被奸人所陷害，屈原内心悲愤难忍。他对楚怀王忠心耿耿，竭心尽力，可是却被冷落在一旁。在这种情况下，他以诗言志，把自己心中的激愤用诗歌来表达。《离骚》正是这样的杰作，这首诗内容丰富，情深意切，是他的代表作品。诗中有许多脍炙人口的句子，如"路曼曼其修远兮，吾将上下而求索""长太息以掩涕兮，哀民生之多艰""亦余心之所善兮，虽九死其犹未悔"等。司马迁对屈原的诗有一段十分精彩的评论："其文约，其辞微，其志洁，其行廉。其称文小而其旨极大，举类迩而见义远。其志洁，故其称物芳；其行廉，故死而不容。自疏濯淖污泥之中，蝉蜕于浊秽，以浮游尘埃之外，不获世之滋垢，皭然泥而不滓者也。推此志也，虽与日月争光可也。"可谓深得其意旨了。

正直的屈原被贬后，楚国的内政外交每况愈下。平庸的楚怀王三番两次被张仪所蒙骗，丢失了汉中之地，又损兵八万，真是赔了夫人又折兵。后来齐、魏、韩等国又乘机攻楚，大败楚军于垂沙，楚国又一次咽下苦果。在这种情况下，不怀好意的秦昭王向楚怀王发出会晤邀请，楚怀王打算前往赴会，屈原站出来制止说："秦乃是虎狼之国，不可以信任，还是不去的好。"可是楚怀王的儿子子兰却说："秦国向我们表示友好，怎么能不去呢？"于是楚怀王不听屈原的建议，前往武关，结果一去不复返，被秦人扣押，后死于秦国。

屈原认为子兰对楚怀王被诱擒负有不可推卸的责任，可是楚顷襄王继位后，不仅没有惩罚子兰，反倒把他提拔为楚国令尹。屈原对此感到很愤怒，可是他无力改变现状，只能在诗歌中排遣自己心中的郁闷。楚国的内政依然没有起色，令尹子兰对正直的屈原一而再地打压，并且怂恿与屈原有嫌隙的上官大大在楚顷襄王面前说他的坏话，不辨是非的楚王对屈原越发疏远，最后干脆把他远远地流放了。

在楚顷襄王执政的前二十年里，"国际环境"对楚国是有利的。这一段时间，"国际斗争"的重头戏是秦国与齐国争雄，加上北方赵国的崛起，对秦、齐产生牵制作用，故而南方的楚国相对来说比较安定，没有大规模的战事。可是楚顷襄王苟且偷安，他并没有利用这个时机发展国家的军事、经济，反倒让国家陷于混乱之中。这一切，屈原看在眼中，心中却在流血。

昏暗的政局，最终导致了楚国在公元前 278 年的战争中遭到惨败，不仅丧失大片土地，数十万的军民死于非命，而且连首都也丢了。

屈原的内心再也承受不住悲愤之情了。

有一天，他漫无目的地在汨罗江边踯躅，披头散发，看上去非常憔悴，干瘦的身影立于风中，给人一种沧桑之感。这时有位渔翁路过，认出他来了，便前往问候说："您不是三闾大夫屈原吗？为什么在这里呢？"屈原毕竟当过大官，被人认出来，这也不奇怪。他本来就心事重重，渔翁这么一问，他感从心生，叹道："举世混浊而我独清，众人皆醉而我独醒，因此我被流放至此。"

渔翁对他说："圣人不被外物所拘泥，而能与世道保持一致。举世混浊，您为什么不随波逐流呢？众人皆醉，您为什么不啜饮美酒呢？您的思想太高深，显得卓尔不群，结果还要被流放。"

屈原回答道："我听人家说，新沐者必弹冠，新浴者必振衣。为什么呢？怎么可以让洁净的身体，去沾染污浊的外物呢？怎么可能让纯白的东西，蒙上世俗的尘埃呢？"

渔翁听了后，莞尔一笑，拖着他的船桨离开了，他一边划桨一边唱道："沧浪之水清兮，可以濯我缨；沧浪之水浊兮，可以濯我足。"这位渔翁看来也是个世外高人，他歌中的意思是，水清时，我可以洗头巾，水浊时，我可以洗脚。这应该是顺世者的论调，只要我内心宁静，不管外面的世界如何，总可以找到安身立命之处。

可是屈原的心，没办法远离尘嚣。他心系国家君王，却又被朝廷抛弃，他想为国家效力，却报国无门。这真是一个人最悲哀的事情。他没办法像渔翁那样，把一切世俗之事抛之脑后，可是他又被无情地边缘化了。在内心的挣扎中，他的心死寂了，唯有一死，才有解脱。他写下了最后一首诗《怀沙》，抒发他的郁闷之情，“抚情效志兮，冤屈而自抑”。对黑暗的现实，他无能为力，“变白以为黑兮，倒上以为下”。他已经看破红尘，看破生死，在诗中他写到了死亡，“舒忧娱哀兮，限之以大故”，意思就是说，要如何来化解忧伤与悲哀，看来只有死亡是最好的选择。在诗歌的末尾，他这样写道：“世溷浊莫吾知，人心不可谓兮。知死不可让，愿勿爱兮。”生命已无可留恋，那么放弃生命，便成了最后的解脱之路。

他又一次来到汨罗江边，抱着大石块，沉入江中。他用这种方式走完了人生的道路，令人唏嘘感叹。他以为自己是孤独的行者，没有人能了解他的心志。奸佞当朝，在朝廷之上，他确是一个孤独者，可是社会底层人民，却能与他感同身受。据说，屈原投江自尽后，当地百姓闻讯，纷纷自发前来打捞其尸体，大家划着船，争先恐后地搜寻，可是一直没能找到。大家为失去这么位贤明的人而悲痛，以屈原的出身和地位，完全可以过上舒适的生活，可是他对国家爱得太深，所以无法承受国家沉沦之痛。爱之深，痛之切，痛到深处，唯有一死。这是何等伟大的精神啊，得知屈原沉江的百姓们，都被这种绝望的爱感动了。既然打捞不到屈原的尸体，大家就想，那总不能让屈原的肉身成为鱼虾的美食吧，怎么办呢？于是便想了一个办法，大家便做成米团，纷纷投入江中，希望能喂饱鱼虾，用这种方式来保全屈原的尸身。这真是十分感人的一幕，屈原的生命终结了，可是他的精神之花却悄然盛开了。

这一天是五月初五。此后每年到这个时候，百姓为了纪念这位伟大人物，又聚集江上，划船投粽，以重现屈原投江时江面上的情景。精神的感召力是巨大的，这种纪念活动，从汨罗江向其他地方传播，后来成为中国最重要的一个节日：端午节。从某种意义上说，屈原在投江自尽后，获得了重生，他的人格情操，成为一笔弥足珍贵的精神遗产。甚至在两千多年后的今天，我们仍传颂着他的故事，仍在纪念他。他因为绝望而投水，这是爱的绝望，正是因为这种爱的存在，最终能在绝望中生出希望。

在屈原死后五十五年，楚国灭亡。疏离他的楚顷襄王，排斥他的子兰，陷害他的上官大夫，这些人安在哉？他们早被历史抛弃。投江而死的屈原，打败了那些高高在上的王侯将相，在历史舞台上成为优胜者，精神光芒照耀大地。先秦时代的中国人没有天堂的观念，没有轮回的观念，但却有不朽的观念，非生命不朽，而是精神不朽。屈原，就是这么一个不朽者。

三、华阳之战

郢都沦陷，楚举国震动。

然而秦国的攻略还在继续着。公元前277年，秦国大将白起与蜀郡太守张若联合攻略楚国西部的巫郡与黔中，楚军再度大败，两郡均落入秦军之手。

此时楚国上下弥漫着悲观的气氛，没有谁知道苦难还要持续多久。楚顷襄王也不得不反思战败的原因，此时他想到了当初庄辛的一番劝谏。庄辛当时就指出，楚顷襄王信任佞臣，生活骄奢淫侈，不要说进攻秦国，就是郢都也难保全。如今庄辛的预言不幸成真，在残酷的现实面前，楚王痛定思痛，便派人前往赵国，召庄辛重返楚国。

出于一片爱国之心，庄辛即刻启程，踏上返回楚国的路途。到了楚国临时都城时，楚顷襄王亲自出来迎接，并认错道："寡人没有听先生的一番话，以至于沦落到这个地步，现在我应该要怎么办呢？"庄辛回答说："大王如果能采纳我庄辛的建议，事情尚有转机；要是不听我庄辛的话，那么情况还会更糟。"看来这位楚国名臣一点也不谦虚，大有一种舍我其谁的气概。

事到如今，就得有像庄辛这样勇于任事的英雄。他继续说道："亡羊补牢，未为迟也。以前商汤、周武王仅仅凭借百里之地而崛起，而夏桀、商纣拥有天下却走向灭亡。如今楚国的面积虽然大大缩水了，仍方圆数千里，比起商汤、周武王的百里之地，还算是多的。可是我还是要说说大王的事，大王身边有州侯、夏侯、鄢陵君、寿陵君四人，饭桌上吃的是封邑的粮食，车上载的是国库里的金帛。大王跟他们驾车在云梦泽一带驰骋玩乐，不把天下国家的事放在心上。可是您却不知道，秦国丞相魏冉正受命于秦王，打算把黾塞（平靖关，今河南信阳东南）之内的土地全部吞并，把大王你赶到黾塞之北呢。”

听到这里，楚顷襄王脸色苍白，身体也不由自主地战栗起来，难道得了郢都、巫郡、黔中后，秦国人还不罢手吗？他有一种大难临头的感觉，这时候不由自主地想抓住一根救命的稻草，而庄辛就是这根稻草。自己那四个宠臣是靠不住了，能力挽狂澜的人，只有庄辛。楚顷襄王把庄辛封为阳陵君，并让他谋划下一步的军事行动。

我们必须说，庄辛是一名优秀的人才。取得楚顷襄王的授权后，他调集楚国东部十余万军队，为收复国土做准备。当时楚国沦陷的土地，包括郢都周围、巫郡、黔中郡等，其中黔中郡位于长江以南，秦军的守卫力量比较薄弱。庄辛把进攻重点置于黔中十五城，十余万楚军把秦兵赶出这一地带，重新置郡，总算收复部分国土，挽回一点颜面。

楚国之所以能重新夺回黔中郡，一方面是庄辛的功劳，另一方面是因为秦国的战略重心从楚国转移到了魏、韩两国。

在战国七雄中，秦国的战略最为明确，执行力也最坚决。秦国的首要目标，便是对魏、韩两国鲸吞蚕食，进而夺取两周。秦国的战略明确且灵活多变，依时局的变化也会做出某些调整。譬如在诸国密谋联合伐齐时，它也是积极参加；在楚国密谋联合伐秦时，它便把矛头对准楚国。但总的说来，秦国的重点仍然放在魏、韩及两周上。

虽然史书上没有明确记载，但秦赵的渑池之会可能达成了一个密谋，即两国联合起来瓜分魏国。之后，秦、赵两国轮番进攻魏国。

公元前 277 年，魏昭王去世，他的儿子魏圉继位，史称魏安釐王。赵、秦两国趁魏国政权交替之机，发动对魏国的攻势。公元前 276 年，赵国大将楼昌率兵进攻魏国的幾邑（今河北大名东南），赵魏战争爆发。楼昌在幾城之下师久无功，该年十二月，赵惠文王以廉颇为将，取代楼昌，继续进攻幾邑。廉颇果然不负众望，攻克该城并将其并入赵国领土。同年，秦国名将白起也挥师入魏，攻下两城。赵、秦两国心照不宣，魏国两面受敌，形势严峻。

第二年（前 275 年），秦国丞相魏冉亲自率军攻魏，一路长驱而入，直抵魏都大梁城。魏国危在旦夕，难兄难弟韩国不能坐视不管，因为韩釐王明白，唇亡则齿寒，要是魏国被秦国灭了，那么接下来肯定要轮到韩国。韩釐王派暴鸢为大将，率兵增援魏国。暴鸢是韩国名将，他曾联合齐、魏军队在垂沙之战中重创楚军。但这已经是二十六年前的事了，当年的名将，现在也成老将了。魏冉率秦军主力与韩军决战，韩军大败，暴鸢败走开封，折兵四万人。

韩军败走后，魏安釐王已孤立无援，他被迫割八城向魏冉求和。可事实证明这种割城政策绝非长久之计，无法填满秦国人的胃口。不久后，魏冉卷土重来。魏安釐王只得硬着头皮迎战了，他派大将芒卯率军在宅阳（今河南郑州北）阻击秦军。但是魏军仍然战败了，芒卯落荒而逃。秦军又一次兵临大梁城下，魏国的局势又恶化了。在这个时候，仗义的韩国人又一次挺身而出，韩釐王的援兵又一次进入魏国，可是不幸又吃败仗了。

要战还是要和呢？

魏安釐王当然想和，可问题是秦人贪得无厌，刚割了八城又要来进犯，除非把整个国家都拱手送出，否则的话根本无法满足他们。魏国的大臣们纷纷对魏安釐王说："当年魏惠王以十万大军伐赵，拔取邯郸城，赵国坚决不肯割地求和，后来反倒能复国；齐宣王时，齐师伐燕，破燕都，燕国不肯割地求和，后来也复国了。赵国、燕国之所以能保住国家，没有被他国吞并，就是因为他们能经受住艰难的考验，不轻易割让土地。我们应该学习赵国与燕国。秦国是一个贪得无厌的国家，天下诸侯没有一个愿意与它亲近。魏国从晋国分裂出来的土地，被秦人鲸吞蚕食得差不多了。魏国刚刚割让八座城池，交割尚未完成，秦人的军队又出动了，大王试想想，秦人的胃口哪有满足的时候呢？如今秦军打败了芒卯，攻克宅阳，进军大梁，这是想迫使大王再次割地。如果万不得已非要割地的话，也应该要尽量减少损失，同时要求秦国以人质为保证，这样才不会一而再地受到欺骗。"

魏安釐王决定派人前往秦军营与魏冉交涉，前往谈判的人是须贾，他是魏国中大夫。

须贾见到魏冉后，说了一通话："《周书》上说天命无常，意思是说幸运是不可能一而再出现的。您打败暴鸢的韩军，割得魏国八城，这并非兵力精锐，也非计谋高深，只是运气好罢了。如今您又挟兵前来，打败芒卯，拔取宅阳，围攻大梁，这岂不是认为上天的宠幸是永久的？我想聪明的人都不会这样认为。魏国已经召集百余县的军队，驻戍大梁城，兵力不下三十万。以三十万的军队，守卫城墙高达十仞的都城，就算是商汤、周武王复生，也不能轻易攻下吧。”

光用天命无常的观点说服魏冉，那肯定一点用也没有，须贾还要有一把撒手锏，这把撒手锏就是赵国与楚国。魏国位于赵国与楚国之间，秦军深入魏国，最大的风险是赵国、楚国突然卷入战争，从南、北两个方向截击秦军，断其后路。倘若如此，魏冉就可能面临惨败的命运。

须贾继续说道：“秦军不顾虑楚、赵的威胁，想越过十仞高的城墙，攻打三十万的魏军，还自信满满、志在必得。可是我必须说，自从天下分裂以来，还从没有人能做得到。您进攻大梁城，却无法攻克，那么秦军一定会疲惫不堪，到时楚、赵军队乘虚而入，您一定前功尽弃，您的采邑陶邑也会保不住，一定会被消灭掉。所以您还是仔细考虑考虑，不要冒着巨大的风险来攻打大梁。”

这里说明一下，陶邑本是宋国的土地，后为秦所占领，成为魏冉的封邑。由于陶邑与秦国并不接壤，孤悬东方，守备力量当然是薄弱的。须贾的聪明之处在于他给魏冉打小算盘，不要小看陶邑这个地方，这是一块非常富饶之地，要是魏冉攻打大梁未果，反而丢了自己的领地，那岂不是偷鸡不成反蚀把米?

话说回来，须贾的分析并非没有道理。尽管在进攻魏国一事上，秦国与赵国心照不宣，可是这两个国家之间根本没有友谊可言，渑池之会达成的和平协议，随时都可能被撕毁。要是赵国挥师南下，截断秦军后路，后果势必是严重的。也正因为有这层顾虑，魏冉最终放弃进攻大梁城，魏国于是躲过一劫。

在齐国衰落后，秦国与赵国都不遗余力地扩张自己的地盘。

魏冉攻打大梁的这一年（前 275 年），赵国也不甘示弱，大将廉颇再次风光无限，他率师攻略魏国，夺取防陵、安阳两城（均在今河南安阳西南）。第二年（前 274 年），赵国另一名将领燕周率领军队进攻齐国。尽管齐国已成功复国，但实力已是今非昔比，无法抵挡赵国的铁骑，昌城与高唐两座城池均落入赵军之手。

但是赵国的扩张力度仍然不及秦国。赵国攻略齐国的同时，魏冉又一次攻魏，取得赫赫战果，攻下四座城池，斩首四万人。

魏国人吃不消了，要是这样消耗下去，地盘很快就会被秦、赵两国瓜分光了。

魏安釐王寝食难安，他刚刚即位三年，可是这三年他一天好日子也没有过。秦国与赵国轮番进攻，魏国土地面积缩水严重，长此下去，魏国非亡不可。那要怎么办呢？必须在外交上做出重大调整，要么投靠秦国，要么投靠赵国，只能二者择一。秦国贪得无厌，投靠秦国，那无异于自寻死路；魏安釐王只能有一个选择，就是投靠赵国。再怎么说，赵国与魏国都是从晋国分裂出来的，本是同根生嘛。

但魏安釐王很清楚，要投靠赵国，那得送个见面礼。说白了，赵国也是一匹饿狼，要它放弃一块嘴边的肥肉，就必须送上另一块肥肉。到哪里找另一块肥肉呢？韩国！

要牺牲韩国？这种想法让魏安釐王心里打了个冷战。因为这个想法太残忍、太无情了。韩国与魏国，可是兄弟般的国家啊。说实话，韩釐王实在够义气，秦国攻打魏国时，他两度出兵相援，付出了巨大的代价，仅第一次出兵相救就损失了四万人马。就算没有功劳，也有苦劳吧。对这样两肋插刀的兄弟，魏安釐王能忍心出卖掉吗？

可魏安釐王偏偏就是个厚黑教徒，为了利益，他一咬牙，把兄弟给出卖掉了。理由当然也冠冕堂皇：俺这为的是国家利益。

就这样，魏国投靠了赵国，摇尾乞怜，并且甘作马前卒，充当先锋，与赵国联手进攻韩国的华阳城。

谁都可以对韩国不友善，但不应该是魏国。不要说魏、韩两国是难兄难弟，在历史上关系亲密，光说这两年韩国对魏国的无偿军事援助，魏王也没理由背信弃义呀。前年为了救援魏国，韩国折兵四万，到现在还未能恢复元气，没想到魏王却这样恩将仇报。你说说，天底下还有道义二字吗？怪不得韩釐王要吹胡子瞪眼睛、怒火中烧了。

罢罢罢，既然你不义，也别怪我无情了。保命要紧，要对付赵国与魏国的联军，韩釐王只有一个选择：投靠虎狼秦国以求自保。

东方诸国本来在实力上就逊于秦国，又不能团结一致以对付秦国，缺乏长期战略思想，只图眼前利益。特别是三晋之间，倘若能摒弃前嫌，共同抵抗秦国，那么还有东山再起的希望。可是三晋之间这样互相斗来斗去，最终获益的是秦国。

韩国派了几批使者入秦求援，可是秦国迟迟没有表态。这其中的原因，便是秦国与赵国的渑池协定依然生效。

韩相国急得像热锅上的蚂蚁，他突然想到一个人，此人的姓名，《史记》所记是“陈筮”，但《战国策》却记为“田苓”，我们姑且遵从《史记》的说法。陈筮是一个很好的谋士、外交官，可不巧他生病了，正在家里养病。韩相国也顾不上这个，跑到他家里说：“现在情形十分紧急，虽然先生有病，但还是有劳您连夜赶往秦国求救兵。”陈筮是谋士，专吃这碗饭的，有敬业精神，他二话没说，打点行李后就乘车直奔秦国，前去拜访秦相国魏冉。

魏冉已得知赵魏联军攻打韩国的消息，他问说：“韩国现在形势很危急吧，所以才派你来秦国。”陈筮却否定了：“不危急。”魏冉一听，满脸不高兴，冲着陈筮发怒道：“你这样可以当国王的特使吗？韩国使臣络绎前来，都说情形危急，可你却说不急，这是为什么？”陈筮不慌不忙地说：“韩国如果危急，就会背叛秦国，改附他国了。正因为不急，才派我前来。”陈筮这是打心理战牌，这有点像我们到商场去买东西，如果我们对某样东西表现得爱不释手，那么精明的商家绝不会轻易让你砍价的，如果我们表现得可有可无，可买可不买，那商家的心理价位就会放低一些了。陈筮也这样，他如果望眼欲穿，那么只会令秦国人更加傲慢，可是他故意装作不着急，可有可无，魏冉还真会担心韩国去投靠其他国家呢。

心理战术收到奇效，魏冉站起身来，对陈筮说：“您不必去见秦王了，我立即发兵救援韩国。”在此之前，魏冉内心也颇为犹豫，如果援助韩国，势必与赵国翻脸，单方面撕毁秦赵之前达成的协定。可是韩国投怀送抱，这对秦国来说也是一次扩张的机会，失去了未免可惜。在权衡利弊之后，魏冉下定决心，援助韩国，与赵、魏兵团决战。

秦相魏冉派武安君白起与客卿胡阳为将，率援军奔赴华阳。我们知道大兵团远距离作战，必须要做足后勤的功夫，准备好大量的车马武器、粮食草料以及锅碗瓢盆，这些都得花时间。可是从陈筮使秦到秦军抵达前线，仅仅用了八天的时间，足以见秦军作战效率之高。对于瞬息万变的战场，哪一方能出其不意，攻其不备，就可能掌握先机。白起无疑是最懂得把握战机的将领，他的快速出击，令对手防不胜防。

在华阳城下，白起再一次取得了伟大的胜利，大败魏国兵团，斩首十五万，魏国主帅芒卯落荒而逃。秦军乘胜追击，连下卷、蔡阳、长社三城。紧接着，白起猛扑向贾偃指挥的赵国兵团，赵军大败，两万人溺死于黄河之中，秦军占领观津。

白起出马，谁与争锋？

这是继伊阙之战、伐楚之战后，秦军的又一次大胜。白起雄心勃勃，他想一鼓作气灭掉魏国。当时秦国实力超群，唯一担心的事情，就是东方六国合纵抗秦，由于魏国地处中心，倘若灭了魏国，阻断南北，东方诸国的合纵运动就没法搞了。

白起挥师挺进魏都，包围大梁城。

大梁城的防御能力很强，并不是那么容易攻破的。在白起围大梁的同时，燕国与赵国派兵相救。魏国大将段干子向魏安釐王提出，割南阳之地予秦，以换取和平。

著名的纵横家苏代马上提出异议，他警告魏王："夫以地事秦，犹抱薪救火，薪不尽，火不灭。"这句话后来在苏洵的《六国论》中被转述，成为一句名言。不过关于这句话的出处，还有另一个版本。在《战国策》中，说此话的人是孙臣，这里用的是《史记》的说法。其实战国史料中像这种矛盾的记录很多，在某书中某人说的话、做的事，到了另一本书，就换成另一个人了。

听了苏代的话后，魏安釐王说："您说得有道理，但这件事已经开始做了，不能更改。"于是派人到秦国求和。

秦昭王同意了，原本地盘不断缩小的魏国又一次缔结丧权辱国的协定，白起的秦军从大梁城撤围。

华阳之战是一场影响深远的战役，它直接导致了秦国与赵国的全面对抗。

韩、魏两国又一次屈服于秦国，在短时间内，东方诸国很难再组织新的合纵运动。我们说过，秦国与四个国家接壤，由北往南分别是赵、魏、韩、楚，现在魏、韩两国已经臣服，接下来就轮到赵国与楚国。

不过秦昭王最初的设想并不是先攻赵国，而是先攻楚国，这是因为楚国的军力不如赵国。五年前（前 278 年），白起攻破楚国郢都，至今还让楚人为之胆寒，现在又挟华阳之战之余威，拉上韩、魏两国助阵，击破楚国更有把握了。

秦昭王把命令下达给白起，让他做好攻楚的准备。可是这个时候，有一个楚国人来到了秦国，他可不是普通的使者，而是著名的战国四公子之一，楚国春申君黄歇。

黄歇怎么会在这个时候来到秦国呢？

原来楚顷襄王一直密切地关注着中原战局，当秦国武安君白起在华阳大败魏赵联军后，楚王就觉得问题很严重，得派个人出使秦国打探消息。当时黄歇已经小有名气，他曾经游历各地，见多识广，而且能说会道，口才很好。正因为看中黄歇的本事，楚顷襄王就把出使秦国的任务交给他。

到了秦国后，黄歇就嗅出战争的味道。

果不其然，很快就传来消息，说秦王派白起为大将，准备与韩、魏两国共同进攻楚国。黄歇自己掂量一下，认为楚国无力抵挡秦国，最好的办法，就是改变秦昭王的主意，于是他写了一封信给秦昭王。

在这封信中，黄歇强调秦国与楚国是天下最大的两个国家，两个大国相斗，只会令其他国家得利。他列举了知瑶的例子，当年晋国四卿中，知瑶的力量最强大，联合韩、魏二氏攻打赵氏，眼看胜利快要到手了，岂料韩、魏突然背叛，反倒与赵氏联手杀死知瑶。黄歇认为韩、魏两国表面上屈服于秦国，实际上只不过是权宜之计。一百多年来，韩、魏两国大量军民死于秦军之手，国家饱受摧残，宗庙被毁坏，百姓民不聊生。韩、魏两国是秦的死敌，可是秦王却想利用这两个国家来攻打楚国，这岂非大大的失策吗？他进一步分析说，一旦秦、韩、魏攻楚，齐国必然也会乘机出兵。到时瓜分楚国，秦国只能得到贫瘠的西部，而韩、魏则得到富饶的中部平原，齐国则得到东部泗水流域，这不是给魏国、齐国强大的机会吗？

那么秦国应当怎么做呢？

黄歇提出自己的看法：秦国最好的做法，就是与楚国联手，共同遏制韩国与魏国，到时韩、魏只能成为秦国的关内侯。韩、魏想扩张地盘，只能往东攻打齐国。这么一来，秦国通过控制韩、魏两国便可以把势力扩张到东部，从而切断北方赵国、燕国与齐国、楚国的联系，到时可不战而令天下诸侯束手听命了。

当然，我们必须说，黄歇的这封信，有一些地方是夸大其词，这是一份外交辞令而不是严谨的论文。但是没有关系，只要能达成目的就行。这封信，确实改变了秦昭王的决心。从军力上看，楚国并不强，可是要灭掉楚国并不容易。

如果没有韩、魏两国出兵，仅仅是秦国单干，困难是很大的。秦国与楚国领土接壤，可是从秦国直接出兵攻打楚国，就得跨山越水，受地形影响很大。而且楚国西部比较荒凉，就算秦军占领了，也不容易长期驻守，只要一撤军，楚国又会接管，就像黔中一样，秦人得手后，最终还是被楚人重新收复失地。

秦昭王最终接受黄歇的建议，取消伐楚的计划，并派人前往楚国，缔结盟约。看来秦昭王是不想在南部大动干戈了，那么他出击的方向就只剩下一个：赵国。

四、阏与之役

自渑池之会后，秦赵两国的和平维持了六年。这段时间里，两国基本上恪守协议，互不侵犯。华阳之战的爆发，中断了和平局面，赵国要打韩国，而秦国要救韩国，冲突就不可避免了。其实秦、赵开战只是时间问题，因为两个国家都是奉行军国主义，积极扩张，最后势必要一决高下。

在华阳之战后，赵国有过三次军事行动。

第一次是白起兵围大梁城时，赵国出兵相救，后来魏国割地投降，赵军遂撤回国内了；第二次是攻打东胡部落。东胡是北方重要的少数民族，分布于辽河上游，原本归附于赵国，但在公元前 273 年时造反，攻略代地，赵惠文王派兵镇压其叛乱；第三次是公元前 271 年，蔺相如率兵攻打齐国，赵国兵团推进到了平邑。

从这几次军事行动中，可以看到赵国对外战争还是很积极主动的。

应该说，赵惠文王还算是一个称职的君主，在他统治的三十余年里，无论是内政外交还是对外战争，赵国都取得了一定的成就。与父亲赵武灵王相比，赵惠文王魄力不足，缺乏开拓的雄心，当然能力也不够。但他并不是一无是处，在招揽英才上，在识人用人上，他是独具慧眼的。赵惠文王一朝，赵国人才济济，有名的人物包括廉颇、蔺相如、赵奢、平原君赵胜，还有从燕国前来投奔的乐毅等。

廉颇、蔺相如、乐毅这三人的故事，在前文都说过了，下面就来说说平原君赵胜与名将赵奢。

平原君赵胜是战国四公子之一，与孟尝君、信陵君、春申君齐名。赵胜是赵惠文王的弟弟，自小就养尊处优，在温室中长大。公元前 298 年，赵胜被封为平原君，当时他还很小，应该不到十岁。这一年，他见到了一个大名鼎鼎的人物，就是齐国的孟尝君。孟尝君出使秦国，险遭秦王暗算，靠着手下一帮鸡鸣狗盗之徒的帮助才逃出来，行经赵国时，平原君赵胜以隆重的礼仪款待孟尝君。也许是孟尝君给平原君留下深刻的印象，赵胜后来也效法他广揽天下宾客，最盛的时候，他的门客多达数千人。

关于平原君的故事，最有名的一个是他杀妾的传说。当时有一个跛子住在平原君对面，有一天他一瘸一拐地去打水，正好平原君有一个小妾在楼上看到了，便大声嘲笑他。这个跛子就找到平原君，对他说："听说您喜欢招揽天下士人，士人也不远千里来投奔您，是因为您以士为重，以妾为轻。我不幸脚瘸了，您的小妾就嘲笑我，我希望您能把她杀了。"平原君答说："可以。"瘸子得到答复后便离开了，平原君笑道："这个小子因为被嘲笑，就想让我杀了小妾，真是神经病。"可是过了一段时间后，他发现门客很多都不辞而别，走了快一半了。他很奇怪，便问道："我招待各位从未有失礼之处，怎么大家都离我而去呢？"有一个人说："因为您爱好女色，轻视士人，所以大家就都跑了。"平原君听了后，就把那个嘲笑瘸子的小妾杀了，大家听说这件事后，纷纷又回来了。

这个故事说得太简单了，以至于让人觉得不可信。我想平原君杀妾，绝不仅仅是因为这名小妾嘲笑瘸子，嘲笑瘸子确实可以说明小妾为人傲慢，缺乏同情心，但这并不是杀人的理由。更可能的原因，是这名小妾得罪的人太多，平素不把平原君的门客放在眼中，大家咽不下这口气就跑了。否则仅仅因为一声嘲笑便人头落地，那天下还有公法吗？

平原君虽然礼贤下士，可是门客一多，这笔开支是非常大的，经常入不敷出，所以有时就仗着自己王弟的特殊身份，不交租税。一般的税吏不敢得罪平原君，只得睁一只眼闭一只眼，可是后来来了一个税吏，跟平原君较起劲来。这个税吏，就是后来成为一代名将的赵奢。

赵奢早年做了什么事情，我们已经无从查起，只知道他曾经跑到燕国，担任过上谷守备军官。后来他回到赵国，担任田部吏，就是征收田赋的小官。有一回他到平原君家征税，平原君家几个管事的人赖着不交，还对他恶语相向，仗势欺人。可赵奢却是个天不怕地不怕的汉子，征税是国家大事，凭什么平原君可以不交呢？他毫不客气地把这几个管事的人抓起来杀头。这下子可把平原君给气坏了。

平原君马上派人把赵奢给抓起来，打算把他杀了。赵奢是个很正直的人，同时也有心眼，并不是那种愣头愣脑的人。他知道平原君的弱点，这个人沽名钓誉。他便对平原君说："且慢，杀我之前，先听我说几句吧。"平原君怒气冲冲地说："行，就让你多活一会儿吧，让你死得心服口服。"

赵奢说道："您是赵国公子，地位尊贵，今天倘若我不征收您的田税，就是纵容您违法乱纪。公子带头违法乱纪，国法尊严何在呢？国法要是没人遵守了，国家势必就要衰弱，到时各诸侯国就会前来瓜分赵国了。试想想，要是国家都不复存在了，您还能像现在这样富足吗？凭您的身份地位，带头奉公守法，社会就会公正，国家就会强盛；国家强盛了，赵国的地位就不会动摇。您作为赵国公子，还有谁敢轻视您呢？"

平原君一听，没想到这个税吏还蛮有见识，是个人才呢。他在家里养了那么多士，从一个人的言谈中便可以看出其水平。眼前这个人，有胆量，有水平，平原君不由得打心底佩服起赵奢。

既然平原君把赵奢当作"士"而不是"税吏"来看待，自然杀心消失了，取而代之的是惜才之心。他认为赵奢很贤能，当个田部吏屈才了，便把他推荐给赵惠文王。赵惠文王也有识人之明，让赵奢负责管理全国赋税，相当于全国税务总局局长。赵奢是个很称职的税务局长，在他主持下，全国赋税体现出公正、公平的原则，权贵们也不敢偷税漏税，这样国库充足了，百姓也富裕了。

不过后人之所以记得赵奢，并不是因为他税务工作多么出色，而是因为他在阏与之战中，打破了秦军不可战胜的神话。

根据《战国策》中的记载，阏与之役是秦、赵两国之间一次土地交换风波引发的。

秦国在公元前 282 年及公元前 281 年，曾两度进攻赵国，占领了蔺、离石、祁三城。后来两国在渑池之会上达成和解，进入一段和平期。这个时候赵国就提出来，要用焦、黎、牛狐三城来交换被占领的蔺、离石、祁三城。秦昭王一看，三城换三城，公平交易，便答应了。赵国接收三城后，却迟迟不把另三城移交给秦国。就在这个时候，华阳战役爆发，秦赵的和平协议实际上已经失效，两国军事冲突再起，赵惠文王更加不想把三城交出去了。

秦昭王很生气，这笔交易没做成，白亏了三城。不行，得讨回来。他便派公子缯到赵国，要求赵王履行交换协议，把焦、黎、牛狐三城交割给秦方。可是赵惠文王却耍起无赖，他对公子缯说："寡人没有才能，连国家都不能顾及，哪里顾得上收复蔺、离石、祁三城呢？这些都是我手下一些不听话的臣子私下里干的事情，我也不知道呢。"他把责任推卸得一干二净，就是不愿割让所交换的三城。

公子缯傻了眼，没有办法，只好空手回去交差。这下子秦昭王勃然大怒了，积极备战，把攻赵的任务交给中更胡阳。

公元前 270 年，即秦昭王三十七年、赵惠文王二十九年，胡阳借道韩国上党，进围赵国的险要之地阏与城，阏与之役拉开序幕。胡阳是秦国的一名客卿，他本是卫国人，在华阳之战中，曾经作为白起的副手参与指挥，战后被授予中更军爵，在秦二十等爵中列第十三级。作为秦国军界的后起之秀，秦昭王对他寄予厚望。

秦军包围阏与城后，赵惠文王紧急召见文武大臣，商讨对策。当时赵国大将中，最负名望的当属廉颇，赵王问他说："有什么办法可以救阏与城？"廉颇摇了摇头说："阏与城距邯郸遥远，而且道路险阻，难以救援。"这个回答，赵王并不满意，于是他又问乐乘同样的问题。乐乘与乐毅是同宗，他同样摇摇头说："难救。"难道就这样眼睁睁地看着阏与城落入秦军之手吗？赵惠文王想起了一个人，曾经担任税务局长的赵奢。当然，此时的赵奢已不再是收税的官员，而是赵国的一员大将了。

赵奢曾经在赵惠文王十九年（前 280 年）率领军队发动伐齐之战，并夺取麦丘，这一战使他成为赵国重要的军事将领。赵奢为人沉勇有大略，能担大任，他入宫见赵惠文王，目光坚毅，口气坚定地答道："虽然阏与城路途遥远，道路险阻，但是这就像两只老鼠在洞里争斗，狭路相逢勇者胜。"不好救援并不等于不能救援，关键是看谁更勇敢。赵惠文王听罢十分高兴，马上任命赵奢为援军总司令，即刻率部前往阏与城。

大军从邯郸城出发，刚走了三十里路，总司令赵奢就停下来了，下令全军安营扎寨，不走了。所有人都丈二和尚摸不着头脑，不是要解阏与之围吗？怎么刚出邯郸就止步不前呢？当然，赵奢有自己的打算，他发布了一条严厉的命令：“有敢进谏者，斩。”

当时秦军包围的阏与城，由于十分险要，易守难攻，短时间内无法攻克，秦军统帅胡阳便分兵驻扎在武安以西。

武安距阏与约二百里，距邯郸城约七十里。胡阳驻军于武安附近，一方面是防止赵国派军队援救阏与，另一方面也有伺机窥视邯郸之意。武安是邯郸西部门户，胡阳故意命令秦军摇旗呐喊，敲锣打鼓，演习操练，大有进攻的架势，据说武安城内房屋上的瓦片都被噪声震得吱吱响了。

这时有一位赵国军侯前去侦察敌情，回来后向赵奢建议说，应当马上救援武安城。赵奢已经有令在先了，不准任何人进谏，他二话没说，当即将此军侯斩首示众。军令如山，没有人敢吭声了。

赵奢不仅不走了，还开始增筑堡垒，这更让人看不懂了。我们必须说，赵奢是个幸运的将领，因为他遇到的君主是赵惠文王，而不是齐湣王或燕惠王。尽管赵王并不清楚赵奢究竟想干什么，可是他并没有以自己的权力横加干涉，否则就算赵奢有奇谋妙计，恐怕也难付诸实行了。那么赵奢要干什么呢？显然他是在迷惑秦军。秦军总司令胡阳确实也深感纳闷，他感到有必要派一名间谍去刺探个究竟。

胡阳派了名间谍到赵军营地。他是怎么混进去的，史书上没说，估计是以某种身份去见赵奢，并暗中观察赵军动态。赵奢对来者的目的心知肚明，可是他的算盘岂是外人能看得出来的，就连手下的将领都直呼看不懂呢。该间谍发现赵国兵团确实没有进军的打算，连力谏赵奢的军侯都被斩首示众，于是他判断赵奢就是个很烂的将军，根本不懂得打仗。

待了几天后，装扮成来客的秦国间谍准备告辞了。赵奢特地请他吃饭，上的都是好酒好菜，吃饱喝足后才送他离去。该名间谍回去向胡阳报告说，赵奢这个人胆小怕事，无勇也无谋，就是个混饭吃的官僚罢了，他根本就不敢对秦军发动进攻。

胡阳听后大喜道：“赵国援军才离开首都三十里就止步不前，还忙着修筑堡垒，看来阏与不再是赵国的领土了。”

这时距离赵奢出兵已经过去二十八天了，秦军显然认为赵军救援阏与只不过是一句空话罢了，于是全力进攻阏与城。但是他们的判断错了。送走秦国间谍后，赵奢下令，全军立即打点行装，卷起甲衣武器，快速向阏与城挺进。经过两天一夜的急行军，抵达距离阏与城五十里远的地方，安营扎寨。

秦军总司令胡阳听到这个消息后，不禁大吃一惊，他立即调派军队，想趁赵奢立足未稳之时发动攻击。秦军来势汹汹，当时赵军有一名军士，名叫许历，求见赵奢。赵奢说："让他进来吧。"许历见了总司令后说道："秦军想不到赵国兵团来得这么快，他们来势凶猛，想一鼓作气打败我们，将军您应当集中兵力，加强阵地防御，坐等他们前来，不然的话一定会失败。"赵奢答说："好，我听你的意见。"许历接着说："将军有令不能进谏，请您杀了我吧。"赵奢说："等回到邯郸再说吧。"

赵奢之前之所以要颁布那道军令，是要用来迷惑秦军的，现在目的已经达到，自然不需要假戏真做了。既然如此，许历请求再进一言，赵奢同意了，他便说道："秦赵两军决战，北山是一个关键点，先占据北山者获胜，后到者要失利。"赵奢十分欣赏许历的分析，采纳其建议，马上派一万人马迅速占据北山，严阵以待。

果然如许历所料，北山的争夺成为战役成败的关键。秦军抵达后，发现北山已被赵军占领，只得发兵进攻。赵军已占据有利地形，挫败了秦军的企图。而在这个时候，赵奢的大军全面展开反攻。秦、赵兵团皆为天下最精锐的部队，正如赵奢所说的，狭路相逢勇者胜。赵军是反侵略的一方，从将军到士兵，同仇敌忾，士气旺盛，而且在天时地利上也占有优势。这一战的结果，秦军大败！胡阳垂头丧气，无力再战，只得从阏与城下撤军，赵奢的军事行动获得了巨大的成功。

阏与之战是商鞅变法以来，秦军遭到的最大的败仗。在秦始皇统一六国后，把六国的史书都烧了，赵奢指挥的这次战役战果有多大，找不到具体数据。但可以肯定的是秦军伤亡惨重，秦国人的作战是相当坚强的，倘若不被重创，是不会轻易退兵的。赵奢凭此一役，成为赵国最著名的一位将领。这一战也可以看出赵奢的军事指挥艺术：其一，他利用秦军傲慢的心态，故意示弱于敌，营造胆怯畏战的假象。其二，采取反间计，成功地欺骗秦军总司令胡阳。其三，一旦下定作战决心，兵贵神速，出其不意，攻其不备，打乱敌军的军事部署。其四，充分利用天时地利，发扬勇敢精神，最终在一场狭路相逢的战斗中打败对手。

赵奢凯旋回到国都后，得到英雄般的礼遇。赵惠文王封赵奢为马服君，与廉颇、蔺相如平起平坐，成为赵国重臣。帮他出谋划策的军士许历，不仅没有受到军法处置，还被提拔为国尉，以表彰他对阏与之役的贡献。

不过对于赵奢所取得的伟大成就，有一个人并不服气，这个人就是齐国复国运动的核心人物、名将田单。

在《战国策》中，记载了田单与赵奢的一次对话，时间是在赵惠文王三十年，也就是阏与之役的同年。这段对话发生在哪里并不清楚，可能是赵奢出使齐国，或者是田单访问赵国，两位当世名将有了相识并畅所欲言的机会。

田单对赵奢说："我不是看不上您的兵法谋略，但我不佩服您。为什么呢？将军您打仗投入太多的兵力了。打仗的士兵太多，就会影响百姓的耕作，军粮运输负担也会加重。这种做法，会危及国家，不是我田单所采用的办法。我听说古代的帝王，所用的兵力不过三万人，就可以令天下臣服。而现在将军投入的兵力却达到十万、二十万人，这就是我田单不佩服您的地方。"

看来这个田单也是快人快语。我们从田单复齐的故事里可以看到，他确实在打败燕军的过程中，没用多少兵力，这个经历也令他扬扬自得，认为真正的义战，是不需要有太多兵力的，三万人就够了。田单的话也给我们透露了一个信息，赵奢在阏与之役中投入的兵力，应该在十万到二十万人。

对于田单的质疑与诘难，赵奢又是怎么看的呢？他对田单说："您非但不通晓兵法，也不洞悉当前的时势。您说的古代情况，与当下完全不同。古时四海之内，有成千上万个国家，城墙长度不超过三百丈，人口不超过三千家。现在呢？整个天下兼并成七个大国，每个国家都能征集数十万的军队。如果依您所说，用三万人去扫荡这些国家，旷日持久作战，没几年的工夫，这些人就荡然无存了。当年齐国出动二十万的兵力攻打楚国，前后耗时五年；赵国出动二十万军队攻打中山，前后也耗费五年时间。如今齐国与韩国是敌对国家，双方都得以全国兵力去攻打对方，难道有人会认为，只要动用三万兵力就可以吗？现在大的城池，城墙长度就超过一千丈，人口上万家，倘若仅凭三万人，去包围一座千丈之城，恐怕连一个城角都包围不了呢。围城战是这样，要是野战，三万人就更不够用，不知您要怎么做呢？"

田单听后冷汗直流，不由得承认说："哎，我田单的见识比不上您。"

这段对话是很有意思的，因为田单与赵奢都是战国时代的名将，可为什么看法会有这么大的差别呢？

与其说田单的军事思想不及赵奢，不如说齐国的军事思想不如赵国。我们知道，齐国是战国时代的一个强国，可是它是一个比较保守的国家。这么说吧，战国时代著名的变法革新，齐国都没份儿。我们看看，秦有商鞅变法，魏有李悝变法，楚有吴起变法，赵有胡服骑射。这些变法革新，都有与时俱进的创造性思想，都突破陈规的限制。田单的思维方式，还停留在几百年前春秋初期的水平哩。这种认识上的差距，导致了齐国在战国晚期走向衰弱，无所作为，而赵国则后来者居上，成为唯一可以同秦国对峙的强国。

第十章　大决战

一、范雎相秦（上）

阏与之战后的第三年（前 266 年），掌控秦国大权近四十年的权臣魏冉终于失势，范雎取而代之成为秦国的丞相。这个范雎是何方神圣呢？他怎么能够挤掉在秦国呼风唤雨的大人物魏冉呢？

我们先来了解一下范雎这个人。

范雎又称为范且，也有称为范睢，他并不是秦国人，而是魏国人。了解战国史的朋友都会有这么个印象：魏国是产生人才的地方，但这些人才却都跑到秦国去了。在那个时代，一个平民百姓想要快速出人头地，最好的办法莫过于学习纵横术，当一名说客。只要被哪位君王或权臣相中，就有机会改变自己的命运。范雎年轻时也学过讲演术、辩论术，曾经到一些诸侯国游说。他的理想是成为魏王身边的谋臣，可是由于家境贫寒，没有人引荐，想见魏王都没机会。无奈之下，他投靠魏国中大夫须贾，当了门客。

须贾是魏国重要的谋臣。当年魏冉攻打大梁城时，他曾经作为魏国特使，以三寸之舌说服魏冉退兵，可见此人有些本领。有了范雎的相助，他更是如鱼得水，而范雎也得以有机会崭露头角。有一次，魏安鳌王派须贾出使齐国，范雎一同前往。对于范雎来说，这正是他展露外交才华的大好时机，可是他怎么也没想到，这次他可倒大霉了。

这是怎么回事呢？

原来范雎跟着须贾在齐国待了几个月，有一个人对他产生了浓厚的兴趣，这个人就是齐襄王。范雎能言善辩，思维敏捷，口才又特别好，这一切都让齐襄王十分欣赏。齐襄王派人给他送去一份厚礼，包括十斤黄金以及牛肉酒食——这可是一份大礼包哦！作为魏国使团团长的须贾没有收到厚礼，反倒是名不见经传的范雎得到可观的赏赐，这可让小心眼的须贾心里十分不舒服。他便怀疑这背后有文章，一定是范雎暗地里出卖情报给齐国。不过怀疑归怀疑，须贾手中也没有证据，他便让范雎收下牛肉酒食，把十斤黄金退还给齐襄王。

回到魏国后，须贾把这件事上报给了丞相魏齐。魏齐是一位公子哥，一听这事可气坏了。他认定范雎就是个内贼，出卖国家情报以换赏金，便把范雎抓起来，严刑拷打，往死里打。范雎被打断了肋骨，牙齿也被打掉了，奄奄一息。但他脑袋还算清醒，知道这件事是有理也说不清的，照这样打下去，自己非没命不可。人急了就生智，他便躺在地上一动不动，装死。魏齐一看，范雎不吭气了，以为真打死了，便让人用草席把“尸体”卷起来，扔在厕所里。当时魏齐有几个门客，喝醉酒了，上厕所去方便，看到范雎的“尸体”被扔在那儿，便往上面撒尿。

范雎并没有死，满身尿骚味，可是要怎么脱身呢？相府里的厕所有人看管，范雎心里想，只能赌一把了。他估摸着厕所里没有旁人了，便在草席里冲着看厕人喊了一句话：“大哥，您要是放我出去，我一定会重重地报答您。”这话一说，可把看门人给吓了一大跳，还以为撞见鬼了呢。他把席子一掀开，原来里面躺着的这个家伙遍体鳞伤，可是还没死。他心里一想，在这里看厕所，既低贱又没银子，不如冒个险，把范雎搞出去，也好换一大笔钱呢。想到这里，他就对范雎说：“你先躺着别动，我给你想想办法吧。”

你想想，范雎肋骨都断了，还能动吗？看厕所的人便跑去见魏齐，说这尸体扔在厕所里，影响宾客们蹲坑，不如把他给扔到府外去。这时魏齐正喝得醉醺醺的，脑袋瓜也不太清醒，就随口说：“好吧。”就这样，看门人把“尸体”弄了出去，范雎总算捡了一条命。可是等魏齐清醒后，他想起来了，当时范雎是用席子卷起来的，都没有验验他是不是真死了。他赶紧派人去找范雎的尸体，可是只找到一张席子，人不翼而飞了。

范雎躲哪儿去了呢？原来他有一个好友，名叫郑安平，这个人颇重义气，为朋友也算两肋插刀。他冒着身家性命的危险，把范雎藏在一个偏僻的地方，给他治伤养病。为了避人耳目，范雎改名换姓，用了“张禄”这个假名。但这也不是长久之计，只要仍待在魏国，总有一天会暴露身份。最安全的办法，莫过于离开魏国。可是要去哪儿呢？

正巧在这个时候，秦国派一位使臣到魏国，这名使臣叫王稽。郑安平得知消息后，便通过一些关系，乔装打扮为一名士兵，负责伺候王稽。当时秦国最喜欢四处挖人才，有一回，王稽就问郑安平：“魏国有什么贤人可以跟我一起到秦国呢？”郑安平就对他说：“我有一个同乡，名叫张禄，他想见您，谈论天下大事。只不过他的仇人很多，不敢在白天来见您。”王稽有外交家独特的嗅觉，觉得这里面一定大有文章，便答道：“等天黑后，你跟他一起过来吧。”

郑安平听罢大喜，便回去跟范雎说了。等到晚上，两人偷偷跑去见王稽。见到王稽后，范雎畅谈对时局的看法，见解精辟。他话还没说完，王稽心里就有数了，这人果然胸有韬略，是个人才。王稽便对范雎说：“稍晚一些，请先生在三亭南面等我。”

王稽连夜向魏王辞行，然后在约定的地点接范雎上车，一路西去。由于这是秦国使节的马车，一路上没有遇到盘查，就这样，范雎顺利地离开了魏国。魏国又一次把一个难得的人才拱手让给了秦国，后来魏国亡于秦人之手，也实在怪不得别人，前有张仪，如今又有范雎，这两人可都是秦国强盛不可或缺的人物。

马车进了秦国境内，范雎总算安全了。车子到胡关时，范雎看到前方有许多车马驶过来，便问王稽说：“那边来的人是谁呢？”王稽张望了一下，答道：“是秦相穰侯魏冉到东部巡视各个城邑。”范雎皱了皱眉头说：“我听说穰侯魏冉在秦国独揽大权，而且他这个人特别讨厌各国来的说客，要是他知道我在这里，一定会来羞辱我，所以您别告诉他我藏在车子里。”

过了一会儿，车队近了，来的人果然是穰侯魏冉。魏冉看到了王稽，便停下车来，跟他打招呼以表慰问，并问了一句：“关东局势最近有什么变化吗？”王稽回答说：“没有。”这时魏冉看到王稽身后的那辆马车，车厢包裹得严严实实，心里有疑问，便问：“你该不会把东方的说客带回来了吧？我跟你说，那些说客一点用处都没有，只会扰乱别人的国家罢了。”王稽恭恭敬敬地回答说：“不敢。”

魏冉的车队走了，这时范雎把脑袋伸出车厢外，对王稽说：“穰侯魏冉是个聪明人，只是对事情的反应稍有点迟钝，刚才他已经怀疑车子内有人，但他没有搜。我想这时他一定后悔了，肯定会回来搜查。”说完后，范雎就从车上跳下来，改为步行。

这事真让他给说准了。

魏冉走了十来里后，越发觉得王稽的车子有问题，肯定藏了个什么人。他便派骑兵返回，追上王稽的马车，上车搜查。可是这时范雎早已不在车上，骑兵们没搜到人，只得悻悻离去。范雎的智慧让王稽佩服得五体投地，躲过搜查后，两人一路无阻，终于到了咸阳城。

进城之后，王稽便去晋见秦昭王，汇报出使魏国的外交成果，并趁机推荐了范雎。只是直到这时，他还以为范雎的名字是张禄呢。王稽说道："魏国有一位张禄先生，能言善辩，是个难得的人才。他说秦国已经危若累卵，如果能用他就能转危为安，只是这件事得当面说，不可用书面方式。所以微臣就自作主张，把他带回秦国了。"

听到这里，秦昭王有些不高兴。为什么呢？到秦国来的江湖骗子太多了，牛皮吹得一个比一个响，这不是又来了一个吗？再说了，张禄是什么人呢？从来就没听说过。秦昭王不相信王稽说的话，但还是给了他面子，安排范雎住下来，三顿供给粗茶淡饭。就这样，范雎在秦国待了一年多，可是连秦昭王的面都没见着。

与前几任秦王相比，秦昭王对外国说客相当反感。这是有原因的：其一，他受到穰侯魏冉的影响，魏冉掌权四十年，当然不想自己的地位受到动摇，所以极力排斥来自东方各国的说客，以免这些人成为自己的政治对手。魏冉对说客的态度，对秦昭王影响很大，有意无意之中，在秦王脑海中产生排斥说客的思想。其二，在秦昭王时代，秦国对外战争取得了许多重大胜利，这也使他的自信心极度膨胀，认为根本不需要那些夸夸其谈的说客。

但是范雎绝不同于别的说客。其他的说客还停留在合纵连横的老一套说辞上，说的无非是外交，可是外交辞令根本无法打动秦昭王。在这一点上，范雎看得十分透彻。要体现自己的价值，要打动秦昭王，就必须要击中他的弱点。不是吧？作为天下最强大国家的统治者，秦昭王还有弱点？不错！秦昭王有一大心病，那就是大权旁落。

别看范雎长年生活在魏国，他对秦国的政局也了如指掌。表面上看，秦昭王是最高统治者，可实际上，他的权力却很有限。首先在他头上，有母亲宣太后，这个女人很精明、不简单，握有实际的权力。宣太后的弟弟穰侯魏冉、华阳君芈戎也大权在握；特别是魏冉，长期把持相位，征伐大事，他甚至可以不经秦王同意就自作决定。除了魏冉、芈戎之外，还有两个人的地位也不一般，这两人便是秦昭王的弟弟泾阳君与高陵君，太后很疼爱他们，所以自然尊贵显赫。这四个人拥有的私人财产，甚至超过王室，其中又以魏冉最牛。

我们在前面说过，魏冉在国外有一块封邑，叫作陶邑。陶邑位于齐、魏、韩之间，面积相当于一个中等诸侯，土地肥沃。魏冉颇有野心，不满足于当一个丞相，他渴望成为万乘之王，把陶邑建设成为战国七雄之外的第八个强国。

当时有人就跟魏冉说："您应该攻打齐国，这事要是成功的话，陶就能成为万乘之国，而您就是万乘之君了。到时您带着一帮小诸侯，朝拜周天子，这可是春秋五霸的事业呢，到时哪个国家能不听您的呢？"这话把魏冉说得心花怒放，他假公济私，率领秦军越过韩、魏两国，攻打齐国，夺取纲、寿两城，并入陶地。这样，魏冉的私家地盘面积更大了。

范雎对秦国的权力格局看得清晰，如果不把魏冉推倒，他在秦国不会有什么作为。要推倒魏冉，只能靠一个人：秦昭王。

可问题是范雎连见秦昭王的机会也没有，王稽只不过是外交官，地位也不高，不能指望他把自己再度引荐给秦王。怎么办？只能靠自己了。范雎决定写一封自荐信，赌上一把。在这封信的结尾，范雎写道："大王不愿意召见我，是因为我愚蠢呢，还是因为引荐我的人地位低下呢？如果不是这样，我恳请大王拨出一丁点儿游玩的时间，让我能当面说几句话。倘若我说了一句没用的话，浪费大王的时间，请把我按在砧板上受刀斧之刑。"

看到没有，对范雎来说，这无异于一封生死书，把命豁出去了，要么成功，要么成仁。这封信由王稽转交给秦昭王，秦王看了后，颇受震动，他亲自向王稽道歉，并派人用专车去接范雎入宫。

经过一年多的等待后，范雎终于有机会见到秦昭王，那他是不是受宠若惊呢？不，他反倒故意耍了个小阴谋，来激怒秦王呢。当时秦昭王安排在离宫召见范雎，太监在前面带路，走到宫殿前，范雎佯装不知，他还不止步，直奔永巷而去。永巷是通往后宫的一条巷路，后来也成为后宫的代名词。太监一看，这小子怎么往后宫跑呢？很生气，想把他撵走，正好这个时候秦昭王来了，于是太监便冲着范雎高喊道：“秦王驾到。”范雎故意装糊涂说：“秦国哪有国王啊，只有太后与穰侯罢了。”

看来范雎故意走错路，那是要给秦昭王看的：太后才是掌权人，我不往后宫去要往哪去呢？这明摆着是要刺激秦王。可是他难道不怕秦王发怒吗？君主的内心是很难揣测的，不过范雎在洞察人心上确实有过人之处，他知道秦昭王有心病，却从来没有人敢去触碰。他采用激将法，倒可以给秦王留下深刻的印象。如果他表现得四平八稳，那么可能永远都没有第二次得到秦王召见的机会了。

秦昭王听到范雎的话，没有生气，而是邀请他进离宫详谈，并道歉说：“寡人早就应该聆听先生的教诲了，只是最近义渠出了些事，必须尽快解决，所以早晚都得去太后那儿商量。现在义渠的事已经搞定了，这才有机会召先生前来。寡人愚钝不聪明，还恳请先生明示。”说完后，秦昭王恭敬地以宾主之礼接待范雎。当时站在一旁的官员，原本对范雎不屑一顾，当看到秦王如此礼待范雎，大家无不肃然起敬。

一个君主，特别是大国的君主，最忌讳的事，莫过于大权旁落。秦昭王之所以礼待范雎，是因为他隐隐约约已经猜测到范雎的目的，也许这个人真的可以帮助自己解决多年来积压在心头的难言之隐。说实话，秦昭王就位三十八年来，秦国几乎无往而不胜，所取得的成就远远超过之前的任何一位君主。按道理说他应该心满意足，可是秦昭王却高兴不起来，他身为君主，可是国家大事的决定权却是在太后与魏冉手中，他根本不能放手去做想做的事情。

进了离宫后，秦昭王屏退左右，宫内除了他与范雎两人之外，再无他人。秦王跪坐在地，向范雎行礼后说：“有请先生赐教。”范雎只是嗯嗯两声，然后就不吭声了。过了一会儿，秦昭王一看范雎不出声，只好又一次行礼道：“有请先生赐教。”范雎仍然嗯嗯两声，又不吭声了。秦王一头雾水，第三次向范雎请教，可是范雎还是不答话。

秦昭王带着失望的口气说：“先生难道不肯赐教吗？”

这时范雎才说道：“不是这样的。我是一个外国臣子，与大王的关系疏远，可是我想说的都是匡扶大王的事情。这些事情，牵扯到您的亲人，我虽然有效愚忠之心，可是却不能知晓大王您的真实想法。恕我大胆直言，您上则畏惧太后的威严，下则被奸臣忽悠，身居深宫之内，不离保姆之手，一辈子受迷惑，没法辨别奸邪。这样下去，从大处说可以倾覆宗庙社稷，从小处说可能自身难保。这正是微臣所担心恐惧的事情。对于穷辱之事、死亡之患，我并不害怕，如果用我的一死能让秦国得以长治久安，那我虽死犹生。”

瞧范雎所说的，自己俨然成为正义的化身，舍生取义，杀身成仁，是何等境界！这可把秦昭王给感动的，他激动地说：“先生说的是什么话呀！秦国地处僻远之乡，寡人无德无能，幸有先生屈尊来到这里。寡人遇见先生，这是上天的恩赐，欲以保存先王的宗庙。托先王之福，老天爷不抛弃他的遗孤，让我得以向先生请教。不论什么事情，上至太后，下到大臣，先生尽管畅所欲言，不要怀疑寡人的诚意。”

听到这里，范雎赶紧向秦昭王跪拜，秦昭王急忙还礼。范雎接着说：“秦国四周都有要塞、关隘、河流、山脉，地形险峻，易守难攻，有军队一百万人，战车超过一千辆，这都是霸业的基础。可是我要说，大王的臣下们都不能尽职尽力，穰侯魏冉并不热衷于为国家做贡献，而是考虑自己的利益，而大王您也有失误之处。”

秦昭王推心置腹地说：“您尽管说，我想听听自己有哪些地方做得不好。”

这时范雎发现宫殿帷幕之外有动静，没想到秦宫也不是安全之地，隔墙有耳！看来秦昭王身旁有许多魏冉派来监视的卧底。这时范雎感到不寒而栗，不敢再说秦国的内政，只说对外战略的失策之处。他说道：“比如说穰侯魏冉越过魏国、韩国去攻取齐国的纲、寿之地，这就是失策之处。魏、韩近，而齐国远，舍近求远，这不是好的战略。正确的做法是远交近攻，攻打近邻，得到的每一寸土地都是大王的。而现在秦国却把近邻魏国、韩国晾在一旁，去攻打遥远的齐国，这岂不是太荒谬了吗？”

在这里，范雎提出“远交近攻”的战略。

需要说明的是，“远交近攻”这个词，是范雎第一次明确提出来的，可是他并非这个战略的发明者。事实上，在范雎之前，这个战略早已被无数次地运用了。范雎之所以重点提出“远交近攻”，其实是针对魏冉舍近求远、越韩魏而伐齐这件事。本来范雎见秦王，就是想利用秦王来整垮魏冉，但当他发现隔墙有耳、有人窃听时，不敢正面批评魏冉在国内操纵政权、一手遮天，只能拐弯抹角地指责他对外战略的错误决策。

可以说，范雎与秦昭王的这次会晤，是他人生的转折点。他的成功之处，在于他知道秦昭王需要什么，作为一位君王，需要的是不受到限制的权力。我们可以想一想，一个在王座上坐了三十八年的君主，受制于人，那种不满与郁闷积压在心头那么久，突然遇到了一个知音，他能不把这位知音当作心腹来看待吗？

从此，范雎以客卿的身份，在秦国政坛上平步青云。不过，当时他仍然使用张禄这个化名，而没有使用自己的原名。他的地位尚不牢固，要是政敌别有用心地去挖他的老底，把他以前受辱的事，被裹在席子里淋尿的事给抖出来，终究影响形象。往更坏处说，完全可以诬陷他当年有出卖魏国情报给齐国。为了保险起见，范雎仍然隐藏自己的真实身份，没有人知道他的过去。

秦昭王采纳范雎的战略，先后攻取魏国的怀地与邢丘，范雎的地位水涨船高。到秦昭王四十一年（前 266 年），他觉得自己的羽翼丰满了，是时候除掉魏冉了。

这里距范雎入秦已过了四年，在秦王的支持下，范雎的权势扩展得很快，是时候报答秦昭王了。在这几年里，出于谨慎，他闭口不谈太后、魏冉专权之事，以免祸从口出，现在时机成熟了，可以说了。他与秦昭王又进行了一次密谈。

范雎开门见山便说："我在山东时，只听说齐国有孟尝君，没听说有齐王；只听说秦国有太后、穰侯、华阳君、高陵君、泾阳君，没听说有秦王。能独揽国家大权才称为王，能掌控生杀大权才能称为王。如今太后随心所欲，不必顾及大王的意见；穰侯派人出使诸侯，可以不禀报大王；华阳君、泾阳君独断专行，没有任何忌讳；高陵君任用罢免官员，不必事先请示。遇到这种情况，没有哪个国家不陷入危险之中，君主大权旁落，所以说秦国没有王。"

说到这里，范雎把攻击的矛头直指穰侯魏冉。他继续说："穰侯派使节出使各国，打着大王的名号以号令天下，同各诸侯国剖符缔约，挟武力四处征伐，没有谁敢不听从。如果打了胜仗，那么好处统统归陶邑所有（魏冉的封邑）；倘若打了败仗，灾难就要由国家来承担。以前淖齿杀齐湣王，李兑囚杀赵武灵王；如今太后与穰侯当权，又有高陵君、华阳君、泾阳君为其羽翼，因而秦国人都不知有大王存在，他们这些人与淖齿、李兑就是同一类型的人。如今秦国上下，从各级官吏到大王身边的侍从，无不是丞相的人。我看着大王在朝廷孤立无援，私下里感到担心，恐怕秦国以后不再是大王子孙所能拥有的了。”

这些话像一支利箭刺进秦昭王内心最脆弱的地方，不行，我怎么能让祖先的基业毁于自己的手中呢？他抬起头，目光坚定地对范雎说：“好，我得采取行动了。”

秦昭王首先要搬掉压在头顶的一座大山，这座大山就是他的母亲宣太后。

要废掉宣太后有没有理由呢？

有。

因为宣太后淫乱内宫。

关于宣太后，有很多有趣的事情，这是一个非常不简单的女人。我们前面说过，宣太后本来是秦惠王的妃子，秦惠王死时，她还是个年轻的女人。秦昭王继位后的四十年里，秦国实际上落入太后与她的弟弟魏冉手中，这两人才是秦国真正的统治者。宣太后淫乱内宫，不是偷偷摸摸的，而是光明正大的。她的情人有很多，最著名的有两个人：一个是义渠王，另一个是魏丑夫。

义渠是一个戎人部落，原本归附于秦国。秦惠王后元七年（前 318 年），义渠部落在公孙衍的策反下叛秦，并大败秦军。四年后（前 314 年），秦惠王发兵攻打义渠，夺二十五城，但仍然无法彻底打败义渠。秦昭王上台后，执政的宣太后改变政策，转而拉拢、色诱义渠王。义渠王就这样成为宣太后的情夫，还跟宣太后生下两个孩子，两人如漆似胶。可是时间一长，宣太后移情别恋了，觉得义渠王碍手碍脚，便设计将其杀死，这一年是公元前 272 年。义渠王死后，秦国大举发兵，灭了义渠。宣太后的这段淫乱史，倒为秦国解决了义渠。

义渠王死后，宣太后又有了新的情人，他就是魏丑夫。

虽名叫“丑夫”，但估计这个人是帅哥，因为宣太后实在太爱他了。爱到什么程度呢？有一回，她得了重病，担心自己会死掉，便公开说：“我要是死了，要魏丑夫陪葬。”这可把情夫给吓坏了。

魏丑夫找庸芮帮忙，庸芮便跑去对太后说：“您认为人死后还有知觉吗？”

太后是个唯物论者，她马上回答说：“没有知觉。”

庸芮便说道：“太后明明知道人死后没有知觉，为什么要让生前所爱的人殉死，陪伴没有知觉的死人呢？退一步说，就算人死后有知觉，那么想必先王在地下已经积怒许久了，太后见了先王，补过都来不及呢，哪来的时间与魏丑夫在阴间寻欢作乐呢？”

宣太后一听，好像是这么回事，便对庸芮说：“你说得对。”便不再提及要魏丑夫陪葬的事情了。

宣太后的风流韵事已够多了，可是还有更离奇的事情呢，她甚至在严肃的外交场合也毫不忌言大谈床事，堪称惊世骇俗之论。

有一回韩国遭到楚国入侵，便派尚靳前往秦国求援。宣太后接见尚靳并对他说：“我以前伺候先王时，先王用他的大胖腿压在我身上，我就觉得很难受，受不了；可是当他用身体压在我身上时，我反倒不觉得重，为什么呢？因为这个姿势很舒服。现在要我国出兵救韩当然可以，只是如果出兵太少，粮秣不足，就不足以救韩了。如果出兵多，消耗大，每天要花费千金。韩国应该要先给点好处，让我舒服一下。”

后来清人王士祯有这样的评论：“此等淫亵语，出于妇人之口，入于使者之耳，载于国史之笔，皆大奇。”

由是可见，在漫长的中国历史长河中，宣太后仍然可称为特立独行的人。

有了太后淫乱宫中的事，秦昭王当然有了正当的理由废黜太后。有人会说，宣太后与秦昭王是母子，怎么最后倒成了敌人呢？这已经不是新鲜事了，因为权力，所以亲情不在了。

在此之前，秦昭王在朝廷上孤立无援，可是现在他有了范雎为左膀右臂，他正式向太后集团宣战了。太后被废，穰侯、高陵君、华阳君、泾阳君等人就无法幸免了。只是我们必须说，秦昭王的措施是温和的，仅仅是把他们赶到关外，既没有杀，也没有没收其财产，只是剥夺了他们的政治权力。

穰侯魏冉被勒令回到封地陶邑，这是原宋国的一块土地，远离秦国。魏冉长达四十年的权臣生涯宣告结束，但他还是生活得不错。他把所有的家当都运往陶邑，运输的车辆竟然有一千多辆，后来经调查，他的财富比王室还要多。

二、范雎相秦（下）

魏冉下台了，范雎名正言顺地成为秦国的丞相，封于应县，后来他又被称为“应侯”。只是此时大家都以为他叫张禄，所以都称呼他为“张君”。

范雎上台后开始实施“远交近攻”的战术，把蚕食的重点放在魏、韩两国。魏国政府也听说秦国丞相换人了，新丞相名叫张禄，可是张禄是个什么人，谁都不知道。魏王决定派人到秦国拜访新任丞相，派谁去呢？范雎的老东家须贾。

话说须贾接受出使秦国的任务后，就一路向西，进入秦国地界。这时有人报告范雎，魏国来访的使臣是须贾，这令范雎不由得想起了许多往事。当年范雎被魏齐毒打，几乎丧命，这件事的始作俑者就是须贾。

范雎是一个恩怨分明的人，须贾曾经陷害过自己，但也曾帮助过自己，在他贫穷落魄时，投奔到须贾门下，是须贾收留了他。如今须贾使秦，究竟要不要报仇雪恨呢？范雎决定先去见见须贾。他乔装打扮后，穿了件破衣服，抄小路到须贾下榻的驿馆求见。须贾看到范雎时，脸上露出几分惊讶的神情，脱口而出：“范叔原来平安无事呀。”他根本没有把穿着破衣裳的范雎与权倾天下的秦国丞相张禄联系起来。但就是这么一句惊呼，令范雎觉得有点温暖，因为须贾还使用了“范叔”这么个带有敬意的称呼。

范雎答了一句：“是，还没死呢。”

须贾笑着说：“范叔是跑到秦国来游说的吧。”

范雎故意答道：“不是的。当年我得罪了魏国丞相，逃到这里，怎么敢游说呢？”

须贾又问道：“那范叔现在做什么呢？”

范雎回答说：“我在别人家中打工。”

听范雎这么一说，须贾打心里有点可怜他。为什么呢？因为他也知道范雎是个有才的人，可是却遭遇这么多磨难，竟然沦落到给人家打工的地步。须贾心里一阵唏嘘，也许这个时候他有点内疚，要不是自己私下怀疑范雎出卖情报给齐国，老范也不会落到如此地步。他把范雎留下来，跟自己一起吃饭，边吃边闲聊。这时须贾看到范雎衣服太破旧了，便动情地感叹说：“范叔竟然贫寒到这样的地步哇。”他马上让人取来一件上等袍子送给范雎。

两人一边喝酒，一边谈唠着一些事，说着说着，就说到秦国的新丞相张禄。须贾问道：“秦国丞相张君，你知道这个人吗？我听说张君深得秦王的信任，秦国大大小小的事情，都由张君说了算。如今我出使秦国，能不能完成任务，全取决于张君一人。你可有什么朋友熟悉张君呢？”

范雎一听，什么张君，坐在你面前的人不就是吗？可是他没说出来，只是答道：“我家主人跟他很熟，即便是我也可以前去拜见张君。不如这样吧，我就替您引见引见。”

须贾一听十分高兴，可是没一会儿，他又犯愁了：“只是现在我的马车有问题，马匹病倒了，车轴也断了。如果没有大马车，我是不会出门的。”作为一名使节，出门代表国家形象，总不能让病马拉着破车去拜见秦国丞相吧，这样也太寒碜了。

范雎拍拍胸脯说：“这事包在我身上，我这就向主人借一辆大马车给您用。”

范雎回到丞相府，拉来一辆四匹马拉的大车，并亲自给须贾驾车。车子到了丞相府后，丞相府看门人及卫士一看，咦，咱们丞相怎么当起马夫了，想必来的人是贵客吧。大家纷纷回避，恭恭敬敬站一边去了。须贾更加纳闷，心想这范雎不过就是个在上等人家那儿当差的，怎么丞相府的这些人对他这么尊敬呢？他还没来得及想清楚，车子已经进了府内，范雎下了车，对他说：“您先等一下，我先进去通报一下。”

须贾就在门口等着，可是等了许久，还不见范雎出来。他越发觉得奇怪，便走到大门口问看门人说：“范叔进去了这么久，怎么还没出来呢？”

看门的人惊讶地打量着他说：“我们这里没有一个叫范叔的人啊。”

须贾一听，更觉得奇怪了：“啊？就是刚才跟我一起坐车进来的那个人啊。”

看门人一听，对他使了个白眼：“什么呀！那个人就是我们的丞相张君啊。”

须贾一听，大吃一惊，他做梦都不会想到，原来秦国丞相张禄，就是范雎呀。他突然感觉到两条大腿都在发抖，恐惧如泉水一样从心里喷涌出来，脑袋一片空白，想不清什么事了。他一手抓住看门人，对他说：“有劳您禀报一下张君，我须贾有眼无珠，求张君宽恕。”说完后他把衣服往下一拉，拉到腰间，上身袒露，这是古代人谢罪的一种表现，然后跪倒在地，用膝盖顶在地上走路。

进了内堂后，须贾偷偷瞄一眼，只见范雎高高坐在堂上，周围是五彩华丽的帷幕，两旁站立着很多侍从。他赶紧磕头请罪说：“罪臣须贾没想到您靠着自己的努力，得到今天的地位，以后我不敢再读天下书册，不敢再参与天下大事了。我自知死罪，即便施予汤镬之刑也不过分，我情愿自我流放到蛮荒之地，是死是活，全凭您处置。”

只听得范雎大声喝道：“你可知自己犯了多少罪吗？”

须贾面色惨白，嗫嚅道：“我罪过太多了，比我头上的头发还要多。”

范雎接着说道：“没那么多，你只有三条罪罢了：第一，你以为我私通齐国，在魏齐面前诬陷我。第二，魏齐对我用私刑，把我打得晕死过去，用席子卷起扔在厕所里，可是你却没有出面劝阻。第二，客人们喝醉酒往我身上撒尿，你却视而不见。我曾是你的门客，你何以忍心到这种地步呢？”

须贾拼命磕头，请求范雎原谅。这时范雎叹一口气后说：“今天我不杀你，你之所以能不死，是因为你见我衣衫褴褛，以袍子相送，总算还有老朋友的一份情意在。”须贾一听，赶紧连连道谢。

范雎入王宫，把这件事禀报给秦昭王。此后他才正式改回原名，秦国人才知道原来他并不叫“张禄”。

过了几天，须贾要回国了，他前来丞相府向范雎辞行。范雎虽然不杀须贾，可他是个恩怨分明的人，死罪可免，活罪难逃，他决定羞辱须贾一番。于是他便大摆宴席，邀请各国使节参加。范雎让各国使节坐在堂上，好酒好肉款待；而须贾呢？他只能坐在堂下，桌子上只摆了一盆豆。当初正是因为须贾，范雎遭到凌辱，现在他也要让须贾体会一下遭人凌辱的滋味。

范雎派了两个受过黥刑的囚徒，一左一右站在须贾身边。两人夹着他的手，让他只用嘴去吃桌子上的豆料，他们管这个叫“马食”，意思就是像马那样吃东西。须贾满脸通红，恨不得地下裂开一个大缝好让自己钻进去。这时只听范雎厉声说道：“你替我转告魏王，赶紧把魏齐的脑袋送过来，否则我就要血洗大梁城。”

吃这一顿饭，须贾宛如逛了一回地狱。这一天对他来说，似乎比一年还漫长。饱受凌辱后，须贾终于离开这个梦魇之地，神情恍惚、失魂落魄地回到了魏国。

返回大梁城后，须贾的耳边还回荡着范雎的话：“赶紧把魏齐的脑袋送过来，否则我就要血洗大梁城。”想到这里，他心里不由得打了个寒战。必须尽快通知魏齐，须贾的马车直奔魏齐府中，此时的他脸色苍白、一身疲倦。

魏齐一见须贾，心想：怎么回事？有什么事急成这样呢？惊魂未定的须贾拉着魏齐的手说："您赶紧逃命去吧。您不会想到，秦国新任相国张禄，就是当年被您暴打后扔到厕所、生死不明的范雎呀。我在秦国见到他了，他放言，倘若魏王不送上您的脑袋，就要血洗大梁城了。您快逃命去吧。"

听到这里，原本不慌不忙的魏齐面如土色。真是天意难测呀。当年那个范雎长什么模样，他都记不太清楚了，可没想到数年之后，人家要找上门来报仇雪恨了。如今的这个范爷可不是当初的小角色，而是权倾天下的秦国丞相。秦国岂是能得罪的！只要秦政府对魏王施加压力，自己项上人头肯定保不住。

凡事有因必有果，不是不报，时候未到，时候一到，统统要报。此时的魏齐魂飞魄散，不敢在魏国待了，但是要到哪儿去呢？天下之大，能够与秦国相抗衡的国家，也只有赵国了。他抛弃了豪宅妻妾，为了保命，逃到赵国，投奔平原君。

我们说过，范雎是一个恩怨分明的人，史书上称他"一饭之德必偿，睚眦之怨必报"。除了报仇之外，他也报恩。对他有救命之恩的郑安平、王稽，他一一给予回报。王稽成了河东郡守，郑安平则当上将军。同时，范雎还把自己的全部家当拿出来扶危救困，帮助那些穷困潦倒之人。

至于大仇人魏齐，范雎一定要将他置于死地。

作为秦国丞相，范雎固然有很大的权力。可是想杀魏齐，这是私仇而不是公仇。倘若他自作主张，假公济私，把个人恩仇置于国家利益之上，这就说不过去了。所幸的是，他的复仇决心得到了秦昭王的大力支持。

可以这么说，没有范雎，秦昭王不可能推倒太后、魏冉而独揽大权。作为天下最有权势的君王，秦昭王要回报范雎，替他摆平魏齐。可是我们不要忘了，魏齐已经逃到赵国平原君那里，而赵国又是秦国的劲敌，总不能因为一个无足轻重的人物而大打出手吧。

秦昭王想了个办法。他写了一封信给平原君，在信中这么说道："寡人早听闻您的高义，希望与您结为布衣之友。倘若您能前来，我定当与阁下痛饮十日。"一个是秦国君主，一个是赵国权臣，却说是"布衣之友"，也未免太谦虚了。

这封信交到平原君赵胜手中，赵胜有点恐慌。虽然他学孟尝君的样子，朋友遍天下，可是那些朋友都是有求于他的，地位都不如他。如今秦王却不同，以大国君主的身份屈尊要跟平原君交朋友，平原君能拒绝吗？再说了，平原君对秦国有一种恐惧，毕竟国家实力上有所差距。思前想后，平原君最终决定到秦国一趟，会晤秦昭王。

到了咸阳后，秦昭王十分热情，陪平原君喝了几天酒后，就说到正题了。秦昭王说：“我把范先生当作叔父对待，可是范先生的仇家却跑到您那儿了，希望您能派人把仇家的脑袋取过来。不然的话，我可不让您出关。”秦国君主一向不讲信用，以前绑架过楚怀王、孟尝君，如今秦昭王又要故伎重施，扣留平原君以达到杀魏齐的目的。

但是平原君怎么能答应呢？要是他答应了，那岂不是毁了自己的名声吗？他回答说：“一个人在富贵时结交朋友，是为了不忘掉贫贱的时候。魏齐是我赵胜的朋友，就算他在我家里，我也不会把他交出来的，何况他并不在我家里。”

平原君不肯出卖朋友，秦昭王便翻脸不认人，把他强行扣留，并写了一封信给赵孝成王说：“平原君在我的手里，范雎先生的仇家魏齐躲在平原君家里。大王赶紧派人把他的人头送过来，不然的话，我会大举进攻赵国，而且不打算让平原君回国。”

赵孝成王收到信后，觉得没必要为魏齐一个人而同秦王翻脸。再说了，平原君还在秦王手中，要是不交出魏齐，怕有生命危险呢。他派人包围了平原君府第，魏齐听到风声后，连夜逃跑，跑到赵国丞相虞卿那里躲避。虞卿这个人够朋友，收留了魏齐，可是这也不是长久之计，他思前想后，最终决定放弃相位，跟魏齐一起逃跑。虞卿把相印解下，挂在相国府中，与魏齐走小路逃离邯郸。可是要去哪儿呢？最近的国家，只有魏国，看来只能先回魏国再想办法了。

从魏国逃跑出来的魏齐，又回到魏国。

当然，魏齐此番回国是非常隐秘的，没有走漏风声。下一步要怎么做呢？虞卿跟魏齐一商量，赵国、魏国都不能待，燕、韩太弱小，而齐国也风光不再，不如向南去，投奔楚国。可是秦国的耳目众多，要是让秦昭王、范雎知道魏齐的行迹，一定不会放过他的。怎么办呢？这时虞卿想到了一个人：魏国著名的公子信陵君。

在江湖上谁不晓得信陵君呢？这是个重情重义够朋友的人，又是魏安釐王的弟弟，要是他肯帮忙，逃往楚国不成问题。

虞卿便对魏齐说：“这样吧，我们去找信陵君，看看他会不会帮忙。”

魏齐一想，也只能这样了，碰碰运气吧。

可是他们在信陵君府却碰了个大钉子。当信陵君听说魏齐与虞卿来访时，他大吃一惊，这个魏齐可是个烫手的山芋呀，要不要见他呢？要是接纳魏齐，那岂不是公然与天下最有权势的秦昭王、范雎为敌吗？岂不是与虎狼秦国为敌吗？这么大的压力之下，一向重义气的信陵君感到承担不起，他索性闭门不见，不接待魏齐与虞卿两人。

说实话，信陵君内心很矛盾。他是个很重视名声的人，如今魏齐有难来求他帮忙，他却将其拒之门外，这件事要是传出去，岂不是让江湖上的朋友耻笑吗？再说了，对比一下赵国的平原君，宁可被秦王囚禁也不交出魏齐，他信陵君却如此不仁不义，这说得过去吗？

想到这里，他犹豫了。这时他看到坐在身旁的老先生侯嬴，便问："与魏齐一起来的虞卿，是个什么样的人呢？"

信陵君为什么会这样问呢？

他只知道虞卿是赵国的丞相，但对他的为人并不清楚。在魏齐被秦国追杀之际，大家避之如避瘟神，为什么虞卿反而会在这个时候，跟着魏齐一起逃呢？要知道虞卿与魏齐既非故交，也不算熟人，他为什么要帮魏齐呢？

侯嬴回答说："虞卿这个人颇有传奇色彩。据说他第一次见赵王时，穿着草鞋打着伞，赵王就赏他一对白璧与百镒黄金；他第二次见赵王，就被任命为上卿；他第三次见赵王，就成了赵国的丞相了，并封他为万户侯。魏齐走投无路时，虞卿二话没说，放弃高官厚爵，解相印、扔掉万户侯与他一起逃跑。现在，他们山穷水尽，前来投靠公子，公子却迟疑不决。看来要了解一个人真的不容易。"

听到这里，一向以好客自居的信陵君大感惭愧。

他为什么不敢收留魏齐呢？就是怕连累自己呀。可是看看人家虞卿，多么潇洒，什么丞相、什么万户侯，他可以挥一挥衣袖，飘然远去，不带走一片云彩，这是何等的境界啊。

侯嬴说"要了解一个人真的不容易"，这正是在嘲讽信陵君，信陵君又岂能听不出来呢？这时他满脸通红，把心一横，豁出去了！虞卿能做到的事，难道我信陵君做不到吗？平原君能做到的事，难道我信陵君做不到吗？

信陵君当即站起身来，大步朝前门走去，他要亲自迎接魏齐与虞卿。可是当府门打开时，门口却空无一人，魏齐与虞卿早走远了。

怎么说魏齐也是曾经当过丞相的人，以前只有别人求他的份儿，哪里有他求别人的呢？可谁想到竟得罪了范雎这个大煞星，如今人家是丑小鸭变成凶猛的鹰隼，要回来报仇了。为了活命，他不得不低下高贵的头颅，向信陵君求助，没想到吃了一顿闭门羹。他不能忍受这种耻辱，罢罢罢，我也不求人了，走到哪步算哪步吧。

魏齐与虞卿两人驾着马车，离开大梁城，驶向郊外。这时信陵君的马车迅疾地追赶，终于在郊外赶上他们了。信陵君下了车，向魏齐、虞卿两人行礼，对自己的怠慢表示道歉，并恳请两人随他回府，商谈下一步的打算。

可是魏齐只是冷冷地看了信陵君一眼："公子要真这么有诚意，在府上就可以接纳我了，何必跑到这郊外呢？"

这话倒真让信陵君脸上一阵白一阵红，可是魏齐没去注意这些。被人轻视，自然就会涌出自尊心，虽说是穷途末路、一无所有，可是至少还有一点自尊心。魏齐骄傲地拒绝信陵君，望着前面的路，他内心一片茫然，即便他逃到天涯海角，范雎那把追杀之剑始终让他脊梁骨发凉。就在这一刻，他顿感人生无望，与其亡命天涯，终日惶惶如丧家之犬，倒不如做个了断吧。想到这里，魏齐忽地拔出佩剑，往脖子一抹，自杀身亡了。

其实魏齐死得一点也不冤。

这位魏国前丞相，在当权时也没做出多少政绩，仗着自己的权势，草菅人命，在没有任何证据的情况下，把范雎差点整死，还让人在他身上撒尿。说白了，他就是劣行斑斑的恶官罢了。正是有这样的恶官，才让魏国的人才流失到秦国去，范雎报仇，只不过讨回公道罢了。但就是这么一个恶人，居然还能得到平原君、信陵君的礼遇，这说明战国诸公子所谓的养士，实在缺少是非观念，只是重视虚无缥缈的名声罢了。

赵孝成王得知魏齐自杀的消息后，便派人到魏国，索取他的首级交给秦昭王。秦昭王这才把平原君释放回国。在秦昭王的帮助下，范雎终于得以复仇。有仇必报是那个时代的观念，也是春秋战国尚武精神的一种体现。从春秋时代的赵氏孤儿、伍子胥到战国时代的孙膑、范雎，一系列的复仇故事，给先秦历史增添了许多血性色彩。

范雎为秦相后，秦国的战略愈加明晰，这个战略就是“远交近攻”。“远交近攻”并不是范雎的发明，事实上从商鞅开始，秦国的外交战略就是远交近攻，直到魏冉当权时，这种战略才出现改变。在魏冉时代，秦国多次越韩、魏而攻齐国，此战略无法集中力量摧毁三晋的武装。从理论上说，进攻齐国不仅费力，也很难保住胜利的果实。魏冉并非为秦国的利益着想，只是考虑自己的利益，他的封邑陶地孤悬东方，劳师远征齐国，不过是假公济私，拓展私人的地盘罢了。

范雎赶走魏冉后，制定了新的战略：拉拢齐国，重点进攻魏、韩、赵三国。

同时，秦国与楚国也减少了军事摩擦。

白起取得华阳之战大捷后，楚顷襄王担心秦军攻楚，遣太子熊完及黄歇入秦为人质。范雎相秦后三年（前 263 年），楚顷襄王一病不起，眼看快不行了。黄歇便对范雎说：“楚王这一病，恐怕好不了，秦国得赶紧让太子熊完归国。如果太子顺利即位，一定会臣服于秦国，到时对丞相您也会感恩戴德。倘若太子回不去，只不过是居住在咸阳城里的一个布衣平民罢了，楚国一定会另立太子，到时恐怕不愿臣服秦国了。”

范雎认为黄歇说得有道理，就把这事报告给秦昭王。可是秦昭王不同意，捏在手里才叫人质，要是给放了，那还叫啥人质呢？

楚太子熊完倘若不能回国，他这个太子就白当了，到时如何继承王位？可是秦王又不肯放人，怎么办？

黄歇想出了个主意：明着走不行，就偷偷地溜呗。他把太子熊完乔装打扮成为马车夫，混在楚国使团里回国去了。秦昭王得知人质逃跑了，怒不可遏，把黄歇抓起来，打算杀掉。

范雎站出来说话了：“楚太子已经回国，如果他顺利当上国王，一定会任用黄歇为丞相。现在杀了黄歇也没用，不如把他放了，给他个人情，以后楚国势必会亲近我们的。”

秦昭王转念一想，杀黄歇也确实于事无补，就听从范雎的建议，把他也放了。果不其然，过了不久后，楚顷襄王去世，熊完继位，史称楚考烈王，他任用黄歇为楚相。秦、楚两国总算没有关系恶化，对范雎来说，这一点很重要，拉拢楚国后，他就可以集中力量对付赵国了。

在黄歇相楚的这一年（前 262 年），战国历史上规模最大的会战拉开序幕，秦、赵两国倾尽精锐决战于长平。大家都知道，这场会战最终以秦国的胜利而告终。秦军胜利的原因固然很多，但有一点是不可忽视的，那就是楚国人采取了中立立场，这就是范雎“远交”战略所带来的直接好处。

接下来，我们就来说说这场影响深远的长平之战。

三、长平之战（上）

公元前262年的某天，赵孝成王做了一个梦。他梦到自己乘飞龙上天，可是刚飞到一半时，突然掉了下来，然后他看到金玉珠宝堆积如山。这究竟是一个吉兆还是凶兆呢？负责占卜的筮史断言这个梦并不吉利：乘飞龙却从天下掉下来，说明有气势但没实力；看到堆积如山的珠玉，说明有忧患。

是什么忧患呢？筮史并没有说。

可是三天后，赵孝成王确信自己的梦应该是吉兆，因为天上掉下了一个大馅儿饼。

这一天，赵国都城邯郸来了一个不速之客。此人是韩国上党郡守冯亭派来的使者，他前来的目的，是想把上党郡送给赵国。该使者见到赵孝成王后，说道：“韩国已经无力据有上党，政府打算把该地割让给秦国。可是上党军民都不愿意成为秦国臣民，情愿归附赵国。上党共有十七座城邑，希望赵王能接收，以安军民之心。”

听到这里，赵孝成王马上联想到他所做的梦。难道就是他梦里见到堆积如山的金玉吗？美梦居然成为现实了。自己竟然可以不费吹灰之力，收取上党十七城，天下竟然有这么便宜的事情吗？

确实如此！

那么韩国出了什么事情呢？郡守冯亭为什么要把上党献给赵国呢？

自从范雎推行“远交近攻”战略后，韩国又一次成为秦国鲸吞蚕食的对象。

范雎对秦昭王说：“秦国与韩国的边界，犬牙交错，如果天下形势有所变化，没有哪个国家能像韩国这样直接威胁秦国的安全，所以必须先征服韩国。”那要如何做呢？范雎提出了一个非常高明的计谋。他认为进攻重点是荥阳，只要占领了荥阳，就可以切断巩邑与成皋的交通，从而切断太行山通道，断绝上党与韩国本土的联系。

在范雎这一战略的引导下，秦国对韩国发动一系列攻势：公元前 264 年，秦将白起伐韩，攻取汾水旁的陉城，而后接连攻陷九城，斩首五万。公元前 263 年，白起又掠取韩国南阳，切断太行山的通道，上党成为一个孤立的区域。公元前 262 年，白起第三度出击，攻取野王（今河南沁阳），断绝上党与韩国首都的联系。至此，韩国政府完全失去对上党的控制。

每逢战败便割地请降，这几乎成为历代韩王的惯性思维。上党郡被韩国政府作为求和的筹码，割让给了秦国。可是这一回，上党军民不干了，他们不愿意成为秦国人的奴隶。郡守冯亭率军民奋起抵制秦军对上党的接收，率部抵抗三十日。光凭上党一郡的力量，根本没法长期独存，唯一的办法，就是把上党献给赵国。因此冯亭派人前往邯郸拜见赵孝成王，希望赵国能接收上党郡十七城。

对于这个意外的礼物，赵孝成王大喜过望，立即召见平阳君赵豹，告诉他这个好消息："冯亭打算把上党郡十七座城池献给我们，你看怎么样？"可是平阳君赵豹非但没有高兴，反倒皱皱眉头说："平白无故得来的好处，恐怕会惹来灾祸呢！"

赵孝成王脸色一沉，不高兴地说："怎么能说平白无故呢？这是上党百姓认为我们赵国有情有义，所以才想归附。"

平阳君赵豹回答道："并非如此。秦国一直蚕食韩国土地，如今截断上党与韩国的联系，就是想不战而得到这个地方。韩国人把上党献给赵国，这是想嫁祸给赵国。您想想，秦国卖力而赵国却坐享其成，天底下有这样的好事吗？强国不能从弱国那里得到的土地，弱国却想从强国那里获得，这岂不是平白无故的好处吗？秦国的战略，是通过水路运粮，然后以武力蚕食韩国，分裂其土地。我们不可与秦国争锋，还是不要接受上党为好。"

赵豹认为冯亭献上党归附赵国，这只是韩国的阴谋。尽管这一推论只是猜测，但有一点他说得并没有错，如果赵国接受上党，秦国势必不肯善罢甘休。但赵孝成王并不这样认为，他说："我们就算出动百万大军进攻他国，经年累月，也未必能得到一座城池。如今冯亭献十七城给我国，这可是捡了大便宜。"

既然赵王这样说了，赵豹也无言可对。赵孝成王又召平原君赵胜与赵禹两人，对他们说了这件事。赵胜与赵禹都认为这是难得的机会，不要白不要，劝赵孝成王要接受冯亭的投诚。赵孝成王便把纳降的事宜交给平原君赵胜，赵胜便动身前往上党。见到冯亭后，赵胜宣布赵孝成王的命令：“敝国君主派赵胜前来，封太守冯亭三个万户城邑，封县令三个千户城邑，并且世代为侯。上党的吏民全部加爵三级，倘若官吏与百姓能够相安无事，每人再赏六金。”

冯亭听后却泪眼潸潸，沉痛地说：“我做了三件不义的事情：第一，我为韩王捍卫疆土，却不能拼死固守。第二，韩王把上党割让给秦国，我公然违抗君主的命令。第三，我出卖了君王的土地，却得到三万户的食邑。”冯亭并不像是在演戏，因而有理由认为献上党给赵国，应该是他个人的决定，而不是韩国政府的阴谋。

就这样，赵国顺利地接收上党十七城。赵孝成王派军队入驻，名将廉颇驻军于长平。当然，赵孝成王取上党之地后，没忘给韩桓惠王打招呼：“赵国听说韩国不能守上党，现在已经发兵夺取该地了。”韩桓惠王只得通知秦国：“赵已起兵取上党。”

秦昭王听罢大怒，我花费那么多心思，用奇谋妙计断绝上党与韩国本土的联系，你赵国倒好，不费一兵一卒就独吞了。是可忍，孰不可忍？他马上派白起、王龁率军进攻上党。长平之战拉开序幕。

赵国接收上党，成为长平之战的导火索。

当时赵军主力驻扎于长平，长平是上党十七座城邑中的一座，位于今山西高平西北。长期以来，这只是一个默默无闻的小地方，可是战国时代规模最大的会战却爆发于此。

赵孝成王既接收上党郡，就必须直视一个问题：赵国能否顶得住秦国的进攻呢？在七年前的阏与之战中，赵国名将赵奢力挫秦军，取得了秦赵战争史上最辉煌的一场胜利。可以说，在东方六国中，赵国是唯一可与秦国较量的国家。但此时赵奢已经病逝，蔺相如也重病缠身，这对赵国是非常不利的。在阏与之战中，秦国并没有派出最强的力量，特别是战无不胜、令人胆战心惊的武安君白起并不是那场战役的指挥者。赵孝成王的担忧是，倘若秦国以白起为将，赵国有没有将领可以应对呢？

对此，平原君赵胜提出自己的看法：“在渑池之会时，我曾经仔细观察过武安君白起。他的脑袋比较小，棱角分明，这种面相表明此人勇敢、果于决断；他的眼瞳黑白分明，表明此人判断力、洞察力很强；他看东西时目不斜视，目光坚定有神，眼珠子不打转，说明此人意志力特别强。要与武安君白起对抗，只能以持久战取胜，难以同他针锋相对。但有一个人可以对付他，就是大将廉颇。廉颇勇猛枭鸷，爱护士兵，遇事不避艰难，能忍辱负重。要论野战，能力不如武安君，但论持久战，足以抵挡。”

看来平原君养士数千，还是学了点相人术，对白起与廉颇的评价，倒颇为恰当。

关于长平之战的经过，史书对后半段记载较详，而对前半段记载十分简略。甚至对长平之战开始的时间，也众说纷纭。有人认为是始于公元前 262 年，即赵受上党的这一年；有人认为是公元前 261 年；也有人认为是公元前 260 年。出现这么多种说法，主要是因为史料记载含混不清且有矛盾之处。有意思的是，《史记》在不同的章节中，对长平之战的发起时间有三种不同的记录。不过笔者认为公元前 262 年是长平之战的起始，因为《吕氏春秋》一书中写道：“秦虽大胜于长平，三年然后决。”明确指出长平之战前后耗时三年，正是从公元前 262 年至公元前 260 年。吕不韦就是长平之战的时代见证人，这个记载是最为可靠的。笔者结合各种史料，尝试还原长平之战各阶段的战事。

战役的第一阶段是秦、赵两军的相持阶段。

无论从军队的战斗力或统帅的指挥水平来看，秦国均占有优势。在所有国家中，秦军的攻击力是最强大的，武安君白起是整个战国时代最善于指挥大兵团作战的将领。在鲸吞巴蜀、蚕食韩魏之后，秦国获得了大量的土地、人口、资源，足以支撑国家庞大军事机器的运转。秦国士兵训练有素，作战勇猛，经验丰富，军事后勤能力相当强。

再来看看赵国的情况。自从赵武灵王死后，赵国的军事改革中断，胡服骑射未能进一步推广，这极大限制了赵国军事力量的提升。在赵惠文王掌权的三十年间，尽管赵国曾多次出兵攻打齐国与魏国，扩张自己的地盘，但所取得的战果，不能与秦国相提并论。

赵国前线总司令廉颇将军到任后，立即下令以长平为中枢，修筑漫长的壁垒防御线。我们从廉颇以往的指挥经验来看，他是一位攻击型的将领，自己也曾吹嘘有“攻城野战之功”，他的强项是打硬仗，打野战、主动进攻敌人。可是在长平前线，他却一反常态，埋头修筑防御线，根本就不打算与秦军硬碰硬。

以廉颇那牛脾气与火爆的性格，能够守得住寂寞吗？我必须非常佩服地说，廉颇确实是非凡的将领，因为他能用理智克制自己的冲动。我相信他从蔺相如身上学习了许多东西，其中一点就是国家利益高于个人欲望。说实话，廉大将军何尝不想横戈马上，酣畅淋漓地与白起干上一场。可是作为一名统帅，他肩负着保家卫国的重任，岂可率性而为呢？面对天下至强的秦军，不能把胜利的希望寄托在侥幸之上，而是要“先为不可胜”，“以待敌之可胜”。

秦军纵横天下，野战能力天下无双，赵国兵团若与秦军在野战中较量，胜算不大。廉颇深知要赢得长平之战的胜利，关键在于顶住秦军的三板斧，以坚壁清野的战术，用防御代替进攻，只要能守住长平防线，即使花费巨大的代价，最终也会令秦军无功而返。廉颇的目的十分明确，就是拖垮秦军。他的持久战战略似拙实巧，因为秦军在上党地区作战，补给运输线漫长，利于速战，不利于持久。

秦军在白起的指挥下，开始攻打长平。

白起想与廉颇决一死战，但他的希望落空了。廉颇对秦军的叫阵根本不理不睬，坚壁清野，据险控扼，凭借坚强的防线阻挡秦军，只守不攻。自白起出道以来，战无不胜，攻无不克，可是在长平，他却第一次束手无策了。尽管锋芒正锐的秦国兵团凭恃着一往无前的战斗精神，在局部的攻击战中取得若干次小胜利，但对大局无补，根本无法重创赵军主力。

很快，这场战役变得十分沉闷。秦军像一头猛虎，张牙舞爪，而赵军形同刺猬，龟缩起来，不跟你斗，你上来我就扎你一下。结果，这头猛虎在刺猬身旁来来回回地做出扑袭的样子，却徒劳无功。

只要廉颇能坚守三五年，秦军再厉害，恐怕也吃不消。更要命的是，这种乌龟战术，几乎令白起的智谋无用武之地。白起最擅长在运动战中捕捉战机，可是人家廉颇不玩野战，只玩阵地战。看来在长平战场，白起也是英雄无用武之地。秦昭王索性把白起撤走，军队交给王龁指挥。

那白起干什么去了呢？

秦昭王又派他去攻打韩国。公元前 261 年，白起率秦军进攻韩国，夺取缑氏、蔺两地。这次进攻韩国，一方面是报复韩国的爽约，韩国政府未能交割上党，必须得教训一下；另一方面是解决后顾之忧，尽管韩国比较弱小，但也不能小视，要是它与赵国联手对付秦国，那就麻烦了。

秦、赵两军在长平相持一年多后，战争规模不断升级，双方都不断投入生力军。尽管白起已经离开长平，廉颇却仍然一如既往地使出“拖”字诀。只有把秦国拖入遥遥无期的战争泥潭，赵国才有胜利的希望。

这场战争已经成为天下关注的焦点。对于秦、赵两国来说，除了双方军队在长平战场一决生死外，还得在另一个战场上较量，这便是外交战场。

秦国虽然强大，但有后顾之忧。秦昭王最害怕的事情，莫过于东方诸国联合起来，一致对抗秦国。东方六国中，除了赵国正与秦国苦战之外，其余五个国家会是怎么样的态度呢？韩国就不必说了，在多次遭到秦国的打击后，早已是泥菩萨过河，自身难保，不太可能卷入秦赵战争；燕国在燕昭王时曾强盛一时，可惜后继之人实无雄才伟略，在诸国中最为低调，不喜欢卷入“国际事务”；剩下来的三个国家，齐国、魏国、楚国都有可能援助赵国。

齐、魏、楚三国都明白一个道理，不能让秦国坐大，秦国的疯狂扩张已经严重威胁到这些国家的安全。自从长平之战爆发以来，齐国与楚国都已经在密谋援救赵国了。

这引起秦国高层的极大担忧，秦昭王与范雎商量：“齐国与楚国都在考虑援救赵国，必须要密切注视，倘若齐、楚与赵国的关系密切，我们必须退兵；倘若两国与赵国只是貌合神离，那就将战争进行到底。”

可以说，齐、楚、魏等国的态度，直接影响到长平战役的进程。

那么这些国家真正的态度又是如何呢？

自从范雎提出“远交近攻”的战略后，齐国与楚国都是属于“远交”的对象，这两国与秦国的关系还不错。可是齐王与楚王都明白，秦国怎么靠得住呢？楚国人心里特别矛盾，楚国虽然不是秦国“攻”的对象，却与秦国相邻，但楚国要是援救赵国，惹怒了秦国，也会引火烧身，因此楚考烈王犹豫不决。

齐国又如何呢？齐国所谓的救援也只停留在嘴上罢了。

当时赵国粮食告急，派使臣前往齐国，希望齐王提供粮食支援，可是齐王不答应。大臣周子便劝说：“我们最好援助赵国。赵国与齐、楚两国，是唇齿相依的关系，唇亡则齿寒。如果赵国灭亡了，明天就轮到齐国与楚国了。援救赵国，刻不容缓，也是高尚的义举。打击强秦，可以获得好的名声。大王非但不尽力去做，反倒吝惜粮食，斤斤计较，这是很大的错误。”

可是齐王对此置之不理。

从这里我们可以看到，齐国与楚国之所以想援救赵国，并非出于道义，而是怕秦国打败赵国后更加强大。大家考虑的都是自己国家的利益，这点无可厚非。可是齐、楚两国又抱着侥幸的心态，希望秦、赵两国在这场大战中两败俱伤，以捞得渔翁之利。在战国初期与中期，东方诸国名君辈出，可是到晚期却一代不如一代了。倘若是在齐威王时代，齐国可能早就出兵相救了，可是无论是楚考烈王还是齐王建，都不是有作为的君主，在行动上迟疑不决，终于使援赵一事不了了之。

那么魏国是怎样的态度呢？

可以说，倘若赵国战败，对魏国的影响要比对楚、齐的影响大。秦国也明白，魏国参战的可能性，比齐、楚两国要大。秦昭王对此是有所准备的，他抛出一个诱饵给魏安釐王，答应把垣雍割让给魏国。秦国为什么这么大方呢？因为垣雍根本就不是秦国的土地，而是韩国的土地，当时韩国可能同意把垣雍割让给秦国，作为未能按约割让上党的补偿。

秦昭王开出的条件，令魏安釐王怦然心动，在利益的引诱下，他迟迟未与赵国联合。

平都君对魏安釐王说："大王为什么不跟赵国合纵呢？"

魏安釐王回答说："秦国许诺要割垣雍给我。"

平都君说："我认为秦国许诺割垣雍只是一句空话罢了。"

魏安釐王惊讶地问："这怎么说？"

平都君分析说："秦国与赵国在长平相持，胜负未决。倘若天下诸侯与秦国联合，那赵国必定失败；倘若天下诸侯与赵国联合，秦国必定失败。秦国是害怕您与赵国合纵，所以用垣雍为诱饵来忽悠大王。如果秦国战胜赵国，请问大王有胆量责成秦国交割垣雍吗？大王一定不敢吧。如果秦国战败，大王能让韩国割让垣雍吗？恐怕也做不到。所以说，魏国根本不可能得到垣雍。"

魏安釐王听完后点点头，说了句："好。"

如果魏国能参战，对赵国来说，长平之战的胜算将大大增加。可是魏国最终并没有参战，为什么呢？这是因为赵国在外交上犯下一个大错误。

秦、赵两国屯兵数十万于长平，相持不下，双方在战场上的表现可以说是平分秋色，势均力敌，但从两国的军事力量来看，秦国稍占上风。

廉颇的坚壁清野战术阻止了秦军的深入，可是防御战毕竟比较被动，赵国军队没打过什么胜仗，当然，也不曾有大的败仗。

对军事很外行的赵孝成王有点坐不住了，因为战争对国家的消耗太大，这样拖下去，不是办法。他召见大臣楼昌与虞卿，对他们二人说："我军没能打胜仗，还牺牲了一名都尉，我打算集结一支大军，紧急奔赴前线，你们认为怎么样？"

这是一场声势浩大的战事，赵国才牺牲了一名都尉，赵孝成王就心急如此，可见他并不是一位举重若轻的君王，患得患失，缺少大的魄力与长远的眼光。

楼昌回答说："这样做没有用，不如派一名重臣前往秦国，跟他们讲和。"

这时站在一旁的虞卿开口说话了："楼昌提议到秦国讲和，想必是认为不讲和的话，我军一定会被秦国打败。倘若如此，谈判的主动权掌握在秦国人手中。大王您分析一下，秦国的目的是想打败赵国军队呢，还是想结束战争呢？"

赵孝成王想了一下，答道："秦国的进攻不遗余力，很显然他们想打败赵国军队。"

虞卿便接着说："我们如果想谈和，一定要掌握外交主动权。我的意见是拉拢楚国与魏国，派使者带着贵重的金银财宝前往这两个国家。楚王与魏王贪图宝物，一定会接见我国使节。只要赵国使臣到了魏、楚两国，不管能不能拉他们入伙，秦国人得知这件事后，必定会怀疑赵国与魏、楚两国合纵。只要赵、魏、楚三国合纵，秦国就有后顾之忧。这个时候，我们再与秦国媾和，谈判的主动权就握在我们手中了。"

这个见解真是太高明了。只要造成三国合纵的假象，就足以令秦国打退堂鼓了。

可是赵孝成王觉得这样做太麻烦了，派使臣去魏、楚两国，一往一返，岂不要耽搁许多时间吗？到时长平之战进行到什么程度，这就不好说了。他没有采纳虞卿的意见，直接派大臣郑朱到秦国，商谈停战请和事宜。

事实证明，这是赵国外交的大败笔。

郑朱到了咸阳后，秦昭王并没有拒绝，而是在王宫接见他。远在邯郸的赵孝成王问虞卿说："秦王已经接见郑朱了，您认为谈判会成功吗？"

虞卿叹一口气，摇摇头说："我看谈判肯定失败。郑朱是赵国重臣，他到秦国谈和，秦王与范雎一定会利用这个机会，大做宣传。魏国与楚国看到赵国主动求和，一定会认为赵国没有信心抵抗秦国，那它们就不可能出兵相救了。秦国看到天下诸侯都不肯救援赵国，赵国势孤力单，更不可能同意和谈了。所以我认为谈判无法取得成功。”

果然不出虞卿所料，深谙外交术的范雎利用郑朱前来谈和一事大做文章，大肆宣传秦军在战场上的胜利。

在援救赵国上，魏安釐王本是打算有所行动的，楚考烈王虽然犹豫不决，却仍然有可能与赵国联合。但是赵国的外交失误导致了严重的后果。大家想想，赵国自己都想谈和了，魏国、楚国还出什么兵嘛。所以我们必须说，赵国与秦国的差距，不仅体现在军力上，更体现在外交上。

关于长平之战，古往今来论述很多，大家的兴趣点都集中在战役本身。可是笔者认为，赵国长平之战的失败，关键因素之一是外交上的失败。赵国不仅没有积极争取外援，还犯下大错，单方面与秦国媾和，反而被秦国抓住并利用这个机会，断绝魏国、楚国救援赵国之心。为什么说这是影响长平之战的关键因素呢？倘若魏、楚两国站在赵国一方，且不说直接参战，就算只是陈兵于边界，威胁秦国后方，秦国也不敢以倾国之兵孤注一掷于长平。

谈判没有成功，双方不断地把精锐部队投入战场，秦赵战争的规模越来越大。

在拉锯战的相持中，长平之战进入第三个年头。

双方的战场最高指挥官都未换人，赵军统帅仍是廉颇，秦军统帅仍是王龁。我在前文中说过，廉颇是一位善于进攻的将领，他曾经打过齐国，打过魏国，攻城略地，是赵国军界响当当的人物。若论指挥水平，王龁未必能胜过廉颇，久经沙场的廉颇不应当惧怕王龁。可是为什么廉颇面对王龁仍然采取守势呢？他为什么不主动出击呢？

我想这其中的原因，在于秦军在长平战场的兵力超过赵军。特别是公元前260年（长平之战第三年），秦军又增派大量部队，兵力上的优势使得王龁得以发动开战以来最猛烈的攻势。

该年四月，秦军一支侦察部队在一次军事行动中，袭杀一名赵军副将，这件事令赵军士气大为挫伤；六月，秦军发动进攻，攻下两座赵国堡垒，俘虏四名军尉。廉颇下令修筑新的壁垒，构建新防线。可是到了七月，该防线又告失守，两名军尉被俘虏，赵国阵地被秦军摧毁。这样，长平防线中的西垒壁落入秦人之手。

表面上看，赵军连吃败仗。事实上是否如此呢？

我看不一定。

王龁发动这么大的攻势，显然是急于打破相持的僵局。可是西垒壁防线廉颇已经坚守两年，应该固若金汤，王龁在之前两年未能攻破，为什么在两个月内反倒接连得手呢？我怀疑秦军攻克西垒壁，付出了惨重的代价，伤亡人数可能是赵军的数倍。这个问题，我在后文中再详细论述。

廉颇收缩防线，加强防守。此时秦、赵两军的对垒格局，有这么一段资料，出自《水经注》中所引的《上党记》："长平城在（上党）郡之南，秦垒在城西，二军共食流水，涧相去五里。……城之左右，沿山亘隰，南北五十许里，东西二十余里，悉秦、赵故垒，遗壁旧存焉。"从这个记载可以看出来，当时秦、赵基本上是隔水对峙，秦军营垒与赵军营垒绵延分布在南北五十里、东西二十里的区域，总计约一千平方里的范围。

廉颇越是收缩防线，赵军的抵抗力就越是坚强，就像一根弹簧一样，越压缩则弹力越强。最关键的是，赵国兵团主力仍然是完整的，实力上并没有受到严重的损失。倘若"坚壁清野"的战术一直延续下去，秦军显然难以取得最后的胜利。

虽然赵国的经济能力不如秦国，但近水楼台先得月，廉颇兵团的补给线短，而且有上党郡百姓的大力支持。反观秦军，当前线兵力越来越多时，粮秣的转输量就越大。如果不能迅速打开局面，整个国家都会被战争拖垮。可是王龁在攻下西垒壁后，已是强弩之末，无法继续向前推进了。

秦国丞相范雎忧心忡忡，他显然已经意识到廉颇正蓄势待发，一旦秦军的补给供应不上，便是大灾难的开始。

看来廉颇果然是一个难缠的对手。

要打败赵国兵团，首先必须除掉廉颇，让他失去指挥权。可是能罢免廉颇的，只有一个人，这个人就是赵孝成王。范雎是个积极进取的人，在经历人生的大风大浪后，他比任何人都更明白一个道理：机会永远是自己创造出来的，而不是等来的，只有你不敢想的事，没有不可能的事。

后世之人总把白起的名字与长平之战联系在一起，可是在我看来，范雎才算是秦国的第一功臣，没有他的运筹帷幄，就没有白起的赫赫之功。老辣的范雎要施展反间绝计，不战而把廉颇拉下马。反间计对于秦国人来说，已经玩弄得炉火纯青了，他们拥有天下最出色的情报部门与谍战人员，几乎到了无孔不入的地步。

这个反间计能否成功，首先必须衡量一个前提：赵孝成王与廉颇关系如何？有没有可以利用的矛盾呢？很快，潜伏在赵国的谍报人员送来一个准确的消息：赵孝成王对廉颇的连连失利已经越发不满了。

赵孝成王对军事很外行，这并不能说是个缺点，不是每个人都能像赵武灵王那样，既是君王又是名将。可问题是外行却偏偏要充当内行。战国时代有一个不成文的习惯法则，叫“将在外，君命有所不受”，就是君主不能过分干涉前线将领的决策。比如说当年赵奢救阏与，他率数十万军队，出了邯郸城就不走了，赵惠文王看不懂他的战略，但不加干涉，这才有后来的大胜。

可是赵孝成王越来越不能容忍廉颇的持久战，一来战争已经进入第三个年头还看不到尽头，整个国家经济快崩溃了；二来秦军夺取了西垒壁，无疑令他这个赵王大丢面子。他对廉颇的乌龟战术越来越不满，开始想遥控指挥了，便一而再，再而三地命令廉颇主动出击。廉颇不理睬，仍然坚持自己的战略主张。

君主与大将出现严重分歧，这可不是好事情。更可怕的是，秦国的情报机构神通广大，赵国的内部矛盾很快就被范雎知道了。范雎精心策划了一个反间计，他派人携千金入邯郸，目的就是游说高层，并制造流言。这个流言是这样说的：秦国根本就不怕廉颇，廉颇没水平，容易对付；那怕谁呢？只怕赵奢的儿子赵括，赵括精通兵法，是军事天才，要是由他来领兵，秦国准倒霉。

这种说法很快在邯郸城内流传开了，赵孝成王也听到了。

自从长平西垒壁被秦军攻占后，赵孝成王便十分恼怒，多次严令廉颇出战，可是廉颇抗命不从，他断定廉颇就是贪生怕死罢了。如今整个都城流言散布，赵括突然间名声大噪，这令赵孝成王眼睛一亮。他召赵括入见，跟他谈论军事，赵括对兵法烂熟于胸，倒背如流，讲起来头头是道，说得赵孝成王佩服得不得了。行，赵括不愧为名将之后，青出于蓝而胜于蓝啊。赵孝成王终于做出决定：解除廉颇的职务，任命赵括为前线总司令，全权指挥长平之役。

这绝对是一个致命的错误决定。

四、长平之战（下）

廉颇被撤职，赵括出任前敌总指挥，预示着赵国的战略发生根本性的转变。防御战略被抛弃了，取而代之的是主动出击。长平之役由相持阶段进入决战阶段。

战争已到关键时刻，赵国更换主将的同时，秦国也悄悄更换主将，名将白起走马上任。与赵国不同的是，秦国严密封锁换将的消息，武安君白起密抵长平前线，取代王龁成为秦军总司令。白起抵达的消息，只有极少数人知道，秦国将此列为“绝密”，有泄露秘密者，杀无赦。

这又是范雎下的一步好棋。

很显然，白起就是秦国的秘密武器、夺命撒手锏。他的军事能力与指挥水平是不容置疑的，但这里有一个疑问：为什么秦国到这个时候才把他派上场呢？从这一点看，秦国政府在调兵遣将上确实有高人一等的本领。白起是秦国军界的“战神”，是胜利的旗帜，是士气的象征。在长平战役初期，他就是秦军总司令，可是面对廉颇铁桶般的防守，他居然也无机可乘。正因此，秦政府把他调离前线，以免久战无功，既挫伤战神的锐气，又挫伤军队的士气。白起是歼灭战大师，长于大兵团作战，擅长在运动战中把握战机，一举消灭对手。如今赵国欲放弃铁桶战术，主动出击，与秦军在野战中决胜负，野战岂不是白起的拿手好戏吗？武安君此时不出，更待何时！

但白起只是一枚重要的棋子，真正操纵棋盘的人是丞相范雎。范雎如同一位高明的棋士，以长平为棋盘，用反间计清除了对方威胁最大的棋子，又神不知鬼不觉地下了一颗隐形的棋子，欲给对手以致命一击。

正所谓知彼知己，百战不殆。赵国的排兵布将，皆在秦国的掌握之中；而秦国秘密更换统帅，赵国却一无所知。这就是情报战的差距。决战尚未开打，赵国已经棋输一着了。

我们来对比一下秦赵的两位主将。

秦国武安君白起在此之前已多次指挥大兵团作战，我们稍回顾一下：伊阙之战斩敌二十四万；伐楚之役，击破楚都郢城；华阳之役，斩敌十五万。其他大大小小的战役，他从无败绩。赵国主将赵括有一点与白起是一样的，他也从无败绩，因为他从来没上过战场，至少史书上没提到。

赵括唯一的战绩就是打败了父亲赵奢，但这是口水战。

由于出身将门之家，赵括从小就熟读兵法，在读书这方面他是很厉害的。他喜欢谈兵论战，一说起来滔滔不绝，并认为天底下的人，没有一个能超过他。他跟父亲论兵事，经常把父亲驳得无言可对，但赵奢并不认可他。

有一次，赵奢夫人问说："咱们孩子对兵法懂得那么多，你怎么不太认可呢？"

赵奢回答道："行军打战，是置之死地而后生。赵括把战争看得太简单了，似乎就是动动嘴皮子的事，对此我十分担心。赵国要是不任用他为将军也就算了，要是用他为将，赵国军队必定要毁在他手里。"

作为一个父亲，当然希望儿子能有出息，但儿子并不总是能给父亲带来光荣。知子莫若父，赵奢是个明智的人，早就看穿赵括肚子里的那点东西，中看不中用。

像赵括这么一个缺少指挥经验的人，一下子让他担任总司令，难道就没有人反对吗？当然不是了，事实上反对的人并不少。

首先站出来反对的是名臣蔺相如，他身患重病，仍拖着病躯见赵孝成王，劝谏说："大王任用赵括为将，不过是听说他精通兵法，有一定的声誉。以我对赵括的了解，他只会读父亲留下来的兵书，还达不到随机应变的水平。"蔺相如的话，赵孝成王听不进去，因为天下人都知道他与廉颇的关系，"将相和"的美谈谁都晓得，在赵王看来，蔺相如不过是在帮老朋友廉颇说话呢。

又有一个人站出来反对，谁呢？赵括的母亲。赵母对赵孝成王说："万万不可任命赵括为主将。"这令赵孝成王感到很惊讶，儿子被提拔为总司令，这是很光荣的事，怎么当母亲的要反对呢？他便问："这是为什么呢？"

赵母回答说："以前赵括的父亲赵奢为大将时，礼贤下士，亲自捧上食物招待的门客有数十人，结交的朋友有数百人。大王所赏赐的东西，他一样也没有保留，全部分发给了军官与臣僚。从他接受王命的那天起，就为国忘家，不再过问家中的事。可是现在赵括刚被任命为上将军，就显摆威风，军官们没有一个敢抬头正视他一眼。大王所赏赐的金银丝帛，他都拿回家藏着，还整天留意哪里的田地房屋便宜，价格合适就买下它。从这几点来看，都比不上他父亲。

他们父子俩的思想境界不一样，希望大王不要任用赵括。”

赵孝成王一听，这些都只是小事罢了，做大事不拘小节，没必要过分担心。他亲切地说：“老夫人不要放在心上，我已经决定了。”

既然不能说服赵孝成王，赵母便提出一个请求：“倘若大王一定要委任赵括，如果他不称职，希望大王莫要降罪臣妾。”知子莫若母，赵母心里明白赵括绝不是带兵打仗的料，还是先给自己留条后路吧。赵孝成王一听，这说哪儿的话呢，满口答应了。

新任总司令赵括到了长平后，雷厉风行，把廉颇的那一套防御策略全部废除了，重新制定战略，以攻代守，还把坚持廉颇战略的将领一一免职。显然他认为廉颇的战略思想太陈旧了，自己的那一套才有创新精神。据说当时赵军中有八位军官反对赵括的做法，以死相谏，但没能改变这位自命不凡的总司令的决心。

孙子兵法说：“知彼知己，百战不殆。”无论是白起或是廉颇，都能做到“知彼知己”，但赵括则不然。大家还记得廉颇当年对蔺相如很不服气时，曾说自己有“攻城野战之功”。注意呀，廉颇最擅长的是攻城野战，而不是防御战。可是他为什么对付秦军要用防御战术，这就是“知彼知己”，赵军攻城野战能力虽强，但比起秦军是有差距的。可是赵括却不这样认为，他认为那是廉颇无能罢了。赵括显然低估了秦军的战斗力，更致命的是，他连对方的主将是谁也不知道。

还未弄清敌方底细之前，赵括就迫不及待要发动进攻了。

对于赵括这个人，范雎与白起早就对他反复研究过了。范雎用反间计，整倒了廉颇，当然是想让一个纸上谈兵的家伙来取代他。这里就有一个问题了，范雎如何知道赵括是纸上谈兵，没有真才实学的呢？万一他真的是军事天才，范雎岂不大大失算了吗？我相信秦国有一个极其高效的情报机构。这个情报机构虽然没有出现在史书上，但可以从秦国密集的间谍活动中看到其影子。

在赵孝成王眼中，赵括是军事天才，而在范雎眼中，他只不过是徒有虚表的庸才。很显然，范雎早就摸清赵括的底细，对他方方面面的情况都掌握了，这才能做出正确的评估。有了正确的评估，就能得知赵括下一步会怎么做了。

赵括会怎么做？他一定会主动进攻的。这是由两个原因决定的：第一，赵孝成王任用他，就是要打进攻战，而不是防御战。第二，赵括要表现自己，要镇住其部将，必须要用一场胜利来证明自己不只懂得纸上谈兵，还能赢得战争。

可以说，战还未开打，赵军的底牌就已经被看穿了。

白起早就做好了应对的准备。他要打一场史无前例的歼灭战，这场战役规模之大，即便是放在经历过人口大爆炸的今天来看，仍然令人瞠目结舌。要诱使敌人上钩，就必须先给点甜头。果然不出所料，赵括上任不久，便气势汹汹地发动进攻，这是赵国兵团第一次主动出击。白起命令前线部队佯装不敌，稍一交锋，便往后撤。

第一次出击，便打得秦军落荒而逃，赵括对自己的指挥水平更加自信了。世人都说秦军厉害，这只不过是秦军没有遭遇真正的对手罢了，自命不凡的赵括自以为是秦军的克星，他要以一场辉煌的胜利，来嘲弄廉颇这个老古董。他完全放弃守势，把长平一线赵军主力都集中起来，要一鼓作气把秦军揍扁。

看到赵括的布阵，白起笑了。赵军倾巢而出，后方势必会露出大破绽，只要能抄了赵军的后路，断其粮道，就可将其困死。

赵括自以为高明，其实他只是被白起一步步牵着鼻子走。他率领赵军主力部队进入秦军预设的战场，这个战场，是在秦军防御森严的壁垒之前。白起采取诱敌深入的战术，且战且退，退到自己的防御阵地。这个防御阵地，是秦军与廉颇相持时所建，十分坚固。赵括大军追击至此，对秦军壁垒发动进攻，可是他发现根本没办法推进。秦军全线防守，到这个时候，赵括还自以为优势在手呢，殊不知精于捕捉战机的白起已经开始天网计划，要把赵国兵团一网打尽。

白起预先准备的两支骑兵迅速出击，迂回到赵军的后翼。其中两万五千人的奇兵截断运粮通道，另一支五千人的骑兵则插入赵军主力与长平壁垒之间。这里有一个疑问产生了，驻扎长平的赵军有四十多万人，秦军怎么可能只用五千人就可以切断赵国进攻兵团与留守兵团的联系呢？这里我们要看看《史记》的原文："秦二万五千人绝赵军后，又一军五千骑绝赵壁间，赵军分而为二，粮道绝。"我的理解是，五千骑兵仅仅是白起派出的第一批部队，骑兵的速度快，可以率先抵达预定位置，后续的步兵肯定要跟上，这样才可能完成对四十多万赵军的分割包围。司马迁对战争的记载一直是很含混不清的，不仅是对战国史的记载如此，甚至对他生活的汉武帝时代的记载也是如此。

尽管战斗的细节我们并不是特别清楚，但有一点是明确的，赵国军队被分割成两部分，而且后路也被切断了。

在完成分割包围后，白起派出轻骑兵出击，赵括率部迎战。这时赵括才真正见识到秦军战斗力之强，赵军的迎击被打败了。这时赵括下令就地修筑防御工事，等待援兵前来。那么赵括在等什么援兵呢？是等赵孝成王再从邯郸发兵吗？赵国的精锐部队几乎都集中于长平，哪里还有多少军队可以投入战场呢？我在想，赵括等待的，或许不是来自邯郸的援军，而是长平赵国壁垒内的留守部队。也就是说，赵括吃不消了，想退回廉颇耗时三年修筑起来的防线内。可是有一个问题是他始料未及的，赵军大本营里，群龙无首，军官层又刚刚遭遇大的人事变动，新的指挥体系极其混乱，没有一个可以发号施令的人。在这种情况下，没有谁敢擅作主张，全力突破秦军包围圈，去拯救赵括的兵团。

仅仅是第一次出击，赵括就陷入重围，这足以证明读书是一回事，真正打仗又是另一回事。

明代著名思想家王阳明曾经说过，“人须在事上磨，方立得住”，不然的话，“临事便要倾倒”。用这句话来说赵括十分合适。赵括的问题在哪里呢？他没有在事上磨砺过，纸上谈兵，不过是自己与自己打仗，当然对假想敌的思路一清二楚。可是真正的敌人，却不会让你轻易看穿他的思想。春秋战国时代的兵书，有很多流传到现在，《孙子兵法》也好，《吴起兵法》也好，很难相信谁只钻研这些书就可以成为名将。就算赵括对兵法倒背如流，也并不意味着领会到兵法的精髓。比如说《孙子兵法》里几个简单而重要的法则，都被赵括忽视了。

第一个原则，“知己知彼”，赵括做到了吗？显然是没有的。因为他连对方的统帅是谁都没搞清楚。第二个原则，“先为不可胜，以待敌之可胜”。什么叫“先为不可胜”，就是要先立于不败之地，遇到危机时，要有解决方案，要有后备力量，生存下来是前提。可是赵括做足准备了吗？他领兵出击，有没有考虑到后路被抄截的危险呢？有没有留有后手来应急呢？统统没有。

在廉颇主持前线战事的三年里，赵国兵团攻虽不足，守却有余，运输线畅通。可是赵括一来后，整个防御体系漏洞百出，被秦军连占先机。出现这种情况，可能有两个原因：其一是赵括能力不足以指挥全局；其二是赵括高估自己，低估了对手。以为对手笨的人，最后往往发现自己才是最笨的。

在白起完成对赵军的分割包围后，秦国又一次体现出军事行动的高效性。秦昭王大为兴奋，绝对不能让赵军突破包围圈。但要做到这点是很难的，必须要有更强大的兵力。秦昭王亲自前往河内郡，抵达后做的第一件事就是奖赏郡内所有吏民，加爵一级。这样做当然不是平白无故的，他要征调郡内所有可以参加战斗的男子，凡是十五岁以上的男子，全部上前线，拦截赵国对长平的救援，绝不能让粮食辎重流入赵括之手。

有的书或文章在论述长平之战时，以为秦国是动员全国十五岁以上的男子参战，这个说法恐怕是不对的。偏远如巴蜀之地，就算征调新的兵员，也不可能在短时间内抵达前线。秦国的应对措施是及时的，这时赵国政府做了哪些努力呢？很遗憾史书中没有写。但就算赵孝成王想解长平之围，也只是心有余而力不足。赵括的四十几万军队，实际上已经成为瓮中之鳖了。

这场围歼战从七月到九月，持续了四十六天。赵国兵团的粮食得不到补充，人是铁，饭是钢，一顿不吃饿得慌，赵军的战斗力直线下降了。

赵括绝望了，他把军队分成四队，冲击秦军的包围圈，试图突围。可是运气并没有降临，尽管赵军士兵拼了命，反复冲杀四五次，但任何突围的尝试都以失败而告终。总司令赵括集合了一支精锐部队，亲自率军冲锋搏杀，在最后一次突击时，一支飞来的利箭洞穿其胸，这位悲情将军被射杀了。总司令一死，赵军更是乱成一锅粥，加上连续挨饿，已经没有任何战斗力可言，剩余的军队只能选择投降。据《史记》所记，投降的赵军总计四十万人。

接下来发生的故事，是历史上最悲惨的一幕。

向白起投降的赵军士兵被全体屠杀，如此大规模的屠杀战俘，在历史上是罕见的，更不用说集体屠杀了。那么白起为什么要屠杀赵国战俘呢？他自己是这样说的："上党本来是要割让给秦国的，但上党民众不愿意被秦国统治而归附了赵国。赵国士兵反复无常，如果不杀掉，恐怕以后会出乱子。"

长平之战规模之大，是史无前例的，俘虏之多也是史无前例的。这些手无寸铁的俘虏，最终被分批杀死后埋尸。长平一带成了尸骨累累的大坟场，在之后的两千年里，人们还不断地在这个古战场上挖掘出当年被坑杀的赵军士兵遗骸，还有散落在其间的兵戈、钱币等。据《史记》所记，赵国数十万俘虏中，只有二百四十人得以生还，主要都是未成年人，白起把他们给放了，回邯郸报信。

杀降一事给白起留下千古骂名，“秦以为功，天下以为贼”，在秦国他是大功臣，可在天下人眼中，他就是个奸贼。尽管战国时代的战争较春秋时代更为残酷，但基本的人道主义原则仍然是交战各方默认遵守的。比如在此之前的伐齐一役中，乐毅横扫齐国七十余城，对待占领区的百姓却能行仁义之道。而白起虽然有绝世的军事才华，最终却沦为一部杀人机器。

这场旷世大战就这样尘埃落定，可是长平之战也留下很多疑问与未解之谜。

首先，秦国在长平之战投入多少军队呢？

在这个问题上众说纷纭。

赵国在长平之战中全军覆没，总共有四十五万人，这个数字是见于史料的。可是秦国兵力有多少，史料中找不到答案。有人认为秦军作为围攻的一方，兵力至少要有对方的两倍，依此观点，秦军的兵力几乎近百万之多；有人认为秦军没那么多，顶多十几万人，否则分割赵军的骑兵部队，怎么仅有五千人呢？

说秦军有上百万人，往往认为秦昭王把全国十五岁以上的男子都征调到前线。我们来看看《史记》原文：“秦王闻赵食道绝，王自之河内，赐民爵各一级，发年十五以上悉诣长平……”这个原文意思很清楚，秦王仅仅是征调河内郡的男子参战。可是到了后世，这段话被理解歪了，比如三国何晏说：“长平之事，秦民之十五以上者皆荷戟而向赵矣。”这样便给后世造成一种印象，秦国是全国出动了。说实话，当时秦国与周边的魏、韩、楚都有血海深仇，敢把全国一百万兵力都集中到长平吗？不太可能。

认为秦军只有十几万人，这同样不太可能。倘若秦国只出动十几万人，廉颇驻守长平两年多，对手又不是白起，以四十多万的兵力还被王龁打得丢了西壁垒，这怎么可能呢？白起是一位能以少胜多的名将，在伊阙之战中曾以十余万人打败魏韩二十四万的军队。可是不要忘了，赵国军队比魏、韩军队要强得多，而且也不存在魏、韩两军不能协调作战的弱点。而且十几万人围歼四十万人，这近乎天方夜谭。

因此，秦军能够实施围歼战，在数量上应该比赵军略多，可能在五十万到六十万左右。秦国的常备军约一百万，留下一半左右驻守国内各城及边界要塞是必要的。

其次，赵军真的被坑杀四十万吗？

在《史记》中，白纸黑字写着赵军被坑杀四十万，“括军败，卒四十万人降武安君……乃挟诈而尽坑杀之……前后斩首虏四十五万人”。

以这种说法，赵括有四十五万军队，被俘四十万，其余五万人战死。但是这里便引发一个问题，赵括军队被围四十六天，只有五万人战死，所占比例仅十分之一左右，平均下来，每天死一千人多一点。这个伤亡记录着实与战争的激烈程度不成正比，倘若被围困的赵军只战死五万人，那秦军一方伤亡应该更少了。可事实上秦军在长平之战中伤亡过半，这又怎么可能呢？

在长平之战的最后阶段，赵军兵分四路突围，反复冲击四五次，连赵括都战死了，可以料想这场战役打得多么白热化。所以我想赵军战死人数，应该不止十分之一，同样，最后投降的人数，也应该没有四十万这么多。中国人有这么一种思维方式，对某人的行为十分痛恨时，就会夸大其作恶。白起坑杀战俘，罪行累累，因此百姓对他恨之入骨，自然尽可能多地把这笔账算在他头上。

像这种夸大其词的记录，在历史上是非常多的。比如说三国时曹操征陶谦，《三国志》是这样写的：“谦兵败走，死者万数，泗水为之不流。”《曹瞒传》是这样写的：“坑杀男女数万口于泗水，水为不流。”死者由兵变成平民，万数人变成数万人。我们且不说这两种史料谁是谁非，在后来的《后汉书》中，变成这样了：“凡杀男女数十万人，鸡犬无余，泗水为之不流。”不仅是平民百姓，把鸡犬也加进来了，人数不是数万，而是变成数十万了。历史的真相可能会随时代的推移而变样。司马迁说白起坑杀四十万人，实际上未必有这么多。赵括军战死的人数应该不少于十万人，甚至可能有二十万人。这个结论还直接牵涉到下一个问题：秦军死了多少人？

最后，秦军死了多少人？

我们在看战国史料时，发现秦国史料有一个特点，总是吹嘘自己的战绩，可是对自身的损失讳莫如深。这给人看了后觉得秦国人都是天兵天将似的，打起仗来，杀人就是砍瓜切菜那么简单。可是长平之战，秦国损失多少人呢？白起的一句话泄露了天机：“今秦虽破长平军，而秦卒死者过半，国内空。”

如果以秦军五十万人来计，那么损失过半则至少是二十五万。这并不光是围困赵括时的损失，而是三年长平之战的整体损失。正是因为《史记》含混不清的记录，让后世对秦军伤亡人数也颇感困惑。如果赵括在被包围后，只损失五万人，那么作为包围方的秦军死亡人数不应当超过此数。那么白起说的“死者过半”又从何而来呢？所以赵括突围过程中，绝不仅仅战死五万人，战死者可能多达二十万人。如果按秦、赵死亡比例为一比二来计，秦军战死数量为十万人。即便是这个数目，也还没能达到白起说的“死者过半”。因此，秦军另一个重大伤亡，应该是攻克西壁垒时造成的。

在长平三年战事里，西壁垒之战的规模仅次于最后的决战。西壁垒防线不仅坚固，而且当时的赵军统帅是经验丰富的廉颇，在之前两年里未失守。像这种攻坚战，对防御的一方是比较有利的，而对进攻的一方比较不利。秦军不可能在没有付出重大代价的情况下攻克该防线，倘若不是代价高昂，范雎也不一定要实施反间计。好面子的秦国人向来忌讳谈论伤亡人数，整个战国史，秦国打的战役不下数百场，而能真实记录伤亡的，几乎是没有的。

这是一场规模空前的战争，赵国经此重创后，从一流强国沦落为二流国家，秦国一统天下的步伐向前迈了一大步。

这也是白起生平最大的一次胜战，奠定了其战国第一名将不可撼动的地位。长平失守后，上党不复是赵国土地。秦国吞并上党后，白起兵分两路：一路以王龁为将，攻略武安、皮牢；另一路以司马梗为将，攻略太原郡。白起的意图是趁赵国大败之机，一鼓作气攻下邯郸，把赵国从地图上抹去。

此时的赵国举国陷入恐慌之中，而韩国忧心忡忡，倘若赵国一亡，接下来便是韩国了。长平之战，令赵国损失了四十五万人，约是整个国家兵力的四分之三。换言之，此时赵国的兵力仅剩下十多万，根本不可能顶住白起的进攻。显然，羸弱的赵国已经无法经受住秦国致命的一击了。怎么办呢？只能通过非军事手段。

赵王与韩王都想到了一个人，著名的纵横大师苏代。此时苏代恐怕已经八十岁了，但是为了赵、韩两国，他不辞辛苦前往秦国，游说范雎。苏代见了范雎后，献上奇珍异宝，然后说：“武安君白起杀了马服君赵奢的儿子赵括吗？”范雎回答说：“是的。”苏代又问说：“那么武安君接下来就要攻打邯郸吗？”范雎答道：“那当然了。”

苏代捋捋胡子说：“赵国一灭亡，秦国就雄霸天下了，到时武安君肯定位列三公。武安君战功赫赫，前后为秦国攻取的城池有七十多座，南定鄢、郢、汉中，北破赵括之军，即便是历史上的周公、召公、姜太公等人的功业也不能超过他呢。只要他灭了赵国，必定成为三公，您甘心地位在他之下吗？再说了，当初韩国割上党给秦国，可是上党军民却归附赵国，为什么呢？因为天下人都不愿被秦国统治。就算灭了赵国，赵国北方地区恐怕要归附燕国，东部恐怕要归附齐国，南部则归附魏、韩两国，秦国恐怕也捞不到好处。您不如趁赵国战败之机，让赵王割让土地，这岂不是您的功劳吗？可不能让武安君捞到便宜呀。”

这一番话，范雎听得进去。

为什么呢？

长平之战的胜利，有一半要归功于范雎，他用外交手段破坏魏、楚等国与赵国的合纵，又使用反间计让赵国撤换廉颇改用赵括为将，这些可都是长平之战胜利的前提。可是仗一打完，谁还想得起幕后策划的范雎呢？风头不都让白起给占了吗？苏代挑拨范雎与白起，还有另一个原因。白起能在秦国军界崛起，与魏冉有直接的关系，如果从派系上说，他可以算得上是魏冉的亲信。魏冉与范雎是政治上的死对头，因此范雎对白起有很强的提防心，这一点被聪明的苏代看穿了。

范雎便对秦昭王说：“长平一战，秦军损失颇大，需要休整，不如同意赵、韩两国割地休兵。”秦昭王同意了，下令白起停止进军。赵国无力再战，当然同意谈和，割六座城池给秦国，韩国也割垣雍给秦国。秦昭王心满意足，可是白起却不甘心，特别是后来得知范雎有意拆他的台，他与范雎的关系恶化了。

不过，秦军退兵只是暂时的，很快他们就会卷土重来了。

五、邯郸之围

转眼之间，一年过去了。

秦军得到充分的休整，又补充新的士兵，这时秦昭王又打起赵国的主意。长平之战，赵国的主力已经被歼灭，肯定无法阻挡秦军的进攻。正当秦昭王陷入沉思时，有人来报：武安君白起病了，还病得不轻。既然如此，那就前去探访慰问一下，也好向武安君询问攻赵方略。想到这里，秦昭王便打点车马，奔往白起家中。

出乎秦昭王意料的是，白起旗帜鲜明地反对攻赵。

“不可以进攻赵国。”白起卧在床上说道。

秦昭王觉得特别奇怪：“为什么呢？我记得去年与赵国决战时，国库空虚，百姓饥饿，可是将军您却不考虑百姓的负担能力，要求增调军粮以消灭赵国。如今寡人实行休养生息的政策，积蓄粮食，提高军队的待遇，三军将士的薪俸比以前多了一倍。可是您却说不能伐赵，这是为何呢？”

武安君白起从病榻上勉强坐起，回答道：“长平之战，秦军大胜，赵军大败；秦国百姓欢喜，赵国民众畏惧。秦国士兵凡有死伤的，都得到国家的补偿，其他将士则好酒好肉，消耗国家不少钱财。赵国士兵战死沙场得不到收殓，伤者得不到治疗，却可以同心勠力，为国分忧，农民也加紧耕地以生财。如今大王可用于攻打邯郸的军队，比以前多了一倍，但是赵国守备力量至少提高了十倍。为什么这样说呢？自长平之战后，赵国君臣同忧共惧，白天早早上朝，晚上很迟才退朝，勤于政事。同时，他们的外交很积极，大批使臣携厚礼出使各国，与燕国结亲，与齐、楚连好，处心积虑，把防患秦国进攻作为国家头等大事。如今，赵国国内殷实，外交成功，这个时候，不可以伐赵。”

这些话，秦昭王根本听不进去，他只是淡淡地说：“我已经决定了，军队已整装待发。”从白起家中出来后，秦昭王任命五大夫王陵为主帅，负责指挥伐赵之战。

倘若是别的国家，损失了四十五万的军队后，早就灰心丧气了。但赵国不愧是个伟大的国家，在大灾难之后，赵国军民不仅没有意志消沉，反而痛定思痛，知耻后勇，奋发图强，举国上下，同心勠力，抗击秦军。

王陵遇到麻烦了。不出白起所料，赵国军民众志成城，顽强抵抗，秦军的进攻被遏制住了。秦昭王只得增兵支援，但是王陵仍然未能走出困局，在攻城战中损兵折将，光是校尉军官就有五人战死。

秦昭王一看，这样下去可不行，看来还得让白起领兵出战。这时白起的病已经痊愈，可是他不想去，便假装生病，不肯受命。秦王派范雎前去探望，并转告他说：“将军以前仅用数万人马，就打败了拥有五千里土地、拥兵百万的楚国，攻克鄢、郢，摧毁楚国宗庙，一直打到竟陵，楚国人震恐，向东迁都，不敢西向。您在伊阙之战中，兵力不及魏韩联军一半，却大败魏韩之军，流血漂橹，斩首二十四万，魏韩两国到现在也只能自称藩臣了。这是将军的功劳，天下人都知道。长平之战，赵军死亡十之七八，国家虚弱到了极点。寡人大举发兵，兵力数倍于赵国，希望您能出战，一定可以完成灭掉赵国的伟业。您以前以寡击众，如有神助，更何况现在是以强击弱，以众击寡。”

从秦昭王的话来分析，秦国出动的兵力数倍于赵国。数倍是几倍，没有详细说，我们假设是三倍吧。赵国在长平之战损失四十五万人，约全国四分之三的兵力，战后应略有补充，假定赵国兵力是十五万人，那么秦国动用的兵力则是四十五万。这种优势是十分明显的，白起为什么还不肯去呢？

白起向范雎分析了伐楚之战与伊阙之战取得辉煌胜利的原因，并不是他有如神助，而是敌人内部有问题。比如楚国内部“楚王恃其国大，不恤其政，而群臣相妒以功，谄谀用事，良臣斥疏，百姓心离，城池不修，既无良臣，又无守备”；而伊阙之战中，“韩孤顾魏，不欲先用其众，魏恃韩之锐，欲推以为锋”，魏、韩两国都不想消耗实力，不想让秦军有可乘之机。紧接着，白起批评范雎在长平之战后匆匆撤军的决定，认为秦军没有趁赵国举国恐慌时，一鼓作气将其灭国，这是犯了极大的错误，给了赵国喘息之机。如今赵国君臣齐心协力，励精图治，“耕稼以益蓄积，养孤长幼以益其众，缮治兵甲以益其强，增城浚池以益其固，主折节以下其臣，臣推体以下死士”。

最后，白起说道：“像平原君赵胜那样的人，都令自己的妻妾到军队中，为士兵缝补衣服，臣民一心，上下同力，就跟当年勾践被困于会稽山时的情形一样。现在出兵攻打赵国，赵国必然死守城池；向他们挑战，他们肯定不会出战；围困其首都，也无法攻克，攻打其他城池，也无法攻下。赵国会用坚壁清野的战术对付秦军，就算掠其郊野，也一无所获。倘若秦军出征无功，各诸侯国一定会背叛，到时一定会派兵增援赵国。因此，我只看到攻打赵国的坏处，根本没看到有什么好处。再说了，我现在身体有病，也没办法出征。”

当然，白起不想出征，还有一个原因，就是对范雎不满，两人水火难容。没有我白起，你范雎干不了大事，你去筹划攻赵，我就等着看你的笑话。但是我们从白起对战局的分析中，确实看得出他是一名伟大的统帅，不光能打仗，更能洞悉战争背后的经济、政治、外交甚至心理等因素。他对战局的预测，没有人相信，赵国精锐都被摧毁了，怎么可以顶得住秦军的猛烈一击呢？

话不投机半句多。既然白起不想去，范雎便告辞了。

回到王宫后，范雎把白起的话跟秦昭王说了，可能还添油加醋了一下。秦昭王很不高兴，他嘴角挤出一句话："没有白起，难道我就灭不了赵国吗？"

秦国再度增兵，长平之战的副帅王龁取代王陵，出任远征军总司令。

长平之战的惨败，让赵孝成王意识到自己犯下大错了，他只得又捡起廉颇那套"坚壁清野"的防御战术。那么廉颇是否因此而官复原职，重新率领军队抗击秦军入侵呢？并没有。看来赵孝成王怕丢面子，心里知道错了，但不愿意公开认错。直到若干年后，廉颇才重新被任命为将军。

这时赵国军队由谁指挥呢？

史书上没写，我认为很可能是廉颇的好友蔺相如。有人可能会问，蔺相如不是文臣吗？怎么还能率兵打仗呢？其实不然。蔺相如文武双全，在赵惠文王二十八年（前 271 年）时，他就曾经率军攻打齐国，一直打到平邑。倘若蔺相如来主持战局，相当于变相让廉颇参与指挥，在国家生死存亡的关头，不太可能让伟大的廉颇将军无所事事吧。当然，这只是我的猜测。如果廉颇没有参与其事，邯郸能坚守两年多，那只能称为奇迹了。

赵国抵抗意志之坚强，远超秦昭王的意料。

由于赵军只防御不进攻，坚壁清野，王龁的部队得以长驱直入，包围邯郸。为了灭赵，秦军动员的兵力恐怕不下四十万人，而邯郸守军，顶多就十万左右。战则不足，守也有些勉强。但正如白起所说的，赵国的力量并不全在其军事，更在于上下同心，众志成城。邯郸是一座坚固的堡垒，在历史上曾经一度被魏国攻陷，那还是在魏惠王的时代，不过魏国攻陷邯郸花了整整两年时间。如今邯郸城比当年更加坚不可摧。王龁围城九个月，仍然被阻挡在城墙之外，秦军死伤惨重，邯郸城仍岿然屹立。

赵国军队并非消极防御，而是积极防御。赵国精锐的轻骑兵多次主动出击，骚扰秦军后方，威胁其补给线，这让王龁吃尽苦头。

战报传来，白起以略带嘲讽的语气说："当初不听我的建议，现在结果如何呢？"这个风凉话说得不是时候。秦昭王正因战事僵持不下而焦头烂额，听说白起还冷嘲热讽，他勃然大怒，亲自跑到白起家中。白起假装生病卧床，秦昭王逼他坐起来，怒气冲冲地说："你虽然有病，但也得强行为寡人出征，哪怕是躺在担架上指挥。你要是立了战功，寡人会重重地赏赐你；你要是不去，寡人心里就怨恨你。"

话说到这个份儿上，是相当严厉，甚至是威胁了。

可是白起很倔强，你越逼我，我就越不听命，他顿首说道："臣知道去了就算没有战功，也可以免于责罚；要是不去的话，就算无罪，恐怕也不免被杀。然而我希望大王能认真考虑我的建议，放弃攻打赵国，让秦国百姓得以休养生息，以应对天下的变局。对付畏惧秦国的诸侯，以安抚为主；对付傲慢自大的诸侯，则出兵讨伐；对付没有道义的诸侯，则坚决诛灭。只要能做到这些，可以号令诸侯，安定天下，何必非得先把赵国灭了呢？臣听说贤明的君王爱惜自己的国家，忠正的大臣爱惜自己的声誉。臣宁可伏诛受死，也不愿成为打败仗、蒙受耻辱的将军，希望大王明鉴。"

战国时代的"士"，是非常重视声誉的，白起不愿意伐赵，就是认为这场战争，秦国没有胜算，要是打了败仗，自己"常胜将军"的名誉就毁了，他宁可冒着杀头的风险抗旨不从，也不愿意成为败军之将，这也是一种战国时代特有的血性。另外，白起在长平之战屠杀数十万战俘，被天下人视为屠夫，他会不会是因为良心受到谴责，想永远离开战场，永不再沾上无辜者的鲜血呢？有这种可能！

不管白起不愿出战的原因是什么，秦昭王很生气，后果很严重。

白起话音未落，秦昭王的脸已是阴沉得可怕，眼中露出一道杀气，但他没吭声，一转身头也不回，拂袖而去。

过了几天后，秦昭王给白起下了最后通牒。但白起仍然固执己见，不肯出山。秦昭王再也没有耐心了，把他连降十八级，从大将军降为普通小兵，并发配到阴密（今甘肃灵台西南）。只是这次白起真的病倒了，因此发配令暂时取消，他闲居在咸阳城。

其实范雎心里也未必想让白起出山，倘若白起灭赵，自己的地位就受到严重威胁了。自从当上秦国丞相后，范雎一直在培养自己的势力，他趁这个机会，推荐自己的亲信王稽出任河南郡守，郑安平为将军，率兵参加伐赵战争。

尽管邯郸军民英勇地抗击秦军，可是都城被围困一年多，不仅伤亡很大，粮食也开始短缺。战争不是光靠意志力就能打赢的，没有物质基础，仗就没法打。倘若这场战争无限制地拖延下去，作为弱者的一方，赵国还是要惨淡收场。要保住赵国，必须要得到诸侯的援助。赵孝成王把希望寄托在楚、魏两国身上。

在东方六国中，论兵力的多寡，楚国要排第一。为了争取楚国的援助，赵孝成王派名满天下的“四公子”之一、平原君赵胜出使楚国。赵胜曾经豢养数千食客，如今要派上用场了，他打算从中挑选二十人随行。可是别看食客人数很多，赵胜挑来挑去，只挑出十九个人，还有一个名额不能落实。为什么连二十人都凑不齐呢？因为这次使命非常艰巨，赵胜对随从人员有严格的要求，必须是有勇有谋、文武双全的人。

大家可能会觉得奇怪，游说楚国只是动嘴皮子的事，干吗要挑孔武有力的人呢？平原君赵胜有所担心，怕楚王不肯出兵相助。如果楚王不答应，赵胜就要霸王硬上弓，劫持也好，胁迫也罢，就是要采取武力手段，逼迫他就范，歃血为盟。

第二十个人选一直没有着落，这时有一个门客自告奋勇前来报名，他对平原君道：“我听说您要去楚国，打算带二十人前往，现在还缺一个人选，您可以带上我一起走。”平原君一看这个人，没什么很深的印象，只知道他名叫毛遂，便问：“先生在我这里已经待了几年啦？”

“到现在已经三年了。”毛遂答道。

“三年了。”平原君一听，摇了摇头，“先生在我门下三年，可是我从来没听任何人称赞过您。有本事的人，就像一把锥子，即便放在布袋里，很快锥尖就露出来了。您待了三年，都没有什么表现，可见没有真才实学。您不能去，您请留下来吧。”

要是换作别人，被平原君这么一嘲讽，恐怕满脸羞愧，无地自容。可是毛遂却满不在乎，从容答道：“要是我有机会被装在布袋里，早就脱颖而出了，岂止是露出锥尖呢？”听到这里，平原君不禁一愣，看来自己还真的小瞧了这位门客。平原君善于相人，毛遂的一番话，充满自信与坚毅，说不定这个家伙还真有点本事哩。由于时间紧迫，他也来不及去挑新的人选，便让毛遂试试。

就这样，毛遂搭上了最后一班车，跟着其他十九名门客一起出发了。起初那十九人根本不把毛遂放在眼里，大家认为他只会吹牛，大言不惭，哪有什么真才实学？不过很快，他们的看法就变了。从赵国到楚国，平原君一行人昼夜兼行。一路上，毛遂与其他人谈论天下大事，他言辞犀利，见解深刻，大家不知不觉都被他的睿智所吸引。到了楚国时，那十九位门客差不多都成了毛遂的粉丝，对他非常佩服。

楚考烈王在大殿接见平原君，就两国结盟一事进行磋商。

说实话，楚考烈王心里十分矛盾。他一方面担心秦灭了赵国后变得更加强大；另一方面又不敢得罪秦国。平原君急着要与楚国签订同盟协定，可是楚王东拉西扯，顾左右而言他，就是不谈核心问题。两人各说各的话，从清晨谈到正午，楚王仍然不表态。

怎么办呢？平原君手下这些门客在底下窃窃私语了，认为不能这样拖下去，得给楚王施加压力才行。那么这事谁去办呢？大家你看我，我看你，最后目光都落在毛遂身上了。这家伙不是吹牛说只要有机会就能脱颖而出吗？这不，机会来了，我们大家把机会让给你吧，于是纷纷说道："先生您去吧。"

毛遂晓得这帮人不过只是庸才，没事时个个像个勇士，有事时人人像乌龟。你们不敢去，当然就我去了，也好让尔等见识见识爷的本领。毛遂挺身而出，沿着台阶上殿，腰间还别了一把剑，看来楚国的王宫没有像后世皇宫那么戒备森严。他大踏步走进大殿，一直走到平原君跟前，行礼后问道："两国合纵结盟的利害关系，几句话就可以说清楚了，为什么从清晨谈到正午还决定不下来呢？"

这时楚考烈王看到毛遂冒冒失失地闯进来，居然也不对自己行礼，心里很不痛快，便望着平原君说："这位客人是干什么的？"

平原君赶紧回话说："这位是我的家臣。"

楚王一听，脸色大变。他原来还以为这人是王公贵族，岂料只是一名普通的家臣罢了，地位这么低，还胆敢上殿来添乱子。他厉声对毛遂喝道："你怎么还不退下，我正在跟你家主人谈话，你来这里做什么？"

不料毛遂非但不退下，反而怒目一睁，右手按在剑柄上，朝楚王走近几步，大声道："大王之所以大声呵斥我，不过是仗着人多势众罢了。现在我与大王不过十步的距离，就算人多势众，恐怕也派不上用场，大王的生死操之我手。当着我家主人的面，您大声呵斥什么呢？"

此时宫殿之内，空气几乎凝固了。这一突然变化，谁也未料到。楚王的侍卫们也不敢贸然上前，不然的话，万一这人是个疯子，不要命地拔剑冲向楚王，这后果谁承担得起呢？楚考烈王呆住了，一时间不知要说什么了。

只听得毛遂又开口了："大王对结盟一事犹豫不决，无非是害怕秦国罢了。我听说以前商汤称王天下，只凭借七十里的土地；周文王领袖诸侯，不过凭借百里的土地。看看现在的楚国，土地纵横五千里，有百万雄兵，这乃是霸王的资本。以楚国之强，天下没有哪个国家可以抵挡。白起不过就是个坏小子，只带数万人马与楚国交锋，一战就攻下鄢、郢；再战就烧毁了夷陵；三战就捣烂了楚国宗庙，侮辱大王的祖先。这对楚国来说，此乃百世之仇，连我们赵国人对此都觉得羞耻，可是大王您却满不在乎，忘了血海深仇。合纵结盟，是为楚国好，而不是为了赵国。我家主人就在面前，您呵斥什么呢？"

郢都被破，这是楚国永远的痛，而毛遂一下子就刺到楚王心里的痛处，他老脸挂不住了。楚考烈王脸上一阵白一阵红，被戳伤的自尊心就像气球一样瘪了、像落花一样蔫了，牛不起来了。他不敢再用盛气凌人的模样装腔作势，客客气气地对毛遂说："嗯……嗯……先生说得有理，寡人愿听从先生的意见。"

毛遂逼问说："那合纵的事决定了吗？"

楚考烈王有点哭笑不得，你手还握在剑柄上，不答应行吗？便答道："决定了。"

此时毛遂俨然成了主角，他吩咐楚王的手下："取鸡狗马的血来。"

楚王手下那帮人不敢怠慢，很快把东西备齐了，把血倒在铜盘上。毛遂捧着铜盘，跪下进献给楚王，并说道："大王请先歃血为盟，其次是我家主人，再次是我毛遂。"就这样，合纵条约达成了。毛遂捧着铜盘下了殿堂，那十九个门客还在堂下等着呢。他招呼他们前来，不客气地说："你们都是些碌碌无为之辈，只是依靠别人才坐享其成。"那十九个人听了后，满脸羞愧。

与楚国结盟对赵国的生死存亡有着莫大的意义，没有毛遂，平原君不能保证外交成功。回到赵国后，平原君赵胜十分感慨地说："我赵胜自认为懂得相人，曾经相过的人，多则千余，少则数百，以为不会看走眼。可是我对毛先生却看走眼了。毛先生一到楚国，令赵国之尊严重于九鼎与大吕钟，仅凭三寸之舌，便胜过百万雄师。以后我再也不敢自诩懂得相人术了。"于是推毛遂为上宾。

"毛遂自荐""脱颖而出"等成语的典故，都是出自此，毛遂也成为后世士人心目中的英雄。

成功与楚国结盟后，赵国在外交上取得重大进展，可是楚国毕竟与赵国隔着韩、魏两国，若要彻底打败秦军的入侵，非得求助于魏国不可。

平原君赵胜的夫人，是魏国公子信陵君的姐姐，她多次写信给魏安釐王与信陵君，请求魏国出兵相援。魏安釐王同意了，派大将晋鄙率十万人马，准备开往邯郸前线。就在这个时候，秦昭王派使者到魏国，威胁魏王说："我攻打赵国，迟早要拿下来。倘若有哪个诸侯国胆敢前往救援，我灭了赵国后，一定要先进攻它。"

自从魏惠王后，魏国在与秦国的战争中，几乎就没打过什么漂亮仗，对秦国有一种深深的恐惧。魏安釐王被秦昭王充满威胁恫吓的话给吓住了，赶紧下令晋鄙停止进军，驻留于邺县。魏王倒是有点滑头，他并没有撤回军队，表面上仍然说要救援赵国，实际上却只袖手旁观，根本就不打算参战。

这时赵国可真急了。平原君不断地派人到魏国，责备信陵君说："我赵胜之所以愿意跟您结交并结为姻亲，看重的就是公子您有义气，能解人之困，救人之危。如今邯郸城朝夕不保，而魏国的援军却迟迟未到，您的义气哪儿去了呢？就算公子看不起我赵胜，抛弃我，让我投降秦国，可是您难道就不为自己的姐姐着想吗？"

平原君的指责，令信陵君深感惭愧，他一而再地去求魏王，并且不断派自己的宾客门人游说魏王。可是没有效果，魏王害怕遭到秦国的报复，不肯听从信陵君。

正所谓"义字头上一把刀"，信陵君豁出去了。他得想出一个办法，帮助赵国打败秦国的入侵，于是便有了"信陵君窃符救赵"的经典传奇。

六、信陵君窃符救赵

我们先来了解信陵君这个人。

信陵君是战国四公子之一，名叫魏无忌，是魏安釐王同父异母的弟弟。魏安釐王四年（前 273 年），魏国在华阳之战中惨败给秦国，损失十五万人，被迫割南阳请降。这件事对魏安釐王及信陵君都是一次莫大的耻辱。但知耻而后勇，华阳战役后，魏安釐王倒是励精图治，魏国逐渐有了起色。自从魏惠王之后，魏国的国力一衰再衰，到了魏安釐王时，颇有中兴气象。信陵君的个人修养很高。他为人宽厚仁义，礼贤下士，特别对待士人极为谦虚恭敬，从不以势压人。

很快，远近的士人都前往大梁城，投奔信陵君门下，他的门客也达到三千人之多。战国后期养士之风极盛，但也出现若干问题，比如说许多门客完全就是混饭吃的，没有什么本事。与孟尝君、平原君等公子相比，信陵君似乎有高出一筹之处，他让这些门客四处搜罗各个国家的情报，他的府第几乎成为魏国的情报中心。

这里我们举个例子。

有一回信陵君与魏安釐王在下棋，突然从北方边境传来军事急报说："赵国军队大举出动，马上要到达边界了。"魏王听了大吃一惊，马上停止下棋，要赶回宫中召集群臣开会。信陵君不慌不忙地说："不要担心，赵王只是打猎罢了，并非要入侵魏国。"魏王听了将信将疑，两人继续下棋，但此时魏王的心思全然不在棋盘上了。又过了一会儿，北疆又一道急报送来，称"赵王只是打猎，并无侵略"。这次魏王十分惊愕地问信陵君："公子怎么事先就知道赵王在狩猎呢？"信陵君笑道："我有门客能打探赵王的行动，赵王的一言一行，都有人向我汇报，所以我事先便知晓了。"

这件事情后，魏安釐王对信陵君有一种恐惧心理，这个人连远在天边的赵王做什么都一清二楚，何况是近在眼前的魏王呢？从此魏安釐王便提防着信陵君，不肯把国家大事交给他去处理。

尽管如此，信陵君对魏国仍然做出了巨大的贡献，自从他声名鹊起之后，各诸侯国都不敢贸然得罪魏国。从华阳之战后的公元前 272 年，到信陵君窃符救赵的公元前 257 年，前后十六年的时间里，魏国与其他诸侯国之间没有爆发过大规模的战争，与秦国也仅有小规模的边界战争。对此，《史记》的评论是："当是时，诸侯以公子贤，多客，不敢加兵谋魏者十余年。"正是有这十六年的休养生息，才使得魏国走出华阳之战的阴影，并使得国力蒸蒸日上，这里有魏安釐王的功劳，也有信陵君的功劳。

有两个人对信陵君后来的事业产生重大的影响，一个是侯嬴，另一个是朱亥。

侯嬴是魏国的一位隐士，当时他已经七十岁了，而且很穷，是大梁城门的看门人。一个七十岁的老人，一生没做出什么大事情，行将入土，想必谁也看不上眼。信陵君听一位门客说起这位隐士，称他有才华，可惜没有人知道。一向爱才的信陵君便亲自到侯嬴家中拜访，并送给他很丰厚的礼物。可是侯嬴不肯接受这些礼物，他说道：“我修身洁行几十年，不能因为贫穷而接受公子的财物。”

果然是个“贫贱不能移”的老头儿，信陵君打心底更加尊敬侯嬴。他准备在家中大摆酒席，宴请宾客，客人名单上也包括侯嬴。宾客们到场后，信陵君便乘车前去迎请侯嬴。这时侯嬴在哪儿呢？正在看守大梁城的夷门呢。哗，当时城门边上可热闹了，大名鼎鼎的信陵君公子竟然屈尊前来迎请一个看门老头儿，不得了，这成为轰动一时的新闻。这个老头儿穿着一身破旧的衣裳，可是并没有受宠若惊，他一点也不客气，径直登上马车，坐在上座。信陵君在一旁恭恭敬敬，拉着马车缰绳，等老头儿上了车后，他才上车。这一幕让围观者目瞪口呆，这看城的老头儿是何方神圣呢？大家议论纷纷。

老头儿不急着去赴宴，他对信陵君说：“我有个朋友在市场卖肉，希望公子的马车去市场一下，我去看望一下朋友。”

信陵君说，行，就到市场去吧。马车驶入闹市，到了一个屠宰场，侯嬴跳下车，去见他的朋友朱亥。他故意跟朱亥聊了许久，眼睛不时瞟一眼信陵君，只见信陵君站在马车边上，亲自揽着缰绳。集市上人很多，大家都围在一旁看热闹，议论纷纷，可是信陵君旁若无人，毕恭毕敬，一点也没生气，面色温和。可是信陵君的马夫、随从憋不住了，心里想：我家主公如此厚待这个老头儿，这老头儿倒好，把主公给搁在一旁了。

过了些时间，侯老头儿才与朋友朱亥道别，登上马车，随信陵君赴宴去了。这时宴席上客人早都就座，就等着信陵君回来呢。只见信陵君进了门，带着一个大家都不认识的老头儿，恭敬地请老头儿坐在上位，并向宾客隆重介绍，宾客们无不吃惊万分。酒过三巡后，信陵君亲自举着酒杯，走到侯嬴面前敬酒。侯嬴对他说：“今天我侯嬴为难公子了。我不过是一个看城门的老汉，公子却亲自前往，当着众人的面迎请老夫。我本不该去拜访老朋友，把公子晾在一边，不过我这样做，是为了成全公子的美名。我故意让公子在马车边等了许久，是想观察公子的为人，公子不愠不火，集市上的人都认为我是小人，而认为您是尊重长者、礼贤下士的贤公子。”

信陵君魏无忌门客三千，阅人无数，但是卑贱的人前来投靠他，总是受宠若惊，可侯嬴却不同凡响，宠辱不惊，确是神人也。侯嬴又对信陵君说：“我去拜访的那个朋友，是个屠夫，名叫朱亥，是个有才能的人，可惜世人都不了解他，只能隐居于市集屠宰坊。”

过了些时日，信陵君多次前去拜访朱亥，希望朱亥能入他府中成为上宾，可是朱亥却不去。别的人要是有这种机会，怕是要乐坏了，可是朱亥却宁愿杀猪卖肉，对此信陵君感到颇为不解。

转眼间到了公元前 257 年，即魏安釐王二十年，此时赵国首都邯郸已被围困三年。心急如焚的平原君赵胜一而再地请求信陵君魏无忌施予援手，信陵君想尽了办法，魏安釐王却因害怕遭秦国报复而迟迟不肯出兵。信陵君愁得头发都白了，他不能眼睁睁地看着赵国灭亡啊。怎么办呢？

战国四公子中，孟尝君、平原君、春申君都曾当过丞相，位高权重，而信陵君在魏国实际上并无实权，除了三千门客之外，根本无法调动一兵一卒。信陵君心里想，我既然没法救赵国，也不能被看作贪生怕死之人，索性豁出去了，我就带着三千门客，跟秦国人拼了。他备了一百多辆马车，打算以这支杂牌军去以卵击石，以生命捍卫自己的名声。

临行前，信陵君特地前去向侯嬴道别，并说明自己鱼死网破的决心。侯嬴一拱手，简单说了一句话：“公子您努力吧，老夫不能跟您一起去。”侯老头儿的话，让信陵君大感意外与失望，可是他没有表现出来，继续上路了。马车一边行驶着，信陵君一边心想：“我对待侯先生够好的，天下人都知道。如今我就要死了，怎么侯先生连一言半语都没说呢？难道是我做错了什么吗？”

想到这里，他命令马车折回去，找到侯先生，一吐心中的困惑。侯嬴笑着说：“我早就料到公子会回来的。”

信陵君一脸迷惘地问说：“这怎么说呢？”

侯嬴答道：“公子招揽士人，名闻天下。如今遇到难事，没有别的办法，只想着去跟秦军拼命。可是这样做，就像把肉扔给老虎吃一样，哪能有什么作用呢？如果遇到事情后束手无策，那么养着一帮门客又有什么用呢？公子对待我情深意重，您要去送死，而我却一言半语都没说，您心里怨恨我，一定会回来讨个说法。”

听到这里，信陵君向侯嬴拜了两拜，说：“有劳先生赐教。”

侯嬴把旁人支开后，低声对信陵君说：“要救赵国，靠几千个门客是不行的，必须要有一支军队。现在魏国十万大军，兵权掌控在晋鄙手中，要夺取兵权，就得取得虎符。我听说虎符就在魏王的卧室里，一般人是进不去的，但是魏王的宠妃如姬则可以自由进出。如果能得到如姬的帮助，一定可以窃取到虎符。”

如姬会帮这个忙吗？侯嬴认为没问题，因为信陵君有恩于她：“当年如姬的父亲被人杀死，她一直想为父报仇，可是三年过去了，魏王却一直没能找到凶手。后来如姬找您哭诉，公子派人找到了她的仇人，并砍下脑袋，替她完成报仇的心愿。您如果请如姬帮忙，她一定会答应，到时就可以凭虎符夺晋鄙的兵权。北援赵国，西却秦军，这可是五霸的伟业呀。”

听到这里，信陵君魏无忌豁然开朗，他礼遇侯嬴终有回报。侯嬴的计谋是可行的，如姬果然是位有恩必报的奇女子，她从魏王卧室里偷出虎符，交给了信陵君。

窃得虎符后，信陵君得赶紧离开大梁城。他前去向侯嬴道别，侯嬴对他说：“将在外，君命有所不受，为的是有利于国家。公子虽然窃得虎符，但是晋鄙是个聪明人，要是他心生怀疑，不肯把兵权交给公子，而是向朝廷禀报，那就危险了。我的朋友朱亥可以跟您一起去，他是屠夫，也是个大力士。要是晋鄙能从命最好，如果他不肯听从，就让朱亥杀了他。”

这时几滴泪水从信陵君的眼睛中流出，侯嬴问道：“公子怕死吗？为什么哭了呢？”

信陵君拭去泪水说：“我怎么是怕死呢？只是晋鄙是魏国宿将，我此番前去，他怕是不会听我的，到时必定要杀了他，我对此伤心哭泣罢了。”

拜别侯嬴后，信陵君来到了市集屠宰坊，把事情跟朱亥说了，请他一同前往。朱亥笑着说：“我不过是市集里一个杀猪的，公子却多次亲自前来拜访。我以前没有登门回访，只是不拘小节。如今公子有用得着我的地方，我当前往效命。”说完后，他把屠刀一扔，大踏步走出屠宰坊，头也不回，跟着信陵君走了。

两人又来到侯嬴家中，侯嬴对信陵君说：“我本应当与公子一同前往，只是我已经老朽了，走不动了。等到公子到晋鄙军中时，老夫将面向北方，自刭以谢公子。”侯嬴为信陵君出谋划策，窃取虎符，自知死罪，可是自己已经七十多岁，年迈力衰了，与其等着魏王把他抓到监狱，不如自己了断。战国时代士人重义轻生，果然如此！

话说信陵君离开魏都大梁城后，昼夜疾行，到了邺城，见到魏军总司令晋鄙。信陵君谎称魏王有令，让他接替晋鄙掌管兵权，并取出虎符交给晋鄙过目。古代将领出征时，虎符是兵权的信物，虎符剖为两半，一半在将领手中，另一半在君主手中。如果君主要更换将领时，就必须派人持另一半虎符前往兵营，两个虎符一合，对上号了，就说明是货真价实的。晋鄙取自己的虎符，与信陵君的另一半虎符一合，没错，是真的信物。可是晋鄙心思缜密，对信陵君产生怀疑：一来自己并无过失，魏王怎么无缘无故撤他的职呢？二来信陵君带来的虎符虽然是真的，却为何没有魏王书面签署的命令？想到这里，他抬起头，对信陵君说："我掌控着十万大军，驻屯于边境线上，身负守卫国家的重任。现在公子自个儿驾了一辆车，就要来接替我的位置，我认为这件事有些可疑，我得核实才行。"

其实信陵君也猜到晋鄙未必会把兵权交给他，他不可能让晋鄙去核实事情的真伪，否则一戳就穿。这时他向朱亥瞟了一眼，朱亥心领神会。战国时的衣服是宽襟长袖，谁也没发觉朱亥的袖子里还藏了一把四十斤重的铁椎。此时晋鄙眼睛正盯着信陵君，冷不防朱亥突然从袖子里掏出大铁椎，朝他的脑门上"轰"就是一椎。这一椎打下去，晋鄙惨叫一声，脑浆迸出，当场气绝身亡。

晋鄙一死，信陵君马上召集诸将。他取出兵符，对众将说，晋鄙抗令不从，已经将其击杀。各将尉听后，纷纷表示愿听命于魏公子。就这样，这次兵变夺权十分顺利。就在信陵君杀晋鄙的同时，远在大梁城的侯嬴果然如期自刭而亡，以一死报答信陵君的知遇之恩。

信陵君召集三军将士，发布一条命令："父子都在兵营的，父亲回家；兄弟都在兵营的，兄长回家；没有兄弟的独生子，回家养亲。"为什么他要下这么一条命令呢？此番前去，将与秦军血战，到时一定会死许多人，信陵君不想让魏国的家庭没有男丁。经过筛选后，十万人中有两万人被遣返，剩下八万精兵。这八万人，将为魏国赢得无上的荣誉。

我们再回过头来说说赵国的战局。

此时邯郸城已危在旦夕了，据史书所载："邯郸之民，炊骨易子而食。"吃的是人肉骨头汤，不忍心吃自家的孩子，互相交换着吃，这堪称人世间的惨事。赵国政府左盼右盼，却还盼不来楚、魏援军，许多人开始动摇了，投降的论调又起。

赵国将领李同问平原君："你不担心赵国灭亡吗？"

这什么话呢？平原君给了李同一个白眼："要是赵国灭亡了，我赵胜就成了阶下之囚，我岂会不担心？”

李同反问道：“您要是担心的话，还守着家财做什么呢？您看看，现在邯郸的百姓都活不下去了，易子相食。可是您家里的侍妾奴婢还穿着绫罗绸缎，粮食鱼肉也吃不完。老百姓衣不裹体，连米糠都没得吃。守城士兵武器都用尽了，有的人只能拿着削尖的木头当矛箭来使，可是您家里的器具、乐器一样也不少。试想想，要是赵国灭亡了，您这些东西还可以用吗？倘若赵国幸得保存，您又何愁没这些东西呢？所以我建议您把家中的闲杂人等编入士兵行伍，把家里的财物拿出来犒赏战士们。此时正是最艰难的时刻，大家一定会对您感恩戴德的。”

平原君赵胜听了后大汗直流，感到很惭愧。他听从李同的建议，散尽家财，得三千名敢死队员，并把这三千人交给李同。李同率领敢死队勇敢地发起冲锋，将生死置之度外，连英勇善战的秦国人都被他们的气势镇住，退兵三十里。可惜的是，在这次冲锋战中，李同不幸战死沙场，但他的奋力一搏，为邯郸城保卫战赢得了宝贵的时间。

魏、楚援军终于赶到邯郸战场。信陵君魏无忌窃符杀大将晋鄙，得八万精兵，入援赵国。与此同时，楚国也出兵了，春申君黄歇率楚国兵团也赶赴赵国。邯郸之战，从秦赵两国交战变成赵、楚、魏三国联合对付秦国，强弱格局也悄然发生了变化。

这场旷日持久的战争前后历时三年，无论赵国还是秦国，都已筋疲力尽，强弩之末矣。新投入战场的魏国兵团与楚国兵团却是生力军，倘若是平时，魏、楚军队也非秦国的对手，可是现在却不一样，秦国这头老虎已经没力气了。

秦军统帅王龁开始吃不消了，在魏楚援军的打击下，秦军败势已露。平原君赵胜乘机鼓舞士气，盼到头的赵军尽管疲惫不堪，仍顽强地投入最后的反击。秦军将领郑安平更加倒霉，他的部队被联军包围。郑安平并非一名出色的将领，他之所以能当上将军，完全是因为当年救过范雎。身陷重围后，郑安平首先考虑的是保命，他没有拼死抵抗，而是放下武器，连同部众两万多人，投降赵国。

郑安平投降后，秦军的士气更加低落了。王龁再也不敢恋战，带着残兵败将，撤了邯郸之围，逃回秦国去了。

至此，邯郸战役终于以秦军的失败而告终。

邯郸保卫战是战国时代一次重要的会战，秦国在取得长平之战胜利后，企图动用优势兵力灭掉赵国的计划破产了。至于秦军失利的原因，白起早就说得很明白了。但秦国并非没有取胜的机会，有一些因素连白起也未必能预料得到，比如说魏国的参战并没有必然性。如果不是信陵君冒险窃符夺兵，那么邯郸之战的胜负还是殊难预料的。

秦军的失利令秦国统一全国的时间被大大推迟了。信陵君、春申君这两位战国著名公子不仅拯救了赵国，也间接保卫了自己的国家。保存了赵国，就多了一份抗击秦国的力量。可是有一个人并不这么理解，这个人就是魏安釐王。他本来对信陵君的防备心就很强，现在信陵君自作主张，窃符夺兵，擅杀大将晋鄙，这无疑极大地触动了一位专制君王的心理底线。在他看来，信陵君就是乱臣贼子，是国家叛徒。邯郸战役结束后，魏安釐王派一名将领前往赵国，把魏国军队拉回国内。信陵君知道自己得罪了魏王，回国后恐无容身之地，索性待在赵国不走了。

与魏安釐王的态度截然不同，赵孝成王对信陵君感恩戴德。既然信陵君不回魏国了，那么赵国可不能亏待他。赵孝成王与平原君两人一商量，得重谢信陵君才行，打算封五座城给他。人总是有虚荣心的，对于重视声名的信陵君来说，更是如此。他自认为是赵国的拯救者，内心不免有几分骄矜，而这种骄矜之气，又溢于言表，表现出来就是几分傲慢。这时有一个门客对他说："有些事不能忘，但有些事必须忘。别人对公子的恩，公子不能忘了；公子对别人的恩，必须得忘掉。何况公子矫令窃符，杀晋鄙夺兵权以救赵国，对赵国是有功的，但对魏国来说，公子就算不上忠臣了。所以公子不可把救赵当作自己的功劳，更不应当表现出骄矜傲慢的样子。"

这一番话，点醒了梦中人，信陵君大感惭愧，马上自我批评。正因为功成而不居，信陵君在赵国住了下来。他谦虚而谨慎，成为一个受欢迎的人物。

邯郸之战不仅改变了信陵君的命运，也改变了另一个人的命运，这个人就是白起。

秦昭王征服赵国的梦想破灭后，白起已是在劫难逃。

在此之前，秦昭王已经容不得他了。既然白起不愿意为国家效力，留着他有什么用呢？秦昭王把他连降十八级，降为一名普通小兵，发配到阴密。白起由于生病未能起行，故而还待在咸阳城内。不久后，信陵君窃符救赵，魏、楚军队参战，秦军开始屡战屡败，每天都有使者从前线传来战报，无一例外都是坏消息。最坏的消息是郑安平率两万人马投降赵国，郑安平是范雎推荐的，这让丞相范雎大没面子，且把他推到舆论的风口浪尖上。白起在一旁冷笑着，他旁若无人地看范雎的笑话，看秦王的笑话，幸灾乐祸地用这种手段来报复范雎。

白起的态度令秦昭王心生厌恶，不行，这家伙不能继续待在咸阳城内了，必须把他赶到发配地。秦昭王一纸令下，白起不得不卷铺盖走人，他出了咸阳城，往西赶了十里路，到了一个名为杜邮的小地方。这时范雎派人悄悄跟踪，去的人回来报告说，白起被赶出咸阳，心怀不满，满脸怨气。

这还用得着说吗？从秦军总司令一下子掉到小兵一个，谁没怨言呢？可是在范雎看来，这就是杀白起的理由了，白起要是不死，总有一天，他还会被秦王重用的。范雎向秦王打小报告："白起一肚子不服气，有怨言。"还有一帮大臣也巴不得白起死，你一句我一言，把白起的坏话都说尽了。

秦昭王英明一世，不料却在邯郸栽了跟头，这都是因为白起不肯出手。一员大将，如果他不想打仗，就没有价值了。倘若每个将领都像白起这样抗命不从，他这个国王还怎么当呢？想到这里，秦昭王眼中露出杀机。

白起没有继续西行，他收到了一把剑。

这是秦昭王派一名使者送来的剑。赐剑就是赐死，白起心里十分明白，自己已经走向生命的终点了。他平静地接过剑，握在手中，想起过去四十年征战沙场的一个又一个细节，从伊阙之战到破郢之役，从华阳之战到长平之战，哪一场战役不是惊天动地呢？他是有史以来最伟大的战争之神，可是怎么从高空坠落地狱呢？

"我有什么罪？竟然落到这个地步！"他自言自语，一个功臣不应当是这样的下场。突然，他眼前闪过许多张陌生的面孔，这些面孔因为惊慌、恐惧而变形，那是一些赵国士兵临死前的表情。当年他坑杀数十万赵国士兵时，他以冷漠的眼光看着这些面孔，没有涌现出一丝的仁慈。"是的，我有罪，我该死。长平一战，赵国士兵投降数十万人，我却骗了他们，把他们全坑杀了。就凭这个，我就该死。"生命终结的那一刻，他有了一颗忏悔的心。

一代名将白起以自刎结束了传奇的一生。这里说一个题外话，我们在读古代战争史时，经常有一个遗憾，古人对战争的记录很简略，如何排兵布阵，如何攻城，使用什么武器，基本上都不说，所以我们对细节了解很少。白起所指挥的几大战役，同样没有详细的资料，因此要复原当年的战斗场面，几乎是不可能的。

不管怎么说，白起之死对秦国是一个重大损失，东方诸国终于可以额手称庆了，杀人如麻的瘟神终于死了。白起最早出现在史书中，是在公元前294年，那年他攻取韩国新城，但他的军旅生涯应该早于此。他死于公元前257年，如此看来，从军应该长达四十年左右。在这四十年的时间里，白起让赵、魏、韩、楚诸国吃尽苦头，消灭了上百万的军队，如此骄人的战绩，在整个战国史上，确实无人出其右。现在白起死了，东方诸国终于喘了口气，腰杆自然就硬了，与秦国对抗的勇气也在增长。

七、九鼎归秦

合力对抗秦国，已成为赵、魏、韩、楚四国的共同利益，只有遏制秦国的扩张，这些国家才可能有生存的机会。

在邯郸解围后的第二年（前256年），赵国联合魏、韩、楚三国，对秦国发动反击，收复被占领的新中城。秦昭王焉能忍受这样的耻辱？很快，秦国开始报复了。秦军首先发动征韩之役，攻克阳城、负黍，取得斩首四万的战果。紧接着，秦军攻入赵国。在长平、邯郸之战中精锐尽丧的赵国军队一败涂地，阵亡九万人，又一次蒙受重创。

秦国兵团威力不减，两战两胜，总计歼灭韩、赵军队十三万人，震动诸侯。感到害怕的不仅仅是东方六国，苟延残喘的周王室也坐卧不安。周王室分裂为西周与东周，西周距离秦国更近，领主西周君对秦国势力不断东扩忧心忡忡。为了抵抗秦国，西周加入了东方合纵行列，与赵、魏、韩、楚四国结盟，共同出兵，出伊阙进攻秦国，令秦军不得出阳城。

然而西周君的举动却触怒了秦昭王。战国时代的周王室从来未能拥有实际的权威，春秋时代的“尊王”思想已经荡然无存。甭说秦国，就是其他中小诸侯，也不把周王室放在眼中。当战国跨入尾声时，周王室的命运早就注定了。秦国吞并二周的想法由来已久，早在秦武王时，那位尚武君王便幻想着“车通三川，以窥周室”，如今西周君却自不量力，武力拒秦，这只能加速周王室的覆灭。

很快，西周君就明白什么叫“以鸡蛋碰石头”了。秦军以泰山压顶之势直抵西周，西周一弹丸之地，如何抵挡？西周君已经没有选择了，他只能亲自前往秦国请降，献上三十六座城邑以及三万人口。仅仅拥有三万人口的西周，就这样轻而易举地被秦国吞并了。秦昭王放逐西周君，这位西周领主最后郁郁而终。

西周君死后不久，周朝的最后一位国王周赧王也去世。周赧王名义上是天子，他在位时间很长，总计有五十九年，可是他只是一名窝囊天子。周赧王不用说号令天下，就是在西周这一小块地盘里，也没有实权，他仅仅是依靠西周君才得以勉强生存。这位周天子不仅没有权，也没有钱。据说他曾向别人借钱没还，结果债主追上门，天子为逃债躲在王宫内台。这件事成为一时的笑柄，后来人们把这座台称为“逃债台”。秦灭西周后，老朽的周赧王也一命呜呼，象征周室权力的九鼎落入秦人之手。

西周虽然灭亡了，可是西周的百姓却不愿意成为秦国的臣民，他们纷纷逃到东周。此时周赧王已死，东周君掂量一下自己的分量，不敢把王冠戴在头顶。从此之后，再无周天子，周王朝实际上也宣告结束了。

秦昭王到了晚年，终于实现秦武王没能实现的梦想，灭了西周，把九鼎扛回秦国了。正当他得意扬扬时，不料却发生了一件不愉快的事情。

河东太守王稽私通他国，出卖秦国的军事情报。这件事可不得了，东窗事发后，王稽被判处死刑。这又一次把秦国丞相范雎推到风口浪尖上。王稽与郑安平一样，都是范雎的救命恩人，也都是在范雎的推荐之下，成为秦国军政界的要人。令范雎尴尬的是，这两个人最终都成了叛国者。

范雎的地位已岌岌可危。

事实上，两年前郑安平在邯郸之战中率两万秦军投降赵国，那件事已经让范雎威信扫地了。秦国的法律规定：“任人而所任不善者，各以其罪罪之。”就是说，推荐、任用某人时，是附有连带责任的。倘若所推荐的人犯了法，那么推荐人也要遭受同样的惩罚。范雎推荐郑安平为将军，郑安平却临阵倒戈投降敌人，按秦法规定，范雎也要被判处“叛国罪”，这可是夷灭三族之罪。可是范雎非但没有被治罪，连小小的惩罚也没有，这又是为什么呢？这都是因为秦昭王撑开一把巨大的保护伞，硬是保住了范雎。当时弹劾范雎的人很多，理由十分充分，可是秦昭王下了一条命令："有敢言郑安平事者，以其罪罪之。"谁胆敢拿郑安平投降的事情攻击范雎，就治他的罪。

由此可见秦昭王对范雎信任到了何等地步。

谁能想到，一波未平，一波复起。仅仅两年后，又发生了王稽私通他国之事，范雎又一次被卷入旋涡之中。这件事，不仅让范雎狼狈不堪，也令秦昭王十分为难，长嘘短叹。范雎硬着头皮对秦昭王说："国君有忧，臣子应当感到耻辱；国君受辱，臣子应当身死谢罪。大王终日闷闷不乐，请给我定罪吧。"

秦昭王并不直接说郑安平、王稽的事情，而是说起楚国的威胁："听说楚国生产的铁剑十分锋利，武器精锐则士兵就勇敢，我担心楚国想图谋秦国。如果不事先做准备，要是有突发事件，就无法应付了。如今武安君白起已经死了，而郑安平、王稽等人又叛变。国内没有大将，而国外则强敌环伺，我很担心。"

范雎听得出来，秦昭王是以委婉的方式批评自己。在范雎上台后，他实施"远交近攻"的外交战略，取得了很大的成果。但是邯郸之战的失败，却是对他的一大打击，东方诸侯又一次联手对付秦国，范雎的战略很显然已经不顶用了。秦昭王力排众议，保住范雎，但他需要范雎再次证明自己的价值。只要范雎能打破东方合纵，就能平息众人的议论。

可是范雎有办法吗？说实话，他已经江郎才尽、黔驴技穷了。

就在这个时候，秦国来了一个江湖游士，扬言自己可以取代范雎成为秦国丞相。这个人自称是天下才俊，能言善辩，是饱学明智之人。究竟这是个什么人呢？他是江湖骗子，还是真有些本事呢？范雎打算会一会他。

这个口吐狂言的人，名叫蔡泽，是燕国人。蔡泽长相很丑陋，鼻梁下陷，鼻孔上翘，脖子短，两个膝盖伸不直，有些蜷曲，给人的印象不太好。

可是不要小看他，他虽然其貌不扬，可是内心很强大，执着地认为自己命中注定富贵。但在现实生活中，他却四处碰壁。他与许多纵横家的经历很类似，倘若不经受挫折苦厄，就难以迈向人生的巅峰。他曾经游历各国，想凭借自己的本事混个一官半职，但可能因为长相太对不起观众，没有哪位王侯要用他。他曾去过赵国，可是被驱逐出境；曾前往韩国、魏国，路上又遇到强人打劫。这一系列的挫折，足以消磨一个人的雄心，可是他对富贵的信念丝毫不动摇。当他听说秦国丞相范雎因为郑安平、王稽的叛变事件而陷入困境时，他眼睛一亮，看到了机会，于是西行前往秦国。

此时的蔡泽只是无名之辈，而范雎是名震天下的秦国丞相，两人的地位有天壤之别。为了引起范雎的注意，蔡泽故意使用激将法，自称倘若有机会见到秦王，秦王一定会放弃范雎，改用他为丞相。

范雎听后不禁哂然一笑："蔡泽是什么人哪？我通晓五帝三代以来的历史，对天下百家学说都有研究。说客们的诡辩之辞，我可以一一驳斥。我倒要看看这个狂妄的家伙有什么本事，看看他如何夺我的相位。"于是便派人去召蔡泽前往相国府。

蔡泽进了相国府后，仍然一副桀骜不驯的样子。范雎心里很不痛快，便问："你曾放言说要代替我成为秦国丞相，有这么一回事吗？"

"是的。"蔡泽大言不惭地回答。

范雎一瞧，这小子嘴可真硬，我且看看他有何本领，便接着问："我想听听你的说法。"

蔡泽说道："秦国的商鞅，楚国的吴起，越国的文种，他们三个人结局好不好呢？"

范雎是个明白人，见蔡泽搬出的这三个人，都是曾经对国家有功，但下场悲惨的例子。蔡泽是想通过这三人的结局，向他暗示，他范雎如今已岌岌可危，弄不好恐怕要落得此三人的下场呢。可是范雎不想在对话中落入下风，便强词夺理地说："这三个人，都是忠义之人。君子为忠义而死，可谓是视死如归。与其苟且偷生活着受辱，不如死后光荣。士杀身以成名，正是义之所在，虽死而无憾，怎么能说这三个人的结局不好呢？"

蔡泽摇摇头说："商鞅、吴起、文种这三个人，作为人臣，他们是没有错的，有错的是其君主。可是世人欲建功立业，难道不想圆满吗？性命与功名可同时成全的，这是第一等事业；成全功名，却丢了性命，这只能算次等；牺牲名声而保全性命，那只能算下等了。您说是不是？"

你想想，范雎也是个热衷于功名之人，怎么会不同意蔡泽的说法呢？他只得说："是。"

蔡泽又问："在仁慈纯朴、任用忠良、信任旧交、重视功臣等方面，当今秦王与秦孝公、楚悼王、越王勾践相比，您觉得怎么样？"

范雎不做正面回答，只是说："不知道。"其实他心里明白，秦孝公与楚悼王无条件地信任商鞅与吴起，而越王勾践成为吴王夫差的阶下囚之后，无条件地把国家交给文种。秦昭王呢？秦昭王绝不会把国家无条件地交给范雎，他对范雎虽然信任，可是也达不到以上三位君主的程度。

蔡泽又说：“您对国家的贡献，相比商鞅、吴起、文种如何？”

范雎如实回答：“不如他们。”

蔡泽分析道：“如今秦王信任功臣不及秦孝公、楚悼王、越王勾践，而你对国家的功劳以及受宠程度，也不如商鞅、吴起、文种，可是您的财富却比他们三人要多得多。倘若您不急流勇退，恐怕以后面临的灾祸比他们还严重，我可真为您感到担心。远的不说，就说白起吧。白起以数万人之众征伐楚国，一战攻陷鄢、郢，再战夺取汉中；而后又攻伐强大的赵国，杀四十余万人于长平之下，血流成河，声沸如雷，使得秦国拥有帝王的基业。可是白起大功告成后，秦王赐剑令他自杀于杜邮。以上我所说的四个人，为什么都以悲剧收场呢？这是因为他们能伸而不能屈，能进而不能退。自从您做秦国丞相后，运筹帷幄，决胜千里，功劳到了极点。如果这时您还不隐退，那么就只能是商鞅、白起、吴起、文种的下场了。《周易》言‘亢龙有悔’，请您认真考虑这件事吧。”

听到这里，范雎不由得冷汗直流，对蔡泽行礼道：“幸蒙先生指点，范雎恭敬听从您的意见。”到这个时候，他已经对蔡泽另眼相看了。此时蔡泽还站着说话呢，范雎赶紧请他入座，并推为上宾。

过了几天，范雎做了决定，打算辞去丞相之职。

这天，他一大早上朝，对秦昭王说：“臣有一个客人，刚从山东过来，名唤蔡泽。这个人能言善辩，对三王五霸的故事了如指掌，对列国格局的变化有深刻的洞察力。我见过的人很多，但论及才能，没有人能比得上他，我自己也比不上。我冒昧地向您提出来，秦国的政务完全可以托付给此人。”

秦昭王一向对人才很重视，听范雎这么一说，心里十分高兴，便召见蔡泽。蔡泽果然十分有本事，跟秦昭王一席话后，秦昭王便对他产生了好感，任命他为客卿。这时范雎乘机提出来，自己老病缠身，已经不适合担任相国，请求归还相印。秦昭王极力挽留，可是范雎已经决定要急流勇退了，他以病重为由，坚持上交相印。

范雎辞相后，秦昭王便任命蔡泽为秦国丞相。蔡泽从一位默默无闻的说客，一跃成为权倾天下的秦国丞相，这也算是一大奇迹。纵观历史上的杰出人物，他们最大的资本，并非是地位或权势，而是一颗强大的心。蔡泽在最落魄的时候，在屡屡碰壁的时候，仍然坚信自己命中注定富贵，这种超强的自信力与毫不动摇的信念，是他最后取得成功的不二法宝。倘若他在范雎或秦昭王面前表现出一丁点儿的不自信，那么权力又岂能凭空而降呢？

只是蔡泽担任秦国丞相的时间并不久，因为他蹿起得太快了，遭到很多人的嫉妒。作为一个明哲保身的人，他在风光几个月后，也称病辞职。不过蔡泽的运气不错，秦昭王封他为纲成君，后来他在秦国待了十几年，衣食无忧，一直到秦始皇时才去世，也算是战国史上的一个传奇人物。

在范雎免相后的第四年（前 251 年），秦昭王病逝。他在位时间长达五十六年，超过半个世纪。秦昭王是秦国扩张史上最重要的一位君王，他的统治可以分为两个时期：第一期是魏冉当权的时期，第二期是范雎执政的时期。

魏冉当权时，秦昭王大权旁落，但这并没有影响到秦国的扩张。魏冉慧眼识英雄，挖掘出军事天才白起。白起为秦国的疯狂扩张立下汗马功劳，先后取得伊阙之战、伐楚之战、华阳之战的胜利。范雎取代魏冉后，秦昭王得以亲政。白起仍然光彩夺目，在长平之战中歼灭赵军四十余万，打垮了秦国最强大的一个对手。可以说，魏冉、范雎、白起三人撑起了秦国的霸业。

秦昭王死后，太子安国君继位，史称秦孝文王。这时秦孝文王已经年过半百，五十三岁了。他有帝王的命，却没有帝王的福，仅仅一年后就死了。秦孝文王的儿子子楚成为新的国王，史称秦庄襄王。

秦庄襄王在位时间很短，前后仅四年，是个过渡型的人物。在这四年任期内，秦庄襄王主要做了三件事：第一，大赦。第二，灭了东周。第三，置三川郡。

西周被秦国吞并后，东周君惶惶不可终日，为了自保，他只能联合东方诸侯对抗秦国。可事实证明东方诸侯联盟向来是松散的，这也给了秦国各个击破的机会。公元前 249 年，秦庄襄王遣丞相吕不韦率领秦军入侵东周。东周的命运与西周如出一辙，在秦军的打击下，很快便瓦解了。东周君被放逐到一个叫阳人聚的地方，东周灭亡。

两周先后亡于秦国之手，这也宣告了周朝八百年历史的彻底结束。事实上，从春秋时代开始，周王室就失去了号令天下的权力，但长期以来，周王在名义上还是天下共主。直到战国时代，三家分晋、田氏代齐，这些新兴诸侯都还需要周王室的正式册封。在“齐魏相王”及“五国相王”后，重要的诸侯全部自封为王。从这个时候开始，诸侯已经不需要“周王”这块招牌了，周王室的地位更是江河日下，灭亡只是迟早的问题。

秦灭二周，政治意义要远远大过军事价值。

长期以来，窥视周室的人不在少数，大家之所以迟迟不动手，并不是因为周王室有什么实力，而是因为这会引起严重的政治后果。吞并周室，势必要成为天下公敌，倘若一个国家还没有达到一枝独秀、雄视天下的程度，那最好还是别打周室的算盘。在战国中后期，秦、齐、赵是实力最强的三国，齐国在乐毅的打击下已经一蹶不振，赵国经长平惨败后，也无法与秦国抗衡。正是在这样的背景下，秦国终于狮子大开口，把残败的周室一口吞下，把象征天下权力的九鼎夺走。到这个时候，秦国一统天下的蓝图已经隐约可见了。

但是不要忘了，东方六国总兵力仍然有两百万之多，比秦国要多得多。秦国要一统天下，显然还要付出更多的努力。就如前面所说的，东方诸国的总兵力仍然维持在两百万的水平，倘若合心拒秦，秦国想要削平东方，并非易事。然而东方诸国绝非铁板一块，各国都只考虑自身的利益，甚至兵戎相见，无疑加速了自身衰亡的速度。

第十一章　东方乱局

一、最后的合纵

邯郸之战后，赵国的军事力量严重受挫，秦国已是一枝独秀。东方诸侯有联合作战的迫切需要，合纵运动又一次如火如荼地展开。

在东方诸国中，魏国成为最有影响力的国家，这得益于信陵君的救赵壮举。尽管魏安釐王对信陵君杀将窃符一事耿耿于怀，但不可否认经此一役，魏国在诸侯中的地位已大大提升。魏安釐王是个有作为的君主，他也是继魏惠王之后，魏国最出色的君王。公元前 254 年（邯郸解围后三年），魏安釐王在对外扩张上迈出重要的一步，他居然把矛头对准秦国，出兵攻取秦国孤悬于东方的陶邑。

陶邑本是秦国丞相魏冉的封地，名为秦国的土地，实际上如同一个独立王国。陶邑与秦国本土并不接壤，是一块飞地，正因为如此，魏安釐王想干一大票。其实魏安釐王原本并不打算与秦国交恶，说实话，他有些害怕秦国。也正因为这个原因，在邯郸危急时，他坐视不理。可是信陵君窃符救赵，把魏国卷入与秦国的战争中，这么一来，魏安釐王就不能当没事发生了。既然秦魏战事已起，索性一不做，二不休，先下手为强。陶邑与秦本土相去甚远，守备薄弱，自然成为魏国首要攻击目标。

此时魏冉已经去世，陶邑业已衰落，又不能得到秦国的支援，很快被魏军攻陷。对魏国来说，这乃是一次伟大的胜利，难道魏文侯、魏武侯的霸业又要重现江湖吗？这真是在太岁头上动土，在秦军横扫天下之时，魏安釐王竟然敢虎口拔牙，吞并秦国的地盘，这无疑令东方诸侯为之一振。

魏安釐王志不在小，夺取陶邑之后，他转而进攻卫国。

卫国是老牌诸侯国，立国于西周初期，是周武王弟弟康叔的封国，历史相当久远。进入战国后，卫国由于实力弱小，不断受到赵、魏两国的鲸吞蚕食，国土面积越来越小。魏师大兵压境，卫国无法抵挡，卫怀君只得举白旗投降。自此，卫国完全沦为魏国的附庸国。可是魏安釐王仍意犹未尽，他认为卫怀君并非真心实意投降，故而在两年后，他乘卫怀君入大梁城朝见时将其捕杀，立其弟为卫国君主，史称卫元君。卫元君的夫人是魏国公主，他比较亲魏，故而得到魏安釐王的信任。

在魏安釐王时代，魏国的实力得到了长足的进展，令人刮目相看。可是此时秦国的力量无人可以撼动，魏国的中兴注定只是昙花一现。秦国不能容忍魏国的扩张，在之后的几年，秦军不断对魏国发动进攻，令魏安釐王深感压力巨大。自从信陵君离开后，魏国难以有人能肩负起抗击秦军入侵的艰巨任务。在这个时候，魏安釐王十分盼望信陵君能回到魏国，协助他保卫家园。他多次派人前往赵国见信陵君，可是去的人无不碰了一鼻子灰。

信陵君不愿意回魏国。原因很简单，他根本不信任自己的异母哥哥魏安釐王。信陵君与魏安釐王的矛盾由来已久，魏王一直深忌弟弟的才华，对他严加防范，不肯把权力交给他。两人的矛盾在援赵一事上最终爆发，最后信陵君以窃虎符、杀晋鄙的方式夺取兵权，完成了拯救赵国的惊世壮举。可是这件事后，信陵君再也不回魏国了，因为他私夺兵权已犯下死罪，不敢回去见魏安釐王，所以留在赵国。在赵国的十年里，信陵君得到赵国君臣的礼遇，吃穿不愁，头顶上笼罩着英雄的光环。他已经不想卷入复杂而残酷的政治斗争中，对魏国国内之事，不闻不问。

魏安釐王的使者络绎不绝前来，令信陵君很烦心，他给门人下了一道死命令："谁都不许替魏国来使通报，违令者杀无赦。"此话一出，没有人敢吭声了，前来的魏国使者无不吃闭门羹。看来信陵君已经铁了心，无论如何也不回国了。

可是魏国的战况不容乐观。

公元前 247 年，秦国大将蒙骜挥师进攻魏国，连克高都、汲城，魏国大恐。

这时大家更希望信陵君重新出山，拯救魏国于水火之中。可是门客们谁也不敢吭声，大家想来想去，有两个人大概可以说得上话。这两个人，一个唤作毛公，另一个唤作薛公。

这两个人是何方神圣呢？其实他们既不神，也不圣，原本是混居于市井的匹夫罢了。毛公本是在赌场中打杂，整天与赌徒们厮混；薛公则是卖豆浆汤水的，地位也卑微。这两人虽是市井匹夫，却有士的品行，出淤泥而不染。信陵君想结交他们，亲自到两人打杂的地方，但两人或许觉得这个地方见不得人，便都躲着不见。信陵君并不放弃，最终找到他们的住所，登门拜访。为了不摆架子，他不坐马车，走路前去。就这样，三人成为好朋友，经常在一起喝酒聊天，相当投缘。

毛公、薛公二人受众人嘱托，便找信陵君说："公子在赵国受到礼遇，在诸侯中盛名远扬，可要是没有魏国，公子哪有今天的成就呢？如今秦国进攻魏国，魏国危急了，而公子您却丝毫都不在意。要是秦国攻破了大梁，祖先的宗庙被夷平，到时您还有什么颜面活在世上呢？"

听到这里，信陵君倏然变色，还没等毛公、薛公两人把话说完，就赶紧令人备好车马，收拾行李，即刻启程回魏国。

信陵君回到了阔别十年的魏国，哥哥魏安釐王亲自前往迎接。兄弟二人十年间未尝谋面，毕竟是一个爹生的，久后重逢，两人相视而泣下。相逢一哭泯恩仇，时间过了这么久，魏安釐王也不再追究当年信陵君窃符之事，况且是自己苦苦请求弟弟回来助他一臂之力的。魏安釐王当即宣布，任命信陵君为上将军，统领魏国的全国武装力量，抗击秦国。

那么信陵君如何凭借一己之力来保卫魏国呢？

光凭借魏国的力量显然是不够的，必须要借助于东方诸侯的联合。他上任后，马上派遣使者前往诸国，共商合纵大计。当各国听说信陵君执掌魏国兵权后，纷纷表示愿意合纵。其中的原因，正是信陵君个人非凡的人格魅力。十年前，他不计个人安危，断然窃兵权拯救赵国于将亡，这是何等的伟大。更重要的是，东方诸侯们都强烈感受到秦国的威胁，在历史上多次合纵抗秦，但合纵运动并不太成功，原因之一就是缺乏领袖人物。如今信陵君无论是人品还是能力，都堪当重任，诸侯们把军队交给他，心里踏实。

很快，一支五国联合作战部队组建起来了。信陵君率这支联军在河外与秦军大战，大败秦军，秦国将领蒙骜落荒而逃。信陵君乘胜追击，一直把秦军赶到函谷关。秦国人关闭函谷关，军队不敢出战。看来信陵君果然名不虚传，十年前他败秦师于邯郸城下，十年后雄风犹存，宝刀不老，又一次让傲慢的秦国人蒙受战败的耻辱。

魏国的危机解除了，而信陵君凭此役再度名扬天下，成为秦国的克星，更成为天下人崇拜共仰的偶像。当时东方诸国的很多兵法家纷纷带着自己的兵法书，呈献给信陵君，希望能在他手下效力。信陵君把这些兵法书汇编成籍，后来世人称之为“魏公子兵法”。只可惜，这本兵法汇编并未保存下来，后来失传了。

对于秦国来说，信陵君成为其扩张的最大绊脚石，只要他一天还掌握魏国的兵权，以其巨大的影响力联合诸国一致抗秦，秦国是很难有所作为的。但是秦人尚诈，在外交权谋上颇为得心应手。一个针对信陵君的巨大阴谋出笼了。

这个阴谋就是离间魏安釐王与信陵君的关系。

尽管魏安釐王与信陵君尽释前嫌，可是在两人内心深处，都有很深的防范意识。既然两人的关系存有裂缝，便有了弱点，只要把裂缝再撬开一些，小空隙最终会变成难以跨越的鸿沟。那要从何处下手呢？当年魏国大将晋鄙被杀，虽说信陵君是不得已而为之，但晋鄙本人并无过错，他只是忠于职守罢了。晋鄙被杀后，其门客对信陵君恨之入骨，对秦国来说，这是一个可以利用的资源。

秦国丞相吕不韦在政治投资上向来舍得花钱，他耗费万金，在魏国寻求晋鄙的旧门客，巨额贿赂，让他们想方设法离间魏安釐王与信陵君的关系。这些门客一方面见财眼开，另一方面也想为晋鄙报仇，便在魏安釐王面前进谗道：“无忌公子在国外待了十年之久，如今回到魏国当了上将军，诸侯们都乐意把军队交给他指挥。诸侯只知魏国有魏公子信陵君，而不知有魏王。听说公子想要南面称王，诸侯们也都畏惧公子，打算一起拥立他。大王您可得留神啊。”

此时信陵君刚刚解魏国之危，破秦军于河外，立下赫赫功勋，魏安釐王当然不会因为晋鄙旧门客的一番谗言而罢免信陵君。但秦相吕不韦深悉人性的弱点，谎言说多了，就成了真实。当年曾子的母亲听说儿子杀人，刚开始一点也不信，可是多听了几次，她就吓得逃走了。这就是人的心理，母亲对儿子的信任尚且经受不住流言的攻击，何况是兄弟之间呢？

吕不韦是一个高明的政客，他不仅有深远的眼光，还有一般人缺乏的优点：耐心。晋鄙的门客无功而返，可他并不认为万金的投资打水漂了，因为他已经在魏王与信陵君之间插入一根楔子，接下来要做的事，是用铁锤把楔子打得更深。他不断地派出形形色色的间谍，在魏国传播流言。甚至让他们在信陵君面前，当着众人的面问说是不是快要当王了，还故意献上贺词呢。这些手段太高明了，魏安釐王岂能不起疑心呢？十年能让一个人改变多少，他又岂能知道信陵君是否野心勃勃呢？

这是秦国人所导演的一出反间计，在这方面，秦国实在太厉害了。十几年前的长平之战，秦以反间计令赵王撤了廉颇的职；如今，他们又一次故伎重施，让魏王收了信陵君的兵权。我们必须说，魏安釐王并不是个昏君，可是作为君主，他缺了像秦孝公、燕昭王那样的胸怀，秦孝公、燕昭王对商鞅、乐毅都能用人不疑，而魏安釐王对自己的弟弟反倒信不过。

信陵君的“上将军”头衔被别人取代了，他知道魏安釐王已被人挑拨离间，对自己不再信任了。想想自己一腔热血，为国家奔走效命，倘若他只是顾及一己私利，何必从赵国回到魏国呢？魏王怎么能因为谗言而对自己起疑心呢？想到这些，他内心激愤难平。既然如此，他也不愿上朝了，称病待在家里，与众宾客日夜饮酒。然而，以酒消愁愁更愁，他不理国事，日渐消沉，纵情于声色。

魏安釐王罢免信陵君，导致了一个恶果，刚刚建立起来的东方合纵体系，很快瓦解了。赵国因为信陵君，一直不与魏国为敌，现在既然信陵君被免职了，赵王就有借口出兵了。赵军在老将廉颇的指挥下，攻取繁阳。紧接着，秦国大将蒙骜卷土重来，取魏国二城，魏国又一次蒙受耻辱。可是到这个时候，魏安釐王仍不肯重新起用信陵君，在他眼里，权力远比国家利益来得重要。

公元前 243 年，由于长期纵酒过度，信陵君不幸去世。《史记》里是这样写的：“日夜为乐饮者四岁，竟病酒而卒。”可能是肝脏受损导致死亡。在战国四公子中，信陵君是最出色的一个，所建立的功勋也最为卓著。特别是他窃符救赵，保全赵国，大大推迟了秦国吞并天下的步伐。在战国中后期，能打败秦军的将领并不多，信陵君无疑是最出色的一个，他两次挫败秦师，成为秦国人眼中的头号对手。

与孟尝君、平原君、春申君相比，信陵君更有英雄气概，更有侠义精神，因而也更有人格魅力。信陵君在世时，其名声是极大的。我们从史料中可以看到，他的精神影响了许多人，比如后来推翻秦帝国的汉高祖刘邦。信陵君去世时，刘邦年仅十三岁，据《史记》记载，“高祖（刘邦）始微少时，数闻公子贤。”到了刘邦夺取天下后，每当经过大梁城，总要前往祭祀信陵君。后来他还安置了五户人家，专门看护信陵君的坟墓，每年四时都要祭祀，不能断绝。

除了刘邦之外，秦汉之交的许多英雄人物，也是信陵君的崇拜者。比如张耳，他曾经当过信陵君的门客；还有陈豨，在少年时便十分仰慕魏公子信陵君。

西汉大史学家司马迁也是信陵君的粉丝，他特地造访了大梁城故墟，寻找夷门遗址。当年侯嬴不过是个看守夷门的老汉，信陵君却亲自拜访，礼贤下士，不以结交低贱之人为耻。司马迁感慨道：“天下诸公子亦有喜士者矣，然信陵君之接岩穴隐者，不耻下交，有以也。名冠诸侯，不虚耳。”他还这样评价信陵君：“能以富贵下贫贱，贤能诎于不肖，唯信陵君为能行之。”

在信陵君去世后不久，魏安釐王也去世了，其子魏增继立为王，史称魏景湣王。两大巨头几乎同时死去，这对魏国来说无疑是一个悲剧。秦相吕不韦可不管不伐有丧之国的传统，在魏国政权更迭之际，派蒙骜大举发兵攻打。魏军大败，丢失了酸枣、燕、虚、桃人等二十余城。秦政府把新夺得的土地置为一郡，称为东郡。至此，秦国的领土已经东扩到了齐国边境，东方诸国为之震动。

魏景湣王二年，秦王嬴政六年（前 241 年），东方诸侯又一次合纵。参加合纵的有六个国家：楚国、魏国、赵国、韩国、燕国、卫国，其中卫国只是摆设罢了。东方六雄中，只有齐国没有出兵。尽管秦国已经把领土扩张到齐国边境，齐国政府却仍然无动于衷。齐王建根本谈不上有什么雄心壮志，在他看来，秦国想进攻齐国，那得先收拾赵、魏、韩呢。

魏安釐王及信陵君死后，魏国失去了主持东方合纵的资格，楚国乘机充当老大。这次合纵运动，以楚考烈王为纵约长，实际负责人是战国四公子中硕果仅存的春申君。春申君尽管久负盛名，但在诸侯中的威望远不及信陵君，这也决定了合纵运动缺乏真正的领袖人物。六国联军（实际上是五国，卫国滥竽充数罢了）先下手为强，进攻秦军，夺取寿陵。然而联军的攻势并未维持很久，当他们杀抵函谷关时，秦军出关迎战，六国军队不能协同作战，甚至毫无还击，便草草退师了。

这次合纵运动雷声大，雨点小，没有取得很大的成就。合纵的目的是打击秦国，但虎头蛇尾。要是就这样解散，春申君及各国君主颜面上也过不去，怎么办呢？大家坐下来一商量，把怒气发泄到齐国身上。各国在前线与秦国拼命，而齐国人却在背后享乐，这不行，大家心里不平衡，必须教训一下齐国才行。于是六国之师转而东向，进攻齐国，拔取饶安城，以示惩罚。

楚国主导的东方合纵并未能取得预期的效果，以攻秦始，却以攻齐而结束。值得注意的是，此次合纵为战国时代东方诸雄最后的合纵。

合纵运动的终结，与秦国的扩张有直接的关系。“合纵”与“连横”是战国时代两大外交战略，“合纵”主要是东方诸国联合抵抗秦国，因为东方诸国分布于南北，呈“纵”向分布，故称合纵；“连横”主要是秦国拉拢某个东方诸侯，攻打另一个诸侯，主要是呈“横”向分布，故称“连横”。在蒙骜攻取魏国二十城后，其领土经魏、韩深入东部，直抵齐国边境，实际上已经切断了北方燕、赵与南方韩、楚的联系，“南北合纵”已经失去了地域基础。

为了进一步切断北方燕、赵与南方韩、楚联合的可能性，在六国联军罢兵后，秦国又一次发动侵魏之战。此役秦国攻取魏国的朝歌古城及卫国的濮阳城，魏国是泥菩萨过河，自身难保，更谈不上保护附庸国卫国了。卫国君主卫君角只得投靠秦国，秦国把卫君角迁到野王（今河南沁阳），卫国沦为秦国的附庸国。

至此，秦国完成了“中间深入，分割南北”的战略布局，为各个击破诸侯、一统中国打下坚实的基础。

这里概略说一下东方六强的情况。

自从乐毅伐齐后，齐国便从第一流的强国沦为第二流，国力不振，继任的君主又碌碌无为，不参加东方合纵，颇有些孤立主义色彩。魏国在魏安釐王与信陵君时代曾有过短暂的复兴，但信陵君死后，国势一路没落。韩国是秦国东扩的最大牺牲品，此时的韩国几乎称不上大国，差不多就是小诸侯国。国力仍然比较强的是赵、燕、楚三国。赵国在长平之战后，顽强生存下来，其军事力量仍然颇为可观，但已经无法与秦国抗衡了。燕国由于长期以来外患少，国家相对安定，受战争破坏小，维持着一支庞大的兵力，但军队素质较低，战斗力不强。楚国在春申君执政的时代，国力有所恢复，对外吞并鲁国，扩张领土，充当合纵运动的老大。

可是即便是赵、燕、楚三国，也难以抵挡秦国。更糟糕的是，赵国与燕国陷入旷日持久的战争中，严重削弱了两国的实力。楚国也好不到哪去，国内政局动荡，春申君死于非命，楚国复苏的脚步也戛然而止。

下面我们就来说说燕赵战争与春申君之死。

二、瘦死的骆驼比马大

大鱼吃小鱼，小鱼吃虾米，弱肉强食，这是自然界的现象。在战国后期，秦国是一条大鱼，东方六国是小鱼，而像卫国、鲁国等小国，只能算是小虾米了。要战胜大鱼，小鱼只能联合起来，可是利益的纠缠又使得联合只能成为一句空洞的口号，小鱼之间互相缠斗，或是忙于吞噬小虾米，最终只能成为大鱼的餐中物。

在秦王嬴政即位前后，东方诸国爆发了多次战争，其中规模最大的，当推燕、赵两国的战争。燕赵冲突的起因，是燕国觊觎赵国的土地。

在此之前，燕、赵两国长期关系很好，冲突甚少。当年乐毅受谗，从燕国投奔赵国后，致力于两国的和平，他的儿子乐间则留在燕国，被封为昌国君。公元前 251 年，赵孝成王办大寿，燕王喜派丞相栗腹带了五百金作为寿礼，前往邯郸城为赵王祝寿。当时赵国刚刚经历长平之战与邯郸之围，国力已是大不如前，壮丁多战死沙场，国内人口比例以老少居多，严重失衡。燕相栗腹考察赵国后，得出一个结论：赵国已经不堪一击了，这正是燕国出兵抢地盘的良机。

回到国内后，栗腹向燕王喜报告说："赵国的壮丁基本上都在长平之战中战死，留下的孤儿们还没长大，这是伐赵的最佳时机。"这个报告受到了燕王的重视。自从燕昭王死后，燕国在军事上乏善可陈。只是这个国家的地理位置僻处北方，邻国不多，外患也不多，所以没有很强的危机感。如今邻国赵国倒了霉运，燕国人想乘机捞一把，可谓是投机心理作祟。

燕国臣僚中最熟悉赵国事务的人，莫过于乐毅的儿子乐间，燕王喜召他前来，把栗腹的建议说了一下。乐间反对道："赵国地处四战之地，全民都熟悉战事，断然不可伐。"燕王不以为然地说："我出动两倍于赵国的兵力讨伐，这样还不行吗？"乐间没有迟疑地答说："不行。"燕王还不服气，又说："那我出动五倍的兵力，这样总行了吧。”乐间仍然坚持说：“不行。”

这下子燕王喜勃然大怒了。他心里想，乐间因父亲乐毅原本是赵国人，肯定心里袒护赵国，这才坚决反对伐赵。他不再理会乐间，转而征求其他大臣的意见。其他人都纷纷说，这可是伐赵的良机，以多打少，必定可大获全胜。燕王下定决心：伐赵。

燕国的实力不容小视，为了确保兵力上的优势，燕王出动了六十万大军。燕军兵分两路，一路由丞相栗腹率领，共有四十万人，进攻鄗邑；另一路由大将卿秦统领，率二十万军队进攻代地。

军队临出发前，燕国大夫将渠谏燕王道：“我们与赵国长期交好，还刚刚送给赵王五百金的寿礼。燕国使者才离开赵国，反倒要出兵攻伐，师出无名，这是不祥的征兆。此番出击，必定无功而返。”燕王喜哪里听得进去，他懒得理会将渠，准备动身前往军中。将渠情急之下，一手拉住燕王的腰带说：“倘若一定要出兵，那请大王不要亲自前去。”看到将渠这么啰唆，燕王一生气，抬起腿朝他猛踹了一脚。将渠大呼道：“我不是为自己考虑，我是为大王您考虑的呀。”燕王一转身，扬长而去。

燕国以举国之兵伐赵，震动赵国。在与秦军的惨烈交锋中，赵国精锐尽失，如今面对六十万的燕军，如何应敌呢？关键时刻，赵孝成王总算有自知之明，他起用了在长平之战中被撤职的老将军廉颇为大将，率领八万大军奔赴鄗邑，迎战栗腹的四十万燕军；同时，另一名大将乐乘率五万人马，在代地迎战卿秦的二十万燕军。

在两个战场上，赵军的兵力都居劣势，只有敌方的四分之一或五分之一，然而廉颇与乐乘却捍卫了赵国军团的荣誉。鄗之战与代之战的结果出人意料，赵军以寡胜众，不仅大破燕师，还击毙燕师主帅栗腹，俘虏了另一员敌将卿秦。乐毅的儿子乐间乘机脱离燕军，投奔赵国。

这两场战役证明人多并不一定能打胜仗，燕军的战斗力与赵国不是同一级别的。这下子燕王喜慌了，他做梦也没有想到竟然是这样的结局。他领着残兵败将逃回燕国。可是赵国人不肯善罢甘休，燕国竟然也敢打赵国的主意，不狠狠教训一下怎么行呢？廉颇不愧是赵国第一名将，在重创燕国兵团的入侵后，乘胜追击五百里，反客为主，杀入燕国境内，包围燕都。

瘦死的骆驼比马大，燕王喜现在终于明白了这个道理，可是有点太迟了。

如今赵军反倒兵临城下，燕王手忙脚乱，赶紧派人前去向廉颇请和。廉颇说："谈和也可以，但得让将渠来谈才行。"为什么非要将渠来呢？因为燕国国内反对伐赵的人只有两个，一个是乐间，已经投奔赵国了，另一个便是将渠。

燕王哪敢有异议，遂任命将渠为丞相，作为全权代表与赵军谈判。谈判的结果，燕国割五座城池给了赵国。此次伐赵，燕王可以说是偷鸡不成反蚀了一把米，这也从一个侧面看出赵国的军事力量确实颇为强大。

令人奇怪的是，这么一场伟大的胜利，史书却轻描淡写。这是因为战国已进入晚期，此期的六国史料，后来多数被秦始皇给毁了，因此战争的细节便不得而知了。

廉颇宝刀不老，为赵国再立奇功。赵孝成王把廉颇提拔为假相国，即代理丞相之权，并封为信平君，用这种方式委婉地弥补当年在长平之战时撤换廉颇的过错。在廉颇失势的那几年里，门客都像躲避瘟神一样离他而去，如今见他东山再起，大家又厚着脸皮回来了。廉颇怒道："你们全都给我走，不要回来。"有一个门客这样对他说："呀，您的见识怎么这样迟钝呢？天下人结交都讲究一个市场原则，您有权有势时，大家就来投靠您；你没权没势时，大伙当然要走了，这不是很明白的道理吗？您何必要抱怨呢？"类似的情况，在孟尝君身上也曾经发生过，所以战国时代的这些门客，大多也就是投机倒把之徒罢了。

燕赵战争并没有因此而结束。

燕王好大喜功，但似乎本领不济。除了进攻赵国之外，燕国还派一名将军进攻齐国，攻占聊城。可是这位不知名的将领却像乐毅那样，被朝中小人的流言蜚语所攻击，说他想自个儿霸占聊城，割据一方。该燕将得知消息后十分恐惧，不敢回国，只得固守聊城。齐国丞相田单为了夺回聊城，围城一年而不能下。这时，齐国谋略家鲁仲连写了一封长信给这位燕将，劝他投降齐国。燕将左右为难，最后索性选择自杀，自行了断。聊城因此大乱，田单乘机发起总攻，收复该城。

聊城的失陷，是燕军遭受的又一次损失。赵国人趁火打劫，公元前 249 年，廉颇、乐乘率领大军，再伐燕国，围困燕都。燕王只得再次割地赔款，才把赵国人打发走。可以说，由于燕王喜错误的战略决策，燕国被拖入战争的泥潭，最后难以自拔。一年后，魏国也出兵攻打燕国，赵国再派廉颇、延陵钧率军队助阵，协助魏师讨伐燕国。

然而，无论对燕国还是赵国来说，这个时候相斗，总非明智之举。两个国家都面对着同一个强敌，那便是有着席卷天下野心的秦国。与燕国的战争，使在艰难恢复元气的赵国得不到休养生息的机会。公元前 247 年，秦国名将蒙骜对赵国发动一次大规模的入侵，令赵国损失惨重，丢失三十七座城池，包括榆次、狼孟等重要据点。

在这种情况下，赵国与燕国达成和平协议，并进行了一次土地交换。赵国以龙兑、汾门、临乐三地，与燕国的葛、平舒、武阳三地交换。这种土地互换，对双方都有好处。

但是对赵国来说，一个危险的信号出现了。

廉颇一直是个自视甚高的人，他一生除了独服蔺相如之外，恐怕没有佩服过谁了。在赵奢、蔺相如之后，乐乘成为赵国又一名重要将领，可是廉颇对他看不上眼。公元前 245 年，赵孝成王去世，新上台的赵悼襄王听信谗言，以乐乘取代廉颇相国的地位。这件事对高傲的廉颇来说，简直就是耻辱。

我们从史书的记载来看，廉颇不愧为赵国的第一名将。他身经百战，无论是伐燕、伐齐、伐魏，都攻城略地，有战必胜，即便与天下最精锐的秦军相持于长平，也并不吃亏。如今乐乘不过是打败了燕军，就想取代他的地位，做梦。其实廉颇并非看重地位，他看重的是荣誉，视荣誉贵于生死。

俺廉颇可不是吃素的！想到这里，这名老将军居然做出不可思议的举动。他一怒之下，发兵攻打乐乘。乐乘被打得丢盔卸甲，落荒而逃。这样做虽然解气，却犯下了大错。廉颇自忖在赵国是待不下去了，遂逃往大梁城，投奔魏国去了。

在廉颇待在魏国的那几年里，也没有受到魏王的重用。他经常打听赵国的消息，每当听到赵国遭秦国入侵，他总是坐卧难安。同时，赵悼襄王也觉得廉颇一怒离去，对赵国是一大损失，便派了一个使者到魏国，看看廉颇的身体状况如何，是不是还能适应军旅。廉颇的政敌郭开听说后，便暗里搞破坏，塞给使者很多钱财，让他在赵王面前说廉颇的坏话。赵国使者到了大梁城后，见到廉颇，询问身体状况。廉颇跟他吃了一顿饭，吃了一斗米，十斤肉，然后又披上铠甲，跨上马背跑了一圈。怎么样，老夫的身体还健壮如牛吧？

可是使者已经收了郭开的钱，回国后却对赵王说："廉颇将军虽然老了，但饭量还不错，只是跟臣坐一会儿，就跑了三趟茅厕。”赵王听到这里直摇头，看来老将军真的不行了，便断了重新起用廉颇的打算。就这样，廉颇最终没能回到赵国。

赵王放弃了廉颇，可是想得到廉颇者大有人在，楚王秘密派人前往魏国，挖走了廉颇。这样，廉颇从魏国将军变成了楚国将军。可是对他来说，祖国只有一个，那就是赵国。他经常对人说：“我还是想指挥赵国的子弟兵啊。”后来廉颇客死他乡，死于楚国的寿春。

所幸的是，赵国军事人才济济，继赵奢、廉颇之后，又一位名将脱颖而出，这个人便是李牧。李牧要是能早出生几年，并为赵王所用，那么赵国在与秦国的对抗中，可能不会落于下风。他是一名罕见的军事天才，只是有点生不逢时。公元前 260 年的长平之战中，赵国精锐四十余万全军覆没，如果加上前后数年的战争，这一段时期，赵国壮丁死亡人数超过一百万，而整个赵国也不过仅有数百万人罢了。李牧是长平之战后崛起的新一代战将，此时赵国的国力已经无可挽回地走下坡路。一名伟大的将领，背后倘若没有一个强大的国家，成就总是有限的。然而李牧在赵国残破之时，创造了令人难以置信的军事奇迹。

奇迹发生在赵国北部边境。

李牧战争生涯的开始，并不是与中原诸侯交锋，而是与北方的匈奴战斗。赵国地处四战之地，既与秦、韩、魏、齐、燕相接壤，北方又有匈奴、东胡等游牧民族。自从赵武灵王开疆拓土以来，北方的匈奴开始强盛。这个强大的游牧民族在后来秦汉时期，成为中原王朝最强硬的对手，以强大著称的汉朝花了三百年的时间才彻底打败匈奴人。

关于李牧的早年，我们知之甚少，只知道他曾经在代、雁门等地防备匈奴的进攻，并且成为赵国北部重要的军事将领。由于赵国北部是华夏族与游牧民族的混居区，故而赵国政府采取了一种有别于其他地方的统治模式，地方军政大员在行政、财政上有很大的自主权。在行政上，地方长官可以自行设置官吏，无须经过中央政府的批准，赏罚自决；在财政上，在军区内开设贸易点，所得租税皆入将军幕府，以作为军队的军费。这也从一方面看出赵国在经受长平之战、邯郸之围后，国家财政也遭严重削弱，故而地方的军队，更多依靠地方自己供养。

凭借着非凡的才干，李牧在北方军区脱颖而出，并成为军政长官。他在北疆所做的事情，可概括为以下四方面。

一、习骑射。这是坚持赵武灵王的军事路线，要建立一支强大的军队，必须发展骑兵，特别是在与游牧民族的战争中，骑兵更是取胜的关键。

二、谨烽火。在通信手段落后的古代，烽火台是重要的军事通信手段，烽火台具有侦察敌情，通知预警的功能。一旦发现有匈奴骑兵入侵，烽火台燃起狼烟，邻近的烽火台见到信号后，也燃起狼烟，这样通过一个个烽火台的狼烟传递，最后整个边境都能得悉消息，这就为备战争取到宝贵的时间。

三、多间谍。烽火台具有传递情报的功能，但这是一种被动的方式，并不能主动掌握敌人的动向。李牧是情报战的大师，他用兵的原则之一，便是极其重视间谍的作用，注重在敌人内部搜集情报，主动掌握敌军的战略决策，侦察敌人的兵力分布及将领用兵作战的特点，以达到“知彼知己，百战不殆”的目的。

四、厚遇战士。李牧把军市赋税所得都用于士兵身上，绝不中饱私囊，不克扣军饷，每天都要宰杀几头牛以犒劳战士，战士乐为其所用。

游牧民族的特点是居无定所，来无影，去无踪，很难跟踪追击。李牧从一开始便树立打歼灭战的决心，可是要打歼灭战是很困难的，因为敌人都是骑兵，打不赢就跑。在长平之战以前，匈奴人惮于赵国雄厚的军事实力，并不敢发动大规模的入侵。然而长平之战后，赵国的精锐尽失，壮丁死亡殆尽，在前线的部队，非老即幼。此时匈奴人的南掠开始变得频繁，大股小股的骑兵不断进犯边关。对此，李牧采取示弱于敌的战略，一方面让敌人产生松懈轻敌的心理；另一方面也积蓄自己的实力，为发动歼灭战作准备。

为了实现既定的战略，李牧下了一道命令：“匈奴入盗，急入收保，有敢捕虏者斩。”就是说，匈奴人一旦入侵，赵国军队并不出战，而是躲进城堡内固守，擅自出战杀敌抢功者斩。这是因为匈奴人的入侵，并不以攻城略地为主，而以抢掠为主。赵军只要躲进城堡，让匈奴人没东西可抢，自然就退却了。

在此后的几年里，李牧一直奉行这种战法，坚壁清野。表面上看，这是消极防御，十分被动，但是军队却不曾遭遇过损失。这是因为李牧的情报工作到位，通过间谍搜集情报以及烽火台预警的模式，确保军队有充足的时间转移到坚固的堡垒中。久而久之，匈奴人都不把李牧当对手了，因为游牧民族最为尚武，尊重强者，轻视弱者，他们视李牧为胆小怯弱之辈，打心眼里瞧不起。不仅匈奴人如此，赵国北方深受游牧文化的熏染，也以勇武著称，战士们虽然觉得李牧的人品不错，但就是太怯懦了。甚至最后赵孝成王也看不下去，批评李牧的乌龟战术，可是李牧根本不理会别人的看法，依然我行我素。因为他知道，伟大人物与平凡人物的区别之一，就在于能否坚持自己的信念。

赵孝成王一怒之下，把李牧给撤职了，派了另一名将领接替他为北方军区长官。新任长官上台后，便把李牧那一套统统废除了，以积极出击代替乌龟战术。事实证明这种短促出击的战术并无成效，不仅伤亡颇多，屡战不利，还严重影响边关的农牧生产，经济随之萧条。赵孝成王以前撤了廉颇，如今又撤了李牧，原因如出一辙，两位当世名将都不是莽夫，遇到强敌时，坚壁清野的战术是为打胜仗积累基础。赵孝成王总算在吃了大亏后，渐渐明白了些军事道理，于是他只好承认错误，请李牧再度出山。

春秋战国时代，奉行“将在外，君命有所不受”的传统，李牧可不想在前线时，还受到朝廷的遥控，于是他称病不出。赵孝成王心里不高兴，强行命令李牧复出。李牧便对赵王说：“如果一定要用臣，那么就得回到原先的战略，这样我才能接受任命。”赵王答应了他的要求。

这样，李牧又回到了北疆防线，重新实施乌龟战术，又与匈奴人相持了数年。在这几年里，匈奴一无所获，但仍然看不起李牧。李牧负责北方战区已差不多有十年之久，赵国也渐渐从长平之战的阴影中走出，新的一代已长大成人，这批血气方刚的战士，没跟匈奴人打过仗，却天天享用牛肉，拿饷钱，心里也过意不去，纷纷向大将军李牧提出，与匈奴干上一仗。

李牧见时机已经成熟，便着手组建一支庞大的军队。由于赵国实施全民皆兵的政策，平时为农为牧，战时穿上军装就是士兵。这支组建起来的军队，包括一千三百辆战车，一万三千名骑兵，五万名步兵及十万名弓弩手，总兵力超过十六万人。从这里也可以看出，在这十年的时间里，李牧虽然不出击，但在军民的军事训练上却取得了巨大的成绩，否则怎么可能在短时间内组建一支如此庞大的军队呢？

军队组建完了，这还不够。虽然士兵们个人水平都不错，能搏击，能射箭骑马，可是步兵、骑兵、车兵、弓弩兵这四大兵种要如何排兵布阵，要如何协同作战，这还得训练与演习。在大家都熟悉了阵法军令后，李牧开始策划大战的方案。

在中国历史上，北方游牧民族一直是中原政权的大敌，很难彻底打败。为什么呢？因为游牧民族不像中原地区，有固定的堡垒城池，你想去进攻，却不知要打哪儿，他们居无定所。对于中原政权来说，还有一个不利因素就是，马匹少，就算打赢了，也很难深入追击。因此要对游牧民族武装实施歼灭性作战，难度可想而知。

那么要怎么样才能打歼灭战呢？

诱敌深入。

诱敌深入是要花费代价的，得抛出一个巨大的诱饵。李牧一反常态，让牧民四处放牧，漫山遍野都是牛羊。这在匈奴人看来诱惑力可太大了，是块大肥肉哇。刚开始时，匈奴人出动小股部队打劫，李牧这次不再打乌龟战术，而是派出小股军队迎击。两军相遇，赵军佯装不敌，匈奴人掳掠了上千名牧民以及大量的牛羊。

当这些匈奴人回到大本营，炫耀自己的战果时，他们的人都兴奋了。这么多年来，匈奴人入侵时总是空手而返，如今居然这么轻松就捞得大便宜。大家都摩拳擦掌，跃跃欲试，纷纷请战。匈奴单于向来也不把李牧放在眼里，根本不认为他是一个威胁，遂大举发兵，入侵赵国北疆。

大鱼终于上钩了。

匈奴人倾巢而出，给了李牧打歼灭战的机会。可是他只有一万三千名骑兵与一千三百辆兵车，在马匹的数量上远远落后于匈奴人，倘若匈奴一旦觉得不敌，很快就会掉转马头逃跑，那歼灭战就打不成了。因此在具体战法上，必须要出奇制胜。

我们来分析一下匈奴与赵国军队的优劣之处。

匈奴人的优势在于骑兵，突击能力强，速度快，剽掠如风，作为马背上的民族，他们的骑术应该比赵国骑兵还要强。赵国军队的优势在于武器的先进，特别是强弓劲弩，更是匈奴人所没有的，因此李牧兵团中安排了十万名弓弩兵，这正是发挥自己的优势。另外，赵国兵车的重要性不可忽视。兵车在春秋时代是各国的主战武器，甚至是衡量一个国家军力的标志，故而有“千乘之国”“万乘之国”这样的叫法。但是进入战国后，由于作战规模的扩大，兵车的局限性便暴露无遗，山路、险路都不方便走，速度也没有骑兵来得快。但是如果在平地作战，车兵的优势是很大的，战车攻防兼备，一辆车上，既有近距离作战的戈兵，又有远距离作战的弓箭手，而且车体本身就是一个防御体。不要忘了，既然是诱敌深入，李牧一步步把敌人引向既定战场，该战场是完全适合于兵车作战的区域，最大限度地发挥车兵的作用。在防御型武器上，赵军仍然占优。中原的科技及工艺水平，要远远超过匈奴，无论是盾牌、铠甲、头盔等防御武器，赵国的质量都要远优于匈奴。

李牧以战术欺骗及假情报，诱使匈奴大军深入，在有利于自己的区域预设战场，仗还未开打，他已经握有主动权了。匈奴人却还完全被蒙在鼓里，他们对局势做了完全错误的估计：首先，他们远远低估了李牧的能力。与李牧相持十年，赵军只守不攻，匈奴人早不把李牧当作对手看待了，这个错误的认识将导致灾难性的后果。其次，他们未能识破李牧“诱敌深入”的计谋，对赵军的战略部署一无所知。最后，他们完全没有预料到赵国军队有打歼灭战的决心与设想。

关于这场赵匈大决战，史料所述很简单，只有几个字：“李牧多为奇阵，张左右翼击之，大破匈奴十余万骑。”这说得也太简单了。他用了什么奇阵，我们也搞不清了。但他确实是采用了围歼战术，从两翼进行包抄，估计抄截的主力便是一万三千名骑兵与一千多辆兵车，以快制快。此役匈奴人遭到了灭顶之灾，死于战场十余万人。

这是令人瞠目结舌的战绩。在与游牧民族的战争中，一次歼灭如此多的骑兵，这确实罕见。首先，我们可以用西汉时期对匈奴作战为例，最大规模的一次会战是卫青与霍去病指挥的漠北之战，斩杀匈奴人九万多；其次，霍去病指挥的河西之战，歼灭匈奴七万余人。以卫、霍的天才，加上大汉帝国雄厚国力为后盾，战绩仍然比不上李牧的这次惊天胜利。而李牧所在的赵国，不足汉帝国面积的七分之一，甚至李牧都谈不上动用整个国家的力量，而仅仅是赵国北部的地方武装，就把匈奴打趴下了。

李牧挟大胜之威，大举反扑，灭襜褴，破东胡，降林胡，横扫北方。他对匈奴的胜利，以及廉颇对燕国的胜利，再现赵国作为一个军事强国的风采。经此役后，匈奴在之后十余年的时间内，未能恢复元气，更不敢窥伺赵国的北疆。李牧的伟大胜利，解除了赵国的北患，让赵国在深重的外患面前暂时得以喘息。

在廉颇离赵后，赵国与燕国的战事又起。鉴于李牧在北方战场的出色表现，赵悼襄王拜他为大将，挥师进攻燕国。李牧不负所望，接连攻克燕国的武遂、方城。

除了李牧之外，还有一个人值得一提，他是赵国大将庞煖。庞煖的老师是一个相当有名的人物，号为鹖冠子。鹖冠子是楚国贤人，他原名不知是什么，因为他头上戴了一个鹖形冠，故而得号“鹖冠子”。鹖冠子大约属于黄老一派，同时也研究阴阳术数、兵法等。庞煖的兵学，大概是受益于鹖冠子。据说鹖冠子是一位隐士，隐居于深山老林中，身上穿着破破烂烂的衣服，虽然研究世间学问，可是颇有出世的思想。庞煖曾拜鹖冠子为师，但他不愿意当隐士，便跑到赵国做官，凭借着过硬的军事本领，在赵国军界占了一席之地。

庞煖在赵国时，与剧辛的交情很好。关于剧辛这个人，我们在前文中曾提到，他是在燕昭王时，从赵国投奔燕国的，可是这已经是四十多年前的事了。从这里或许可以猜测，庞煖此时已经是一员老将了。赵悼襄王一度想要召回廉颇，只是因为郭开从中作祟未能成功，便提拔庞煖为大将，掌握兵权。此时庞煖地位在李牧之上，除了资历深之外，也说明他有一定的本事。

喜欢打小算盘的燕王喜又想占便宜了，他听说剧辛与庞煖曾经是好朋友，便召剧辛前来，对他说：“赵国多次受到秦国入侵，十分窘迫，如今廉颇已投奔魏国，庞煖升任大将军，我想乘机攻打赵国，您看怎么样？”剧辛成名相当早，四十年前乐毅伐燕时，他便是乐毅的副手，与他相比，庞煖的知名度则比较低。剧辛胸有成竹地对燕王说：“庞煖很容易对付呢。”燕王听了十分高兴，以剧辛为将，出兵讨伐赵国。

可是剧辛却忽略了一件事，庞煖虽名气不大，但并不是没有本领，只是赵国军事人才济济，在赵奢、廉颇等人的光芒下，他显得比较暗淡罢了。剧辛伐赵，正好给了庞煖一个表现的机会。两位昔日的好友，如今成了战场上的死敌。庞煖知道剧辛心高气傲，目空一切，而这种轻敌之心，在战场上往往是致命的。

剧辛原本是赵人，如今赵国成了他的葬身之地。在庞煖的猛击下，燕军大败，两万人卧尸疆场，包括燕军司令剧辛。对他来说，这算不算是另类的叶落归根呢？

这场战争爆发于公元前 242 年。六年后的公元前 236 年，庞煖再次出兵攻打燕国，夺取狸、阳城两地，这也是燕赵之间最后一次战争。燕赵战争始自公元前 251 年，终于公元前 236 年，陆陆续续交锋十五年。

十五年的战争对燕国来说，是一次巨大的灾难。在此之前，燕国是战国七雄中最安定的一个国家，尽管军队的战斗力不是很强，但也拥有一支庞大的兵力。在赵国的连连打击下，燕国溃不成军，军力大为衰退，以至于后来面临秦国进攻时，几乎没有还手之力。而赵国呢？表面上看，赵国是战争的赢家，其实不然。燕赵战争令赵国陷入多线作战的尴尬境地，秦国多次乘虚而入，功略赵国大片土地。倘若不是李牧力挽狂澜，在北线重创匈奴，赵国恐怕也坚持不了几年。因此，这是两败俱伤的战争，唯一的赢家，是雄踞西方的秦国。

下面我们再来看看东方另一个大国楚国的情况。

三、春申君之死

与赵、韩、魏三国相比，楚国的处境相对好一些。自从公元前 278 年白起攻破郢都后，秦国并没有持续对楚国用兵。对秦昭王来说，夺取中原才是重中之重。也正是这个原因，秦国对楚国采取拉拢的手段，在此后五十年里，秦楚两国没有大的战事。楚国也利用这个难得的时机，恢复了一些霸气，特别是在春申君主政的时期，国力有了明显的增长。

楚国的春申君与齐国的孟尝君、赵国的平原君、魏国的信陵君并称为战国四公子。楚顷襄王在位时，春申君便以博学多才、能言善辩而获得楚王的倚重，担任左徒一职。公元前 262 年，楚考烈王即位，任命春申君为楚国令尹，并赏赐淮北十二县作为他的封邑，春申君由是开始了其执政生涯。与其他公子类似，春申君也养了一大帮门客，多达数千人，他又身居令尹要职，可谓是权倾楚国。

战国养士之风极盛，各国公子竞相攀比。有一回，赵国平原君派人出使楚国，春申君把他们安排在上等旅馆。平原君的门客们多数是爱慕虚荣之辈，他们穿着华丽，冠髻上的簪子是用玳瑁所制，剑鞘上有珠玉镶嵌。这些身外之物让他们自认不凡，便提出要求，想见见春申君的门客，其实就是想把他们给比下去。岂料他们见到春申君的门客时，大吃一惊，不仅服饰更华丽高档，连脚上穿的鞋子都镶着珠宝哩。这下子平原君手下的门客们反倒自惭形秽，自愧不如。这反映出一个问题，到了赵国晚期，所谓的“养士”，其实只是显摆门面罢了，这些食客，多数是些华而不实的人。

春申君执政期间做了三件大事，大大提高了楚国的威望与地位。

第一件事，救赵。公元前 257 年，春申君率楚国军队，会同信陵君的魏国军队，拯救赵国，解邯郸之围。尽管此役中信陵君是主角，春申君是配角，但是他扶危救困的精神仍然是值得钦佩的。

第二件事，灭鲁。战国后期小诸侯的日子更加难过，实际上成为大诸侯国的盘中餐。魏国吞并卫国，楚国则灭了鲁国，这就是“小鱼吃虾米”。公元前 255 年，楚国出兵攻取鲁国，把鲁顷公放逐到莒。六年后，鲁顷公被迁往卞，贬为庶人。鲁国与卫国一样，是老牌诸侯国，在西周初期便封国，由周公旦之子伯禽所建，到这年止，鲁国的历史被彻底终结。

第三件事，主持东方合纵运动。公元前 241 年，以楚国为龙头老大，楚、赵、魏、韩、燕、卫诸国联合进攻秦国至函谷关。楚考烈王担任合纵长，具体事务则由春申君负责。这说明楚国作为东方领袖的地位得到了认同。可是这次合纵并没有达到预期的效果，最后被秦军打败了。这令合纵长楚考烈王脸上很没光彩，他把责任推到了春申君头上，春申君由此而被楚王所疏远。

合纵的失败，让春申君一度非常沮丧，自信心遭到打击，而且这件事也让很多人质疑他的治政能力。有一个名叫朱英的门客对他说：“大家都认为楚国很强大，但是您治理得不好，这个看法是错的。没错，楚国有二十几年没遭秦国入侵了，可原因是什么呢？并不是楚国很强大，而是秦国要越过险要之地进攻楚国并不容易。倘若秦从东、西两周发动进攻，又要受到韩、魏两国的威胁，很难实行。可是现在情况不一样了，魏国已经危在旦夕。倘若秦国得到了许、鄢陵两地，那么距离楚国的都城只有一百六十里的距离，到时楚国将面临更危险的局面。”

朱英向春申君提出迁都的建议，春申君把该建议上递给楚考烈王，楚王同意了，于是楚国再度迁都到了寿春。在朱英等人的努力下，春申君迁都有功，总算保住了令尹的位置。

为了广揽人才，春申君把德高望重的荀子请到了楚国。

荀子名荀况，战国时代的思想大师，是继孟子之后的又一位儒学巨擘。荀子是赵国人，他游历很广，曾游学于齐国，在齐襄王时代三次担任“祭酒”。他也曾西游秦国，秦国给他留下很深的印象，他称赞秦国“百姓朴”、“百吏肃然”、近乎“治之至也”。他还曾在赵孝成王面前谈论过兵事，关于兵事的论述收录在《议兵》一文中。与前世的儒学大师相比，他的思想更加驳杂，糅合了其他家的思想，比如法家与兵家。荀子在当时思想界是个相当有影响的人物，尤其令人惊讶的是，在他的学生中，最著名的两个人韩非与李斯，是彻头彻尾的法家代表人物。故而后世学者，也有不少人认为荀子的儒学思想并不纯正。

公元前 255 年，春申君邀请荀子前往楚国，打算把兰陵交给他治理。荀子是个有抱负的人，想把这里当作一个政治试验场所，便欣然前往。可是他何尝想到，他刚到楚国，就有人在春申君面前说他的坏话。

进谗的人是春申君的一位门客，多半是个嫉妒心很强的人，他对春申君说：“以前商汤兴起于亳，周武王兴起于镐，当时这两位明君只不过拥有百里的地盘。荀子是名满天下的贤人，而您却把方圆百里的兰陵交给他，就不怕他成为另一个商汤、周武王吗？我觉得这事对您一点好处也没有，不知您以为如何？”

春申君本来并非一个爱好儒学的人，也不曾想拜荀子为师，只是觉得这样做自己脸上有光，显示招揽天下士人的胸襟罢了。被门客这么一说，他倒觉得不妥了，万一真的是引虎入室，岂非赔了本钱？于是他又赶忙派人去谢绝了荀子。荀子听到这个消息后，便离开楚国，回赵国去了。

这时，又有另一个门客对春申君说：“以前伊尹离开夏桀而投奔殷商，结果殷商统一天下，而夏桀灭亡了。管仲离开鲁国去了齐国，结果齐国强大了，鲁国弱小了。这说明什么呢？说明贤人对一个国家的重要性。贤人到了哪个国家，君主就得以尊贵，国家便得以荣光。荀子乃是当今天下的贤人，您为何把他谢绝了呢？”

这一番话，把春申君说得如梦初醒，他连连说道：“嗯，说得好。”于是他又派人前往赵国，重新邀请荀子前往。

荀子并没有马上去楚国，而是先给春申君写了一封信，信的开头是四个字：“疠人怜王。”疠人就是患了麻风病皮肤溃烂的人，这是很悲惨的人，是被社会抛弃的人，疠人疾病缠身，而国王却是高高在上，有无上权威，可是为什么说“疠人怜王”呢？荀子写道：“疠人怜王，这听起来是一句很滑稽、不恭敬的话。可是要细细考究这句话的含义，这里所说的王，是指被臣下劫杀的君主。”

接下来，荀子展开来说：“君主倘若年轻且自视甚高，没有办法辨明奸伪，那么大臣就会独断专行。奸臣结党营私，为了避免遭受惩罚，往往铤而走险，杀死年长且有才能的君主，立幼弱的君主，用这种不义的手段来达到自己的目的。这种故事，在春秋时代发生过许多次。比如楚国的王子围，听说楚王生病的消息后，他以探病为由，借机把楚工勒死，自立为王。再比如齐庄公的故事，齐国大臣崔杼的妻子长得漂亮，齐庄公与她私通，崔杼便率家臣攻打庄公，射中其大腿并杀死他，改立其弟为君主。”

春秋时代是这样，那么近世又如何呢？

“再说说近代的事情吧。赵国的权臣李兑，把主父（赵武灵王）囚禁于沙丘之宫，关了整整一百天，活活饿死。齐湣王任用淖齿，结果淖齿抽了他的筋，将他悬于庙梁之上，隔了一夜他才在哀号中死去。”

最后，荀子总结说：“再来说说疠人怜王吧。疠人尽管皮肤痛肿溃烂，可是不会被勒死射死，也不会被抽筋或活活囚禁饿死。试想想前面说的几个君主，他们身心所受到的痛楚，难道会比疠人少吗？由此看来，说疠人怜王，是讲得通的。”

这封信，是给春申君敲一记警钟。春申君年轻得志，对自己的才能又颇为骄矜，表面上看，他风光无限，但是不能分辨忠奸。手下的人说好话也听，说坏话也听，没有一个判断标准。换句话说，春申君的性格，是容易被奸人所欺骗的，荀子所说的，后来不幸成为事实。在写完这封信后不久，荀子前往楚国，当了兰陵令。可是他并没能做出一番轰轰烈烈的事业，一方面，他年事已高，另一方面，楚国的政治相当复杂。春申君虽然任用荀子为兰陵令，但不是无条件地支持他。毕竟他只是春申君用来装潢门面的而已，春申君更关心的，是自己的权势与名声。

楚考烈王当了二十几年国王，一个问题来了：他没有儿子。国王没有儿子，问题相当严重，王位后继无人。作为令尹的春申君自然为这件事忧心忡忡，这可是关系到自己政治前途的大事呀。怎么办呢？春申君到处找美女，进献给楚王，美女倒是不少，但仍然没能生子。

大家都知道春申君四处寻找美女进宫，自然有些投机分子想利用这个机会攀龙附凤，其中就有一个赵国人，名为李园。李园的妹妹长得很漂亮，他原本打算送她入宫，自己也捞个一官半职。可是他听说楚王不能生育，心里就琢磨：倘若妹妹不能为楚王生个儿子，荣华富贵宛若烟云，没有保障。于是他暂缓送妹妹进宫，自己前去投靠春申君，在他手下当差办事。李园诡计多端，野心颇大。倘若只当一名相国府的差人，他永远也发达不了。若想求得荣华富贵，他就得依靠美若天仙的妹妹。为此，他想出了一个计谋。有一天，李园向春申君请假，说是回家省亲，春申君同意了。可是假期过了好多天，李园才迟迟回来。春申君心里不痛快，要他解释迟回的原因。李园撒谎说："齐王派使臣前来向我妹妹求婚，我只得留下来陪使臣喝酒，因此误了归期。"他这样说是别有用心的，他知道春申君好色，故意卖关子，并不直说自己的妹妹如何貌美惊艳，只说齐王派人千里迢迢来求亲。能让齐王心动的女人，能差到哪去吗？

春申君一听，果然有兴趣了，便问道："齐王下了聘礼了吗？"李园一听，情知春申君已入彀中，便答说："还没有呢。"

"我能见见你妹妹吗？"春申君又问。

"当然可以了。"李园爽快地答道。

就这样，李园把妹妹引见给春申君。春申君一见，李小妹果然是沉鱼落雁，闭月羞花，心里特别喜欢。李园便顺水推舟，把妹妹献给春申君，再也不提什么齐王求亲的事。

齐王得不到的女人，我得到了。春申君在得意扬扬的同时，免不得对李小妹另眼相待，更多了几分柔情与爱意。凭着妹妹得宠，李园身价陡涨。可是倘若以为他已经心满意足了，那就大错特错。春申君权势再大，能大过楚王吗？过了段时间，李小妹怀孕了。李园怀揣着一个不可告人的目的，跑到妹妹那里，给她做思想工作。他的如意算盘是，趁妹妹刚刚怀孕速速献进宫，到时孩子出生了，那可就是楚国太子了。

李小妹如今是春申君的女人，春申君能让她进宫去服侍楚王吗？他愿意给自己戴绿帽子吗？李园教给妹妹一套说辞，李小妹依计行事，对春申君说："楚王如此信任倚重您，关系比亲兄弟还紧密。您在楚国已经当了二十几年的丞相，可是楚王没有儿子，倘若不幸去世，只能由他的兄弟来继承王位。新的楚王自有一帮亲朋好友，到时您的地位恐怕是保不住了。不仅如此，你执政这么多年，恐怕把楚王的亲兄弟都得罪了，到时说不定他们反攻倒算，保住性命都成问题，哪里还顾得上保住相印呢？如今臣妾已有身孕，可是旁人都不晓得。臣妾刚伺候您不久，倘若您把臣妾进献给楚王，凭您的地位与声望，楚王必定会宠幸我。如果老天爷有眼，我怀的是男孩儿，那么您的儿子就是未来的楚王了。到时整个楚国都是您的，哪里还会面临不测的风险呢？”

有些人是爱江山更爱美人，而春申君是爱美人更爱江山。李小妹这么一说，他怦然心动。没错啊，李小妹肚子里的孩子是我的，当这个孩子成了楚王，我岂不成了太上皇啦？这个诱惑实在太大了，大到春申君无法拒绝。为自己的未来着想，他决定要忍痛割爱了。可是他并不知道，他正在为自己挖掘一个大坟墓。

李小妹进了宫，果然深受楚王的宠幸，成了王妃。更重要的是，李王妃的肚子一天天地大起来了，这岂不让楚王欣喜若狂吗？考验的一刻到了，究竟是生男孩儿还是女孩儿呢？倘若是女孩，那就不能成为继承人。无论是楚考烈王还是春申君、李园，都焦急地等待着最后的那一刻。随着一声婴儿的哭啼声响起，男孩儿！所有人都如释重负了。楚考烈王终于松了一口气，国家有继承人了；春申君心里既苦又甜，苦的是不能认儿子，甜的是自己的儿子以后便是楚太子了。可是这个赌局的真正赢家，却是操纵大盘的李园。

生下“小王子”后，李王妃再升一级，被册立为“王后”，李园作为王后的哥哥，以外戚的身份登上权力的舞台。他八面玲珑，精于算计，很快得到楚考烈王的器重。楚王把政事交给他处理，李园因此成为楚国政坛上的重量级人物。

小人得志后，骄横跋扈，这便是李园的面孔。但他心里不时闪过恐惧的念头，倘若楚考烈王发现王后所生的儿子并非自己的，那么李园作为这件事的始作俑者，恐怕要人头搬家了。当然，知道这件事的人并不多，春申君要是哪一天酒喝多了，把这件事给泄露出去，那可怎么办呢？不行，春申君必须得死，只有死人才不会泄露秘密。李园开始豢养一帮刺客，打算刺杀春申君。可是要刺杀春申君不是件容易的事情，李园等了很长时间，也没能找到下手的机会。可是他的那帮刺客的口风不太紧，把这件事给泄露了，不少人对李园的阴谋有所耳闻，只是春申君根本不相信，一笑了之。

公元前 238 年，楚考烈王重病缠身，眼看就要不行了。这时，门客朱英对春申君说了一句颇为隐晦的话："世上有毋望之福，有毋望之祸，您身处毋望之世，侍奉毋望之主，怎能没有毋望之人呢？"

所谓"毋望"，可以理解为"不期而至""出乎自己意愿之外"，朱英的话不太好理解，因此春申君就问道："什么是毋望之福？"

朱英回答说："您担任楚国令尹二十多年了，名义上是相国，实际上形同国君。如今楚王病得奄奄一息，早晚要归天的。您辅佐年幼的国君，大权在握，跟伊尹、周公类似，等到君主长大成人了，再把政权交还给他。由此看来，整个楚国不都在您的掌控之下吗？这就叫毋望之福。"

"那什么是毋望之祸呢？"春申君又问。

"李园以外戚把权，楚王一死，他就不能执掌国政了，到时就成了您的政敌。您要小心李园这个人，他不管兵事，却暗中豢养死士，这明摆着针对您。只要楚王一死，他势必要抢先一步，入宫夺权，杀您灭口。这就是毋望之祸。"

"那谁又是毋望之人呢？"

"我。您安排我为郎中，只要楚王一死，李园入宫，我就替您杀了他。我就是毋望之人。"

听到这里，春申君笑了。他笑，是因为朱英根本不明白事情的真相。朱英哪里晓得，太子就是我春申君的儿子，而李园就是我的大舅子，我们是坐在一条船上的，他怎么可能杀我呢？但春申君不能把真相说出来，只是笑着对朱英说："你还是放心吧。李园只是个软弱的家伙，我对他特别好，哪是如你所说的那样呢？"

在春申君的三千门客中，最有本领的人，恐怕就是这个朱英了。既然春申君不肯听自己的建议，朱英唯恐祸及自身，索性不辞而别，远走高飞了。

可是春申君的判断大错特错。他认为李园与自己坐在同一条船上，这是低估了李园的野心。楚王一死，太子继位，春申君作为生父，权力不可动摇，那么李园能当什么角色？倘若春申君死了，李园作为楚王的舅舅，那可是货真价实的外戚，没有人可以跟他抗衡的。再说了，天底下知道太子身份的人就这么几个，李园不杀春申君，难保春申君不杀他灭口呢？这就叫以己之心度人之腹。

春申君必须死，从李园计划实施的那一天起，这就是确定无疑的目标。

十七天后，楚考烈王没能躲过死神的召唤。果然不出朱英所料，楚王一死，李园抢先一步入宫，安排刺客埋伏在棘门。春申君一点也没意识到危险的临近，当他驾着马车赶到王宫时，刚步入棘门，埋伏在两旁的刺客手持利刃，发疯似的一拥而上。春申君何尝料想到有此变局，他根本没防备，既无警卫，身上也不曾穿戴铠甲。任凭他权倾楚国，但在此时此刻，在棘门之内，他是案板上的鱼肉，任人宰割罢了。说实话，他根本连想的机会都没有，几支利刃，如电光火石般疾刺而来，直插春申君体内。这位相国身体晃了几晃后，一头栽倒在地。刺客一手纠着他散落的头发，一手用锋利的刀残忍地割下其首级，往外一抛，扔出棘门外。

战国四公子中的最后一人，便以如此惨淡的下场走完人生。这个结局，不仅朱英看到了，十几年前荀子就预见到了。其实春申君并不是个糊涂人，但是他性格的弱点决定了他的命运。这还跟他人生道路太顺不无关系。在四公子中，春申君的权势最重，在楚考烈王上台后的二十五年里，他的地位没有遭到任何人的挑战。他仕途过于平坦，对人心的险恶估计不足，特别是不能分辨奸邪，最终付出了生命的代价。

春申君死后，李园灭其家族。春申君所任用之人，也纷纷受排挤打击，其中包括荀子。这位大学问家最后远离政治，终老于兰陵。春申君身死族灭后，实际上还留下一条血脉，就是他与李小妹的儿子——继承王位的楚幽王。楚幽王与秦王嬴政一样，实际上都不是出于王族，只是两人的命运最后迥然不同。楚幽王十几岁便早夭了，而秦王嬴政最终成为一代大帝秦始皇。

李园这个来自赵国的阴谋家最终成为楚国令尹，可是经此一折腾，一度复兴的楚国很快又走下坡路了。楚国失去了最后的机会，十五年后，楚国亡于秦国之手。

自从信陵君窃符救赵后，东方六国本有机会团结一致共同对抗秦国。可惜的是，东方君主中没有出类拔萃的人物，各国都心怀鬼胎，各自盘计自身利益，遂使合纵运动成为一句空谈。屋漏偏逢连夜雨。信陵君遭排挤郁郁而终，魏国复弱；燕赵打了十几年战争，严重消耗双方实力；楚国政局动荡，春申君死于非命。这一连串事件，最终令东方诸国失去了最后的机会。

第十二章　秦王嬴政

一、从商贾到政客：吕不韦

公元前 247 年，秦庄襄王去世，太子嬴政被立为秦王，他就是历史上最雄才伟略的君主秦始皇。当时他年仅十三岁，国家大事全决于丞相吕不韦，年轻的秦王尊吕不韦为“仲父”。吕不韦究竟是何方神圣呢？他与秦王嬴政之间又有什么故事呢？

我们且从头说起吧。

吕不韦是卫国人，从事经商。卫国虽然是个小国，却出过不少大人物，比如吴起、商鞅等。到了吕不韦时，卫国的国力更加衰微，不断遭到魏国的蚕食。在这样一个乱世里，吕不韦却显示出非凡的才能，他的生意遍及魏、韩、赵等国，后来定居于阳翟，成为一名大富翁。倘若吕不韦只是打点他的生意，恐怕也不能在中国历史上留名，更谈不上有大作为了。一个偶然的机会，让他发现了一个跻身政界的良机。

由于秦昭王在位时间特别长，秦国太子悼当了许多年的太子，也无缘王位，在秦昭王四十年（前 267 年）时死了。两年后，安国君被立为秦国太子。安国君当时四十岁左右，儿子众多，有二十几个，可是偏偏他的正室华阳夫人没有儿子。出于外交的需要，秦国需要派一位公子到赵国当人质，挑来挑去，最后挑了安国君的一个儿子，他的名字叫子楚（又名异人）。当人质可不是好玩的，特别是秦、赵两国都是强国，随时可能爆发战争，两国关系一旦恶化，人质性命难保。子楚在安国君的二十几个儿子中，按年龄排列，不算大也不算小。他是夏姬所生，母亲不得宠，这也决定了他在一大帮兄弟中混得不好，所以当人质这种倒霉事，就落到他的头上了。

子楚实在有理由为自己的命运嗟叹，在王室家族中，他不得宠，在赵国当人质，更是落魄。秦国政府根本不理会人质的安全，多次出兵攻打赵国，令赵国人相当恼怒，只是当时两国军事冲突规模尚小，赵国才没有处死人质子楚。不要看子楚是秦昭王的孙子，他的待遇可不怎么样。在赵国期间，他入不敷出，日常费用尚且不足，还得养车养马，可以说是捉襟见肘，狼狈不堪。混到这种地步，子楚也不禁产生自卑的心理。

可是有一个人却对子楚产生兴趣了，这个人便是大富商吕不韦。

当时吕不韦正在赵国首都邯郸做生意，别看他是个生意人，其实很有政治投机眼光。他对秦国的政局十分熟悉，此时秦昭王已经年老，他一死，太子安国君便继位，到时他最宠爱的华阳夫人就是王后了。可是华阳夫人并无子嗣，到时谁来继承呢？吕不韦产生了一个大胆的想法，何不在子楚身上投资呢？倘若通过自己的运作，把子楚推上秦王的宝座，那自己岂不是成为秦王的恩人吗？

看来吕不韦并不是一个安分的生意人。虽然他已经是大富商了，可是在那个战事不断的年代，有钱并不保险，有权才是最重要的。我们必须说，吕不韦确实有非凡的创新思维，他以商人的身份进行一次政治豪赌，并最终大获成功。这样的故事，在中国历史上也仅仅出现过一次而已。

对吕不韦来说，子楚就是这场赌局中最重要的一张牌。别人不看好这位秦国公子，但吕不韦却认为他奇货可居，就是说，这个秦国公子就像一件稀奇少有的货品，可以囤积起来，卖个好价。为此，他决定亲自去拜访子楚。

吕不韦驾着马车，前往子楚的下榻处。两人寒暄几句后，吕不韦便说道："我可以光大您的门庭。"子楚听了不禁笑了，我是秦国公子，你不过是个商人罢了，论地位你比我差远了呢。于是他便随口说："您还是先光大自己的门庭吧。"吕不韦摇摇头说："您不懂。您发达了，我才能跟着发达。"

子楚是个聪明人，马上意识到吕不韦话语中有深意，便引他上坐。从这里可以看出，吕不韦看好子楚，并不完全只因为其特殊身份，也看出他潜在的能力、优点。从子楚的表现可以看出，这个人有一定的野心，倘若换一个全无野心的人，吕不韦就算使出浑身解数，恐怕也没用。

此时两人敞开天窗说亮话，吕不韦直言不讳道：“现在秦王已经老了，安国君成了太子。我听说安国君最宠爱华阳夫人，华阳夫人没有儿子，但是选立继承人的大权却握在她的手中。您有兄弟二十多人，排行居中，既不大也不小，容易被忽视，况且您长年在诸侯国当人质，更没优势。您想想，要是秦王死了，安国君继位，您有资格在长兄及其他兄弟面前争夺大权吗？”

听到这里，子楚默然无声，良久后说了一句：“是这样，这如何是好呢？”

吕不韦接着说：“您在这里，既无钱财又乏人脉，不能给父母、宾客献上厚礼，这样啥事也做不成。我吕不韦虽然说不上很富有，但愿意提供千金，为您打点上下，游说安国君及华阳夫人，让他们立您为接班人。”

听到这里，子楚大为感动，向吕不韦叩谢道：“要是真能办到，我愿意把秦国的土地与先生共同分享。”

两人就如同共生动物，缺了子楚，吕不韦只能是商人；缺了吕不韦，子楚只能是落魄公子。但两人一结合，就可能创造奇迹。

要投资，就得舍得花钱，在这一点上，吕不韦一点儿也不吝啬，有钱能使鬼推磨。吕不韦取五百金给子楚，当作日常花费，让他多结交一些朋友、宾客。同时，他又另取五百金，购置奇珍异宝，西行入秦。要想改变子楚的命运，关键在于一个人，这个人就是华阳夫人。华阳夫人作为太子妃，不是随随便便就可以见到的，那怎么办呢？这种事难不倒吕不韦，他先想方设法结交华阳夫人的姐姐，然后通过其姐，把奇珍异宝转送给了华阳夫人，并传递了两个信息：第一，子楚这个人既贤能又聪明，结交诸侯、宾客遍天下，有名士之风范。第二，子楚把华阳夫人当作亲娘对待，无时无刻不思念着父亲安国君与华阳夫人，思念之至，常常泪流满面。

华阳夫人虽然得宠，可是最大的遗憾就是膝下无子。现在子楚把自己视为亲娘，还送来这么多奇珍异宝，这岂能不让她涌出一种母爱呢？这时，华阳夫人的姐姐在一旁说道：“我们女人是以姿色来取悦男人，姿色褪去了，爱就不牢靠了。现在夫人深受太子宠爱，可是没有儿子，为什么不早做打算，在安国君诸子中挑选贤能有孝之人，立他为接班人并收为养子呢？这件事得早点做，不然等到色衰爱弛时，想开口都难呢。依我看，子楚就是个贤能孝顺的人，他有自知之明，自己晓得排行居中，母亲又得不到宠幸，想亲近夫人。对夫人来说，这可是一个良机，正好乘此机会收他为养子，立他为接班人。夫君尚在时，夫人地位尊贵，夫君百年之后，儿子成为一国之君。这样的话，夫人可以自始至终都拥有权势，一辈子也不必担心失宠了。”

姐姐的话让华阳夫人怦然心动。所谓政治者，就是互相利用，子楚可以依靠她而成为接班人，她也可以依靠子楚而终生得以荣华富贵，何乐而不为呢？为自己的前途着想，华阳夫人也得接受姐姐的建议。就这样，吕不韦通过一番运作，打开了华阳夫人的心扉，同时也为子楚的未来打开了一道光明的大门。

有一天，太子安国君正好没事，华阳夫人便乘机说起子楚。她说，子楚虽在赵国当人质，却非常贤能，来往的人无不称赞他。这时，华阳夫人突然哭了，抽泣道：“臣妾有幸入宫服侍太子，不幸没有得子，希望太子能立子楚为接班人，也好让臣妾以后有个依靠。”此时华阳夫人正得宠，她的话安国君哪有不听的呢？既然华阳夫人认为子楚可以依靠，安国君也得卖个人情给心爱的女人呀。于是安国君宣布，立子楚为接班人，他与华阳夫人刻了个玉符，当作凭证。子楚被立为接班人后，生活条件当然大大改善了，安国君与华阳夫人送了许多礼物给他，同时聘请吕不韦担任他的老师。

经过吕不韦的一番运作，子楚的命运发生了转折。可是这也仅仅是第一步，因为连安国君都还没当国王，子楚能不能成为秦王，那还是遥不可及的未知之事哩。

可是不久后，发生了一件令吕不韦非常不愉快的事情。

吕不韦在邯郸做生意，有一个相好的，唤作赵姬。赵姬不仅年轻漂亮，还很会跳舞。两人情投意合，同居了，不久后，赵姬肚子里就怀了一个孩子。有一次，吕不韦与子楚两人一起喝酒，赵姬献舞助兴。她舞姿优雅，光彩夺目，很快俘获了子楚的心。子楚难耐情欲，做出了一个冒失的举动。他站起身来，给吕不韦敬酒，然后提出一个要求，想要得到这名绝色女子。

显然，子楚只当赵姬是一名普通的歌女，不知道她其实是吕不韦的姘妇。吕不韦对子楚这个无礼的要求勃然大怒，开始时他十分生气，心里想：我花在你身上的钱够多了，你还要我的女人。可是他又转念一想，要投资就投资大的，既然钱也花了，索性把女人也送出去吧。这时他脑海中可能闪过一个念头，倘若有朝一日子楚真的当上秦王，那么赵姬的儿子很可能就会被立为太子。赵姬的儿子，就是吕不韦的儿子，自己的儿子真的有帝王的命吗？为什么不赌上一把呢？当然，这个有赌错的风险，因为谁也不知道赵姬肚子里的孩子是男的还是女的。

想到这里，吕不韦的脸色缓和了，答应了子楚的请求。我们不知道赵姬对这件事有什么想法，也许愤怒，也许无奈，但她的身份变成了子楚的女人。此时赵姬刚刚怀孕，她当然没把这个事告诉子楚。过了一段时间，子楚看到赵姬的肚子一天天大了，还当是怀上自己的孩子了呢。

子楚根本不知道自己大摆乌龙呢。说来也奇怪，别人是十月怀胎，赵姬却是十二月怀胎。这个巧合的事件，正好把提前怀孕的事给掩饰过去了。赵姬顺利产下孩子，还是个男孩儿，这个男孩儿就是后来改写中国历史的一代大帝秦始皇。我们一般把秦始皇称为“嬴政”，其实这个叫法是有问题的。首先，春秋战国时的称谓，一般不在名字前加姓，而是加上氏。赵姬所生的这个孩子，名字叫作政，姓“嬴”，因为生于赵国，便以“赵”为氏。按照当时的称谓，他应该是叫赵政，而不是嬴政。当然，因为后世都称他为“嬴政”，虽不准确，但习惯成自然了，所以本文对此叫法一并采用。另外，历史上还有另一种叫法，称为“吕政”，这是因为秦始皇实际上是吕不韦与赵姬的儿子，只是这种称谓较少使用。

这里顺便提一下，对于秦始皇的出身，历史上有颇多争议，有人认为是吕不韦的儿子，有人认为不是。明确记录秦始皇是吕不韦之子的史料，是大名鼎鼎的《史记》，但司马迁从哪里得知的呢？会不会是民间的说法呢？这就很难考证了。但是在没有新资料推翻《史记》之前，本书仍然沿用司马迁的说法。

成为安国君的法定继承人后，子楚的名分与地位大大提高了，可是他仍然在赵国当人质。随着秦赵之间战争的升级，作为人质的子楚差点送了性命。公元前260年，白起大破赵军于长平，紧接着便是三年的邯郸围城。公元前257年，邯郸城危在旦夕，随时都可能被攻破，在这种情况下，赵国政府决定杀死秦国人质子楚，以泄心头之恨。

子楚之所以能死里逃生，全靠吕不韦的帮忙。在生死关头，吕不韦可不想让这笔巨大的投资打水漂，于是他又花重金打点邯郸的守城官吏，把子楚秘密送到秦军大营。后来信陵君、春申君率魏、楚军队救赵，秦军被迫撤退，子楚也随同大军回到了秦国。子楚的逃跑令赵王十分生气，下令逮捕其夫人赵姬与儿子赵政。不过赵姬母子躲了起来，没被逮住，只是这一躲便是六年的时间。

公元前 251 年，执政五十六年之久的秦昭王终于死了，安国君继位，史称秦孝文王，子楚名正言顺地成为秦太子。此时赵国由于受到燕国的进攻，迫切想与秦国缓和关系，便借着秦王新立的机会，把赵姬母子护送回秦国。

一年后，秦孝文王病死，太子子楚继位，他就是秦庄襄王。至此，吕不韦的整个计划实现了。我们必须说，吕不韦具有商人的敏锐与远见卓识，他把政治当作一种商业来运作，在几乎所有人不看好子楚的情况下，居然鬼使神差地让王座落到子楚身上。正如吕不韦自己所说，子楚发达了，他也要跟着发达了。

投资终于取得了丰厚的回报。

成为秦庄襄王的子楚没有忘掉吕不韦的功劳，他上任伊始，便以“定国立君”之功，任用吕不韦为秦国丞相，并封他为文信侯，食河南洛阳十万户。吕不韦实现了华丽转身，从一名商人一跃成为天下最强国家的一号权臣。

秦庄襄王去世后，十三岁的太子嬴政继位，称秦王政。他的母亲赵姬便成为赵太后。吕不韦仍然是丞相，不仅如此，秦王嬴政还尊称他为“仲父”。这个称呼很有意思，很可能是赵太后让儿子这么称呼吕不韦。对于秦王嬴政是吕不韦私生子这个事实，无论是吕不韦还是赵姬，都不愿意公开，一旦公开，秦王嬴政就将失去继承王权的资格。

由于秦王嬴政年龄尚小，未到亲政的年龄，吕不韦自然就大权独揽了。吕不韦的权力十分扎实，不仅因为他是秦王嬴政的“仲父”，还因为他与赵太后关系暧昧。其实这也不奇怪，赵姬这时仍然很年轻，顶多三十出头，她又是吕不韦的老情人，两人自然而然又有了一腿。吕不韦本来就极有能力，加上太后的撑腰，更是权倾全国，无人可比。吕不韦的时代到来了。

二、嫪毐之乱

吕不韦以“仲父”之名摄政，成为秦国的实际统治者，可以说权倾天下。可是在他内心深处仍不满足，总觉得缺点什么。

究竟缺什么呢？

他觉得声名不够响亮。大家视他为商人政客，并不把他当作名士来看待。与孟尝君、平原君、信陵君、春申君这四大公子相比，吕不韦如同市井之徒，自己心里着实生出惭愧。秦国是天下最强大的国家，他又是秦国的丞相，声望却比不上四大公子，这怎么行呢？于是吕不韦便学着四大公子的模样，招揽天下士人，凑齐食客三千。为了超越四大公子，吕不韦让手下这帮门客编纂了一本书，这便是战国名著《吕氏春秋》。

这本书并非出自一人之手，而是集体创作而成的，内容驳杂，既有儒家思想，又有道家、法家等思想，故而属杂家。全书共有八览、六论、十二纪，总共二十多万字，这在战国时代属于大部头的著作。全书内容包罗万象，天文地理古今，差不多算是一部百科全书式的著作。

吕不韦弄出这么一本书，一来是为了摆脱自己市贾的形象，装扮成文化名流，得到诸国贵族的认同，扩大自己的声誉；二来也想打造秦国的文化。长期以来，秦国虽强，可是与东方诸国相比，文化长期落后，在那个百花齐放、百家争鸣的年代里，秦国出现过几个思想大师？一个都没有。这无疑与大国地位很不匹配。

我们必须肯定吕不韦对中国文化所做出的贡献，尽管他本人并没有多少墨水，但如果没有他的努力，这部巨著是不可能得以流传后世的。《吕氏春秋》一书完成后，吕不韦显然把它当成得意之作，他把书简全文悬挂于咸阳城门，向天下士人挑战，倘若谁能改动其中一字，即赏千金。当然，这并不说明这本书真的完美到一个字都改不得，这件事本身就是作秀，也是吕不韦的宣传手段。他把商业的宣传技巧用于文化宣传，足以见其智慧，倘若放到今天，吕不韦也是会成为一名商业巨头的。

当然，对于吕不韦来说，他的兴趣更在于政治而非文化。他之所以能在秦国政坛上如鱼得水，与一个人是分不开的。这个人就是他的老情人，当时的王太后赵姬。

赵姬起初是吕不韦的女人，后来吕不韦把她送给子楚，即后来的秦庄襄王。秦庄襄王死后，王后赵姬成了太后。太后赵姬和当朝丞相吕不韦本是老情人，这不正方便吗？于是两人又卿卿我我，做一对快乐鸳鸯了。

太后对吕不韦不薄，多次加以赏赐，吕不韦的势力，在咸阳城内无人可敌。

他的宅院内，仅家僮便多达万人。可是太后欲求无度，让吕不韦有点吃不消了。他更担心的一件事是，秦王嬴政一天天地长大，迟早会有所发觉。要是这件事穿帮了，不要说当丞相，项上人头都不一定能保呢。虽说秦王嬴政是自己的私生子，可是一来这层关系不能挑明，二来在政治上父子也是靠不住的。想到这里，吕不韦心里有点害怕，要保住地位，就得及时摆脱太后的纠缠。

太后性趣正旺，吕不韦怎么能一走了之呢？得给太后物色一个新情人才行，而且得是比较厉害的角色，才能满足太后无止境的需求。他物色了一个无赖，名唤嫪毐，召到自己府上当一名舍人。这个嫪毐本是街头小混混儿，没有别的本事，就是长了一根硕大无比的阳具。据说他的阳具可以插在桐木车轮上，挺起车轮子。这可不是出自小道新闻，而是大史学家司马迁《史记》中的记载。吕不韦故意把嫪毐的“本事”传到太后耳中，以引诱太后。好色的太后果然大感兴趣，想得到嫪毐，吕不韦便趁机把嫪毐送入宫中。

可是宫中除了朝廷重臣外，其他男人都是宦官，嫪毐要自由进出宫禁与太后寻欢作乐，显然不太方便。吕不韦便想了一个办法，他让人去告嫪毐，然后判处他宫刑。太后一听可急了，要真处宫刑，割了那玩意儿，就没法玩了。吕不韦说道：“不来真的，只是做做样子给人看罢了。”太后指使宫刑主刀人弄虚作假，只是把嫪毐的胡子全拔光了，并不真下刀。这嫪毐本是市井无赖，想着可以泡上尊贵无比的太后，有权有势，受点苦也值，便也忍着疼痛熬了过来。拔光胡子后，换了一套宦官的衣服，与太监看上去没有两样了。就这样，吕不韦把太后这个包袱给丢了，而嫪毐也乐不思蜀，与太后两人日夜寻欢。

太后非常开心，简直爱死嫪毐了。然而欢乐之余，一个大麻烦来了：太后怀孕了！秦国堂堂国母，居然怀了一个野种，还是在寡居的时候！这个事情要是传出去，不仅太后颜面全无，秦王嬴政的脸往哪儿搁呢？连整个秦国都会蒙羞，为天下人所耻笑呢。这可怎么办才好呢？要是太后还待在宫中，这事迟早隐瞒不了，腆着大肚子，谁看不出来呢？必须得换个人少的地方才行，以避人耳目。太后便谎称占卜不利，需换个清静的场所。

要到哪儿去呢？雍城是秦国的故都，原有的宫殿尚存，离咸阳有一定的距离，躲在那里比较安全。到了雍城后，太后生下了一个儿子。这件事做得十分隐蔽，除了宫中的人以外，外人根本无从知晓，连秦王嬴政也被蒙在鼓里。宫里人当然也知道，这种事绝不可外泄，一旦外泄，将遭到杀身灭族之祸。孩子生下来之后，太后赵姬一看，什么事也没有。这么一来，她更大胆了，很快又怀上了嫪毐的第二个儿子。

靠着太后的宠爱，嫪毐权势越来越大，几乎成了雍城的土皇帝。说实话，太后赵姬根本没有多少政治头脑，这是她与宣太后最大的区别，她所在乎的是一个男人，是爱与做爱。她完全沉溺于情欲之中而无可自拔，把宫中事务都交给嫪毐去处置，并给了他多得不可胜数的赏赐。嫪毐虽然以“宦官”为名，但实际上并不住在宫内。他有庞大的宅第，有僮仆数千人，其显赫程度，直逼丞相吕不韦。

嫪毐是一个贪得无厌、不知收敛的人，在权势面前，他完全忘乎所以了。他自以为征服了太后，就征服了秦国，就可以为所欲为了。嫪毐的宅第，几乎成了一个政事厅，那些想当官的人，纷纷投其门下，人数多达上千人。一个宦官，却显赫到如此程度，这能不令人生疑吗？嫪毐越是高调嚣张，离身败名裂的日子也越近了。

秦王嬴政七年（前 239 年），在太后的要求下，嫪毐被封为长信侯，赐山阳、河西、太原为其封地。此时嫪毐的权势到达顶点，在他眼中，秦国只有太后，哪来的秦王。

说实话，秦王嬴政自己心里也郁闷。

他十三岁被扶上君王宝座，可是形同木偶。他的情况与当年的秦昭王颇为类似，上台时年龄太轻，大权旁落，太后与仲父吕不韦高高在上，现在又冒出一个嫪毐，还竟然是个宦官。这么多年来，嬴政居然没有发现嫪毐并非太监，更不知他与母后有一腿，这说明年轻的秦王确实没有自己的羽翼。

对于仲父吕不韦，嬴政既敬重又有几分畏惧。在他年幼时，要没有这位“吕伯伯”相助，他与母亲在赵国肯定遭殃，当时母子俩整天东躲西藏，好是狼狈，幸亏“吕伯伯”的热心帮忙，才能顺利度过那艰辛的六年。童年的生活固然有些惨，但不能否认这是一种磨炼，使嬴政早熟而且性格坚强。他从小就知道要隐忍，掩藏内心的想法，这是逃亡生涯所必须具备的。他不一定知道吕不韦是自己的生父，内心对吕不韦怀有感激之心，可是登上王位后，感激之心也逐渐被不满之心所取代。

他一天天长大，可是吕不韦似乎没去理会这些，并没有打算把大权交还给他。他小心翼翼地把不满之心掩藏起来，对仲父仍然毕恭毕敬。转眼间，嬴政已是二十二岁的青年，血气方刚，年富力强。按照秦国旧例，这一年嬴政要接受加冠礼，正式主持国政。当时，在吕不韦看来，这只是个仪式罢了，就像当年的秦昭王，行加冠礼后，大权不也还是被魏冉控制吗？吕不韦政治经验老到，显然他并不认为秦王嬴政会危及自己的权力，或许他内心深处，是以父亲自居，而不是以臣子自居。

但有一件事却是吕不韦始料未及的——嫪毐竟然惹出大事了！

公元前238年，即秦王嬴政九年，嬴政动身前往雍城。雍城是秦国的旧都，按照规定，秦王行加冠礼时得到这里祭拜先王们。

雍城是太后居住地，太后的情人嫪毐在这里可谓一手遮天。嫪毐为了摆阔，邀请了一帮侍中、左右贵臣一起喝酒，为了助兴，还搞了一些投壶之类的博戏。本来大家都畏惧嫪毐的权势，可是几杯酒下肚后，有些人喝得醉醺醺的，神志有点不清，玩着玩着，就跟嫪毐争吵起来了。

此时嫪毐也有几分醉意，便大声呵斥道："你们知道我嫪毐是什么人吗？我今天就告诉你们，我乃是秦王的假父，秦王都得叫我阿爹呢，你们这些小子，怎么敢来跟我争呢？"

这是喝醉后的胡话，俗话说，酒后吐真言，人喝了酒后，胆子壮了，憋在心里的话会控制不住地吐出来。你想啊，大家平素只是念着嫪毐得到太后的宠幸，这个惹不起，才曲意逢迎。要知道嫪毐的公开身份可是太监啊，说实话，达官贵人们若不是在权力面前得低头，岂能看得起这个太监呢？

嫪毐是醉了，糊涂了。可是他在这么个公开的场合说出这等大逆不道的话，自称是秦王的阿爹，在座的人可不是聋子呀。所有人无不惊呆了，一个宦官，居然自称是皇帝的假父，这岂不是活腻了吗？正所谓"祸从口出"，嫪毐在迷迷糊糊之间，闯下大祸了！现场证人这么多，他说出的话是赖不掉的。

又扯了几句胡言后，嫪毐醉倒，不省人事了。客人们哪里还敢逗留，赶紧溜走了。这件事关系太大了，既然耳朵听到了，要是不向秦王禀报，那可是欺君之罪。很快，这事报给秦王嬴政了。可想而知，嬴政气急败坏。原本就有个"仲父"压着他，如今嫪毐这阉人竟然自称"假父"，狗娘养的，哪冒出来这么多爹呢？大王很生气，后果很严重。

当客人走光后，嫪毐有点缓过神来。这时他手下的人点醒他，你说话可闯大祸了！嫪毐这一吓，酒意全无，人也清醒了。完了，这下可怎么办呢？他魂不附体，脑袋一片空白，只盘计一个字："逃！"往哪逃呢？逃到太后那儿吗？不行，那是自投罗网。看来还是先逃出雍城吧，自己不是有一大片封地吗？先到自家地盘再作打算吧。他拉来一辆马车，在黑夜的掩护下，夺路而逃。

秦王嬴政派去捉拿嫪毐的人马去晚了，扑了个空，把嫪毐府中的人统统抓回去审问。这一审问，竟然审出了惊天大秘密。这个秘密把秦王嬴政吓呆了：嫪毐根本就是一个假宦官，他是太后的情人，淫乱后宫，还秘密生下两个孩子。这一切，几乎让嬴政崩溃了。打从小时候起，嬴政的身份便是秦国人质子楚之子，他好歹也算是公子哥，却没有公子哥的福分，被赵国政府迫害，东躲西藏，惶惶不可终日，那段日子，他与母亲相依为命啊！没想到母亲竟爆出如此丑闻，情夫还是不入流的市井流氓。再说了，这件事的背后，还有多少秘密？嫪毐是如何进宫的？他的假太监身份是怎么来的？他与太后生下两个私生子的消息为什么能做到密不透风？

想到这里，秦王嬴政不寒而栗。他作为国君，却对宫中这些事情毫不知情，可想而知他的权力何等脆弱。朝廷王宫之内，究竟谁可信任？自己的母亲尚且蒙骗自己，更别提他人了。

在审讯中，嬴政又获知另一桩不可告人的秘密：嫪毐与太后有约定，如果秦王死了，就让他们的私生子继承王位。他抑制不住内心的悲伤，曾以为自己是母亲的最爱，岂知冒出两个自己不认识的弟弟，显然母亲对那两个小儿子的爱要远远胜于对自己的爱。那一刻，嬴政的心死了，他有一种天塌下来的心痛。

他没时间来安抚内心之伤，事情接踵而至：嫪毐暴乱了！

逃出雍城后，嫪毐惶惶如丧家之犬，怎么办？他知道隐藏多年的秘密曝光了，好日子也终将结束，他已无路可退了，与其惶惶不安等死，不如殊死一搏，拼个鱼死网破。他把牙一咬，突然一阵狞笑道：鹿死谁手尚未可知也，老子也豁出去了。

别看嫪毐就是个花花太岁，打从有权有势之后，也豢养了一批打手死士。他曾想过若有一天事情败露，自己必须要有应对的良策，所以他很早就偷偷地伪造了两块御玺，一块是秦王玺，另一块是太后玺。如今火烧眉毛了，只能铤而走险。于是他拿出伪造的御玺，欲调动郡县的军队、卫队、官骑以及戎人。

战国时代，若要调动军队，需要虎符，这个东西嫪毐没有，若是在非常时期，御玺也可能派得上用场，毕竟是秦王与太后的信物。可是秦国制度向来刻板，官员们早养成照章办事的习惯，不合规矩之事，谁也不愿做。况且此时秦王也可能发令到全国各地，通缉嫪毐，故而嫪毐的诡计没能得逞。但他既然被封为长信侯，也有自己的武装，加上豢养的死士门客，七拼八凑，也拼成了一支杂牌军。

嫪毐抱着一丝侥幸的心理，此时秦王嬴政并没有在戒备森严的京城咸阳，而是在雍城的蕲年宫，虽然有卫队，但力量无疑是比较弱的。他幻想着先下手为强，一击得手，杀掉秦王嬴政，政变夺权。

只是年轻的秦王嬴政并非等闲之辈，他既然已经洞悉嫪毐的丑事，便已严加防备。得知嫪毐造反的消息后，他立即派昌平君、昌文君两人率军还击。注意这个细节，昌平君与昌文君是何许人呢？这两个人都不是秦人，而是楚国贵族，可能是李园发动政变杀死春申君后，他们逃亡到了秦国。那么嬴政为何要把军队交给这两个人指挥呢？显然这个时候，他完全不相信身边的人，究竟谁是嫪毐的人，他心里没数，也没时间细细甄别，索性交给两个楚国人，反倒更安全。

秦王卫队与嫪毐的反政府军激烈交战，嫪毐的本事是泡女人，要说起打仗那就外行了。一战下来，叛军死了数百人，其他人一看大事不妙，纷纷向政府军投降。眼看大势已去，嫪毐只身逃跑，躲了起来。秦王嬴政立即向全国发布通缉令：有生擒嫪毐者，赏钱百万；杀嫪毐者，赏钱五十万。总而言之，活要见人，死要见尸。在政府的严密缉拿下，嫪毐无处藏身，终于落入法网。

秦王嬴政以最残酷的刑罚处死嫪毐：车裂之刑。嫪毐的头与四肢分别绑在五辆马车上，朝不同的方向拉扯，把人活活撕裂成六块。嫪毐与太后之丑事，令秦王嬴政极度蒙羞，成为天下人的笑话。秦王嬴政杀了嫪毐后，心里还不解恨，他要追究到底，将有关人员一一查办，严刑处置。

这是一次大清洗。

首先是夷灭嫪毐的三族，包括他与太后所生的两个儿子，实际上也是秦王嬴政的异父同母兄弟，被装入麻袋中，活活打死。其次是朝廷中与嫪毐有牵连的官员，包括卫尉、内史、佐弋、中大夫等二十人，或枭首，或车裂，均被灭族。还有四千余家受到牵连，被夺爵流放至巴蜀。嫪毐的门人家臣，罪行重的处死，轻的被判处服杂役。

对秦王嬴政来说，嫪毐之乱并不是坏事。倘若没有嫪毐之乱，他可能与秦昭王一样，虽然高高在上，却受制于太后与权臣。嫪毐之乱，把太后、权相吕不韦统统拉入水中，精明过人的秦王嬴政要利用这一难得的机会，将阻碍他独揽大权的人一一清洗，把无上的权力牢牢地捏在手中。

嫪毐之事曝光后，秦王嬴政十分没面子，他怎么会有这么一个淫荡的母亲呢？跟嫪毐这样的下三滥厮混在一起。他不想再看到自己的母亲，遂幽禁太后于萯阳宫。中国文化很讲究一个“孝道”，尽管母亲犯有过失，可是为人子把母亲幽禁起来，这是有违孝道精神的。于是一些大臣上奏，替太后说情。此时秦王嬴政正在火头上，哪里听得进去，便下一道命令：“敢以太后之事谏者，戮而杀之。”他一口气杀了二十七名谏者，把他们的尸体堆积在宫阙之下，这么一来，谁都不敢吭声了。

直到一年后，齐国使团前往秦国访问，齐人茅焦在秦王嬴政面前说起了太后的事。此时秦王的羞愤之心已经褪去许多，再说了，他才刚刚二十出头，有时会想起幼年时受母亲关爱的往事，难免会有想念之心，这大约就是人之本性吧。可是秦王嬴政与当年的郑庄公一样，既然话已经放出去了，就不好收回了。这时倘若有臣子能再提此事，或许他还可以找个台阶下，可是前面已躺着二十七具尸体了，谁还敢以身试法呢？

作为一个外国人，茅焦比较无忌惮，他对秦王说：“如今秦国以夺取天下为大事，而您却囚禁太后，这件事被各诸侯国听说了，恐怕都要背叛秦国了。”茅焦的一番话，正好给了秦王嬴政一个台阶下，他便顺水推舟，把自己的母亲从雍城迎回咸阳，居住于甘泉宫。只是那些曾经死谏秦王的人，恐怕死得没价值了。

再来说说秦国丞相吕不韦。

吕不韦搬了块石头砸伤了自己的脚。当年他为了满足太后，把大阴人嫪毐送入宫中。没想到嫪毐成事不足，败事有余，不仅与太后私生了两个儿子，还起兵作乱，被车裂灭族。秦王嬴政对嫪毐冒充宦官一事严加调查，最后事情真相水落石出，始作俑者竟然是当朝丞相、自己尊为“仲父”的吕不韦。这对嬴政的心理确实是一个巨大的打击，自己所信任的人，包括母亲、包括仲父，在背地里都有那么多见不得人的事情，而且还是瞒着自己。他自己这个君王，是不是当得太窝囊了呢？

年轻的秦王，已经不愿意再相信任何人了，从这个时候起，他决心要把权力牢牢地控制在自己手中。如果说他还能相信谁的话，那么也只有他自己。除此之外，所有的人，都只是利用与被利用的关系罢了。

在嫪毐事发后的第二年，丞相吕不韦终于被免职，被赶出咸阳城，出居河南。吕不韦机关算尽，最后还是棋差一着，阴沟里翻了船。这里有一个解不开的谜团，秦王嬴政究竟是否知道自己是吕不韦与太后的私生子呢？但是可以肯定的是，就算他知道，他也不会把吕不韦当作亲生父亲来看待。他只能是秦庄襄王的儿子，只有这样，他才有资格继续当秦王。

就算是亲生父子又如何？翻开春秋战国史，儿子弑父的故事难道还少吗？春秋时的楚穆王，逼死父亲楚成王而自立为王；战国时的赵惠文王，坐视父亲被囚沙丘之宫一百天活活饿死而无动于衷。看来父子的感情比起母子的感情要脆弱许多，特别是帝王之家，有的君主儿子多得自己都认不得，何来的感情呢？秦王嬴政从出生那天起，吕不韦就没有真正当过一天父亲，在他登上王位后，他在吕不韦面前又不得不言听计从。这么多年下来，心里积累的怨恨也不算少了。就算他知道他们是父子关系，又岂能有一丁点儿感情？

权臣吕不韦下台了。可是他经营秦国这么多年，势力遍及全国。在自己的封地里，他仍然可以呼风唤雨。特别是在吕不韦被免职后一年，他的封邑几乎成了秦国的另一个政治中心，各国宾客使节络绎不绝前来，仍然像对待秦国丞相那样对待吕不韦。

看来吕不韦果然是个有能耐的人，搞商业、搞政治、搞外交、搞文化，都能取得不俗的成绩。即便闲居在家，他也能让天下诸侯对他毕恭毕敬，这个人能量太大了。倘若他割据造反，外连诸侯，恐怕谁也不能阻止。这让秦王嬴政如坐针毡，一山难容二虎。他给吕不韦写了一封信，以责备的口气说道：“君对秦国有何功劳？秦国封你在河南，享十万户食邑。君与秦王有何亲属关系？却号称仲父。”

秦王嬴政要否定吕不韦的功劳，更要撇清与他的血缘关系。紧接着，嬴政顺理成章地收回了河南封地，把吕不韦全家流放蜀地。

当流放令下达时，吕不韦脸色苍白。他向来都自认为是绝顶聪明之人，以商人投机政治而大获成功，这是历史上从来没有人尝试过的。可是聪明反被聪明误。当年他一掷千金，把赌注押在子楚身上，不仅把子楚扶上秦国王座，甚至把亲生儿子赵政（嬴政）也扶上王座。为了讨好太后，他又把嫪毐送入宫中供她淫乱。他自以为天下之事，尽在掌控之中，殊不知他毕竟只是个人，而不是神，岂能把一切都算得精准无误呢？冒险是有代价的，他在赌局中曾经赢得盆满钵满，但到头来又输得一干二净。

流放蜀地，意味着吕不韦的政治生涯结束了。再往坏里想，流放可能仅仅是噩梦的开始。秦王嬴政已经羽翼丰满了，他不再是毛头小孩儿，任人捏在手中。他车裂嫪毐灭其宗族，血洗其党羽，幽禁母后，杀谏者二十七人，年轻的君王开始显示出其性格暴虐残忍的一面。只要吕不韦不死，秦王心里的石头就无法放下。

当然，凭着吕不韦在政坛十数年的积累，他可以像嫪毐那样铤而走险，起兵叛乱。可想而知，秦国若分裂，对于东方诸侯，简直是一大幸事，届时东方君主势必会全力支持吕不韦，逆转与秦国对抗的不利局面。可是吕不韦并没有走出这一步，我们只能猜测他有不忍之心。倘若《史记》的说法属实，他是秦王嬴政的亲生父亲，何以能忍父子相残呢？秦国终究属于吕家了，想到这点，他应该觉得无憾了吧。

吕不韦既没有前去蜀地，也没有起兵叛乱，他选择了自杀，饮鸩而死。

秦国两大权臣嫪毐与吕不韦先后垮台，秦王亲政，大权独揽。可是秦王嬴政心里还有一个心病，他认为秦国的政治之所以会出现如此混乱的局面，都是因为外国人太多了。秦国文化落后，自从商鞅之后，政坛几乎为东方人所垄断。商鞅来自卫国，张仪来自魏国，魏冉来自楚国，范雎是魏国人，吕不韦是卫国人，等等。这些人都是秦国的权臣，在嬴政看来，秦国的政权都落入外国政客的手中，这可是一个危险的信号。为什么嫪毐、吕不韦有这么大的权势呢？因为他们都有一帮门客，人数上千甚至数千人，来自五湖四海，为其出谋划策。

秦王嬴政对这些外国来的政治投机分子一点好感也没有，在他看来，如今秦国这样强大，还用得着那些人吗？要是这些来自东方的冒险家真的了得，为什么却不能令东方诸国强大呢？这岂非自相矛盾吗？

还有一个现象引起了秦王嬴政的注意。由于秦国的对外开放政策，前往秦国的外国人中，形形色色的人都有。既有想捞个一官半职的，也有想投靠权贵的，但有一群人是很危险的，那就是各国的间谍。可以说，秦国咸阳城内，布满了各国的间谍，或是前来刺探军情的，或是使用各种手段以削弱秦国实力的。这些引起了秦王嬴政极大的忧虑。

随着一起间谍案的曝光，终于令秦王下达了“逐客令”。

三、李斯与《谏逐客书》

春秋战国时期的谍战非常活跃，对战争进程产生了重大影响。其中使用最广的是反间计，利用间谍散布谣言，达到离间敌方将领与君主的矛盾。在田单复齐之战与长平之战中，均是以反间手段，达到撤换敌方名将的目的；后来秦国以重金离间信陵君与魏安釐王，也是著名的例子。然而，战国时代谍战范围之广，不仅表现在战争时期，非战争时期各国仍然十分注意安插间谍以削弱敌国的实力。

在秦王嬴政时，秦国破获了一起著名的间谍案。

这名间谍名叫郑国，是当时著名的水利学家，可是他还有另一个秘密身份：韩国间谍。到了战国后期，七雄中的韩国实力最为弱小，在经受秦国长期军事打击后，韩国已经从大国蜕变为小国。韩桓惠王整天担惊受怕，唯恐秦国出兵吞并韩国，便想出一个所谓的计谋，企图把秦国的人力、物力吸引到修建水利工程上，这样可以暂时缓解频遭入侵的厄运了。他秘密召见水利学家郑国，派他以间谍的身份前往秦国，游说秦王修建水利工程，以拖住秦人的后腿。

为什么韩桓惠王会想出这么个主意呢？主要是因为秦国人非常注重水利。早在秦昭王时，著名的水利专家李冰在蜀郡灌县西北岷江中游修建著名的都江堰，这是中国水利史上最伟大的成就之一。都江堰建成后，使川西平原无水旱灾害，而且一直保存到两千多年后的今天，堪称奇迹。这个伟大的水利工程，令秦国人受益匪浅，故而政府对水利建设向来是不遗余力地投入。

郑国到秦国后，游说秦国政府在洛水、泾水兴修大型水利工程，挖一条灌溉渠以发展关中的农业生产。自商鞅以来，秦国极其重视农业，农业的重要性与军事是相等的，秦政府欣然同意了郑国的计划。这样，秦国大量的人力、物力都投入郑国渠的建设中。

按照韩桓惠王的如意算盘，这是一个“疲秦”的计划，就是让秦国人折腾得疲惫不堪，累得不能打仗。可是我们不得不说，韩桓惠王只不过是鼠目寸光的人。对韩桓惠王来说，做一天和尚撞一天钟，得过且过，灭亡的日子能推迟一天算一天，能推迟一年算一年。可是对于志在天下的秦国来说，修水利是好事，一劳永逸，彻底解决关中地区耕地用水不足的问题。只要农业发展了，秦国便有强大的经济后盾消灭六国。所以韩国人这个所谓的妙计，只不过是为了推迟几年灭亡罢了。

可是后来郑国的间谍身份暴露了。秦王嬴政勃然大怒，他没想到主持这么大水利工程的首席专家，居然是间谍。可想而知，在修渠过程中，郑国肯定故意差遣许多人做了无用功，拖延水利工程的完工时间。秦王嬴政的第一反应，便是把郑国抓起来杀头，以儆效尤。

这时郑国在狱中上书秦王，他这样写道：“没错，我到秦国来，确实是当间谍，目的是想通过修水利来拖疲秦国。可是话又说回来，倘若这条渠修成了，对秦国是大有好处的。可以这样说，微臣为韩国延长了几年寿命，却为秦国建下万世的功业。”

怎么不是呢？修水利促农业，这是功在当下，利在千秋的事业。不要看秦王嬴政年龄不大，他的雄心已隐隐可见。倘若是一个没有雄心壮志的君王，哪里会去考虑那么长远的事呢？早就把郑国拖下去一刀两断以解心头之恨了。可是秦王嬴政显示了他的胸襟，他没有杀郑国，也没有把他驱逐出境，而是把他留下来，继续修建水利。

秦王嬴政的决定是明智的，后来郑国果然完成了郑国渠这一中国水利史上的宏伟工程，据《汉书》所说，郑国渠建成后，“关中为沃野，无凶年，秦以富强，卒并诸侯”。在这起间谍案中，秦王之所以网开一面，乃是因为郑国并非职业间谍。可是此案暴露出外国间谍在秦国的活动已经到了无孔不入的地步，秦国宗室大臣们纷纷上书秦王，慷慨陈词道：“外国人到秦国来，大多数都是搞间谍破坏活动的，应该要把外国人驱逐出境。”

这些宗室大臣表面上打着爱国的旗帜，实际上存有私心。东方诸国的说客谋士涌入秦国后，秦国大权都把持在所谓“客卿”的手中，土生土长的秦国贵族却一天天地大权旁落，心里岂是滋味呢？正好又赶上嫪毐、吕不韦东窗事发，牵连到一大批的门客，这些门客又多数来自东方诸国，这岂不是赶走外国人的大好时机吗？于是乎舆论一浪高过一浪，秦王嬴政虽说是有主见之人，在这件事上却听从宗室大臣的意见，于是“逐客令”下达，在秦国当官的外国人，一律在驱逐行列。

许多人上了“逐客令”的黑名单，其中有一个当时并不太显眼的名字：李斯。

李斯原本是楚国上蔡人，年轻时曾经在楚国某郡当一名小吏。作为基层公务员，李斯经常想这样的事：为什么有些人贤能，有些人卑劣？有些人混得好，而有些人混得差呢？究竟是什么原因，让人的境遇发生变化呢？这些问题始终困扰着他，直到有一天，他意外地找到了答案。

告诉他答案的并不是哪个饱学之士，而是一群老鼠。那一天，他上厕所时，一进去就看到几只老鼠在臭烘烘的屎溺堆里找吃的，脏脏的，很恶心，这些老鼠一看到人进来，就惊吓得四处逃去。厕所里多老鼠，这是很平常的事，李斯也没留神。可是过了一会儿，他去粮仓，又看到几只老鼠。这几只老鼠正悠哉地吃着堆积如山的粮食，白白胖胖的，看到有人来了也不怎么惊吓，就像一首诗歌写的那样：“官仓老鼠大如斗，见人开仓亦不走。”这时李斯灵光一现，突然想到厕所里的那些老鼠，与官仓老鼠相比，简直是天壤之别。他脑海中一念闪过，以前那些困扰他的问题，顿时迎刃而解了——“一个人是好是坏，就跟老鼠一样，关键看他是处在什么环境。”

从那天起，李斯确定了他的人生哲学：环境决定论。要想出人头地，要想飞黄腾达，就得选择对自己最有利的环境，这个人生哲学，贯穿了他的一生。

那么李斯是如何来改变自己所处的环境的呢？

首先，磨刀不误砍柴工，必须提升自己的学识。根据环境决定论，求学就得找天下最著名的学问家。当时谁是思想界的领袖呢？当然是一代儒学宗师荀子了。正好荀子受春申君的邀请来到楚国，李斯便前往拜他为师，学习帝王之术。李斯聪明好学，深得荀子的赞赏，可是他并没有成为一代儒者，而是成为法家人物，这无疑与他的人生选择是有关的。

在系统地学习完帝王之术后，李斯心想：到哪里才能实践我的政治理论呢？这时他又想起厕所里的老鼠与米仓里的老鼠，要有好的人生，就得有好的环境。天下七雄中，秦国最为强大，秦国就是米仓，而东方六国如同厕所，聪明的老鼠去米仓，聪明的人去强国。于是他抱定决心，西行入秦。

在西行入秦之前，李斯前去向老师荀子辞别。荀子问他为何要去秦国，李斯答说：“一个人要是有机会，就千万别错过。如今天下大国征战不休，掌握这些国家权力的人物，都是游说之士。秦王志在吞并天下，对于平民布衣、游说之士来说，这正是一个施展抱负的良机。对于一个身处卑贱之位的士人来说，倘若不积极进取、碌碌无为，那就只有动物的本能而没有人的智慧了。最耻辱者莫过于卑贱，最悲哀者莫过于穷困。长期处于卑贱困苦之中，却埋怨社会或标榜清高，自以为达到无为的境界，这不是一个士所应该做的。正因此，我打算西行入秦，游说秦王，实现自己的抱负。”

儒学大师荀子的学术虽然融合了法家的思想，可毕竟仍然以儒学为核心。儒家孔孟以来“重义轻利”的传统，遭到了李斯的冷嘲热讽。在李斯看来，鼓吹“重义轻利”的人，只是一群混得不好的茅厕之鼠罢了，而他要当米仓的老鼠。

求学得找最好的老师，实现抱负得去最强大的国家，到了秦国，当然得投靠最有权势的人了。李斯的这一原则从未变更，从楚国到秦国，他一路上盘计着如何才能说服秦庄襄王，博得他的青睐。可是计划赶不上变化，他到秦国时，秦庄襄王死了，秦王嬴政继位，吕不韦以相国兼“仲父”把持国家大权。

既然吕不韦是秦国最有权势的人，李斯就改变计划，转而投靠吕不韦。当时吕不韦为了追求时尚，也学着战国四公子的模样，养士数千，李斯以自己的才学，自然很快得到了吕不韦的重视。《吕氏春秋》诸作者中，可能包括李斯。立志摆脱卑贱的李斯正一步步地朝着目标走去，相国吕不韦任命他为郎官，这也使他有机会在秦王嬴政面前大谈自己的政治主张。

李斯第一次有机会见到秦王嬴政，他不会白白放弃这个机会，得让秦王对他有深刻的印象。每一次努力，都是为日后的飞黄腾达打基础。李斯对秦王嬴政的判断是：年轻、气盛、雄心勃勃，对这样的君主，就得跟他说伟大的事业。

于是李斯对秦王说：“小人物总是无视身边的机会，凡是干大事业的人，都能够抓住有利的时机。以前秦穆公称霸西戎，却不能吞并东方，这是为什么呢？因为时机不成熟，当时东方诸侯众多，周王室也还有一定的威望。自秦孝公以来，周王室彻底衰落了，东方诸侯兼并为六国。秦国以武力打败东方六国，雄霸天下，至今已经六代。如今，六国在秦国眼中，不过就如同郡县罢了。以秦国之强，大王之贤，扫灭诸侯，成就帝业，一统天下，这就像灶上除尘一样轻而易举，这可是万世之伟业呀。但如果不赶紧做这件事，有所松懈，那就给六国喘息之机，待各国恢复元气后，又将用合纵手段来对付秦国，到时就算有黄帝的智慧，恐怕也无法吞并天下了。”

我们可以看出来，李斯的这段话说得十分高明。秦穆公一直被认为是秦国历史上最伟大的君主之一，李斯告诉秦王嬴政，现在您可以轻而易举地超过秦穆公，完成史无前例的伟大事业。这既是一种激励，也是一种奉承，秦王嬴政听后自然龙颜大悦。龙颜一大悦，李斯就升官了。

秦王嬴政把李斯提拔为长史，让他搞外交，以软硬兼施的手段，对东方六国发动外交攻势。李斯不愧是人才，他一手金银财宝，一手利刃匕首，对各国政要，能收买的，花钱收买，不能收买的，就搞暗杀恐怖手段。在李斯的策划下，秦国在东方诸国大力开展间谍战，离间诸国君臣关系，一旦离间成功，便派军队进犯。正因为李斯在外交战、间谍战中所取得的卓著成绩，他被秦王提拔为客卿，彻底摆脱了布衣身份。

正当李斯踌躇满志之时，一个意想不到的事情发生了：秦王嬴政发布了“逐客令”。而李斯的名字，正在被逐的黑名单上！

按照李斯的理论，老鼠应该盘踞在米仓，而不是躲在厕所里。可是秦王要把他这只老鼠赶出米仓，赶到厕所里。环境决定命运，要是离开秦国，试想想，东方六国中，有哪一个国家能给他大展拳脚的机会呢？这个逐客令几乎要断送他的政治前途了，难道富贵梦就此昙花一现吗？

不。

李斯从来不是个理论家，他是个彻头彻尾的行动家。就如他自己所说，大人物与小人物的区别，在于大人物总能抓住机会，创造机会，而小人物却任由命运摆布。现在是接受考验的时候了，他李斯究竟属于大人物还是小人物呢？他能改变自己的命运吗？他能改变秦王的决定吗？

必须挺身而出，以笔为剑，挑战秦王的权威。于是他写下了千古流传的名篇《谏逐客书》，该文并不长，且抄录于下：

臣闻吏议逐客，窃以为过矣。昔穆公求士，西取由余于戎，东得百里奚于宛，迎蹇叔于宋，求丕豹、公孙支于晋。此五子者，不产于秦，而穆公用之，并国二十，遂霸西戎。孝公用商鞅之法，移风易俗，民以殷盛，国以富强，百姓乐用，诸侯亲服，获楚、魏之师，举地千里，至今治强。惠王用张仪之计，拔三川之地，西并巴、蜀，北收上郡，南取汉中，包九夷，制鄢、郢，东据成皋之险，割膏腴之壤，遂散六国之从，使之西面事秦，功施到今。昭王得范雎，废穰侯，逐华阳，强公室，杜私门，蚕食诸侯，使秦成帝业。此四君者，皆以客之功。由此观之，客何负于秦哉！向使四君却客而不内，疏士而不用，是使国无富利之实而秦无强大之名也。

今陛下致昆山之玉，有随、和之宝，垂明月之珠，服太阿之剑，乘纤离之马，建翠凤之旗，树灵鼍之鼓。此数宝者，秦不生一焉，而陛下说之，何也？必秦国之所生然后可，则是夜光之璧不饰朝廷，犀象之器不为玩好，郑、卫之女不充后宫，而骏良駃騠不实外厩，江南金锡不为用，西蜀丹青不为采。所以饰后宫、充下陈、娱心意、说耳目者，必出于秦然后可，则是宛珠之簪、傅玑之珥、阿缟之衣、锦绣之饰，不进于前，而随俗雅化，佳冶窈窕，赵女不立于侧也。夫击瓮叩缶，弹筝搏髀，而歌呼呜呜快耳目者，真秦之声也；《郑》《卫》《桑间》《昭》《虞》《武》《象》者，异国之乐也。今弃击瓮叩缶而就《郑》《卫》，退弹筝而取《昭》《虞》，若是者何也？快意当前，适观而已矣。今取人则不然。不问可否，不论曲直，非秦者去，为客者逐。然则是所重者，在乎色、乐、珠玉，而所轻者在乎人民也。此非所以跨海内制诸侯之术也。

臣闻地广者粟多，国大者人众，兵强则士勇。是以太山不让土壤，故能成其大；河海不择细流，故能就其深；王者不却众庶，故能明其德。是以地无四方，民无异国，四时充美，鬼神降福，此五帝三王之所以无敌也。今乃弃黔首以资敌国，却宾客以业诸侯，使天下之士，退而不敢西向，裹足不入秦，此所谓"藉寇兵而赍盗粮"者也。

夫物不产于秦者，可宝者多；士不产于秦，而愿忠者众。今逐客以资敌国，损民以益雠，内自虚而外树怨于诸侯，求国无危，不可得也。

在这篇著名的上书中，李斯开门见山就说，逐客令的出台，是大错特错的。为什么呢？因为秦国的强大史，就是一部客卿史。李斯从秦秋五霸之一的秦穆公开始说起，秦穆王手下五位杰出大臣，都是从国外引进的人才；秦孝公时的商鞅、秦惠王时的张仪、秦昭王时的范雎，无不都是客卿。这些国外的人才为秦国做出巨大的贡献，可是现在秦王却要开历史的倒车，把客卿驱逐出境，这样怎么对呢？

李斯在文中用了很文学化的警句：“太山不让土壤，故能成其大；河海不择细流，故能就其深；王者不却众庶，故能明其德。”这句子很容易让我们联想到荀子所写的《劝学篇》，可见李斯不仅在思想上受荀子的影响，在文章上也有其影子。在文章最后，李斯向秦王指出，逐客令的实施，是“逐客以资敌国”，只会使“天下之士退而不敢西向”，最后只能是搬起石头砸自己的脚，倒退回秦孝公改革之前的落后年代罢了。

在李斯看来，秦国的利益与自己的利益是一致的，投靠强者是明智的、不二的选择。这篇文章滔滔雄辩，有理有据，以理服人。李斯的主动出击为自己赢得了机会，志在天下的秦王嬴政听取了他的建议，最终废止了逐客令，恢复了李斯的官职，并继续采纳他的计谋。李斯一步一脚印，步步高升，后来被提拔为廷尉，掌秦国刑狱之事。

事实证明，李斯是高瞻远瞩的，秦国废除逐客令后，又有一位重量级的人物来到秦国，他就是著名的兵法家尉缭。

尉缭，又称为尉缭子，是魏国大梁人。他的姓氏是什么，现在已经搞不清楚了，只是因为后来他曾担任秦国国尉，世人称之为尉缭。

魏国是一个出人才的地方，可是自从魏惠王之后，魏国的人才在自己的国家似乎都干不了什么事情，这恐怕与魏国的衰弱有很大的关系。用李斯的观点看，再好的老鼠，进了厕所，也只能又脏又臭，再好的人才，在魏国这个衰弱的地方也注定难有成就。就拿信陵君为例，以信陵君的地位与才华，在魏国尚且得不到重用，更何谈他人呢？难怪魏国成了秦国的人才培训基地，从张仪、公孙衍到范雎、尉缭，秦国可真是捡了大便宜。

在尉缭入秦的这一年，秦国颁布逐客令，倘若这一法令得到执行，尉缭绝不可能选择西行。所幸的是，在李斯的努力下，秦王嬴政废除了这一法令，这为尉缭入秦创造了条件。尉缭早年做了什么事，现在也弄不清了，他为什么入秦，史书也没给个说法，大抵与李斯一样，是冲着功名而去。

到了咸阳后，尉缭向秦王献上一计，他说："以秦国之强，诸侯如同郡县之臣，但是不能掉以轻心。秦国最担心的事情，莫过于诸侯合纵，他们要是联合起来，出其不意对秦国发动进攻，那秦国就危险了。这种事有前车之鉴，比如知伯、夫差、齐湣王等，都曾经十分强大，可最后都亡于弱敌之手。大王如果要避免重蹈覆辙，就不要爱惜财物，而要用财物去贿赂诸国的权臣，打乱他们的合纵计谋。我估算一下，这样大约要花费三十万金，到时诸侯可悉数消灭。"

尉缭的计谋与李斯的计谋有类似之处，也有不同之处。李斯侧重于离间、破坏诸侯的君臣关系，而尉缭则从战略的高度来破坏诸侯各国的合纵，军事意义更为明显。秦王嬴政听了尉缭的话后，相当感兴趣，非常器重他。尉缭在秦国受到的礼遇，是其他人所不能比的，秦王嬴政在他面前毕恭毕敬，所提供的饮食、服饰，都是最高级别的待遇。

如此说来，尉缭应该心满意足了吧，他混得比李斯还好哇。可是尉缭并没有这样觉得，他看出表面谦恭的秦王嬴政，骨子里却是个残暴的人。他是这样评价嬴政的："秦王为人，蜂准，长目，挚鸟膺，豺声，少恩而虎狼心，居约易出人下，得志亦轻食人。我布衣，然见我常身自下我。诚使秦王得志于天下，天下皆为虏矣。不可与久游。"

尉缭不仅懂得军事，也会看相，他看准了秦王有一颗虎狼之心，这种人有雄心壮志，在得志之前，他会礼贤下士，但一旦吞并天下后，他就不把谁放在眼中了。可以说，尉缭确实有非凡的判断力。在统一六国之前，秦王在从谏如流方面做得很好，很有明君的样子，可是后来果然成为暴君，用贾谊的话说："焚文书而酷刑法，先诈力而后仁义，以暴虐为天下始。"贾谊是事后的总结，而尉缭则是预言："诚使秦王得志于天下，天下皆为虏矣。"不幸而言中。

既然看清了秦王嬴政的面目，尉缭想拂袖而去，离开秦国。可是他还没来得及离开秦国，就被秦王嬴政发现了，嬴政可不想在统一六国之前让人才给溜了，他坚持挽留尉缭，并且提拔他为国尉。尉缭没有办法，只得留了下来，只是后来他为秦国做了什么事，史书上并没有细说。可以肯定的是，秦王确实用其计，破坏并阻止东方诸国的合纵。在嬴政亲政之后，东方诸国没有进行一次合纵运动，这固然与形势有关，也与秦国的破坏有关。

尉缭是中国历史上著名的兵法家，著有兵书《尉缭子》。在《尉缭子》

一书中，有尉缭子与梁惠王（魏惠王）的对话，而尉缭子入秦时，魏惠王已经死了八十多年，根本不是同一时代的人，不可能有过这样的对话。这里或许有几种可能性：其一，尉缭子故意这样写的，可以避开一些敏感的问题。其二，有两个尉缭，一个是在梁惠王时，另一个是在秦王嬴政时。其三，这本兵书是别人所作，托名尉缭。

不管怎么说，这是一本相当重要的兵法，在中国古代有着广泛的影响力。特别是北宋时，《尉缭子》一书被编入官方军事教科书中，与《孙子》《吴子》《司马穰苴兵法》《六韬》《三略》《李卫公问答》六部兵法书合称为“武经七书”。

《尉缭子》现存二十四篇，九千余字，不乏深刻的军事洞见。譬如《武议篇》写道：“凡兵不攻无过之城，不杀无罪之人。夫杀人之父兄，利人之财货，臣妾人之子女，此皆盗也。故兵者，所以诛暴乱禁不义也。兵之所加者，农不离其田业，贾不离其肆宅，士大夫不离其官府，由其武议在于一人，故兵不血刃，而天下亲焉。”鼓吹正义的战争，反对不义的征战。

李斯谏逐客及尉缭入秦，开放的秦国张开双臂欢迎天下豪杰。在秦王嬴政看来，把六国收入囊中只是迟早的事情，到天下一统的那天，地不分南北，都是大秦帝国的疆域；人不分东西，都是大秦帝国的臣民。

废除逐客令后，强大的秦国依然活力四射，反观东方诸国，却早已在内忧外患中气喘吁吁了。天下形势，已是一目了然，不过秦国仍然不可掉以轻心，倘若低估了对手，往往会失去优势，甚至反胜为败。

四、秦赵的恩恩怨怨

东方六国中，赵国是秦国的劲敌。

赵国曾经一度与秦国分庭抗礼，可是秦国凭借白起卓越的表现，在长平之役中围歼了赵国主力四十余万人，此役也成为赵国由盛而衰的转折点。长平之战后，赵国君臣同心协力，团结一致，发扬赵武灵王遗留下来的尚武精神，元气有所恢复。在燕赵战争中，赵国兵团屡战屡胜，把燕师打得溃不成军；在北方战场，李牧只手擎天，大破匈奴。对于一个饱受战争创伤的国家来说，赵国所取得的成就实属不易。

倘若没有秦国这只恶狼在一旁虎视眈眈，赵国仍然有机会再度成为诸侯霸主，可是秦国岂会坐视赵国雄起呢？

秦庄襄王三年，赵孝成五十九年（前 247 年），秦国大将蒙骜挥师击赵，夺取榆次、狼孟等三十七城，紧接着又攻取晋阳城。正当赵国狼狈不堪之时，秦庄襄王病死，丞相吕不韦扶秦王嬴政上台。为了确保政局稳定，吕不韦把正在伐赵的名将蒙骜调回咸阳，蒙骜留下一支军队驻守晋阳城，自己匆匆率领大军回国。不甘心被秦国奴役的晋阳百姓乘机揭竿而起，赶走了侵略者，这座历史名城又回到赵国的怀抱。

为了抗击秦国，赵孝成王与楚、魏、韩、燕四个国家缔结合纵条约，并于公元前 241 年，由大将庞煖率军参与多国联合军事行动，共伐秦国。然而这次合纵运动并未取得效果，联军战败，此役也成为战国时代东方诸国最后一次合纵。

击破东方合纵联军后的第二年（前 240 年），秦国开始展开一系列的报复行动，对参与合纵的赵国、魏国进行军事打击。秦军又一次跨过边界，一鼓作气夺取赵国龙、孤、庆都三城。次年（前 239 年），秦政府又派公子成蟜率军击赵。然而，一件谁也没想到的事情发生了：成蟜竟然投降了赵国！

秦国公子成蟜怎么会投降赵国呢？

这件事十分蹊跷，内中原因很难搞清楚。

从现存的史料来看，对成蟜降赵一事没有做任何解释，看来秦始皇对这件事讳莫如深，估计在统一六国后，把相关的记录全部删除了。那么成蟜是个什么人呢？在一些史料中，成蟜又称为“盛桥”，他是秦庄襄王的儿子，秦王嬴政的同父异母弟弟，被封为长安君。作为秦国公子，却叛逃到比秦国弱得多的赵国，可以肯定的是，这里面牵扯到了宫廷权力斗争。

后世小说家冯梦龙在《东周列国志》中，以自己的想象虚构了这么一个情节：秦王嬴政是吕不韦的私生子，倘若这一事情曝光于天下，嬴政就没法当秦王了，其同父异母的弟弟成蟜将是秦王的不二人选。吕不韦把成蟜视为眼中钉、肉中刺，欲除之而后快，他便派成蟜领兵去打赵国，想借赵人之手除掉成蟜。秦国大将樊於期把秦王嬴政的身世告诉了成蟜，成蟜这才知道吕不韦想除掉自己，遂叛逃到赵国。

以上的说法虽是虚构，但有其合理性。我们从现存的史料中再寻找一些蛛丝马迹，来看看成蟜叛变之时，秦国都发生了什么事情，这些事情会不会跟成蟜降赵有关联呢？

翻开秦国史大事记可以发现，在成蟜降赵的前一年及当年，秦宫内发生两件大事：第一件大事，公元前 240 年，秦夏太后病逝，夏太后是秦庄襄王的母亲，秦王嬴政与成蟜的祖母；第二件大事，公元前 239 年，嫪毐受宠于赵太后，于是年封为长信侯。

这两件事情与成蟜叛变有关系吗？

有可能。

夏太后在世时，赵太后虽然淫乱宫中，可还不至于太嚣张。夏太后一死，赵太后便成了后宫的主人，正因此，嫪毐才得以混入宫中，长期与太后淫乱并受封为侯。成蟜会不会是因为发现了太后与嫪毐的丑事，而被吕不韦以伐赵为借口调往外地呢？我觉得可能性很大。在成蟜叛变这一年，秦王嬴政二十一岁，成蟜想必也是十八九岁的人了。如果秦王母亲的丑事曝光，不排除有一股支持成蟜的政治力量出现，到时将对秦王嬴政的王位构成严重的威胁。

作为秦国公子，成蟜选择叛逃，可见他是害怕了。可是他害怕谁呢？或许是哥哥秦王嬴政，或许是丞相吕不韦，或许是权臣嫪毐。总之，他害怕了，所以他不得不逃亡，逃到一个比秦国弱小得多的国家。

当成蟜率领秦国远征军团抵达屯留（今山西屯留南）时，他举部叛秦，派人向赵国政府递交投降书。这可不是一件小事，而是引起轰动的大事。赵悼襄王显然非常兴奋，倘若秦国内乱，对赵国来说，可以说是一个东山再起的良机。赵悼襄王迫不及待地宣布，把饶地（今河北饶阳东北）封给秦公子成蟜。

这时成蟜最需要的，是赵国兵团的支援，而不是封邑或爵位。可是赵悼襄王坐失良机，他并没有派出军队接应成蟜。或许他对秦公子投降一事将信将疑，不能确信天上真的掉下大馅儿饼，这会不会又是狡诈的秦国人所玩弄的把戏呢？不管出于什么原因，赵国并没出兵相援，这导致了成蟜的败亡。

获知成蟜叛逃的消息后，秦王嬴政勃然大怒，立即出兵镇压叛军。据《史记》中《秦始皇本纪》记载："八年，王弟长安君成蟜将军击赵，反，死屯留，军吏皆斩死，迁其民于临洮。"在这里明确记载，成蟜是死于屯留。后来一些史学家认为《史记》中"死屯留"中的"死"字是衍文，其实成蟜并没有死，可是这种说法似乎并无有力的史料作为证据。在成蟜叛变这一事件中，秦王嬴政暴露出其残酷的一面，他杀光了屯留的军吏，并且把该地的所有百姓都迁徙到临洮。

这里我们不禁要思考一个问题：为什么秦王嬴政对弟弟成蟜以及叛乱的军队如此残酷，非得斩尽杀绝呢？在成蟜叛乱后的第二年，又爆发嫪毐的叛乱。嫪毐试图颠覆秦王嬴政，按理来说，罪行比成蟜还重，可是嬴政并没有把嫪毐的追随者都杀光。因此成蟜叛变的背后，一定充满了不为人知的内幕，只是事情都过去两千年了，我们永远无法知道究竟是什么导致这位年轻的秦国公子铤而走险，走上叛变的不归路。

可惜的是，赵国未能抓住这个难得的机会。

应该说，在赵国历史上，赵悼襄王还是一个比较有作为的君主。在他统治时期，赵国以残破之师，北破匈奴，东挫燕师，实为不易。可是他未能抓住成蟜兵变的时机，扶植一个反秦的力量，利用秦王嬴政与成蟜兄弟相残而坐收渔翁之利。成蟜兵变稍纵即逝，根本没能撼动秦国的根基。

在秦王嬴政看来，赵国是东方六国中最难对付的国家，尽管其国力与秦国相去甚远，却拥有勇猛异常的军队与高素质的将领，在军事上具有很强的实力。显然，秦国想要削平东方六国，赵国就是最大的拦路虎。

可是赵悼襄王又犯下一个大错。他显然认为秦国在经历了成蟜叛变与嫪毐之乱后伤了元气，短时间内不会对赵国发动猛烈的进攻。这个判断很危险，因为他没有足够多的资本把国家命运押在臆想与猜测上。过于乐观的赵悼襄王把重兵集团放在东线战场，他想从燕国那里捞点儿好处。

的确，燕国完全不是赵国的对手。在赵国大将庞煖的打击下，燕国又丢失了两座城池。据《战国策》的说法，赵国伐燕背后，有一只黑手操纵着，这只黑手正是秦国政府。其实秦国的外交政策，完全沿用李斯与尉缭的那一套，在各国大行反间计，煽动东方诸国的战争，破坏一切合纵的可能。赵悼襄王很快就发现，伐燕之战，完全得不偿失。

被打得灰头土脸的燕王喜面对赵国虎狼之师，实在没有力量抵抗，怎么办呢？他不得不出下策：请秦国人帮忙。

燕王喜派使者入秦，游说秦王嬴政：“赵国南邻秦国，北邻燕国，国土跨三百里，面积不算大，土地也比较贫瘠。正因此，赵国不敢对秦国打击报复。可是现在赵国全力进攻燕国，倘若赵王吞并了燕国，集赵、燕两地之力量抗拒秦国，到时恐怕就不把秦国放在眼里了。”燕国使者的用意很明确，就是想让秦国卷入战争，从西面向赵国施压。看来燕王喜与那个派郑国为间谍的韩桓惠王一样，都是目光短浅之辈。与赵国相比，秦国无疑是更可怕的对手，燕国之所以没有成为秦国的盘中餐，只是因为有赵国作为其屏障，要是赵国亡于秦国之手，燕国还能活吗？

燕王喜已经顾不上那么多了，先解决燃眉之急要紧，做一天和尚撞一天钟，得过且过好了。

对秦王嬴政来说，这是一次难得的机会。赵国重兵陈于东部边界，西部防御力量不足。更重要的是，秦国打着救燕的旗帜，可谓师出有名。此时名将蒙骜已死，但秦国不乏有才干的军事将领，秦王嬴政派出三员大将率领大军进攻赵国，这三员大将分别是王翦、桓齮、杨端和。

下面简单介绍一下秦国的这三员大将。

王翦是继白起之后的又一位名将，他是频阳东乡人。据史书所载，王翦“少而好兵”，后为秦国统一中国立下赫赫战功，与白起、廉颇、李牧并称为“战国四大名将”。桓齮这个人史料不多，历史学家杨宽认为，桓齮就是后来逃亡到燕国的秦国大将樊於期，这两个名字读音有点有接近。杨端和是蒙骜之后秦国重要将领，在公元前 238 年，他曾经率秦军伐魏，攻取垣、蒲阳、衍氏，兵临仁、平丘、黄、济阳，进逼魏都大梁城。

秦军大举入赵，杨端和、桓齮攻下邺城。初出茅庐的王翦更是一鸣惊人，攻克赵国军事重镇阏与城。在三十四年前（前 270 年），秦军首次攻打阏与城，遭到赵国名将赵奢的迎头痛击，可是彼一时，此一时，如今赵国已经难挡秦国铁骑的蹂躏了。攻克阏与后，王翦越战越勇，又连克橑阳、安阳等八城，尽取漳水流域之地。

这对赵悼襄王是一次致命的打击，心力交瘁的他羞愧难当，竟然一病不起，死了。

赵悼襄王死后，其子赵迁继位，史称赵王迁。

赵迁既非长子，又非嫡子，赵悼襄王怎么会让他继承王位呢？

这背后有一个故事。

赵王迁的母亲原本是个倡女，也就是歌伎，长得相当漂亮，后来被一个大户人家看上，娶她为妻。可这个女人不是一盏省油的灯，挥霍无度，把这个大户人家给搞垮了，最后丈夫落魄而死，她便成了一名寡妇。俗话说，寡妇门前是非多，何况是个年轻貌美的寡妇呢？于是她便有了众多锲而不舍的追求者，好色的赵悼襄王听闻此女美貌非凡，便动了心，打算召她入宫。

赵国大将李牧听到这个消息后，跳出来阻挠说："万万不可。后宫妃嫔若品行不正，国家往往会遭倾覆的命运。听说此女搞垮了一个大家族，大王难道不怕重蹈覆辙吗？"赵悼襄王爱美女心切，哪里听得进去，只是敷衍说："国家乱不乱并不在于女人，而是在于寡人的施政。"

话虽是这样说，可是当局者迷，旁观者清。赵悼襄王力排众议，娶了该女。这位新王妃果然来者不善，生下赵迁后，就盘计着怎么让自己的儿子成为储君。当时赵悼襄王已经立了太子赵嘉，而赵迁只是庶子，按理说，怎么也轮不到他来继承王位。可是当一个君主迷恋上一个女人，并对她百依百顺时，一切就顺理成章了。赵悼襄王去世前不久，开始变得昏庸的他终于做出一个致命的决定：废黜太子赵嘉，改立赵迁为接班人。

为什么说这个决定是致命的呢？赵悼襄王在位仅仅九年，此时赵迁不过只是个几岁大的小孩子，根本没有能力来统治国家。这样，国家的大权便落到了其母亲及权臣郭开的手中，而郭开正是陷害廉颇的奸臣。可以说，赵悼襄王的错误决定，最终葬送了赵国。

赵王迁二年（前 234 年），秦国又一次大举入侵。秦军统帅桓齮出兵攻打平阳、武城，赵国政府派扈辄率军前往救援。扈辄只是一个平庸的将领，在秦军的猛攻之下，赵军大败，十万名赵军将士横尸沙场。

对赵国来说，这无异于灭顶之灾。在长平之战后缓慢恢复元气的赵国，实在难以承受一次十万人被歼灭的大损失。当秦军大胜的消息传到咸阳，秦王嬴政大喜过望，下令将所占领的赵国土地合并为两个郡：雁门郡与云中郡。

平阳、武城之战的失利，震动赵国。国危思良将，究竟谁才能抵挡得住秦军的进攻呢？大家不约而同地想到一个人：李牧。不错，在赵国将领中，李牧无疑是最有才干的一人，他在北方大破匈奴的经典战例，是华夏族对北方游牧民族战史的重大胜利。可是我们在这里也心生一个疑问：这些年李牧哪儿去了呢？

翻开史书，我们可以发现，在公元前 243 年，李牧伐燕，取二城，此后将近十年的时间里，他就销声匿迹了，无论是与燕国的战争还是与秦国的战争，都没看到他的身影。战事频频，为何李牧却被晾在一旁呢？

我想可能有两个原因：

第一种可能，李牧得罪了赵悼襄王。这个可能性十分大，李牧伐燕时间是赵悼襄王二年，也大概是在这个时候，赵悼襄王执意要迎娶歌女出身的寡妇，即后来赵王迁的母亲。李牧坚决反对，认为这个女人会给国家带来祸害。这无疑令赵悼襄王十分不快，也许正是这个原因，他索性又把李牧派到北方前线，远离京师。

第二种可能，李牧受到军界高层的排挤。在赵国后期，军界高层斗争十分激烈，赵悼襄王即位后，以乐乘取代廉颇，廉颇一怒之下，攻打乐乘，然后逃往魏国。然而乐乘并没能掌权多久，赵悼襄王三年，老将庞煖取而代之，成为赵国军界的一号人物。庞煖在军界混了数十年，长期被赵奢、廉颇、乐乘等人的光芒所掩盖，好不容易熬出头了，这时又冒出个李牧，无疑严重威胁到他的地位。那么李牧被闲置，是否与庞煖有关呢？不排除这种可能性。

总之，赵悼襄王在位的多数时间里，李牧被闲置了。当然这并不是说他对赵国没有贡献，至少在这一段时间里，北方的匈奴人再也不敢越雷池半步。赵王迁刚上台，赵国军队便被秦军打得落花流水，折损十万人。不仅如此，秦国得势不饶人，桓齮兵团非但没有见好就收，反倒继续深入。赵国又一次面临生死存亡的严峻考验。

只有李牧有能力挫败秦军的进逼，拯救赵国于危急之中。就这样，李牧被任命为大将军，实际上就是赵军总司令，奔赴前线，阻击秦军。

时间已经是秦王嬴政十四年，赵王迁三年（前 233 年），桓齮统领的秦国兵团经过短暂休整后，继续深入，与赵军战于赤丽、宜安（今河北石家庄东南）。这里我们注意到，赤丽与宜安都位于赵国首都邯郸的北面，显然秦军的战略并非直接进攻邯郸，因为邯郸城的守卫实在太坚固，难以在短时间内攻克。桓齮采取的是大包抄战术，先扫荡邯郸北部的赵军据点，实施大迂回，在攻克赤丽、宜安后，转向东南，包抄邯郸，彻底把邯郸变为一座孤城。倘若桓齮的计谋得逞，赵国就岌岌可危了。

精于战略的李牧当然识破了桓齮的伎俩，他临危受命，纠集了一支军队，驻扎在赤丽、宜安东部的肥城（今河北晋县）。这支军队的主力应该是来自北方军区，也就是李牧一手训练出来的部队。我们在李牧大破匈奴之役中，就可以看出这位当世名将的非凡指挥才能，他善于因地制宜，最大限度地发挥各兵种的优势，注意骑兵、车兵、步兵、“弓弩兵”的搭配与协同作战，做到远攻与近战结合，进攻与防御结合。李牧的军事原则是打歼灭战，不仅是击溃对手，而是最大限度地消灭敌人的有生力量。

李牧这支北方兵团，乃是整个赵国战斗力最强的武装部落，由于长期与匈奴对抗，这支部队尤其长于骑射，机动性十分强，在素质与勇气上完全不亚于秦军。与新锐的李牧兵团相比，桓齮兵团已露疲态。秦军在赵国境内已经征战将近一年，又刚在赤丽、宜安发动攻势，已是疲惫之师。更重要的是，在国家生死存亡之际，赵军上下同仇敌忾，摩拳擦掌，他们已无退路，唯有背水一战。正所谓置之死地而后生，破釜沉舟的勇气激发了高昂的士气。

应该说，桓齮是一位优秀的将领，可是他显然低估了对手李牧。

赤丽、宜安两城尚未攻下，李牧的生力军已经赶到宜安以东的肥城，明眼人都看得出来，秦军的位置相当不利，随时可能受到赵军的左右夹击。对桓齮来说，最好的选择当然是退却，避开李牧的锋芒。可是他并没有退却，因为他并不把对手放在眼里。

桓齮的骄傲自有其道理。作为长平之战后崛起的新一代将领，桓齮对赵国的军事力量抱着藐视的心理，他曾经两度率兵侵赵，攻城略地，如入无人之境，特别是在平阳、武城之战中，歼灭赵军十万人，堪称伟大的胜利。然而，低估对手总是致命的，桓齮显然也只把李牧视为普通的将领，尽管李牧曾经在北方战场消灭十万匈奴兵，但匈奴兵的战斗力怎么能与大秦军队相提并论呢？

可是李牧很快就用实际行动证明了自己的能力，他不仅是匈奴人的克星，也是秦国人的克星。在摸清了秦军的底细后，李牧大胆地发动进攻。

关于这场战争的详情已不可考，《史记》之《李牧列传》，仅有短短数言：“击秦军于宜安，大破秦军，走秦将桓。”这个记录实在过于简略。战国中后期的六国史书，后来都被秦始皇烧了，所以找不到更多的资料。要知道秦国人向来对打败仗十分忌讳，损失了多少人，是从来不提的。

虽然史书未提及秦军的伤亡，但秦军的损失应该至少在十万人以上。

何以得出以上的判断呢？有两个证据。

第一个证据，秦军大将桓齮在宜安之战惨败后，不敢返回秦国，他只身一人逃到了燕国，改名樊於期（从杨宽的说法）。秦国律法森严，将领倘若叛逃，那是死罪，连举荐该将领的人都要连坐。惩罚如此严厉，桓齮为何还要叛逃？不要忘了他在一年前还歼灭十万赵国大军，为秦国立下赫赫战功呢。由此判断，秦军损失人数超过十万，功不能抵过，若非如此，何至于畏罪潜逃呢？

第二个证据，在宜安之役后，李牧被封为“武安君”。这个封号有意思，因为一代战神白起就是秦国的“武安君”，赵国政府把这个头衔给了李牧，显然把他当作赵国的白起，是一面胜利的旗帜，这明摆着是向秦国示威。要知道当年李牧歼灭十余万匈奴大军，也没有被封为武安君，这说明宜安之战的战绩，绝不逊色于他在北方围歼匈奴之役。

宜安之战的胜利，打破了秦军迂回包抄邯郸城的企图，拯救了岌岌可危的赵国政府。不仅如此，李牧还乘胜追击，光复许多被占领的城邑，秦国人耗时一年之久的攻赵之役不仅颗粒无收，甚至还把先前吞并的土地吐了出来，可谓是赔本买卖。

秦国的疯狂进攻暂时被击退了，赵国获得了喘息之机。

看来赵国果然是块硬骨头，不好啃。但对于实力超群的秦国来说，损失是可以承受的，无论在土地面积、经济实力、军力上，秦国都要远远超过六国中的任何一国。不过想要吞并六国，还得一步一步来，先拣个软柿子捏吧。哪个国家的实力最弱呢？当然是韩国了。

五、毕竟是书生——韩非之死

秦王嬴政，也就是后来的秦始皇，是一个非常勤奋的君主。自从铲除吕不韦及嫪毐两大集团后，他开始亲政，牢牢地把权力握在手中。在他看来，国家强大了，并不等于君主的权力是无限的。事实上，君主的权力一直受到权臣的挑战。权力的秘密是什么呢？要如何来操纵、摆布其他人呢？如何避免出现第二个吕不韦与嫪毐呢？这些都是秦王嬴政所要思考的。

权力这个东西很奇怪，明明可以感受到其存在，可是看不到摸不着，想揭开其神秘的面纱并不容易。正当秦王嬴政绞尽脑汁时，有一个人带着几卷手抄本进献给他。这几卷手抄本就放置在他的案头上，说是手抄本，倒不如称为手刻本更贴切，因为那个时代纸张还没有出现，只能刻在小竹板上，用绳子把这些竹板串编起来，卷成一团，称为书卷。这几卷书摊开着，最右侧写有篇名，名称相当醒目，标题有“孤愤”“五蠹”等，光从标题来看，实在看不出作者究竟想写些什么。

秦王嬴政随手翻开一篇，只见文章开头便写道：“智术之士，必远见而明察，不明察，不能烛私；能法之士，必强毅而劲直，不劲直，不能矫奸。人臣循令而从事，案法而治官，非谓重人也。重人也者，无令而擅为，亏法以利私，耗国以便家，力能得其君，此所为重人也。智术之士明察，听用，且烛重人之阴情；能法之士劲直，听用，矫重人之奸行。故智术能法之士用，则贵重之臣必在绳之外矣。是智法之士与当涂之人，不可两存之仇也。”

看来这篇《孤愤》并不是发牢骚、无病呻吟的散文，而是政论文。秦王嬴政被文章的内容吸引住了，虽然他不知道作者究竟是何人，可是强烈地感受到其智慧以及对人性的深刻洞察。当然，秦王嬴政之所以被吸引，是因为文章剖析了权臣如何惑主，如何攫取权力，“大臣挟愚污之人，上与之欺主，下与之收利侵渔，朋党比周，相与一口，惑主败法，以乱士民，使国家危削，主上劳辱”。

这段文字，让这位年轻的君主感同身受，回想一下吕不韦、嫪毐这些人，不就是“朋党比周”“使国家危削，主上劳辱”吗？他如饥似渴地读完一篇又一篇，时不时拍案叫好。这些文章似乎是专门为他而写的，大体上说的是，国家要强大，君主就得善用权术，控制臣下。这不正是秦王嬴政日思夜想的事情吗？

读完了案头上的竹卷后，秦王嬴政叹道：“寡人得见此人与之游，死不恨矣。”他已经把这些文章的作者当作知心朋友，倘若有幸与此人相识，死而无憾。当然了，帝王随口说出来的话是不可相信的，后来把这个作者送上断头台的人，正是这位自称“死不恨矣”的秦王嬴政。

那么文章的作者究竟是何人呢？

他正是战国后期学术界赫赫有名的人物，法家代表人物韩非子。

说起韩非子，确非常人。

韩非子，名韩非，名字后面加个“子”，那是尊称，相当于是“韩非先生”

的意思，他出身高贵，是韩国公子，王室成员。按理说，一个王室的公子哥吃也不愁穿也不愁，他哪来那么多的愤懑不满，以至于写出《孤愤》这样的文章呢？这是因为韩国确实已经衰弱到了极点，作为一个有志青年与贵族成员，看到的却是君臣们苟且偷生，做一天和尚撞一天钟，不思进取，一心只想着用一些歪门邪道来苟延残喘。最典型的一个例子，就是韩王派水利专家郑国前去秦国修渠，想用这种土办法让秦国把大量人力物力投入水利工程中，拖延时日。明明有一流的水利专家，韩国政府却不能用他来让自己的国家富足、强大，这种政府的效率可想而知。国家到了危亡的关头，那些高高在上的人却醉生梦死，难怪韩非韩公子要孤愤了。

实际上韩非子之所以为后人所熟悉，绝非其公子身份，而是因为他是个文化巨人。他曾经拜荀子为师，与李斯是同门师兄弟。韩非子的学问并非都来自荀子，他深受法家人物申不害、商鞅思想的影响，并曾认真地对比过两人的优点与不足。韩非子不仅学术功底扎实，而且对人性的弱点有着异乎寻常的洞察力，这一点贯穿在他的文章之中，令秦王嬴政读后佩服得五体投地。李斯曾经公开承认，自己的学问不如韩非子。从这点看，李斯是有自知之明的，他读书的目的是要当官，要当个官仓中的老鼠，绝不当茅厕的老鼠，他要摆脱清贫的生活与卑贱的地位。可是韩非子与李斯不同，他根本用不着考虑吃穿、社会地位这些问题，所以他能更专心地投入对社会问题、政治问题的研究中。

但韩非子有一个方面肯定是比不上李斯的，那就是口才。我们现在看到韩非子的著作，那绝对是先秦写得最出色的书之一，笔力遒劲、雄辩滔滔、夹叙夹议、妙笔生花，给人的感觉是，这家伙真是能说会道。可是错了，韩非子会思考，会写作，可是他不会说话，他一开口，就结结巴巴的。

作为一个政治人物，这可是一个致命的缺点。

作为韩国公子，韩非子迫切想用自己的智慧去改变韩国的政局。在战国七雄中，韩国实力最为不济，虽勉强位列“七雄”，实际上早就如同小国了。韩国的地理位置特殊，地处当时中国的中心区域，四面都是强国，西面更是面对虎狼秦国。在秦国的对外扩张战中，韩国是最大的受害者。在历年的战争中，韩国将士死亡人数不下百万，国土面积越来越小，哪里还称得上是大国呢？纵观韩国与秦国的战争史，几乎就是百战百败，这不能不让人怀疑，韩国究竟是“雄”呢？还是“熊”呢？

是什么导致韩国积弱难返呢？韩国最初是从晋国分裂出来的，其军队是精锐的，其武器是先进的，特别是弓弩优良，可为什么百战百败呢？问题出在政治上。除了早期几位君主比较有作为之外，后期的君主都碌碌无为，既没能产生像齐威王、赵武灵王、燕昭王这样的明君，也没有类似商鞅变法、吴起变法这样的改革，政治混乱，“廉直不容于邪枉之臣”。韩非子想改变这样的局面，多次上书韩王，意图变法，可是他的主张得不到采纳。搞政治没有结果，他只能以孤愤之心，把自己的政治心得写成文字，这一写，写了十几万字。

在今天看来，十几万字算不上大部头，网络写手们一天就可以在电脑上码出上万字。可是韩非那年代不仅没有电脑，也没有纸，要写在竹片上。在先秦的著作里，《韩非子》可以算大部头的著作了，把他的文言文翻译成现代白话版，也有三十万字左右。他写的文章尽管没有得到当局的重视，但在学术圈里有很大的影响。当时没有出版社，他的文章通过手抄的方式，传到了秦王那里。

秦王读了这些著作后，感叹了一声：要是能与作者见上一面，就死而无憾了。这里我必须说，秦王嬴政确实是个好领导，连学术界最新的成果，他都能很快知晓，这至少说明在求知上，他是很勤奋的。当时秦王嬴政还不知道这些文字是谁写的，但马上就有人举手抢答了：此韩非所著之书也。

谁这么积极抢答呢？韩非的同学李斯。

李斯这一答，说明了一个问题：原来他也读过韩非写的文章，偷偷从他那里吸取过养分。紧接着，李斯不忘点明，自己与韩非可是同门师兄弟哦，似乎这么一说，他就沾了光。

很好，原来文章的作者是当代高人，秦王嬴政一听开心了，既然还活着，就可以见上一面，促膝长谈。可是怎么把韩非弄到秦国呢？派人到韩国恭请韩公子吗？这可不是秦王的作风。秦王的作风是霸道的，天下尽在我的掌握之中，我犯不着去请，只要把韩国痛扁一顿，到时韩王不就乖乖把韩非送上门了吗？

这是什么强盗的逻辑？可是就连韩非不也说过吗？“上古竞于道德，中世逐于智谋，当今争于气力。”当今之世，就是拳头硬的人说话。

秦国大军很快杀入韩国，韩国焉能抵挡？韩王安很快派出代表要求与秦国谈和，秦国人却指名道姓，非得要韩非为特使，出使咸阳。韩王安一直以来就把韩非当作一个书呆子，根本就不用他，现在秦王有令，他急急忙忙召韩非入见，塞给他一个官职，作为韩国使者前往秦国。

这一年是公元前233年，也是李牧大败秦军的同年，韩非子来到了秦国，等待他的又将是什么样的命运呢？

作为特使，韩非的使命就是拯救韩国，要怎么救呢？秦国就是一只狼，而韩国不过是只弱小的羔羊，就算苦苦哀求说“狼大哥，放我一条生路吧”，大灰狼也未必同意，那只能用另一块肥肉为诱饵，把大灰狼吸引到别处。韩非在心里盘计着一个主意，可是他怕见到秦王时，说起话来结结巴巴，表达不清楚，于是写成文字，以免到时丢丑。这篇文章现在保留在《韩非子》一书中，篇名为“存韩”。

韩非一直鼓吹权术思想，可视为厚黑学的理论鼻祖，如今正好可以牛刀小试。他写成文章后，呈递给秦王嬴政，目的很明确，就是想嫁祸给赵国，以达到保全韩国的目的。韩非首先拍胸脯保证，韩国绝非秦国的敌人，相反，是秦国的盟友、屏障，年年进贡，名义上虽是个国家，但其实与秦国的郡县没有分别。这是表明态度，告诉秦王，你别出兵打我啦，我服软不行吗？

那谁才是秦国的敌人呢？韩非毫不含糊地说，是赵国。

“夫赵氏聚士卒，养从徒，欲赘天下之兵，明秦不弱则诸侯必灭宗庙，欲西面行其意，非一日之计也。今释赵之患，而攘内臣之韩，则天下明赵氏之计矣。”

在说这话之前，秦国刚刚在赵国打了一场败战，韩非故意拿赵国来刺激秦王的神经。韩非还强调说，虽然韩国只是一个小国，但一直处于四战之地，“修守备，戒强敌，有蓄积，筑城池以守固”。秦王倘若一意孤行进攻，也未必能在一年的时间内灭掉韩国。韩国一旦狗急跳墙，就会背叛秦国，与魏国投靠赵国、齐国。倘若这样，秦国想要一统天下，就遥遥无期了。

那么，秦国应该怎么做呢？

韩非献上一计，秦应该收买楚、魏两国，联合韩国进攻赵国，这么一来，“赵虽与齐为一，不足患也”。否则的话，“赵与诸侯阴谋久矣。夫一动而弱于诸侯，危事也；为计而使诸侯有意我之心，至殆也。”赵国一旦与诸国合纵联合，对秦国来说，就是最危险的事情了。

从这篇上书里，我们看到韩非的无奈与言不由衷。如今天下形势已是很明显，赵国成为抵抗秦国吞并天下的核心力量，倘若赵国失败了，韩国能独存吗？显然是不可能的。韩非岂会看不出来！可是韩国已经危在旦夕了，在这种生死存亡的关头，韩非想到的只有如此保全国家，存活一天算一天，这才是最迫切的事情。一个人，无论有再高的智慧，也不可能脱离实际去寻找高远的目标。在东方六国中，唯一还可对秦国构成威胁的，只有赵国了。实际上韩非也完全明白，赵国能自保就不错了，哪里谈得上进犯秦国呢？可是他还是要把语气说重了，让秦王把矛头对准赵国，唯有这样，才能令韩国苟延残喘，因此他不惜嫁祸给赵国。说到底，这是一种无奈。

秦王嬴政终于见到了韩非，据《史记》的记载："秦王悦之，未信用。"首先，他对韩非的印象不错，所以"悦之"，特别是韩非的文章，读起来是一种享受。可是秦王"未信用"，既不太信任，也不重用韩公子。为什么呢？韩非的这道上书，明眼人可以看出，并非由衷之言，表面上是为秦国打算，实际上是为韩国打算。秦王聪明过人，岂有看不出来之理。但是秦王嬴政并不打算放韩非回国，这一半是出于虚荣心，秦国国力天下无双，天下英才理所当然应该统统为秦国所用，另一半恐怕也有所担心。尽管韩非在韩国不受重用，不过他的名声已经为天下士人所熟知，要是被其他国家给挖走，这对秦国来说可不是好消息。

可是谁又能想得到，在韩非入秦后不久，竟然死于非命。

韩非之死，与三个人有直接的关系。这三个人是秦王嬴政、李斯与姚贾。

秦王嬴政不是韩非的粉丝吗？有这么个大腕护着，韩非怎么会死呢？这得从一件事说起。

在韩非入秦后，东方诸国为了自保，又策划一次合纵。据《战国策》的记载，参与合纵计划的有四个国家，分别是荆、吴、赵、燕。荆就是楚国，可是这里就出现了一个问题，从哪里冒出一个吴国呢？有些历史学者认为"吴"应是"齐"之误，这是有道理的。但也可能有另一种情况，在春申君被杀之前，曾被封于东吴，那么这里所说的"吴"，会不会是指楚国的一个封国呢？或者李园在杀了春申君之后，把东吴据为己有，成为楚国的一个封国？由于史料有限，我们已经很难还原历史真相了。

已经沉寂许久的东方合纵运动有死灰复燃的迹象，这是秦王嬴政最为担心的事情。倘若是一对一，东方六国没有一个是秦国的对手，但若诸国联手，东方联盟在兵力上将占据优势。秦王对这件事十分重视，他马上召集大臣、宾客六十多人商量对策。秦王嬴政开口说道："东方四国将联合对抗秦国，你们说，这个事要怎么办？"

大臣们个个面面相觑，你看我，我看你，就是不吭声。这时只有一个人站出来，大声说道："我姚贾愿出使四国，必绝其谋，而安其兵。"

姚贾是什么人呢？他究竟是有本事，还是只会夸夸其谈呢？这个人说起来还真不简单，乃是一个苏秦、张仪式的战国冒险家。他原本是魏国人，出身十分低微，祖上几代人都是城门看守人。姚贾对这种低贱的生活无法忍受，搞了些偷鸡摸狗的勾当，后来被发现了，便逃往赵国。姚贾口才很好，能言善辩，靠这个本事，在赵国倒混得不错，当了官，只是后来不知什么事，惹怒了赵王，被驱逐出境。赵国不收留他，魏国又回不得，姚贾想来想去，秦国广纳人才，最有前途，便投奔秦国。如今东方四国要搞合纵，秦王心里不踏实，对姚贾来说，这正是一次难得的表现良机，于是他毛遂自荐，表示愿意出使四国，化解东方合纵计划。

要出行游说四国，姚贾提出一个条件：需要马车百辆，黄金千斤。这可不是小数目哇。可是我们必须说，秦王嬴政确实是个有野心的人，只要自己能吞并六国，百辆车、千斤金算什么呢？到时整个天下还不都是寡人的吗？他二话没说，同意了，从国库里拨出相应的款项交给了姚贾。

姚贾果然有几分本领，一则是靠他三寸不烂之舌，对各国既拉拢又恐吓；二则是靠一百辆马车拉的财宝，暗地里塞给各国权贵。这种金钱外交发挥了巨大的作用，这次四国合纵计划，根本还没成型，就胎死腹中了。

这次姚贾可为秦国立下大功了，回到秦国后，秦王嬴政非常高兴，把他提拔为上卿，并封千户。就在这个时候，韩非却跳了出来，大肆攻击姚贾。这个举动令人不解，他要干什么呢？

韩非虽然留在秦国，可他是韩国公子，干吗要干涉秦国的内政呢？他肯定不是出于对姚贾的嫉妒，他们两人井水不犯河水。那么只能有一种解释：韩非心里是希望东方诸国能合纵对抗秦国，姚贾破坏了合纵，他是东方诸国的敌人。

我猜韩非的目的就是想离间姚贾与秦王的关系，他对秦王嬴政说："姚贾拿着秦国的财物出使四国，这些国家未必真心与秦国结交，只是贪财罢了，可秦国的国库却为之一空。如此说来，姚贾不过是借重于大王的权势，拿秦国的财宝去结交诸侯而已，大王您得详察。而且姚贾这个人，出身低贱，是看门人的儿子、魏国的小偷、赵国的逐臣，让这种人参与国家大事，恐怕其他人不服呢。”

秦王嬴政的作风，一向抓大放小，钱款拨给姚贾后，也没询问他到底用在哪儿了。听韩非这么一说，他对姚贾产生怀疑了：秦与东方诸国为敌，可是姚贾却把钱送给敌人，这是何道理？秦王嬴政召姚贾前来对质，问道：“听说你把寡人的钱财都送给了东方诸侯，有这么回事吗？”

姚贾并不惊慌，只答了一个字：“有。”

秦王嬴政怒气冲冲地喝道：“那你还有什么颜面来见寡人！”

姚贾冷静地答道：“我姚贾对大王忠心耿耿，大王却不知道。我不把钱送给四国，又怎么能拆散它们的合纵联盟呢？倘若我对大王不忠心，四国之君又怎么会信任我呢？以前夏桀听信谗言而杀害良将，商纣听信谗言而杀害忠臣，最后这两人都身死国亡。如今大王要是听信谗言，秦国就再无忠臣了。”

姚贾口口声声说自己是忠臣，秦王嬴政可不信这个鬼话，他冷笑道：“你有多高尚啊，你就是看门人的儿子、魏国的盗贼、赵国的逐臣。”

这些话把姚贾的老底给兜出来了。要是换成别人，恐怕早无言以对了。可是姚贾不愧是辩才，他不乱方寸，从容答道：“姜太公以前曾被驱逐，还当过屠夫，可是周文王用了他，最后成就王业。管仲曾经是小商小贩，穷困潦倒，还曾被囚禁，可是齐桓公用了他，最终成就霸业。百里奚曾经乞讨为生，身价就五张羊皮，可是秦穆公用了他，得以称雄西戎。晋文公用了中山盗贼，得以在城濮之战中打败楚国，成为一代霸主。以上这四个人，都曾经声名狼藉，为天下人所冷嘲热讽，可是英明的君主慧眼识才，知道他们只是怀才不遇。因此，明主选择人才，不看他们过去的污点，不听别人对他们的非议，而是看他们是不是有真才实学。因此，能定国安邦的君主，根本不理会外面的流言蜚语，也不会奖赏那些徒有虚名却无咫尺之功的高谈阔论之人，这样一来，群臣就不敢不务正事，只图虚名了。”

对这些纵横家策士来说，历史典故能信手拈来，有前世伟人的事迹作为护身法宝，秦王嬴政不服都不行呢。

显然，韩非对姚贾的攻击是没有力度的。他的攻击有两点：第一点，姚贾把秦国的钱财拿去送给诸侯了。第二点，姚贾出身不好，有劣迹污点。针对这两个攻击，姚贾轻松化解，首先，这钱是用在公事上，而不是落在个人腰包里，确实取得了拆散东方合纵的目的。其次，韩非攻击姚贾的个人品行，姚贾则强调，作为君主，应该任用实干的人，而不是那些名声虽好却毫无办事能力的人，这矛头隐隐对准了韩非。

作为一个思维缜密之人，韩非为什么会在理由并不充分的情况下就发起攻击呢？我们不要忘了，韩非有一篇代表作《说难》，就是写游说君主的困难。在《说难》中可以看出韩非的观点，他认为游说君主，关键是要揣摩君主的心思。以我的推测，韩非之所以轻率地攻击姚贾，是想诱使秦王嬴政调查他是否存在贪污行为。在韩非看来，姚贾有过小偷小摸的盗窃史，千斤黄金在他手中，不可能一点经济问题都没有。可出乎意料的是，姚贾的本事比韩非预料的还要大，他一番慷慨陈词，把自己与姜太公、管仲、百里奚这些历史伟人相提并论了，他精彩的反驳打消了秦王的怀疑。

韩非这次轻率的挑战，造成很严重的后果。

首先，他失去了秦王的信任。在此之前，秦王还很器重韩非，可是姚贾事件后，秦王反思，韩非到底想干什么呢？这并不难猜测。韩非不想看着秦国强大到无敌，说白了，他终究不为秦国所用。不能成为秦国的朋友，那总有一天会成为秦国的敌人。从这时起，秦王嬴政对韩非已由信任转为提防了。

其次，他得罪了姚贾，附带还拖进一个人，他的同学李斯。得罪姚贾并不难理解，可是怎么也得罪了李斯呢？从韩非攻击姚贾的言辞中，可以看出他对一个人的出身看得很重。作为韩国公子，他出身名门，自小养尊处优，对下等人不免有轻视之心。李斯的出身比起姚贾，并没有强多少，也是从草根一路奋斗过来的，付出了艰辛的努力。可是在韩非这样的公子哥看来，像“看门人的儿子”，出身低贱者，是不适合在朝廷当官的。可以说，韩非的这种偏见，无疑令李斯极为反感，挫伤了他的自尊心。两人虽然都是荀子门下的高徒，但似乎交情一直就很冷淡。

有一种流行的说法，称李斯嫉妒韩非的才华，对他怀恨在心。这种说法我并不认同。没错，李斯曾经“自以为不如非”，但这仅仅是指在学问上不如韩非。学问与才能还是有所不同的，就政治才能来说，李斯肯定要超过韩非一大截。韩非身为韩国公子，条件比李斯要优越得多，可是他在韩国有什么政绩可言呢？相反，李斯是一步一个脚印才身居高位的，当上秦国廷尉，而且以《谏逐客书》

一举改变秦国的政策，在政治上十分有作为，他有什么理由要嫉妒韩非呢？韩非在秦国，只是一个被软禁的人质，根本无法动摇李斯的地位。

韩非得罪了秦国三个大人物，他的悲惨下场已隐约可见了。

善于察言观色的姚贾、李斯看得出来，秦王嬴政对韩非的态度已经发生了一百八十度的转变，他们决定趁热打铁，反咬一口。

两人一同在秦王面前说韩非的坏话："韩非是韩国的公子。如今大王想要吞并天下诸侯，韩非打心眼里，只是考虑韩国的利益，终究不可能为秦国效力，这也是人之常情。大王既然没法用他，时间长了，也是要放他回国的，这难免留下祸患。依我等的看法，最好是把他绳之以法，杀了以绝后患。"

绳之以法，总要有个罪名。依《战国策》的记载，韩非之死，与攻击姚贾有关，因此罪名可能就是"诽谤罪""离间秦国君臣"之类的。

秦王嬴政细细琢磨，回想韩非入秦以来的言行。从最初怂恿秦国攻赵，到攻击姚贾，韩非的目的只有一个，就是想方设法保全韩国。看来姚贾、李斯等人说的没错，这个韩国公子，终究不会为秦国做任何事。于是秦王下令，将韩非逮捕入狱。可是要怎么处置他呢？秦王也犹豫不决，毕竟他十分欣赏韩非的文章与才华，舍不得杀他。就这样，韩非被囚禁了，他的命运又会怎么样呢？

可是李斯并不想让韩非活命。你不是一直看不起我们这些出身卑微的人吗？现在怎么样，你这个公子哥不也身陷囹圄、自身难保吗？李斯见秦王犹豫不决，生怕夜长梦多，索性派人把毒药送进监狱里，勒令韩非吞毒自杀。韩非不想这样死去，他强烈要求见秦王，或者给秦王写一封信，为自己的冤情辩白。

有人把韩非的请求告诉了李斯，李斯是廷尉，掌管刑狱之事，韩非之生死，自然捏在他的手心。李斯听完后面无表情，只是从牙缝中挤出了两个字："不行！"这两个字，一下子让韩非跌落到寒冷的冰窖之中，他知道自己的同学李斯已经是下定决心要置他于死地了，他用颤抖的手打开毒药，抓起来一把塞进口中……

与此同时，秦王嬴政正焦虑地在房中踱来踱去，他又一眼瞥见韩非写的文章，那种惜才之心油然而生。这些文章，气势排山倒海，自从有文字以来，还没有人能写出如此有气势的文字，思想深邃、见解精辟。这种人才，五百年也未必能再出一个，杀了他，自己岂不成了千古罪人了？他猛然一悟，赶紧派人前去监狱，传王令赦免韩非。可是去的人回来后禀报，韩非已经畏罪自杀、服毒自尽了。

我们必须说，韩非虽然死了，可是他对秦王嬴政的影响不容低估。自秦孝公以来，秦国的政治一直打上强烈的商鞅烙印，尊崇法学思想。商鞅主义让秦国一直保持国家强大，可是君主的地位并不是那么牢不可破的。譬如统治秦国半个多世纪的秦昭王，在位的多数时间里，大权是落入宣太后、魏冉之手；就说秦王嬴政本人吧，他上台后几年，吕不韦专权、嫪毐乱政、成蟜叛逃，这些事件都说明一国之君，地位并非非常稳固。问题出在哪儿呢？直到他读了韩非的书后，一切才豁然开朗。

韩非在深入研究法家思想后，得出一个结论，前世法学大师商鞅与申不害都有偏失。商鞅注重“法”，却忽视了“术”；申不害注重“术”，却忽视了“法”。用史例来说明，商鞅主义的践行者，代表人物是秦孝公，推行法制，可是在权术上却比较弱，故而反对势力一直就很强大，孝公刚死，商鞅就被杀了。申不害主义的践行者，代表人物是韩昭侯，他把权术运用得淋漓尽致，可以称为战国时代最出色的权术家，可是却没能让韩国走向强大。

在分析前人的利弊后，韩非认为应该把商鞅的“法”与申不害的“术”有机结合起来，在国家强大的同时，君主的地位不受动摇。君主应该要把自己内心隐藏起来，让别人看不透，摸不清，以达到震慑群臣的目的。这种见解，无疑令秦王嬴政如获至宝。这位后来的秦始皇能成为中国历史上最大的独裁者之一，可以说是深得韩非的启发。

总的来说，韩非是个悲剧人物。他一心想为韩国的强大而尽心尽力，可是生不逢时，最后竟然死于非命。他是中国历史上重要的思想家之一，也是战国末期法家巨子，对后世产生过巨大的影响。韩非之死，意味着韩国企图以外交途径保全国家的梦想破灭，在他死后三年，韩国灭亡。

第十三章　秦灭六国

一、李牧之死与韩赵灭亡

显然，李牧已经成为抗秦的一面旗帜。公元前 233 年，李牧在宜安之战中大败秦军，秦军总司令桓齮落荒而逃。这仅仅只是运气吗？至少秦王嬴政是这么认为的。从这场战役来看，秦军确有轻敌之处，绕过邯郸城，孤军深入，以至于被李牧抓住机会痛揍一顿。可是很快李牧就证明，他打败秦军，绝非仅仅是运气。

经过一年的准备后，公元前 232 年，秦军又一次以猛虎下山之势，扑向赵国。秦军兵分两路，一路攻至邺城，另一路直奔太原，取狼孟、番吾。我们在这里要注意到一个细节。邺城在公元前 236 年曾被桓齮、杨端和的秦军攻陷；狼孟则是在公元前 247 年被蒙骜占领。史书上没有记载这两城是何时被赵国收复的，但几乎可以肯定的是，这两座城就是李牧在上一年的宜安会战后，乘胜追击秦军时收复的。

赵国再一次举国震动，能不能击败秦军，这就要看李牧的本事了。从国力上说，赵国已经不是秦国的对手，从军力上来看亦然。秦国虽然在前一年受挫，可是无论是兵员还是武器、粮食，都能迅速得到补充。相比之下，丧失大片土地的赵国，显然捉襟见肘。可以说，赵国是毫无胜算的。

但是李牧又一次震惊世界，在这场硬碰硬的战争中，他又打破了秦军的神话，在正面交锋中击退敌人。关于这场战斗的详情，很可惜，史书并没有记载，但是可以想象此役的惨烈。

《战国策》中有一个记载："秦、赵战于河漳之上，再战而再胜秦；战于番吾之下，再战而再胜秦。四战之后，赵亡卒数十万，邯郸仅存。"这里说的"四战"究竟是哪四战，不好考，我们姑且认为是最近的四场战争。从史书的记录来看，有明确记录赵军损失的，只有桓齮在平阳、武城之役中歼灭赵军十万人。至于李牧击败秦军的两役，赵国损失多少人马，没有明确的数字，但可以判断伤亡定然不小。

对于风雨飘摇中的赵国来说，在五年之内损失超过数十万人，是完全不堪忍受的。

李牧的胜利并没有让赵国摆脱困境。

俗话说"福无双至，祸不单行"，对赵国来说正是如此。从公元前 236 年到公元前 232 年，五年的时间里，秦国四度进攻赵国，这已经令赵国疲惫不堪了。谁能想到，人祸刚去，天灾又来。

公元前 231 年，赵国爆发大地震。这次地震的震级已难考，可是从破坏程度来看，绝对是高震级的。从乐徐到平阴一带，房屋超过一半在地震中倒塌，满眼望去，尽是残垣断壁。赵国百姓还未从地震的灾难中缓过气来，第二年（前 230 年），赵国又陷入罕见的干旱之中，庄稼收成相当不好，全国百姓又陷入饥荒之中。

然而赵国并非七雄中第一个被灭的国家，实力最弱的韩国成为虎狼秦国的第一个牺牲品，并不出人意料。

自从晋国一分为三后，韩国的表现比较平淡。相比之下，魏国、赵国都曾经有过辉煌的历史，魏国在魏文侯、魏武侯时代雄霸一时，赵国在赵武灵王、赵惠文王时也堪与秦国分庭抗礼。在整个战国时代，韩国除了早期吞并郑国算得上是一大武功之外，其他时间并没有十分突出的表现，特别是与秦国的战争，几乎是百战百败，领土不断缩小，已经从大国沦为小国了。

韩非未能完成存韩的使命，反而丢了性命，这令韩王安大为惊恐。为了讨好秦国，韩王安于公元前 231 年（韩非死后二年），把南阳之地献给秦国。可是这种做法与肉包子打狗有何差别？难道一块土地就能喂饱贪得无厌的秦国吗？秦王嬴政毫不客气地接受了韩王的厚礼，派内史滕接管新的土地。

事实证明，韩王安完全打错了算盘。他想用割地来换取秦国的同情，但秦王嬴政是一个冷酷无情的人，你割地我笑纳，但我还是要吞并你。获得韩国的献地后，秦王嬴政马上指示地方军政长官内史滕，为伐韩做好最后的准备。

公元前 230 年，秦国将领内史滕对韩国发动最后一击。奄奄一息的韩国再也无法抵挡秦军的攻势，更要命的是，此时已经没有任何一个东方国家愿意出兵相救了。自从姚贾破坏了东方合纵的计划后，东方诸国完全陷入各自为战的状态，合纵运动已经破产，各国面临秦国的巨大压力，自保不暇，谁有空去拯救韩国呢？

韩国首都新郑被攻破，韩王安成为秦军的俘虏，韩国的土地悉数被秦国吞并。秦王嬴政在韩故地置颍川郡，直接由秦中央政府管辖。并不是所有的韩国人都愿意成为亡国奴，韩国的故事，还以另一种形式延续着。韩国的有志之士，为复仇而秘密行动，其中最著名的人物当数张良，后来他刺杀秦始皇，在反秦战争中成为风云人物，为大汉帝国的兴起立下汗马功劳。这些是后话，此处略过不表。

韩国灭亡揭开了秦国一统天下的序幕，各自为战的东方诸国，很难抵挡得住秦国人凶悍的进攻了。从过往的战争来看，只有赵国在与秦国的战斗中能赢得一些胜利。只是战争、天灾、人祸把赵国拖入了万劫不复的深渊之中。

正当赵国愁云惨淡之际，有一个人来到了赵国。

这个人名叫司空马，他原本是秦国丞相吕不韦手下的一名亲信。当年吕不韦被罢免丞相后，司空马觉得在秦国待不了，便逃往东方，最后来到赵国。司空马在秦国曾担任尚书之职，对秦国内政十分熟悉，因此赵王迁就让他代理相国之职。此时赵王迁已经打听到一个消息，秦国很快又要发动一场新的战争了，他忧心忡忡，召司空马前来，商量如何应付秦国。

司空马对赵王说：“我得先了解一下赵国的情况，对两国做个比较。大王您认为赵国与秦国哪个强大。”

赵王迁答道：“赵国不如秦国强大。”

司空马又问：“哪个国家的人口多呢？”

赵王迁又答：“赵国不如秦国人口多。”

“哪个国家比较富有呢？哪个国家的金钱、粮食更多呢？”

“赵国不如秦国富有。”

“哪个国家治理得比较好呢？”

“秦国治理得比较好。”

“哪个国家的丞相更贤能呢？”

“秦国。”

“哪个国家的军力更强大呢？”

“还是秦国。”

“哪个国家的法律更严明呢？”

“秦国吧。”

这些都是实话实说，司空马总结说：“大王您的国家，没有一样比得上秦国，那只能有一个结局，就是灭亡。”

赵王迁听到这样的话，不免心惊肉跳，赶紧以恳切的语气说：“希望先生能多多赐教，寡人愿意听您的。”

司空马便说道：“现在的办法，只能贿赂秦国了。大王要是能拿出一半的土地来贿赂秦国，秦王一定会大喜过望。秦国一来担心赵国会拼死抵抗，二来担心其他诸侯国出手相救，定会同意以土地换和平。只要秦国接受了土地而退兵，赵国虽然只剩下一半土地仍然可以生存。秦国得到赵国土地后，越发强大，东方诸侯定会惊慌失措，必定要重新缔结合纵条约。倘若得以同诸国合纵，得到诸侯国的相助，大王尽管土地缩小了，秦国还是无法灭亡赵国的。”

我们必须说，司空马的理论完全是错误的。他的思维还停留在苏秦、张仪那个年代的纵横学理论里，不知道时局已经发生变化。他的思维与韩王安如出一辙，韩王安便是把大片土地割献给秦国，可是结果如何呢？献地后的第二年就被灭了。其他诸侯国有什么反应吗？除了害怕之外，也没有看到哪个国家振臂一呼，号召合纵，这又是为什么呢？

首先，秦国已经把领土拓展到了齐国边境，实际上就是切断了北方赵国、燕国与南方楚国的联系，大大增加了南北合纵的难度。其次，东方诸国的国力都衰微到了难以自保的水平，谈何拯救他国呢？先看看与秦国相邻的赵、魏、楚三国，除了楚国尚有一些精锐部队之外，赵、魏两国几乎都赔光了老本。那么燕、齐两国又如何呢？齐国自从齐湣王后，就沦为二流国家，国力一落千丈。燕国本来就不强，在与赵国的战争中，又遭到毁灭性的打击。在秦国这只大恶狼面前，东方诸侯国真的个个都像病猫似的。

司空马却仍然幻想着通过割地求和的方法，刺激东方诸侯，联合抗拒秦国，这种想法不啻为白日做梦。就连赵王迁也不能同意他的建议，他不以为然地答道："以前秦国攻赵，赵国献河间十二城，割地之后，军力大大削弱了，战祸更加严重。如今要是割一半土地给秦国，赵国更弱，秦国更强，岂有不亡的道理。"

既然赵王迁不接受割地的建议，司空马辞去官职，离开赵国。路过平原津时，县令郭遗热情接待了司空马，并向他询问邯郸的情况。司空马把他与赵王的对话简单说了一下，然后断言："赵国灭亡只是朝夕间的事情。"

郭遗问道："那么您估计赵国还能撑多久呢？"

司空马回答道："如果赵王仍然任用李牧的话，大概还可以撑上一年。如果杀了李牧的话，那不用半年就会灭亡。"

虽然司空马对天下局势的判断有问题，但他对赵国内部危机倒是洞若观火。

郭遗听了有点奇怪，李牧两次打败秦军的进犯，被封为武安君，是赵国的顶梁柱，何以司空马没头没脑地说"杀李牧"的事呢？

司空马叹了一声解释道："赵王身边有一个佞臣，名为韩仓，善于奉承拍马，曲意逢迎，深得赵王的信任。可是这个人一肚子坏水，特别嫉妒有功之人。如今赵国已经到了危急存亡的时刻，赵王一定会听他的，这样武安君李牧就在劫难逃了。"

能够预言李牧死于非命，司空马也算是一个人才了。

关于李牧之死，有两个版本。

时间是公元前 229 年，是年秦王嬴政又一次大举发兵攻打赵国。秦军兵分两路出击，一路由大将王翦统率上党兵团，进攻下井陉（今河北井陉），另一路由大将杨端和统率河内兵团，进攻邯郸城。同时秦国还派出一支机动兵团，由羌瘣率领，协助两路大军作战。

这是秦灭韩国后一年。显然，雄心勃勃的秦王嬴政想要趁热打铁，把赵国也并入秦国的版图之中。面对秦军凶悍的进攻，赵国政府任命李牧、司马尚为大将，分兵御敌。李牧率军抵挡王翦的秦军，而司马尚则迎战杨端和的部队。

秦军摆开了架势，却不急着进攻。为什么会这样呢？秦王嬴政是个聪明的家伙，他知道上兵伐谋的道理。一个将领是一支军队的灵魂，将领指挥水平的高低，直接决定着这支军队的命运。就像当年赵国政府用赵括顶替廉颇，四十多万的军队就灰飞烟灭了。对能征善战的秦军来说，并非赵国士兵可怕，而是李牧可怕。要打败赵国军队，最简单的办法，莫过于把李牧从总司令的位置上拉下来。

对秦国人来说，反间计已经用得驾轻就熟了，而且屡试不爽。当年廉颇将军和信陵君魏无忌都是秦国反间计的受害者，但他们的下场不像李牧那么悲惨。为了实施反间计，秦国的间谍们携带大量的金银财宝，潜入赵国，游说鼓动那些掌握大权的高层官员。

究竟是谁害死了李牧？《史记》与《战国策》的说法有出入。

依据《史记》的说法，李牧是被奸臣郭开害死的。郭开这个人早有劣迹，当年赵悼襄王想召回流亡在国外的老将廉颇，就是这个郭开从中作梗，最后竟使老将无缘返回、客死他乡。郭开在意的只是自己的权势，他绝对不能容忍有人挑战自己的地位。可是李牧两度拯救赵国，已经是名震天下，倘若他第三次打败秦军，那么非入主权力核心不可。郭开眼中早已容不得李牧这粒沙子了。这个时候秦国派来的间谍又添油加醋，外加厚礼，更令他下定决心要铲除李牧。

于是一个罪恶的阴谋开始了。

郭开在赵王迁面前大进谗言，称李牧、司马尚有谋反之心。谎言多说几次，就几乎形同事实了，更何况赵王迁长着一颗猪脑袋，根本无法分辨事情的真伪。我估计在这场算计李牧的阴谋中，赵王迁的生母也是参与其中的。当年赵悼襄王要娶这个女子时，李牧就强烈地反对，这无疑成了李牧一大“历史问题”。

赵王迁轻而易举地相信了郭开的谗言，他下令将李牧、司马尚二人革职，分别派赵葱以及颜聚（来自齐国的一名将领）前去接替二人的位置。在战场上精于制胜之道的李牧，在险恶的政坛只是一个不及格的小学生，秦人的刀剑未能伤害他，但自己人从背后袖出的冷箭是致命的。高傲的李牧岂能咽下这口恶气，自己为国家殚精竭虑，却还要受那帮不中用的饭桶摆布，是可忍，孰不可忍？

李牧拒绝接受朝廷的命令，他仍然天真地幻想着“将在外，君令有所不受”的古老传统，可是世道变了。赵王迁早已把生杀大权授予传达命令的使者，李牧的拒绝，无疑只是印证了“企图谋反”的流言。国王特使毫不客气地当即将李牧拿下，不经审判，即刻处决，砍下他那颗高贵的头颅。

与《史记》相比，《战国策》的写法更加离奇，尽管可信度不高，笔者还是写出来供大家参考。

在《战国策》的记录中，谋害李牧的主角是韩仓，也就是司空马提到的那位宠臣。同样是出于嫉妒心理，他向赵王进了谗言，并召回李牧。与《史记》所记不同的是，李牧并没有反抗，而是卸职并返回邯郸。赵王为李牧举办了酒席，并向他敬酒；李牧赶忙回敬，可是在这个时候，他的袖子里隐隐露出某种像是武器的东西。

韩仓见状，立即派人把李牧拿下，罪名是“企图行刺赵王”。李牧苦笑地解释说：“我长年征战在外，患了个疾病，手臂残疾了，无法伸直，跪拜时手没法触到地面。我担心见到赵王时，不能行礼，特地让木匠帮我做了个木杖，固定手臂。您若是不信，我让您看看。”

说完之后，李牧把袖子一卷，只见整个手臂用一根木杖固定着，上面缠了很多布条。“看到了吧，这根本不是什么武器，希望您进宫跟大王做个说明。”

可是韩仓的本意就是要置李牧于死地，说他私藏凶器也不过是杀人的借口罢了。他冷笑道：“我只是受命于大王，大王赐将军一死，不能赦免。我不敢为你禀报。”说罢他扔下一把剑给李牧。这时李牧才明白，他是中了奸人之计，这些人早就想要他的命了。除了自杀，他已别无选择。

在《战国策》中，写到李牧的自杀很悲情。他举剑自刺，可是他的手臂残疾，使不上力，便把剑衔在口中，抵在柱子上，猛地一用力，剑从其口中刺入，鲜血喷涌，当即毙命。

无论李牧是怎么死的，是被谁害死的，最终结果都一样：赵国自毁长城了。

这也是赵国历史上最令人扼腕叹息的一幕。

其实就算李牧不死，赵国能抵抗多久，这也是个谜。实力就摆在那里，秦国越来越强，特别是在吞并韩国之后，已迈出统一的坚实步伐；反观赵国，土地不断地缩小，兵力也不断被削弱，与秦国已经完全不是同一级别的对手了。李牧确实是一位军事天才，可是天才也不可能一个人战斗，统帅的水平固然是影响战争胜负的重要因素，但如果没有坚实的国力为后盾，纵然有奇谋妙算，恐怕也难以长久有效吧。

我们为李牧惋惜时，也不得不提一下秦国炉火纯青的间谍战。在战国史上，秦国策划过许多著名的反间计，而且屡屡得逞，这说明秦国政府在谍战上是下了苦功的。这是一个隐形战场，虽然没有刀光剑影，没有血肉横飞，却往往左右一场战争的成败。这也说明秦国军事力量的强大是全方位的，并不只是拥有一支卓越非凡的军队。

李牧之死扫除了秦军的心理障碍，对赵国的总攻随之展开。

伐赵主力是王翦兵团及羌瘣兵团，此时的王翦已经成为秦军将领中的一哥，在秦统一六国的战争中，他是无可争议的头号功臣。秦军挟灭韩之威，虎视眈眈，兵强马壮；反观赵军，备受士兵尊敬的大将军李牧无故受诛，士气空前沮丧，新接任的总司令赵葱虽然抱着鱼死网破的决心，但终究不是一个高明的指挥官。

王翦兵团杀气腾腾，长驱直入，赵葱硬着头皮与秦军决战，抱着一丝侥幸的想法。可是战场上靠的是实力而不是侥幸，没有李牧的赵国兵团终于被打得大败，赵葱所能做的最后一件事，也就是以死殉国了。这一战，令赵国精锐部队灰飞烟灭，赵国的生死存亡，就看最后的邯郸保卫战了。

邯郸是一座坚固的堡垒，谁也不能否认这一点。对赵国人来说，这是光荣的城市，因为在历史上，它多次击退了入侵者。特别是发生在公元前 259 年到公元前 257 年的邯郸保卫战，更是一场跌宕起伏、生死存亡的战争。当时赵国在长平损失四十多万军队，却能固守邯郸三年，避免沦为第一个出局的强国。

可是，今天又不同于往日了。三十年前的赵国，尽管时局危恶，但国家的政治是清明的，君臣齐心协力，同仇敌忾，众志成城，朝中也不乏贤臣良将。可如今呢？奸臣当道，郭开、韩仓之流一手遮天，谗杀名将，军民为之胆寒。试问，在这种情况下，邯郸的军民还能像三十年前那样，把爱国主义与牺牲精神发扬到极致吗？更严重的问题是，此时的赵国已经没有援军了。东方六国中的韩国已成历史，其他诸国苟且偷安，再没有像信陵君、春申君这样的英雄人物了。

从一开始，邯郸的命运便是一眼可见的。从史料推测，邯郸的卫戍司令应该是颜聚。他是来自齐国的一名将领，面对秦军凶猛的进攻，他被打败了，但没有像赵葱那样战死沙场。邯郸城几乎没有像样的抵抗，就成了王翦的战利品，赵王迁这位末代国王成为秦军的阶下之囚。

赵国灭亡了。

这个曾经雄踞北方的强国，成为东方六雄中第二个灭亡的国家，而此时距李牧之死，仅仅过去五个月。可以说，这就是报应。然而有些历史学家把赵国的灭亡时间往后推迟了七年，这又是为什么呢？

秦国攻破邯郸，俘赵王迁，但并没有完全占领赵国。赵王迁的哥哥，即以前被废掉的太子赵嘉带着赵氏宗族数百人逃到了代郡，自立为王，称为“代王”，仍然高举抗秦的旗帜。代王赵嘉深知力量薄弱，他派人前往燕国，与燕国军队会合，屯兵于上谷。关于赵嘉联合燕国抗击秦国的故事，后面再说。尽管赵嘉组织起一个新的流亡政府，可是称为“代”而不称“赵”，因此可以说，作为东方六雄的赵国，实际上在公元前 229 年被灭亡了，其波澜壮阔的历史最终画上了句号。

秦王嬴政与赵国有着相当密切的联系，故而吞并赵国，对他来说有着非同寻常的意义。《史记》中明确把秦王称为“赵政”，他出身于赵国，他的母亲赵姬是赵国人，而他从小也是在赵国长大的。

王翦灭赵后，秦王嬴政十分兴奋，他迫不及待地动身前往邯郸，想在这里寻找童年的记忆。如今，这座名城终于成为秦国的地盘，秦王有一种骄傲的自得，他认定自己出生于人世，其使命就是要一统天下。到了邯郸城后，他走访了娘家亲戚，或者是想讨好娘家人，或者是想展示自己的权力，他把所有与娘家结怨的人统统抓起来，一个不留，全部处死。此时的秦王越发暴露出其性格中残暴的一面，但这位暴君有着非凡的才能以及无人可及的野心。

吞并韩、赵两国后，秦国的胃口是否填饱了呢？说实话，光凭着吞并韩国与赵国这两项丰功伟绩，秦王嬴政就超越了他之前的所有秦王，虽然严格意义上说，这些成就的取得是站在前人的肩膀之上的。秦孝公的目标是恢复秦穆公时代的霸业，秦武王的目标是“车通三川，以窥周室”，而秦王嬴政的雄心更为伟大，他要成为天下唯一的、至高无上的统治者，要成为人世间的神！

统一战争的序幕已经开启，车轮已转动，就无法停下来了。事实上，从灭韩之战开始，一直到统一六国，秦国的战车从来没有停歇，在完成最终目的之前，它是不会停歇的。很快，秦王嬴政给大将王翦下达新的指示：将秦国大军驻屯于中山，兵临易水河，做好进攻燕国的准备。看来，秦王嬴政已经把燕国视为第三个猎物，志在必得。燕国向来军事力量不强，当年以多打少，乘赵国兵败长平时想偷鸡摸狗一番，反而被赵军打得大败而还。燕国连赵国都打不赢，怎么抵抗秦国的进攻呢？

正面交锋，那肯定是鸡蛋碰石头，只会粉身碎骨。没有其他办法了吗？只能坐以待毙吗？

困兽犹斗，何况是人呢？于是一个惊天密谋悄悄地展开了，这个密谋便是：刺杀秦王嬴政！

二、荆轲刺秦王（上）

刺杀秦王嬴政的阴谋是燕国太子丹一手策划的。

说起太子丹与秦王嬴政，两人的关系非同寻常。燕太子丹，又称为燕丹，姬姓，是燕王喜的儿子。燕国曾经与赵国爆发旷日持久的战争，但几乎每次都吃败仗，不得已之下，燕王被迫与赵国和解，并把太子丹作为人质押于赵国首都邯郸。当时除太子丹之外，秦国公子子楚也在赵国当人质，子楚娶了赵姬后，生下了嬴政。太子丹与嬴政年龄都很小，两人经常在一起玩耍，成为儿时最要好的伙伴。此时的太子丹与嬴政都有一颗孩童纯洁的心灵，谁也不曾想过，若干年后，两人会从好朋友成为不共戴天的仇敌。但历史有时就是这样无情。

转眼十数年过去了，嬴政成为秦国的君主，太子丹仍然还是太子的身份。作为一个弱国，为了巴结秦国，燕王喜把太子丹送到秦国当人质。按理说，两个好伙伴这么多年没有见面，重逢时应该激动万分。可是此时的秦王嬴政不再是当年那个纯真无邪的小孩子了，在经历了吕不韦擅权、嫪毐之乱后，秦王嬴政锤炼出铁石心肠，忘了人情味究竟是何物了。

其实也不奇怪，经历了那么多事情后，秦王嬴政对昔日的时光有种恍然隔世的感觉。在他眼中，天下之大，只有自己才是真实的存在，其他人对他而言，只不过是实现目标的工具或障碍。他不仅没有热情迎接昔日的好友，反倒冷漠得出奇，甚至充满敌意。当吞并六国成为他熊熊燃烧的欲望时，燕太子丹便成为敌人了，而对待敌人，他一向是冷血的。

公元前 232 年，即秦王嬴政十五年，太子丹提出请求，想返回燕国。这个请求是合理的，作为一个大国的太子，总不能长期待在国外吧。可是秦王嬴政故意百般刁难，他说：“乌头白，马生角，乃可。”意思是除非乌鸦白了头，马儿长出了角，才允许太子丹回国。太子丹勃然大怒，他对秦王的冷漠早已衔恨在心了，听到这样的答复后，恨不得一刀杀了秦王嬴政。这件事，也为日后太子丹谋刺秦王埋下了伏笔。

据古书《燕丹子》所记：“丹仰天叹，乌即白头，马生角。秦王不得已而遣之，为机发之桥，欲陷丹。丹过之，桥为不发。夜到关，关门未开。丹为鸡鸣，众鸡皆鸣，遂得逃归。”当然，这种说法荒诞不稽，而且“鸡鸣”之事，很明显是把孟尝君的故事移植到了太子丹身上。事实上，燕太子丹是不辞而别的，他只身潜逃，历经千辛万苦，逃出秦国。从那时起，他就立下誓言，一定要雪耻，杀了秦王嬴政。

回到燕国后，太子丹日夜想着报仇雪耻之事。可是燕国实力平平，想要凭借燕军脆弱的军事力量实现复仇的愿望，无异于天方夜谭。为此，太子丹愁眉不展，寝食难安。此时的秦国正不断地进攻韩国与赵国，连相距遥远的燕国也感受到战争日益临近的恐怖气氛。未来的时局会何去何从呢，太子丹前往请教老师鞠武。

鞠武分析说：“秦国土地已遍布天下，对韩、魏、赵三国构成巨大的威胁。其北面有甘泉、谷口之险峻地形，南有泾渭流域肥沃的土地，同时据有富饶的巴蜀汉中，西有陇蜀崇山峻岭，东有函谷关、崤山之险。人口众多，军队精锐，武器充足。倘若秦国有意扩张，那么长城以南、易水以北，就不再是安定的地方了。”

太子丹急切地问道：“那我们有什么办法呢？”

鞠武没有回答，只是说：“这我得进一步想想。”

在太子丹回国后不久，他听到了一个消息：秦国军队在赵国被李牧打败了，总司令桓齮战败后不知去向。过了一段时间，突然有一个不速之客来访燕国，自称“樊於期”。原来这个樊於期正是秦国大将桓齮，桓齮吃了大败仗后，损兵折将，担心遭到惩罚，索性改名换姓，逃到燕国。从改的名字来看，“樊於期”的读音与“桓齮”十分相近，可见还是花费了一点心思的。桓齮或者称为樊於期，怎么会逃到燕国呢？首先，燕国距离秦国比较远，秦王嬴政的毒手暂时还不会伸得这么远；其次，他也听说燕太子丹对秦王十分怨恨，投靠太子丹，不必担心被燕国政府出卖。

对于樊於期的到来，太子丹十分高兴，他盛情款待，以为上宾。

可是老师鞠武十分担心，他劝说道："收留樊於期这件事，十分不妥。秦王本来就是个凶残成性的人，要是他知道樊於期逃到燕国，势必要大怒，到时责罪于燕国，那就大祸临头了。我看最好的办法，是把樊将军送到匈奴那儿去，以免秦国有攻打燕国的借口。我这几天思考再三，认为燕国要对抗秦国，最好的办法是结交三晋，联合齐、楚，并与匈奴单于和好，只有这样，才有办法保存国家。"

鞠武所言十分有理，可是太子丹听不进去。太子丹并不是一个有深谋远虑的人，而是意气用事的人。联合东方诸国固然很好，可是各个国家矛盾颇多，要团结成一个稳固的联盟，没有几年的时间是做不到的，太子丹等不了这么久。他对老师说："您的计划虽然好，可是耗时太长了，现在我内心烦乱，一刻都等不了。况且樊将军穷途末路，前来投奔于我，我怎么能因为秦国的压力而弃他于不顾，把他送到匈奴那儿去呢？老师您还是想想其他的办法吧。"

听到这里，鞠武心里有一股愤怒的火焰腾起，他压制着怒火说："您这是做一件十分危险的事，往火坑里跳。为了结交一个新朋友，却置国家安全于不顾。像秦国这么一个狞猛枭鸷的国家，势必会残暴地报复燕国的。"

看到太子丹无动于衷的表情，鞠武叹了一口气，又对他说："这样吧，我给您推荐一个人。此人名叫田光，就住在燕国，他智勇双全，您可以跟他商量商量。"

太子丹眼前一亮，脱口而出："我想认识一下这位田光先生，可以不？"

鞠武答道："没问题。"

田光是燕国的一名侠士，他交游甚广，上至太傅鞠武，下至民间游侠，在江湖上是有名的人物。年轻时他纵横江湖，做了不少事，不过如今已经垂垂老矣。太子丹久居国外，回国后活动范围又仅限于宫廷，当然没有听说过这号人物。当听到老师鞠武推荐田光时，他像发现一根救命稻草似的，迫不及待地想见见这位奇人异士。

鞠武前往拜访田光，对他道："太子希望与先生共商国是，先生愿意吗？"

田光当然想有个机会来体现自己的价值，便答道："我听您的安排。"

就这样，鞠武带着田光到了太子府上。太子丹表现得毕恭毕敬，执弟子礼，亲自倒退着走给田光引路，引到内堂后，用自己的衣袖先拂去座上的尘埃，然后才请田光入座。太子丹的表现，令人想起燕国历史上最伟大的君主燕昭王。

田光坐下了，太子丹把左右都支开，只剩下他们二人密谈。太子开门见山，敞开天窗说亮话，把藏在心里多时的复仇欲望都抖出来，并坦言想杀掉秦王嬴政，以泄心头之恨。说完之后，太子丹离开座席，向田光叩首请教说："如今秦、燕两国势不两立，先生有什么办法吗？"

田光没有直接回答，只是说道："我在江湖上稍有名望，可那是壮年时代的事情了。现在我老了，精力衰竭，已经是一匹跑不动的老马，难以参与国家大事了。不过，我有一个好朋友，他名叫荆轲，可以帮得上忙。"

"好哇。"江湖果然是藏龙卧虎之地，太子丹意外的同时又有些兴奋，"我想认识一下这位荆先生，行吗？"

"行。"田光爽快答应了。两人告辞时，太子丹把他送到大门口，临别前不忘交代一句话："今天跟先生谈的，都是国家大事，希望先生别泄露了。"听到这句话后，田光微微皱了眉头，眼神里闪过一丝不快的表情。

从太子府出来后，田光没有回家，径直去找好友荆轲了。

鉴于荆轲是历史上最著名的刺客，我有必要对他的生平做一番详细的介绍。荆轲的祖上是齐国人，而且相当有来头，据说是齐国大夫庆封的后代。庆封曾是齐国的独裁者，被推翻后逃到吴国，后来他的领地被楚国人攻破，自己也死于楚人之手。大概是这个原因，庆封的后人便成为楚国的臣民，所以才以"荆"为氏。不过到了荆轲时，已迁移到了卫国。

荆轲从小喜欢读书，也喜欢剑术。起初他想在政坛上有所作为，曾游说卫元君，可是没有得到卫元君的赏识。这件事后，荆轲觉得自己侠气太重，不适合尔虞我诈的政治，遂云游天下，与人谈文论武，倒过得自在逍遥。

当时天下武学以赵国最盛，著名的剑客盖聂居住在榆次，技击家鲁句践居住在邯郸。荆轲曾经与名满天下的剑客盖聂论剑，也曾与鲁句践交流技击术。不过这两次交流都不欢而散，具体原因不明，但有一点是确定无疑的，盖聂与鲁句践两人都被他激怒了。荆轲没有跟他们决斗，而是逃走了。因此当时武林人士都拿荆轲当笑话，认为他很懦弱。

公元前 241 年，秦国征服卫国。以荆轲豪放的性格，当然不愿意被秦国那么刻板的制度所限制，于是他离开了卫国，前往燕国。

到了燕国后，荆轲浪迹于市井之间，结识了一位豪杰，此人名唤高渐离。高渐离本质上是一位音乐人，他擅长击筑。筑是古代的一种乐器，属打击乐。他与高渐离还有一个卖狗肉的朋友，三人相当要好，经常在一起喝酒。荆轲很喜欢喝酒，每当喝到尽兴时，便引吭高歌，高渐离击筑伴奏，三人在市场手舞足蹈，视他人为无物，很有些摇滚味道。这支“摇滚乐队”唱到动情时，总是声泪俱下，真情流露，颇为感人。可是“摇滚乐”对于荆轲来说，只是业余兴趣罢了，他本质上是个读书人兼侠士。不喝酒的时候，荆轲总是闭门读书，为人深沉，他所结交的朋友，多是豪杰贤士，其中便包括一代大侠田光。

话说田光来见荆轲，此时的他年岁已老，不复有当年壮勇，背也驼了，腰也弯了，只是眼睛仍然锐利而有神。见到荆轲后，田光说道：“我与你是好朋友，燕国人都晓得。今天太子请我过去，说秦、燕两国势不两立，要我帮他想办法除掉秦王。可是我现在已经是力不从心了，所以就推荐了你，希望你能前去宫中拜访太子。”

荆轲听后回答说：“既然如此，我就听您的。”

田光又说道：“今天临别时，太子还特地嘱咐我说：今天跟先生谈的，都是国家大事，希望先生别泄露了。我听说有德行的人做事，不应该令人怀疑。今天太子所说的话，很显然是怀疑我的操守。做事情却让人产生怀疑，这不是侠士之所为。”说到这里，田光停顿了一下，表情有点怪异，他接着说：“我希望您能赶紧去见太子，对他说，田光已经死了，他不必怀疑我泄露机密了。”

听到这里，荆轲有一种不祥的预感，他脑袋刚一念闪过，忽然见田光拔出腰中利剑，往脖子上一抹，鲜血泉涌。荆轲吃了一惊，欲上前阻止，可是已经迟了，田光已自刎而死。

“燕赵多慷慨悲歌之士”，果然如此。

安葬了田光之后，荆轲便前往宫中，拜见太子丹，告知田光已死，并略述经过。

太子丹听完后，跪倒在地上，充满内疚，泪流满面，过了许久，才缓过神来，哽咽着说：“我之所以告诫田光先生，不要泄露这事，是因为事关重大，关系到国家的未来。田先生却用生命的代价来保守秘密，这岂是我的本意呢？”

但事情已无可挽回了，人死不能复生。既然田光是这等守信之人，那么他所推荐的荆轲，一定是错不了的。

太子丹向荆轲顿首，说道：“田先生推荐先生到这里，这是上天怜悯燕国，不抛弃我呀。如今秦王狼子野心，欲望无止境，除非尽得天下之地，让海内诸侯悉数称臣，否则永不满足。秦国已经灭了韩国，俘虏韩王，尽占其地。秦将王翦率数十万大军抵达漳水、邺城一线，李信从太原、云中出兵，倘若赵国不能抵挡住攻势，势必为秦国所吞并。一旦赵国沦陷，战火就要烧到燕国了。燕国国力弱小，在以往的战争中，多次战败，就是举全国之力，也无法抵挡秦国。东方诸侯不能团结一心，只想讨好秦国，不敢采取合纵战略，这样燕国要大祸临头了。我私下里是这样盘计的，要是能得到天下勇士，以出使秦国为借口，带上厚重的礼物作为诱饵，秦王是个贪心的人，一定会乐意接见。到时如果能乘机劫持秦王，逼迫他归还所侵占的各国土地，就像当年曹沫劫持齐桓公那样，那是最好不过了。倘若劫持不成，就当场刺杀秦王。只要秦王一死，内部必然混乱，而兵权又掌握在外地的大将手中，这么一来，君臣之间必将猜疑。诸侯国可以利用这个时机，摆脱秦国的控制，重新合纵，一定可以击破秦国。这就是我的计划，只是不知道这件事要交给谁去办，希望荆卿您能考虑考虑。”

听到这里，荆轲明白了，原来燕太子丹想让自己当刺客，前去劫持或刺杀秦王！这件事来得太突然了，令荆轲没有任何心理准备。说实话，荆轲对秦国一点好感也没有，因为秦国是一个暴戾的国家，而秦王是个暴戾的君主。他当年逃出卫国，就是不想成为秦国统治下的臣民。可是说实话，荆轲从来没想过当一名刺客，况且他也不是燕国人，谈不上有什么爱国思想。至于燕太子丹，他才第一天认识，对他的底细也知之甚少。可以说，太子丹显然过于心急了，第一次见面就提出这样的请求，有些过分了。

荆轲沉默良久，一声没吭。很显然，他正在整理思绪。要刺杀秦王，这简直是不可能的任务。秦王是一只狡猾的狐狸，疑心特重，普通人连接近他的机会也没有，更何谈有机会下手刺杀呢？而且无论刺杀是否得手，都难以脱身。

虽然荆轲不是一个怕死的人，可是如此重大的事情，他也不能不慎重对待。

过了好一会儿，荆轲才缓缓地答道："这是国家大事，臣下驽钝，恐怕不能胜任这个重任。"

太子丹眼巴巴地望着荆轲，希望能看他坚定而自信地接受这个使命，不料却得到一个否定的答案。他失望的神情溢于言表。情急之下，他也顾不上尊严了，连连磕头，希望荆轲不要推辞。

此时的荆轲也正进行着激烈的思想斗争。他所想的，并不是怕对不起太子丹，而是怕对不起老朋友田光。这时他渐渐明白了，为什么田光要在自己面前自杀，这是向他表明，对于侠士来说，死亡根本是算不上什么的。"士为知己者死"，这是侠士的行为准则。太子丹能不能算是知己，暂且不论，但自己倘若不接受此重任，田光的良苦用心岂不白费了，老朋友岂不白死了吗？

想到这里，荆轲抬起头，给了太子丹一个明确的答复："好，我答应了。"

这个回答令太子丹喜出望外，他赶紧顿首称谢，仿佛看到了光明之神。

从这一天起，荆轲从一名市井之徒，成为太子府的贵宾，住上等的房子，吃各种美味食品。太子丹每天恭恭敬敬地前来探望，问长问短，不时送来一些奇珍异宝，至于车马、美女，那更不在话下，只要荆轲喜欢，可以随便挑选。

可问题是，荆轲并没有行动，似乎这种生活令他十分满意，他压根就没提到行刺秦王的事情。太子丹心里忐忑不安，这时"国际环境"对燕国更为不利了。秦国大将王翦已攻破赵国，俘虏赵王，除了代地仍然坚持抵抗之外，赵国其余的领土都被秦国吞并了。不仅如此，王翦还率领大军，逼近燕国的南部边界，秦燕战争随时都可能爆发。

尽管太子丹不想给荆轲过多的压力，可是他不能再等了。这一天，他又如往常一样来到荆轲的住所，开门见山就说："秦国大军已逼近边界，随时都可能渡过易水进犯燕国。到时我即便想侍奉您，恐怕也办不到了。"

荆轲不紧不慢地回答说："太子就算不说，我也打算行动了。不过在去秦国之前，倘若没有几样拿得出手的东西，恐怕连见到秦王的机会也没有。我打探到，秦王对樊於期的叛逃一直耿耿于怀，悬赏千金求购其首级。如果能得到樊将军的首级，加上燕国的督亢地图（督亢是燕国一块富饶之地），有这两样东西，秦王必定欢喜，到时定会接见我。只有这样，我才有机会完成使命。"

要地图，可以提供，可是要樊於期的人头，这个条件让太子丹无法接受。

“这怎么行呢？樊将军走投无路时，前来投奔于我。我怎么能因为一己之私，而伤害到这位值得尊敬的长者呢？我不能答应。您还是考虑一下其他办法吧。”

还有其他办法吗？

这段时间，荆轲表面上花天酒地，实际上一直在考虑行刺之事。秦王多疑，倘若没有能打动他的礼物，绝对是近不了秦王身的。他也打听到一些事情：樊於期叛逃后，秦王嬴政勃然大怒，将其父母、家族全部给杀了，这个独裁者绝不容忍这种背叛行为。当然，荆轲也知道，向太子丹索要樊於期的人头，这个要求过分了。换句话说，倘若有人向荆轲索取朋友的人头，他能答应吗？

太子丹不出卖朋友，这一点荆轲理解并赞赏，可是没有樊於期的人头，他没法完成惊天使命。怎么办？荆轲决定绕开太子丹，亲自去找樊於期。

荆轲私底下安排与樊於期的见面，开口便说道：“秦国对待将军，可谓太残忍了，您的父亲、宗族都被处死。不仅如此，秦王还以黄金千斤，封户万家求购将军的首级。您打算要怎么办呢？”

这一番话，触动到樊於期内心的痛处，想自己也曾为秦国立下汗马功劳，却没想到结局如此悲惨，他仰天而叹，禁不住流泪道：“我每当想到这件事，就痛入骨髓，只是想不到报仇的办法。”

荆轲接过话说道：“我有一个办法，既可以解除燕国的祸患，又可以为将军报仇雪恨，将军意下如何？”

樊於期不禁身子前倾，问道：“您有什么妙计呢？”

荆轲面无表情地说：“我想以将军的首级呈献给秦王，秦王一定会高兴地接见我。到时我左手揪住他的袖子，右手持匕首猛刺其胸，除掉这个暴君，到时将军大仇可报，而燕国也可以一雪前耻了。不知将军可有此心意？”

樊於期脸上苍白，荆轲要借他的脑袋一用！脑袋当然不能随随便便借人，但他既与太子丹结交，虽未必完全知道其阴谋，却知道太子待荆轲为上宾，日日拜访，一定有所图谋。现在他明白了，太子丹与荆轲策划的，乃是刺杀秦王这样的惊天阴谋。他更能明白，为什么荆轲要借他的脑袋一用，他的脑袋，就是接近秦王的一把钥匙。说到秦王，樊於期恨不得将其千刀万剐，可是他做不到。倘若能用自己的脑袋换取秦王的脑袋，那也算值了。想到这里，他平静地对荆轲说：“我日日夜夜咬牙切齿、愤恨得连心都碎了。今天有幸得先生赐教，后事就拜托您了。”

说完后，樊於期挥剑自刎。

这时太子丹听说荆轲前去拜访樊於期，情知大事不妙，赶紧备车赶去。但是已经迟了，他到达时樊於期已经倒在血泊中了。太子丹抚尸痛哭了一番，极度悲伤，可事已至此，无可挽回，只得用荆轲之计，将樊於期的脑袋砍下来，装在匣子里封起来。

现在樊於期的首级有了，燕国地图也准备好了，还差什么呢？

要行刺秦王，当然要有武器了。这不能是一把普通的武器，必须具备以下几个条件：其一，一定要锋利无比；行刺秦王只有一次机会，要是凶器不精良，完成的难度就大了。其二，要便于携带，这把武器必须能带进秦宫之中。

太子丹早就在物色天下最锋利的匕首，他挑来选去，最后选中了一把著名的匕首，名为“徐夫人匕首”。看到这把匕首的名字，不少人可能会误以为是一把女人防身用的匕首，其实不然。徐夫人并不是哪个人的太太，而是一个堂堂男子汉的姓名，这位赵国著名的铸剑师，名字就叫“夫人”。这把匕首精巧而锋利，体积小便于携带。为了购得这把匕首，太子丹花费了一百金的代价。光锋利还不够，为了一刀致命，匕首还用毒药水反复淬浸，并拿死囚来做试验，只要用匕首划出一道血丝，毒性很快侵入体内，立马就死。

为了行刺万无一失，太子丹还给荆轲配一个副手，此人名为秦舞阳。秦舞阳是燕国著名的勇士，他在十三岁时就杀过人，满脸横肉，一般人都不敢正面看他一眼。可是荆轲似乎对这个副手并不满意，像秦舞阳这样的人，表面上嚣张霸道，那只不过是恃强凌弱罢了，要是遇到真正的强者，考验的不是武力如何，而是内心是否足够强大。

荆轲迟迟未动身，他在等一个朋友的到来。

这个朋友是谁呢？史书上没有写，或许是那位屠狗的朋友，或许是武林中的高手，这个朋友尚在远方，一时间还赶不过来。可是太子丹却困惑了：现在万事俱备，荆轲却仍然不出发，莫非他害怕了，想反悔了？

太子丹又前来催荆轲：“时间差不多了，荆卿还不想动身吗？要不然，我先派秦舞阳去吧。”这是话中有话，话中有刺，听起来十分刺耳。

荆轲听后勃然大怒，厉声叱责道：“太子您这是什么意思？去了却完不成任务，就只是没用的小人一个罢了。拎着一把小匕首前往强大的秦国，很多事情都是无法事先预料的。我之所以还待在这里，是等待我的一个好朋友一同前往。既然太子认为我故意拖延时间，我这就走，就在这里跟你诀别了。”

说完后，荆轲打点了行装出发，同行的人还有秦舞阳。除了马车衣物之外，还带上三件最重要的东西：一个是装着樊於期人头的匣子，一幅燕国督亢地图，在卷起的地图里，还藏着一把锋利的匕首。

谁都明白一件事，入秦国心脏，无论是劫持还是行刺秦王，都难以脱身。说白了，荆轲这一去，能生还的机会，恐怕连万分之一也没有。

送别的一幕显得十分悲壮。

太子以及参与该密谋的宾客，身着白衣白帽，一路送荆轲到易水河畔。渡过了易水河后，太子丹等人为荆轲、秦舞阳饯行。喜欢喝酒的荆轲又喝下几杯酒，喝了酒后，他总是要放声高歌，他的好友高渐离也前来送别，这一对乐队组合要合奏他们最后一次旁若无人的曲目。高渐离以手击筑，声音富有节奏与力量，他所用的是“变徵”的音调，这种音调苍凉而凄婉，一般用于悲歌。确实，在今天这种生离死别的气氛中，能不悲从心生吗？

荆轲并不是一介武夫，他有良好的文学素养，在这时候，他即兴演唱，歌词就两句：“风萧萧兮易水寒，壮士一去兮不复还！”这两句词，无形中进一步渲染了凄凉的氛围。所有人都被这悲壮的歌声所感染，不知不觉之中，已是泪流满面，哽咽难语。

难道除了悲戚之外，就别无其他吗？

不能总是想着赴死，还要想想伟大的事业呀。高渐离突然一变调，从“变徵”音调转换到了“羽”音调，这个音调高亢有力，荆轲的歌声也从悲壮转变为慷慨激昂，充满了一往无前的战斗激情。所有人听得热血沸腾，怒发冲冠。

千里相送，终有一别，这旷世绝唱，最后也要曲终人散。

前面停着一辆马车，秦舞阳先上了车，荆轲唱完了，也跳上马车，向西奔驰而去。他不曾回头看一眼易水，看一眼朋友，他不想留下什么记忆。对一个将死的人来说，记忆有什么用呢？对一个勇闯虎穴的人来说，留恋只能使自己的意志变得脆弱。

三、荆轲刺秦王（下）

尽管行动计划早已制订完毕，可是毕竟到了秦国，一切都存在变数。

最大的变数，就是秦王究竟会不会接见荆轲。这次荆轲到秦国，是以燕国使者的身份，要献上樊於期的人头以及燕督亢地图。冲着这份大礼，秦王应该会接见荆轲，但谁也不能百分百保证。为了慎重起见，荆轲采取更为稳妥的办法，他送了一大笔钱给秦王的宠臣蒙嘉，让他先到秦王那里通融一下，因为燕国的礼物太贵重了，非得亲自交给秦王不可。

蒙嘉没有怀疑，况且收了人家的钱财，便进宫对秦王说："我大军逼近燕国，燕王害怕了，不敢兴师抵抗，情愿举国上下当秦国的臣子。为了表示诚意，砍下秦国叛将樊於期的首级，装在匣子中，同时献上燕国督亢地图。燕王专门派使者前来向大王禀明情况，现在就等着大王您的召见了。"

秦王嬴政一听，一拍大腿，好哇，樊於期这个老贼终于死了，燕国又要不战而降，这可谓双喜临门。于是传令，在咸阳宫召见燕国使者，要用极隆重的礼仪来欢迎。

当然，谁也不曾想到，燕国使团藏着巨大的阴谋。

这一天，天空晴朗。

秦国君臣，齐聚咸阳宫，个个脸上洋溢着得意的神情，他们在大殿里井然有序地坐好后，秦王嬴政传令：宣燕国使者进殿。

荆轲走在前面，秦舞阳跟在后面。荆轲手中持着一个匣子，匣盒已打开，里面安放的是樊於期的脑袋；秦舞阳手中则捧着燕国地图，地图也用一个长形匣子装着，在地图轴卷里，是一把见血封喉的匕首。这是决定命运的时刻，不仅决定燕国的命运，也决定秦王的命运以及荆轲、秦舞阳的命运。对刺客来说，最强大的武器是什么呢？其实不是削铁如泥的匕首，而是一颗强大的内心。

我们总有这么一种印象，认为刺客个个都是身怀绝技的高手，翻墙越壁，如履平地。可事实并非如此。武艺高强者，绝不意味着内心强大。在中国历史上，许多著名的刺客其实武艺很平凡，比如春秋时代著名刺客要离，就是个弱不禁风的人，却刺杀了天下第一勇士庆忌。若论武艺，荆轲恐怕不如秦舞阳。秦舞阳十三岁就杀人，被公认为燕国勇士，可见是好勇斗狠的角色。可是秦舞阳的内心，远不如荆轲来得强大。他捧着地图匣子，跟在荆轲身后，每爬一级台阶，都感觉手脚发软，额头渗出汗滴，恐惧的念头不断涌出来，身体不停地颤抖，无法控制住这种害怕。

可是荆轲像往常那样自然，步伐稳重而有力，没有流露出一丝惊慌。这已经不仅仅是超凡的勇气了。我们都知道紧张是什么东西，也都经历过紧张的过程，这个过程的出现，往往是我们无法控制的，尽管我们可以不断对自己说“别紧张、别紧张”，可是身体就是不听使唤。当然，我们面对的情况，与荆轲所要面对的，那是不可相提并论的。他面对的，是有史以来最强大的一个人，这个人的强有力，即使在两千多年后也是得到公认的；他身陷敌国的心脏地区，四周都是卫兵把守，这里就是龙潭虎穴。在这种情况下，一个人怀揣着刺杀的阴谋，却能面不改色心不跳，这种强大的内心，是罕见的。

荆轲走入殿中，献上樊於期的人头，验证无误后，接下来应该是要献上燕国地图了。可是这个时候，站在殿门之外的秦舞阳脸色大变，他的四肢控制不住地抖动着，神情恐慌。秦国的大臣们一瞧，这是什么使臣啊，紧张成这等模样。荆轲注意到了，便回头看了一眼秦舞阳，对他笑了笑，缓和一下紧张气氛，然后上前向秦王道歉说：“北方蛮夷地区的粗野鄙人秦舞阳，从来没见过天子，所以心里害怕而紧张，希望大王不要见怪，让我们能顺利完成出使的任务。”

由于害怕，秦舞阳差点露馅了，还好荆轲十分巧妙地化解了秦国君臣的怀疑。可是这么一来，原先制订的计划不得不更改了。

在太子丹的计划里，秦舞阳是刺杀行动中一个非常重要的人物，也许还是主要的行动人，因为藏有徐夫人匕首的那个匣子，便是在秦舞阳手中。依照次序，荆轲献上樊於期人头后，应轮到秦舞阳献上地图，到时翻开地图后，他立即取出匕首，凭借高超的武艺，劫持秦王。倘若劫持不成，便把秦王当场刺死。这时在大殿之上，荆轲与秦舞阳两人离秦王最近，两个打一个，胜算是相当大的。

可是从一开始，荆轲对秦舞阳就不太放心。太子丹只以武艺来挑选刺客人选，他不知道比武艺更重要的是胆力。荆轲原本要等待一位朋友，一个在关键时刻能镇定自若、不失方寸的朋友，但太子丹像催命鬼一样催他上路，只好勉为其难地把秦舞阳派上场了。

在生死决战开始前，秦舞阳胆怯了，他浑身发抖，连装地图与匕首的匣子也拿不稳了。秦王嬴政虽然感觉到有些奇怪，可是他根本没想到这两个人居然会是刺客，一点也没往那方面去想。所以他只是对荆轲说："你把秦舞阳所持的地图取来吧，寡人看看。"

荆轲从秦舞阳手中的匣子里取出地图，双手捧着。这幅图有点沉，因为里面暗藏一把兵器。武器已在手里，从这里走到秦王面前，一定不能慌乱，荆轲神色自若，没有半点异常。其实他心里在盘计着一个问题：究竟是劫持秦王呢，还是直接杀了他呢？

根据事先的计划，劫持秦王显然比较好，只要把秦王当作人质，纵有千军万马也不敢轻举妄动，只要出了王宫，带着人质上了马车，一路向东，谁也不敢阻拦。这是最佳方案，有秦王当人质，诸侯国就可以跟秦国讨价还价，这也是荆轲等人唯一可以生还的办法。但是劫持的难度比较大，在秦王根本没防备的情况下，突然拔出匕首袭击，杀死秦王的可能性很大，但是这么做只是刺死一个暴君，对天下大局不可能有重大影响。

劫持还是刺杀？

荆轲已经没有时间来细细想这个问题了。

他捧着地图走到秦王的案前，地图是卷起来的，他把地图慢慢地展开，只见图上画满着山川河流的记号，秦王看了不禁拍案叫好，这张图可太珍贵了。荆轲仍然不紧不慢地展开地图，已经翻到地图的末尾了。突然间，图穷匕见！秦王感到眼前有一道刺目的强光，分明是一把锋锐的匕首闪闪发亮，他大吃一惊，出于本能身子往后一仰，双手缩回来，这是躲避偷袭的下意识动作。

就在这个时候，荆轲右手抄起匕首，左手一把抓住秦王的衣袖。这时满堂的人都吓得惊叫起来，谁也没有反应过来到底是怎么回事，只见荆轲抓着秦王的袖子，匕首向前插去。倘若荆轲狠狠插下去，秦王恐怕就此毙命了。可是很明显，荆轲这一刀，并没有使出全力。在案台之上，只有他与秦王两人，荆轲在那个时候，认为自己可以力擒秦王，所以这一刀只是虚招。秦王与荆轲之间，毕竟还隔着一个案几，就这么个小东西的阻挡，让秦王脱身了，他奋力后退，挣脱荆轲。荆轲不是拉着秦王的衣袖吗？但这个丝绸制的衣服，华丽却不结实，秦王一退后，荆轲一扯，结果袖子给扯断了，秦王挣脱了。

有时我们不得不感慨，许多微小的细节可以改变整个历史。如果秦王穿的是结实的衣服，那么就不容易挣脱得掉，就可能被荆轲劫持了。

这一幕发生得太快了，坐在下面的大臣们一时间都不知怎么办，只呆呆地看着这出戏的进展。秦王挣脱荆轲后，马上就要拔出腰间的宝剑，可是这把宝剑平常就是佩着玩的，说白了就是个装饰品，他哪里想得到有一天能用得上呢？这把剑太长了，秦王还得边跑边拔，情急之下，竟然拔不出来了。

这时荆轲跳过案几，猛追过来，秦王只得绕着柱子走，跟荆轲玩“捉迷藏”。这时气氛紧张到了极点，秦王一刻也不敢分心，甚至连喊一句“卫兵”的空闲也没有。在大殿之外，有精锐的卫兵，全副武装，但问题是，没有秦王的命令，谁也不准进殿。就算大殿之内杀得热火朝天，卫兵们也不能动，这就是秦国的规矩。那殿上不是还有一帮大臣吗？没错，是还有一帮大臣，但这些人都不准带武器，赤手空拳，更重要的是，大家都被吓呆了。

这时的秦王实在没有机会去骂这些蠢蛋大臣，保命要紧啊。他那把长剑一直拔不出来，而荆轲手中可是有一把匕首的。幸亏秦王平日也算练过点拳脚，反应还颇为敏捷，没让荆轲逮住。呆若木鸡的大臣们开始缓过神来了，侍医夏无且毕竟是学医之人，反应还算快，他腰间绑了一个药囊，情急之下拿来当武器了，他把药囊往荆轲身上扔了过去。荆轲没看清飞来的是什么暗器，一闪身躲过去了，但就这工夫，下面有人喊道：“王负剑，王负剑。”意思就是从背后把剑拔出来。

这一招果然有效。趁荆轲躲避药囊那片刻时间，秦王把剑推在背后，右手往肩后一抄，抓住剑柄，往上一拉，唰的一声，宝剑出鞘了。

秦王长剑在手，而荆轲仍然只是小匕首，尽管匕首很锋利，但要刺中秦王已经很难了。有一件事荆轲可能始料未及，那就是秦王的武艺比他估计的要厉害得多。刚才秦王是赤手空拳，现在是长兵器对短兵器，底气更足，挥剑主动进攻。荆轲的武艺怎么样呢？只能算一般，一把小匕首怎么能敌一柄长剑呢？在交战中，秦王猛然一击，一剑砍在荆轲的左腿上，荆轲一踉跄，摔倒在地。

受伤不轻！荆轲知道无法生擒秦王了，他把匕首奋力向秦王掷去，只要锋利的刀锋在皮肤上划出一丝血迹，秦王也会中毒身亡。可是荆轲这一记飞刀，没有准头，没有扔中秦王，而是扔中秦王身旁的铜柱，“叮当”一声，匕首掉在地上了。这时秦王飞身上前，举剑连刺，在荆轲身上戳了八个窟窿。

荆轲知道任务失败了，他身上血流如注，站不起来了，只能倚着柱子。这时下面的那些秦国大臣才纷纷上前，而殿门外的卫兵奉命进来了，那个吓得半死的秦舞阳也被抓起来了。这时荆轲突然哈哈大笑起来，把所有人吓了一大跳。笑声过后，他坐在地上，冲着秦王怒骂道："今天我之所以没有成功，是想将你生擒、劫持，逼迫你签订条约，以回报太子的知遇之恩。"

从荆轲死前的最后一句话，也可以得知，刺秦的失败，并非他没有机会结束秦王的性命，而是企图活捉秦王。可以说，荆轲的这一决策是行动失败的主要原因。如果秦舞阳能正常表现，合两人之力，制服秦王，那是有可能的。但是在秦舞阳已经出局的情况下，荆轲仍然幻想生擒秦王，因此成功的机会大大降低了。

听了荆轲的辩白后，秦王更加怒火中烧，马上令卫兵上前，你一刀我一戟，把荆轲捅得像马蜂窝。也有一些史料称荆轲是被肢解而死，活生生地砍成几大块。

这桩中国历史上最著名的刺杀案，最终很遗憾地以失败而告终。

其实刺秦的整个谋划都相当出色，几乎滴水不漏。在这个计划推行过程中，田光死了，樊於期死了，从一开始，就注定会有许多人为此而死，而目的只有一个：刺秦。但很可惜，计划没能成功，临门关键一脚欠佳。后来许多人把荆轲刺秦的失败，归结为武艺不精。比如陶渊明在《咏荆轲》一诗中写道："惜哉剑术疏，奇功遂不成。"

司马迁在《史记》中完整地再现了荆轲刺秦王的场面，这个记载可信度是相当高的。在写荆轲的传记时，司马迁拜访过两个先生，一个名叫公孙季功，另一个名叫董生，这两人都是秦宫廷御医夏无且的好朋友。在荆轲刺秦的整个过程中，夏无且就是见证人，而且他还用药囊袭击荆轲，后来他把整个事件的细节都说给两位好友听，而这两人在年老时，又说给了司马迁听。

从荆轲刺秦王的过程可以看出，秦王竟然毫发无损，只是衣袖被撕去了一角。好，就算荆轲想生擒秦王，也没有看出他拳脚的功夫，既没降龙十八掌，连扫堂腿也没看到。作为一名刺客，这功夫有点蹩脚。等到秦王亮出宝剑后，也没看他展出空手入白刃的功夫，反而没两招就被秦王刺伤了大腿。因此可以断定，刺秦的失败，在于荆轲武艺欠佳。

当然，我们必须说，荆轲所展示的勇气与胆量，是无与伦比的。但他终究不是一个完人，他的问题出在哪里呢？他过于骄傲与自负，甚至有点目中无人。他喜欢武术，对自己的功夫颇为自得，为此还特地前去拜访武学名家盖聂、鲁句践，但似乎只是嘴巴上交流，而且可能在口头上挑衅两位名家，搞得不欢而散。

荆轲刺秦的壮举传到鲁句践耳中时，他私下感慨说："唉，可惜呀，荆轲对剑术还不够精通。以前他来拜访我时，我曾经呵斥过他，他就一直以为我跟他不是同路人。今天他竟然能有如此壮举，看来我对他的了解也是不够的。"

作为与荆轲同时代的武学大师鲁句践，他的评价也证明了一点：荆轲的剑术确实很一般，这也是他最后功败垂成的原因所在。

在中国历史上，荆轲是最著名的一位刺客，在之后两千多年的时间里，荆轲的大名，屡屡出现在各种文学作品中。对他的评价，有褒有贬，多数人称道他的勇气，他的侠肝义胆；但也有人认为他其实是被捧高的人物，刺秦只是无意义的冒险，而且刺杀秦王时表现不佳。不管大家怎么看他，怎么评价他，发生过的事情终究是发生了，也没有改变的可能。从事件上说，荆轲刺秦王，没能改写历史；但从文化的意义上说，他把中国的刺客文化推向高峰，也让后人领略到战国时代视死如归的无畏气概，领略到先秦时代武士身上的血性。在专制的时代里，荆轲或许还具备了更多的意义，他示范了一种对付暴君的办法：一把匕首与一颗无畏的心，就像孟子所说的，"刺万乘之君，若刺褐夫"。

燕太子丹把希望都寄托在荆轲身上，可是没想到，离成功就只差那么一点点。他就是一个狂热的赌徒，豪掷千金后，才愕然发现已经没本了。为了刺杀秦王，他赔光了老本，却一无所获。不仅一无所获，暴跳如雷的秦王已经把枪口对准燕国，对准燕太子丹，他要让燕国为刺杀行动付出最为惨重的代价。

此时韩、赵已亡，燕、魏、楚、齐四国岌岌可危，秦国的战车隆隆向东，要将一切障碍碾得粉碎。

四、天下归一（上）

燕太子丹比谁心里都清楚，战争无可避免了。

在那段日子里，他日夜向上天祈祷，祈祷刺杀行动大获成功，他每天都想象着秦王被刺死的场景，可那是真实的吗？不。当准确无误的消息传来时，他呆若木鸡，两眼暗淡无光，一连几天把自己关在房里，突然憔悴了好多。

秦王嬴政当然知道谁是背后的主使者，童年时代的小玩伴、好朋友，竟然要把自己送往鬼门关。“就凭太子丹，能杀得了我吗？”秦王嬴政一声冷笑，既然是生死决战，那么在一方人头还没落地之前，游戏就不会结束。

此时王翦的秦军已驻扎在燕国南部边界线附近，秦王嬴政已经发出指令，要求王翦、辛胜等将领，立即率领大军向东挺进，进攻燕国。

对燕国来说，唯一的机会，是与代国兵团联合抗秦，把秦军阻止于易水以西。这一战，燕、代最精锐的部队全部出动，可是要与王翦的数十万秦军对抗，仍然显得捉襟见肘。联军被打得大败，代王赵嘉带着残兵败将只向北逃，与秦军打起游击战。而燕国兵团渡过易水，向东撤退。

冬去春来，转眼间又是新的一年。

秦王嬴政二十一年，燕王喜二十九年（前 226 年），春暖花开，王翦开始向燕国都城蓟城挺进。老迈的燕王已经不想过问政事了，他把首都蓟城的防卫交给太子丹，自己带着一支军队，匆匆退往辽东。弱小的燕兵岂是秦军的对手？屡战屡败后，蓟都城内，士气涣散。在王翦的猛攻下，蓟都终于沦陷。城破之前，太子丹带着残兵剩将向东北撤去，打算去辽东与父亲会合。

秦军大将王翦派副将李信前去追击太子丹。李信是秦军的后起之秀，少壮派军人的代表，他在破赵伐燕之战中，都有上佳的表现。李信为人坚强果敢，他只率领区区数千名骑兵，深入追击，多次击破燕军，一直追击到衍水。当时燕国内部许多人都认为，这都是太子丹惹来的祸。燕国在历史上与秦国并无瓜葛，倘若不是太子丹策划刺杀秦王，何以遭到秦国如此强烈的报复呢？面对群臣的诘难，燕王喜已是狼狈不堪，而在这个时候，代王赵嘉的一封来信，就像一颗地雷一样，最终把太子丹炸飞了。

在写给燕王的信中，代王赵嘉说：“秦军之所以苦苦相逼，是因为秦王非要得到太子丹不可。如果大王献上太子丹的脑袋给秦王，燕国就可以保得住。”

在臣下及盟友的巨大压力下，燕王挥泪下命令，派人前往太子丹营中，杀死太子丹，斩下头颅，交给秦将李信。

太子丹的首级传到秦国后，秦王嬴政终于解了一口怒气，也不再对燕、代兵团穷追猛打了。在秦王看来，燕、代两国，只不过苟延残喘罢了，根本不能构成任何威胁。现在韩、赵已灭，燕、代、魏都被打残了，齐国也没有什么实力，唯一还要花费血本摆平的，只剩下楚国了。

在王翦、李信发动伐燕之役的同时，秦王嬴政也对楚国发起试探性的进攻，王翦的儿子王贲挥师入楚，连克十余城。

王贲的胜利，让秦王嬴政确信，秦国已经具备足够的实力吞下楚国了。秦王把王翦、李信二人从燕、代前线召回国内，商量发动灭楚之战的事宜。

秦王先问李信："我打算要进攻楚国，你估算一下，大概需要动用多少兵力？"

请注意这个细节。王翦的军职比李信要高，是伐赵、伐燕兵团的总司令，是秦国军界的一号人物。按道理来说，秦王要征询意见，理应先问王翦才对，怎么他会先问李信呢？这里明显可以看到，王翦失宠了，而李信正春风得意呢。

说实话，王翦虽然是常胜将军，可是他的指挥风格，秦王嬴政并不欣赏，看起来很平淡无奇，没有什么惊人之举。李信则是处处体现其果敢、冒险的精神，还是杀死太子丹的第一功臣，这些都让秦王嬴政对他刮目相看。

面对秦王的问题，李信心里琢磨了一下，回答说："只要二十万人就够了。"

秦王又转头问王翦，王翦回答说："非要六十万人不可。"

六十万！秦王对这个数字可不满意呀，他摇摇头说："王将军老矣，怎么变得这么胆怯呢？还是李将军果敢壮勇。就听李将军的建议吧。"

王翦从军以来，身经百战，对各国的军事实力了如指掌。要对付楚国这样的庞然大物，没有五六十万的军队，怎么吃得下去呢？那么李信凭什么认为二十万人就可以吃掉楚国呢？因为有先例可循。半个世纪以前白起便以区区数万之众击破郢都，大破楚国。李信心里盘算，白起破楚，所用之兵不超过十万人，我用二十万人，已经是绰绰有余了。秦王嬴政想必也是抱着同样的想法。

那么王翦为什么非要用六十万人呢？

首先，楚国已经有半个世纪没有遭遇外来入侵，社会比较稳定，军队数量庞大，即便没有鼎盛时期的百万大军，至少六七十万是有的；其次，楚国地域辽阔，河流多，秦军深入作战，战线势必拉得很长，兵力会被分散掉；最后，白起能做到的事，不是每个人都能做到的，秦国数百年历史，也就只有这么一位天才将领。

显然，王翦意识到自己在军队中的地位已经动摇了，既然如此，索性急流勇退吧。他向秦王提出，自己征战多年，疾病缠身，请求回老家养病。秦王没有异议，当即批准。不久后，李信被任命为伐楚远征军总司令，蒙武（名将蒙骜的儿子）为副司令，领兵二十万，杀向楚国。

伐楚之战充满戏剧性。

我们先来看看楚国的现状，这个土地辽阔、兵力众多的南方大国，何以在李信眼中不堪一击呢？

原因在于楚国的内政太混乱了。

前文说过，楚国曾有一个小小的复兴，那是在楚考烈王与春申君执政的时期。春申君娶了李园的妹妹，把她肚子弄大了后，送进宫里。李小妹生了一个儿子，被楚考烈王立为太子，这个太子，其实是春申君的亲骨肉。为了永远隐藏秘密，李园在楚考烈王去世后，发动政变，杀死春申君，立太子为王（楚幽王），自己大权独揽。

楚考烈王死时，被立为王后的李小妹肚子里又怀了一个孩子，这个孩子的父亲究竟是不是楚考烈王，也没人说得清。楚考烈王一直未能生育，李园的妹妹却能怀孕，这件事让人有点生疑。只是当时李园仗着是楚幽王大舅子的身份，独断专行，没有人敢去说这件事。

楚幽王是个短命君主，当了十年的国王就死了，而且这时也只是十几岁的孩子。权臣李园把楚幽王的弟弟扶上王位，是为楚哀王，自己继续躲在幕后操纵一切。但是李园没有想到，此时一股反对势力正在兴起。

反对派的头目是公子负刍。据《史记·楚世家》记载，公子负刍是楚哀王的庶兄，也就是楚考烈王的庶子。可是楚考烈王一直未能生育，怎么突然冒出那么多个儿子呢？这确实很令人生疑，看来太史公的记载有点自相矛盾。《列女传》中有另一种说法，公子负刍根本不是楚考烈王的儿子，而是他的弟弟。也就是说，公子负刍是楚哀王的叔叔，而不是庶兄。这种说法是比较可信的。

当时楚国国内就有很多流言了，称楚幽王、楚哀王这两兄弟，统统不是楚考烈王的儿子，他们根本没有资格成为楚国的统治者。如果楚考烈王没有儿子，王位应该由他的弟弟负刍来继承。楚幽王死后，李园立楚哀王，这无疑激怒了反对派，他们决心铤而走险，发动政变。

公元前 228 年，楚国再度爆发政变。公子负刍的党羽袭击王宫，杀死楚哀王及其母亲李太后（即李园的妹妹），宣布公子负刍为楚王。新的楚国政府对李园集团进行大清洗，李氏家族遭到灭顶之灾。李园这个来自赵国的政治投机客，最后以悲惨的命运收场。

从春申君被杀到李园被杀，短短的十年间，楚国两度爆发政变，两位最有势力的权臣都死于非命，连国王、太后都成为牺牲品。由是可见，楚国国内政局太动荡了。政局的巨变，令楚国无法抓住难得的和平机会，大力提升军力以对抗强秦的威胁。也正因此，秦国君臣，普遍对楚国抱有轻视之心，认为打垮楚国只是轻而易举之事，而李信甚至狂妄地认为，只需要二十万人就可以搞定楚国了。

战争初期，正如李信所预料的那样，在强大秦军的打击下，楚国人溃不成军。

李信、蒙武以二十万众进攻楚国，一路横冲直撞，颇为得心应手，连战连胜。楚国毕竟很多年没有打过大战了，作战经验不如秦军丰富，军队上下患有“恐秦症”，一触即溃，可谓不堪一击。秦军兵分两路，李信进攻平舆，蒙武进攻寝丘，两路大军都大获全胜。李信乘胜又攻击鄢、郢，这位少壮派军人果然骁勇善战，把楚军打得落花流水。

这里有一个细节要说一下。

鄢、郢不是在半个世纪之前，就已经被白起攻陷了吗？怎么李信又攻楚军于鄢、郢呢？这里就必须说明，这里的鄢、郢，并不是当年被白起攻陷的那两城。楚考烈王二十二年时即秦王嬴政六年（前 241 年），楚国把首都迁移到了寿春，并且把寿春改名为“郢”。因此，郢都的名称仍然在，但这是新郢都，而不是旧郢都。至于“鄢”，史书上没有细写，有人认为是颍川之鄢陵。李信进军鄢、郢，实际上就是夺取了楚国的首都寿春（新郢都）。

攻占新郢都后，李信并没有继续向东挺进，而是“引兵而西”，干什么呢？要到城父去跟蒙武会师。

李信不是勇将吗？怎么没“宜将剩勇追穷寇”呢？怎么没有发扬当初千里追击太子丹的英雄气概呢？他为什么不把楚国人一直赶到大海呢？

因为他做不到。

很显然，他的军队已经精疲力竭了。在新郢都以东，楚国还有大片的国土，还有数十万的军队。李信勇猛异常，但并不是傻瓜，倘若他一路向东，恐怕是要全军覆没了。在抵抗外来侵略上，领土辽阔的国家，有可以伸缩进退的空间，这是地理上的优势。现在李信恐怕有点后悔了，谁让他年轻气盛，在秦王面前说大话呢？二十万军队，在广阔无边且水网密布、沼泽丛生的楚国，实在不够用。

李信放弃继续东进，打算与蒙武会师，军队必须休整，才能恢复战斗力。

可是他低估了楚国的能力。

楚国大将项燕虽然屡战屡败，但他还是一个比较高明的将领，他对付李信的办法，颇为类似 19 世纪俄国名将库图佐夫对付拿破仑的方法。面对秦国精锐兵团的进攻，项燕大步后退，甚至把鄢、郢这些重要城池也让给了秦军，以保全楚军的实力。果然，在千里跃进之后，李信开始露出疲态，成强弩之末，被迫从新郢都撤兵，撤向城父与蒙武会合。

项燕当机立断，下令楚军尾随其后，一路跟踪追击。项燕出身于将门之家，其家族在楚国历代为将，本来并不姓“项”，只是后来受封于“项”地，故而改氏为“项”。在项燕之前，楚国史上并没有哪个将领是姓“项”的，因此我怀疑，项氏应该是出自景氏或屈氏，这两大姓氏出的将领最多。

楚军发扬一不怕苦，二不怕死的精神，穷追三天三夜，这种战斗意志实在出乎李信的意料。秦军被拖垮了，只得设营筑垒以阻止楚军的反扑。然而，楚国士兵的爱国主义激情被点燃了，似乎回到了那个遥远的、勇敢无畏的拓荒时代。秦军遭到迎头痛击，李信与蒙武的两处营垒全部被楚军攻入，秦军七名都尉被杀，士卒死伤无数。

在战国历史上，秦、楚之间发生过多次战争，秦国向来胜多负少，而像这样的惨败，还从来没有过呢。李信、蒙武战败后，只能灰头土脸地撤回秦国去了，这场战争不仅未给李信带来光荣，反倒蒙受了耻辱。

若以国家实力来看，此时的秦国比历史上任何时候都要强大，怎么反倒吃了大亏呢？这完全是轻敌惹的祸。灭韩破赵伐燕攻魏，这一连串的胜利，确实令秦王嬴政冲昏了头脑。只有王翦还保持清醒的头脑，他早就强调了，要征服楚国，非得动用六十万的兵力不可。务实的王翦被认为是保守、胆怯之辈，而夸夸其谈的李信最后非但没有赢得胜利，反倒威风扫地。这里我们说一个题外话，李信是汉代著名飞将军李广的祖先，而项燕则是反秦英雄、西楚霸王项羽的爷爷。我们能在李广、项羽身上，发现某些遗传的特性，譬如李广的冒险精神，颇为类似李信，两人都因勇猛而成为名将，但也因为鲁莽而失去胜利的机会。项羽在钜鹿之役中破釜沉舟的背水一战，就好比项燕的绝地反击，两个人下场竟然也类似，最后都是自杀而亡。

更让李信觉得难堪的是，当他灰头土脸地回到秦国时，在另一条战线上，王翦的儿子王贲为老子争光，攻陷大梁城，完成了灭魏的伟业。

灭魏之战，比伐楚之战的时间略晚。秦国在伐楚的同时，还能腾出手来攻打魏国，这也都是托了李信的福。李信只带走了二十万军队，秦王嬴政完全有充足的本钱再发动一场战争。那么秦王为什么要把灭魏战争的指挥权交给王贲呢？

一来王贲是一名出色的将领。俗话说，虎父无犬子，王贲长年追随父亲王翦征战，在战场上得到学习与锻炼，加上他资质不错，很快成为秦军的一员虎将。在稍前对楚国发动的试探性进攻中，他连下十余城，威震天下。

二来秦王嬴政是有意顾全老将王翦的面子。正因为王氏父子兵权太重，一向对人不信任的秦王想提拔李信代替王翦，逼王翦退休，以此来削弱王氏父子在军队中的地位。既然王翦告退了，秦王为了表示对王家的器重，也把王贲提拔为伐魏总司令，成为独当一面的军区司令。

与楚国相比，魏国已经孱弱到了极点。伐魏之战，比起伐楚之战要轻松得多。这可视为秦王嬴政送给王翦父子的一份厚礼，但能不能灭掉魏国，还得看王贲的本事。

魏国在魏安釐王及信陵君时代，曾有过短暂的复兴，甚至击败过秦国。然而在秦王嬴政四年（前 243 年）时，魏安釐王与信陵君几乎同时去世，魏国的走势便一路向下，直至灭亡。魏安釐王死后一年（前 242 年），魏国便有二十座城池落入蒙骜手中，秦国置为东郡，魏国土地大为缩水。公元前 238 年时，秦国又一次大举进犯魏国，秦国大将杨端和接连攻下垣、蒲阳、衍氏诸城，进逼魏都大梁城，魏国只得再割地投降。

一次次的割地，让魏国这个战国初期最强大的诸侯国，在战国末期如同一只死猫，其国土仅仅剩下大梁城及周边一些地方而已。

此前大梁城曾多次遭到秦军的进攻，但从未被攻陷过。该城的防御工事堪称杰作，城墙厚实，高十仞。十仞是多高呢？战国时一仞为八尺，一尺约为现在的二十三厘米，十仞约相当于十八点五米，约相当于六层楼高。现在中国保存最完整的西安古城墙，高度也不过十二米，只有战国时大梁城的三分之二。

秦军的进攻确实被高大的城墙阻挡了，魏国军队为最后的生存而战，战斗一度陷入僵持之中。王贲并没有不计代价地强攻，而是祭出水淹战术。说到以水淹城，这还是晋国人首创的呢，当年知瑶决河水淹晋阳城，开创了这一全新的战法。现在秦军却把这种战术用来对付魏国人了，黄河、大沟水的大堤被决开，奔腾的河水灌入大梁城内。魏国人在最后的抵抗中，表现得相当英勇，他们坚持了整整三个月。

三个月后，被水长期浸泡的城墙轰然崩塌了一角，秦军涌入城内，魏军再也无力抵抗了。王贲占领了魏国王宫，俘虏并处死了魏王假。可是魏王假的小儿子却失踪了，下落不明。

不斩草除根，秦王嬴政心里不痛快。很快，一道旨令下达到了魏国："有捕获魏公子者，赏金千斤；敢于藏匿者，诛九族。"尽管魏国公子只是个孩子，但只要他活着，就可能是反秦的一面旗帜，所以他非死不可。

赏悬令张贴在城墙上，有人看到了，跑去跟魏公子的乳娘说："发财的机会来了。您听说了吗？只要举报公子的下落，就可以得到一大笔赏钱呢。您是公子的乳娘，一定知道他躲在哪儿了。"

这位乳母鄙夷地望了他一眼，答道："我不晓得公子躲在哪里，就算知道，我也不会说，大不了就是一死罢了。我为人家养育孩子，要是不能保守秘密，那就是怕死，就是背叛。我听说忠诚的人是不会背叛的，勇敢的人是不会怕死的。既然我把孩子喂养大，是要给他生命，而不是要夺他生命。我不能自己苟且偷生，而让公子一个人死。"

其实乳母知道公子藏在哪儿。她偷偷地带着公子，逃到荒无人烟的沼泽地。可是后来他们还是被出卖了，出卖他们的人，是前魏国大臣，如今他们为保住自己的性命，不惜出卖少主。很快，秦军追到沼泽地，包围了公子及乳母住的小茅屋，往里面放箭。乳母奋不顾身地用身体挡住小公子，身中十二箭而死。当然，小公子也没能躲过厄运，他同样被射成刺猬状，并被割下头颅，到秦王那里交差了。

世人都想生而富贵，却不知生于没落时代的贵族公子，下场却比常人还要可怜，回想一下荀子所说的“疠人怜王”的故事，难道不是事实吗？这就叫命运无常。

魏国灭亡了。

秦灭六国，是从灭三晋开始的。韩、赵、魏都是从晋国分裂出来的，晋国分裂之前，是天下最强大的国家，秦国在强晋的压制之下，根本无法向东跨出一步。晋国的分裂给了秦国向东发展的机会，并为秦国提供了大量的人才。分裂后的三晋，虽然各自也有过辉煌时代，但是毕竟力量分散了，而且三国缠斗不休，消耗了大量的人力物力，终于让秦国有机可乘，并最终将这三个诸侯国逐一击破。

继王翦灭赵后，王贲又灭了魏国。王氏父子在秦国军界的地位，谁可撼动？

秦王嬴政不得不承认，他是搬了石头砸自己的脚，本想让李信取代王翦，削弱王氏的势力，岂料李信如此不争气，竟然大败而归。

惨痛的失败终于令秦王嬴政清醒了。

看来姜还是老的辣，事实证明王翦是对的，得请老将出山。秦王嬴政虽是个喜怒无常的人，但他不是那种刚愎自用、死不认错的人。为了请王翦出山，他放下君主的架子，亲自前往频阳拜访老将军，一见面便说道：“寡人没有听将军的话，李信果然被打败了，令秦军蒙受耻辱。如今楚军乘胜收复失地，向西逼近秦国的边界了。将军您虽然有病在身，可是难道忍心抛弃寡人吗？”

王翦欠了欠身体，对秦王说：“老夫病得厉害，恐怕是没法带兵了。”

看来王翦是在找借口，不愿意出山。为什么呢？他不仅有非凡的军事才华，对政治也有着敏锐的洞察力。在君主眼中，将领不过就是一个工具罢了。需要用的时候，君主甚至会卑躬屈膝来讨好；不需要用的时候，他就会把你视为潜在的敌人。秦国的白起是什么下场，赵国的李牧是什么下场，这两位旷世名将都不得好死；就算廉颇下场比上述两人好一点，也只能客死他乡。如今王翦灭了赵国、征服了大半个燕国，他的儿子王贲灭了魏国，父子俩就是秦国军界的顶梁柱，可谓“功高震主”哇。

更重要的是，秦王对他早有戒心了。秦王让李信去攻打楚国，未必就是认定王翦“老矣”“怯矣”，而是不想让王氏父子独霸军界。王翦对此看得清清楚楚，所以他毫不犹豫地卸去所有军权，裸退回乡，一点也不贪恋权力，宁可过闲云野鹤的生活，以避免掉到政治的旋涡里。这是一个聪明人的智慧之处。

可是王翦不能置身事外，秦王一统天下的伟业还未完成呢。

霸道的秦王嬴政没有给王翦任何讨价还价的余地，他以命令的口吻说道："这件事我决定了，你不必多说了。"

避是避不开的，王翦便提出要求："如果一定要用老臣伐楚，非得要六十万人不可。"

这回秦王嬴政爽快地答应了："行，就听将军的。"

秦王没有食言，拨出六十万大军给王翦。王翦并不担心伐楚的事情，有这支军队，他志在必得，可是他担心另一件事。如今秦国一半以上的兵力，控制在自己的手中，多疑的秦王能放心吗？万一有人进谗，秦王能顶得住谣言吗？王翦可不想成为第二个李牧，他必须想个办法，打消秦王的疑心。

临出征时，秦王亲自为王翦饯行，送至霸上。这时王翦突然提出一个特别的请求："臣有个不情之请，臣看中了一些良田大宅，希望大王能赏赐给我。"

秦王一听，不禁哑然失笑，说道："将军，您快上路吧，难不成你还怕贫穷吗？"

王翦一脸正经地答道："我怕是没机会封侯了，现在趁大王还能信任我，先讨些田宅，留给儿孙作为产业。"

听到这里，秦王嬴政哈哈大笑，他心里想：毕竟是上了年纪的人了，都打起自家的小算盘了。我秦王再吝啬，也不差赏你几块地吧。想到这里，他都懒得理会王翦了，打发他上路了。

岂料王翦偏偏煞有其事的样子，从出咸阳到武关，一路上他竟然派出五批使者，去向秦王落实那几处田地的封赏事宜。王翦的一些部将都看不下去了，他们觉得老将军以前不是这样的人啊，现在怎么斤斤计较呢？有人直言不讳地对总司令说："将军这样做也太过分了。"

王翦摇摇头说："你们哪懂啊。秦王为人多疑，对谁也不信任。如今，秦国以举国之兵伐楚，国内空虚，精锐甲士都交给了我。我向秦王讨取田宅作为子孙的产业，这是表明我没有别的野心。倘若不这样做，岂不是让秦王猜疑我、提防我吗？”

哎，老将军实在高明！诸将领听了之后，相当佩服王翦的远见。有人把王翦与白起、廉颇、李牧并列为战国后期四大名将，可是这四个人中，只有王翦的结局最好，这并非是秦王嬴政有慈悲之心，而是王翦善于保全自己。

五、天下归一（下）

秦军又杀来了——对楚国人来说，这显然不是好消息。

这次来的不是二十万人，而是六十万人。如果这些人排成一队行军，每一米的间隔站三个人，队伍将有两百公里那么长。光是这么多的侵略者，就足以令人心惊胆战了，更何况这是天底下最强大的一支军队。

有六十万大军在手，王翦底气十足，可是他并没有像李信那样大踏步向前冲，而是稳扎稳打，步步为营。楚国人显然比较谨慎，他们宁可先后撤，再寻找机会与秦军决战。就这样，秦军推进到了平舆一线，楚国的抵抗力量也不断加强。

无论是楚王负刍还是大将项燕，心里都十分清楚，秦国以倾国之兵来犯，志在灭楚。楚国也不可能再保存实力了，必须动员举国的兵力，与秦军决一死战。这一战，将直接关系楚国的生死存亡。

为了与王翦兵团对峙，楚国几乎把全国武装都调往前线。

按楚军统帅部的估计，秦国兵团六十万人，这对补给可是巨大的考验，因此王翦势必要速战速决。可是出乎所有人意料的是，王翦只守不攻，他构筑起漫长的壁垒，坚守不出。楚国人前来叫阵，王翦不理不睬，不肯迎战。秦军不打仗，都在干什么呢？王翦传令，让士兵们轮流休整，伙食供应得不错，每天都可以洗澡，保证精力旺盛，士气高昂。不仅如此，老将军时常到各军营中视察，安抚士卒，跟士兵们一起吃饭。看来秦军的粮食供应根本不成问题，秦国的关中、巴蜀都是重要产粮区，王翦在出发前，想必已经准备了充足的粮食。

楚军本来士气旺盛，可是“一鼓作气、再而衰，三而竭”，他们摩拳擦掌，摆开架势，可是人家根本就不来迎战。既然秦军不出战，我放马杀过去不就得了？但秦军已构筑高垒深堑，以逸待劳，据险而守，占据地形优势，一夫当关，百夫莫敌。楚军若进攻这些壁垒，代价太大。

要打架没人奉陪，要进攻又怕代价高昂，这种矛盾的心理，令楚国军方高层摇摆不定。进攻、防守、撤退三者必须选择一个，没有一个明确的目标，这仗怎么打呢？

楚军内部的混乱，已被老将军王翦看在眼中。

与楚国人不同，秦军上下倒轻松自在。没有仗打，士兵们就玩游戏。有一天，王翦问部将说："现在军队中都在玩些什么呢？"得到的答复是："正在玩投石、跳远呢。"投石跳远都是属于军事训练项目，士兵们玩这个，说明士气很旺盛，不必担心。王翦点点头说："这些士兵可以派上用场了。"

王翦已经在为反击做准备了。而这个时候，楚军却做出一个致命的决定：放弃与秦军对峙，向东撤退。

战场形成对峙格局后，两军相逢勇者胜，士气高昂者胜。楚军求战不得，本来士气就低落，突然又来了个撤退令，这岂不是让三军全无恋战之心吗？

这么轻率的决定，究竟是谁下达的呢？

不管是谁想出来的，最后拍板的人，只能是楚王负刍。至于项燕，他是不可能提出这种撤退的建议的。项燕无疑是楚国最重要的一名将领，但他在军队中的地位是值得怀疑的，他不太可能具备王翦在秦军中的地位。

楚国的军事制度比较落后，高级军官多是世袭制，几大家族长期垄断军队的控制权，项氏算是一家。尽管这种世袭制也能出现如项燕这样优秀的将领，但不排除混饭吃的大有人在，严重限制军队人才的发展。也正是这个原因，楚国虽然军队众多，武器精良，可是战斗力很一般。

相反，秦国在军事制度建设上，远远领先于楚国。秦国的军队制度，以战功为考量标准，就算是贵族，没有战功，也不可能在军队里面混；而底层的士兵，凭借战功也有机会成为一名军官，这就是一种激励机制。

了解过楚国的兵制后，就不会惊诧于为何在关键时刻，楚军突然撤退了——因为统帅部的人，多半是庸才。

王翦的耐心，为秦军赢得了一个难得的机会。

可以说，王翦是一位老谋深算的将领。他知道楚军刚刚打败李信，自信心有所增强，希望趁热打铁，与秦国人展开决战。楚国以举国之兵投入战场，在爱国主义的激励下，确实能弥补士兵作战经验的不足。聪明的王翦避其锋芒，只要不出战，楚国军队内部的各种矛盾就会随着时间的推移而暴露出来。

相持是一种较量，较量的是双方指挥员的耐心与意志。在这场意志力的较量中，楚国人败下阵来了，他们失去了耐心，满脸沮丧地向东撤去。

在自己的国土上，还没打像样的仗，便灰溜溜地撤军，无疑大大挫伤了军队的士气。相反，秦军则士气大振。善于捕捉机会的王翦不会平白无故让这种机会溜掉，他果断下达追击令。一支由精壮勇士组成的突击队，向楚军发起猛烈出击，秦国勇士们个个如猛虎下山，勇不可当，楚军为之胆寒。

两军在蕲南展开决战，士气凋零的楚军被打得大败，王翦取得关键性的一场胜利。

更要命的是，楚王负刍在战斗中被秦军所俘虏，楚国的中枢几乎瘫痪了。

这一战决定了楚国的命运。

楚国并没有马上灭亡。

一个新的流亡政府组建起来了。国家不可一日无主，由于楚王负刍被俘虏了，当务之急是立新的楚王。在这件事上，大将项燕起到了决定性的作用，他秘密迎回昌平君，立为楚王。这个昌平君究竟是什么人呢？

两千年来，昌平君一直是个谜一样的人物。他是楚国的公子，有王室血统，有人认为他是楚王负刍的弟弟。但令人奇怪的是，昌平君第一次出现在史书上时，他并不在楚国，而是在秦国。大家还记得秦国的嫪毐之乱吗？当年嫪毐起兵造反，秦王嬴政派两个人去镇压叛军，一个是昌文君，另一个就是昌平君。

昌文君与昌平君都是楚国人，他们怎么会跑到秦国去呢？记载昌文君的史料稀少，暂且不论，这里单说昌平君。在昌平君平定嫪毐之乱的那一年，楚国爆发了李园杀春申君的政变。倘若把这两件事联系起来，或许可以整理出一条线索：在楚考烈王死后，李园为了夺权，发动政变杀死春申君，拥立自己的外甥楚幽王，昌平君担心受到牵连，遂逃亡到秦国，正好镇压嫪毐之乱，为秦国立下一功。

这种猜测有合理性，因为楚幽王一死，李园垮台后，昌平君就返回楚国了。在返回楚国之前，他似乎还参与了韩国的复国运动。

公元前 226 年，即秦王嬴政二十一年，楚王负刍二年，在韩国旧都新郑，爆发了一次旨在推翻秦国统治的复国运动。此时韩国已经为秦国所灭，但反抗的力量仍然不可小视，这次暴动是由韩国贵族发动的，旋即遭到秦国军队的残酷镇压，最终以失败而告终。秦王嬴政下令把软禁中的韩王安处死，以绝后患。值得注意的是，韩国的复国运动，与昌平君似乎有直接的关系。

在湖北云梦睡虎地秦墓出土的《编年纪》中，有这么一句："二十一年，韩王死，昌平君居其处。"而《史记》则是这样写的："新郑反，昌平君徙于郢。"

这两段史料写到"韩王死""新郑反"，都提到昌平君。从昌平君后来的抗秦活动来看，他很可能参与甚至策划了韩国起义。韩国暴动失败后，昌平君回到楚国郢都。这里的郢都，应该就是新郢都，也就是寿春。从时间来看，李园当权的整整十年里，昌平君从未出现在楚国，而李园刚死不久，他就回来了。这也从另一个方面印证了笔者的推断，昌平君客居秦国，完全是出于政治避难。

这样我们可以大致勾勒出昌平君的政治肖像：曾经镇压过嫪毐的叛乱，有一定的指挥才能；可能策划或参与韩国的复国运动；在秦国攻楚的时候，选择了回到祖国抵抗侵略。这就不难理解项燕为什么会立他为楚王，继续领导抗秦斗争。

项燕收拢残兵败将后，在淮南继续抗秦。这种斗争勇气可嘉，说到底是为捍卫荣誉而战，宁可战斗而死，也不当亡国奴。蕲南决战后，楚国的精锐尽丧，秦军以秋风扫落叶之势，占领了楚国的大部分土地。项燕与昌平君苟延残喘，处境日益恶化。

第二年（前 223 年），王翦、蒙武对楚国流亡政权发动大规模的进攻，项燕领导的抵抗武装，毫无悬念地被打垮了。关于项燕的结局，有不同的说法。一种说法是项燕被打败后，自杀身亡；另一种说法则是被秦军俘虏后处死。无论是哪一种死法，项燕战斗到了最后一刻。

项燕败亡，楚王昌平君力战而死，预示着残余楚政权的终结。

纵观整个战国时代，楚国大部分时间并没有什么作为，给人的感觉是沉闷、保守、缺乏生气的。我们不要忘了，在春秋时代，楚国是最富有朝气的国家，从楚武王到楚庄王，楚国如乳虎啸谷、百兽震惶。在中原诸侯们还尊奉周天子时，楚国就以叛逆的形象出现，自封为王，与周室分庭抗礼。相比之下，其他诸侯国称王的时间，比起楚国要迟上几百年呢。在楚国雄霸南方的年代，秦国只不过是楚国的小老弟罢了。可是秦国这个曾经的小老弟，最终变成了庞然大物，反咬一口，把老大哥给吞噬了。

对于楚国灭亡的原因，《史记》《韩诗外传》中都有这样的分析：“楚人鲛革犀兕，所以为甲，坚如金石；宛之钜铁施，钻如蜂虿，轻利剽遬，卒如熛风。然而兵殆于垂涉，唐昧死焉，庄跻起，楚分而为四参。是岂无坚革利兵哉？……汝颍以为险，江汉以为池，阻之以邓林，缘之以方城，然而秦师至鄢郢，举若振槁，是岂无固塞险阻哉？其所以统之者非其道故也。”楚国拥有天下精良的武器，有险峻的山河，但也无法阻止国家的衰落直到灭亡，这都是因为统治者“非其道”，没有远见、没有革新的魄力，没有与时俱进的精神，也没有雄心壮志。

项燕死后，他的儿子项梁、孙子项籍逃走了，浪迹天涯，后来成为反秦战争的重要人物。“楚虽三户，亡秦必楚”，这个预言，在十几年后，居然成了现实。这是后话，按下不表。

三晋及楚国都灭亡了，东方六国仅剩下燕国与齐国，以及赵国的残余力量代国。秦王嬴政一统天下的梦想已经不远了。

秦国实行的是郡县制，而不是周朝所奉行的封建制。随着统一战争的推进，秦国占领的土地越来越多，置郡的速度也大大加快了。

我们来看看从秦国灭韩以来新置的郡：

公元前230年，秦灭韩，置颍川郡。

公元前228年，秦灭赵，置邯郸郡。

公元前225年，秦灭魏，置砀郡。同年，在所占的燕地置右北平郡、辽西郡。

公元前224年，在旧燕地再设广阳郡、渔阳郡；在旧魏地设泗水郡；在所占领的齐地设薛郡。

公元前223年，秦灭楚，置楚郡、九江郡、长沙郡。

公元前222年，秦将王翦平定江南少数民族，越人降秦，置会稽郡。

郡一级的行政区，直接听命于中央政府，通过朝廷—郡—县这样一种垂直管理模式，秦国的中央集权制得到了空前的发展。只要把剩下的几个诸侯国消灭，秦王嬴政将成为前无古人的权力之神，他将凌驾于众人之上，高高坐在云端，把整个世界捏在手心，掌握每一个人的生死命运。

这种权力，绝对是超乎梦想的，可是又已经是触手可及了。秦王已经是迫不及待地要将梦想变为现实，无论是燕、代还是齐国，都是摇摇欲坠的树叶，在狂风到来时，只有飘零的命运了。

此时的燕、代都只据有一隅之地，燕王喜困守辽东，代王赵嘉则盘踞代地。这两位王，实力并不强，但仍然有一定的影响力。

秦王嬴政把铲除燕、代政权的重任交给王翦的儿子王贲。可以说，王翦、王贲父子俩，乃是秦国统一六国的最大功臣。王贲对燕国的残余力量发动雷霆一击，一举攻陷辽东，俘虏燕王喜，燕国灭亡。紧接着，王贲挥师入代，同样势如破竹，击破残赵兵团，俘虏代王赵嘉。此时的秦军已是风卷残云之势，根本遇不到有力的抵抗了。

战国七雄，除了秦国之外，硕果仅存的只有齐国了。可是齐国仅仅比燕、代多苟存了一年罢了。

齐王建很不幸成为末代君王，在此之前，他统治齐国已经四十四年，将近半个世纪了。齐王建是齐襄王的儿子，齐湣王的孙子。

在战国中期，齐国曾经是天下最强大的国家。在齐威王时代，凭借着桂陵、马陵两战，齐国取代魏国的霸主地位，并开启诸侯称王的时代。在齐宣王时，又凭借垂沙一役，重创楚国，进一步巩固东方老大的地位。到了齐湣王，伐秦、灭宋，威风一时。可是随后的燕师伐齐，乐毅几乎灭掉齐国，倘若不是田单力挽狂澜，齐国恐怕会成为战国七雄中第一个出局者。

齐王建统治下的齐国，已全然没有往日的威风。但是他的运气不错，国家倒还算太平，地缘优势使齐国避免了频繁的战争。在齐国政坛上，有一个女人起到举足轻重的作用，这个人便是齐王建的母亲、齐襄王的王后，在史书上称为“君王后”。当年齐襄王田法章流落民间时，躲进太史敫家中当奴仆，太史的女儿慧眼识贵人，两人陷入情网，谁想到最后竟然成为齐国的国王与王后，也算是一段佳话了。

君王后是非常聪明的女人，她推行的外交政策是：独立自主，不结盟。为什么不结盟呢？因为在她看来，其他的诸侯国都靠不住，当年不是所有的国家都前来瓜分齐国吗？齐国要生存，只有依靠自己的力量，不跟任何一个国家结盟。君王后知道，秦国是最强大的国家，齐国不能轻易得罪秦国，这是保全自己的必要手段。当时秦国推行“远交近攻”的战略，对齐国也是一意拉拢，齐国便顺水推舟，以秦国之力制约赵、魏、楚等国家。对于东方诸侯的合纵，齐国一概不参加，以免惹来秦国的报复。

应该说，君王后的这一套外交政策，对维持齐国的稳定起到了很重要的作用。在她生前，齐国既不是东方五国的盟友，也不是秦国的盟友，而是一个独立自主的国家。这个精明的女人利用六国的种种矛盾，坐享渔翁之利，故而“四十余年不受兵”，成为乱世中的一片净土。

但是君王后去世后，齐国的外交政策开始走样了。

齐国丞相后胜是一个不折不扣的亲秦分子，秦国也花费巨资，收买后胜的宾客门人。秦国的反间计大获成功，后胜执政时，齐国开始偏离中庸的外交，向秦国靠拢，他甚至建议齐王建朝见秦王，实际上就是俯首称臣。看来齐国是铁了心要当一个“永久中立国”，几乎放弃了必要的军备，“不修攻战之备”，同时，“不助五国攻秦”。齐国眼睁睁看着东方其他五国被一一消灭，完全无动于衷。

最后，只剩下一个庞大的秦国与一个弱小的齐国。丞相后胜对齐王说：到咸阳去朝见秦王吧，俯首称臣，国家还是保得住的。齐王建果然没有什么雄心壮志，他听从了后胜的话，打算前往秦都咸阳朝见秦王。当齐王建的马车刚到临淄城门时，雍门司马手握一把长戟，拦住了去路，厉声喝道：“之所以要立一个国王，乃是为了江山社稷。既然是为了社稷，大王您为何要离开自己的国家去朝见秦王呢？”

看来并不是所有的人都想投降。

齐王建哑口无言，只好掉转马头回宫去了。即墨大夫听到这件事后，以为齐王幡然醒悟了，他天真地认为齐国还有希望，齐王会发愤图强，保疆卫国。以前齐国曾经差一点灭于燕人之手，如今面对虎狼秦国，他们还可以再创奇迹吗？

即墨大夫很快就失望了。

秦国派出使者陈驰到临淄城，许诺齐国倘若不战而降，将封给齐王建五百里之地。此时的齐王建哪有抵抗的决心呢？听说有五百里之地，虽然没有齐国这么大，但也足够安度晚年吧。与其拼死拼活，倒不如活得自在逍遥呢。于是他下令不许抵抗，全国放下武器投降。当秦军大摇大摆地开进临淄城时，已经有半个世纪没有打过仗的老百姓，谁也不敢反抗。就这样，东方六国中的最后堡垒，也被秦国收入囊中了。

那么齐王建的下场如何呢？

秦王把他流放到了一个名为共的地方，这里估计有一片原始森林，但不知道有没有方圆五百里，长满松树与柏树，荒无人烟。这就是齐王建所享受到的待遇，他最后在这片原始丛林中饿死了。

从公元前230年秦灭韩国，到公元前221年秦灭齐国，灭六国之战总共只用十年，可以说是摧枯拉朽。

这是中国历史上第一次真正意义上的统一。

在此之前，夏、商、周几代，都是诸侯制，底下有数百个诸侯国，上面有一个王。从表面上看，"溥天之下，莫非王土；率土之滨，莫非王臣"，但实际上中央政府对诸侯国的控制力是有限的。每个诸侯国不仅高度自治，还有自己的行政体系与财政体系，同时拥有军队。诸侯制下松散的权力结构，最终导致了春秋战国数百年间的战争，大鱼吃小鱼，小鱼吃虾米。秦国最后扮演了终结者的角色，实现中央集权制下的大一统。

在秦国统一中国的道路上，秦王嬴政（秦始皇）是个重要的角色。但也必须看到，秦始皇的赫赫功绩，实际上是继承先前诸位秦王的事业。没有前人打下坚实的基础，哪轮得到他来摘取果实呢？用贾谊的话来说，就是"奋六世之余烈"。所谓的六世，就是秦孝公、秦惠王、秦武王、秦昭王、秦孝文王、秦庄襄王。在这六世中，又以秦孝公、秦惠王、秦昭王三人最为重要。秦孝公用商鞅，推行变法，为秦国走向强盛打下基石；秦惠王用张仪，秦国开始凶猛扩张；秦昭王用魏冉、范雎、白起等，取得对东方诸侯的绝对优势。到秦王嬴政上台时，秦国的实力已遥遥领先诸国，吞并天下，可以说是水到渠成。

即便如此，对秦王嬴政来说，他的人生历程也绝非一帆风顺，而是跌宕起伏。童年时便与母亲为避赵国政府的通缉而东躲西藏，尝尽艰辛；登上王位的那一年，他年仅十三岁，吕不韦擅权，太后淫乱后宫，嫪毐作乱，等等，这些都可能毁掉秦国的百年基业。不仅如此，他还曾遭到荆轲的惊天一刺，荆轲的那把匕首，差点要了他的命。必须说，秦王嬴政是个充满勇气的人。尽管秦国十分强大，但与六国为敌，没有一颗强大的内心是不行的，因为有无数的人想取他的性命。除了荆轲之外，在秦王嬴政的一生中，还遭到过多次暗杀。他倘若没有坚强的意志，是不可能实现一统天下的伟业的。

政治是不流血的战争，战争是流血的政治。秦军在统一战争中能势如破竹，除了实力超强外，与外交活动、间谍战是分不开的。秦王的伟大在于他善于倾听别人的意见，李斯与尉缭所提供的外交攻势，是秦国胜利的根本原因。东方诸侯合纵被破坏、赵国大将李牧被杀、齐国不战而降，这些事件都是秦国谋略大师们的杰作。正因为在外交战、情报战、间谍战中取得了绝对的优势，最后才能演化为军事上的绝对优势。东方六国在兵力总数上并不逊于秦，但只能陷入各自为战的窘境，最后被逐个击破，这就是输在外交上。

精彩纷呈的战国史就以这样的方式结束了。中国进入一个转折点，秦王朝奠定了未来两千年君主专制的政治基础，夏商周以来的诸侯分权制让位于中央集权制。秦国的胜利，可以说是商鞅主义的胜利，而商鞅主义的核心，是高度君主专制。战国虽然是个战乱频频的年代，同时也是个“百家争鸣，百花齐放”的思想自由时代。这种自由，在东方六国体现得尤为明显，哲人、思想家、诗人无不出自东方诸国，而秦国只能吸纳东方人才，因为自己无法培养出思想界的巨人，这就是专制政治制度所带来的巨大局限。

如今，秦国要把巨大的政治枷锁套在六国百姓身上，不仅要禁锢他们的人身自由，还要禁锢他们的思想自由，高傲的秦国统治者，能用武力之鞭，驱打天下人的身躯与灵魂吗？

尾声　十年以后……

秦王嬴政终于如愿以偿了。

放眼天下，没有比征服六国更伟大的事业了，既然是伟大的，就必须要彰显出来。秦王把丞相、御史、廷尉等高级官员叫过来，说道：“寡人以眇眇之身，兴兵诛暴乱，赖宗庙之灵，六王咸伏其辜，天下大定。今名号不更，无以称成功、传后世，其议帝号。”这位野心勃勃的统治者不仅要让他的臣民知晓他的丰功伟绩与强大的威力，也要让后世永远传颂他的伟大与卓越。他已不能满足称“王”，因为自战国以来，“王”号已经不值钱了，得想出一个更高、更强的名称。

这确实是一个难题，可是难不倒底下一帮文人博士，丞相王绾、御史大夫冯劫、廷尉李斯与一群书生讨论半天，选择了一个名字：泰皇。为什么叫泰皇呢？因为古代有天皇、地皇、泰皇，泰皇就是人皇，人中之最贵者。大家把这个方案上报给秦王嬴政，但嬴政不太满意，他自己做了点更改：去掉泰皇中的“泰”字，增补一个“帝”字，这样，就成了“皇帝”。

这是一个全新的、最尊贵的名号。作为第一个使用该名号的人，自然称为“始皇帝”，秦王改称“秦始皇”。依秦始皇的设想，以后历代皇帝，就分别叫秦二世、秦三世，乃至千世、万世，传至无穷。

对于雄心万丈的秦始皇来说，灭六国并不意味着事业的终点。我还是引用贾谊的《过秦论》吧，因为他用铿锵有力的文字，把秦始皇的“事业”浓缩为一段话：

“及至始皇，奋六世之余烈，振长策而御宇内，吞二周而亡诸侯，履至尊而制六合，执敲扑而鞭笞天下，威振四海。南取百越之地，以为桂林、象郡；百越之君，俯首系颈，委命下吏。乃使蒙恬北筑长城而守藩篱，却匈奴七百余里；胡人不敢南下而牧马，士亦不敢弯弓而报怨。于是废先王之道，焚百家之言，以愚黔首；隳名城，杀豪杰；收天下之兵，聚之咸阳，销锋镝，铸以为金人十二，以弱天下之民。然后践华为城，因河为池，据亿丈之城，临不测之渊以为固。良将劲弩，守要害之处，信臣精卒，陈利兵而谁何。天下已定，始皇之心，自以为关中之固，金城千里，子孙帝王万世之业也。”

其实，对于秦始皇来说，他首先想到的，并不是帝国基业能维系千秋万代，而是长生不老。他享受着无限的权力，贪婪地填平一个接一个的欲望，可是当他一想到，自己也将同其他人一样，时光之刀会在他的额头上刻下岁月流逝的痕迹，强壮会变得羸弱，生命会走向衰老乃至死亡，这些念头就令他恐惧难安，他若不能战胜死神，终将与芸芸众生一样，成为一堆朽骨长卧于地下。

尽管他四处寻仙问道，可是他对不死之躯一直是怀疑的，因此早早为自己准备庞大的地宫，同时也做好将帝国传之子孙万代的准备。倘若说求永生，他并非相当自信，但对于帝国千秋万代永存，他则坚信不疑。这是何来的底气与傲慢呢？在秦始皇看来，他已经开启了一个前所未有的新时代，打开了通往新世界的大门。在这个新世界里，帝国只有一位皇帝，不再有诸侯，不再有封国，天下军队尽在皇帝的掌控中。他建立了一个制度，这种制度能让最傻、最呆的皇帝，也能安然维持国家的秩序。因为在秦始皇眼中，老百姓永远只是被牵着走的羊群罢了，难不成还能翻江倒海吗?

可事实证明，小民也可以翻江倒海。

公元前 210 年，秦始皇终究没能成仙，他死了，这时距离他统一中国只有区区的十年时间。公子胡亥逼死了公子扶苏，成了二世皇帝，只是秦始皇幻想中的万世皇帝谱系，到第二世就结束了。二世元年（前 209 年），有一个小民疯了，他居然不知天高地厚地挑战巨无霸帝国，这绝对是中国历史上最伟大的一幕。就在十几年前，手握数十万军队的东方诸侯，一个一个被消灭，而且根本没有还手之力。而十几年后，一个两手空空的平民百姓，在大泽乡振臂一呼，带着几百个手无寸铁的农民，就这样开始与大帝国较上劲了。

陈胜是一位伟大的英雄，他以一介匹夫反抗天下最强大的国家，这种勇气即使不算空前绝后，也算是罕见的。可就是这只小蝴蝶振动的翅膀，最后掀起了狂风暴浪，把秦帝国的航空母舰打翻了。陈胜以无所畏惧的决心，向秦帝国刺出第一剑后，东方的反秦势力立即如潮涌、如井喷，曾经被消灭的东方六国，居然鬼使神差一个接一个地复活了。

第一个复活的国家是楚国，但这个新的楚国与旧的楚国完全是两个不同政权。在陈胜起义后，原魏国名士张耳、陈馀曾建议他“遣人立六国后，自为树党，为秦益敌”，就是要寻找六国国王的后裔，重建六国。这个提议遭到陈胜的否决，陈胜的“鸿鹄之志”，岂是为他人作嫁衣呢？他要自己称王。于是“张楚”政权盛大开张，陈胜摇身一变，成为“张楚王”。但这个楚国，与从前那个楚国是八竿子打不着，只是为了吸引人民，陈胜把楚国名将项燕的大名拿来作为宣传工具，鼓励号召人民投入伟大的反秦战争中。

第二个复活的诸侯国是赵国，仍然与以前的赵政权毫不相干。陈胜派部将武臣攻略赵地，武臣在张耳、陈馀的谋划下，索性自立门户，自称“赵王”。这件事把陈胜给气坏了，只是当时为了对抗秦国，才不得不承认赵政权。

在赵国之后，第三个独立的是燕国，这仍然是新权贵建立的政权。武臣自立为“赵王”后，担心受到陈胜的报复，便派部将韩广攻略燕地，扩大自己的地盘。不过武臣能自立为王，韩广就不能吗？韩广攻占燕地后，便把武臣一脚踢开，自立为“燕王”了。

以上所说的楚、赵、燕三国，都只不过是挂着羊头卖狗肉，只是沿袭了三国的名称罢了，瓶子是旧的，可里面的酒却是全新的。真是旧瓶装旧酒的，是田儋所建立的齐国。

田儋是真正的贵族血统，属齐王田氏家族。他有两个得力的堂弟，一个唤作田荣，另一个唤作田横，都是英雄豪杰。他们兄弟三人以田氏王族为号召力，结交天下好汉，密谋寻机反秦复国。陈胜起义爆发后，各地义军蜂起，大秦帝国在东方的统治摇摇欲坠。张楚王陈胜派大将周市攻略魏地，周市一路进军，攻打到田儋居住的狄城。田儋趁机起事，设计杀死了狄城县令，然后召集各路豪杰、官吏、田氏子弟，宣布说：“如今天下诸侯都反秦自立，齐国乃是一个古老的国家，我田儋就是王族田氏成员，这个王位就由我来坐了。”就这样，田儋自立为齐王。他首先起兵阻止陈胜的军队进入齐地，其次攻略齐地的秦国守军，经过一番奋战，差不多收复了故土。

周市在狄城受到田儋的阻挡后，回到了魏地。这时很多人都劝他说，将军不如就在魏地自立为王，武臣、韩广不都这么干吗？可是周市这个人权力欲没那么强，他认为魏王理所当然应该让魏氏后人来当，那么谁最合适呢？周市认为是魏咎。魏咎在魏国灭亡前，就曾被封为甯陵君，出身于王族。陈胜起义后，魏咎前往投奔陈胜，有坚强的革命意志。周市想立魏咎为王，可是魏咎却在陈胜那儿，于是他派人前去向陈胜请求，让魏咎返回魏地为王。陈胜听了相当不高兴，怎么自己派出去的大将，要么自立为王，要么立别人为王，你们都把我这个陈胜王当作透明人吗？他不答应放人。可是偏偏周市是个死心眼的人，你陈胜王不答应，我就一而再，再而三地派人去求你，去骚扰你。周市前后派了五批使者，这下子陈胜不胜其烦了，罢罢罢，就让魏咎回去得了。这样，魏国得以复国，魏咎为王，周市为相。

尽管山东英雄纷纷扯着反秦的旗帜，改弦更张，但不能否认秦帝国的力量仍然是强大的。秦二世二年（前 208 年），秦军大肆反扑，猛将章邯连战连胜，作为革命首义元勋的陈胜王连战连败，最后竟然死于叛徒之手。张楚政权就这样完蛋了。可是，“楚虽三户，亡秦必楚”的预言仍然有着一种不可挡抵的魔力。很快，一个新的楚政权又建立了。

义军首领秦嘉得悉陈胜王被杀的消息后，乘机立楚国贵族景驹为楚王。秦嘉显然是个政治投机家，他抢在众位义军领袖之前立楚王，就是想当楚国第一功臣。可是在诸多起义队伍中，秦嘉实力平平，立楚王这么大的事情，怎么轮得到他来做主呢？此时，所有反秦武装中，实力最强的一支，便是以项梁、项羽为首的义军。

项梁是楚国大将项燕的儿子，项羽是他的侄子，两人都算出身贵族，名将之后。项梁有谋，项羽有勇，自起兵后，叔侄俩便成为秦国最强的对手。在项梁眼中，秦嘉算什么东西，他也有立王的资格吗？于是项梁以“背陈王而立景驹，大逆无道”为名，发兵攻打秦嘉。秦嘉大败，这个政治投机分子非但没捞到楚国元勋的头衔，反倒成为牺牲品；被秦嘉立为楚王的景驹下场也好不到哪去，他被赶下台后，不久也死于梁地。

那么要立谁为楚王呢？年届七旬的老翁、著名谋士范增指出，陈胜之所以失败，原因在于“不立楚后而自立”，政权没有合法性。他劝项梁立楚怀王的后人为王，当年楚怀王被秦国所拘、死于异国他乡，楚人一直很怜悯他。项梁听从范增的建议，在民间找到了楚怀王的孙子熊心。熊心在楚国灭亡后，流落于民间，隐姓埋名，以牧羊为生。他做梦也不会想到，好运一下子从天降临，他这个没落公子居然得以成为楚王，也称为楚怀王。当然了，这个国王是别人立起来的，权力毕竟有限，说白了，就是坐在上面的傀儡罢了。

至此，东方六国中，有五个国家已经恢复，只剩下韩国了。自从韩国亡于秦国之手后，张良处心积虑欲报仇雪耻，他甚至还暗杀过秦始皇。如今天下大乱，诸侯纷纷复活，怎么能少得了韩国呢？张良找到项燕，建议他立韩公子韩成为韩王，重建韩国。项梁的政治思路，也是停留在春秋战国时的分封制，既然诸国都复活了，也不差一个韩国。就这样，在张良的努力下，韩国复辟成功。

东方六国死灰复燃，秦国怎么会善罢甘休呢？

叛乱之火，会被秦国及时扑灭吗？

看上去秦国仍然很强大。有的人虽然挂着王的头衔，可是没有王的命。在陈胜死后，革命遇挫，陷入低谷。赵王武臣的部将李良叛变降秦，杀回邯郸，杀死武臣。张耳、陈馀收罗残兵败将，立赵国贵族赵歇为王。勇猛善战的秦国大将章邯全力进攻魏国，魏国危在旦夕，齐国与楚国联手出兵相救，齐王田儋亲自上阵，楚国派出项它为大将。然而这场中原大会战以义军的惨败而告终，魏、齐、楚三国联军大败，魏王魏咎自杀，齐王田儋被杀。

难道新六国还要重蹈旧六国的覆辙吗？

齐国人仍然在不屈不挠地抵抗着。田儋死后，齐人立齐王建（战国最后一位齐王）的儿子田假为王。尽管田假身份是前齐王之子，可是他在复国运动中何功之有？田儋的弟弟田荣当然不服气，他以武力把田假赶走，拥立田儋的儿子田市为王，自任齐相，继续抗秦。

相比齐国，魏国更加狼狈，魏地已经沦于秦军之手。在这个时候，楚国给予大力的支持。魏王魏咎死后，其弟魏豹逃往楚国，楚怀王拨给他数千人马，让他得以重整旗鼓，杀回魏地，收复二十余城。之后，楚怀王立魏豹为魏王。在东方六国中，魏、韩两王均由楚国所立，这也奠定楚国在六国中的领袖地位。

到这个时候，新六国的国王，除了燕国的韩广是新军阀之外，其余五国的国王都是旧王族之后，分别是楚王熊心、齐王田市、魏王魏豹、赵王赵歇、韩王韩成。表面上看起来，似乎诸侯对峙格局又回复到战国时代的模样了，可实际上是旧瓶装新酒，外包装虽是旧的，里面的酒却是新的。

在五个由旧王族继承王位的诸侯国里，只在齐国田氏是凭借自己的本事复辟成功，其他的四个国王，都只是被别人推上前台罢了，没有任何实力可言，在他们的背后，实际上是新军阀掌握着大权。这也决定了历史并不是在重复战国的故事，旧贵族的回光返照，并不能阻止新权贵成为时代的主角。

最终脱颖而出的是两个人：刘邦与项羽。

秦二世是秦国历史上最傻、最笨的，也是最残暴的君主，加上赵高弄权，使得先前光芒万丈的大秦帝国悄然褪色。原来从鼎盛之峰跌落到深谷，并不需要很长的时间。尽管如此，我们不要忘了，秦国仍然是军事上的巨人，拥有超强的武装力量。

章邯是秦国的顶梁柱，在大败魏、齐、楚联军后，他又在定陶会战中取得了大胜，项梁败亡，楚怀王不得不迁都彭城。但是章邯犯下了一个大错，他认为楚政权已经一蹶不振了，不足为忧，便把进攻的目标对准北方的赵政权。在秦军的猛攻下，赵都邯郸城被攻破，赵军在钜鹿被团团围困，危在旦夕。

反秦战争已经到了最关键的时刻，倘若赵政权被秦所灭，那么胜利的天平将倒向秦政府。可以说，这是生死存亡之战。各路反秦武装在这个时候都使出吃奶的劲来帮助赵国，可毕竟还是囊中羞涩，能拿得出来的法宝实在有限得很。秦军如泰山压顶，而诸侯们则危若累卵，命悬一线。

作为反秦先锋的楚国，理所当然要承担更多的责任与义务。楚怀王以宋义为上将军，项羽为次将，范增为末将，率各路兵马救赵。值得注意的是，在援赵的同时，楚怀王还派遣沛公刘邦收罗陈胜、项梁的残兵散卒，向西进发，讨伐秦国。两路出击的战略，颇有高明之处，日后也证明了这一战略主张的正确性。然而观楚怀王之意，显然是想借机摆脱项氏的控制，项梁意外身亡后，正是削弱项氏力量的最好时机。

但是项羽像一头猛虎，绝不可屈人之下。他发动兵变，杀死宋义，取得了军事指挥权，并把自己的军事天才发挥得淋漓尽致。他破釜沉舟，大破秦军于钜鹿城下。这是影响历史进程的关键一役，是秦与反秦两大势力的殊死之战。这一战也成为项羽人生的转折之战，此时的他已经不仅是楚国的大将，而且成为反秦诸侯共推的领袖人物。

就在项羽率领天下诸侯军队以风卷残云之势收拾关东秦军时，刘邦仅凭一支毫不起眼的游兵散勇，居然也闯荡出一片天地。在郦其食、张良等人的帮助下，刘邦竟然一路杀到咸阳。这时的秦宫已经乱成一团了。赵高逼死了秦二世，立了子婴；子婴设计杀了赵高，取消了皇帝的称号，降格为王。这是秦政府的一种表态，表示放弃了对东方六国的占领，承认六国的独立。可是，这种表态是不是太晚了呢？

秦国的顶梁柱章邯在项羽的穷追猛打之下，终于投降了。秦军主力在东方战场一败涂地，而刘邦又已兵临咸阳城下，秦王子婴再也没有继续抵抗的勇气了，他献城投降，曾经不可一世的秦国，就以这种方式草草收场，这时距离秦始皇统一六国也才不过十五年而已。表面上看，复活了的东方六国，终于一雪前耻，灭了秦国，但不可否认的是，战国时代已经一去不复返了。原因很简单，新的军阀取代了旧的贵族。

尽管六国王族后裔幻想着回到割据称雄的往日岁月，但他们已经被边缘化了，再也不是政坛上呼风唤雨的主角。秦国灭亡后，自称“西楚霸王”的项羽分封了十八位诸侯王，历史似乎又回到了诸侯林立的时代，但是新的战国时代并未到来。这不是群雄争霸的年代，而是项羽与刘邦双雄的决斗，这两个人才是主角，其他人都只能充当配角。

为了让战国的故事有一个完整的结束，笔者还要费点笔墨交代一下新六国的命运。

在新的六国中，燕王韩广与旧燕国王族没有任何关系，只是盗用燕国的国号。项羽分封诸侯时，把韩广迁为“辽东王”，而封韩广的部将臧荼为“燕王”。这无疑是挑起韩广与臧荼两人的战争，战争的结局是臧荼杀死了韩广，成为新的燕王。臧荼后来投靠刘邦，在公元前 202 年因谋反被诛。

作为反秦中坚力量的楚国，大权落于项羽之手。项羽自立为“西楚霸王”，表面上尊楚怀王为“义帝”，实则有名无实，无权无势。公元前 205 年，项羽索性密使九江王英王等人杀死义帝，以绝后患。然而项羽的西楚政权在与刘邦的汉政权血战四年后，终于寿终正寝，项羽自刎乌江，为楚汉争雄的历史画上句号。

韩国因张良而复国，又因张良而灭国。韩王韩成本来就没有什么雄才伟略，在张良成为刘邦的谋臣后，项羽迁怒于韩成，废掉韩成的王位，并把他也砍了。这个可怜的韩王后裔，糊里糊涂当了国王，又糊里糊涂死于非命。

比起韩王韩成，魏王魏豹算是比较有本事的人，他在反秦战争中，颇多战功。在楚汉战争中，魏豹起先投靠刘邦，后来又背叛。刘邦派大将韩信征讨魏豹，魏豹兵败被俘，被削去王号，驻守荥阳，戴罪立功。后西楚军队进攻荥阳时，汉将周苛担心魏豹谋反，遂杀之。

赵王赵歇的故事更加曲折。赵歇在陈馀、张耳的拥立下成为赵国君王，项羽自立为“西楚霸王”后，有意在各诸侯间制造矛盾，遂将赵国一分为二，以张耳为“常山王”，赵歇为“代王”。没有受封的陈馀大为恼怒，发兵攻打张耳，张耳败走，投奔汉王刘邦。陈馀遂重新扶赵歇为“赵王”，自己为“代王”。公元前204年，汉将韩信、张耳出井陉，大败赵军，擒杀赵王赵歇。

最后说说齐国的结局。

在众诸侯中，齐国的实力是很强的，项羽也特别忌惮。他处理齐国的手段与处理赵国如出一辙，把齐国一分为三。原齐王田市被封为“胶东王”，另封田都为“齐王”，田安为“济北王”。这无疑是引发齐国的内战。事实也是如此，齐国内战爆发，最后田荣吞并了三王势力，自立为齐王。

自命为天下霸主的项羽岂能坐视田荣称王，遂发兵讨伐。公元前205年，在西楚兵团的打击下，田荣败亡，项羽立田假为“齐王”。然而田荣的弟弟田横收罗残兵散卒，打败田假，立田荣的儿子田广为“齐王”，田横自任丞相。公元前203年，汉将韩信伐齐，大破齐军，俘齐王田广。田横自立为齐王，但很快被汉军击破。到了公元前202年，项羽败亡，刘邦称帝，田横不肯称臣于汉室，遂率五百人逃亡海上，最后田横及五百壮士选择了集体自杀的悲壮结局。

田横之死，意味着战国七雄的回音终于消散在历史的旷野中。

短短十数年的时间，却有着如此翻天覆地的巨变。翻开中国历史乃至世界历史，再也找不到类似的史迹。要知道秦国自从商鞅变法以后，曾经遭遇到的小挫折都屈指可数，秦国如同猛虎雄狮，在它面前，其他国家不过只是阿猫阿狗的角色罢了。就算偶尔有一两个势均力敌的对手，也不过如昙花一现，根本无法撼动秦国坚不可拔的根基。

其兴也勃焉，其亡也忽焉。战国七雄斗了两百多年，斗得头破血流，你死我亡，表面上看，秦国似乎是胜者，其实不然。秦国的灭亡，较六国不过多出十几二十年，也不过是五十步笑百步罢了。最终翻江倒海的，居然是名不见经传的陈胜、项羽、刘邦等小人物，小人物却创造了大历史，这真是历史上最不可思议的一件事。虽是意料之外，却属情理之中，秦末汉初的革命风暴，证明东方六国并非没有人才，而是六国保守的政治制度未能人尽其才。秦国的灭亡同样如此，秦始皇一统天下后，当竞争不复存在时，广揽贤士的制度一下子失去动力，取而代之的是政治高压与独裁，故而在秦末战争中，秦国显得人才凋零，与数十年前判若两国。

从春秋到战国，诸侯争雄斗霸五百年。这个看似战乱不断的年代，却孕育出中国伟大的文化，道理何在呢？其实不难理解。我总喜欢把春秋战国比作近世的欧洲，近世欧洲杀伐之烈，不逊于春秋战国，国家竞争，优胜劣汰，唯有不断革新方能保有竞争力，方能不被对手消灭，变革的需求刺激了文化的需求，形形色色的思潮闪亮登场，遂造就文化的繁荣。我尝写过一文名为“大一统与文明的衰微”，自秦一统天下，之后两千年，思想几乎寸步未进，停滞不前，甚至大大倒退。问题不是出在国家版图的大一统，而是出在思想上的大一统，当创新之源头被截断，文化陷入一潭死水就成了必然。

在后世儒学独尊的年代，却未能产生一个可匹敌于孔子、孟子、荀子的大师，儒学命运尚且如此，其他学派自不必说。道家宗师老子、庄子、列子也未被后世超越，富有平民色彩的墨家则在专制时代被扔进历史的垃圾堆里。甚至最实用的学问，后世也难以企及春秋战国。比如纵横家，其外交纵横捭阖之手段，几成绝学；再如法家，管仲、子产、商鞅、韩非等人的理论深度，亦后世所未逮；兵家可以说被历朝历代所重视，但后世兵学，也很难产生像《孙子》《吴子》《司马穰苴兵法》《尉缭子》等这样的军事巨著。

国人很容易有一种印象，言及古代中国之强盛，非强汉即盛唐。以笔者观之，中国最强大时，不在强汉，亦不在盛唐，而是在战国。何以知之？汉匈战争前后三百年，唐与突厥战争前后一百五十年。战国时代，赵国在长平之战后衰微，却仍可一战歼灭匈奴十万骑兵。而汉武帝以举国之力北伐匈奴，凭卫青、霍去病两位旷世名将，歼敌于漠北，战绩犹逊于李牧。自春秋时代大规模攘夷战争后，华夏诸国之实力远超周边诸夷，到战国时这种军事优势更大，此时亦为中国尚武精神最盛之年代。

唯尚武故，血性亦得以张扬。春秋战国，重义轻生。此孔夫子所言“任金革死而无厌”也，此墨家之“死不旋踵”也，此“燕赵多慷慨悲歌之士”也。中国古时之大刺客，莫不出自春秋战国，曰专诸，曰豫让，曰聂政，曰荆轲，你试着在后世诸代找寻，尚有“刺万乘之君，若刺褐夫”者乎？血性张扬，故多复仇之传奇，若赵氏孤儿，若伍子胥鞭尸，若勾践卧薪尝胆，若孙膑身残志坚。“楚虽三户，亡秦必楚”，秦之灭亡，亦未尝不是六国之复仇。及至专制时代，“儒以文乱法，侠以武犯禁”，思想不得自由，血性不得伸张，国民之精神为之一衰矣。

战国虽仅二百余年，却处数千年未有之变局，其最大特点在于“变”字，诸“变”之中，又以“变法”为最要。在魏有李悝之变法，在楚有吴起之变法，在秦有商鞅之变法，在赵有武灵王之胡服骑射。这些变法给国家注入无限生机，同时刺激学术之发展，其带来活泼之生气，是后世王朝所没有的。

战国伟大的进步，在于给平民以更多的机会。旧有贵族政治解体，底层平民得以改写自己的命运，若苏秦、若张仪，若范雎，若李斯，无不以平民身份而掌国家之权柄。人才政策，只倾向于才能，而不顾及出身，此社会之伟大进步也。及至秦亡汉兴，汉开国君臣，自刘邦以下，韩信、萧何、彭越、英布，陈平、周勃，莫不出身市井草莽，此岂是偶然，实战国时代平民兴起之延续耳。

经过五百多年的动荡杀伐，春秋战国的大幕徐徐落下了，这是一段血与剑交织的历史，是文明与野蛮并存的历史。当我们回首两千多年前的战国，仍可以感受其跳动着的强健脉搏，感受其雄浑的大气与宏伟的魄力。21 世纪的中国人，仍然从先秦伟人们的思想中汲取丰富的营养，从这个意义上说，往事并不如烟，它仍存在于当下。